每天一个逻辑游戏

杨永胜　主编

南海出版公司

2014·海口

图书在版编目（CIP）数据

每天一个逻辑游戏 / 杨永胜主编. —海口：南海出版公司，2014.1（2015.4 重印）

ISBN 978-7-5442-7007-6

Ⅰ. ①每… Ⅱ. ①杨… Ⅲ. ①智力游戏 Ⅳ. ①G898.2

中国版本图书馆 CIP 数据核字（2013）第 289145 号

敬启

本书在编写过程中，参阅和使用了一些报刊、著述和图片。由于联系上的困难，和部分作品的作者（或译者）未能取得联系，对此谨致深深的歉意。敬请原作者（或译者）见到本书后，及时与本书编者联系，以便我们按照国家有关规定支付稿酬并赠送样书。联系电话：010-84853028 松雪

MEITIAN YIGE LUOJI YOUXI

每天一个逻辑游戏

主　　编	杨永胜
总 策 划	杨建峰
责任编辑	张　媛　雷珊珊
美术设计	松雪图文
出版发行	南海出版公司　电话：（0898）66568511（出版）　65350227（发行）
社　　址	海南省海口市海秀中路51号星华大厦五楼　邮编：570206
电子邮箱	nhpublishing@163.com
经　　销	新华书店
印　　刷	北京德富泰印务有限公司
开　　本	889毫米×1194毫米　1/16
印　　张	27.5
字　　数	650千
版　　次	2014年1月第1版　2015年4月第2次印刷
书　　号	ISBN 978-7-5442-7007-6
定　　价	59.00元

南海版图书　版权所有　盗版必究

前 言
PREFACE

二十一世纪,早已不是从大学是否是名牌,在校的成绩是否优秀去衡量人才的价值,而是从其对一件事情处理的能力上来判断。大量的事实表明,一个人的观察力、判断力、理解力、决策力、创意力、策划力、想象力、洞察力等思维技能是否成熟,将决定其未来的发展前途。公务员考试有逻辑测试题,MBA(工商管理硕士)有逻辑测试题,一些跨国公司的面试中逻辑测试题也屡见不鲜。因此,要想在激烈的竞争中生存,就要学会更新自己日趋僵化的头脑并改变单一的思维模式,让自己成为一个思维开阔的人。

在现实生活中面对纷繁复杂的事情时,逻辑思维能力强的人能迅速、准确地把握住问题的实质。只有加强逻辑思维能力训练,培养逻辑思维习惯,才能强化语言表达能力,提升观察力与判断力。

如何以我们有限的生命来充分利用无限的大脑呢?我们除了平时要勤于思考,对事物要仔细观察,形成缜密的推理判断能力之外,还要能在充满创造性的思维下将之用恰当的语言描绘出来。聪明的头脑需要坚持不懈地磨炼,需要用科学的方法锻造自己的思维模式。

当前,逻辑思维能力的培养是学习、工作、生活中的一个薄弱环节。很多人在解决这类问题时不知从何处下手,想问题没有方向性,更没有灵活性,主要原因是没有掌握方法,缺乏正确的判断和合乎逻辑的思考。

本书收纳了上千个逻辑推理游戏,涵盖趣味、语言、数字、图形、侦破、心理等各个方面,旨在为广大读者营造一个学习和培养兴趣的平台,帮助你更好地激发逻辑思维。这些趣味性的小游戏不仅可以放松我们的神经,也弥补了我们在学习、工作、生活中的一些不足,通过加强对逻辑思维的锻炼,以便于我们在纷繁复杂的社会中更好地生存和生活。

西方有句谚语:"上帝偏爱有准备的头脑。"只要你能够像训练体能一样,坚持不懈地训练你的逻辑思维能力,那么你的大脑就会变得更强大,在激烈的智力竞争中,你就能领先他人一步,智商更高一筹!

信息化的时代已经到来了,面对越来越激烈的竞争,对头脑的武装要求也越来越高。如果你忙于为更好的物质生活奔波,在空闲下来的十分钟里,不妨拿起这本书,在趣味中锻炼自己的思维,让头脑变得更灵活,也能起到放松精神的作用,何乐而不为呢?

通过完成这些游戏,你会发现自己的逻辑能力得到了全面的提升,无论在学习、生活、工作中遇到什么样的问题,都不会再感到无从下手,而是能够通过思维的灵活转换,顺利迈向成功,成就幸福的一生。

目 录
CONTENTS

第一辑 趣味推理类谜题游戏

一张野牛皮 …… 2
变化的体重 …… 2
转盘的转速如何变化 …… 2
用红笔标示的内容 …… 2
选择人行道 …… 2
冰与水的转换 …… 2
奥利莱的智慧 …… 3
田忌赛马 …… 3
寻找灰姑娘的王子 …… 4
刚好的飞机燃料 …… 4
偷盗者 …… 4
兔国王分稻穗 …… 4
互不相撞的概率 …… 4
摇身一变成富翁 …… 4
沙漏上浮 …… 5
说出 100 是赢家 …… 5
没有再次加汽油 …… 5
说谎骗人谁最牛 …… 5
我只带了两个大人 …… 5
盲人抱怨咖啡不热 …… 6
100 个数字 …… 6
参加比赛的人数 …… 6
把水卖给谁 …… 6
预测比赛结果 …… 6
三个人和三只熊 …… 6
是谁在说话 …… 7

亲姐妹俩 …… 7
猜年龄 …… 7
相遇的时间 …… 7
各自的民族 …… 8
谁是古物拥有者 …… 8
"30" 的游戏 …… 8
谁存款没有千万 …… 8
判断金属 …… 9
熊的颜色 …… 9
准确时间 …… 9
助手的姓 …… 9
是否为 12 点 …… 10
谁能入选 …… 10
贝尔纳的最佳答案 …… 10
谁是表妹 …… 10
免费的 10 餐 …… 10
被哪个大学录取 …… 11

- 1 -

目录	页码	目录	页码
多少参赛选手	11	集体的力量怎么变小了呢	18
比速度	11	取下竹竿上的好酒	19
顺利通过	11	与其他人性别不同	19
相亲相爱的两对数字	11	一个字改变命运	19
大家在做什么	12	"零"爱意	19
两对三胞胎	12	万能的变形木	19
商店打烊时	13	"枪"探真假	19
住中间房的是谁	14	装满屋	20
增加女性人口	14	王刚的未婚妻	20
挤公交车	14	救命如救火	20
不得不录用王小姐	14	放火自救	21
拔河比赛	14	最多卖多少根胡萝卜	21
睁眼与闭眼的次数	15	币值朝上还是国徽朝上	22
第100个玻璃球	15	分糖	22
瞎子去商店买剪刀	15	难题不难	22
四个小女巫	15	鹅卵石	22
轻松射击	15	有趣的男人	22
老同学聚会	16	奇怪的两个家庭	23
哪位是医生	16	小狗的下午茶	23
击鼓传花	16	均匀调配	23
弹簧指针的变化	16	沙漏计时	23
数字"W"	16	点燃时间	23
出发点是哪里	17	猜年龄	24
平安电话	17	找回草帽	24
扔食物给狮子	17	牧场主分牛	24
一次找出羊肉罐头	17	64个小方格	25
谎言	17	从某地到某地	25
分别做了什么	17	宁可挨饿也不吃极地熊	25
朱淑贞的"断肠谜"	18	张老板卖水	25
聪明的大明星	18	亲兄弟	26
不可能被处死	18	红色的钢笔	26
巧妙安排房间的钥匙	18	小朋友打水	26
		裁缝"偷布"	26
		相同的小球	26
		不合格的乒乓球	26
		巧放弹簧	27
		邻居分羊	27
		坚持做运动的天数	27
		哪个系就学	27
		怀丙打捞铁牛	27
		入住旅馆	28
		清理盘子	28

谁敲钟速度最快 …… 29
戴手套 …… 29
昨天和今天各吃什么 …… 29
你是属于情绪化的人吗 …… 29
枯井中的喜鹊 …… 30

第二辑　逆向推理类谜题游戏

酬金 …… 32
依据 …… 32
分身之术 …… 32
他明白了 …… 32
一份保险单 …… 33
说谎 …… 33
门外的证据 …… 33
无法模仿的动作 …… 34
外来船的数量 …… 34
赢取宝贵的分数 …… 34
自作聪明的小偷 …… 34
兔子赛跑 …… 34
失踪的银行行长 …… 35
你不是我的母亲 …… 35
缺了一种声音 …… 35
加薪水 …… 36
哪一圈没有出黑桃 …… 36
网络狂躁症的病因 …… 36
救命的"囚"字 …… 37
火腿肠 …… 37
把自己吊起来 …… 37
预言 …… 38
分酒 …… 38
谁是凶手 …… 38
机智的探险家 …… 38
露了马脚的摄影师 …… 38
"香蕉梨"的密码游戏 …… 39
分辨光头强 …… 39
"以盾防矛"巧脱身 …… 39
威廉的创新 …… 40
程序错误 …… 40
跳车自杀 …… 40
雨夜血案 …… 40
预订的房间 …… 40
不知道他是谁 …… 41

侏儒比身高 …… 41
拒不承认 …… 41
是谁下了毒 …… 41
标价格的字母 …… 41
贪财害命 …… 42
正确选项 …… 42
意外身亡的神枪手 …… 42
比身体状况 …… 43
死因 …… 43
为何没有爆炸 …… 45
猜数字 …… 45
盲人的枪法 …… 45
自找麻烦 …… 46
郁金香透漏出的秘密 …… 46
患病的苹果树 …… 46
村长选举 …… 46
自编自导的骗局 …… 47
名山大川 …… 47
聪明反被聪明误的凶手 …… 47
一张扑克牌 …… 48
一座新坟 …… 48
受挫 …… 49
自作聪明的妻子 …… 49
不曾看见 …… 49
露营高手之死 …… 50
偷答案 …… 50
自杀的真相 …… 50
这个故事不完美 …… 50
不符合常理的坐姿 …… 51
安全着陆的飞机 …… 51
不打自招 …… 51
街头血案 …… 52
真正的逃犯 …… 52
溺水而亡 …… 52
自首 …… 52

不易发现的错误	53	奇怪的爆炸	57
审案技巧	53	想要分遗产的人	57
不够细心的汤姆生	54	转危为安的解缙	57
设计师的姓	54	戴眼镜的窃贼	58
字母"C"	54	辨析对错	58
漏洞百出	54	整容后的罪犯	58
谁活下来的概率大	55	联赛冠军	58
一场车祸掩饰的谋杀案	55	被砸晕的服务生	59
真是自投罗网	55	电影主角	59
不攻自破的谎言	56	脱身	59
寻找重要线索	56	特训后的贝贝	60

第三辑 数字算数类谜题游戏

兑换零钱	62	各有多少蛋	67
小恒的机械手表	62	乘坐雪橇赶路	67
一共赚了多少银子	62	沙发的价格	67
7只小熊一起赶集	62	被打碎的鸡蛋	68
炫耀的大酒店	62	有一个三位数	68
三角债	62	灯是亮的还是灭的	68
蚂蚁搬兵运食物	63	多少只猴子	68
买书	63	活命	68
女友的生日	63	门牌号	68
水果批发商老板分苹果	63	是赔还是赚	69
那1元钱哪里去了	64	多少只大雁在飞	69
沈括算酒的故事	64	小超市的时钟	69
莱格福德的颜色板	64	10岁的小高斯	69
男女赛跑	64	大小和尚吃馒头	69
不一般的电话号码	64	罗蒙诺索夫的一生	69
小乐分鸡蛋	65	搞不定的难题	70
古刹的扶梯	65	祖孙三代各多少岁	70
玩牌赢钱	65	找多少零钱	70
三姐妹分卢布	65	还剩几支蜡烛	70
多少员工	66	接送货物	70
黄金鸡	66	99和100	71
配套的圣诞礼物	66	牛吃青草	71
平分白酒	66	怪怪的数字	71
年龄的谎言	66	千叟宴对对联	71
收了假钞换出真钞	66	三叟垂钓	71
想不到的年龄	67	如何取胜	71
有趣的蝴蝶	67	李政道考神童	72

亲兄弟	72	钟表店招聘	75
标准时间是多少	72	安排座位	75
打碎的花瓶知多少	72	卖南瓜	75
"韩信点兵"的计算	73	苏步青解题	76
马戏团买马	73	徒步旅行	76
入袋的苹果	73	笛卡儿的计算题	76
过吊桥赶公交车	73	天会不会黑	76
每天点头	73	多少阶梯	76
有多少钱	73	分开买大白菜	76
油和瓶的重量	74	加3减3乘3除3	77
比赛成绩	74	不服输的兔子	77
猜时间	74	遗产分配	77
鸭妈妈数宝宝	74	照猫画虎列算式	77
鸡和鸭各多少只	74	共握手几次	77
小朋友分蛋黄派	74	寒鸦诗歌	77
四艘轮船再相聚	75	三个儿子的年龄	78
货柜价钱	75	精打细算的主妇	78
买饮料	75	城市的街道	78

第四辑 几何及图形类谜题游戏

画中的错误	80	重新组合的图形	84
涂方框	80	巧变三角形	85
有多少个四边形	80	棋盘与棋子	85
红十字架	80	通过圆画直线	85
分割三角形	81	移动火柴	86
最大的三角形	81	切割床板	86
通过镜子看人	81	正确填数字	86
有趣的门雕	81	根据提示找规律	86
莽汉跨书	82	16点连线	87
选图	82	多出来的方格	87
用火柴棒拼图案	82		
一块奇形怪状的木板	82		
没撞着穿黑衣的醉汉	83		
骰子构图	83		
寻找失踪的字母	83		
鸭梨怎么分	83		
数学王子拼图	84		
巧妙移动笔画	84		
补轮子	84		
填数字	84		

切分表盘 …………………………… 87	撕图片 ……………………………… 98
圆圈里填数 ………………………… 87	如何统一 …………………………… 98
越变越多 …………………………… 88	判断奇偶数 ………………………… 99
分割成9块 ………………………… 88	七个等边三角形 …………………… 99
魔术师柯里的发现 ………………… 88	正确填图形 ………………………… 99
拆分盒子 …………………………… 89	梦游数字城 ………………………… 100
互换位置 …………………………… 89	任意调整的羊圈 …………………… 100
移动3个玻璃球 …………………… 89	中间的圆 …………………………… 100
蜗牛爬格子 ………………………… 90	下个图案 …………………………… 101
坐公交车 …………………………… 90	相加的和最大 ……………………… 101
切蛋糕 ……………………………… 90	停在树上的鸟 ……………………… 102
六角星里面的玄机 ………………… 90	让利销售 …………………………… 102
交通违规 …………………………… 90	来贺喜的人 ………………………… 102
填充正方形 ………………………… 91	前方作业 …………………………… 102
聪明的工作人员 …………………… 91	这是什么字 ………………………… 102
一共有多少种走法 ………………… 91	再利用的蜡烛头 …………………… 102
找图案 ……………………………… 92	突然长大的公主 …………………… 102
图形变换 …………………………… 92	算数 ………………………………… 103
找出立体图 ………………………… 92	不同的回答 ………………………… 103
几个正方体木块 …………………… 92	在路上撒了什么 …………………… 103
对角线的长度 ……………………… 93	给圆形着颜色 ……………………… 103
对爱因斯坦的测试 ………………… 93	中奖概率有多大 …………………… 104
选出对的一个 ……………………… 93	两人顺利过河 ……………………… 104
按要求切柚子 ……………………… 94	规律填数 …………………………… 104
数字游戏 …………………………… 94	填字母 ……………………………… 104
确定纸牌的位置 …………………… 94	是否有必要交换 …………………… 104
挂花灯 ……………………………… 94	国王选女婿 ………………………… 105
慧眼辨字 …………………………… 94	折立方体 …………………………… 105
秘密三角 …………………………… 94	急中生智的老农 …………………… 106
如何分巧克力 ……………………… 94	数字游戏 …………………………… 106
颠倒格子 …………………………… 95	排兔子 ……………………………… 106
建防御碉堡 ………………………… 95	该如何过河 ………………………… 106
简单的道理 ………………………… 95	小画师巧对刁难 …………………… 107
视觉游戏 …………………………… 96	下水道盖子 ………………………… 107
火柴拼图 …………………………… 96	东东遮挡窗户 ……………………… 107
平分袜子 …………………………… 96	小李的旅行 ………………………… 107
罐形变成正方形 …………………… 97	移动一枚硬币 ……………………… 107
围棋游戏 …………………………… 97	剪掉一个角 ………………………… 108
巧画路线图 ………………………… 97	太阳看不到的东西 ………………… 108
重叠的长方形 ……………………… 98	围成三角形 ………………………… 108
明暗相间图 ………………………… 98	逃离险境的小刚 …………………… 108

妈妈取圆珠 …… 108	搭桥过山涧 …… 116
一次倒霉的抢劫 …… 109	拼数字 …… 117
时间的问题 …… 109	帮助弹力球搬家 …… 117
找规律填空 …… 109	排队找位置 …… 117
给三个儿子分西瓜 …… 109	骰面 …… 117
自作聪明的张大爷 …… 109	参加晚宴的夫妻 …… 118
"铁公鸡"出门 …… 109	长与短 …… 118
大脑网络的路径 …… 110	一块不规则的木板 …… 118
自作聪明的骗子 …… 110	需要多少秒 …… 118
分割土地 …… 111	被骂的师傅 …… 118
不用本金的赚钱之道 …… 111	两条平行线段 …… 118
打开煤油炉的销路 …… 111	平分正方形 …… 119
和珅与纪晓岚打赌 …… 112	转动齿轮 …… 119
分场地和人 …… 112	地皮变小 …… 119
积与差相等 …… 112	脚的方向 …… 119
寻找死亡密码 …… 112	构成立方体 …… 119
识别图形 …… 113	皮球的运行轨迹 …… 120
巧送牛奶 …… 113	找图中共同点 …… 120
求值 …… 113	失误的张兵 …… 120
比聪明 …… 114	找出图形 …… 120
聪明的营业员 …… 114	花瓣变太阳 …… 120
淘汰赛 …… 114	巧取硬币 …… 120
动起来 …… 114	骰子点数之和 …… 121
如何摆硬币 …… 114	三角形重叠 …… 121
找出合理的图形 …… 115	安排座位 …… 121
走进布满镜子的小房间 …… 115	点餐 …… 122
重新拼图形 …… 115	释放女犯人 …… 122
修改过时的裙子 …… 115	比大小 …… 122
图形平面的组成 …… 115	下个图形是哪个 …… 122
飞机的影子 …… 116	组合拼图 …… 122
正方形隧道 …… 116	如何拼长方形 …… 122
画树比赛 …… 116	哪个是正确的 …… 123
	三阶反魔方 …… 123
	重新排列图形 …… 123
	重新组合图形 …… 123
	判断 …… 124
	找图形 …… 124
	出现两次的图案 …… 124
	下一个图案 …… 125
	变色图形 …… 125
	找不同 …… 125

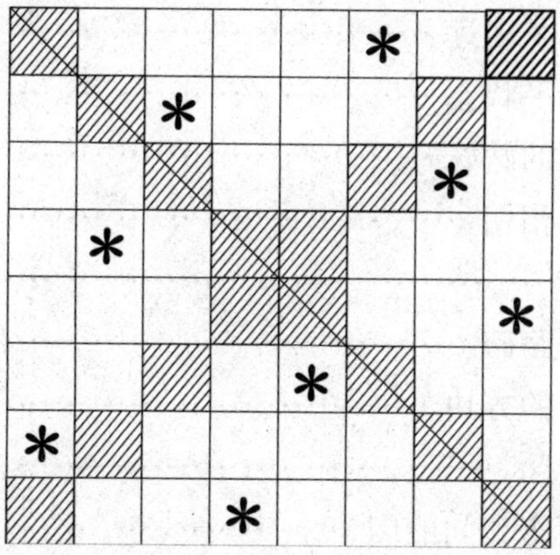

拼八角星	125	顶端数字	137
方向对吗	126	变三角最多	137
找规律填空	126	挑图形	137
能围成几个正方形	126	序列	137
围变梯形	126	找三角形	138
会转圈的三角	127	分解表格	138
图案九宫格	127	宝塔上的碎片	138
改正方形	127	等边三角形变等边三角形	139
找相同	128	保持3:1不变	139
排舞蹈	128	让三角形颠倒过来	139
正确的健身杠	128	三徒弟射箭比赛	140
找头巾的规律	128	夏天还是冬天	140
组合正方形	129	该如何摆	140
奇怪的图案	129	标签	140
小亚糊纸盒	129	补全多边形	140
一枚徽章	129	母鸡存鸡蛋	140
缺失的一角	129	找脸谱	141
古老的岩画	130	火柴棒变图形	141
救火	130	孙启明打赌	141
拆礼物的包装	130	灰黑相间	142
棋盘的秘密	131	由一变二的伞	142
画盒子	131	太阳真的从西边出来了	143
种杨树	131	正确选择	143
找出相同部分	132	选图形	143
让圆点消失	132	哪个圆是对的	143
偷宝石	132	如何分大饼	144
找对应	132	铁链条	144
一个纸时针	133	老人待客	144
棋子的颜色	133	旋转的象棋子	144
变换三角形	133	不为人知的联系方式	145
判断长短	133	火柴幻方游戏	145
画一条直线	134	李师傅的工作	145
多少套环	134	蜗牛爬了多远	145
数一数	134	调整天平状态	146
多少只小鸟	134	不洗脸的妹妹	146
猜数字	135	几个圆相切	146
变白象	135	盾牌	146
补缺口	135	回文符路碑	146
推算	135	找缺少的方块	147
做正方形	136	数字谜题	147
观察图片	136	豪华酒店套间的门	147

黑色三角	148	怪怪的拼图	160
推数	148	八颗星	160
问号	148	陈景润巧移火柴棒	160
毕再遇巧撤军	148	按要求分割铁片	161
帮小猫找尾巴	148	翻转杯子	161
填数字	149	踩石头过河	162
按图索骥	149	砖头对角线	162
数字填格	149	变形小船	162
落下的球	150	画线	162
万字花拼图	150	排球比赛	162
坐标图片	150	图形填空	163
查缺补漏	151	直角三等分	163
图形纸片	151	测试一下你的智商	163
三个正方形	151	排火柴变三角形	163
乘电梯的张先生	152	直线距离测量立方体	164
藏在字母里的秘密	152	卖不出去的老头衫	164
猎人丧命	152	移动火柴变长颈鹿	164
数字取代符号	152	找规律	165
拍照片	153	穿过六边形的直线	165
跳舞姿势	153	出售纽约土地	165
图案翻身	153	直角分成三等份	165
观察图案	154	老财迷打水	165
阮小二跟时迁吹牛	154	制作旗帜	166
对号入座	154	钟面分割	166
谁可以取代	154	变三角形	166
归位	155	看图找答案	167
打结的绳子	155	爬山	167
球的位置	155	木板变桥梁	167
找出变形后的盒子	155	夫妻购物	168
数字划分	156		
与神仙比酒量	156		
一次走过七桥	156		
计算三角形	157		
找窗户	157		
找相同图案	158		
巧填数字	158		
拼图	158		
解难题	159		
截C形磁铁	159		
奇思妙想的木匠	159		
天柱巧翻毛皮	159		

第五辑　语言文字类谜题游戏

木炭和猴子 …………………… 170
急中生智的农夫 ……………… 170
机灵的狄更斯 ………………… 170
郑板桥题匾戏走狗 …………… 170
打油诗 ………………………… 171
杨亿念祭文 …………………… 171
总统做广告 …………………… 171
同一个谜底 …………………… 171
父子猜谜 ……………………… 172
最长和最短的问题 …………… 172
一应俱全的百货公司 ………… 172
同事间的关系 ………………… 172
举人口渴想吃杏 ……………… 173
一副对联 ……………………… 173
10 两银子 ……………………… 174
聪明的列车长 ………………… 174
一封家书 ……………………… 174
林肯的反击 …………………… 174
牛角梳谜题 …………………… 175
寻找摇钱树的懒汉 …………… 175
庞振坤智惩客栈老板 ………… 175
借助彩电猜成语 ……………… 175
李光弼智收战马的故事 ……… 176
苏小妹的叠字回环诗 ………… 176
列车长智取皮包 ……………… 176
一语双关 ……………………… 177
吕叔湘寄信 …………………… 177

稍作调整 ……………………… 177
包青天试儿 …………………… 177
判断帽子的颜色 ……………… 178
实为同一个字 ………………… 178
富贵不全 ……………………… 178
三个儿媳妇的礼物 …………… 178
喜欢出难题的国王 …………… 179
奸商卖伞 ……………………… 179
机智的护士 …………………… 179
李白喝醋 ……………………… 179
巧用标点符号 ………………… 180
一副对联 ……………………… 180
牧童指路 ……………………… 180
宋老大请客 …………………… 180
高手猜谜 ……………………… 181
华佗拜师 ……………………… 181
一本预言书 …………………… 181
劝学 …………………………… 181
木匠建庙 ……………………… 182
白居易送礼物 ………………… 182
偷吃土豆 ……………………… 182
题字喻客 ……………………… 183
猜谜拜师 ……………………… 183
师徒互猜姓 …………………… 183
自作聪明的秀才 ……………… 183
赵南星巧写奏本 ……………… 184
偷吃红枣 ……………………… 184
国王的三个问题 ……………… 184
等式猜字 ……………………… 184
孔子也猜错了 ………………… 184
幽默家的匾文 ………………… 185
吴中四子灯谜交友 …………… 185
妙计运钢管 …………………… 185
二苏对谜 ……………………… 185
成语之最知多少 ……………… 186
文武双全的伍子胥 …………… 186
死里逃生的农夫 ……………… 187

传话	187	5岁的小甘罗	196
解谜助人	187	猜字谜	197
我的谜专门捉你的谜	187	韩信求兵	197
玉麒麟被逼上梁山	188	奖励说谎话的人	197
顽童难倒铁拐李	188	裁缝店比招牌	197
让人无语的广告	188	冯梦龙请客	197
鲁迅对"独角兽"	189	哑谜救亲家	198
穷亲戚的回帖	189	黑暗中分袜子	198
聪慧的老伴儿	189	数词入信	198
疑心的丈夫	189	叶公好龙	199
请皇帝猜凶手	190	根据符号猜字	199
放牛娃考秀才	190	百步吹烛	199
三块不同的招牌	190	无法准时送到的货物	199
巧妙脱身	190	贵族与矿工	199
一张字条	190	猜职业	199
萧伯纳的一封回信	191	张老板割肉	200
无名指最长	191	回击吝啬的姑父	200
接风洗尘的菜肴	191	老臣卖羊	200
三菜一汤	191	铁桶江山的故事	200
猜字请客	191	"亚"字的奥妙	200
反应灵敏的演员	192	谜破谜	201
爷爷出字谜	192	爱因斯坦的回答	201
王安石招书童	192	三娃巧计抓强盗	201
李时珍巧骂贪官	192	孙子机智救祖父	201
"一把战刀"训师长	193	妙改电文救百人	201
司马光考黄庭坚	193	神童妙对知府大人	202
杨修分酥糖	193	让员外昏死的对联	202
踏花归来马蹄香	194	拆字法对对联	202
儿子的反驳	194	唐伯虎白送画	202
浪子回头金不换	194	想不到的"天下第一味"	203
县太爷测试师爷	194	巧戏西太后	203
刻薄的财主	195	竹苞堂	203
缺少标点符号的谜语	195	哭泣的少女	203
作画报平安	195	妙计	204
语意深长	196	难以迈进的门	204
出奇制胜	196	聪明的杏云姑娘	204
借鱼破谜	196	大白菜的谜语	204

第六辑　侦破类谜题游戏

目击者	206	没良心的养子	206

积雪上留下的脚印	206	老板被杀案	223
一份身体检查报告	207	查理博士被杀案	224
离奇死亡的小女孩	207	一串关于命案的数字	224
是谁刺杀了会计师	207	害人不成反害己	225
主犯是谁	208	狡诈的厂商代表	226
证据	208	幽灵大盗的信件	227
将计就计的"英雄"	209	王二蛋的谎言	227
是自杀还是谋杀	209	黄金大盗董二黑	228
一桩鸵鸟血案	209	作家留下的那份遗书	228
奇怪的车痕	210	谁是真正的凶手	229
目击者的谎言	211	查找钢笔的主人	229
停电时的命案	211	不圆满的谎言	229
嗜酒的小偷	211	蹊跷死亡的总裁	230
画室里留下的鞋印	212	电话凶杀案	231
精明的张利	212	不留痕迹的死因	231
惨死的黑帮老大	212	妻子的作案手段	232
如此诡异的枪声	212	触电身亡的昆虫学家	232
畏罪自杀的会计师	213	改装过的望远镜	232
情侣被杀案	213	无知的骗子	233
半截火柴	214	溺水案	233
找不到的杀人凶器	214	福尔摩斯断案	233
不懂常识的手下	214	急中生智的王玲	234
粗心大意的赌徒	215	地产商被杀案	234
反常的厨师	215	4只钻戒	235
煤气中毒案	215	鱼缸的证言	235
小提琴手的阴谋	216	谁是红绿色盲	235
喜欢喝雪碧的教授	216	不知去向的孩子	236
"聪明"的作案手段	217	一杯毒茶	236
一串数字的背后	217	奇怪的自杀案	236
马棚里的谋杀案	217	不翼而飞的赎金	237
杯口上的酒沫	218	那艘有点异样的船只	237
偷画贼	218	会说话的"苹果"	237
前夫杀人案	218	罕见的抢劫案	237
豪华游轮上的窃案	219	偷项链的窃贼	238
一群黑蚂蚁	219	留在手心里的线索	238
越狱	219	杀人蜂	238
纵火者的谎言	220	袭击人的硬物	239
狡猾的凶手	220	脱离现场的凶手	239
精明的女间谍	221	蓄谋已久的谋杀案	239
典当行里的谋杀案	221	谁杀了教师	240
是谁盗走了花瓶	222	被转移的珍品	240
池塘边的女尸	223	女间谍迪丽雅	240

搞恶作剧的人	241	美食作家之死	245
子弹哪里去了	241	嫌疑人的鞋印	246
村长断案	242	不怕暗杀的华蒙托夫	246
即兴的心理测验	242	最有可能的凶手	247
仓促的谋杀案	243	说谎话的管家	247
风扇杀人案	243	嚼口香糖的顾客	247
狼犬杀人案	243	损失惨重的惯偷	248
人头马谋杀案	244	盲人小孩被关的小屋	248

第七辑　综合类谜题游戏

如何理解	250	为了活命的老渔翁	255
涨潮	250	旅游团一共有多少人	255
谁的供词正确	250	一根管子	255
体育竞赛项目	250	物理老师出的一道习题	255
农民赶马	250	不让苹果掉下来	256
中西方国家传统的区别	251	幽默风趣的自然课老师	256
忽略的问题	251	收入多少	256
变瘪的塑料瓶	251	晒凉水	256
防止灯泡被盗	251	突然坠毁的钢桥	256
下周活动安排	251	旅行团渡河	256
谁是第五圈	251	比速度	257
一条棉花船	252	超车之谜	257
判断真假画	252	围桌而坐的人	257
排队练节目	252	为什么蜡烛不灭	257
学校的衣着规定	252	按劳取酬	257
抓小偷	252	老板称米	258
决定生死的美酒和毒酒	252	巧称重球	258
预测比赛结果	253	英雄雕像底下的绳子	258
猜选手	253	擦地板	258
移动水杯	253		
弟弟的建议	253		
熊妈妈分苹果	253		
两个学生做取纸游戏	254		
猎人过河	254		
该牺牲哪一个人	254		
医生的测试	254		
父亲在想什么	254		
古怪的老头儿	254		
赏花	254		
猜数字	255		

炸煎饺 …… 258	你喜欢哪种颜色组合 …… 263
可怜的假钞制造者 …… 258	测一下你的嫉妒感 …… 263
一条短信 …… 259	你会写出哪个字 …… 263
家离超市有多远 …… 259	硫酸的溶解度 …… 263
可以改造的客观规律 …… 259	你的习惯是什么 …… 263
癌细胞的存活 …… 259	令你一见倾情的人 …… 263
烟囱为何不出烟 …… 260	你最常选用的伞面花色 …… 264
灯泡比亮度 …… 260	猜出哪一杯先冷 …… 264
无重力地带 …… 260	选择什么来消除暑气 …… 264
让自来水变弯的实验 …… 260	选择鞋子的颜色 …… 264
看西瓜的狗 …… 260	你经常做什么梦 …… 264
一封未来的信 …… 260	讨论天气预报的话题 …… 264
先做什么 …… 261	转鸡蛋 …… 265
机智的小伙子 …… 261	重复分类 …… 265
找啤酒 …… 261	你的心理空间有多大 …… 265
找最小的数 …… 261	你选择的架桥方案 …… 265
一组密码 …… 261	正确安排座位 …… 265
小公主巧取宝石 …… 261	传递情报 …… 265
去南极考察的科学家 …… 262	谁打碎了花瓶 …… 266
挡路的巨石 …… 262	李晨购物 …… 266
四面朝北的窗户 …… 262	请客也这么难 …… 266
神枪手也有失手的时候 …… 262	
洞中取球 …… 262	**参考答案** …… 267
连句成诗 …… 263	

第一辑
趣味推理类谜题游戏

一张野牛皮

在古时候,欧洲有个小部落被另一个强大的部落吞并了。部落首领和妻子、儿子都被侵略者杀死了,只有一个小女儿带领一些武士突出包围,逃到了非洲的海岸。

小女儿在逃命的时候带出了一些金币,一天,她带着这些金币拜访了酋长:"尊敬的酋长大人,我们都是失去祖国的逃难人,请允许我们在你神圣的领土上买一块土地生活吧。"

酋长见这个小女孩只有几枚金币,便轻蔑地说:"就这么一点金币还想买我们的土地?那你只能买下用一张牛皮所圈出的土地。"

大家听了都很沮丧,可是小女儿却说:"大家不必垂头丧气,我有办法用牛皮圈出一块面积很大的土地。"

这个小女孩真的做到了。

你知道她是怎么做到的吗?

变化的体重

萌萌在课外书上看到一个有趣的问题:假如一个人在早晨醒来时发现自己高了1倍,胖了1倍,厚了1倍,你能猜出这个人的体重会是以前的几倍吗?

正确的答案是( )

A.7　　　　　B.9　　　　　C.6　　　　　D.8

转盘的转速如何变化

有一个小男孩站在一个阻力极小的活动转盘上,左手和右手各握一个哑铃并将手臂左右平伸。当有人推一下转盘时,男孩与转盘就会一起缓慢转动。此时,如果男孩将两个哑铃突然收到胸前,你知道转盘的转速将如何变化吗?

用红笔标示的内容

有一家公司经理在开早会的时候,对着全体员工训话:"今天早上发给各位我亲笔写的文件。在这里我最想说的就是用红笔标示的那些内容,懂吗?"但是所有的员工听完后都是一脸茫然。

你知道这是为什么吗?

选择人行道

一位建筑师经过几个月的苦心设计,终于为某个单位设计出了一片办公楼。

这些办公楼相互交错,参差不齐,而且楼与楼之间的交往也比较频繁。在快节奏的现代化生活中,大家都在争分夺秒地赶时间,因此,楼与楼之间的人行道必须设计得合情合理,简洁明快。然而,由于楼群布局复杂这一特殊性,如何才能做到合情合理,是光靠主观设计很难解决的问题。

一天,这位建筑师的一位好朋友前来看他,这位好朋友是一位公园管理员,看见这位愁眉苦脸的建筑师正面对着楼群发愁。朋友说道:"哥们,这个非常好办,你先让人在楼群之间的空地上种上草,等夏季过去以后,你的最佳方案就出来了。"接着,这个朋友将理由说了出来。

建筑师听了朋友的一番话后,不由得赞叹这位朋友的聪明。

那么,这位公园管理员给出的是一个什么样的好办法呢?

冰与水的转换

一只可爱的小松鼠跟花果山上的猴子是好朋友。每年春天,小松鼠都要翻山越岭去找猴子朋友玩。每次它都会给猴子朋友们带去好多好吃的果子,还有好多谜语和问题,大家在一起猜谜语、回答问题,快乐极了。

转眼间春天又到了。小松鼠带着去年过冬前攒下的果子,去花果山看望好朋友们。小松鼠边唱歌边赶路,累了就上树歇歇。就这样走了四天四夜,它终于到了花果山。

猴子们看见小松鼠来了,都很高兴。大家围着小松鼠快乐地蹦蹦跳跳,一起吃小松鼠带来的好吃的果子。吃完果子,猴子们带着小松鼠去参观花果山。小松鼠看见花果山上的花都开了,草地绿油油的,高兴地直在草地上打滚。猴子们又带着小松鼠去看瀑布,瀑布好壮观啊,从山上哗哗地落下来,跟大帘子一样。水帘子落下来,落到瀑布下面的渠里,溅到小松鼠的身上,小松鼠兴奋极了。晚上,小松鼠跟猴子们围着篝火坐在一起。猴子们给小松鼠唱歌,而小松鼠则拿出自己带来的思考题让大家猜。其中有一道思考题是:

冰融化成水后,它的体积减少 1/12,那么当水再结成冰后,它的体积会增加多少呢?这个问题把大家都难住了,大家使劲地思考。

这时,一只聪明的小猴子回答出来了,大家直夸小猴子聪明。

你知道这只小猴子是怎么回答的吗?

奥利莱的智慧

传说在德国的历史上曾发生过这么一件趣事。

早在十六世纪时,这个国家还是由许多彼此独立的小国组成的。其中有相邻的甲、乙两个小国,原先睦邻友好,老百姓相互自由进出,连货币都可通用,并且价值相等。后来这两个小国闹了矛盾,虽然老百姓还可以自由来往,但甲国的国王下令,乙国的钞票若拿到本国使用,100 元只能当本国的 90 元使用。

乙国得知这一消息后,也不示弱,立即下了一道同样的命令,以牙还牙,以血还血,即甲国的钞票如果拿到本国使用,100 元只能当本国的 90 元使用。

一天,一个名叫奥利莱的人得知这一消息,连忙劝说两国的国王,万万不可如此,否则有人悄悄跑跑腿,便会趁机发大财。

奥利莱见说服不了他们,便自告奋勇亲自实践。两国国王分别给了他 100 元,让他实验。如果他真能利用这条命令发了大财,便收回成命。

奥利莱拿了 200 元钱,一会儿到甲国购货,一会儿又到乙国购货,往返穿梭在两国的商店里,不过几日,便腰缠万贯。接着他便把赚来的大宗财物,送到两国的国王面前,两国的国王见状都惊奇得目瞪口呆,忙问他是怎么赚钱的。

奥利莱讲述了赚钱方法后,两位国王都信服地连连点头,深深认识到了危害,于是他们各自收回了成命,和好如初。

现在你是否知道,奥利莱是怎样赚钱的吗?

田忌赛马

田忌经常和齐威王一起赛马。他们以三局两胜为计分方法,双方总是习惯地把各自的马分成上、中、下三等。在比赛的过程中,也是习惯性地采取上马对上马,中马对中马,下马对下马的方法。由于齐威王每个等级的马都比田忌的马强得多,所以每次比赛,田忌都会以失败告终。

有一天,孙膑看了他俩的比赛,对再次失败的田忌说:"我看了你和大王的赛马。别泄气,下次比赛,我保证让你赢。"

田忌半信半疑,但他还是决定试一试。

比赛马上就要开始了。孙膑坐在田忌身旁,对他耳语了一番。田忌一边听一边点头,并按照孙膑的话去做,果然战胜了齐威王。

根据以上内容,你知道孙膑是怎样让田忌取胜的吗?

寻找灰姑娘的王子

很久以前,有一位王子手中拿着一只水晶鞋,他想寻找在昨晚的舞会中丢失了这只鞋子的女孩子,要知道王子对她可是一见钟情啊。让他没有想到的是,有三个人站出来说自己就是那个女孩子。王子对她们说:"我要看看你们能不能穿得下这只鞋子,把脚都伸出来吧。"于是,三个人都各自伸出一只脚。但王子并没有让她们试穿,只是看了看她们的脚就找出了那个女孩子。

这位王子是怎么知道的呢?

刚好的飞机燃料

有一个飞机试飞员很自信,每次飞行时他所带的燃料都正好满足来往航程。他总是选择最短的航线,而且往返航线完全一致。有一天,他和往常一样,带着刚刚好的燃料起飞了,但这次他却没有在同一条航线上往返飞行。大家都很为他担心,待他安全着陆后发现他的油还是像以往那样刚刚用完。

你能想出他是怎么办到的吗?

偷盗者

单位发生过被盗事件,虽然已经过去很长时间了,但一直没有结果。这下子可难坏了领导,一直不知道是谁做的,如果下面的事实成立,你能帮助领导推断出谁做了这件事吗?

(1)甲、乙、丙中至少有一个人做了这件事。
(2)甲做了这件事,乙、丙也做了。
(3)丙做了这件事,甲、乙也做了。
(4)乙做了这件事,没有其他人做这件事。
(5)甲、乙中至少一人做了这件事。

兔国王分稻穗

在稻田里,有两只小兔子在寻找食物。这时它们俩捡到了一堆稻穗。

为了平均分配这堆稻穗它们争吵起来,最后只好找来兔王国中最有智慧的兔国王来处理。兔国王没用任何辅助的工具,只是出了一个分配方案就让两只小兔子高高兴兴地均分了这堆稻穗。

你知道兔国王的分配方案是什么吗?

互不相撞的概率

一天,老师给同学们出了一道题:

有人将三只毛毛虫分别放在一个正三角形的三个角上。每只毛毛虫开始朝另一只毛毛虫做直线运动,目标角是随机选择。那么毛毛虫互不相撞的概率是多少?

摇身一变成富翁

在某地发现了一座金矿,大家一窝蜂地涌去,然而一条大河挡住了必经之路。想去淘金的人,有的绕道而行,有的游泳过去,有的干脆就放弃了。过了一段时间,有的人找到了金矿,淘到了金子;有的人在别人的金矿上打工,赚到了工钱;有的人两手空空,一无所获。而有一个人,既没有淘金,也没有为别人打工,却摇身一变,成了一个非常富有的人。

你知道这个人是如何在既不淘金,也不给金矿主打工的情况下成为富翁的吗?

沙漏上浮

在一个装满水的密封圆柱里有一只密封的小沙漏。令人惊讶的是,当把这个圆柱颠倒过来后,沙漏没有立即浮上来,而是先沉在底部,直到大部分的沙子漏下后才浮到顶部。

你知道是什么阻碍了沙漏的上浮吗?

说到100是赢家

游戏规则如下:

甲、乙二人轮流说出10以下的数字,把这些数字逐一加起来,最先使答案变成100的人获胜。

例如,甲先说出"7",对方跟着说出"10",两人的和为"17";接着甲又说出"8",其和累计为"25"。然后乙接着说出一个数,如此进行下去,谁先说到"100",谁就是获胜者。

聪明的你能否先说到"100"呢?

没有再次加汽油

张师傅假期里要从甲市到乙市去办事,已知两市之间的距离是400千米,张师傅的车子每跑300千米必须加一次油,但是这一次途中他没有加一次油就顺利抵达了乙市。

在这里补充一下:

两市之间没有捷径可走,也没有很长的下坡路,当然他也没有换别的汽油。

请问,这到底是怎么一回事呢?

说谎骗人谁最牛

古时候,一个村落里的人都喜欢打赌比赛说谎,看谁最能说谎骗人,其中有一个人以素来不会上当而出名。

有一天,在这个人又胜利后,一个小孩子对他说:"我有办法可以骗得了你,你相信吗?"这个人拍拍胸脯说:"我才不信呢,就你一个小毛孩子还想骗我,那么多大人都骗不了我。"于是这个小孩子说:"我的这个方法是在家里的一本书里面学到的,我当时看完后没有记住。你在这里等我一会儿,我回去翻翻书。"这个人同意了,小孩就立刻回家找书去了。

你能想出这个小孩子是如何让这个人上当的吗?

我只带了两个大人

爸爸、妈妈和儿子组成了一个幸福的三口之家。爸爸为了寻求发展想去另一个城市里闯荡一下,经过家庭会议研究,全家同意爸爸的想法,并决定一起去。当他们来到这个城市的时候,遇到了很多麻烦,其中租房就是一个大问题,这个城市游客特别多,所以一时找不到合适的住房。

这天,他们总算找到了一个价格合理条件不错的房子。但是当他们要租住的时候,房东却告诉他们,这房子不租给带孩子的租户。

爸爸和妈妈听了,一时不知如何是好,于是他们默默地走开了。

这时儿子对房东说了一句话。房东听了之后,高声笑了起来,并爽快地把房子租给了他们。现在发挥一下你的聪明才智,你能想到这个小男孩说的是什么吗?

盲人抱怨咖啡不热

一天,有位70多岁的盲人走进一家咖啡厅,要了一杯咖啡。咖啡送来后,他抱怨咖啡不够热,要求换一杯。不一会儿咖啡又送来了,盲人抱怨说你们怎么能糊弄一个盲人呢?这就是刚才的那杯。你能猜到这位盲人是怎么知道的吗?

补充说明:

(1)咖啡杯子上没有裂纹,也没有区别于咖啡厅其他杯子的特征。
(2)这位盲人不能由杯子的温度识别这是否是原来那杯咖啡。
(3)这位盲人并没有在原来的杯子上留下黏性的标记,也没有把奶油涂在杯子外面。

100个数字

画家使用和版画相同的方法,把油墨涂在一枚一元硬币上,朝白纸压上10秒钟,并在10秒内印出超过100个数字。

那些好奇的旁观者拼命在硬币上涂上油墨,也想在10秒内印出这么多的数字。可是无论怎么努力,始终无法办到。

你知道这位画家究竟是怎么办到的吗?

参加比赛的人数

某活动中心举办象棋比赛,共有10名选手参加,他们分别来自甲、乙、丙三个队,每个选手都与其余9名选手各赛1盘,每盘棋的胜者得1分,负者得0分,平局双方各得5分。比赛结束后,甲队选手平均得4.5分,乙队选手平均得3.6分,丙队选手平均得9分。

请判断甲、乙、丙三队参加比赛的选手人数各是多少?

把水卖给谁

大家都知道,在沙漠中水是十分珍贵的。有一位水商在一个大皮囊中装入了25升水,行经沙漠时,遇到一位要买19升水的客人和一位要买12升水的客人。

大皮囊中一共才有25升水,水量不够卖给2人,只能卖给某一方,而且水商希望在这酷热的沙漠里能尽快结束这项交易。假设水商由皮囊中倒出1升水需要10秒,那么他会卖给哪个客人呢?

预测比赛结果

在一次跑步比赛中,有人正在进行现场解说,他们对6位运动员进行了名次预测:

(1)解说员甲说:1号运动员是第1名,3号运动员是第3名,6号运动员是第6名。
(2)解说员乙说:4号运动员是第1名,1号运动员是第2名,2号运动员是第3名。
(3)解说员丙说:6号运动员是第1名,2号运动员是第4名;5号运动员是第5名。

当比赛结果出来后,甲、乙、丙3位解说员每个人的猜测只对了2/3,你知道这6名运动员的名次吗?

三个人和三只熊

有三个人在森林里捕获了三只熊,大家一商量决定送往动物园。在途中遇到一条河,河中只有一只摆渡的小船。这条小船每次只能乘两个人或两只熊或一人一熊。这三个人和一只老熊会划船,另外两只小熊不会划船。三人经过商议后,为了安全,不能让一个人与两只熊同时在河的一边。

那么,他们该如何利用这一条船安全渡河呢?

是谁在说话

有一位在医院工作的人说:"我们医院里的医务人员,包括我自己在内,总共有16名医生和护士。下面的人员情况,无论是否把我计算在内,都不会产生任何变化。"在这些医务人员中有这样的关系:

(1)护士的数量多于医生。

(2)男医生的数量多于男护士。

(3)男护士的数量多于女护士。

(4)16名医护人员中,至少有一位女医生。

那么,你能根据以上提供的关系分析说话人的性别和职务吗?

亲姐妹俩

一天,四位好姐妹莉莉、露丝、芬妮、露丝雅午休时间在楼下的咖啡厅买了些点心,正在付款。以下提到的"银币"是指5美分、10美分、25美分或50美分的硬币。

(1)这四位好姐妹当中,有两位身上的硬币各为60美分,而且都是银币,且数量相同,但彼此间没有一枚硬币面值相同。

(2)这四位好姐妹当中有两位女士,身上的硬币各为75美分,而且都是银币,枚数相同,但彼此间没有一枚硬币面值是相同的。

(3)这四位好姐妹当中莉莉的账单是10美分,露丝的账单是20美分,芬妮的账单是45美分,露丝雅的账单是55美分。

(4)这四位好姐妹每位女士都一分不少地付了账,而且全部正好,不需要找零。

(5)其中有两位女士是亲姐妹俩,她们付账后剩下的硬币枚数是相同的。

根据以上条件,你能准确判断出哪两位女士是亲姐妹吗?

猜年龄

一天放学后,甲、乙两位老师同路回家,恰巧在路上遇到甲老师的三位邻居。

甲老师对乙老师说:"我这三位邻居年龄的乘积是2450,他们的年龄之和是你的年龄的两倍,你能猜出他们的年龄吗?"

乙老师思考了一下说:"不对,还差一个条件。"

甲老师也思考了一下:"对,的确还差一个条件,这个条件就是他们的年龄都比我小。"

现在你能猜出这五个人的年龄各是多少吗?

相遇的时间

王小兵和李文成是在良子健身中心首次相遇并成为好朋友的。已知:

(1)王小兵是从一月份的第一个星期一开始去良子健身中心的。

(2)此后,王小兵每隔四天(即第五天)去一次良子健身中心。

(3)李文成是从一月份的第一个星期二开始去良子健身中心的。

(4)此后,李文成每隔三天(即第四天)去一次良子健身中心。

(5)在一月份的31天中,只有一天王小兵和李文成都去了良子健身中心,正是那一天他们相识。

现在你知道王小兵和李文成是在一月份的哪一天相遇的吗?

各自的民族

一天,有6个不同民族的人同去参加一个大型会议,他们的名字分别为甲、乙、丙、丁、戊和己。他们的民族分别是汉族、赫哲族、白族、回族、瑶族和壮族(名字顺序与民族顺序不一定一致)现已知他们6个人的情况如下:

(1)甲和汉族人是医生。
(2)戊和瑶族人是教师。
(3)丙和赫哲族人是技师。
(4)乙和己曾经当过兵,而赫哲族人从没当过兵。
(5)回族人比甲年龄大,壮族人比丙年龄大。
(6)乙同汉族人下周要到白族去旅行,丙同回族人下周要到瑞士去度假。

根据以上条件,请你判断出甲、乙、丙、丁、戊、己分别是哪个民族的人。

谁是古物拥有者

王老师和何老师都是考古学家李教授的朋友。有一天,李教授拿了一件古物给他们两人看,这两人都无法验证出这件古物是谁的。李教授告诉了王老师拥有者的姓,告诉何老师拥有者的名字,并且在纸上写了以下几个人的名字,告诉他们这其中有古物的拥有者。

纸条上的名字分别是:陈平、岳飞、岳云、张飞、张良、张鹏、赵括、赵云、赵鹏、陈友谅。

王老师说:"如果我不知道的话,何老师肯定也不知道。"

何老师说:"刚才我不知道,听王老师这么一说,我现在知道了。"

你知道古物是谁的吗?

"30"的游戏

现在很多地方都在玩"得30"的游戏。方法是:两人进行游戏,从1开始轮流报数,每人每一次可报一个数,也可报两个数。例如:

甲报:1;乙报:2、3;

甲报:4、5;乙报:6、7;

甲报:8;乙报:9……都是允许的,谁报到30,谁胜利。

不知道你是否想过取胜的办法没有? 现在如果改为"让30",即谁报到30谁输,那么取胜的方法应做怎样的改变呢?

谁存款没有千万

在某市,安、爱丽丝和玛利亚是三位杰出的女性,她们各有一些令人注目的特点。

(1) 在这三人中有两位非常聪明,有两位十分漂亮,有两位多才多艺,有两位存款上千万。
(2)在这三位女性中每位女性至多只有上述特点中的三个。
(3)对于安来说,如果她非常聪明,那么她也存款上千万。
(4)对于爱丽丝和玛利亚来说,如果她们十分漂亮,那么她们也多才多艺。
(5)对于安和玛利亚来说,如果她们存款上千万,那么她们也多才多艺。

那么在这三位杰出女性中哪一位女性并非存款上千万?

判断金属

有三个人正围在一起讨论一块金属是什么。

甲说:"这块金属肯定不是铁,应该是锡。"

乙说:"你说得不对,应该是一块铁而不是锡。"

丙说:"你们都说错了,这不是铁也不是锡。"

三人各执一词,最后他们去问一位物理老师。物理老师听了以后说:"你们三人之中,有一个人的两个判断都不正确,有一个人的两个判断一对一错,有一个人的两个判断全部正确。"这三个人又想了一会儿,终于明白了这是一块什么金属。

现在你知道答案吗?

熊的颜色

在课堂上,老师出了两道关于熊的问题。

第一个是:

有一只熊不小心掉进了一口20米深的井里,从井口掉落到井底共用了2秒钟的时间,请问这只熊是什么颜色的?

第二个是:

又有一只熊不小心掉进了一口20米深的井里,从井口掉落到井底共用了2分钟,请问这只熊又是什么颜色的?

听完老师的问题,同学们开始瞎猜起来,有的说肯定是棕色,有的说肯定是黑色,还有的说一定是白色……但没有一个同学能说出令人信服的答案。

你知道正确的答案吗?

准确时间

在火车站候车室里,有 A、B、C、D 四个人正坐在一条长椅上。这时一老人走上前去:"请问,现在是什么时间?"这四个人同时看了一下自己的手表,然后分别做了回答:

(1)A 说:"现在是12点54分。"

(2)B 说:"不,是12点57分。"

(3)C 说:"我的表是1点零3分。"

(4)D 说:"我的表是1点零2分。"

事实上这4个人的表分别有2分钟、3分钟、4分钟和5分钟的误差(这一顺序并非对应于他们回答时的顺序)。

根据以上提示,你能够计算出当时的准确时间吗?

助手的姓

一天,某公司王经理约老邓、老莫和老云三位好朋友一起乘车去郊游。这时车上还有三位乘客,他们分别是秘书、助手和司机,这三个乘客与老邓朋友的姓氏是一样的。恰好三位乘客的姓氏一样。

(1)乘客老莫的家住天津。

(2)乘客老邓是一位工人,已经有20年的工龄。

(3)助手家住北京和天津之间。

(4)机车上的老云常和司机在一起下棋。
(5)乘客之一是助手的邻居,他也是一名老工人,工龄正好是助手的3倍。
(6)与助手同姓的乘客家住北京。

根据上面提供的信息,对于车上三个人的姓氏,你能知道助手姓什么吗?

是否为12点

在晓琳家中,有一座钟,它每天都是1点响1次,2点响2次,12点响12次。一天在伸手不见五指的黑房子里,晓琳一觉醒来,就听到了钟声,不过他可能是在钟响了几声后才听到的,所以不知道现在是几点。大约又过了一个小时,钟又响了,这次晓琳从一开始就数了响声数,刚好12次。钟响一声时长为1秒,每声间隔4秒,能够确认钟声次数就算钟响结束。

现在,晓琳为了确认是否为12点,从他醒来到听完第二次钟声,最少需要多长时间?

谁能入选

有四名潜水技术很好的工作人员预测自己参加深海探察预选情况,有如下结论:
刘华:我感觉这次预选条件很苛刻,估计咱们四个人中谁也没有条件入选。
吴立:我觉得别人条件即使再强,咱们几个也会有入选的。
川子:我觉得这次深海探察不能一个女队员没有啊!吴立和晓云最少能入选一个。
晓云:我感觉自己的条件合格,应该能入选才对。
你知道谁预测的对吗?

贝尔纳的最佳答案

有一年,一家法国的报纸单位进行一次有奖智力竞赛,其中有一道题是这样的:
如果法国最大的博物馆卢浮宫突然失火,在这种情况下只允许抢出一幅画,你会抢哪一幅呢?
结果在该报收到的成千上万份的回答中,法国著名剧作家贝尔纳以最佳答案获得该题的奖金。
你知道最佳答案是什么吗?

谁是表妹

郑先生认识程、滕、骆、郭、周五位女士,一天他被家人告知其中有一位是他失散多年的表妹,而且表妹的线索就在以下条件中:
(1)这五位女士分别属于两个年龄档,有三位小于35岁,两位大于35岁。
(2)这五位女士的职业有两位是律师,其他三位是会计。
(3)程和骆属于相同年龄档。
(4)郭和周不属于相同年龄档。
(5)滕和周有着相同的职业。
(6)骆和郭的职业并不相同。
(7)郑先生的表妹是一位年龄大于35岁的律师。

根据以上条件,请你告诉郑先生,哪位是他的表妹。

免费的10餐

林太太一家有5口人,每到周末的时候,总会去一家高档酒店聚餐。吃了几次后,林太太就提议让老板给他们优惠一些,免费送他们一餐。聪明的老板想了想,说道:"你们这一家人也算是这里的常客,只要你们每人每次都换一下位子,直到你们5个人的排列次序没有重复的时候为止。到那一天之后,别说免费给你们送一餐,送10餐都没问题,可以吗?"

请问林太太一家人要在这个饭店吃多长时间的饭才能让老板免费送10餐呢?

被哪个大学录取

孙淼、蔷薇、冬梅三人被北京大学、厦门大学和天津商业大学录取,但不知道他们各自究竟是被哪个大学录取了,有人做了以下猜测:

甲:孙淼被厦门大学录取,冬梅被天津商业大学录取。

乙:孙淼被天津商业大学录取,蔷薇被厦门大学录取。

丙:孙淼被北京大学录取,冬梅被厦门大学录取。

事实上他们每个人都只猜对了一半。

现在你能告诉孙淼、蔷薇、冬梅他们三人究竟是被哪个大学录取了吗?

多少参赛选手

在一次象棋比赛中,规定每位选手都与其他选手赛一场,赢者得2分,负者得0分,平局两人各得1分。现在有4个人统计全部选手总分,分别为1979分、1980分、1984分、1985分,事实上只有一个人的统计是正确的。

你能很快算出一共有多少位选手参加比赛吗?

比速度

有一天,在一幢大厦前的出口处,张警官和一个女盗狭路相逢,张警官要去地下三层,女盗要去楼上三层。他们都怀着不同的目的,于是,他们做出了如下的约定:

"现在咱们来场比赛吧。"女盗提议说。

"好的,你想比什么?"

"今天我们都不乘电梯,看咱们谁先回到正门,谁输了谁就答应对方的要求,你可以逮捕我,或者不能阻止我离开。"

"那好吧,那就来比一比吧。"说着,两个人同时奔向楼梯。

张警官刚跑出不过十步,突然发现自己上当了,这次比赛他输定了。

你知道这是为什么吗?

顺利通过

在很久以前,甲乙两座城市之间只有一条路,这条路并不长,步行只需要10分钟,但几乎没人能通过。因为在路的中间位置有一个可恶的怪物在看守,不允许任何人通过。要想通过这条路,只有趁怪物睡觉的时候。但这只可恶的怪物每次只睡5分钟,怪物醒来后,如果发现有人走过,即使此人只差一步就能到达对面,怪物也要把他送回去。

有一天,一个聪明的人,想出了一个绝妙的好办法,顺利地通过了这条路,当然他不可能乘任何交通工具。

你现在知道他是如何过去的吗?

相亲相爱的两对数字

数字"220"和"284"表示一对相亲相爱的数字,意思是:"你中有我,我中有你。"

你能想出其中的奥妙吗?

大家在做什么

下晚自习后,住在学校同一宿舍的毛毛、李佳、朱新梅、张玲玲正在听一首非常流行的歌曲,她们当中有一个人在剪指甲,一个人在写东西,一个人在给家里打电话,另一个人在读书。请问毛毛、李佳、朱新梅、张玲玲各自都在做什么?

已知:

(1)毛毛没有剪指甲,也没有读书。
(2)李佳没有打电话,也没有剪指甲。
(3)如果毛毛没有打电话,那么张玲玲没有剪指甲。
(4)朱新梅既没有读书,也没有剪指甲。
(5)张玲玲没有读书,也没有打电话。

两对三胞胎

在某个小区里,小林、小超、小旦、小口、小明和小麻是两对三胞胎。另外,已知下列条件:

(1)同胞兄弟姐妹不能进行婚配。
(2)同性之间不能婚配。
(3)在这六人中,其中,四人是男性,二人是女性。
(4)在这两对三胞胎中,没有属于同性兄弟或姐妹的。
(5)小林与小口结为夫妇。
(6)小超是小明唯一的兄弟。

请根据已知条件回答下列问题:

1. 根据以上提供的条件,请你在下列的双胞胎中,判断出谁和谁不可能是兄弟姐妹关系(　　)

   A. 小林和小明
   B. 小旦和小麻
   C. 小口和小明
   D. 小口和小麻
   E. 小麻和小明

2. 你知道在下列哪种条件下,小麻肯定为女性吗(　　)

   A. 小林和小明属于同胞兄弟姐妹
   B. 小明和小麻属于同胞兄弟姐妹
   C. 小口和小明属于同胞兄弟姐妹
   D. 小旦是小口的小姑
   E. 小旦是小口的小叔

3. 你知道在下列的判断中哪个肯定是错误的吗(　　)

   A. 小旦是小口的小姑
   B. 小明是小口的小姑
   C. 小超是小口的小叔
   D. 小旦是小口的小叔
   E. 小明是小口的小叔

4. 如果小明和小麻结为夫妇,你知道下列哪一判断肯定是正确的吗(　　)

   A. 小旦是男的

B. 小麻是男的

C. 小林是女的

D. 小超是女的

E. 小口是女的

5. 如果小口和小麻是兄弟关系,那么你知道下列哪一判断肯定是正确的吗( )

A. 小林和小旦属于同胞兄弟姐妹

B. 小超和小口属于同胞兄弟姐妹

C. 小林是男的

D. 小旦是女的

E. 小明是女的

商店打烊时

一天深夜,某商店值班人刚关上店里的灯,这时一男子来到商店并索要钱款,值班人打开收银机,收银机内的东西被倒了出来后那个男子逃走了,一位警察很快接到报案。

仔细阅读下列有关故事的提问,并在"对"、"不对"或"不知道"中做出选择。其中"T"代表"对","F"代表"不对","?"代表"不知道"。

(1) 店主将店堂内的灯关掉后,一男子到达

T　　　　　　F　　　　　　　　?

(2) 抢劫者是一男子

T　　　　　　F　　　　　　　　?

(3) 来的那个男子没有索要钱款

T　　　　　　F　　　　　　　　?

(4) 打开收银机的那个男子是值班人

T　　　　　　F　　　　　　　　?

(5) 值班人倒出收银机中的东西后逃离

T　　　　　　F　　　　　　　　?

(6) 故事中提到了收银机,但没说里面具体有多少钱

T　　　　　　F　　　　　　　　?

(7) 抢劫者向值班人索要钱款

T　　　　　　F　　　　　　　　?

(8) 索要钱款的男子倒出收银机中的东西后。急忙离开

T　　　　　　F　　　　　　　　?

(9) 抢劫者打开了收银机

T　　　　　　F　　　　　　　　?

(10) 商店灯关掉后,一个男子来了

T　　　　　　F　　　　　　　　?

(11) 抢劫者没有把钱随身带走

T　　　　　　F　　　　　　　　?

(12) 故事涉及三个人物:值班人、一个索要钱款的男子、一个警察

T　　　　　　F　　　　　　　　?

住中间房的是谁

小天、小风和阿利三人住在三个相邻的房间内,他们之间满足以下条件:

(1)他们三个人都喜欢一种宠物,一种饮料,一种啤酒——不是狗就是猫,不是橙汁就是葡萄汁,不是南京啤酒就是哈尔滨啤酒。

(2)小天住在喝哈尔滨啤酒的人的隔壁。

(3)小风住在爱狗者的隔壁。

(4)阿利住在喝橙汁的人的隔壁。

(5)没有一个人既喝南京啤酒也喝橙汁。

(6)至少有一个爱猫者喜欢喝南京啤酒。

(7)至少有一个喝葡萄汁者住在一个爱狗者的隔壁。

(8)任何两人的相同爱好都不超过一种。

请问:根据以上提供的条件,你能判断出住中间房间的人是谁吗?

增加女性人口

很久以前,有一位国王打算增加自己国家中妇女的人口数量,使之超过男子的人口数量,以让男人能有更多的妻妾。为了达到这个目的,他经过多日的思考后颁布了如下的法律:

一位母亲生了第一个男孩后,就禁止再生孩子。

国王论证:通过这种法律,有些家庭就会有几个女孩而只有一个男孩,但是任何家庭都不会有一个以上的男孩。相信用不了多长时间,女性人口就会大大超过男性人口。

现在请你分析一下,这个法律会产生这样的效果吗?

挤公交车

林东任职的单位离家比较远,每天上下班都挤公交车,幸运的是,离他家门不远处就是一个公共汽车站,汽车和电车都是每隔10分钟就来一次,票价也一样。唯一不同的是,汽车开过之后,隔2分钟电车才来,再过5分钟下一趟汽车又来了。

假如你是林东,你每天上班会选择坐哪一趟车呢?也就是说,你认为坐哪一趟车更省时间、更省钱?

不得不录用王小姐

当某个大型电视剧的拍摄过程正处于紧要阶段时,女一号演员由于某种特殊原因,不能到场,为了不影响正常拍摄,必须赶紧寻找一个合适的演员来替代女一号拍一些远景戏。

这天剧组举办了一场紧急试演会,有位气质优雅的王小姐前来应征。她进入举行试演的房间后,评审委员对她说:"请你做个有动作和台词的即兴表演,什么都可以。"于是,王小姐当场做了一个表演,结果不必等到试演完毕剧组就不得不录用王小姐了。

你能猜出王小姐究竟做了什么表演使得剧组不得不录用她吗?

拔河比赛

晚饭后,明明一家8口人在公园广场上做游戏。后来明明提出大家来玩拔河比赛。其中有3场比赛的结果是:

第一场:父亲为一方、5个孩子(2男3女)为另一方进行比赛,结果父亲输了;

第二场:母亲为一方、5个孩子(1男4女)为另一方进行比赛,结果母亲赢了;

第三场:父亲加1个儿子为一方、母亲加3个孩子(3女)为另一方进行比赛,结果父亲的一方赢了。

如果母亲加2个男孩与父亲加3个女孩进行拔河比赛,你能知道结果将会怎样吗?

睁眼与闭眼的次数

已经上了小学五年级的文文,每天都要做一道逻辑游戏题。一天,他在书上看到了这样一个奇怪的题目:

从你生下来到现在,是睁眼的次数多还是闭眼的次数多?

文文想了半天也无法算出究竟是睁着眼睛的次数多,还是闭着眼睛的次数多。

你能知道答案吗?

第100个玻璃球

在一次课堂上,老师给大家出了一道游戏题:

假设排列着100个玻璃球,由两个人轮流拿球装入口袋,能拿到第100个玻璃球的人为胜利者。

条件是:每次拿球者至少要拿1个,但最多不能超过5个。

请问:怎么拿就能保证你能得到第100个玻璃球?

瞎子去商店买剪刀

有一个哑巴到商店买钉子。他先把右手食指立在柜台上,然后左手握拳向下做敲击的动作,售货员看了后,直接给他拿来一把锤子,只见哑巴连连摇头。这时,聪明的售货员明白了他想买钉子。哑巴买完钉子后跟售货员握握手,高兴地走了。

这时又进来一个瞎子,他想买一把剪刀,你知道他会怎么做吗?

四个小女巫

在一片森林里生活着四个小女巫,她们每个人都饲养着一些蜘蛛,但每个人拥有的数量各不相同。她们眼睛的颜色,以及她们中意的女巫服装的颜色都各不相同。其中:

(1)灰色眼睛的小女巫和穿黑色服装的小女巫和艾玛3人共有8只蜘蛛。

(2)绿色眼睛的小女巫和穿红色服装的小女巫和罗拉3人共有9只蜘蛛。

(3)褐色眼睛的小女巫和穿银色服装的小女巫和辛迪3人共有7只蜘蛛。

(4)穿紫色服装的小女巫的眼睛不是灰色的。

(5)罗拉的眼睛不是蓝色的。

(6)艾玛的眼睛是褐色的。

已知条件:

(1)这四个小女巫蜘蛛的数量分别是:1只、2只、3只、4只。

(2)这四个小女巫的眼睛的颜色分别是:灰色、绿色、蓝色、褐色。

(3)这四个小女巫服装的颜色分别是:黑色、红色、紫色、银色。

(4)这四个小女巫的名字分别是:艾玛、罗拉、辛迪、琳娜。

请根据以上条件判断出这四个小女巫每个人眼睛的颜色、所穿服装的颜色以及饲养蜘蛛的数量。

轻松射击

有一个入伍不久的士兵,刚学会开枪。一天在训练的时候,要求他用眼罩把眼睛蒙上,手中握一支枪。连长把他的帽子挂起来后,让这个士兵向前走了40米,然后反身开枪,要求子弹必须击中那顶帽子。

结果这个士兵很轻松地就击中了那顶帽子。

你知道那个士兵是怎样做的吗？

老同学聚会

高中毕业20年后，大家组织了一次同学聚会，在叙旧的过程中得知甲、乙、丙三个要好的同学在各自的岗位上都做出了一些成绩，分别成为了教授、作家和市长。另外还有一些关于他们的信息：

(1)甲毕业于英语系、乙毕业于化学系、丙毕业于中文系。

(2)三人中的作家称赞中文系毕业者身体健康。

(3)化学系毕业者请三人中的教授写了一个大大的条幅。

(4)作家和化学系毕业者在同一个城市工作。

(5)乙向英语系毕业者请教过留学方面的问题。

(6)高中毕业后，化学系毕业者、乙都没再和丙联系过。

通过以上条件，你能判断出以下说法正确的是哪一项吗（　　）

A. 丙是作家，甲毕业于化学系

B. 乙毕业于英语系

C. 甲毕业于英语系

D. 中文系毕业者是作家

哪位是医生

章先生和太太有一个女儿，他的女儿和女婿有一个儿子。这个五口之家符合如下的情况：

(1)在这五人中有一个人是医生，而在其余四个人中有一个人是这位医生的病人。

(2)医生的孩子和病人父母亲中年龄较大的那一位性别相同。

(3)医生的孩子不是病人，也不是病人父母亲中年龄较大的那一位。

你知道哪一位是医生吗？

击鼓传花

在体育课上，体育老师让大家做击鼓传花的游戏。首先从甲学生开始，按照顺时针方向传下去，当传到乙同学时，鼓声正好停止。这时大家发现，如果从甲开始按照顺时针方向数，乙刚好是第五个，并且，他的下一个正好与甲面对面。

你能根据以上提供的这些条件，迅速判断出这个圆圈一共围了多少同学吗？

弹簧指针的变化

将一根弹簧用绳子系在天花板的挂钩上，绳子另一端系在地板上的挂钩上，另一端拉紧弹簧使弹簧上的指针读数为100千克。然后分别把50千克、100千克和150千克的砝码挂到弹簧上。

你知道弹簧上的指针读数分别为多少吗？

数字"W"

"W"代表的是一个非常简单的数字，但是猜出的人却不多。现在提供的条件如下：

$W \times W \div W = W$

$W \times W + W = W \times 6$

$(W+W) \times W = 10 \times W$

你能迅速根据以上提供的条件,猜出 W 到底是多少吗?

出发点是哪里

曾经有一名探险者,一天,他从某个地点出发,朝南走了1千米,接着又朝东走了1千米,再接着又朝北走了1千米,这时,他发现自己回到了原来的出发点。

你知道这是什么原因吗?

平安电话

李兴是做铝材生意的大老板,有一天去广州出差,晚上住在樱花大酒店。在他睡得正熟时,突然有人说是服务员来查房,他开门后,便被歹徒挟持,歹徒逼迫他当着他们的面给家里报平安。李兴的电话内容是这样的:"亲爱的老婆,你好吗?我是李兴,昨晚不舒服,不能陪你去夜总会。现在好多了,多亏广州梅花路32号的樱花大酒店经理上月送的特效药。亲爱的,不要和我这样的'坏人'生气,我们会永远在一起的,请你原谅我的失约,我的病不是很快就好了吗?今晚赶来你家时再向你道歉,可别生我的气呀!好吧,再见!"

5分钟后,警察突然出现在他们面前,歹徒不得不举手投降。

你知道李兴是怎么报案的吗?

扔食物给狮子

在一个动物园里,一些游客经常往狮子洞中随意扔食物给狮子吃,导致狮子消化不良,管理员想了很多方法,写了很多标语都没有起效。

后来他就写了一句特别的标语,里面并没有罚款或者义务劳动等字样,但是再也没有游客敢往狮子洞里扔东西了。

你能猜出这条标语是什么吗?

一次找出羊肉罐头

在仓库里,有一些没贴商标的牛肉罐头,每盒罐头重500克;同时,还有一些没贴商标的羊肉罐头,每盒罐头重490克。有一家客户要一批牛肉罐头,要求每10盒罐头装一箱。粗心的装卸工人把九箱牛肉罐头和一箱羊肉罐头放在了一起。

你能只称一次,就把这箱羊肉罐头找出来吗?

谎言

有一位老太太乘坐一辆出租车,在路上她一直喋喋不休地与司机说话,并总是不停地问司机问题,出于安全考虑,司机并没有回答。过了很久,司机对这位老太太说:"阿姨,对不起,我的耳朵快要完全聋了,昨天助听器坏了,现在还在修理呢,所以你刚才说的话我什么都没有听到。"

这位老太太听了这些话,就不再说话了,等到了目的地,她喊住司机停了车。刚下车,她突然意识到刚才司机对她说了谎。

你知道这位老太太是怎么知道的吗?

分别做了什么

每天晚上小燕子都很忙,昨天晚上她从9:00到11:30连续做了5件事情,但没有同时做两件事情。而且,她做每件事情用的时间也各不相同。

（1）小燕子10:05的时候在做数学题。
（2）第三件事情小燕子做了10分钟,第四件事情她做了50分钟。
（3）小燕子学习完语文后做了数学题,学习完英语后(20分钟)又学习了地理。
（4）小燕子曾经做过的事情:学习语文、学习数学、学习英语、学习地理、学习历史。
（5）小燕子花费的时间分别为:10分钟、20分钟、30分钟、40分钟、50分钟。

那么,根据以上条件的提示,请问小燕子从几点到几点分别做了什么事情?

朱淑贞的"断肠谜"

"下楼来金钱卜落,问苍天人在何方;恨王孙一直去了,骂冤家言去难留;悔当初吾错失口,有上交无下交;皂白何须问,分开不用刀;从今莫把仇人靠,千里相思一撇消。"

这是相传朱淑贞曾以断肠之情巧制的《断肠谜》一则,字里行间充满着一片怨恨决绝之情,不得不承认,此谜制得确实巧妙。

谜面由10个句子组合,每句各打一字。

你知道谜底是什么吗?

聪明的大明星

一位香港大明星在北京郊区购买了一座非常豪华气派的庄园。由于庄园的面积实在太大了,所以总是有人趁管理员不备进入其中游玩,原本干净的庄园,常常被弄得很肮脏、混乱。为此,管理员想了很多办法,可就是无法阻止这些人。

无奈之下,管理员只好把事情的实际情况原原本本地告诉了这位大明星。这位大明星思考片刻,想到了一个好办法。管理员照着他的主意去做,果然就再也没有人私自潜入到庄园里胡作非为了。

你能想到这位大明星究竟是想了一个什么样的办法吗?

不可能被处死

在一个大牢里,有一个犯人被判处死罪,这个犯人听到消息后非常恐惧。法官下令:从明天开始,到第七天傍晚,必须把这个死囚拖到刑场绞死。但如果在处决他的那一天早晨死囚知道了自己要被处以绞刑,那么这一天就不能处死他。这个犯人听到这个规定后非常高兴,他心里在想,这下可好了,我不可能被处死了。

你觉得这个犯人的想法有可能实现吗?

巧妙安排房间的钥匙

张师傅家有三个男孩子,这三个男孩子分别住在三个互不相通的房间,每个房间门上都有两把钥匙。

请问:如何安排房间的钥匙才能保证这三个男孩子随时都能进入每个房间?

集体的力量怎么变小了呢

有一次,一只小鸟、螃蟹和虾,想一起拉动一条鱼,他们三个套上绳索,嘴里还喊着口号,可无论怎么用力拉,就是拉不动。其实只是一条小鱼,只要螃蟹一个就能拉得动,但是为什么加上小鸟和虾就拉不动了呢?

取下竹竿上的好酒

在某个村庄里,有一家奇怪的饭店,卖酒的方式也是怪怪的。但是客人无不感到新鲜有趣,尤其是那些年轻人,虽然每每事与愿违,但还是有人乐此不疲。这家酒店平时只卖两种酒,一种好的,一种不好的。

怪就怪在它居然还有一条奇特的规定:想喝好酒的人必须从4米多高的竹竿上,将装满好酒的酒瓶拿下来,而且不准用梯子,也不许把竹竿砍断或放倒,而且不能爬。许多人只能望着酒瓶垂涎。

根据以上提供的条件,你有办法喝到好酒吗?

与其他人性别不同

子怡、小东、孙立和阿明有亲缘关系,已知下述条件:
(1)在这四人当中,有一个人与其他三人的性别不相同。
(2)在这四个人当中,有子怡的母亲、小东的哥哥、孙立的父亲和阿明的女儿。
现在请你找出究竟是哪一位与其他三个人性别不同?

一个字改变命运

古时候,有个丞相的女儿,早已经到了婚嫁的年龄,前来提亲的人把丞相府的门槛都踏破了。丞相却认为,那些有钱人家的公子,全都是没本事的花花公子,女儿怎么能嫁给这种人呢?

有一次,丞相听说一个叫李宁的人比较有才华,于是,他马上让人把李宁请来,想进一步考考他。丞相说:"我请教你一个字。一字九横六竖,问遍天下不知,有人去问孔子,孔子想了三天。"李宁等丞相说完,马上说出了这个字。

丞相听后点点头,高兴得合不拢嘴,于是,便把李宁留下来重用,又把女儿嫁给了他。

你知道这是什么字吗?

"零"爱意

假期刚过,学校里来了一位新女数学老师,没多长时间,她就被本校的两位男老师追求。

一天,女数学老师对两位男老师说:"请你们用数学的方式来表达你们对我的爱。"于是,一位老师立即说:"与他相比,我百倍地爱你。"另一位老师也接着说:"与他相比,我千倍地爱你。"听了这两句话之后,女老师不但没有感动,反倒说了这样一句话:"你们两位老师的意思我已经知道了,你们谁都不爱我。"两位男老师听完后如坠云雾。

你知道女数学老师为什么会这么说吗?

万能的变形木

某一家加工板材的工厂,在对外宣传自己的优势时,宣称工厂有一种"变形木",可以不经过切割、雕琢等任何加工手段,随心所欲地将它变形为立方体、圆柱体甚至圆锥体。

你知道这种"变形木"是什么做成的吗?

"枪"探真假

一辆长途公共汽车正在山路上缓慢行驶,突然,车上的女乘务员对大家说道:"我捡到了一个提包,里面还有很多钱,请问这只提包是谁的?快点来领。"

这时候,车厢里的乘客互相看了看,全都陷入了沉默。过了一会儿,一个小伙子站了起来,彬彬有礼地说:"乘务员,你好,这提包是我的,里面装的是我刚从银行里取出的钱。"

女乘务员打量了一下小伙子,说:"请你看清楚了,这只提包一定是你的吗?"

小伙子停顿了一下,似乎是认真地看了看提包,然后说:"没有错,是我的。要不是我的,我怎么会来领啊。"

女乘务员心中已经产生了怀疑,她打开包看了一下,忽然说道:"那么,这个提包里的手枪也是你的吗?"

"啊!有手枪?"小伙子掩饰不住脸上的惊慌,"对不起,我看错了,不是,这个包不是我的!"

这时候,满车厢里的人全都看着这个小伙子,小伙子顿时羞愧得恨不得从车窗一头蹿出去。

那么,在这个提包里真的有手枪吗?

装满屋

一位老人有两间房子,他只住了其中一间,而另一间空荡荡的,什么家具也没有。

一天晚上,老人的三个儿子一起来看他。不巧,儿子们刚来就停电了,老人点起蜡烛,把三个儿子叫到身边。

"你们谁愿意搬来和我一起住?如果谁愿意跟我住,将来这两间房子就归谁。"老人问三个儿子。

三个儿子都争着说愿意。

"这样吧,你们谁能最快地把那个空屋子用什么东西装满,我就让谁搬来住。"

这时候,大儿子说:"我是老大,应该让我先来。"于是他打电话让家具店立即给送家具过来,价格可以高些。

二儿子说:"现在该轮到我了。"他敲邻居家的门,想从邻居那里借一些家具,然后明天给他们买新的家具。

小儿子也采取了行动,很快就用一种东西把那间空屋子装满了。

你知道他采取了什么行动吗?

王刚的未婚妻

王刚先生认识李娜、张珊、孙余香、王静、李倩这五位女士。她们满足以下条件:

(1)这五位女士的年龄可以概括为两种情况:其中的三位女士年龄小于25岁,另外两位女士大于25岁。

(2)其中两位女士的职业是教师,另外三位女士的职业是普通职员。

(3)李娜和孙余香属于相同的年龄水平。

(4)王静和李倩属于不同的年龄水平。

(5)张珊和李倩的职业相同。

(6)孙余香和王静的职业不同。

(7)王刚先生将同其中一位年龄大于25岁的教师结婚。

你知道在这五位女士中谁是王刚先生的未婚妻吗?

救命如救火

这是某一年某一天凌晨2点发生在丹麦首都哥本哈根的事:

有一位孤独的老太太,不慎在家中跌倒,一头撞在桌角上,再也爬不起来了。绝望中,她看到了电话上的报警号码"09",于是忍着剧痛,抓起话筒,拨了这个号码。

消防支队的值班员听到报警的电话铃声后,立即拿起话筒:"喂,我是消防支队,有事请讲。"

可是老太太处于昏迷状态,无法很快回答消防支队值班人员的问题,这样,消防支队值班人员只能从话筒里听到那艰难的喘息声。他耐着性子呼叫了许久,终于,一丝微弱的声音传了出来:

"我不行了,快来救命……"

"你是谁?在哪里?"

"我是一个孤老太太,在我家中,我刚才跌倒了"

……

"请告诉我门牌号码,我们立即就去!"

"我……我记不清了……"

"是在市区吗?"

"……是,是的。靠马路……灯太亮……我受不了……快来呀……"

对方大概昏迷过去了,只有电话里那喘息声还能隐约分辨出来。救命如救火!但必须先查出老太太的住址才行。

值班人员望着手中尚未挂断却无人应答的话筒,望着车库里严阵以待的十几辆消防车,果断地做出了决定。

如果你是这个值班人员,将采取什么办法,迅速确定那位亟待抢救的老人的住址?

放火自救

一位旅行社的负责人在给员工培训的时候,讲了这样一个真实的故事:

有一天,一群旅客正顶着大风在内蒙古多伦大草原上行走。突然,有一位游客发现前方不远处浓烟滚滚。

"不好了!大草原失火了!"风助火威,大火迅速向他们逼近。大家拼命掉头往回跑,但是大火跑得可比他们快。人的体力毕竟有限,火与人的距离越来越近,而前面还是一片茫茫见不到头的草原。惊慌,绝望,人们再也跑不动了,纷纷跌倒在干草地上。

正在万分危急之时,一个老猎人赶来了,他看了一下火势,果断地说:"要想活命,听我指挥!大家马上动手拔掉面前的一片干草,清出两丈见方的地方。"

大家怀着生还的希望,不一会儿就清出了一块两丈见方的空地。老猎人让大家集中在空地的一边。

一会儿工夫,大家就被高墙似的大火包围了。

这时,只见那位老猎人不慌不忙地把一束烧着的干草扔到迎着大火那面的干草丛里,然后走到空地中央,对大家说:"现在你们可以看看火怎么跟火作战了。"

奇怪的事发生了,老猎人放的火,并没有向人们烧来,反而迎着风,向大火方向烧去,这两股火相遇,打起架来了。人们面前的空地越来越大,几分钟以后,大火绕过这块空地,向前面奔去了。人们得救了,大家围着老猎人激动得眼泪直流。

讲完这个故事后,这位负责人问大家,这位老猎人放的火怎么会顶风扑向大火呢?

你知道这是什么道理吗?

最多卖多少根胡萝卜

有一个商人骑一头驴要穿越1000千米长的沙漠,去卖3000根胡萝卜。已知驴一次性可驮1000根胡萝卜,但是这头驴每走一千米就要吃掉一根胡萝卜。

那么,这个商人最多能卖出多少根胡萝卜?

币值朝上还是国徽朝上

一天,妈妈正在客厅看电视,电视上正在播放魔术大赛。其中有一位魔术师在表演魔术:只见他在桌子上面撒下十多个硬币,然后转过身去,请一个观众把硬币一个个翻过来,再用一只手掌盖住一个硬币。魔术师转回身子后,立刻就说出了观众手下的硬币是币值朝上,还是国徽朝上。妈妈看完这个节目后,怎么也不知道这位魔术师是怎么猜到的。

你知道这位聪明的魔术师是怎样猜到的吗?

分糖

在实验室里,有一台没有重量刻度的盘式天平,只有7千克和2千克的砝码各一个。

请问使用3次天平,能否把140千克的糖分成90千克和50千克各一份呢?

难题不难

很久以前在一群朝圣队伍中,有一个伦敦法官公寓的伙食负责人,据说他是一个罕见的灵巧聪慧之人。

当他们在一个村落停驻的时候,发生了这样一件事:一个陶瓷主与一个木匠坐下来吃东西,陶瓷主有5个大圆饼子,而木匠只有3个,伙食负责人请求与他们分享食物。当然,这3人分食的数量同样多。饱食之后,伙食负责人拿出8枚钱币微笑说:"请你们双方解决怎样公平分配这点膳食费,这是考考你们思维能力的一道难题。"

这时,吸引了朝圣队伍中的一些人参与了讨论。

有一个保洁与一个差役,他们极力主张:陶瓷主应得5个钱,木匠得3个钱。

有一个愚钝的农夫提出荒谬的建议:陶瓷主得7个钱,而木匠只得1个钱。

而花匠、牧师与厨师都认为:他们二人应平均分摊。

他们都竭力排斥别人的意见,最后,大家决定还是去问这位伙食负责人,要他自己拿出办法来。

那么,你认为他会怎么解决这个问题呢?

鹅卵石

在一个人工湖里有甲、乙、丙、丁四条金鱼。一天,它们分别发现了一些漂亮的鹅卵石。这四条金鱼便把这些鹅卵石在彼此之间相互赠送,每条金鱼都接受了其他金鱼的鹅卵石。但是,作为礼品的鹅卵石数量各不相同,而且没有两个金鱼之间互相赠送的情况。而且,赠送后它们各自拥有的鹅卵石数量各不相同。

依据下面的条件,你能知道它们一共发现了多少鹅卵石,谁向谁赠送了多少鹅卵石吗?

(1)丁向拥有8个鹅卵石的甲赠送,最后手里有2个鹅卵石。
(2)丙在赠送后有5个鹅卵石。
(3)已知开始的时候各自拥有的鹅卵石数量分别为:5个、6个、7个、8个。
(4)它们赠送的数量分别是:1个、2个、3个、4个。

有趣的男人

张先生住在10楼,每天他会乘电梯下到大堂,然后离开。晚上,他会乘电梯上楼,如果有人在电梯里或者赶上下雨,他会直接坐到10层。否则,他会坐到第7层,然后他会走3层到他的公寓。

你能解释张先生这样做是为什么吗?

奇怪的两个家庭

聪明的小石头给他的爸爸出了一道题:"有2个家庭,家人每天都在一起,从不分开,爸爸可以马上面对每个家人,但是家人之间却很难面面相对。"爸爸想了半天也没有回答上来。

你知道这是为什么吗?

小狗的下午茶

春节那天,小狗按顺序到它在森林中的四个动物朋友家里去拜年,在每个动物家里都品尝了各不相同的奶酪和各不相同的红茶,并且满足以下条件:

(1)在小狗拜访了山羊的家之后才拜访了喝A红茶的家。但不是山羊家的下一家。

(2)在小狗拜访了喝B红茶的家庭后才去拜访了吃1奶酪的家庭,但也不是紧接其后。

(3)在小狗拜访了吃2奶酪的家庭后才拜访了斑马的家,但也不是紧接其后。

(4)小狗在小鹿的家里吃了3奶酪,但是没有喝B红茶。

(5)小狗在小兔的家里品尝到了C红茶和2奶酪。

补充条件:

小狗的四个朋友分别是:

山羊、小兔、小鹿、斑马。

奶酪分别指:

1 干羊乳酪、2 荷兰干酪、3 英式干酪、4 意大利奶酪。

红茶分别指:

A 祁门红茶、B 伯爵红茶、C 薄荷茶、D 水果茶

你知道小狗在每个动物家里都受到了怎样的招待吗?

均匀调配

乐乐家的餐桌上有两个瓶子,一个瓶子装满了牛奶,另一个瓶子装满了可乐。同时餐桌上还有1号、2号、3号3只杯子,每只杯子的容积是瓶子容积的1/3,现在乐乐想将牛奶和可乐均匀调配好,乐乐该怎么办才能做到呢?

沙漏计时

现在有10分钟和7分钟的沙漏计时器各一个。如果用这两个计时器计量18分钟的时间,你知道采用何种步骤最简单吗?

点燃时间

有天晚上,张老师正在家里批改学生作业,房间里电灯突然熄灭——保险丝烧断了。张老师随手点燃了书桌里备用的两支蜡烛,在烛光下继续批改学生作业,直到电灯修好。

第二天,张老师想确定昨晚断电共有多长时间。他当时没有注意断电开始的时间,也没有注意是什么时候来的电,也没有留意蜡烛原来的长度。他只记得两支蜡烛是一样长短的,但粗细不同,其中粗的一支能用5个小时(完全用完),细的一支4个小时用完。两支蜡烛都是经张老师亲自点燃的新烛。张老师没找到蜡烛的剩余部分,家里人把它扔掉了。

"残烛几乎都烧光了,已不值得保留。早上收拾屋子的时候给丢掉了。"家里人这样回答。

"你能记得残余部分有多长吗?"张老师问道。

"两支残烛不一样。一支残烛的长度等于另一支残烛的4倍。"家里人说道。

现在张老师无法知道更多了,只好根据上述条件为限,据此算出蜡烛的点燃时间。

如果是你,你应该怎样摆脱这个困境?能算出点燃时间吗?

猜年龄

王姐、刘杰、丽丽、宋阿姨他们4个人在午休的时候,聊到一些明星的年龄,后来他们就对一部电视剧明星的年龄进行猜测,实际上他们4人中只有一个人说对了,发言如下:

王姐:她不会超过20岁。

刘杰:她不超过25岁。

丽丽:她绝对在30岁以上。

宋阿姨:她的岁数在35岁以下。

给出以下条件判断答案:

(1)刘杰说得对。

(2)她的年龄在35岁以上。

(3)她的岁数在30~35岁之间。

(4)宋阿姨说得对。

你知道谁说对了这位明星的年龄吗?

找回草帽

有一位老人头戴一顶大草帽,在河中坐着划艇钓鱼。河水的流动速度是每小时3英里,他的划艇以同样的速度顺流而下。

"在这一带已经钓了很长时间的鱼了,现在这一带的鱼都惊了,不上钩。我得向上游划行几英里。"他自言自语道。

正当他开始向上游划行的时候,忽然刮过来一阵风把他的草帽吹落到船旁的水中。但是,这位老人当时只顾着向上游划了,并没有注意到他的草帽丢了,仍然向上游划行。直到他划行到船与草帽相距5英里的时候,才发觉自己的草帽不见了。于是他立即掉转船头,向下游划去,终于追上了他那顶在水中漂流的草帽。

在静水中,老人划行的速度总是每小时5英里。在他向上游或下游划行时,一直保持这个速度不变。当然,这并不是他相对于河岸的速度。

例如,当他以每小时5英里的速度向上游划行时,河水将以每小时3英里的速度把他向下游拖去,因此,他相对于河岸的速度仅是每小时2英里;当他向下游划行时,他的划行速度与河水的流动速度将共同作用,使得他相对于河岸的速度为每小时8英里。

现在,假设老人是在下午2时丢失草帽的,那么当他找回草帽时是在什么时间?

牧场主分牛

很早以前,在美国西部有一位大牧场主,他岁数已经很大了,再加上最近一年来身体不是很好。有一天,把儿子们召集在一起,并告诉他们,自己想在有生之年,趁早把牲口分给大家。

于是他对大儿子说:"老大,你认为你能饲养多少头奶牛,你就拿走多少,然后你的妻子可以取走剩下奶牛的九分之一。"

他又对二儿子说:"老二,你除了可以拿走同你大哥一样多的奶牛以外,还可多得一头,因为你大哥有了先挑的机会。至于你的好妻子,我要把剩下奶牛的九分之一给她。"

最后对三儿子说了同上面类似的话,他可拿到的奶牛比他二哥多一头,而其妻将拿到剩下奶牛的九分之一。同样的话也适用于他的其他儿子：每人拿到的奶牛数比其年龄稍大的兄长所得的奶牛数多出一头，而每个儿子的老婆拿到余下来的奶牛的九分之一。

当最小的儿子拿走了奶牛之后，已经没有什么牛剩下来给他的妻子了。于是大牧场主说道："马的价值是奶牛的两倍，我现在愿意把所有的7匹马按平均的原则分配，使每个家庭都分到同样价值的牲口。"

根据以上条件，请你判断出这个大牧场主共有多少头奶牛，他有几个儿子？

64个小方格

很久以前，有一个国王打算赏赐宰相，于是在一天的早朝上当着众大臣的面对宰相说："爱卿，你为江山社稷立下了汗马功劳，现在国泰民安，我想赏赐你一些东西。我是天下最富有的人，我相信，不管你要什么，我都会满足你的。"宰相想了一下说："陛下，谢谢你的美意，为了不辜负你的美意，我就要一点儿东西吧。我想请你在棋盘的第一个方格里赐给我一粒黄豆，在第二个方格里赐给我两粒黄豆，以后每个新方格里的黄豆都是前一方格的一倍，一直到第六十四个方格。"国王一听，认为只有64个方格，应该好办，于是爽快地答应了。

但是过了好几天，国王还是没有把黄豆赐给宰相。原来，宰相提出的这个要求听起来简单，做起来却很难，国王根本没有这么多黄豆赐给他。

请问，你能精确地计算出宰相究竟要的是多少粒黄豆吗？

从某地到某地

一位商人骑着一头瘦瘦的骡子在从甲地到乙地的路上。当地的一个向导阿三牵着骡子的缰绳走在前面。商人问他，我的坐骑能否变个速度？他说可以，但只会变得更慢，所以我们只得以始终如一的速度继续旅程。

为了给阿三一点鼓励——他可是商人主要的依靠，商人说我们可以取道C，以便喝点饮料，他同意了。

他们走了40分钟以后，商人问道："我们已经走了多远？"

阿三回答说："刚好是C的一半那么远。"

他们又慢慢向前走了7英里以后，商人问："到甲地还有多远？"

阿三和上次一样回答："刚好是离C的一半那么远。"

后来他们终于到了甲地，请你确定从甲地到乙地的距离。

宁可挨饿也不吃极地熊

很多去南极考察人员经常会因为食物供应的问题而挨饿，但他们从来不去捕杀极地熊，也没有人提出吃熊肉的要求，虽然他们都知道如何去捕杀极地熊。

你知道其中的原因吗？

张老板卖水

水店张老板非常有经商头脑，现在他店里有240千克矿泉水，他想运往山区去卖。他每次最多携带60千克，并且每前进一千米须耗水1千克（均匀耗水）。假设水的价格在出发地为0元，以后水的价格就会与运输路程成正比，（即在10千米处为10元/千克，在20千米处为20元/千克……），又假设张老板必须安全返回。

那么，这240千克水他最多可卖多少钱？

亲兄弟

离家多年的哥哥回到家中,免不了要与弟弟叙叙旧。哥哥想起自己有个侄女最近结了婚,便问起此事。然而,弟弟却说没有一个到了出嫁年龄的侄女。

请你想一想,如果他们俩是亲兄弟,那么会有这种事吗?

红色的钢笔

一天,妈妈给三兄弟买回了红、白、黑3支钢笔,分给这三兄弟每人1支,但他们都想要红色的,怎样分好呢?

大哥提出一个办法:每人一次掷两个骰子,如果两个骰子上点数的和是2、3、4或5,就分得白色的;如果点数的和是6或7就分得红色的;如果点数的和是8、9、10、11或12,就分得黑色的。

想想看,大哥的这种分法合理吗?

小朋友打水

有甲、乙、丙三个二年级的小同学同时到学校自来水龙头前排队打水。甲打满一桶水的时间需要3分钟,乙打满一桶水的时间需要2分钟,丙打满一桶水的时间需要1分钟。

现在你知道他们打完水一共要花多少时间吗?

裁缝"偷布"

一天,爷爷给孙子出了一道游戏题:

古时候,有一个非常吝啬的财主,一天,他请了一个非常有名的裁缝到家给他做衣服。但财主怕裁缝偷他的布,就一直在旁边看着。

裁缝看出了财主的心思,就对他说:"东家,你这布是9尺,我能从你这布上偷下8尺来,还能照着尺码给你做成衣服,你信不信?"

听了裁缝的话,财主想了半天,觉得也不可能。于是两个人便打赌,如果裁缝输了,就不要工钱,如果财主输了,就给裁缝加5倍的工钱。

结果,财主输了,不得不给裁缝加5倍的工钱。

你知道裁缝是怎么做的吗?

相同的小球

一天,上了高中二年级的凌风走到小区门口,被邻居张大爷叫住了,原来,张大爷有一道游戏题不知道该怎么做。想让这位高才生帮帮忙。这道游戏题是这样的:

有红、黄、蓝、黑四种颜色的小球各若干个,每个人可以从中任意选择两个,那么需要几个人才能保证至少有两个人选的小球颜色相同?为什么?

不愧是高才生,凌风很快就告诉了张大爷正确答案。

你知道正确答案吗?

不合格的乒乓球

现在有80个外观一致的乒乓球,其中一个和其他的重量不同(当然,现在并不知道更轻还是更重)。现在给你一个天平,允许你称四次,把重量不同的那个乒乓球找出来。

你知道该如何称吗?

巧放弹簧

李冬冬是某弹簧厂的仓库保管员,他将1千个小弹簧分放在10个盒子里,一旦需要,只需告诉他1000以内所需弹簧数,他都可以拿出若干个盒子,凑足所需的小弹簧数,而不必打开盒子去数小弹簧。

请问李冬冬在10个盒子里各放了多少个小弹簧?

邻居分羊

很久以前,在某个村庄里有个老农民,临终前他将三个儿子叫到面前,有气无力地说:"我就要去见你死去的妈妈了,这一生没有给你们留下更多的财产,只有19头羊,你们分了吧:老大分总数的1/2,老二分总数的1/4,老三分总数的1/5。"说完,这位老农民便闭上了眼睛,停止了呼吸。

三个儿子办完了丧事,便开始分羊了。

当时有不准杀生的规定,三个儿子既要遵守规定,又要执行老人的临终遗嘱,可是,左思右想也没有办法解决。

一天,有个邻居来家串门,见他们三兄弟唉声叹气,很是奇怪。邻居问明原因后,思索了一会,便从家里牵来了一头羊,便很快帮他们把羊分好了。

按照邻居的办法,既没有宰杀一头羊,又遵照了老父的遗嘱。弟兄三人顿时眉开眼笑。

你知道邻居老人用了什么办法吗?

坚持做运动的天数

在很久以前,有一家姓冯的大户人家,大少爷身体从小就不太好,一天,大少爷听说做运动有助于健康,就决定试试,于是他在某个月的前半个月(即1日到15日)做了五种运动。坚持每种运动的天数各不相同,而且,同一天里不做两种运动。

根据下面的条件,你能推断出究竟哪天他在做什么运动吗?

(1)大少爷在4日的时候打了高尔夫球,8日的时候去滑雪了,12日的时候去练习骑马了。

(2)大少爷在做第三项运动时,只进行了一天时间。

(3)大少爷的第四项运动是躲避球。

(4)大少爷用了三天时间做的运动项目不是躲避球也不是游泳。

(5)大少爷参与的运动有高尔夫球、滑雪、骑马、躲避球、游泳五项项目。

(6)大少爷的运动天数分别为:只有一天、连续两天、连续三天、连续四天、连续五天。

哪个系就学

在某大学的一个大学宿舍里住着四个研究生,他们分别是江苏人、湖北人、山西人和北京人。他们分别在中文、国际贸易和历史三个系就学。其中:

(1)北京籍研究生单独在国际贸易系。

(2)山西籍研究生不在中文系。

(3)江苏籍研究生和另外某个研究生同在一个系。

(4)湖北籍研究生不和江苏籍研究生同在一个系。

你能根据以上条件推出江苏籍研究生所在的系为哪个系吗?

怀丙打捞铁牛

曾经在很多刊物上都刊登过怀丙打捞铁牛的故事,具体内容如下:

宋代时,永济县的城门口贴了一张醒目的官府告示,上面写着:因为黄河泛滥,城外浮桥被冲毁。两岸拴桥的八头铁牛亦卷入水中。官府为重建浮桥,镇住洪水,有能将铁牛一一捞出者,赏银千两!

告示前围着一堆人仰头观看,议论纷纷。

一头铁牛数千斤重,那时候又没有现代起重机,谁有这么大的力量,能把铁牛拖上来?更何况铁牛还沉没在水底呢!

有人说:"除非等水退下了,叫几百个人去抬……"

"眼下洪水泛滥,没有铁牛镇住,怎么能等到河水干涸呢?"官府担忧,百姓也心急。

告示贴出多日,无人敢揭榜应召。

一天,忽然来了个穿着宽大法衣、面目清瘦的和尚,他认真地读了几遍告示后,便捋起衣袖,伸手揭下告示,将它折叠起来,从容地拿走了。

围观的人看着这位身体单薄的光头和尚,一片惊疑,有人鄙夷地问道:"师父,你揭榜是去捞铁牛吗?"

有人好奇地问道:"一头铁牛几千斤,八头铁牛数万斤重,师父,莫非有神仙帮助你捞吗?"

和尚淡淡一笑,说:"铁牛是被水冲走的,我就让水再把它送回来。"

这神神秘秘的回答,更让大家摸不透。

打捞铁牛的那天,围观的人群黑压压一片。

只见那个光头和尚,请了一些助手,撑着两只木船,果然把铁牛一个个捞了出来。

后来人们才知道,这位和尚就是著名的工程学家怀丙。

那么,你知道怀丙是怎样把铁牛从水里捞出来的吗?

入住旅馆

在五一黄金周的时候,刘丽、娜美、蒙蒙、莉莉安4人,分别在不同时间入住海边的休闲旅馆,又在不同的时间分别退了房。其中:

(1)停留时间最短的是刘丽,停留时间最长的是莉莉安。而且,娜美和蒙蒙的滞留时间相同。

(2)莉莉安不是8日离开的。

(3)莉莉安入住的那天,蒙蒙已经住在那里了。

已知条件如下:

(1)她们入住时间分别为:1日、2日、3日、4日。

(2)她们离开时间分别为:5日、6日、7日、8日。

提示:假如说9日入住,10日离开,停留时间算2天。

那么,你知道4人分别是哪天入住又是哪天离开的吗?

清理盘子

有一天,小花猫过生日,它把所有的好朋友都约来,晚上要同它一起过生日。为了让大家能够吃好,它准备了很多好吃的,平日里小花猫就喜欢吃鱼,经常是好几个盘子里都装上鱼,这不现在盘子不够用了,一共差3个盘子,去邻居家借,因为有点远,来不及了,所以它只能把装鱼的盘子清理一下。现在有四只盘子,其中一只盘子里有3条鱼,一只盘子里有1条鱼,还有两只盘子里没有鱼。小花猫想把鱼集中到一个盘子里,但是它每次只会从两只盘子里分别拿出一条鱼放到第三只盘子里。

那么,小花猫需要几次才能把所有鱼都集中到一个盘子里面去呢?

谁敲钟速度最快

在一个寺院里,每天由3个和尚负责敲钟,第一个和尚总是用10秒敲响10下钟,第二个和尚总是用20秒敲响20下钟,第三个和尚总是用5秒敲响5下钟。他们每人所用的时间是这样计算的:从敲第一下开始到敲最后一下结束。

那么,现在需要知道这3个和尚的敲钟速度是否相同?如果不同,假设一次敲50下钟的话,这3个和尚谁先敲完?

戴手套

有一年,在欧洲一个岛国上散播着一种极易通过接触传染的疾病,人一旦染上这种病,不出一个月便会发病身亡,幸好该病可以通过外科手术治愈。

一天,国王早上起床感觉身体不舒服,怀疑自己得了该病,于是在岛上找了三个医术高明的医生,命令他们轮流给自己做手术。然而,岛上只有两副已消毒的手术手套。

那么,在不确定那三个医生是否已被传染的情况下,怎样做最安全?

昨天和今天各吃什么

同事小王、小宋和小李三人每天中午都一起去同一家餐厅吃饭,他们每人每餐吃的不是一份套餐就是一碗拉面。如果小王吃的是一份套餐,那么小宋吃的就是一碗拉面。吃套餐的不是小王就是小李,但是不会两人都吃套餐。小宋和小李也不会两人都吃拉面。

你能判断出他们三人当中谁昨天吃的是套餐,今天吃的是拉面吗?

你是属于情绪化的人吗

(1)你希望自己成为一名什么样的人(　　)

A. 工程师　　　　B. 确定不了　　　　C. 文科教授

(2)你平时喜欢阅读什么书(　　)

A. 自然科学　　　B. 不能够确定　　　C. 哲理书

(3)你所倾心的是哪种行业(　　)

A. 音乐　　　　　B. 不能确定　　　　C. 机械工作

(4)你喜欢(　　)

A. 负责指挥几个人的工作

B. 不能够确定

C. 和同事合作

(5)你偏爱观看什么类型的影片(　　)

A. 军事、历史题材的电影

B. 不能够确定

C. 富有感情、充满幻想的言情片

(6)你希望自己成为一位艺术家而不是工程师吗(　　)

A. 是的　　　　　B. 不能够确定　　　C. 不是的

(7)你最爱听的音乐是(　　)

A. 欢快活泼的　　B. 不能够确定　　　C. 感情沉郁富有激情的

(8)你经常会想入非非吗(　　)

A. 是的　　　　　B. 介于 A、C 之间　　　C. 不是的

(9)对于像医生、教师等文化素养高的人，即便他们犯了错误，你认为侮辱他们也是不应该的吗(　　)

A. 是的　　　　　B. 介于 A、C 之间　　　C. 不是的

(10)你最偏爱哪一学科(　　)

A. 语文　　　　　B. 不能够确定　　　　C. 物理

评分标准：

(1)(3)(4)(6)(7)题的 A、B、C 选项分别得 0、1、2 分；

(2)(5)(8)(9)(10)题的 A、B、C 选项分别得 2、1、0 分。

枯井中的喜鹊

有一只喜鹊一不小心掉进了一口枯井里，你猜一猜，它能自己飞出来吗？

第二辑
逆向推理类谜题游戏

酬金

星期天的早上，某集团总裁正在公园的林荫小道上散步。忽然，一个年轻漂亮的女子同他打招呼。总裁问道："小姐，你是哪一位？我们以前见过面吗？你怎么认识我呢？"

那女子冷冷地说："你不认识我，但我认识你，我是一个刺客！"

总裁的脸色一下子变得煞白，紧张地脱口而出："啊，你是那小子派来的吗？"并苦求饶命。那女子说："请别误会，我是来帮助你的。我怎么能害你呢？你的对头是不是通信设备公司的经理？"

"是，是，你的消息太灵通了，在商业上，他是我最大的敌人，我巴不得他早点儿死掉！"

那女子用商量的口气说道："没问题的，这件事就交给我办吧！请你放心，我要让他无声无息地死掉——让他病死。至于采取什么办法，你最好别问了。而且，干掉他后再付钱，不要预付金，怎么样？"

"好！没问题，事成之后，重金酬谢！"3个月后，总裁听说通信设备公司的经理因心脏病突发，治疗无效去世了。

随后，在一个星期天的早晨，还是在那条林荫道上，总裁再次碰到那个女子，他如数付了酬金，那女子迈着轻盈的步子走了。

你能猜出那个女子用什么办法使通信设备公司的经理病死，从而得到一笔数目可观的酬金吗？

依据

"我的老天啊，我的宝石戒指怎么丢了！"

深夜从一家旅馆的客房里传来一声尖叫，张太太很生气地告诉保安她的宝石戒指被人偷了，并要旅馆作出赔偿。

探长接到报案后，立刻赶到现场，向失主了解详情。张太太说："我刚淋浴完，打开浴室门，就从浴室的镜子里看到一个身高大约178厘米的黑衣男子从我的房间跑出去。"探长看看浴室的镜子，问："太太，你真的是从这面镜子里看到的吗？"张太太肯定地点了点头。

这时，探长笑了笑："收起你的谎言吧，你只不过是为了拿到保险金才这样做的。"

你知道探长的依据是什么吗？

分身之术

从前有座山，山上有座庙。山上有一条小路可以从山上的庙走到山下的集市。每个周一的早上8点，就会有一个小和尚去山下的集市买庙里急需的东西，在周二早上8点从山下回山上的庙里。

小和尚的上下山的速度是任意的，但是在每次往返中，他总是能在周一和周二的同一钟点到达山路上的同一点。例如，有一次他发现星期一的10点和星期二的10点都到了山路靠山脚的地方。

你能知道这是怎么回事吗？

他明白了

张斌是一位精明能干的警员，有一天下午刚下班，他赶紧开车去探望生病的好友，但是好友家有点远，没过多久天就黑了，这时他的肚子也在咕噜咕噜地叫。于是，张斌下车找了家餐馆用餐。

从餐馆出来后，一位妩媚漂亮的女人请求搭车回家，张斌很爽快地就答应了。但开车不到一千米，后面就有一辆小汽车追了上来，那个女人回头看了一眼，便大叫起来："追来的肯定是我丈夫，他会杀死我们的！"张斌觉得有点奇怪，加上天黑路不熟，他决定不和追车赛跑，干脆把车停到了路边，很快追车也停了下来，从车里跳出一个凶恶的男人，冲着张斌大喊大叫。

不一会儿，张斌完全明白了，他平静地指出了他们二人精心策划的这场闹剧的破绽，这对男女垂头丧气地溜走了。

你知道张斌到底明白了什么吗？

一份保险单

有一次，劳斯探长受夏威夷警方的邀请去协助调查一起走私案。劳斯探长决定乘坐游轮前往，不料游轮起航不久，就遇上了台风，此时的游轮像一只纸船随波逐流。待到风浪平静下来后，却发现游轮最后一排的座位上有一位男士被人刺死了。船上一时大乱，船长请求劳斯探长尽早侦破此案以安抚乘客。

劳斯探长仔细观察了船舱内乘客的表情，看见死者的腿上放着一张乘客保险单，字迹清晰工整。乘务员介绍说："每一位上船的乘客都要填一张这样的保险单，他填好后就一直低着头坐着，后来才发现他死了。"

下船后，这名乘务员就被劳斯探长带到了当地的警察局。

你知道劳斯探长为什么要把这个乘务员带到当地的警察局吗？

说谎

在小明的班里，大家都知道甲、乙、丙三个同学都喜欢对别人说谎话，不过有时候也说真话。这一天，甲指责乙说谎话，乙指责丙说谎话，丙说甲与乙两人都在说谎话。其实，在这三个同学当中，至少有一个人说的是真话。

那么，到底是谁在说真话呢？

门外的证据

齐齐瓦格欠了滕新德很多钱，为了躲债不得不搬到一个秘密住所，几天以后还是被债主滕新德发觉了。这天夜里10点，齐齐瓦格正在客厅里看电视，滕新德找上门来，他嘴里嚼着口香糖，索还债款。

齐齐瓦格赶紧把滕新德请到客厅，一面央求他再多宽限一点时间，一面从冰箱里取出啤酒，倒进酒杯，请他喝。滕新德打量着齐齐瓦格的新家说："我说老兄，你可真会享受啊，借我的钱不还，还住这么高档的房子。从这点来看，你不是没有钱，就是想赖账。"正说着，齐齐瓦格趁滕新德不注意抄起空酒瓶就砸在了他头上。滕新德受到突如其来的一击，一声也没吭便倒地身亡了。

齐齐瓦格赶紧从车库把汽车开出来，再把尸体装进行李箱放到车上，开到很远的郊外，把尸体抛进一个池塘里。凌晨两点回到家，他又把房间打扫得干干净净，桌椅、啤酒杯、大门把手及门铃的按键都擦了又擦。这样，滕新德来访的痕迹一点儿也没留下。

由于齐齐瓦格神经过分紧张，吃了安眠药才入睡，第二天醒来已是傍晚时分了。这时，门铃又响了起来，齐齐瓦格开门一看，有两个警察站在门口。

"先生，昨晚有个叫滕新德的到你这儿来过吗？他的尸体今天早晨在郊外的池塘里被发现了，他上衣口袋里的一张卡片上写着你家的地址。""不。昨天晚上没有任何人来我家。我和滕新德先生很长时间没见面了。他怎么会出事呢？"齐齐瓦格故作镇静地回答。然而，警察却笑着说："这可奇怪了，实际上今天上午我们已经来过一次了，怎么按门铃也没人开门，以为你家里没人就回去了。当我们正准备回去的时候，赶巧在你家大门前拾到了一个很有趣的东西，经鉴定正是被害人掉的。"警察从衣袋里掏出一个小玻璃瓶，让齐齐瓦格看里边装的东西。齐齐瓦格见罪行已被揭露，只好如实招供。

你能猜出警察捡到的是什么东西吗？

无法模仿的动作

在一个动物园里,有一只聪明的小猴子很喜欢模仿人的动作,它的姿势、手势简直像一面镜子,能模仿得毫无差别。很多人尤其是一些小朋友只要是来到动物园,都很喜欢逗这只小猴子。

一天,一个小女孩走到猴子面前,右手抚摸自己的下巴,猴子就用右手抚摸下巴;她闭上左眼,猴子也闭上左眼;她再睁开左眼,猴子也立刻睁开左眼。

可是,动物园的饲养员却告诉大家:"虽说这只小猴子很聪明,模仿能力很强,但是一个简单的动作它却永远也不会模仿,这不仅是猴子办不到,人恐怕也不能办到。"

你知道这位动物园的饲养员指的是什么动作吗?

外来船的数量

通常情况下,每天中午,会有一艘轮船从法国的某港口驶往美国纽约的某港口,在同一时刻美国纽约的某港口也有一艘轮船驶往法国的这一港口。已知每横渡一次需要7天7夜,以这样的速度匀速行驶,中途会遇到对方的轮船。

你能算出今天从法国的某港口开出的轮船能遇到几艘来自美国的某港口的轮船吗?

赢取宝贵的分数

某大学正在举办一次全校大学生篮球比赛,一天下午正好是甲队与乙队正在进行一场关键性的比赛。对甲队来讲,需要赢乙队6分才可以在小组出线。可是目前离终场结束只有6秒钟了,但甲队只赢了2分。要在6秒钟内再赢乙队4分,根本就是不可能的了。这时,假如你是教练,你肯定不甘心失败,假如给你一次叫停的机会,你会给场上的队员想什么办法,一次可以赢得乙队6分呢?

自作聪明的小偷

张经理一家人住在一栋豪华别墅里。在五一黄金周的最后一天,他们去了郊外旅游。保姆也放假回老家了,家里没有一个人。

这天夜晚,一个小偷初次入室行窃。小偷大摇大摆开了灯,来到张经理办公的房间,坐到办公桌前,打开抽屉,但没翻动里面的东西就给关好了。接着他又打开了文件柜,拿出重要文件,再把文件柜关好。他还打开了保险柜,取出了钞票,然后关好。临走前想到了师傅的教导,在出门前,一定要用手绢把手摸过的地方擦一遍,最后用脚把门关上。

小偷得意地想:"除非有人取文件或打开保险柜,否则没人知道我来过。"可是到了第二天,第一个进房间的张经理就发现屋里昨晚一定有人来过。

那么,张经理是怎么发现的呢?

兔子赛跑

兔子王国在本周举行了一次赛跑比赛,参加比赛的有白白、花花、灰灰、闹闹4只兔子。上一次比赛没有出现"第一名是两人"的并排情况,这次也一样。而且,上回比赛的第一名不是灰灰兔子。

后来各只兔子回家把今天的比赛结果告诉了自己的爸爸妈妈。在告诉爸爸妈妈的时候,比上次比赛名次下降的兔子撒谎了,没有下降的兔子说了实话。

那么,根据以下他们对自己爸爸妈妈说的话,来推测一下4只兔子在上次和这次比赛中分别是第几名。

(1)白白:"花花上次是第二名。"

(2)花花:"灰灰这次是第二名。"

(3)灰灰:"闹闹这次比上次名次上升了。"

(4)闹闹:"白白这次名次上升了。"

失踪的银行行长

19点从北京发出的特别卧铺列车于第二天早上正点到达,可是,3号车厢的一名乘客却失踪了。列车从北京站发出后不久,列车员检票时,那个乘客已换上了乘务员为乘客准备的睡衣,正在叠换下的西服。

第二天早晨,当列车通过隧道时,列车员来整理床铺时,那个乘客的床铺已经空空如也了。因为皮箱还在,所以列车员以为乘客是去厕所或者是洗漱间了。然而,到了终点站下车,仍不见那个人的身影,所以列车员便报告了乘警。

这种特别的卧铺列车的车门不是手动的,所以他不会是深更半夜去厕所,因睡迷糊了而从车门掉下去。肯定是在中途几次停车时,到站台去而被车丢下了,乘警猜想,但是也没收到任何车站的联络。如果乘客是被绑架,在中途站被强行带下车,那么穿着睡衣下去不是太显眼了吗?没有头绪的乘警对这一失踪案件也无奈地直摇头。

失踪者的遗留物只有皮箱和一本周刊及在北京买的一盒点心。打开皮箱一看,里面装有一身西服和衬衣、领带及一套洗漱用具。西服上衣的兜里装有1万元现金和笔记本、名片夹、北京市内的月票,还有手帕、卫生纸等。根据名片夹里的名片和月票得知,失踪者正是某银行分行的代理分行长。

看着这些遗留物,乘警心里有了底:"看来此人既不是被绑架也不是被车丢下了,而是本人故意失踪的。如果是在银行工作的人,那一定是贪污巨款躲藏起来了。"

那么,乘警凭什么作出了这样的判断?

你不是我的母亲

晚饭后,大家三一群俩一伙的在公园遛弯,一边遛弯一边闲聊。

这时,刘阿姨给大家讲起她的一个经历:

有一天晚上她正坐在卧室里看书,当儿子走进来时,听到一声命令:"出去好吗,儿子,不要妨碍我!"

她儿子答道:"我的确是你的儿子,但你不是我的母亲。"

你们说这是为什么呢?

刘阿姨说完,看着大家,想让大家告诉她一个答案。

可是,这个问题使大家很长时间陷入了沉思。

你能告诉大家这是为什么吗?

缺了一种声音

一天中午,王魁警长接到报案,一位退休的工程师被保姆发现死在书房里,他的胸部中了两枪。王魁警长在现场了解到附近的人没有听到枪声。这时,死者书房墙上的大钟敲了10下。

王魁警长在书房里转了一圈,没有发现可疑的东西。这时他看见一个录音机,便随手打开,里面录的是昨晚的新闻节目。播放当地的一条新闻时,里边传出了两声枪响,紧接着是被害人的呻吟声,然后继续是新闻播报的声音。

"根据录音的时间可以证明,死者是昨晚7点58分遇害的,因为那条新闻就是那个时候开始播放的。"王魁警长自言自语道,并将磁带倒到头又听了一遍。

"死者应该是在别处录新闻播报时被枪杀的,然后凶手将尸体及这台录音机一起搬来,伪装成他是在这里被杀的。"

"警长你的根据是什么？你的依据就是因为附近的人没有听到枪声吗？"王魁警长的同事问道。

"呵呵，你仔细听一遍磁带，就会发现里面缺了一种声音。"王魁警长说道。

你知道录音机里缺少了哪种声音吗？

加薪水

一天中午，甲、乙、丙、丁四人正在餐厅一起吃饭。他们边吃边聊，无形当中就说到了加薪的事情。

甲说："我相信如果给我加薪的话，也会给乙加薪。"

乙说："嗯，我也相信如果给我加薪的话，也会给丙加薪。"

丙说："当然了，如果给我加薪的话，也会给丁加薪。"

结果出来后发现，3个人的说法都是正确的，但甲、乙、丙、丁4个人中只有2个人加了薪。

你知道都有谁加了薪水吗？

哪一圈没有出黑桃

夫妻二人玩一种纸牌游戏：

(a)在可能的情况下，后手在每一圈（即先后各出一张牌）中都必须按先手出的花色出牌，而先手则可以随意出牌；

(b)每一圈的胜方即为下一圈的先手。

(1)双方手中各有四张牌，其花色分别是：

老公手中：黑桃—黑桃—红心—梅花。

妻子手中：方块—方块—红心—黑桃。

(2)夫妻二人都各做了两次先手。

(3)双方都各胜了两圈。

(4)在每一圈中先手出的花色都不一样。

(5)在每一圈中都出了两种不同的花色。

提示：王牌至少胜了一圈。王牌是某一种花色中的任何一张牌，它可以：

(a)在手中没有先手出的花色的情况下，出王牌——这样，一张王牌将击败其他三种花色中的任何牌。

(b)与其他花色的牌一样作为先手出的牌。

你知道在打出的这四圈牌中，哪一圈没有出黑桃吗？

网络狂躁症的病因

据精神专家发现，有越来越多的人在使用网络后会出现不同程度的不适反应。根据一项对经常上网人士的抽样调查显示，承认上网后感到烦躁和恼火的人数达到了三分之一；而20岁以下的网虫则有44%承认上网后感到紧张和烦躁。有关专家认为，确实存在着某种网络狂躁症。

导致网络狂躁症的原因很多，你能准确判断出以下哪项最不可能成为导致网络狂躁症的病因吗（　　）

A. 由于上网人数剧增，通道拥挤，因此访问繁忙的网址，有时需要等很长时间。

B. 在互联网上能够接触到各种各样的信息，但很多时候信息过量会使人们无所适从，失去自信，个人注意力丧失。

C. 虽然在有些国家使用互联网是免费的,但在我国实行上网交费制,这对网络用户的上网时间起到了制约作用。

D. 上网者经常是在不知道网址的情况下搜寻所需的资料和信息,成功的概率很小,有时花费了很长时间也得不到预想的结果。

救命的"囚"字

古时候,某一个地方官府规定,凡是犯罪的人都要在额头上刺一个"囚"字,但根据所犯罪的轻重程度,这个"囚"字分别被刺成红色和黑色。

由于地方官员治理有方,多年下来,整个监牢里就只剩下了3个囚犯。这一年,恰逢国王去世,大赦天下,这3个囚犯可以特赦出狱了。由于这3个囚犯是无恶不作,已经入狱几次了,县令怕他们出去之后还会危害地方百姓,所以出了个难题想将他们继续留下来。

县令的难题是:如果谁能知道自己额头上"囚"字的颜色,那他就可以出去了。但是规定了这3个人既不能用语言告知对方额头上"囚"字的颜色,也不能用任何方式提示对方,更不能用镜子、水等一切能够反射的物质来查看自己额头上"囚"字的颜色。县令让他们3个人到大堂上见了一面,并告诉他们3个人之中至少有1个人的字是红色的。如果不知道自己的字是什么颜色就得回牢房去。这3个人听了县令的话,回到狱中便冥思苦想起来。

第二天,他们3个人又被带到大堂上见了一面,然后送回了牢房。结果这一天晚上有两个人知道了自己额头上"囚"字的颜色并被释放了!

第三天,当最后一个人被带到大堂上时,看到另外两个人没来,知道他们已经出去了,他立马就明白了自己额头上字迹的颜色!

你能知道这3个人额头上的"囚"字分别是什么颜色吗?他们又是怎样猜出来的呢?

火腿肠

森林里有一只可恶的狐狸,所有的动物都不喜欢它。一天,小猴子从山下的商店里买回来一些火腿肠,在途中小猴子摔了一跤,丢掉了一根火腿肠。当它回到森林里时,大家都等着吃火腿肠呢。可是因为丢了一根,就意味着有一个动物吃不到火腿肠了。于是狡猾的狐狸命所有的19个动物排成一圈,说:"现在我们点名,从1数到7,凡点到第7名的动物就可以吃到一根火腿肠。然后剩下的动物继续点名,直到剩下一个动物,那个动物肯定是不能吃到火腿肠了。"有只聪明的小松鼠负责点数,他想让其他伙伴都吃到火腿肠,而让狐狸吃不到。

那么,你能告诉这只小松鼠该从哪里开始点名吗?

把自己吊起来

某酒吧服务员小孙早上来单位上班时,突然听到顶楼有人在喊救命,于是,他立即跑到顶楼,发现酒吧主管腰部束了一根绳子被吊在顶梁上。

主管对小孙说:"小孙,赶紧把我放下来,赶快去报警,我们酒吧昨天夜里被抢劫了。"警察来了之后,主管说,昨天夜里下班后,来了两个歹徒,把钱全都抢走了,然后把他带到顶楼,用绳子将他吊在上面。

听了主管的一席话后,警察并没有什么怀疑,在周围转了一圈,没有发现什么。因为顶楼房内没有一个人,他无法把自己吊在那么高的梁上,而且那里也没有任何垫脚之物。虽有部梯子曾被歹徒用过,但梯子却放在门外。

可没过三天,警察以盗窃罪把酒吧主管抓捕了。

那么,你知道主管是怎么把自己吊起来的吗?

预言

古时候,甲国和乙国的两个王子为了争夺丙国的公主,决定发动一场战争。甲国王子找来两个占卜师占卜,并下令谁算错了就要当众砍下谁的脑袋。

第一位占卜师斩钉截铁地说:"毫无胜算!"

第二位占卜师的答案是:"放心吧!既不会输,也不会和。"

第二天,这两位占卜师的预言都命中了。

你知道这场战争的结果究竟如何吗?

分酒

老大、老二、老三一起创业,他们共同出资经营一家酒店,但后来因为拆迁改造,不得不停业。此时,资金、利润及器皿等,均可等分为3份。最后就剩下21瓶酒,其中有7瓶还未开封,7瓶只剩一半的威士忌酒,另7瓶则是空瓶子。三人想把瓶子数和威士忌酒的量等分为3份,却想不出分配法。如果一人不得取4瓶以上相同的酒瓶,你知道应如何分配吗?

谁是凶手

曾经有一位著名的心理医生在医院办公室被人杀害,当时他的4个病人因有杀人嫌疑被警方传讯。

警方根据目击者的供词得知,在这位医生死亡当天,这4个病人都单独去过一次医生的办公室。在审讯中,这4个病人都向警方说了谎。

杜军民的供词是:

①我们是病人,他是医生,是给我们治病的,我们4个人谁也没有杀害医生。

②我离开医生办公室的时候,他还活着。

谢涛的供词是:

①我是第二个去医生办公室的。

②我到达他办公室的时候,他已经死了。

安生的供词是:

①我是第三个去医生办公室的。

②我离开他办公室的时候,他还活着。

戴军的供词是:

①凶手不是在我之后去医生办公室的。

②我到医生办公室的时候,他已经死了。

根据以上4个人的供词,你知道这4个病人中是谁杀害了这位心理医生吗?

机智的探险家

多年以前,一个探险家在某地探险,后来被一个原始部落俘虏,这个原始部落有明确规定,凡是外人,都将被处死。但首领假惺惺地让探险家自己讲一句话,如果这句话是事实,那么他将被扔下悬崖;如果讲得不符合事实,就把他喂狮子。

结果,沉着机智的探险家说了一句话,使得部落首领不得不悻悻地放掉了他。

你知道这位探险家说了什么吗?

露了马脚的摄影师

在香港郊区发生了一起凶杀事件,死者是一位颇有名气的女企业家,死亡时间为早晨9点,欧龙警官被安排负责整个案件的侦破工作。在经过仔细的分析调查之后,欧龙警官和自己的助手将犯罪嫌疑人定在了女企业家的私人摄影师凯勒先生身上。于是欧龙警官传讯了他。

"凯勒先生,请问这位女企业家死亡的时候你在做什么?"

"警官先生,当时我正在郊区的山间拍摄作品。"凯勒先生回答得很从容。

"有人证吗?那时候有人在你身边吗?"

"没有,当时刚刚下过雨,我看见东边有道彩虹,景色美极了,于是我便一人前去山区拍摄作品去了。"凯勒先生似乎想起了那时的景色,很兴奋地说,脸色看起来没有一丝不正常。

没等凯勒说完,欧龙警官便打断了他的话:"凯勒先生,我看那时候你是在杀害自己的雇主吧?"

你知道欧龙警官是从凯勒哪句话中看出了破绽吗?

"香蕉梨"的密码游戏

闲来无事,小明和小丽两个初中生一起玩密码游戏,小明让小丽看了一下手里的卡片,只见卡片上写着"橘子橙子香蕉梨",意思是"星期六游乐场碰面";而另一张卡片上写着"橙子李子猕猴桃",意思是"我们游乐场玩耍"。

然后又让她看了一下最后一张卡片,上面写着"栗子橘子火龙果",意思是"星期六游乐场玩耍"。

根据上面的提示,你能猜出"香蕉梨"是什么意思吗?

分辨光头强

也不知道从什么时候起,这片原始森林里出现了邪恶的、正直的和脾性不定的三个光头强。无论是谁要想走出这片原始森林,都要得到正直的光头强的帮助。那个邪恶的光头强喜欢说假话,正直的光头强总是说真话,脾性不定的光头强有时说真话有时说假话。

如果你问左边的光头强:"其他两人中有脾性不定的那个吗?"回答是"没有"。

如果你问右边的光头强:"其他两人之中有个是邪恶的吧?"回答还是"没有"。

那么,究竟哪个光头强是正直的呢?

"以盾防矛"巧脱身

三个盗贼从一家典当行里偷了一颗价值连城的钻石,因为钻石非常贵重,三人在如何保管赃物上达成协议:在钻石未兑成现款之前,必须由三人同时保管,三人须同时同意方可取出钻石。

这一天,三个盗贼来到一个酒吧,把装钻石的盒子交给老板,反复强调老板要在三人同时在场时方可交回盒子,老板说:"你们放心吧,没问题的。"三个盗贼便进了酒吧的包间。

两个小时后,一个盗贼提出向老板再要些红酒,并问其他两个盗贼是否需要,两人都说需要,这个盗贼便到老板那里,向老板索取盒子,老板拒绝了。这个盗贼向老板解释,是另外两个人要他来取的,并大声对里面两个同伙说:"是你们要我来取的对吧?"两个盗贼还以为他问的是红酒的事,就随口应道:"是的,老板你就给他吧。"老板听后无话可说,便把盒子交给这个盗贼。盗贼带着盒子很快逃走了。

另外两个盗贼等了一会儿,不见自己的同伴回来,感到不妙,连忙来到老板处取盒子,发现已被自己的同伴取走了。这两个人揪住老板要求赔偿,老板说是征得你们两个人同意的,两个人坚持说自己的同伴是来取红酒的,并且三个人也没同时在场。两个盗贼强要老板交回盒子,正僵持不下,老板灵机一动,说了一句话,两个人听了,只得垂头丧气地走了。

你能猜出老板究竟说了句什么话,让两个盗贼无奈地走开了吗?

威廉的创新

威廉于1820年继位,他的统治一直持续到他去世。在历史上,他并不是一个政绩卓著的国君,但他在鞋业发展史上有着不可磨灭的成绩,可以说书写了很精彩的一笔。在当时他设计和制作的鞋子和别人的都不一样。在今天这是十分平常的事,但当时反响非常大,人们争相效仿。

你知道威廉的创新之举是什么吗?

程序错误

70岁的张师傅是一个古怪的人,前不久,他迷恋上了制作机器人,几个月后他还真发明了一个可以在简单程序操控下穿过马路的机器人。一日,他命令这个机器人去马路对面,并给它输入了"25米内是否有车辆"的程序以确保这个机器人能安全过马路。可这个机器人在穿越马路的过程中竟花费了将近6个小时,原来是张师傅在输入程序时犯了一个严重的错误。

你知道张师傅究竟是哪里出错了吗?

跳车自杀

一位久病的年轻人听说某地方的某个医院有一位医术高明的大夫,于是他坐火车到那家医院找那位大夫看病,那位医生医术真的高明,短短的几天竟把他多年的病治好了。病好之后,年轻人高高兴兴地坐火车回家去,当火车经过一个长长的隧道时,这个年轻人竟然跳车自杀了。

你知道这个年轻人究竟是因为什么而跳车自杀的吗?

雨夜血案

清晨,一位公园保洁员在公园里面发现一具年轻男子的尸体,该年轻男子斜靠在公园的长石椅上,死状非常恐怖。死者前额中央的子弹伤口依稀可见,血迹延伸到他的右脸,形成了一条血线,早已干硬,血迹染在了他的衣领和领带上。(死者的身边还有一把手枪。)

赶到现场的警察经过验尸,得出死者死亡的时间是在午夜和凌晨1点之间。经过调查,得知死者叫魏鹏,经常和几个好朋友在一起。于是警察传唤了魏鹏的朋友们。

"昨晚我们和魏鹏在公园附近一个朋友的别墅中举行生日派对,然而天气突然转冷,开始下起暴雨,一直到黎明才停止。晚上大概12点的时候他说有事就出去了,后来他一直没有回来。我们还以为他早就回家了,后来我们也纷纷回家了,我们回家的时候是凌晨4点左右。"

另外一个朋友说:"天啊,这个傻小子,他居然在这里自杀了,真是没想到他会这样结束自己的生命。"

"他并不是自杀的。"警察摇摇头说道。

你知道这位警察是怎么知道死者不是自杀的吗?

预订的房间

工作在两个城市的小王和女友约好五一黄金周在某宾馆见面。

五一前一天,小王先去这家宾馆预订了房间,接着给女友发了一条信息:我订的房间是"5根手指+×"房间,我在房间里等你。

女友看看笑了笑,第二天一放假就直奔男友所在的房间赴约。

提示:这家酒店共88间房,房间号是1~88。

你知道小王预订的是哪间房吗?

不知道他是谁

伊莱奥夫医生在纽约郊区的一幢大楼里开了一家整容医院,洛思小姐昨天上午10点左右来到整容医院做鼻子整形手术。手术刚刚开始,就有人轻轻地推开门,蒙着面,手里拿着枪,朝伊莱奥夫医生开了几枪,伊莱奥夫医生倒在了地上。洛思小姐立刻报了案,罗格警长立即带人赶往现场。据大厦开电梯的老工人讲,在案发10分钟前有一个神色慌张的年轻人坐电梯去了医院所在的10楼。

后来罗格警长又了解到,一个刚刚出狱的叫麦罗思的人很有嫌疑,于是就把他传唤过来问话。罗格警长说:"你认识伊莱奥夫医生吗?""我怎么知道他是谁?我可从来就没见过那个糟老头。"麦罗思急忙争辩道。

警长微笑着说:"等你坐完牢再去好好认识认识他。"

你知道警长是怎么知道麦罗思就是凶手的吗?

侏儒比身高

因为效益不好,马戏团要裁员。首先要对马戏团里的两个侏儒——瞎子侏儒和另一个侏儒进行裁员,只留一个侏儒,瞎子侏儒要比另一个侏儒个子矮很多。马戏团要求两个侏儒几天后对身高进行权威的测量,谁的个子矮,谁留下。可在约定比个子的前一天,瞎子侏儒在家里自杀。警察只发现了木头做的家具和满地的木屑。

你知道瞎子侏儒为什么会自杀吗?

拒不承认

在一个偏僻的小山村里,张老四与女儿相依为命,一次因无意的一句玩笑话认了一个地痞做义子。几年后,女儿已经到了成婚年龄。后来地痞与他女儿渐渐有了私情,被张老四无意撞上,张老四为了保全名声,就把地痞灌醉后杀了,再和女儿悄悄地把他埋到了村头的一座桥下。

几年后,一次张老四喝醉酒与女儿争吵起来,最后竟借着酒劲打得女儿死去活来,邻居也劝不住。这时女儿哭着喊道:"我没你这样的爹,有能耐你也杀了我,和被你杀死的义子埋到一起吧。今天你不杀我的话,我也会去死。"邻居听见后,就把张老四告到了官府。张老四拒不承认。

你能帮助官府想出一个好的审讯办法来吗?

是谁下了毒

大学毕业后的第十个年头,甲从美国回来在某市办事,约了在这个市里工作的乙、丙和丁一起吃饭,要知道这里有一个人和丁有着很深的仇恨,当他们坐在一张方形桌子前喝酒时,丁突然中毒身亡。警察审问时,每人各作了供词:

甲:我坐在乙的旁边。不是乙就是丁坐在我的右侧,这个人不可能毒死丁。

乙:我坐在丙的旁边。不是甲就是丙坐在丁的右侧,这个人不可能毒死丁。

丙:我坐在丁的对面。如果我们当中只有一个人撒谎,那人就是毒死丁的凶手。

警察在和饭店的服务员交谈后,证实有一个人在撒谎,也确实只有一个人毒死了丁。

你能告诉大家究竟是谁与丁有着很深的仇恨,而借此机会毒死了丁吗?

标价格的字母

很多商场超市都喜欢用粗大醒目的数字标明各种商品价格,使人一目了然。然而有些店主,特别是那些珠宝商和古玩商非常谨慎,即使是在小小的价格牌上也使用字母码。这就是说,假如你想知道价格,你就非得开口问不可。这些谨小慎微的商人常使用的字母码是选择一个含有10个字母的单词，每个字母代表一个数字。例如：

S O U T H W A L E S
1 2 3 4 5 6 7 8 9 0

这样，只有店主才知道 HA 表示 57 便士，或者 SH/OW 表示 15.26 镑。

有一天，张先生在一家古玩店里买了两件古玩，有一件标着 OF，另一件标着 T/EA，总计 6.41 镑。张先生的妻子也买了两件，一件标着 FR，一件标着 I/RP，总计 5.69 镑。张先生的女儿买了两件小玩意儿，一件标着 BT，一件标着 LP，总计 1.77 镑。

你知道这个商人用来标价格的字母码用的是个什么单词吗？

贪财害命

某市里有一位大商人孙文，经常外出做生意。这天，孙文有一批货要运往外地，就雇了乔爽的货车，约定第二天 7 点的时候开货车动身。

第二天天还没有亮，孙文便起来将 10 万元的现金放入自己的公文包，然后和妻子高晓东道了别便出门了。

可是天一亮，高晓东就听见有人砸门喊道："高晓东，高晓东，赶快开门！"高晓东打开门一看，原来是昨天来过自己家里的货车司机乔爽。见到高晓东后，乔爽便称自己到现在还没有见到孙文。于是高晓东急了，连忙派人去寻找自己的丈夫，找了半天也没有找到。最后没有办法了，高晓东只好报了案。最后警方在一条河里发现了孙文的尸体，他随身携带的现金早已不翼而飞了。

汪小菲警察负责调查此案，于是前往高晓东家了解情况，在听了高晓东的叙述后，汪小菲警察便断定此案与乔爽有关，经审问，果真如此。

汪小菲警察为什么会认定乔爽与案件有关呢？

正确选项

在奥林匹克数学竞赛结束后，有 5 个同学看了看彼此 5 个选择题的答案，其中：

同学甲：第三题是 A，第二题是 C。

同学乙：第四题是 D，第二题是 E。

同学丙：第一题是 D，第五题是 B。

同学丁：第四题是 B，第三题是 E。

同学戊：第二题是 A，第五题是 C。

结果他们各对了一个答案。根据这个条件，你能否推理出哪个选项正确（　　　　）

(1) 第四题是 C，第五题是 B

(2) 第二题是 E，第三题是 B

(3) 第三题是 A，第四题是 B

(4) 第一题是 D，第二题是 A

意外身亡的神枪手

在旧社会，有个黑帮头目高二噶和杀手李恩斯都是神枪手，因为某种利益关系，两人多次交锋，但尚未分出胜负。一日闲来无事，李恩斯便给高二噶下了挑战书，请他到本市未竣工的最高建筑——满江红茶楼楼顶决斗。当天，乌云密布，电闪雷鸣，为这场决斗营造了更加紧张的气氛。

决斗前，高二噶去了好朋友庄东家，由于有些紧张就拿起庄东新买的模型枪玩了起来。送走高二噶后，庄东开始整理房间，但是他惊奇地发现——高二噶带走了自己的玩具枪，却把他的佩枪留在了自己家里！庄东害怕自己的好友丧命于李恩斯的枪下，便连忙驱车前去决斗地点。满江红茶楼由于未竣工,所以没有电梯。庄东费了九牛二虎之力才爬到楼顶,但眼前的景象令他大为吃惊——高二噶拎着模型枪,直愣愣地站在那里,而李恩斯却倒在地上,一动不动,手里紧握着银色的左轮枪。

"他……死了?"庄东问道。"没错!""你……杀了他?""他……他是……"

那么,你知道李恩斯是怎么死的吗?

比身体状况

在某大学的某个班里,已知条件是:

(1)李小宁比小文矮;
(2)孙敬比高小米重;
(3)方景明比小菲轻;
(4)小菲比大军高;
(5)冬霜比高小米高。

问题如下:

1. 如果高小米和小菲一样重,那么下列哪一组判断是错误的(　　)

A. 孙敬 145 斤,高小米 115 斤

B. 小菲 145 斤,冬霜 120 斤

C. 方景明 145 斤,孙敬 115 斤

D. 小文 145 斤,李小宁 145 斤

E. 大军 145 斤,李小宁 145 斤

2. 如果大军比冬霜高,那么(　　)

A. 小菲比高小米矮

B. 小菲比高小米高

C. 小菲比方景明矮

D. 小菲比方景明高

E. 孙敬比小菲高

3. 下列哪一条推论是对的(　　)

A. 高小米至少不比其中三人矮或轻

B. 小菲至少比其中一人高和重

C. 如果再加入一个人——云,她比冬霜高,比李小宁矮,那么小文比高小米高

D. 如果附加人员玲比大军高,那么她也比小菲高

E. 以上均为错

4. 下列哪一种条件可以保证李小宁与小菲同样高(　　)

A. 高小米和小文一样高

B. 大军和冬霜一样高,高小米和小文一样高

C. 大军、冬霜、小文和高小米几乎一样高

D. 高小米身高 170cm,小文身高 170cm,大军身高也是 170cm

E. 以上没有一条是对的

死因

在河北省某市的某个郊区,由于刚下过一场大雨,路面还有很多雨水。

这时郊区的公安局接到报案说在一栋别墅内发生了一起命案,于是警察赶紧驱车前往调查。

死者刘先生是别墅的主人,52岁,独身。除了刘先生外,家里还有一名佣人。案发现场:死者倒在二楼朝北的窗户旁,身边有一个打碎的茶杯,洒出的液体已经干了。这时是11点05分。由于最近这个郊区里接二连三发生命案,所以法医要到下午才能赶过来验尸。

一位警察在屋外转了一圈,没有发现什么可疑的地方。大雨过后,到处弥漫着泥土的芳香。根据佣人陈述,大约在上午9点她去地下室整理杂物,直到10点左右才回到厨房,然后10点半上楼去时就发现了刘先生的尸体,不知道其间是否有人进来过。

"刘先生喜欢喝茶吗?"

"喜欢,他每天都得喝上好几杯茶水。"

"你有没有听到什么异样的声响?"

"没有听到。我连下雨都不知道。"

因为问不出什么来,11点15分,这问话的警察又到楼上去了。死者仰卧,右额发际处有46厘米长的挫伤,似遭钝器击伤所致,伤口中央皮肤裂开,呈卷曲状,裂口内组织呈焦黄色,该处颅骨摸上去似有骨折。尸体左手旁有一支钢笔,似乎是在死者摔倒时掉下来的。死者穿着一身浅蓝色休闲西装,上衣领口露出一抹红色的印迹。打开一看,原来颈部有长达9厘米的皮下出血伤口,从右下颌角偏向锁骨胸骨一端。猛然间,这个警察发现旁边窗上有1个小孔,类似圆形,边缘略光整,有3条小裂缝。这个警察量了一下孔的地面高度,比死者的身高低5厘米。

突然,有一名警察上来报告,说找到了目击证人。证人是同村的农夫。他说:"我在9点40分看见刘东从屋里走出来,手里提着一包东西。"刘东是刘先生的远房堂侄,平素好吃懒做,游手好闲,曾多次向刘先生借钱,均未得逞。

"今早你去过堂叔的别墅吗?"警察找来刘东询问。

"……去过,我想去看看堂叔,结果他不在,所以我就走了。"

"没上过楼吗?"

"没有。我只是站在客厅的门口喊了几声,如果堂叔在家的话,他肯定会出来的。我在门口站了两三分钟,见堂叔没有说话,也没有出来,以为堂叔不在家,就离开了。"

"离开时你拿了什么东西?"

"没有……没有啊……"刘东额头上冒出了汗珠。

"可是有人看见你拿了东西出来。"

"没有……真的没有……"

"你再好好想一想!"

不一会儿,警察从刘东家搜出了一包东西。打开一看,里面是手表、戒指,还有一些钞票。佣人不禁大声喊道:"那手表和戒指都是刘先生的!"

"警察大人,我没有杀人,真的……我没杀他……我去的时候他就早已经死了。我只是随手拿了那些东西……我真的没有杀他……"

"先带下去。"说完,警察又问佣人,"刘先生有仇人吗?"

"没有吧。刘先生是个好人,不过有个叫李正的人曾经和他吵过几次架,有一次他们还打了起来。"

李正是同村人,爱好打猎,有一支猎枪。但是这枪已被同村的王伟借走半个月了,至今未还。而且,李正有上午8点至11点不在场证明,比较可信。

王伟与刘先生不相识,也无冤仇。猎枪在王伟家里,王伟的家人证明这几天未曾用过,也未外借过。

下午2点,警察再次上了楼,这时他忽然发现死者颈部的出血点不见了,那里只留下微微的红印子和卷曲的汗毛!捡起地上的钢笔,他才发现笔帽不见了,钢笔尖也不见了。地上没有碎片,这些东西好像凭空消失了！只剩下塑料笔壳。

警察抓起死者的左手手腕，看到腕上的手表停了，时间停在 9 点 51 分。"明白了。"警察突然想起了多年前的一堂法医课，"我现在找到凶手了！"他对旁边的同事说道。

不久，法医来了，检验结果完全符合这个警察的判断。

根据案发现场及所有的证据，你来推理死者的死因是什么？凶手又是谁？

为何没有爆炸

有一年冬天，某国总统乘专机出访日本。敌对的某东南亚国家间谍琼斯德收到密令，要在总统归国前将其暗杀。琼斯德将高性能的塑料炸药弄成板状，再按机翼上航徽的形状切好，涂上与航徽相同的导电涂料后粘在航徽上。

因为油箱在机翼部位，所以炸弹一引爆，刹那间飞机就会爆炸坠毁。引爆电源的开关装在主起落架的缓冲装置上，飞机着陆时的冲力压缩缓冲器时就会启动炸弹开关。

当日，专机载着总统直飞日本。电视台通过卫星转播总统到达东京的情形，琼斯德坐在电视机前等待自己的杰作。电视画面上出现了成田机场，机场正下着雪。不久，专机在纷纷扬扬的大雪中出现了。琼斯德屏气息声，注视着专机触地的一瞬间。不知为什么，专机滑行后静静地停下，没发生任何事情。安装了塑料炸弹的机翼清晰地出现在电视屏幕上。

飞行中炸弹是不会因空气摩擦脱落的，可是塑料炸弹为什么没有爆炸呢？琼斯德百思不得其解。

你知道是什么原因吗？

猜数字

一个高中数学老师，有三个非常聪明的学生。一个周末的自习课上他给这三个学生出了一道游戏题：

在每个人头上各贴了一张纸条，并告诉他们，每个人的纸条上都写了一个正整数，且某两个数的和等于第三个数。每个人可以看见另两个数，但看不见自己的数。

数学老师问第一个学生：你能猜出自己头上的数吗？

学生回答：不能。

又问第二个学生。

仍旧回答：不能。

第三个学生也回答：不能。

数学老师再问第一个学生，答案仍旧是不能，

第二个学生的答案也是不能，

第三个学生忽然大声说：我知道了，我头上是 144。

数学老师满意地笑了。

另外两个人头上的数是多少呢？

盲人的枪法

方锐是一位小有名气的音乐人，他住在郊外，常常到他的好友——一位盲人家中弹琴。

一天晚上，两个人正在一楼的客厅里弹琴，一个弹，一个在旁边欣赏。突然从楼上传来了响声，好友惊叫起来："不好了，楼上来小偷了！"并立即取出防身手枪。他知道二楼没有灯光，对盲人比较有利，就摸上楼去。方锐随手拿起晾衣杆紧跟着。推开房门，房间里静得出奇，四周一片漆黑。小偷躲在哪里呢？

气氛紧张极了,叫人透不过气来。突然,只听到乒的一声枪响,"哎哟……"随即有人扑通倒在地上。

方锐急忙点灯一看,只见大座钟台前躺着一个人,正捂紧腹部,发出微弱的呻吟,银箱中的金钱撒了一地……

不一会儿,警察来了,抬走了小偷。

方锐很奇怪,在没有任何声响的情况下,好友是怎么击中小偷的呢?

你知道这是怎么一回事吗?

自找麻烦

香港某大酒店,十一黄金周的一个晚上,一个游客在酒店被人杀害,酒店的服务员及时跑到经理的办公室告诉了他情况,但为了不影响酒店的生意,他让人把尸体运到不远处的公路旁。为了掩盖死者的死亡时间,他特意在第二天买了一份报纸放在死者包里。

第二天,警方在公路旁发现了死者的尸体,当时尸体已经被汽车撞得不成样子了。警方在当天的调查、采访中说死者的死亡时间是17日,是先被人杀害又移尸到那里的。后来又有人说这个人昨天去过这家酒店,于是酒店经理因此成了最大的嫌疑犯,三番五次被警察传讯。经理最后只得如实交代,虽然洗脱了杀人犯的罪名,但也因包庇罪而被起诉。

经理虽然很后悔,不该存有私心。但他认为自己做得很好,同时帮忙的人一个也没有说出去。就是想不出自己的破绽到底在哪里。

你知道这是怎么一回事吗?

郁金香透漏出的秘密

一天晚上,东海在双花路上打劫了一辆车,然后赶回自己的住所,可他刚刚松了口气,门铃就响了。"东海先生,你好,我是双花公安局的警官,有一件案子需要你协助调查。"东海连忙把这位警官请进了书房。

这位警官走进去看到桌子上摆着个插满红色郁金香的花瓶,所有的花瓣都是闭合的,于是问道:"东海先生,今晚你都在哪里,都干了些什么?"

东海答道:"在你来之前,我一直在书房看书,警官先生。"警官看了看摆着的郁金香,抽出一枝嗅了一下,说:"东海先生,我想你还是老实交代吧。"

你知道这位警官是如何知道东海在说谎的吗?

患病的苹果树

在某个村子里有一大片苹果树,这个村子里共有50户人家,每家每户都有一棵苹果树。一天,村长告诉大家说,县里的技术员来村子里看了一些苹果树,说村里面的苹果树有腐烂病,然后就让每户人家都有权利查看其他人家的苹果树是不是有腐烂病,但是不能检查自己家的苹果树是不是有腐烂病。如果推断出自家的苹果树有腐烂病的话,就必须自己把自家苹果树砍掉,但是每个人在看到别人家的苹果树有腐烂病的时候不准告诉别人,也没有权利直接砍掉别人家的苹果树,只有权利砍掉自家的苹果树。然后,第一天没有听到砍树的声音,第二天也没有,第三天却传来了一阵砍树声音。

你知道这个村子里一共有多少棵苹果树得了腐烂病吗?

村长选举

在一个小山村里,村干部换届,需要选举新的村长,养猪专业户张博是大家心目中的合适人选。

原因是大家希望选他当村长后,能够带领大家养猪,共同致富。张博曾为了参不参加选举的事情发愁了很久。

他想了很久都拿不定主意,最后张博想,还是听天由命吧!于是,张博向邻村的两位高明的算命先生甲和乙请教,两人分别作了回答。甲说完他的话后,又说:"我所讲的话有60%正确。"乙说完他的话后也说:"我说的话只有30%正确。"结果张博就按照乙的占卜去办了。

你知道这是为什么吗?

自编自导的骗局

一天中午,正在值班的罗森警长接到报警,一个叫宝钢的年轻人说:"今早我带着公司的工程款去外省的工地,在去机场的途中被人打劫了。"

警长立即和警局里的同事赶到事发地。经过调查,他们在宝钢车门处发现了几根烟头,还有几处唾液的痕迹,其他就没什么有价值的线索了。宝钢站在路边一直抽着烟,警长走到宝钢面前说道:"现在,你给我们说一下事情的整个经过吧。"

"那好吧。"宝钢回答道,"公司在某省那边的工地缺少工程款,所以老板要我把这笔钱送过去。我带着钱开车去机场,当走到一半路程时,眼前突然有几辆摩托车和一辆面包车迎面驶来,而且车速极快。我害怕会跟他们相撞,所以就在我们现在所在的位置停了下来。他们在我车的前面来了个急刹车,然后下来3个头戴黑色丝袜的家伙,手里还拿着枪。他们中的一个人一边抽烟,一边用枪指着我的头。另外两个人到车后备箱取钱,取完钱之后便逃之夭夭了。"

罗森警长听完宝钢的话之后,来到车前又检查了一遍,随后走到宝钢面前,对宝钢说:"小伙子,你编造的这个故事乍一听还很精彩,不过很可惜你还不是一个高明的幕后导演。"说完将手铐戴在了宝钢的手上。

你知道罗森警长是根据什么来识破宝钢的骗局的吗?

名山大川

在一次课堂上,地理老师讲到我国的名山大川时,拿着一些山脉的图片,并在图片上标出数字,他让五位学生来辨别,每人说出两个,学生回答如下:

甲:2是泰山,3是华山。
乙:4是太行山,2是峨眉山。
丙:1是太行山,5是泰山。
丁:4是昆仑山,3是峨眉山。
戊:2是华山,5是泰山。

当这五位同学都说完后,老师发现他们都只是说对了一半,那么你知道正确的说法应该是什么吗?

聪明反被聪明误的凶手

星期三上午,孙小东骑着自行车准备去表叔家帮忙,当他从张成生家经过时,看见张成生正在给家里的台阶、门窗刷油漆。上个月两人因为一只鸡闹得很不愉快,为此孙小东一直耿耿于怀,总想找机会教训一下张成生,今天终于逮着机会了,于是就悄悄把自行车停在一个胡同里,然后翻墙进了张成生家的院子里,将正在房子左侧刷窗框的张成生的梯子猛然推倒,想让张成生吃点儿苦头。

谁知张成生从半空中掉下来,头部正好碰在地面堆放着的一堆尖石上,一下子就摔死了。看到张成生死了,孙小东心里非常慌乱,见周围没有人,于是急忙翻过院墙,跑到大路上才静下心来。

他骑上自行车正准备离开,这时,家住邻村的罗宏警员正好经过。孙小东灵机一动,主动向罗宏打招呼,于是两人一起走,有说有笑。在经过张成生家时,孙小东故意说自己有事找张成生。

孙小东绕过台阶,到窗户前敲着玻璃高喊:"张成生!张成生!"没人回答。就在这个时候,孙小东故意惊叫道:"不好了!张成生摔死了!快来人啊!"罗宏一听,立刻跑了过去。只见张成生仰面朝天,梯子压在身上,而油漆泼了一地,看起来显然是在刷油漆时摔下来的。

罗宏发现台阶和门窗的油漆还没干,而从张成生摔倒的姿势看,是被人推倒摔死的。他想了想后忽然抓住孙小东的手说:"你就是凶手,居然想这样蒙骗我的眼睛!你也太小看警察了。"

你能猜出罗宏的依据是什么吗?

一张扑克牌

有一天,孙先生、李先生、曲先生一起玩扑克牌游戏,他们知道桌子的抽屉里有16张扑克牌:红桃A、Q、4;黑桃J、8、4、2、7、3;草花K、Q、5、4、6;方块A、5。

这时白教授从这16张牌中挑出一张牌来,并把这张牌的点数告诉了李先生,把这张牌的花色告诉了曲先生。

这时,白教授问李先生和曲先生:你们能从已知的点数或花色中推知这张牌是什么牌吗?

于是孙先生听到如下的对话:

李先生:我不知道这张牌。

曲先生:我知道你不知道这张牌。

李先生:现在我知道这张牌了。

曲先生:我也知道了。

听罢以上的对话,孙先生想了一想之后,就正确地推出这张牌是什么了。

那么,你知道这张牌到底是什么吗?

一座新坟

唐朝时期,有一年春节,女皇武则天赏赐给宝贝女儿太平公主许多珍宝,装满了两个大箱子,价值几千两黄金。公主看到这么多珍宝,很高兴地吩咐管家把珍宝藏在公主府的仓库里,可是过完年没多久却发现珍宝全被盗贼偷走了。

太平公主马上报告给武则天,武皇大怒,立刻召见洛州长史:"三天之内若捉不到盗贼,就问你死罪!"

长史一听可给吓坏了,立刻召来下属的两县主管捕盗的官员说:"两天之内抓不到贼,你们就活不成了!"两县主管捕盗的官员领命回县后,马上对手下负责捕盗的吏卒说:"一天之内必须抓到贼,如抓不到,先把你们杀了!"吏卒们害怕极了,可是又拿不出办法破案。

正巧,这天他们在大路上遇到湖州知府的师爷苏无名,因为大家都知道他很有本领,就一齐邀请他到县府。县尉听说苏无名来了,连忙向他请教抓贼的办法。苏无名说:"我请求和你一起去宫中面见陛下,到那时候再说吧。"县尉答应了他的要求,他们马上进宫。苏无名对武则天说:"陛下,请不要限定日期,把两县负责缉捕盗贼的吏卒全交给我调遣。两月之内,保证可以为陛下抓住这些盗贼。"武则天早就知道苏无名办案有一套,就答应了。

苏无名知道吏卒们抓贼的事缓到下月再办也不迟,便让吏卒们先回家去各办各的事。大家都疑惑地回去了。到了三月寒食节那天,苏无名把吏卒们都召集起来,吩咐说:"从今天开始,你们分别在各门守候。凡是见到有一伙十几个胡人,穿着孝服出城,往北邙山去的,就跟上,看他们干什么,然后赶快来向我报告。"

吏卒们分头守候在各门,果然发现有这样一群人出城,就跟在后面观察。当吏卒们看清他们的活动后,立即赶回城里报告苏无名说:"胡人到一座新坟前祭奠,虽然能听到哭泣声音,但总感觉一个个并不是很悲伤。撤下祭品后,他们就围着坟堆边走边看,还不时相对而笑。"苏无名听了,立刻让吏卒们把那群胡人全抓起来,挖开那座坟,把棺材劈开,一看,里边果然装的全是各种珍宝。

武则天听到破案的消息后,不禁大喜,立刻赏赐苏无名许多金银、绢帛,还给他加官两级。

那么,你知道苏无名是怎样破的这个案子吗?

受挫

在一个偏僻的小镇上,有位非常著名的伪发明家,一天,当他再次对镇上的居民吹嘘自己的发明时,这样说道:"我告诉大家一个好消息,我最近有了一项最伟大的发明,它是一种液体,可以溶解任何物品!"尽管很多人都知道这个伪发明家有爱吹牛的习惯,但仍旧对他赞叹不已。这时,正蹲在地上做游戏的一个小孩突然说了一句话,结果让这位伪发明家立即哑口无言,红着脸走了。

你能猜出那个小孩说的是什么话吗?

自作聪明的妻子

在美国有一位70多岁的富翁,他不久前娶了一位非常年轻漂亮的妻子,后来妻子在外面有了情夫。一天她与情夫密谋,决定请杀手谋杀富翁,并伪造富翁自杀的假象,伪造富翁的遗嘱,将全部财产交给妻子处理。

密谋之后,富翁的妻子偷偷取得了留有富翁亲笔签名的空白信笺,交给自己找来的杀手,嘱咐杀手在杀死富翁后,用富翁的打字机打印遗嘱。

杀手受雇后,以谈生意为幌子,觅得机会,在富翁的办公室用装了消音器的手枪贴着富翁的左侧太阳穴开枪打死了富翁,然后将手枪放在富翁的右手中,造成富翁自杀的假象。接着,杀手坐在富翁的写字台前,戴着橡胶手套用打字机打出了一份遗嘱,内容当然是富翁妻子早就抄给他的。

二十分钟后,富翁自杀的消息传出来了,警方介入调查。经过调查,警方确认富翁是被他人谋杀的。当警察抓捕了富翁的妻子时,妻子怎么也想不明白自己哪里露出了破绽。

当警察告诉她破绽在什么地方时,富翁的妻子抱着头大喊"天啊,我是蠢猪",方知是自己弄巧成拙、欲盖弥彰了。

你知道这个杀手的失误究竟在哪里吗?

不曾看见

在明朝时,有一支勇敢的青年航海家的船队,他们做环球旅行。一天他们来到了一个美丽的岛国,那里的人们热情地迎接他们,岛国的国王和王后还为他们举行了盛大的宴会。

宴会上大家一边品尝着美味佳肴,一边听青年航海家讲述路上的经历。正当青年航海家讲到兴头上时,他不经意地把自己的烤鱼翻了一面。

顿时,大厅里突然安静了下来。

"对不起,我刚才做错了什么吗?"青年人很惊奇地问周围的人。

终于有位大臣说话了:"我们尊贵的客人,我们国家有条法律,不能当着国王的面翻东西,违者处死,即使国王的儿子也不例外。所以——"

"为了维护法律尊严,我们只能这样做,但是……"国王停顿了一下,说,"你是远道而来的客人,事先不知道这里的规矩。所以,你可以在临死前提一个与该法律无关的要求。"

听了这一番话,青年航海家哭笑不得,但是聪明的他提出一个要求,让自己逃脱了死罪。

现在,你能猜出他提出的是什么要求吗?

露营高手之死

某地以龙卷风和雷雨而闻名国内外,在这一带经常有人和动物遭到雷击。一天,当地居民在山上的树林里发现一具尸体,这个人死在一棵大树下的帐篷里。他们立刻报案。

经过验尸检查,警方发现死因是中毒,初步判断死者可能是吃了山上有毒的野菜。但后来经调查发现,死者是某野外露营社的社长,经常出来露营。

"如果这个社长是误食含有毒素的野菜而死,那就说明他根本就不是个露营方面的高手,一点经验都没有。"一位警察在查看了现场之后,下了如此断言。

你知道他判断的理由是什么吗?

偷答案

一天,李老师考核学生的化学测验的答案被人偷走了。有机会窃取这份答案的,只有张文斌、李小光和王智勇这三名学生。

(1)那天,这个教室里总共上了五节化学课。
(2)张文斌只上了其中的两节课。
(3)李小光只上了其中的三节课。
(4)王智勇只上了其中的四节课。
(5)李老师只讲授了其中的三节课。
(6)这三名学生都只上了两节李老师讲授的课。
(7)这三名被怀疑的学生出现在这五节课的每节课上的组合各不相同。
(8)在李老师讲授的一节课上,这三名学生中有两名来上课了,另一名没有来上课。事实证明,来上这节课的那两名学生没有偷取答案。

根据以上条件,你能找出究竟是谁偷了答案吗?

自杀的真相

周一早上某公司的一名员工被同事发现死在自己的宿舍中,床边的桌子上放着一个空的安眠药瓶子,大家都认为死者系服用过量安眠药死亡,警方初步断定是自杀。据死者的同事交代,死者是一个非常爱干净的人,平时的生活用品都是干干净净的,室内的摆设也很规整,死者正安静地躺在自己的床上,没有任何挣扎的痕迹。然而就在大家要盖棺定论的时候,一位警察对大家说:"这不是自杀,是他杀。"

你知道这位警察这么说的理由何在吗?

这个故事不完美

一艘游轮正在海上航行,这时发现一艘小艇,艇上有一个人在不停地挥动着双臂,并大喊"救命"。游轮慢慢靠近小艇,船员把小艇上的人救了上来。这个小艇上一共两个人,一个还活着,另一个已经死了。

救上来的那人满头是汗,一上船就嚷着要吃东西,吃饱喝足后这个人开始讲他的故事:"我们两个是好朋友,我们开着小艇去兜风,不巧在海上遇到暴风,这时船的发动机又坏了,食物和淡水也用完了,就这样我们在海上漂了几天几夜。他因为忍受不了这种痛苦,觉得生还的希望已经不大了,在这种极端的环境下突发心脏病死去。"

这时,船上正好有一个经验丰富的退休警员,他检查了一下那具尸体,发现那个人面部无光,嘴唇干涩,然后对这个获救的人说:"你很会编故事,但故事不太完美。"

你知道老警员是根据什么来识破他的谎言的吗?

不符合常理的坐姿

深夜时分,警察局警长接到自己的好朋友哈伯特从家中打过来的报案电话,说他的司机告诉他,他妻子被人杀死在车中,于是警长连忙开车赶去现场。

车在一条寂静的街道上,离哈伯特的家不到几百米的距离,停在路中央。看见警长,已经从家中赶来的哈伯特连忙迎了上去。

"在我们回来的路上,忽然车子爆胎了,我立刻紧急刹车,对太太说要下车检查。但让人懊恼的是预备轮胎也没有气了,所以我就准备先回哈伯特先生家里拿修车工具,不过当我向车里的太太报告时,却发现太太的胸前有一摊血,太太已经被杀了,死在了座位上。"哈伯特的司机杰克描述着经过。

听了描述,警长点点头,想到应该是歹徒先在车的轮胎上动了手脚,趁司机下车检查时用安了消声器的枪杀了哈伯特太太,不过警长检查后发现哈伯特太太是在疾驰的车上被射杀的,而且哈伯特太太的尸体是端坐在车的后座上。

于是警长看着司机杰克说道:"杰克你为什么撒谎?快把事情的真相从实招来。"

你知道警长为什么说杰克在撒谎吗?他怀疑杰克的根据是什么呢?

安全着陆的飞机

有一次飞往美国纽约的班机起飞不到20分钟,就接到这样一个匿名电话:

"你们给我听好了,我们在飞机内装了炸弹,现在炸弹匣内的定时装置已经开始启动,当飞机准备着陆,降到海拔2000米以下时,炸弹就会送全机人上西天,哈哈……"

目前飞机是在离地面10000米上空飞行,假如降落到海拔2000米的低空时,飞机就会爆炸。而炸弹怎么也找不到,如何才能死里逃生?经验丰富的机长突然想到了一个妙法,"各位放心,我有办法!"于是,他改变了航向后继续飞行。

在接近某机场时,飞机由8000米、6000米、5000米、4000米、3000米……逐渐降落,最后安全地着陆了。

事后检查飞机,专家在没有气密装置的尾翼找到了特殊的炸弹。为了证实这枚炸弹的可靠性,专家进行了试验,果然在海拔2000米处爆炸了。

现在你是否已经知道机长是怎么做到安全着陆的了?

不打自招

某市医院的太平间里又多了一具女尸,死者名叫孙淑芬,是在一家旅馆被杀的,背后被人捅了一刀。

罗菲菲警官向局长汇报说,孙淑芬上周刚与丈夫马克结婚,不过上周马克出差去了乌鲁木齐。

"现在知道凶手是谁吗?"局长问。

"还不知道,我怀疑是马克的情敌孙怀楠,死者在结婚前一直与孙怀楠交好。我现在就去拜访一下这个孙怀楠。"说着罗菲菲就走出了警局。

孙怀楠正好在家,罗菲菲刚进屋就问:"孙淑芬出事了,你不知道吗?"

"真的吗?什么时候的事情?我真的不知道啊。"孙怀楠摇摇头说道。罗菲菲随后又问了一些与孙淑芬相关的事情,孙怀楠也摇头说不知道。罗菲菲准备把刚才的问话作一下记录,可是却没有找到笔,于是对孙怀楠说:"糟了,我的笔落在事发现场了。我现在还要赶去另一个地方调查,你能帮我去取一下吗?顺便帮我交到警局就行了。最好在警局下班之前去。"

"好的,警官。"孙怀楠回答。

下班之前,孙怀楠赶到警局刚把东西交给罗菲菲警官,就被逮捕了,孙怀楠为什么被逮捕呢?

街头血案

一个炎热夏日的黄昏,孙兵警官正漫步在一个街头,突然听到一声枪响,他看见不远处一个老人跌向房门,然后慢慢地倒了下去。孙兵警官和当时街上仅有的两个人都先后跑了过去,到达的时候发现老人已经背部中弹停止了呼吸。

孙兵警官便问这两个人刚才在做什么。第一位说:"我前往鼓楼西大街,刚转过街角,往这边一看,看见老人刚要开门,而这个时候枪一响,他应声而倒,我便立即跑来,看看什么情况。"第二位说:"我听到枪声,不知发生了什么事情,看到你俩往这儿跑,我也就跟了过来。想不到居然是这样的事,真是晦气。"听完两个人的话,孙兵警官看看老人的房门,只见钥匙还插在房门的锁眼里,于是孙兵警官便指着其中一个人说:"先生,请跟我走一趟吧。"

你知道孙兵警官要谁跟他走一趟吗?为什么呢?

真正的逃犯

清晨,一场混乱的枪战之后,一家诊所忽然冲进一个陌生人。陌生人对值班医生说:"我刚才穿过大街时突然听见枪声,只见两个警察在追一个逃犯,于是我也加入了追捕行动。可怜的是两名警察都被打死,我也受了重伤,差点也送了命。幸好你家诊所开在街边上。"

于是医生帮陌生人从他后背取出一粒弹头,并给陌生人换上新的衬衫,又将他的右臂用绷带吊在胸前。

就在这个时候,一个警察和一个市民跑了进来。市民一看到陌生人就喊:"就是他!"于是警察拔枪对准了陌生人。陌生人连忙说:"你们弄错了,我是帮你们追捕逃犯的,我怎么成了逃犯呢?"市民说:"你背部中弹,说明你是逃犯!"

而目睹一切的医生却对警察说:"这个病人不是真凶!"

你能猜出谁是真凶吗?

溺水而亡

晚上,甲正在自己豪华别墅的浴缸中洗澡,昏昏欲睡,而就在这个时候,忽然一个凶犯闯进浴室。而这个凶犯正是甲邀请来别墅做客的好朋友。这个凶犯把甲的头按入浴缸中,甲企图反抗,但是,凶犯用力把他按住,终于把他溺死了。

看着一动不动的甲,凶犯松了一口气,然后他把甲的身体用水冲干净,替他穿上泳裤,把他的尸体搬到泳池,丢进去。随即凶犯又把浴室内所有的指纹抹掉,然后安然从容地在男子的别墅中睡着了。

第二天早上,凶犯估计警局都上班了,便若无其事地报警,称自己的朋友昨晚在游泳时溺水毙命。可是,警方看了法医的检验报告,立即指出凶犯作假证供,并把他拘捕了。

你能够猜出警方是怎么知道甲不是游泳溺死的吗?

自首

维斌和廉响是一对好朋友,他们都喜欢打猎,两人经常去离家不远的森林里面扎营,然后在森林里一待就是十天半个月的。为了安全,他们的营地都安在森林里面的大树上。

不过最近在一次打猎活动中,维斌被意外打死了。一颗子弹从他的腰部射入,击中了他的心脏,导致他死亡。开枪的廉响急忙回到当地警察局自首。

"警官,我们俩是从小一起长大的好兄弟,我们两个经常一起去打猎,我们不在一起扎营,只是将各自的帐篷挨着扎在森林的大树树权上。今天早上,天还没有亮,我还没起床,就听见他在大声叫我,我便起床钻出帐篷,出去一看,维斌已经在下面的空地上了。但这个时候发生了意外,一头狼忽然出现在维斌身边不远的大树旁。

我立刻钻回自己的帐篷,取出猎枪,钻出来便端枪朝着那只狼射击,第一枪没打中,第二枪却打中了维斌,就这样,我只能眼睁睁地看着我的老朋友倒下去!真是太意外了,我怎么就那么不小心呢?我实在是对不起维斌,我伤心透了!"

不过,警长在看了维斌的尸检报告后,对廉响说道:"廉先生,我想你其实不用伤心,因为凶手就是你,事实上,你不是误杀自己朋友的。"

那么,警长为什么这么对廉响说呢?

不易发现的错误

李海是位刑探专家,他的宝贝女儿叫李曼,她聪明过人,是学校艺术团的小演员。

老师在业余时间写了剧本并取名为《大侦探——福尔摩斯》,准备在六一儿童节演出。这个角色当然给李曼来扮演,老师嘱咐李曼一定要把剧本上的台词背熟。排练的第一天,李曼对老师讲:"我觉得剧本里有一个错误,我想改一下,不知老师能不能同意?"

得到许可后,李曼说:"在第三场吉米说,'太好了,快来看。钥匙上左右两侧都清晰地留下了指纹,而且指纹很完整。'福尔摩斯说,'那么这个案子破了。因为门从里面锁着,窗也关着,凶手进不来,所以是死者自杀。'"

那么,你知道错误在何处了吗?

审案技巧

有一个外交官在机场被人刺杀了。接到报案后,警方很快赶到案发现场。根据现场取证调查,发现3个人有作案的时间和条件,而这3个人当中,一个叫洛波斯特的人被列为头号犯罪嫌疑人。在审讯室里,凯洛警官亲自对洛波斯特进行了审讯。

警长:"洛波斯特,星期一上午8点左右,你是不是在飞机场的咖啡厅里喝咖啡呢?"

洛波斯特:"是的。"

警长:"当时,你真的没有看见和你隔着一个通道,相距不过5米远的那个人被刀刺死吗?"

洛波斯特:"真的没看见。那个时候,我正在读当天的报纸。我看报纸很投入的。"

警长:"可据咖啡厅的收银员反映,你当时显得很匆忙。在买单的时候,你给了她一张大钞,还没等她找你钱时,你就急急忙忙地走了。"

洛波斯特:"是这样的,时间来不及了,我得赶飞机。"

警长:"你注意了时间,却没有注意那个人的胸口上插了一把刀子?"

洛波斯特:"哦?也许当时是看到了他,但我没有正眼仔细瞧过。我的注意力当时只在自己的事情上。"

警长:"你没听见他要几片面包?"

洛波斯特:"这些我都记不得了。报纸上的《周末文艺》栏目上刊登了一篇非常精彩的推理小说,等我读完的时候,发现飞机马上就要起飞了。"

警长听到这儿,突然站了起来,他让手下立即将另外两个嫌疑人放了。之后,他对洛波斯特说:"说谎是要受到惩罚的,你还是老实交代吧。否则你会罪加一等。"

通过以上的对话,你知道洛波斯特的破绽在哪里吗?

不够细心的汤姆生

白天,有两名武装歹徒冲进一家银行,抢了钱后,立即乘一辆福特车逃跑了。一个银行职员记下了车子的号码,立刻报了警。一刻钟后,几名警察赶到了现场。正当他们谈论案情时,突然发现了要找的那辆福特车,它刚好从警车旁边开过。

这时一个警察叫了起来:"这是不可能的,车子的颜色和车号都对!"警察马上驱车赶了上去,将那车拦下。开车的是一个叫汤姆生的男子。警察对汤姆生进行了审问,可是他有不在现场的证据,警方只好将他放了。事后调查,歹徒从那家银行一共抢走了 37.5 万元的新钞票。

这个抢劫案还没有破,几天后又发生了一起银行抢劫案。案发不久,汤姆生开车经过一个高速公路的检查站,径直往前开,警察拦下他说:"你没有看见停车牌吗?罚款 100 元!""下次一定注意。"汤姆生递过去一张 100 元的纸币。

两天后,警方逮捕了汤姆生,理由是他与两起银行抢劫案有很大的关系。"不可能,绝对不可能。"汤姆生说,"我根本就不在现场!我有证人。"警察笑道:"但你是主谋,你找了两个朋友一起作案,你又弄了两辆完全相同的车。每次抢劫银行的时候,你都会故意将警方的注意力吸引到自己身上来,同伙就会趁机逃跑。尽管你很谨慎,但是,你还是犯了个小小的错误,结果露了马脚!"

你能猜出汤姆生是在哪里露出了马脚吗?

设计师的姓

在一次国际服装设计大赛评选结束后,甲公司设计的"黄河颂"系列、乙公司设计的"孙悟空魔幻"系列和丙公司设计的"白牡丹唯美"系列分别获得一、二、三等奖。

颁奖结束以后,甲公司的设计师说:"真是有意思,恰好我们三个设计师的姓分别是三个系列的第一个字,再说,我们每个人的姓同自己所设计的系列的第一个字又不一样。"

这时候,另一公司姓孙的设计师笑起来说:"还没注意,真是这样的!"

根据以上内容,请推理出这三个设计师各姓什么。

A. 甲公司设计师姓白,乙公司设计师姓孙,丙公司设计师姓黄;
B. 甲公司设计师姓白,乙公司设计师姓黄,丙公司设计师姓孙;
C. 甲公司设计师姓孙,乙公司设计师姓黄,丙公司设计师姓白;
D. 甲公司设计师姓孙,乙公司设计师姓白,丙公司设计师姓黄;
E. 甲公司设计师姓黄,乙公司设计师姓白,丙公司设计师姓孙。

字母"C"

在美国纽约市一个别墅区里发生了一起命案,接到报案后,警察局立刻组织破案小组前去调查。

受害者是被枪击中心脏而导致死亡的,在死者身边的墙上有一个字母"C",经过检验后,确认墙上的字母是死者之手所写。这时有的警察认为这个字母会不会是死者最后留下的信息,以给我们提供破案线索呢?

这时另一个警察摇摇头说道:"不是,这不可能是死者留给我们的破案线索。"

你知道这个警察为什么这样说吗?

漏洞百出

迈克警官刚到单位,就接到一个小姐报案,说自己在家里遭劫,迈克警官立刻赶往现场。

迈克警官走进这位小姐的卧室,迅速查看了现场:两扇落地窗敞开着,房间内凌乱的大床左边有一张桌子,上面放着书本和几支燃剩几英寸的蜡烛,一边流了一大堆烛液。

小姐盯着迈克警官不紧不慢地介绍昨晚的事情:"昨天晚上我躺在床上,因为没有电,我便借烛光看一本小说。大概看了几个小时左右,这时门突然被风吹开了,一股强劲的穿堂风扑面而来,我急忙叫仆人过来关门。哪知道这时候突然闯进来一个身着黑衣、戴着墨镜、拿着匕首的强壮男人,他凶狠狠地问我现金放在哪里。他将现金装进衣袋时我的仆人也走了进来,他凶猛地打晕了我的仆人,还用丝袜捆住我的手脚。他离开时,我请他把门关上,可他只是笑笑,故意敞着门走了。"

"亲爱的小姐,这大清早的你真有心思在这里荒唐透顶地表演。"迈克警官笑着说。

你知道这个小姐的漏洞在哪里吗?

谁活下来的概率大

同在一个警察局工作的甲、乙、丙三个小伙子同时爱上了刚来警察局上班的女孩,如果让这个女孩作出选择的话,也很难,因为这三个小伙子都很优秀。他们三个人为了决定谁能娶到这个姑娘,经常互相打斗。一天他们决定用手枪进行一场决斗。

已知甲的命中率是30%,乙比他好些,命中率是50%,最出色的枪手是丙,他从不失误,命中率是100%。由于这个显而易见的事实,为公平起见,他们决定按这样的顺序:甲先开枪,乙第二开枪,丙最后一个开枪。然后这样循环,直到他们只剩下一个人为止。

根据上面的提示,你知道这三个人中谁活下来的机会最大吗?

一场车祸掩饰的谋杀案

一天晚上,凯文警官刚准备下班却又接到报案电话,说是双飞路发生了一起交通事故,一名男子死亡。于是凯文警官前去调查,几分钟后便赶到案发现场。到达之后他果然发现一名男子倒在路上,全身是血,已经死去了。

一辆摩托车在尸体右前方几米外的一个水泥墩旁倒着,发动机还在运转,还没有熄火。

"从现场来看,准是这个家伙不要命地飙车,然后撞上了水泥墩摔死了。"有一个警察分析道。

仔细看了现场后,凯文警官摇摇头说:"事实应该不是我们从表面上分析的那样简单,我想这是一起谋杀!"最后经过调查果然证实这是一起用车祸来掩饰的谋杀案。

你知道凯文警官当初为什么会判断这是一起谋杀案吗?

真是自投罗网

已经到了下班的时间了,很多同事都陆续地离开了单位。高密警长准备先休息一下再回家,觉得今天很累,回家也没什么事情。不一会儿,他靠在沙发上打起鼾来,可是电话却响了起来。电话那边一个人焦急地说:"是高密警长吗?我是科学研究所的孙启立,我的同事刘晓楠刚才在家给我打了电话,说与男友关系破裂想要自杀,然后就把电话挂断了。我想到事态严重,又不知道她家地址,就马上给你打电话了。"

高密警长让孙启立马上赶到警察局,同时打开电脑,查到了刘晓楠的家庭地址,然后和孙启立会合,赶到了刘晓楠家。他们敲了几下门,里面没有反应,高密警长用力撞开门,冲进去一看,刘晓楠吊死在客厅的梁上,已经断了气。

孙启立失声哭了起来:"傻刘晓楠呀,你为什么要想不开呀,都怪我来晚了一步啊!我要是早来一步你也不会没命的。"高密警长戴上手套,开始检查现场。过了一会儿,他想打电话给法医,让他来检验尸体,可是环顾四周也看不到电话机。他就拿出一张纸,在上面写下法医的电话递给孙启立:"麻烦你帮我打个电话,快!"孙启立接过纸条,立刻奔到二楼,走进卧室去打电话。等到他打完电话下了楼,看到高密警长正奇怪地看着他,然后说道:"孙启立先生,你真是聪明过头了,知道不,你这是自投罗网。"

你知道高密警长是从哪个细节中发现孙启立就是凶手的吗?

不攻自破的谎言

刘海军是一个很聪明,但很厚道的人,一天他在公园散步时遇到了好友谭建华。只见谭建华牵着一条普通的牧羊犬,他是一个大酒鬼,为了还自己欠下的赌债,他竟然想以高价将这条牧羊犬卖给刘海军。

谭建华绘声绘色地说道:"老兄,这条狗可不是一般的狗,你应该记得,在我的老家承包的那一片土地的旁边,有一条沿着山崖修建的坡度很大的铁路。

"一天,有块大石头滚到了铁轨上,此时远远见一列火车飞快地驶来。我想爬上山崖发警告,可扭伤了脚摔倒在崖下。

"在这紧急关头,只见我这宝贝狗飞奔回家,拽下我晒在铁丝上的红色秋衣,叼着它闪电般冲上山崖。那红色秋衣迎风飘扬,就像一面危险信号旗。司机见了立即刹车,这才避免了一场车翻人亡的恶性事故。怎么样,我这宝贝有智有谋,非同一般吧?"

谭建华得意洋洋地说完后,不料却被刘海军打断了:"我不会买你的狗,你另找买家吧!不过老弟你倒很会编故事呀,说不定下辈子会是位大作家!"这显然是讽刺之言。

那么,刘海军为何要讽刺他的好朋友谭建华呢?

寻找重要线索

一天下午,北京某公安局分局接到报案,立刻赶往案发现场。

首先发现尸体的是一个餐厅送外卖的服务人员。他说有人在中午 12 点打电话到餐厅里,订了一份宫保鸡丁盖饭,让下午 1 点送到这个地址,并留有电话号码。

他到了之后,发现门是虚掩着的,敲了几下门也没有人答应,喊也没有人出来。于是他自作主张地进去了,客厅没有人,所以他就到卧室查看,结果发现卧室的床上有一个死人。这个人手腕被割破,血流得到处都是!看到这一情景他很害怕,于是立刻报警。

经调查,这家餐厅的电话是有来电显示的,而所显示的号码确实是案发现场中的那部电话。死者名字叫李志高,是一家小公司的老板,案发现场正是他的家。他的妻子虽然没有在外工作,但此时也不在家。

案发现场的布置简约并且干净整齐,显然房间的主人是一位非常喜欢整洁的人。

窗前摆放着集写字台、电脑桌和小型书柜于一体的组合家具。桌子在窗前,上面放有台灯,还有死者的公文包。写字台右手边一个圆角连接着电脑桌,22 英寸显示器端正地摆放在上面。键盘在显示器下方,接着看下去就是主机。在电脑的上方,是个小型书柜,透过玻璃望进去,里面整齐地摆放着许多图书,大概有上百本。写字台下面还有一个小柜子,打开一看,里面也塞满了书。显示器上,是一封用记事本写的遗书。大概意思是:自己的公司经营不善,为了不拖累家人,所以选择了自杀。

床上用品有些凌乱,显得与周围不协调,死者倒在床上,右手腕被深深割破,血把床单染红了一大片,刀子掉落在死者的左手边。

验尸报告显示:死者死亡时间为半小时前左右,死因是失血过多,右手腕的刀痕是从内向外的。除此之外,死者身上并无其他外伤。死者在之前并未服用过镇定药物,不过,死者的右手手指上沾有一些灰尘。

通过指纹取样报告显示:案发现场曾被人仔细擦拭过。整个房间都没有留下指纹或任何可疑的痕迹。死者的公文包里有一个笔记本,上面记录了死者的日程安排,其中有几张被折了页,从上面的内容看,都是要去一家心理诊所接受治疗的。

在随后的调查中,警察找到了死者的心理医生。据心理医生反映,死者因公司状况不好心理较为悲观,但经过治疗,死者渐渐恢复了信心,并表示过要重振旗鼓。心理医生认为死者没有自杀的可能。

随后警察联系到了死者的妻子,她告诉警方自己中午12点左右约了几个好姐妹一起出去逛商场,当时李志高正在用电脑处理数据。因为出门的计划比较匆忙,她来不及做午饭,就嘱咐李志高自己弄东西吃。当警方询问死者是否为左撇子以及是否经常在家办公时,她回答说死者是习惯用右手的,也只是偶尔在家办公。

所有的线索都摆在眼前了,虽然多,却没有一个具有决定性作用的证据。这位带队的警察盯着屏幕上用记事本写的遗嘱:公司的业务被我搞得一团糟。我终于下定决心,了此一生。

这份遗书没有落款,最后只有一闪一闪的光标在跳动。他反复在心中默念:"了此一生,了此一生……"他把所有推理的结果集中在右手的食指上,向着键盘上的"J"重重地敲了下去……

"正如我所料。"这位带队的警察嘴角微微上扬,眼前发生的一切都跟他所推理的一模一样,他想他一定能找到那个决定性的证据,它将会告诉大家这间屋子里发生的一切!

好了,这个案件就是这样的,现在你能从现有线索出发,推理出一些重要的线索吗?

奇怪的爆炸

星期天的中午,音乐家王双德的家中发生了爆炸,幸运的是王双德没有受伤。张警长接管了这个案子,在现场他发现,爆炸的是一个玻璃杯,里面装了一些火药。可是让人奇怪的是室内没有任何火源,也没有发现引爆装置。王双德说自己当时正在练习一首小号曲,当吹到高音部分时,就发生了爆炸。张警长仔细观察了一下爆炸残留物,马上就知道凶手是如何引爆炸药的了。

根据以上条件,你能猜出凶手是如何引爆炸药的吗?

想要分遗产的人

琼斯先生是位远近闻名的大富翁,他有一座城堡。但是他没有一个亲人,朋友也很少,并且他的脾气很暴躁。虽然家产丰厚,但不久前他得了中风,落下了半身不遂的毛病。然而这位琼斯先生却有着顽强的意志,他每天都坚持在床上做运动,哪怕是伸伸胳膊、抬抬腿也要坚持活动,给大家的感觉似乎仍然还可以活上几十年。

但是,不幸却再次发生了。一天,他被勒死在客厅里,死亡时间是下午2点左右。因为这时很多人在睡午觉,所以邻近房间里的几个佣人都没有听到任何声音,而且前来办案的警察也没有找到作案工具。

这个城堡里住着很多人,分别是琼斯先生的秘书、司机、保镖、厨师、佣人、马夫、园丁。案发当天来拜访琼斯先生的人有他的律师、医生和一位生意伙伴,每个人和琼斯先生都没有仇恨。

琼斯先生早在遇害前就立下了遗嘱,在他死后会将财产分给所有尽心尽力为他工作的人。每个人都从琼斯先生的死亡中获益了,因此更难找寻凶手。

那么,究竟是谁杀了琼斯先生呢?

转危为安的解缙

解缙是明朝有名的才子。有一次永乐皇帝命解缙在一把绘有西北风光的扇子上题诗,解缙就题写了王之涣的《凉州词》:

黄河远上白云间,一片孤城万仞山。

羌笛何须怨杨柳,春风不度玉门关。

由于解缙一时疏忽,竟将诗中的"间"字漏写了,有人便暗中启奏皇上,皇帝大怒,欲治解缙欺君之罪。谁知解缙不慌不忙地说:"皇上,您请息怒,我这是依王之涣诗意,另外作的一首词。"说罢便在诗中加上了一些标点符号。

皇帝一看,果然成了一首完整无缺的词,于是解缙得以转危为安。

你知道解缙是如何在这首诗中加上标点符号的吗?

戴眼镜的窃贼

一个窃贼在一家酒吧外,转悠了好几天。

一个深夜里,窃贼悄悄潜入酒吧,想拿走放在吧台抽屉里的现金。得手后,窃贼想要立刻逃离酒吧,却被夜间看守酒吧的值班保安发现了。

保安跑过来与窃贼厮打在一起,情急之下窃贼用店里轧冰块的机器将保安杀死。第二天,等有人发现时,案犯早已逃得无影无踪了。酒吧老板立刻报了案,几分钟后,几位警察赶到现场后发现,小偷不但偷走了现金,还杀死了一个保安,居然还把杯架上的一排高脚杯都打碎了,碎片散落一地。

大家都很奇怪,小偷是来偷钱的,为什么要打碎这么多的高脚杯呢?沉思了一会儿后,一位办案经验丰富的警长肯定地说:"这个小偷一定是个戴眼镜的家伙。"后来,抓捕归案的小偷果然是个戴眼镜的小伙子。

那么,当初警长是如何得知小偷戴着眼镜的呢?

辨析对错

某高校今年第二学期入学的学生中有些是免费定向培训生。所有的免费定向培训生都家境贫寒。凡是贫困学生都参加了勤工助学活动。

如果以上说法是正确的,那么,请找出以下错误的看法( )

A. 有些参加勤工助学活动的学生不是免费定向培训生

B. 凡是没有参加勤工助学活动的学生都不是免费的定向培训生

C. 今年第二学期入学的学生中有人家境贫寒

D. 有些参加勤工助学活动的学生是今年第二学期入学的

整容后的罪犯

张志祥是一位著名的整容医生。他在纽约市中心创办了一家私人整容院。这一天是星期天,早上两个助手都没有来上班,诊所也没有任何客人。

无聊的他坐在自己的诊所里面,看着最近的《纽约时报》上面的消息。这时忽然闯进一个男子,张志祥认出自己刚刚看过的报纸上刊登有他的照片,他正是纽约市最近的通缉犯之一。

男子进来后,便威胁张志祥把他整容成另外一个人,以逃脱警方的追捕。张志祥虽然很不愿意,但为了自己的生命安全,还是答应了给男子整容。整容后,男子对着镜子看了看,非常满意,因为镜子中的他完全就是另外一个人,心想,现在可好了,警察不是很牛吗?这下我看你们上哪里找我去。也许现在除了张志祥就再也没有人认得出他了。随后,男子将张志祥打晕,然后扬长而去。不过男子出门不久,便被警察抓获了。

你知道这个男子究竟是怎么被识破的吗?

联赛冠军

在一次大学生运动会上,李威、王仲良、刘起、孟航和赵起名每人都参加了两次羽毛球联赛。具体情况如下：

（1）每次联赛只进行了四场比赛：李威对王仲良；李威对赵起名；刘起对孟航；刘起对赵起名。

（2）两次联赛中仅有一场比赛胜负情况不变。

（3）李威是第一次联赛的冠军。

（4）在两次联赛中，举行了一场淘汰赛，只有冠军一场都不输。

（提示：两次联赛中都不会有平局的情况出现）

现在请你猜出另一场联赛的冠军是谁？

被砸晕的服务生

早上刚刚起床的周小姐打电话叫服务生把自己的热牛奶送来，然后就进入洗手间洗漱。她刚刷完牙，正要洗脸时，就听见外面"扑通"一声。她急忙跑出来，看见一个服务生歪倒在门口，头上流出了鲜红的血，昏了过去。她再往自己床头的桌子上看，发现自己的旅行包居然不见了，只有一杯冒着热气的牛奶，周小姐连忙拨打了报警电话。

很快，就有警察赶过来了，叫醒了被人打晕的服务生。服务生说："我是来送牛奶的，刚跨进房间，就觉得耳边有一阵风，接着头就被什么东西猛砸了一下，眼前一黑就什么也不知道了，恍惚间看见一个蒙面大汉提着旅行袋逃走了。"

警察看了下房间，说："侍者先生，你不要跟我们兜圈子，你还是说实话吧。"

你知道警察为什么这么说吗？

电影主角

罗拉有两个妹妹：杜杜阁和玛丽莎；罗拉的女友艾丽有两个弟弟：左丹德和张志祥。他们的职业分别是：罗拉，演奏家；左丹德，演奏家；杜杜阁，演奏家；张志祥，歌手；玛丽莎，歌手；艾丽，歌手。

六人中有一位担任了一部电影的主角，其余五人中有一位是该片的导演。

已知条件如下：

（1）如果主角和导演是亲属，则导演是个歌手。

（2）如果主角和导演不是亲属，则导演是位男士。

（3）如果主角和导演职业相同，则导演是位女士。

（4）如果主角和导演职业不同，则导演是罗拉家的。

（5）如果主角和导演性别相同，则导演是个演奏家。

（6）如果主角和导演性别不同，则导演是艾丽家的。

你能根据以上给出的条件判断出是谁担任了电影主角吗？

脱身

二战时期，萨利是某特工部门的超级间谍，为了搜集一份特别重要的情报，他带着照相机和闪光灯伪装成一名记者混入了某国举行的一个外交集会。就在萨利不停拍照的时候，一名某国特工走到他的面前："这位记者先生，请出示一下你的证件可以吗？"

"哦，当然可以，请过目。"萨利把记者证递了过去。

特工仔细看过之后突然大声说道："大家注意了，这个人的记者身份是假的。请你赶快亮出你的真实身份吧。"那位特工一边说，一边把手伸进衣袋里取枪。萨利意识到必须马上逃走，但他又想到，如果此刻逃跑，对方一旦拿出手枪，自己就会被击中毙命。萨利急中生智，想出了一个争取时间的巧妙办法，终于脱险，逃之夭夭。

你能猜出萨利是通过什么方法脱险的吗？

特训后的贝贝

有一位大明星的朋友送给他一条英国小狗贝贝,要知道贝贝不亚于名犬拉西,大明星想把它培育成为世界第一流的名犬,于是专门把贝贝送到德国训练。训练结束后,回到大明星身边的贝贝不知为什么,主人的话一句也不听,更不要说什么技巧动作了。

可是,德国训练营的来信中清楚地写着:只要主人吩咐,动作大体上都能做得出来。

"真是怪事,到底是为什么呢?"大明星常常看着贝贝发呆。

你知道是什么原因吗?

第三辑
数字算数类谜题游戏

兑换零钱

在银行工作的人都知道,做银行的出纳并不是一件很容易的事情,常常会遇到一些很麻烦的人。这不,在某工商银行工作的孙小姐正在跟朋友诉苦:

昨天中午,银行来了一位老太太,递给我200元的支票,并对我说:"我要换一些1元和2元的纸币,2元的纸币数目必须是1元纸币的10倍,剩下的都换成5元的就可以了。"

孙小姐听了老太太的话后有些无奈。

如果是你,你该怎么办?

小恒的机械手表

爸爸给小恒买了一块机械手表,他发现这块手表每小时比家里的闹钟快30秒,可是家里的闹钟每小时比标准时间慢30秒。你知道小恒的手表准不准吗?

如果在早上8点钟的时候,小恒把手表和闹钟都对准了标准时间,当中午12点的时候,手表指的时间是几点几分?

一共赚了多少银子

古时候,在沙漠地带有一个贩骆驼的商人,一天下来他的生意情况是这样的:

先用60两银子买了一头骆驼,又用70两银子卖了这头骆驼;再用80两银子买了这头骆驼,又用90两银子卖了这头骆驼。

当他回到家里时,把今天的生意过程跟妻子说了一遍,他本想考考他的妻子,让她算一下今天他一共赚了多少银子。他刚说完,妻子就说:"你折腾了一天,最后就只赚了10两银子啊!真不划算。"商人笑着摇了摇头。

请你也算一算,商人在这头骆驼的交易中一共赚了多少银子?

7只小熊一起赶集

在小熊王国里,有7只小熊,他们从小一起长大,是最好的朋友,后来他们都长大了,其中的齐齐开了一家超市,其他小熊都在这个超市里上班。他们每周都要到同一个集市赶集进货,只是去的次数不一样。

因为奇奇是老板,每天都要去,小胖隔一天再去,小米每隔两天去一次,小同每隔三天去一次,小好每隔四天才去一次,小特每隔五天才去一次,次数最少的是小奇,要每隔六天才能去一次。

今天是2月29日,他们在集市上碰面了,他们在集市上一起逛着,愉快地交谈后,他们又在想等下一次都在一起赶集进货时是什么时间呢?

请你来帮他们算算,他们下一次一起赶集进货是什么时候?

炫耀的大酒店

春节期间,有一家大酒店为了炫耀自己的豪华,在酒店的大厅里装了许多的金边灯笼。其中一种装法是一盏灯下有一个大金边灯笼和两个小金边灯笼,另一种是一盏灯下一个大金边灯笼和四个小金边灯笼。大金边灯笼共有360个,小金边灯笼有1200个。

你能算出这家大酒店的大厅里两种灯各有多少盏吗?

三角债

甲、乙、丙、丁4个人既是同学又是无话不说的好朋友。

有一天,甲因为要办点事情,就向乙借了10元钱,乙正好也要花钱,就向丙借了20元钱,而丙自己的钱包里实际上也并不多,就向丁借了30元钱。第二天丁刚好在甲家附近买书,就去找甲借了40元钱。

第二天,4个人决定一起出去逛街,乘机也将欠款一一结清。

现在你能告诉这4人该怎么做才能动用最少的钱来解决问题吗?

蚂蚁搬兵运食物

很多人可能不太了解蚂蚁的组织机构。蚂蚁王国里面有着庞大的组织机构,它们很有秩序地生活在地下的某个洞穴里。如果你哪天看见地面上有小小的一堆土,里面时不时地爬出几只蚂蚁,那肯定是一个蚂蚁王国了。所有的蚂蚁并不是像大家想的那样共同生活在一起的,它们分成好多王国,每个王国都有一个蚁后,而且,每个王国的公民身上都有特定的气味,它们靠这种气味辨别是不是自己王国的人。它们是不容许外人进犯自己王国的。每个王国里都有工蚁,相当于我们人类的采购员,它们负责外出找食物,为王国中的其他成员提供生活保证。

这天,一只工蚁外出寻找食物,它发现了一个好地方,那里有很多食物,于是它高兴极了,立刻回洞招来10个伙伴。可是它们发现人手依然不够。于是蚂蚁们又各自去叫来10个同伴。搬来搬去,食物还是剩下很多。

于是蚂蚁们又回去,每只蚂蚁又叫来10个同伴。这些蚂蚁共同努力,还是觉得搬不完,于是,每个蚂蚁又叫来了10个同伴。这次,它们终于把所有食物搬回王国了。蚂蚁们很高兴,因为这些食物够它们蚂蚁王国生活好长时间了。

你能很快计算出为了搬运这些食物一共叫来了多少只蚂蚁吗?

买书

新学期开始了,有6个小朋友一起去新华书店买书,他们分别带了14元、17元、18元、21元、25元、37元钱,到了书店里,他们都看中了一套跟教材配套的参考书,一看定价,这6个人都发现自己所带的钱不够,但是其中有3个人的钱凑在一起正好可买2套,除去这3个人,有2人的钱凑在一起恰好能买1套。

你知道这套书的价格是多少吗?

女友的生日

小伙子东升在新认识的女朋友家里遇到了她上大学的弟弟,东升想知道女朋友的生日是哪一天,就偷偷问她的弟弟。谁知道她的弟弟说:"要想知道我姐姐的生日不难,我姐姐的生日月份和日子都是个位数,把它们连着读成一个十位数的时候,这个十位数的3次方是个四位数,4次方是个六位数。并且这个四位数和六位数的各个数字正好是0~9这几个数字,而且没有重复。"

"现在你知道我姐姐的生日是哪天了吗?我告诉你了啊,不要说我没告诉你。"

这下把东升给难住了,你能帮他算出女朋友的生日是哪一天吗?

水果批发商老板分苹果

水果批发商老板要把美国进口的72个苹果分给两个来进货的水果零售店,他的分法是这样的:

(1)第一堆的2/3与第二堆的5/9分给了水果零售店A。

(2)两堆苹果余下的共27个分给了水果零售店B。

你能计算出这两堆苹果分别有多少个吗?

那1元钱哪里去了

十一黄金周期间,有3个好朋友一起去某山区爬山,傍晚找到某旅馆投宿,服务员告诉他们需要30元,于是每个人出了10元钱,凑成30元。老板回来后告诉服务员,今天是特价,只需要25元就可以了,于是老板让服务员退5元钱给这3位顾客。

服务员自己藏下2元,把剩下的3元还给顾客。于是,3个顾客每个人又收回1元钱,因此每个人各出了9元钱住宿。

这3人最后一共出了27元,加上服务员私自藏下的2元钱一共是29元。那么,剩下的1元钱哪里去了呢?

沈括算酒的故事

沈括是我国著名的科学家,很多老百姓都认识他。有一次,沈括来到一家酒店,酒店的主人对沈括说:"听说你是天下少见的奇才,我就出一道题来考考你。你能一下子算出我这里储存了多少坛酒吗?如果你算出来的话,今天这顿饭不用给钱了。"

沈括一看,墙角处堆着整整齐齐的酒,一共有7层,最上层是4×8个,第二层是5×9个,每下一层,长和宽两边各多出一个坛子。沈括微微一笑,随口就说出了答案。

酒店老板伸出大拇指说:"你果然是奇才,今天这顿饭我白送给你了。"

你知道沈括的答案是什么吗?

莱格福德的颜色板

有一天,苏格兰数学家莱格福德坐在椅子上看他的儿子玩颜色板。他儿子从玩具盒中把红的、蓝的、黄的颜色板各抽出两块来,相互调来调去,排成一行。莱格福德看到六块板的顺序是——黄、红、蓝、红、黄、蓝,正好符合下面的条件:

(1)两块红板之间,另有1块颜色板;
(2)两块蓝板之间,另有2块颜色板;
(3)两块黄板之间,另有3块颜色板。

莱格福德用"1"表示红,"2"表示蓝,"3"表示黄,将问题换了个样子,即把1、1、2、2、3、3这6个数字排成一行,要求一对"1"之间另有1个数字,一对"2"之间另有2个数字,一对"3"之间另有3个数字。这样,排列的结果应是312132。

莱格福德又提出:

如果各有一对1、2、3、4,怎么排列才能使两个"1"之间另有1个数字,两个"2"之间另有2个数字,两个"3"之间另有3个数字,两个"4"之间另有4个数字。

你能解决这个问题吗?

男女赛跑

某体育队为了监测男女赛跑的平均速度,要求一个男生和一个女生在一起赛跑,当男生到达100米终点线的时候,女生才跑到90米的地方。现在如果让男生的起跑线往后退10米,这时男生和女生再同时起跑,你认为两个人能同时到达终点吗?

不一般的电话号码

有一次,一位科学家的女友要求他有空时打电话给她。

"我的电话号码又更换了,难记,请记好。"女友说。

"嗯,我记着。"

"24361。"

"啊,这有什么难记的呢?"科学家说,"两打(1 打 = 12)与 19 的平方,我记住了。"

"你不是说也打算更换电话号码吗?"女友又说。

"是的,我多么希望邮局不要再更换我的电话号码了,这实在令人头疼。你不仅要记住新的电话号码,还要通知除了我的债主以外所有的其他人。

"不过,我也不应抱怨得太过分,因为邮局给我的这个新的电话号码已经很不错了。有三个特点使我新换的电话号码很好记:

"首先,原来的和新换的电话号码都是 4 个数字;

"其次,新号码正好是原来的号码的 4 倍;

"最后,原来的号码从后面倒着写过来正好是新的号码。所以我毫不费劲地就记住新号码了。"

你知道科学家的新号码究竟是多少吗?

小乐分鸡蛋

一天,开超市的爷爷从集市上买回来一筐鸡蛋,让小乐帮忙把鸡蛋分装在篮子里。爷爷告诉小乐这筐鸡蛋正好是 100 个,要求分装在 6 个纸盒里,每个纸盒里所装的鸡蛋数都要含有数字 6。小乐想了想,一会儿功夫就分装好了。

你知道小乐是如何分装的吗?

古刹的扶梯

在南京东郊有一座千年古刹。

寺内的松风阁后面,有座宝塔,塔高六十多米,九层八面,顶上是琉璃瓦,中间设有螺旋的扶梯,扶梯而上,登塔四望,就可以看见群山苍茫,好像进入了仙境。

宝塔的扶梯其实有个奥妙,每上一层,就少了一定的级数,从第四层到第六层,共有 28 级。第一层扶梯的级数,是最后一层的 3 倍。

那么,你知道扶梯一共有多少级吗?每层相差几级吗?

玩牌赢钱

春节期间,好朋友小李、小张、小王 3 个人一起去南方旅游。

这天,他们按照计划参观完景点之后,回到旅馆觉得十分无聊,有人提议打扑克,其他人欣然同意。

第一局,小李输给了小张和小王,于是小张和小王他们每人的钱数都翻了一倍。

第二局,小李和小张一起赢了,这样他们俩钱袋里面的钱也都翻了倍。

第三局,小李和小王又赢了,这样他们俩钱袋里的钱都翻了一倍。

因此,这 3 位好朋友每人都赢了两局而输掉了一局,最后 3 个人手中的钱是一样多的。

细心的小李数了数他钱袋里的钱发现自己输掉了 100 元。

根据他们玩牌胜负情况你能推算出小李、小张、小王刚开始各有多少钱吗?

三姐妹分卢布

同宿舍的甲、乙、丙是非常好的三姐妹,在假期里,她们决定去打工。很快她们在一家餐厅里找到了一份洗碗的工作,她们做了一天,共挣到 770 个卢布。然后,她们按照在洗碗过程中每个人的速度来分配这些卢布。她们洗碗的速度是这样的：当甲洗4个碗时，乙只洗了3个；而当甲洗了6个时，丙洗了7个。

那么，在分卢布时，甲、乙、丙三姐妹各应该分到几个卢布？

多少员工

在很多大型企业中，员工的人数都是成千上万的。某大型企业的员工人数在1700到1800之间，这些员工的人数如果除以5就余3，如果除以7就余4，如果除以11就余6。

你知道这个企业到底有多少员工吗？

黄金鸡

一天放学的时候，王教授从学校食堂买来一只两斤左右的烧鸡，妻子问他多少钱一斤，王教授说十元一斤。妻子听后感慨道："那些养鸡的人真不容易，要是这鸡是黄金做的，那养鸡人可就有十几万了。"王教授听后笑道："这鸡真要是黄金做的，养鸡人就成百万富翁了。"已知黄金市场价是8万元一斤。

你能根据以上内容判断出王教授和妻子谁说得对吗？

配套的圣诞礼物

一年一度的圣诞节来了，汤姆家的4个孩子都在等待圣诞老人的礼物，汤姆太太说今年每人的圣诞礼物都是1条围巾、1双手套和1双袜子。

可是，当4个孩子醒来时，只看到了所有的礼物都在一个大大的袜筒里面，并没有分配好。假设一次只能取1件（手套和袜子也只能取单只），围巾、手套、袜子的颜色都相同时，至少取几次才能配成一套？如果围巾、手套和袜子分别有红、黄、蓝、白4种颜色，每个人一套礼物的颜色是相同的，至少取几次才能配成一套？

平分白酒

一天，张大爷从城里某专卖店买回来某牌子的10斤白酒，在回家的路上碰到了一个朋友，恰巧这个朋友也是去城里买这个牌子的白酒。不过，这家专卖店里已经没有多余的酒了，而且已经很晚了，恐怕专卖店也早都打烊了，朋友要招待客人，看起来十分着急。于是，张大爷便决定将自己的酒分给他一半，可是自己手里就只有一个10斤的装满酒的酒桶，朋友手中只有一个7斤和3斤的酒桶，两人又都没有带量具，能将酒平均分开吗？

根据现有的条件，你能帮助他们平分这桶酒吗？

年龄的谎言

绝大多数女人都不希望公开自己的年龄，因此当谈到年龄问题时总是遮遮掩掩，或者绕来绕去，可是她们又喜欢探讨别人的年龄。同一个单位里有4个女人，她们分别是41、42、43、44岁，一天中午，她们中的两个正在讨论年龄的问题，无论谁说话，如果说的是关于比她大的人的话则都是假话，说比她小的人的话都是真话。甲说："乙岁数也不小了，已经43岁了。"丙说："甲你也不年轻了，你并不是41岁。"

根据以上内容，你知道她们都是多大吗？

收了假钞换出真钞

一天早上孙倩的小商店刚开始营业，就来了一位顾客，他挑了面包、火腿肠、饮料等合计是20

元,顾客拿出50元纸币,孙倩没零钱找不开,就到隔壁的店里把这50元换成零钱,回来给顾客找了30元零钱。过一会儿,隔壁店里的收银员来找孙倩,说刚才收的是假钱,孙倩只好马上给他换了张真钱。

经过这么一折腾,孙倩很生气,大早上的一开门就这么倒霉。

你知道孙倩在这个过程中赔了多少钱吗?

想不到的年龄

曾经有一位英国著名的经济学家,一天,他翻阅一本古代文献时看到一个记载,他无意中就把这个记载变成了一个有趣的题目:一个人在公元前10年出生,在公元10年的生日前死去。

你能够判断出这个人的年龄是多大吗?

有趣的蝴蝶

在某条公路上,有两个自行车运动员同时在公路上相对而骑。当他们还相距300千米的时候,有一只有趣的蝴蝶,在两个运动员之间不停地飞来飞去。一直到他们两个相遇了,它才安心地在一个运动员的肩膀上停了下来。

如果这只蝴蝶以每小时100千米的速度在两个运动员之间飞了3个小时,在这段时间里两个自行车运动员的行驶速度都是每小时50千米。

那么这只蝴蝶一共飞了多少千米?

各有多少蛋

在一个小镇上有两个卖鸡蛋的农妇,她们一共带了100个鸡蛋。两个人虽然各自带的鸡蛋数量不同,但卖得的钱数却是一样多。

第一个农妇对第二个说:"如果你的鸡蛋换给我,我可以卖得15元钱。"

第二个农妇对第一个说:"如果你的鸡蛋换给我,我只能卖得20/3元钱。"

你能算出这两个农妇各有多少个鸡蛋吗?

乘坐雪橇赶路

冬天,在寒冷的东北,人们经常乘套狗的雪橇出行。有一位在外做生意的商人乘了套5只狗的雪橇从甲地赶到自己的住地去,因为自己的老婆要生产了。

在途中第一个昼夜,雪橇以商人规定的速度全速行驶。一昼夜后,有2只狗扯断了缰绳和狼群一起逃走了。于是剩下的路程商人只好用3只狗拖雪橇了,前进的速度是原来速度的3/5。因为这个缘故,商人到达目的地的时间比预定时间迟了两昼夜。

后来商人说:"逃跑的2只狗如能再拖雪橇走50千米,那我就能比预定时间迟一天。"

你知道这位商人从甲地到住地有多远吗?

沙发的价格

一个家具店里新进来三款沙发,其价格分别是这样的情况:

(1)它们的单价各不相同。
(2)它们的单价加起来一共4000元。
(3)第二款沙发比第一款沙发便宜400元。
(4)第三款沙发的单价是第二款的2倍。

你能根据以上条件,计算出这三款沙发的单价各是多少吗?

被打碎的鸡蛋

有一个农村集市,每月开一次集。这次正赶上集市开集,有个农妇一大早就从家出发,把自己喂养的鸡下的蛋放在篮子中出售。当她在叫卖的时候,有个骑车的小伙子无意中碰了她的篮子,篮子碰翻了,鸡蛋都碎了。那个小伙子不得不主动提出赔偿她的损失,问道:

"大嫂,你的篮里一共有多少鸡蛋?"

"哎呀,准确数目不记得了,"农妇回答,"不过我知道当我从篮里把鸡蛋按2个一次或3个一次、4个一次、5个一次、6个一次拿出来时,篮里总还剩下一个鸡蛋,但当我按7个一次拿出来时,篮里一个也不剩了。"

这个小伙子算了半天,也不知道篮子里究竟有多少个鸡蛋,现在请你帮着他算一下吧。

有一个三位数

在晚自习课上,数学老师给大家出了一道游戏题。老师告诉学生这个数是一个三位数:减7,它就能被7整除;减8,就能被8整除;减9,就能被9整除。

你知道老师让学生猜的是个什么数吗?

灯是亮的还是灭的

吃完晚饭后,妈妈跟调皮的小恒一起去逛街,回来后天已经黑了。进家门的时候,妈妈叫小恒开灯,小恒想捉弄一下妈妈,连拉了7次灯,猜猜小恒把灯拉亮没有?如果拉20次呢?25次呢?

多少只猴子

在印度,有很多跟动物有关的智力游戏题,下面这道游戏题就是用诗的形式讲出来的,共八句话:

一群猴子分两队,高高兴兴在游戏。
八分之一再平方,蹦蹦跳跳树林里。
其余十二高声喊,充满活跃的空气。
告我总数共多少,两队猴子在一起?

活命

古时候,有个沿海国家有在船上依靠"神"的旨意处决犯人的习俗。一次,船上有5个准备处决的囚犯,但是这5个囚犯都是很聪明的人。他们分别被编为1、2、3、4、5号,他们分别要在装有100颗绿豆的袋子里抓绿豆,每人至少要抓一粒,抓得最多和最少的人都将被扔下海去。他们5个人在抓绿豆的时候不能随便说话,但在抓的时候,可以摸出剩下的豆子数。只有先活下来才能谈如何进行下一步,例如陷害他人。这100颗绿豆不需要全部都分完。如果出现两人或多人有一样的豆子,则也算最大或最小,都要一起扔到海里去。

那么,这5个囚犯中谁的存活概率最大呢?

门牌号

小军的家乡是一个很大的村庄,在这个村庄里住着上千户人家。小军家的门牌号码,是用阿拉伯数字从左至右写成的一个四位数。

有一次,他在门外的空地上做倒立时,发现门牌号码倒着时成了另外一个四位数,而且比原来的门牌号码多了 7875。

你能猜出小军家的门牌号码是多少吗？

是赔还是赚

一天，乐乐花 90 元在网上买了件衣服，很多朋友都说好看，也想买这件衣服。她脑子一转，便把这件衣服以 120 元卖给了一个朋友，她觉得这样转卖挺划算的，于是又用 100 元在网上买进另外一件衣服，原以为会 150 元卖出，结果卖亏了，最后以 90 元卖出。

你知道乐乐这一番倒卖是赔了还是赚了吗？赔了多少还是赚了多少？

多少只大雁在飞

古代埃及流传着这样一道题：

一群大雁在飞，一只大雁碰上它们，叫道："你们好，100 只雁！"带头的大雁立即回答道："不，我们不是 100 只，如果我们增加 100%，再增加 50%，再增加 25%，最后再加上你，才够 100 只，你说我们有多少只？"

根据以上内容的提示，你知道一共有多少只大雁吗？

小超市的时钟

中午下班时，妈妈打电话给小张，说家里来客人了，要他在小区门口的小超市里买一些东西。当他买完东西离开超市的时候发现超市的钟指向 11 点 50 分，回到家，家里的钟已是 12 点 5 分了，但妈妈告诉小张，说还有一些重要的调料和酒水没有买，于是，他就以同样的速度返回小超市。到超市时发现超市的时钟指向 12 点 10 分。

小张想家里的钟是非常准确的，那么小超市的时钟是快还是慢呢？差了多少呢？

你能帮小张算一下超市的时钟是快还是慢吗？差了多少？

10 岁的小高斯

高斯在小时候就很喜欢钻研数学，在他 10 岁的时候，有一次，数学老师让同学们把 1 到 100 的所有自然数都加起来，并求出总和。谁知老师的话音刚落，高斯就举起了手说："老是，我算出来了，结果是 5050。"老师和同学们都感到特别惊讶。

你知道小高斯是怎么算出来的吗？

大小和尚吃馒头

在一个寺庙里，有一个方丈给大家出了一道题：

大和尚每个人吃 4 个馒头，小和尚 4 个人吃 1 个馒头，有大小和尚共 100 人，共吃了 100 个馒头。谁能算出大小和尚各几人，各吃多少个馒头？

方丈最后补充说："如果谁算出来了，他明天就可以下山了。"很多和尚都在想答案，可是最终只有一个小和尚算出来了。

你知道他是怎么算的吗？

罗蒙诺索夫的一生

罗蒙诺索夫是俄罗斯伟大的科学家，生活在 18 世纪，你能够从下面给出的这些条件，判断出他是哪年出生的，哪年逝世的吗？

(1) 他诞生的年份：四个数字相加等于 10，而且个位数字和十位数字相同。

(2)他去世的年份:四个数字相加等于19,如果这个年份的十位数字除以个位数字,那么商数是1,余数也是1。

你能算出罗蒙诺索夫的诞生和逝世时间吗?

搞不定的难题

准备参加全国奥林匹克数学竞赛的弟弟正在抓紧复习。一天他被一道数学题给难住了,他不得不请教姐姐。题目是这样的:

一个两位数乘以5,所得的积是一个三位数,且这个三位数的个位与百位数字的和恰好等于十位上的数字。

姐姐看了半天题,又用笔不停地计算着,一小时后,还是没算出来。

你知道这道题的答案是什么吗?

祖孙三代各多少岁

刚上初中一年级的乐乐去邻居家串门,闲聊的时候问邻居张爷爷:"老爷爷,你儿子多大年纪了?"

"他的周数(7日为一周)和我孙子的日数相同。"张爷爷回答。

"你孙子几岁呢?"乐乐又问。

"他的月数和我的岁数一样。"张爷爷幽默地一笑,还是没有正面回答。

"那么,爷爷你到底多大年纪?"乐乐着急地问。

"我们祖孙三代一共是100岁,都说你很聪明,现在你自己去算一算吧!"

几分钟后,乐乐高兴地说:"张爷爷我知道你们祖孙三代各多少岁了?"

你知道答案吗?

找多少零钱

在五一黄金周期间,有一个香港人来到泰国旅游,在一家商场看上了一款相机,如果在香港,皮套和相机一共值3000港币,可这家商场故意要410美元,而且商场规定不要泰铢,只要美元,更不要港币。现在相机的价钱比皮套贵400美元,剩下的就是皮套的钱。这个香港人只买皮套,现在掏出100美元。

你知道应该找零多少钱吗?

还剩几支蜡烛

日本有一道著名的智力题:

一个房间里有10支已经点燃的蜡烛,风吹来,有2支被吹灭了,过了不久,又有1支被风吹灭了。为了挡住风,女主人赶紧把窗子关了起来,从此后,再没有一支蜡烛被吹灭。

那么,最后还剩下几支蜡烛?

接送货物

有一列从某地装有货物的火车将要到达终点站,某公司派出一辆汽车到车站去接货。这天火车到得比规定的时间早,于是火车站的负责人就派人开卡车将运来的货物送到公司去。卡车司机走了半小时路程,遇见了去火车站接货的汽车司机,汽车司机接过货物,一点不耽搁就掉头回去。汽车司机回到公司比往常早了20分钟。

那么,你知道火车到达车站比规定时间早了几分钟吗?

99 和 100

在数学自习课上,数学老师给大家出了两道数学游戏题:

在 987654321 这些数字间,要用多少加号(+),才能使它们的和等于 99？

在 1234567 这 7 个数字间要用多少加号(+),才能使它们的和等于 100？

(提示:这两道题目各有两种解答,但是数字的先后次序不能变动。)

牛吃青草

有一道著名的牛吃青草题:

有一块绿茵茵的草地,每天新长出来的草量相同,且与草地上还剩下多少草无关。70 头牛可吃 24 天,若是 30 头牛则可吃 60 天。

那么有多少头牛在 96 天内可以把这块草地上的草吃光？

怪怪的数字

周末闲来无事的甲、乙两个同学在宿舍里拿计算器玩游戏。

甲说:"请你从 1 到 9 的数字中,选择一个你喜欢的数字,输入到计算器上。"

乙说:"好的,那我就选择 6 吧。"

甲说:"接下来,你把这个数字乘以 15873,然后再乘以 7。"

乙说:"咦,怎么会这样？"

你能猜出在乙的计算器上显示的数字是多少吗？

千叟宴对对联

乾隆四十九年,乾隆皇帝在宫里举行了一次盛大的千叟宴。来参加宴会的老叟将近四千人,其中年纪最大的已经有 141 岁了。看到这么隆重的场面,一向喜欢文墨的乾隆皇帝心里非常高兴,便随口出了一个上联:"花甲重逢,又加三七岁月。"并命人来对。

纪晓岚思考了一会儿,就对出了下联:"古稀双庆,更多一度春秋。"乾隆皇帝拍手叫好,因为上联道出了最长寿老者的年岁 141,而下联恰好也包含了 141 这个数字。

你知道 141 这个数字是怎么蕴含在这副对联中的吗？

三叟垂钓

姜大爷、吴大爷、周大爷三人在一个公园的湖边钓鱼,不一会儿鱼篓就满了。时值中午,天气炎热,三个老人到凉亭午睡。姜大爷先醒了,将篓中的鱼分成 3 份,还剩 1 条。他拿着自己的一份先回去了。

过了一会儿,吴大爷也醒了,也将鱼篓内的鱼分成 3 份,又剩下 1 条,他也拿着自己的一份走了。

当周大爷醒来时不见二人,以为他们又去湖边垂钓了,于是将鱼分成 3 份,拿着自己的 3 条也走了。

你知道他们一共钓了多少条鱼？各拿了多少条？篓里最后还剩下多少条吗？

如何取胜

老大、老二和老三是三个拜把子好兄弟,他们平日里都非常喜欢去射击场比赛射击。时间长了,百发百中的老大被大家称为"枪神",而其中三枪能命中两枪的老二被称为"枪怪"。三个人中,就老三枪法最差,发挥最好的时候也只能保证三枪命中一枪。

后来他三个同时都想去参加县里举办的射击比赛,可是名额只有一个。后来三个兄弟中的老大说:"让我们来一场决斗吧,胜了的人可以去参加比赛。"另外两个兄弟一致表示同意,于是三个人来到了射击场。

决斗开始了,三个兄弟站着的位置正好构成了一个三角形。现在三人要轮流射击,老三先开枪,"枪神"老大最后开枪。

那么,如果你是老三,怎样做才能胜算最大呢?

李政道考神童

1979年春天,李政道博士到中国科技大学访问时,他给少年班的神童们出了一道非常有趣的智力题:

海滩上有一堆苹果,这是5个猴子的食物,它们必须平均分配。第一个猴子来了,它左等右等,别的猴子都不来,它便把苹果分成5堆,每堆一样多,还剩下1个。它把剩下的1个扔到大海里,自己拿走了5堆中的一堆;第二个猴子来了,它又把苹果分成5堆,又多出了1个,它又把剩下的那个扔到大海里,拿一堆走了。以后每个猴子来了都如此做法。

那么,原来至少有多少个苹果?最后至少剩下多少个苹果?

亲兄弟

沙拉、巴尼、络巴、马格吉、埃米特和法利都是艺术品收藏家,其中有两人是兄弟。

一天,他们一起去了一家艺术品商场,各自购买了一些艺术品。购买情况分别如下:

(1)每件艺术品的价格都以美分为最小单位;

(2)沙拉购买了1件艺术品,巴尼购买了2件,络巴购买了3件,马格吉购买了4件,埃米特购买了5件,而法利购买了6件;

(3)兄弟俩购买的艺术品,每件的单价都相同;

(4)其他四人购买的艺术品,每件的单价都是兄弟俩所购艺术品单价的2倍;

(5)这六个人为购买艺术品总共花了1000美元。

你能根据以上给出的条件判断出这六个人中哪两个人是亲兄弟吗?

标准时间是多少

甲、乙兄弟二人各有一块手表。哥哥甲的手表显示的时间每小时比标准时间快1分钟,弟弟乙的手表显示的时间每小时比标准时间慢3分钟。如果现在将这两块手表同时调到标准时间,结果在24小时内,哥哥甲的手表显示10点整时,弟弟乙的手表恰好显示9点整,那么,你能算出此时的标准时间是多少吗?

打碎的花瓶知多少

一个陶瓷公司经常通过物流公司给全国各地发货。一次要给某地送2000个高档釉彩花瓶,于是就找一个物流公司承担运输高档釉彩花瓶的任务。在运输协议中是这样规定的:

(1)每个花瓶的运费是1元。

(2)如果打碎1个,不但不用支付运费,还要赔偿陶瓷公司5元。

最后,物流公司共得到运费1760元。你能计算出这个物流公司在运送的过程中一共打碎了多少个高档釉彩花瓶吗?

"韩信点兵"的计算

"韩信点兵"是我国古代数学类名著《算经十书》里《孙子算经》中的一道中外闻名的计算题,此题原文如下:

"今有物不知其数,三三数之剩二,五五数之剩三,七七数之剩二,问物几何?"题意是:现有一些物品,不知道它的具体数目。如果三个三个计数,最后剩下两个;如果五个五个计数,最后剩下三个;如果七个七个计数,最后就剩下两个。那么,这些物品至少有多少个呢?

马戏团买马

有一个马戏团,要买一匹马训练。一天从牧民那里用1000元买回了一匹马。过两天,马戏团认为吃亏了,要求牧民退回300元。

牧民说:"退钱可以,只要你按我的要求买下马蹄铁上的12颗钉子就行,第一颗是2元,第二颗是4元,按照每一颗钉子是前一颗的2倍,那样的话,我就把马送给你,怎么样啊?"

马戏团以为自己占了便宜便答应了。

那么,最后的结果实际上是什么呢?

入袋的苹果

秋天到了,果农要根据客户的要求将一些水果分装在一些袋子里。一天,果农准备把一些苹果每10个一袋装好,但是分装到最后,剩下9个。如果按9个分,剩下8个。于是果农按8个分,结果多出7个来;按7个分,多出6个;按6个分,多出5个。

果农对苹果的数量产生了好奇,于是算了一下。把全部苹果总数除以5,结果是余4个;除以4,余3个;除以3,余2个;除以2,余1个。

你知道果农要装入袋子的这批苹果一共有多少个吗?

过吊桥赶公交车

星期天的早上,钟玉娟带着全家人去郊区游玩,由于玩得太高兴了,忘记了返程时间。等到想起来的时候,他们急急忙忙回到来时路过的小河边,由于河上的吊桥年久失修,跟来时一样,一次只能允许两个人通过。如果他们一个一个过吊桥的话,钟玉娟需要15秒,她的小妹妹要20秒,爸爸要8秒,妈妈最快也要10秒,外婆则要23秒。如果两个人一块过吊桥的话,则只能按着走路慢的人的速度来计算。过吊桥后还要走2分钟左右的路。不过,钟玉娟一家人急着到对面去赶最后一班的公交车。

如果在只有3分钟时间的情况下,钟玉娟一家人能否赶上公交车?他们该怎样过吊桥?一家人过吊桥用了多长时间?

每天点头

为了增进友谊,日本的一家公司规定:每天每位员工必须向其他同事和领导点头敬礼一次。现在这家公司里一共有10名女员工和10名男员工,还有一名领导。

按照公司规定,你能算出这个公司每天所有人共计要点头多少次吗?

有多少钱

小虎平时不喜欢动脑筋,爸爸为了让他养成爱动脑的好习惯,便每天都给他出一道游戏题,一天爸爸给小虎出了一道游戏题:

爸爸手里有1元、2元、5元的人民币共60张，总值是200元，并且1元面值的人民币比2元人民币多4张。这三种面值的人民币各有多少张呢？

小虎眨了眨眼睛，摸摸脑袋，想了半天，也不知道怎么算。

你能告诉小虎不同面值的人民币究竟各有多少张吗？

油和瓶的重量

白天爸爸上班时，在单位的报纸上看到一道游戏题，晚上吃完饭后，看着儿子没事做，突然想起了这道游戏题，于是便把儿子叫过来，对儿子说："有一个人有一瓶油，他不知道油是多少千克，只知道连瓶子称共有3.5千克重。现在，他用去了油的一半，连瓶子和油还有2千克。你算算看，这瓶内油有多少千克，瓶子重多少千克？"

儿子平时非常爱动脑筋，听了爸爸提出的问题后，算了一个小时，也没有算出结果来。

现在你能帮助他算出结果来吗？

比赛成绩

王帅参加省举行的知识能力竞赛，比赛结束后，同学小文问他得了第几名，王帅故意卖关子，说："我没有本事拿第一，不过我考的分数、名次和我的年龄的乘积是1958，就请你猜猜看。"小文没想多久就说出了王帅的分数、名次和年龄。

那么，你知道王帅多大吗？他的比赛名次和分数又各是多少呢？

猜时间

妈妈在下午4点整开始做饭，炒完菜后，妈妈看了看客厅里的挂钟，这时钟上的长针和短针正好走成了一条直线。现在你能算出妈妈做菜一共用了多少时间吗？这时候，卧室里有电话响，妈妈接了电话，挂了电话后，她想起今天是周末，儿子不用去上晚自习了，终于一家人可以坐在一起吃个团圆饭了，于是他想给儿子做他最爱喝的煲汤。妈妈看了看表，正好是5点钟，便重新进入厨房，做完汤，妈妈再一次看了看表，这时长针和短针走成了直角。你知道这时候是几点吗？饭菜都摆在餐桌上了，老公和儿子还没有回来，于是，妈妈又接着做了一会针线活，当老公回来的时候，钟的时针和分针又正好走成了直角。这时候又是几点？

鸭妈妈数宝宝

春天来了，鸭妈妈领着自己的宝宝们去田野里吃青草。为了不让宝宝丢失，她一路上总是数着数，从后向前数到自己是8，从前向后数，数到自己是9。鸭妈妈最后数出来她有17个孩子，可是鸭妈妈明明知道自己没有这么多宝宝啊。

你能告诉这只糊涂的鸭妈妈到底有几个宝宝吗？你知道鸭妈妈为什么会数错吗？

鸡和鸭各多少只

有一次，陆大爷问刚上小学的小明："你们家里有多少只鸡，多少只鸭？"小明回答："陆大爷，你听好了啊，我家的鸡数乘鸭数，把这个积数在镜子里面一照，在镜子上看到的恰巧是我们家养的鸡和鸭的总数。"陆大爷一下子愣住了，心想："好小子，你还考起我来了。"陆大爷笑着说："小子，我知道你家有多少只鸡，多少只鸭了。"

你知道陆大爷是怎么算出来的吗？

小朋友分蛋黄派

幼儿园每天下午都要给所有小朋友发点心吃，这天下午发点心的时候，幼儿园的老师给三组小朋友分蛋黄派,如只分给第一组,则每个小朋友可得 7 个;如只分给第二组,则每个小朋友可得 8 个;如只分给第三组,则每个小朋友可得 9 个。

老师现在想把这些蛋黄派平均分给三组的小朋友,你能告诉她每个小朋友能分几个吗?

四艘轮船再相聚

某港口有四艘轮船,它们同时在某年 1 月 2 日中午离开了港口。已知,一艘船每隔 4 星期回港一次,一艘船每隔 8 星期回港一次,一艘船每隔 12 星期回港一次,一艘船每隔 16 星期回港一次。

你知道这四艘船第一次重新会合在港口应在什么时候吗?

货柜价钱

有 5 个好朋友合伙做生意,一段时间下来没有攒下钱,要拆伙的时候只剩下摆放货品的柜子了。他们一共有 3 个一模一样的货柜,把这 3 个货柜分给 3 个人,然后分到货柜的 3 个人各拿出 1000 元,平均分给其余 2 个人。这样一分,大家都觉得挺合理的。事后,其中一人算了半天也不知道到底一个货柜是多少钱。

根据已知条件,你能算出货柜价钱吗?

买饮料

周末,几个同事一起去孙鹏家玩,孙鹏抽屉里有 40 元零钱,他想买饮料招待大家,楼下商店饮料店老板告诉他,2 元钱可以买一瓶饮料,4 个饮料瓶可以换一瓶饮料。

你知道孙鹏可以用这些钱买到多少瓶饮料吗?

钟表店招聘

一家很有名气的钟表店招收 10 名学徒,要求每个人都要有中专以上的文化程度。面试那天,经理出了一道考题:

时钟在 3 点时,敲了 3 下,共用 3 秒钟。

那么,7 点时时钟敲 7 下要花多长时间呢?

安排座位

在正常情况下,公交车总是在一条固定的路线上行驶。现有一辆公交车除去起始站和终点站外,中途有 8 个停车的中间站,如果这辆公交车从起始站开始上乘客,不算终点站,每一站上车的乘客中恰好又有一位乘客从这一站到以后的每一站下车。

如果你是公交车队的负责人,为了确保每个乘客都有座位,你至少要在车上安排多少个座位?

卖南瓜

张大爷和杨大爷的摊位紧挨着,他们都是卖蔬菜和水果的。一天,张大爷家里临时有点事,就把要卖的南瓜托付给杨大爷代卖。没有卖之前,张大爷和杨大爷的南瓜是一样多,但是,张大爷的南瓜小一些,所以卖 10 元钱 3 个,杨大爷的南瓜大一些,所以卖 10 元钱 2 个。现在杨大爷为了公平,把所有的南瓜混在了一起,以 20 元钱 5 个出售。

当所有的南瓜都卖完之后,张大爷和杨大爷开始分钱,这时,他们发现钱比他们单独卖少了 20 元。

你知道这是怎么回事吗?张大爷和杨大爷当时各有多少个南瓜?

苏步青解题

有一年,苏步青到德国去旅行,在电车里,一个数学家给他出了一道题:

有甲、乙两个人同时从两地出发,相向而行,距离是 50 千米,已知甲每小时走 3 千米,乙每小时走 2 千米。甲带着一条狗,狗每小时跑 5 千米,这只狗和甲一起出发,在碰到乙的时候,它就掉转头往甲的方向跑,碰到甲的时候,它又掉转头往乙的方向跑,直到甲、乙两个人碰头,请问这只狗一共跑了多少千米?

聪明的苏步青没等下电车,就立即算出了答案。

其实,这道题是有窍门的,你知道窍门在哪里吗?

徒步旅行

假日里,有一组 9 个人徒步去旅行,他们所有的粮食只够这些人吃 5 天。第二天,这 9 个人又遇到了一组徒步旅行者,这一队人已经完全没有粮食了,大家便算了算,两队合吃粮食,只够吃 3 天。

你知道第二组徒步旅行的人有多少吗?

笛卡儿的计算题

在飞机没有问世的年代里,数学家是不用这样发愁的,现在不行了,因为这么个庞然大物每天都会无依无靠地悬在天上,这可不是闹着玩的。数学家笛卡儿出的这道题就表达了这种担忧:

现有一架飞机(可空中加油)载满油可正好绕地球飞行半圈,若全球只有一个基地,问至少要另外起落几架次加油机,才能保证一架飞机从基地出发安全绕地球飞行一圈?请给出空中加油方案,即在什么时候加油,加多少油,并要保证所有飞机都能安全返回基地。

关于这个问题的提示:加油机跟主机一样,如果在 1/4 处加油,那加油机就一点油也没有了,怎么返回基地?

天会不会黑

每当到了梅雨季节时,天总是阴沉沉的。这天,一直到 6 点放学的时候,雨还在不停地下着,苏珊对同桌青青说:"青青,你看,雨已经下了 3 天了,看样子是不打算停了,你觉得 40 小时后天会黑吗?"

于是,青青拿起笔来开始计算。根据以上条件你能知道 40 小时后天会黑吗?

多少阶梯

有一次,几个朋友在咖啡厅里喝咖啡。其中有一个人给在座的几个朋友出了一道题:在你面前有一道长长的阶梯,如果你每步跨越 2 阶,那么最后只剩下 1 阶;如果你每步跨越 3 阶,最后只剩下 2 阶;如果你每步跨越 6 阶,最后剩下 5 阶;只有当你每步跨越 7 阶时,才正好到头。

你知道这个阶梯到底有多少阶吗?

分开买大白菜

有一个人到菜市场准备买一些大白菜回来储存。当时大白菜的价格是 1 块钱一斤,这人便跟卖大白菜的人商量,如果白菜叶那段每斤 2 毛,白菜帮那段每斤 8 毛并且分开秤的话他就将所有大白菜全买了。卖大白菜的人一想反正自己不会赔钱,便答应了。晚上回到家后却发现赔了不少钱。

你知道为什么卖大白菜的人会赔钱吗?

加3减3乘3除3

有四个数,第一个数加3,第二个数减3,第三个数乘3,第四个数除3,结果都相等。已知这四个数的总和是96。

你知道这四个数各是多少吗?

不服输的兔子

龟兔赛跑的故事早已家喻户晓,由于兔子过于贪玩最终输给了乌龟。其实,谁都明白,以兔子的速度可以远远超过乌龟。兔子被大家嘲笑很长时间,他很不服气,于是,有一天又约乌龟比赛跑,具体情况如下:

有一段总长为4.2千米的路程,乌龟每小时跑3千米,不停地跑。兔子每小时跑20千米,兔子总是认为自己跑得快,不用那么着急,不要像上次那样睡着了就可以取胜了。于是他还是边跑边玩,它先跑1分钟,然后玩15分钟。又跑2分钟,再玩15分钟……那么,这次兔子会取胜吗?先到终点的比后到终点的要快多少分钟?

遗产分配

一个男人知道自己得了绝症,不久将会离开人世。于是,他写好遗嘱交给了律师。这个人生前有70000元的遗产,他的妻子已经怀孕了。遗嘱中要求:如果他的妻子生下的是儿子的话,女人所得的遗产将是她儿子的一半,如果是女儿的话她的遗产就是女儿的两倍。结果女人生下的是一对龙凤胎。这下子律师为难了。

你知道怎么分才能不违背遗嘱吗?

照猫画虎列算式

乔海洋和亚海里是大学同学,也是一对数学迷恋人,他们在一起约会的时候,经常互相出题来考对方。在一次约会的时候,亚海里又给乔海洋出了一道难题,并且说只要乔海洋能够回答得出来,她就跟他回家去见他的父母。

问题是这样的:

如果有1、2、3、4四个数,列出式子$3 \times 4 = 12$;如果有1、2、3、4、5五个数,列出式子$13 \times 4 = 52$。

从例子中可看出,等式把所有的数都用上了。以此类推,用1~6、1~8、1~9和0~9这些连续数各组成等式。

结果,聪明的乔海洋第二天就带着他美丽的亚海里回家去和父母共进晚餐了。

那么,你知道答案是什么吗?

共握手几次

为了庆祝结婚20周年,郑钟伟和他的妻子以及三对夫妻举行了一次家庭晚会。在晚会上,郑钟伟给大家出了一道游戏题:

我们一共是四对夫妇,现规定每两人最多握手一次,但不和自己的妻子握手。握手完毕后,郑钟伟问了每个人(包括他妻子)握手几次,令他惊讶的是每人答复的数字各不相同。

你知道郑钟伟和他的妻子一共握了几次手吗?

寒鸦诗歌

曾经某期刊上刊登了这样一首诗歌:

飞来几只寒鸦,落在树上停歇;
要是每根树枝上落一只,
就有一只寒鸦缺少一根树枝;
如果每根树枝落两只,
那么就有一根树枝落不上寒鸦。
你知道共有几只寒鸦?共有几根树枝吗?

三个儿子的年龄

两个很久不见的老同学在公交车上相遇,很热情地攀谈起来。甲对乙说:"如果我没记错的话,你应该有三个儿子,他们现在都多大了?"乙说:"他们年龄的乘积是36,而且他们的年龄和恰好是今天的日期,也就是13。""嘿,真有趣,可你还没告诉我你儿子的年龄呢。""是吗,我的小儿子胎毛还没脱落呢。"乙说。"那我知道你的三个儿子多大了。"甲答道。

你知道乙的三个儿子的年龄是多大吗?

精打细算的主妇

张女士是一位很会精打细算的家庭主妇,一天,她拿着两张50元钱的纸币去市场买东西。她想去5家店铺买6种东西,把这两张50元纸币全部花掉。她要买的东西的价钱分别是:12元,21元,30元,15元,14元,8元。

张女士在5家店铺买东西时,只有一家店铺找钱给她,并且张女士自己不去把整钱换成零的。根据以上条件,你认为张女士的这种想法能实现吗?

城市的街道

在国家大力支持下,滨海市、沿江市和湖中市这三个城市发展都比较迅速,分别有很多宽广的街道,而且这三个城市的形状都呈长方形。

(1)这三个城市沿边界街段(指两条平行街道之间的一段街道)的数目都是整数,而且市内街段总是都与沿边界街段平行。

(2)这三个沿城市北部边界的街段的数目,滨海市最少,沿江市比滨海市多3段,湖中市又比沿江市多3段。

(3)这三个城市中有两个城市,它们市内街段的数目,等于沿整个边界街段的数目。

根据上述条件,你能算出哪个城市其市内街段的数目不等于沿整个边界的街段的数目吗?

第四辑
几何及图形类谜题游戏

画中的错误

一天,上幼儿园大班的弟弟画了一幅画,姐姐看了,告诉弟弟画中有的地方画错了。

你知道画中什么地方出现错误了吗?

涂方框

一天,小明在做课外习题时,遇到了这样一道游戏题:

如图所示,一个大三角形是由10个方框组成的。现在请你把其中的4个方框涂上颜色,使它没有任何地方能构成等边三角形。你知道该涂哪4个吗?

小明试着涂了很多次,也没有涂对。你能告诉小明应该涂哪4个方框吗?

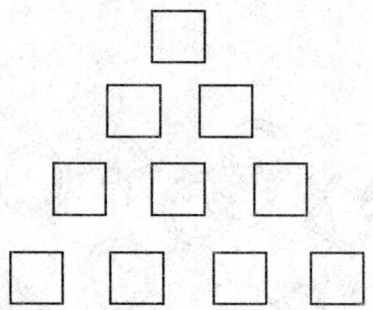

有多少个四边形

如图所示,你能准确数出这个图上一共有多少个四边形吗?(　　)

A. 10　　　　B. 16　　　　C. 25　　　　D. 28

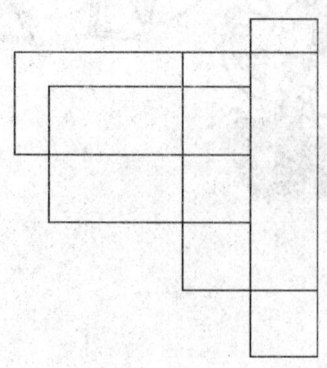

红十字架

有一张红色的正方形纸,要求用剪刀剪成5块,然后做成十字架。

你知道该如何剪吗?

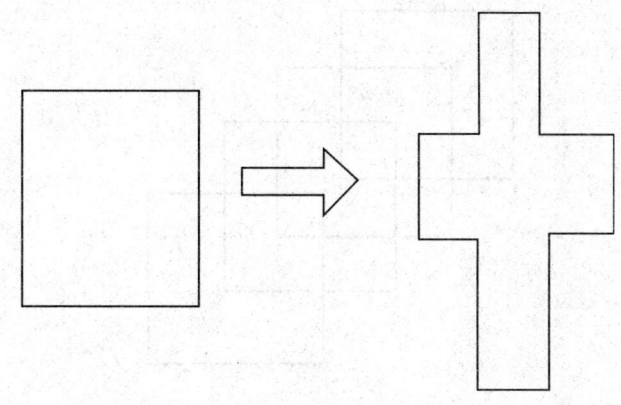

分割三角形

在平面几何中,有一个角是钝角的三角形称作钝角三角形,有一个角是直角的三角形称作直角三角形,三个角都是锐角的三角形称作锐角三角形。

如果任意给定一个钝角三角形,你能否把它分割成若干个小三角形,且它们都是锐角三角形?如果不能,请给出不可能的证明;如果能,请给出一个实例。并且考虑一下,分割后的锐角三角形的数目最少应该是几个?

最大的三角形

学校有一间美术教室,教室的长、宽、高都是6米,林浩在墙上画了一个底部6米长、6米高的三角形,林浩说,在这间教室里,用三条直线所画出的三角形中,只有用他这种方法画出来的才是最大的。

你认为林浩说得对吗?

通过镜子看人

已知在一面镜子前站了7个人,只要镜子里有影子,哪怕只能看到一只手,都算"能看到"。请你回答以下几个问题:

①有多少人能从镜子中看到4号?

②4号向后退两个方块的距离,有多少人能够看到他?

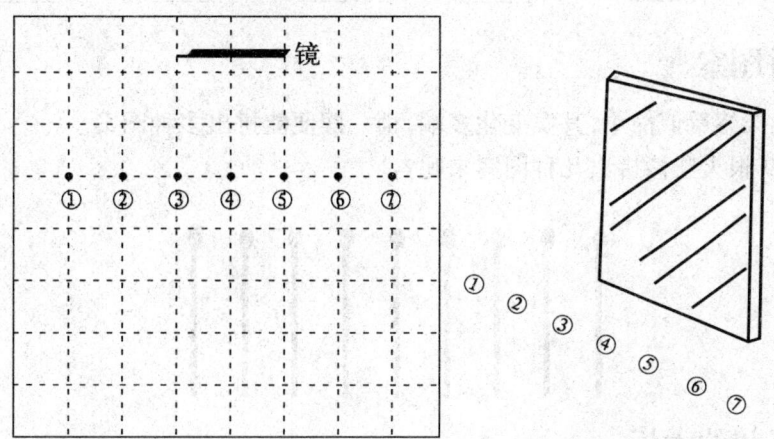

有趣的门雕

有一位著名艺术家曾经拍了一张照片,是一处非常有趣的门雕。如图所示,你能从中数出一共有多少个正方形吗?

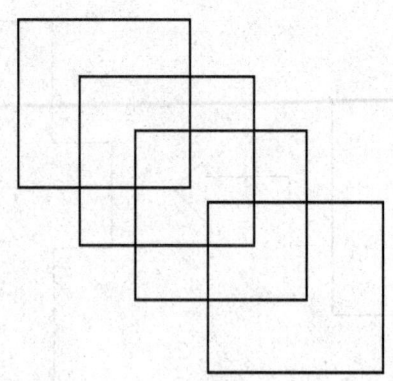

莽汉跨书

阿凡提小时候就充满智慧。有一天,一个四肢发达的莽汉戏耍他,他对莽汉说:"你虽然厉害,但是我在地上放一本书,你未必能跨得过去。"莽汉听了非常不服,一定要试试看。阿凡提取出书放好后,那莽汉果然跨不过去。

你知道这是怎么回事吗?

选图

在给出的图形中,选项中的哪个盒子符合给出的平面展开图?

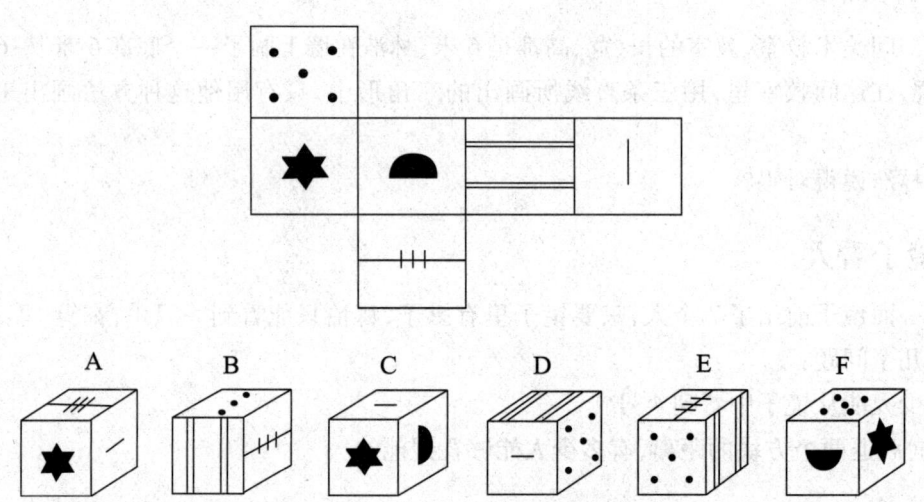

用火柴棒拼图案

一根小小的火柴棒看似简单,其实变化多端,稍一摆便能拼出多种图案。

那么,你能用9根火柴棒拼出几种图案来呢?

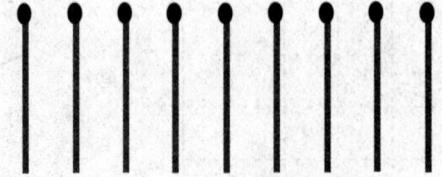

一块奇形怪状的木板

乐乐家有一块奇形怪状的木板(如图所示)。他没事的时候总是看着它,总觉得它很有意思。一天,爸爸想让乐乐把它拼成一个正方形,要求乐乐只能锯两次。乐乐想了半天也不敢动手。

你能告诉乐乐该如何做吗?

没撞着穿黑衣的醉汉

张冰冰开着车在公路上飞奔,他没有开灯。突然间,有一个穿黑衣服的醉鬼走到路中央。这时没有路灯,也没有月光。眼看那个人就要被张冰冰的汽车撞倒,但汽车忽然刹住了,你知道是什么原因吗?

有人答:"这还不知道啊,醉鬼手里有手电筒。"

也有人答:"醉鬼知道自己有危险了,立刻头脑就清醒了,赶紧大声叫喊。"

这些答案都不够准确,你知道正确答案吗?

骰子构图

在 A、B、C、D、E 五个骰子中,你知道哪一个是左边的骰面无法构成的吗?

寻找失踪的字母

请你认真观察这幅图形,图中应该有 5 个字母,但是有一个字母不知道怎么回事,竟然离奇失踪了(问号处)。

那么,你能不能快速找出是哪一个字母失踪了?

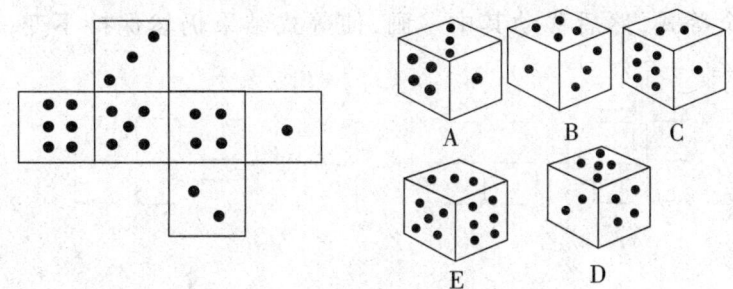

鸭梨怎么分

今天是蒙蒙的生日,有 5 个好朋友来家里做客。开饭前,蒙蒙想让大家吃梨。可是家里只有 5 个鸭梨,怎么办呢?谁少分一份都不好,应该每个人都有份。这个鸭梨太好吃了,自己也想吃,那就只好把鸭梨切开了,可是又不好切成碎块,蒙蒙希望每个鸭梨最多切成 3 块。于是,这就又面临一个难题:给 6 个人平均分 5 个鸭梨,任何一个鸭梨都不能切成 3 块以上。聪明的蒙蒙想了一会儿就把问题给解决了。

你知道她是怎么分的吗?

数学王子拼图

有一天,"数学王子"高斯家里来了一个自诩为天才的狂妄青年,他要出一道难题难倒高斯。他拿出6块零散的拼图(如图所示),让高斯选出两块拼成上面的写有"甲"字的图形。高斯看了一下,很快就发现了其中的诀窍,并一下子想出了三种拼法,使那个狂妄的青年目瞪口呆。

那么,你知道高斯是怎么拼的吗?

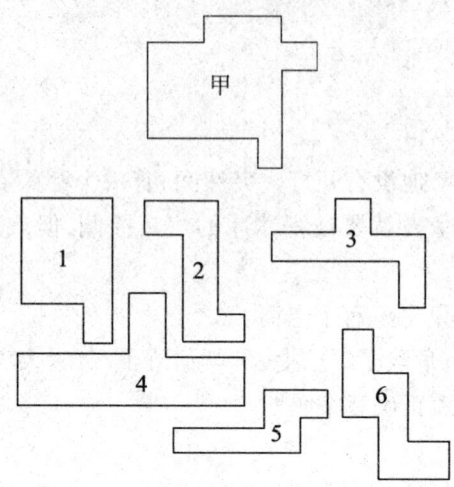

巧妙移动笔画

请认真观察这个等式,然后移动其中一画,使等式结果仍然保持不变,你知道该如何移动吗?

补轮子

你知道图中最后一个轮子缺的是哪一块吗?

填数字

根据范例的提示,请在图中的问号处填入合适的数字。

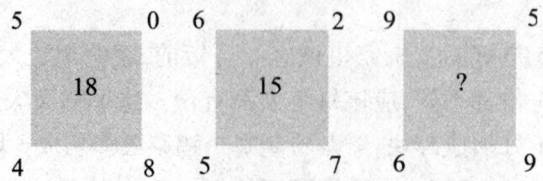

重新组合的图形

小李闲来无事,把一个火柴盒拆开,画上一些图案后,想将它再次组合好,你知道哪一个是这个火柴盒重新组成的样子吗?

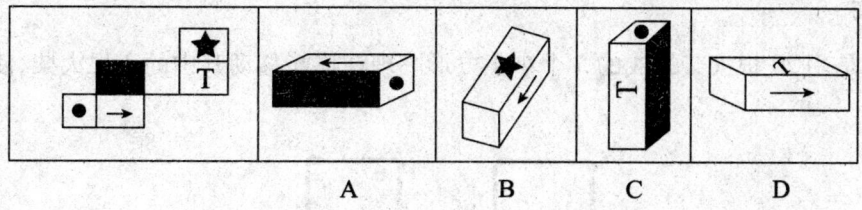

巧变三角形

如图所示,有两条直线,请你仔细观察,能不能只画上3条直线就将图变成5个三角形呢?

棋盘与棋子

这是一个6×6的棋盘,上面已经有了两枚棋子(如图所示),现在请你在棋盘中放入棋子,使得每行、每列、每条斜线上都不会有超过两枚的棋子。

你知道这个棋盘上最多可以放多少枚棋子吗?

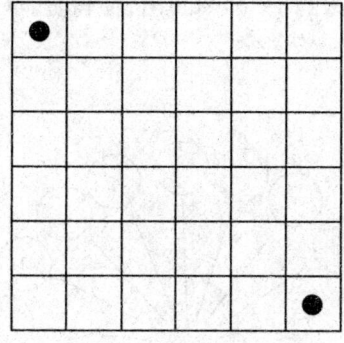

通过圆画直线

如图所示,有9个圆并排一起,如果以一笔画过的直线通过所有的圆,图中通过圆的直线就会有4个转折角,现在要求你通过圆画出一条直线,将转折角的数目减到最小。

你能画出来吗?

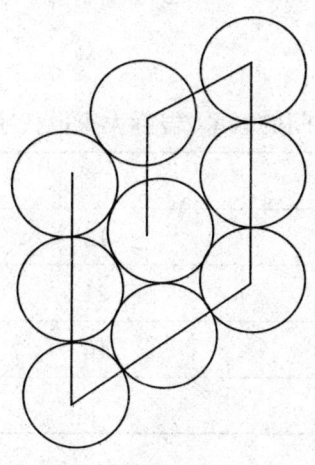

移动火柴

如图所示,是用 20 根火柴组成的 5 个小正方形。现在你能移动其中的 3 根火柴,使正方形数变成 9 个吗?

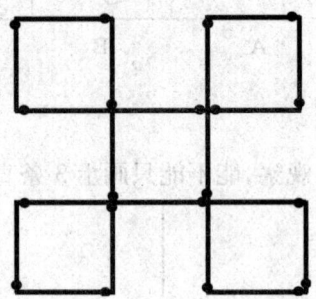

切割床板

童童的床板坏了,爸爸就买了一个新床板准备安上去。但爸爸发现,新买的床板太大了,于是,他切下了一块;结果他又发现太小了,他又动手切下了一块。这一次,床板完美地安装在床上。

爸爸只有切割床板,并没有切割床,他是怎么做到的呢?

正确填数字

请你把数字 1 到 19 分别填在下图的 19 个圆圈内,使得任何一条直线上的 3 个圆圈的数字之和都等于 30。

你能很快填对吗?

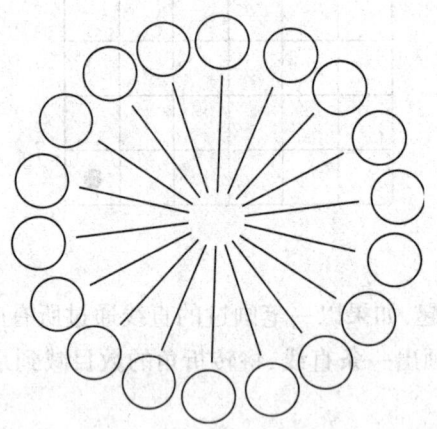

根据提示找规律

请你根据给出的各组字母与数字间的联系,告诉大家取代字母 W 旁的问号该是多少?

G	7
M	13
U	21
J	10
W	?

16 点连线

请你用 6 条相连的直线把图中的 16 个点连接起来。

考虑一下该如何连接呢?

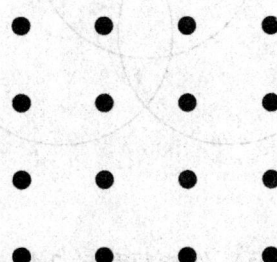

多出来的方格

有一块图形(如图所示)为 8×8 的方格。现在按照图中黑线分成四部分,然后按下图方式拼成一个长方形。

为什么原来的 8×8=64 个方格,现在变成了 5×13=65 个方格呢?怎么会多出一个方格呢?

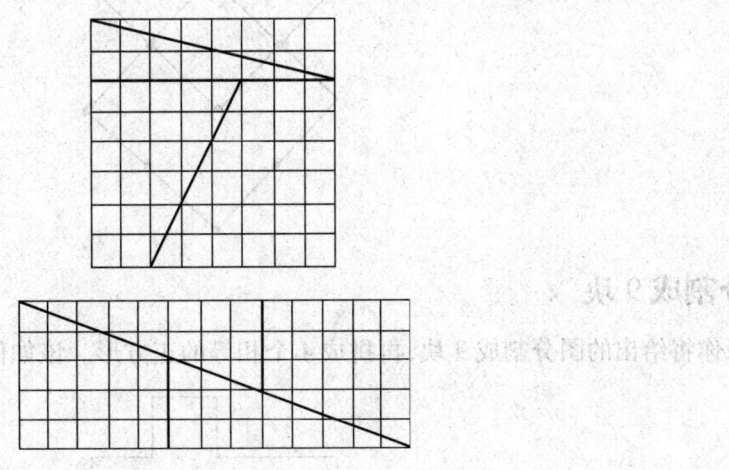

切分表盘

请你将给出的这个钟表的面盘切分成 6 块,使每块里的数字加起来都相等。

该如何切分呢?

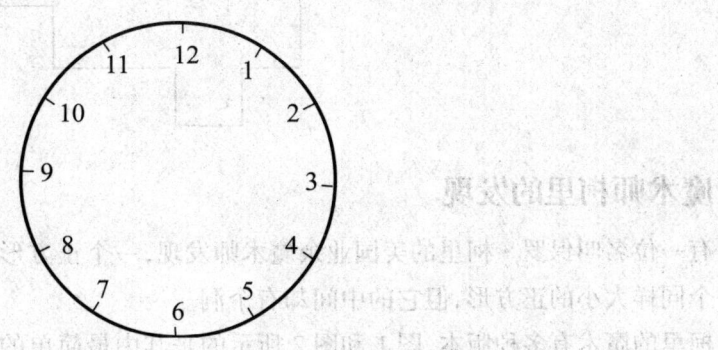

圆圈里填数

有三个交叠着的圆(如图所示),请你将 4~9 各数字填入圆内空位里,使三个圆内的数字和都等于 21。

该如何填呢?

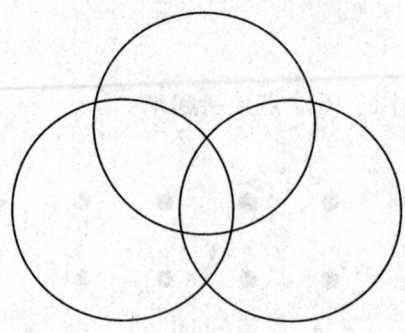

越变越多

用火柴棒组成了菱形图案(如图所示),你能每移动 2 根火柴,就增加 1 个菱形,最终移动 5 次就使它变成 8 个菱形吗?

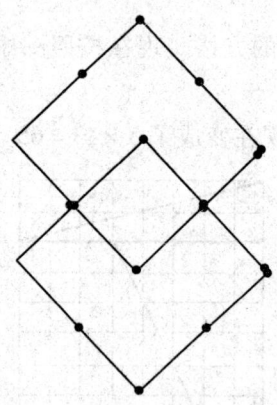

分割成 9 块

请你将给出的图分割成 9 块,再拼成 4 个相等的正方形。该如何分割呢?

魔术师柯里的发现

有一位名叫保罗·柯里的美国业余魔术师发现,一个正方形可以被切成几小块,然后重新组合成一个同样大小的正方形,但它的中间却有个洞。

柯里的魔术有多种版本,图 1 和图 2 所示的是其中最简单的一种。把一张方格纸贴在纸板上,按图 1 画上正方形,然后沿图示的直线切成 5 小块。当你照图 2 的样子把这些小块拼成正方形的时候,中间居然出现了一个洞。

图 1 的正方形是由 49 个小正方形组成的,图 2 的正方形却只有 48 个小正方形。

请你找一下,哪一个小正方形没有了?它到哪里去了?

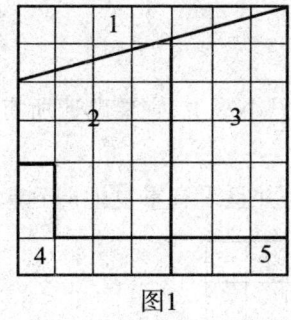
图1

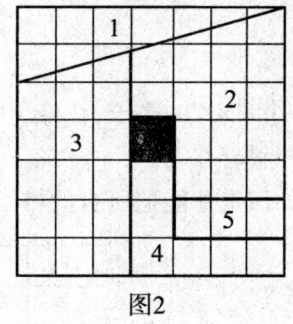
图2

拆分盒子

你知道上边的盒子拆开会是什么样子的吗？请在四个选项中找出正确的一个。

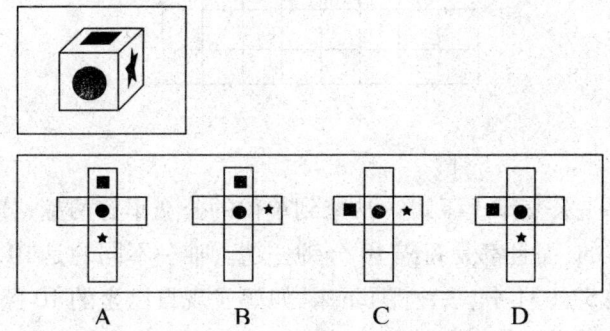

互换位置

李阿姨家空间有些拥挤，如下图所示。里面摆放了很多家具，只有 2 号位置暂时没有放家具。如果要调换家具的位置，只能先把一个家具从自己的位置移动到 2 号位置，然后空出一个位置来，让别的家具移动。

这样下去，总能解决问题的，你知道李阿姨最少需要搬动几次，才能达到把钢琴和书柜互换的目的吗？

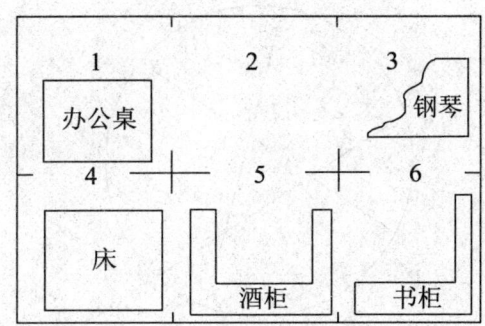

移动3个玻璃球

用 10 个玻璃球就可以拼成如图所示的正三角形，此时三角形的一个尖朝上方，如果要求你只移动 3 个玻璃球，把三角形的尖变成朝下，你知道该如何做吗？

蜗牛爬格子

下面的图形是一个 8×8 的格子,在格子中间,有一只小蜗牛,它要爬遍所有的格子,但是它只能上下和左右移动,不能斜着移动。

那么,这只蜗牛如何走才能把所有的格子都走一遍,并且没有重复地回到起点呢?

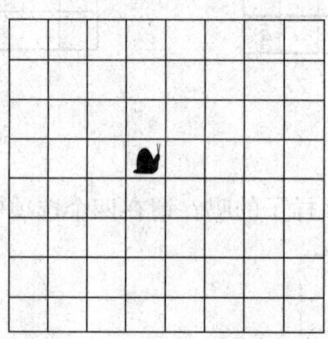

坐公交车

芳芳的妈妈每天都要坐公交车上下班。从家到单位的公交车有两趟,分别是 10 路和 22 路。这两路公交车的线路是一样的,而且都是每隔 10 分钟一趟。唯一不同的是 10 路车的首班车是 5 点 30 分,而 22 路车的首班车是 5 点 31 分。一个月下来,妈妈发现自己坐的 10 路车要比 22 路车多得多。

妈妈想了半天也不知道是什么原因。

你知道这是为什么吗?

切蛋糕

在我们切蛋糕时,只切一刀,就可以把蛋糕切为两块,两刀可以切成四块,三刀最多可以切成七块。

那么,切六刀时最多可以把蛋糕切成多少块呢?

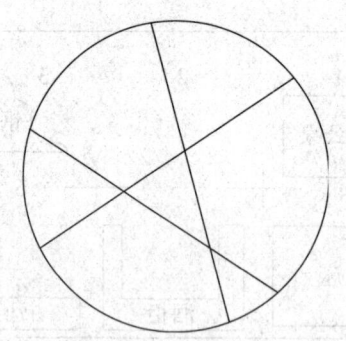

六角星里面的玄机

观察如图所示的六角星并回答下面几个问题:

(1)图中一共有多少个长方形?

(2)图中一共有多少个六边形?

交通违规

明文规定:有步行者横过马路时,车辆就应停在人行道前等待。可是偏偏有个汽车司机,当交叉路口上还有很多人横过马路时,他竟然冲进人群之中。

这是怎么回事呢?

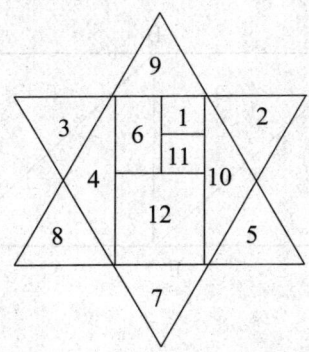

填充正方形

A、B、C、D 四个选项中哪一个可以填充在这个格子中空着的正方形里?

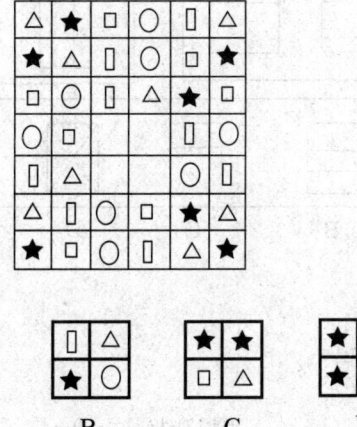

聪明的工作人员

动物园工作人员用围栏围成了 7 个房间,现在运来了两种动物,它们不能和其他动物放在一起。工作人员开动脑筋,只移动了图中的 4 根围栏,就让原来的 7 个房间变成了 9 个。

你知道工作人员是怎样移动的吗?

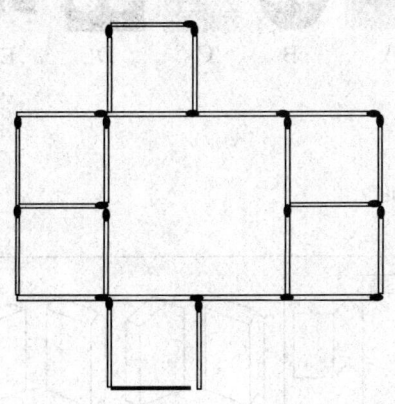

一共有多少种走法

下面是一部分街道的道路图。

李小明家住在 A 处,王小平家住在 F 处。一个周末,李小明要去找王小平一起做作业,现在要求他行进中的每一个路口、每一条街道只许经过一次,那么李小明从家到王小平家,共有多少种不同的走法?

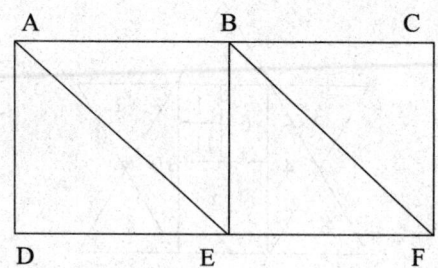

找图案

请你认真看一下,左边三个图形是有一定规律的,请在下面四个图案中找出右边缺失的图案来。

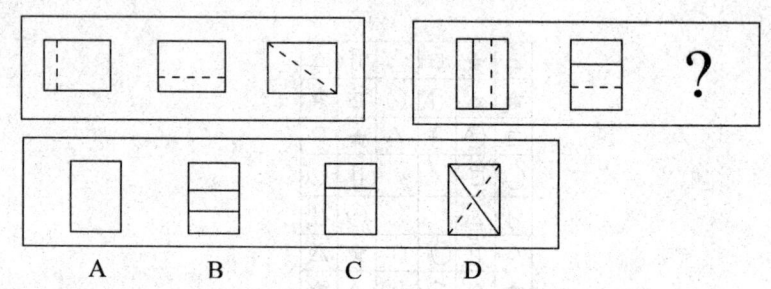

图形变换

你知道该怎么进行图形变换吗?

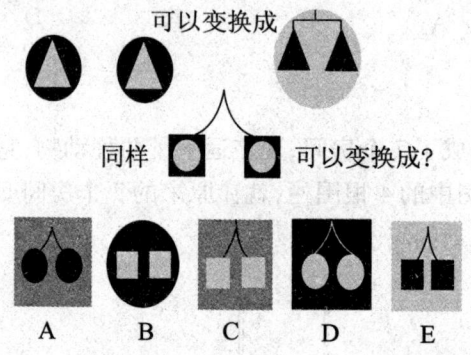

找出立体图

你能找出左面纸板的立体图吗?

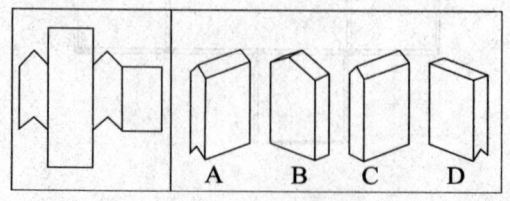

几个正方体木块

有一个长 4cm、宽 5cm、高 3cm,表面刷了灰漆的立方体木块,准备将它切成边长为 1cm 的正方体。

你能够切出多少个有两个面刷了灰漆的正方体呢?

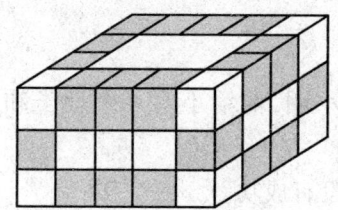

对角线的长度

如果在四分之一圆内画出一个如图所示的长方形,你知道其对角线 AC 的长度应该是多少吗?

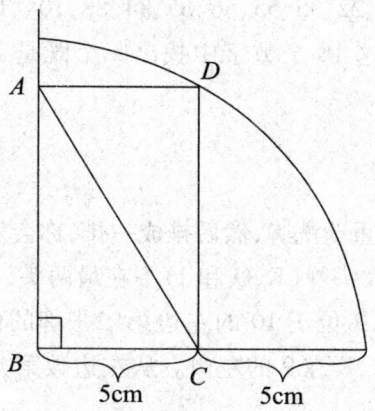

对爱因斯坦的测试

一天,爱因斯坦与几位美国心理学家在一起聊天。这几位心理学家想看看爱因斯坦的思维敏捷性究竟如何。于是,他们给他出了一道题目(如下图所示),要求他尽快地回答图中的符号 Ω、ρ、θ、δ 各代表什么数。

爱因斯坦聪明过人,只见他略加思索,很快就给出了答案。

现在请你仔细想一想,你能用多长时间,只通过目测心算解决这个问题?

Ω	Ω	Ω	Ω	28
Ω	Ω	ρ	ρ	30
ρ	θ	δ	Ω	20
δ	δ	θ	ρ	16

选出对的一个

上边的图形是展开的纸盒,下边四个选项中有一个是它展开前的样子,你知道哪一个是对的吗?

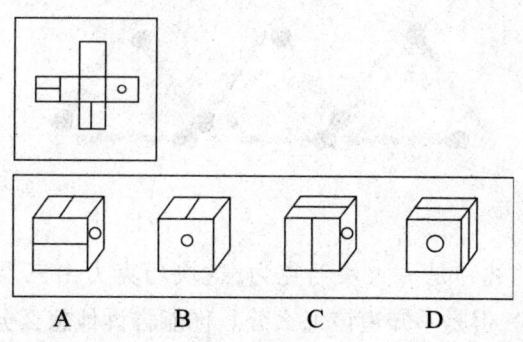

按要求切柚子

一天,舅舅来家里做客,想考考小明,他给小明一个柚子和一把水果刀,问小明能不能只切三下,就能切出七块柚子来?

小明拿着水果刀,试了几次,都没有成功。

你可以做到吗?

数字游戏

已知,有18个数字分别是:14、22、35、55、56、65、84、88、104、132、154、156、182、286、2002、2310、2730、2288。你能用最快的速度在这18个数字中找出一个既是7的倍数,又是11与13的倍数的数吗?

确定纸牌的位置

将同一花色的一组纸牌13张重新洗牌,然后排成一排,你会发现没有一张牌是按原先的大小顺序(A在左,K在右)排列的,并且人头牌(K、Q和J)不在最两头,也不相邻。A位于9(在左边)和8之间,4位于Q(在左边)和J之间,2位于10的左边第二张牌的位置,7位于3左边第二张牌的位置。最左边的牌比最右边的牌大1,K在9的左边。从左边数第九张和第十张牌之和为9,其中,第九张牌要小一些。

你能根据以上提示确定每张牌的位置吗?

挂花灯

中秋节到了,公园要挂灯笼,现在有24个灯笼,想把它挂成28行,每行要有3个灯笼。你知道该如何挂吗?

慧眼辨字

在下列汉字中,你能看出哪个与其余四个差别最大吗?

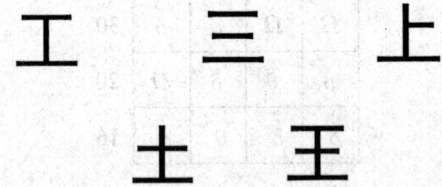

秘密三角

给出的图中是由9根火柴拼成的3个三角形,现在请你移动3根火柴,搭出5个三角形,仔细看一看你能做到吗?

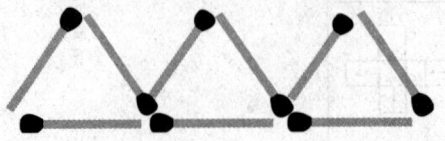

如何分巧克力

圣诞节到了,刘福收到的礼物是一大块巧克力,这块巧克力由三个方块组成(如图所示)。现在,刘福想将其平均分成8份,但是不知道该怎么分。你能告诉他怎么分吗?

颠倒格子

下面的格子图案有一定的规律性,你能找出来吗?填上右边图形中的空白。

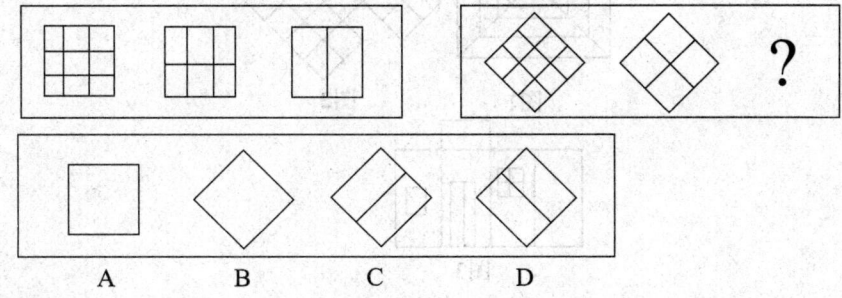

建防御碉堡

在游戏场地布置一个模拟城市分布图(如图所示),其中圆圈(O)代表35个城市,线条代表公路,已知相邻的两个城市之间的公路长为5千米。

现在准备在一些城市里建一些防御碉堡,使得每个城市的公路与最近的防御碉堡的距离不大于5千米。

你能在符合上面要求的情况下,使所建的防御碉堡数量最少吗?

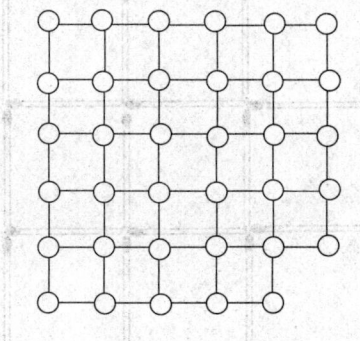

简单的道理

小文和小亮是好朋友。没事的时候,小文喜欢给小亮出一些简单而有规律的图形逻辑题目,小亮也喜欢做这样的题目。一天,小文又给小亮出了一个新的题目,可是小亮却很久没有解出答案。

你能告诉小亮那个空白处应该填补下面哪一个图案吗?

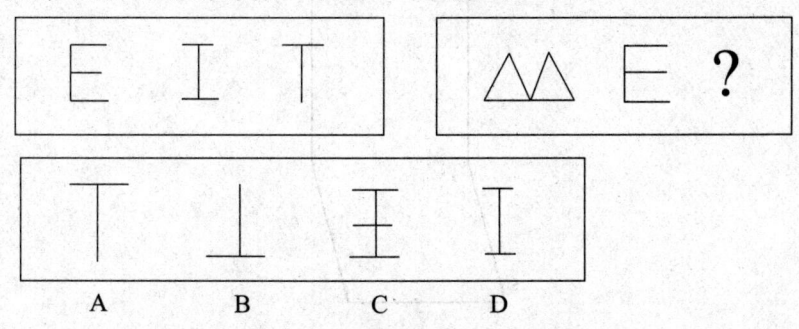

视觉游戏

请你准备一支铅笔和一张游戏卡(根据下列图形制作)。
在图中你能依次数出:
图 1 中有多少个梯形?
图 2 中有多少个正方形?
图 3 中有多少个四边形?

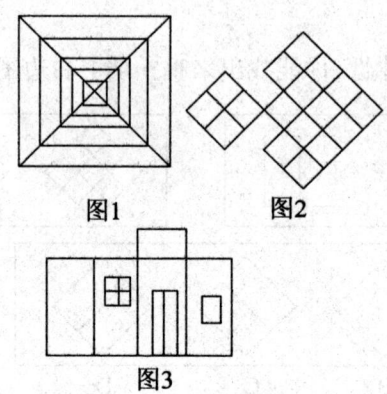

火柴拼图

准备一盒火柴,用 24 根火柴如图所示摆好。请你按照下面要求做:
(1)去掉 4 根,拼成同样大小的 5 个正方形;
(2)去掉 6 根,拼成 3 个不同大小的正方形;
(3)去掉 8 根,拼成 2 个不同大小的正方形。

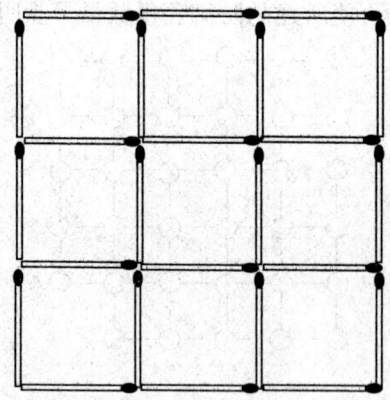

平分袜子

你能画一条直线把给出的这个袜子形状的图形分成面积相等的两部分吗?并说明理由。

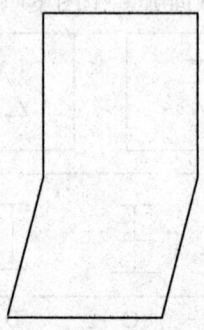

罐形变成正方形

先将已知图上的罐状图形画在纸上,然后再用两条直线形截线把罐状图形截成 3 份,还要使这 3 份能拼成一个正方形。

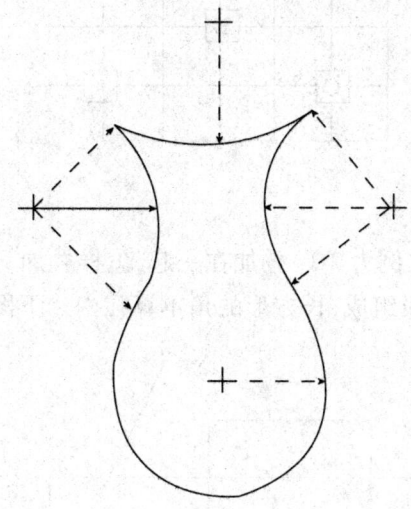

围棋游戏

如图所示,将 32 枚围棋子分别放在标有数字的 33 个圈中,这时有一个小圈是空着的。

在游戏过程中必须遵守这样的游戏规则:

把所有的棋子吃掉,仅剩一个棋子。剩下的棋子必须在最初空着的那个圈中。

吃的方法:

可以前后左右走,以一子跳过另一子跳到空圈,另一棋子就算吃掉了。每走一步只能吃一棋子,因此需走 31 步解决问题。

你能很快取胜吗?

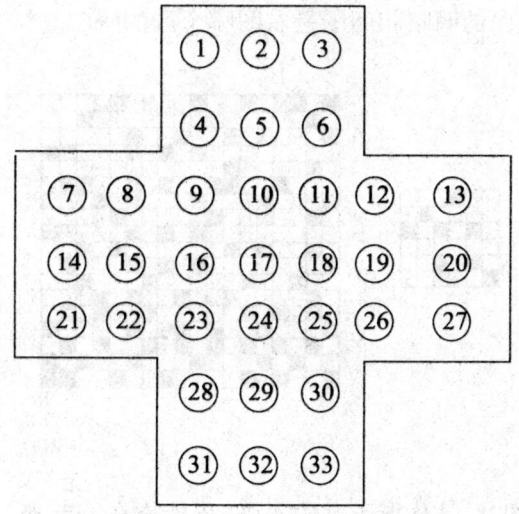

巧画路线图

你能在给出的路线图中,画出 A 到 a、B 到 b、C 到 c、D 到 d 的路线,并使这些线没有交叉点吗?

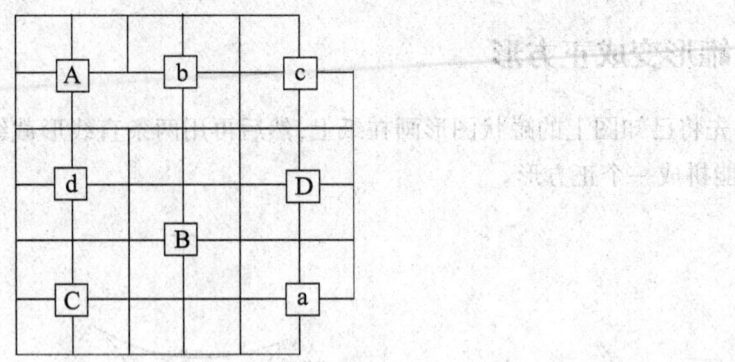

重叠的长方形

将3个相同的长方形(长宽比例为2:1)叠加在一起,怎样叠加,边线的交叉数最多?
(提示,1个交叉必须由2条线组成,长方形的角不算在内。下图的示例并不是最大的交叉数。)

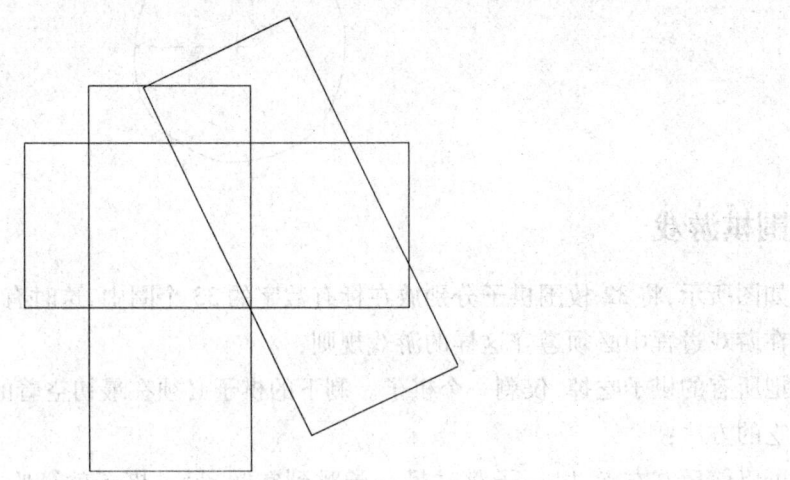

明暗相间图

夜晚,小明所住的那个楼群里的住户都亮起了灯,明暗相间的窗子形成了下面的效果图,已知楼群分成了9个区,你知道左面的明暗相间图是右图哪个区的吗?

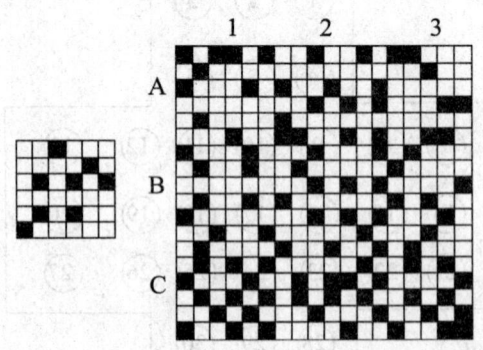

撕图片

下图是9张连在一起的图片,请你撕下其中4张(不能连在一起撕),要求剩下的5张图片至少有一边与另一张图片相连,你能做到吗?

如何统一

下面的一组运算中,无论增加哪一个数字,最后都能够统一于1。

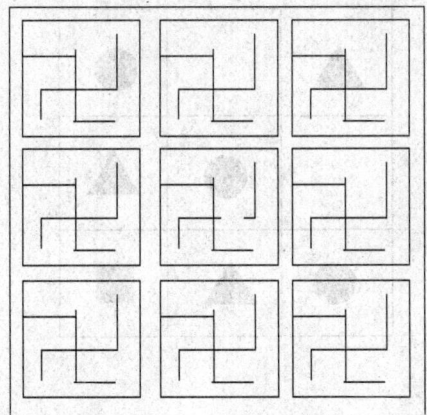

1 = 123
1 = 1234
1 = 12345
1 = 123456
1 = 1234546
1 = 1234567
1 = 12345678
1 = 123456789

你能填写运算符号使这些等式都成立吗？

判断奇偶数

下列几组算式：
$a+b=c, d-e=f, g \times h=i, j \div k=1$

其中，每个算式中最少有1个奇数、1个偶数，那么这12个整数中，你知道至少有几个偶数吗？

七个等边三角形

如果用橡皮泥把3根火柴的头连起来，就会变成一个等边三角形。现在用同样的方法，如何把9根火柴连成7个等边三角形呢？

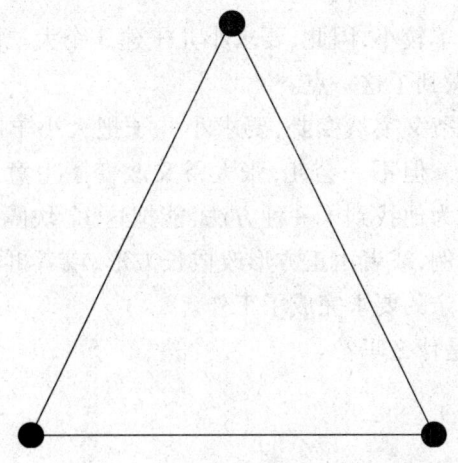

正确填图形

在给出的表格里，有规律地排列着三角形、正方形和圆形，你知道空白处应该填什么图形吗？

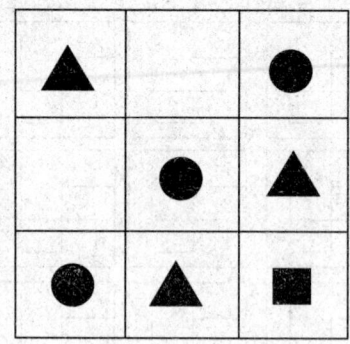

梦游数字城

孙苗苗是个爱动脑筋的初中生。有一天晚上她在甜蜜的梦乡里来到了一座数字城堡,大门口是 11034、12478、20492、32138、34054、36351、39567、59361、60193、83418 等 10 个自然数卫兵把守。他们拦住孙苗苗说:"要想进城堡并不难,必须先把我们排列到下面这个方阵中,每个方格中填一个数字,使横读和竖读还是我们哥们几个,不能有新的哥们出现,只要你做到了就可以进去!"孙苗苗眼珠一转,就想出了排列的方法,顺利地进了城堡。

你知道孙苗苗是怎么排列的吗?

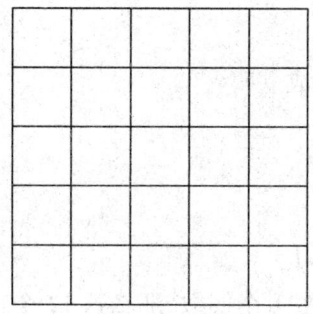

任意调整的羊圈

张大爷家里养了 3 只绵羊和 3 只山羊,他想给这些羊建羊圈,并打算让这几天没事可做的小儿子来完成这项工作。他买回来 12 块大小和长度一样的隔板,让小儿子搭建 6 个正方形羊圈,一只羊一个。

张大爷考虑到绵羊较大,山羊较小,因此,要求小儿子建 3 个大羊圈,3 个小羊圈,并且大羊圈的面积是小羊圈的 2 倍。小儿子做到了这一点。

小儿子马上就完工了,张大爷又突然变卦,要求小儿子把大小羊圈的面积比例改成 3:1。小儿子无奈,按父亲的要求作了调整。但不一会儿,张大爷又改变了主意,要求把羊圈由正方形改成长方形。这并没有难倒小儿子,因为他找到了一种方法,能把这 12 块隔板建成 6 个羊圈,同时根据需要,能任意地改变它们的面积比例,或者由正方形改成长方形,或者再由长方形改成正方形。

不长时间,小儿子就按照父亲的要求完成了工作。

你知道这个小儿子的方法是什么吗?

中间的圆

请你根据以下图形外面四个圆中出现的线条和符号,并按照以下规则转移到中间圆中:

出现一次——转移

出现两次——可能转移

出现三次——转移

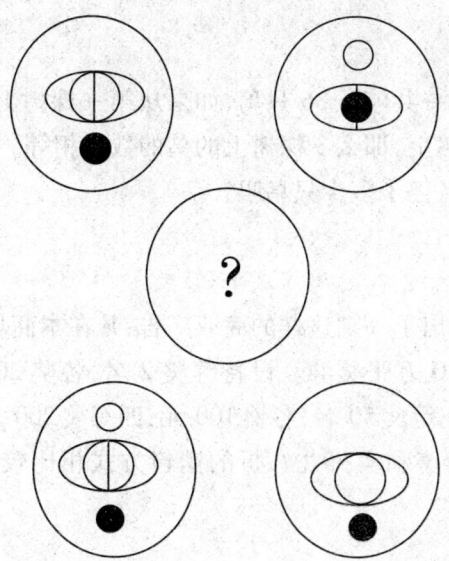

出现四次——不转移
图中哪个图形为中间的圆?

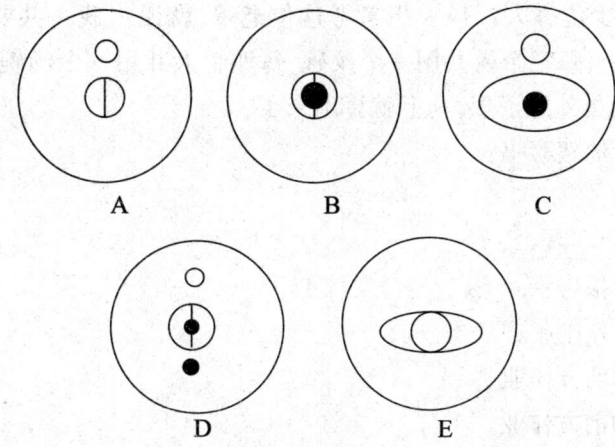

下个图案

你能根据已知图案的提示,猜出下一个图案是什么吗?

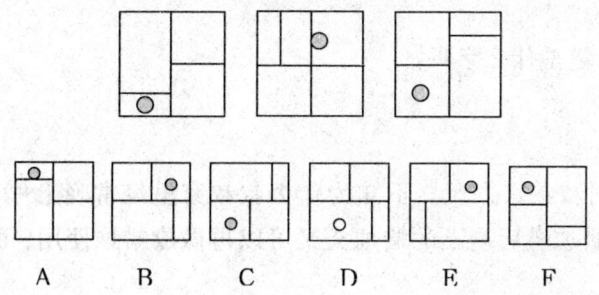

相加的和最大

森林里的小动物们都很讨厌那只狡猾的狐狸,为了赶走他,大家便出了一道题目给狐狸做,如果做不出来的话,就必须离开这片大森林。大家给狐狸出的题目是这样的:在9个方格里有1~9的数字,让狐狸画一条直线,且从直线上经过的数相加的和要最大。狐狸想了很久,没有做出来,也没有人愿意帮助他,最后他只能灰溜溜地走了。

小动物们给狐狸出的这道题你能做出来吗?

停在树上的鸟

在一片树林里,有 3 棵树上一共停了 36 只鸟,如果从第一棵树上飞 6 只到第二棵树上,然后从第二棵树上飞 4 只鸟到第三棵树上,那么 3 棵树上的鸟的数量相等。

你能计算出原来每棵树上各停了多少只鸟吗?

让利销售

某大型商场开业大酬宾,打出了一则这样的商业广告:凡在本商场一天之内购物金额累计满 40 元者可领取奖券一张,共发行 10 万张奖券。设特等奖 2 名,各奖 2000 元;一等奖 10 名,各奖 800 元;二等奖 20 名,各奖 200 元;三等奖 50 名,各奖 100 元;四等奖 200 名,各奖 50 元;五等奖 1000 名,各奖 20 元。你认为这种有奖销售和实行九八折的销售方式相比较,哪一种顾客得到的实惠更多一些?

来贺喜的人

从前,有一个员外老来得子,在孩子满月时,有很多人来贺喜。员外看见家里的仆人在洗碗,就问仆人,家里一共来了多少位客人?仆人想考考这位老爷,就说:"我一共要洗 65 个碗,这些客人中,每两个人共用一个小碗,每三个人共用一个菜碗,每四个人共用一个汤碗。请老爷算算,共来了多少位客人?"这位聪明的员外想了想,马上就算出来了。

你知道有多少人来给他贺喜吗?

前方作业

四位下属分别对上司报告:

A 说:"B 正在我的前方作业。"
B 说:"C 和 E 在我的前方作业。"
C 说:"D 和 E 在我的前方作业。"
D 说:"A 正在我的前方作业。"

你认为有这种工作情况吗?

这是什么字

你能猜出"只"字加一笔是什么字吗?

再利用的蜡烛头

放暑假了,小明到农村叔叔家去玩。不知为什么叔叔家里经常晚上停电,每停一个晚上的电,他们就要用去 1 支蜡烛,蜡烛燃后剩下的蜡烛头又可以再做成蜡烛使用,每 4 个蜡烛头可再做成 1 支蜡烛。

现在,叔叔家已经有 16 个蜡烛头了。如果用这些蜡烛头再做成蜡烛,可供几个停电的晚上使用呢?

突然长大的公主

一天,老国王觉得自己快要不行了,于是便对一个医术高明的医生说:"请你给我的小公主一种药,让她吃了马上长大。在我死的时候,我希望她长成大人,这样就不会有人欺负她了。如果你办到了,我重重赏赐你;办不到,你性命难保。"医生想了想,回答说:"陛下,我老家确实珍藏了一种这样的药,我现在就回去取,但是我取药的这些日子,陛下必须同公主分开,彼此不能见面。否则,这种药就不灵了。"

为了让公主快点长大,国王答应了医生的请求。

医生回来后,把带回的药给公主服下,然后领着她去见国王。国王一看,公主果然长大了,也长得更漂亮了,欣喜之下,重重地赏了医生。

世界上根本就不存在一吃就能长大的药,那么,你能说出医生是怎样达到国王要求的吗?

算数

格子中的每种标志都代表了某个数字,你能算出问号代表的数字是多少吗?

24	63	24	21	
*	*	*	✓	33
✓	○	✓	×	?
×	○	×	×	33
✓	✓	✓	*	27

不同的回答

晚上,保罗准备睡觉了,这时他的一个朋友打电话问了他一个问题。保罗回答说:"哦,我告诉你吧。"

挂了电话后,过了一会儿,又有一个朋友打电话来,问了他一个几乎一样的问题,这次保罗却回答:"这我怎么会知道?"

保罗跟前面打电话的这位朋友关系很好,不是在开玩笑。

你知道保罗到底被这两个朋友问了什么问题吗?

在路上撒了什么

据老人讲,清朝时曾发生了这样一件事:

当时捻军起义,清朝大将僧格林沁奉旨剿灭捻军。捻军鲁王、遵王、梁王、宋大帅等头领聚在一起商议,最后决定用口袋阵歼灭前来围剿的清兵。

鲁王按计行事,引诱僧格林沁率军紧追。由于当时已近傍晚,清兵较疲劳,追速很慢,照这样的速度数十万清兵很难全部进入口袋阵。

这时,鲁王突然想到了一个可以使清兵快速、全部进入口袋阵的办法。他命令捻军在沿途抛撒一些东西,清兵见了这些东西,一个个拼命加快速度前进,结果很快就进入了捻军的包围圈,被消灭大半。

你知道捻军在沿途抛撒的是什么东西吗?

给圆形着颜色

请你给这些圆形分别着上红、黄、蓝和绿色。要求如下:

①每种颜色的圆形至少有三个。
②每个绿色圆形都正好和三个红色圆形相接。
③每个蓝色圆形都正好和两个黄色圆形相接。
④每个黄色圆形都至少各有一处分别和红色、绿色和蓝色圆形相接。
你知道该如何给这些圆形着色吗?

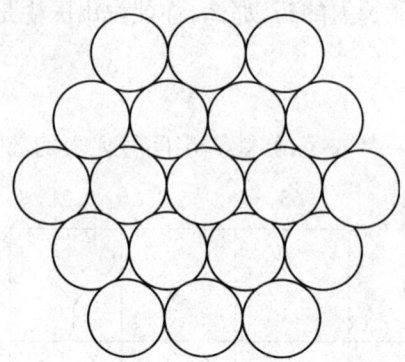

中奖概率有多大

某商场开业,现场抽奖。有两种抽奖方式,一种是在10张奖券中抽出2张来;另外一种是让你从100张奖券中抽10次,每次抽出2张来,但是每抽完一次就要把抽出的奖券再放回去。

那么,这两种方法哪一种中奖的概率大一些呢?

两人顺利过河

一天甲、乙两人想过同一条河,但是河上没有桥,只有一条小船,并且小船一次只能搭载一个人。两人想了想,相互打了招呼,就高兴地过河了。你认为这是可能的事情吗?

规律填数

请你根据规律,找出问号部分应该填入的数字。

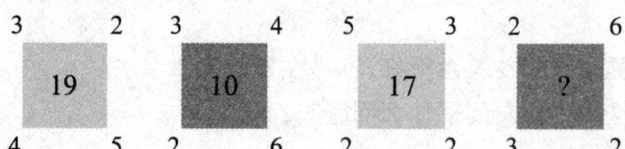

填字母

你知道图中标注问号的地方应该填写什么字母吗?

是否有必要交换

小明家正在装修,一天早上爸爸给小明和哥哥各一个信封,里面有数额不等的钱,让他们两个人分别去买装修用的材料。

小明和哥哥事先都不知道信封里面钱的数额,只知道每个信封里的钱数为5、10、20、40、80、160元中的一个,并且其中一个信封的钱是另一个信封的一倍。如果小明拿到的信封中是20元,则哥哥信封中或为10元,或为40元。

小明和哥哥拿到信封,各自看到信封中钱的数额,但不知对方信封中的数额。现在根据自己需要买的材料的价格,都认为自己的钱不够,而对方的钱正是自己需要的,那么现在给他们一个与对方交换的机会,请问,他们如何判断是否应当交换?

D	R	T	H
F	P	V	F
H	N	X	D
J	L	Z	?

国王选女婿

古时候，有位国王对比武选中的女婿十分满意，公主认为，他虽然武艺超群，但是不知道他的智商如何，想要测试一下对方的智力。于是国王又设计了以下这道题。国王说："想做我的女婿不仅要武功超群，还要有聪明的头脑。年轻人，这里有两个能装 10 升水的箱子，我这个箱子已经装满 10 升水，而你的那个箱子里只有 7 升水。现在我手上有个容量为 1 升的有盖容器，只准许你使用它 1 次，而且不能搬动我的箱子，就要使你的箱子里面的水多于我箱子里的水。"年轻人明知是为难他。因为谁都知道，如果只允许用容器舀一次水过去，那么两箱中的水就将是 10－1＝9 升和 7＋1＝8 升了，后者怎么可能比前者还多呢？

年轻人冷静下来思考片刻后，竟然想出了一条妙计，使国王喜笑颜开。

你知道他是怎么做的吗？

折立方体

已知图是个可以折成立方体的图形，在下面的立方体中只有一个是正确的，你知道是哪一个吗？

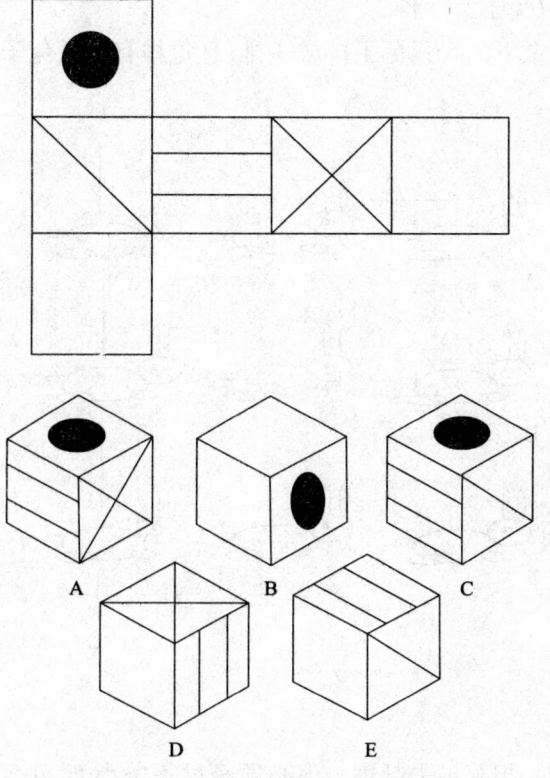

急中生智的老农

有个老农挑了一对竹筐,急着去赶集。当他走到一座独木桥上时,对面来了个孩子,他想退回去让孩子先过桥,但是回身一看,后面也来了个孩子。正在进退两难之际,老农急中生智,想了个巧办法,使三人都顺利地通过了独木桥,而且三人之中谁也没有后退过一步。

你知道老农用的是什么方法吗?

数字游戏

在给出的图中,数字2加9加4,7加5加3,6加1加8,其和均为15。其横的、直的、斜的加起来总和也都是15,这称作魔术方阵。那么,如果要列出一个总和均为16的方阵,应如何调整?调整后的9个数字均为以目前的数加上某一个一样的数字的和。

6	7	2
1	5	9
8	3	4

排兔子

已知直线AA上有3只兔子,直线CC上也有3只兔子,直线BB上有2只兔子。请问:

有多少条直线上有3只兔子?

有多少条直线上有2只兔子?

如果抱走3只兔子,将余下的6只兔子排成3排,且每排有3只兔子,你知道该怎么排吗?

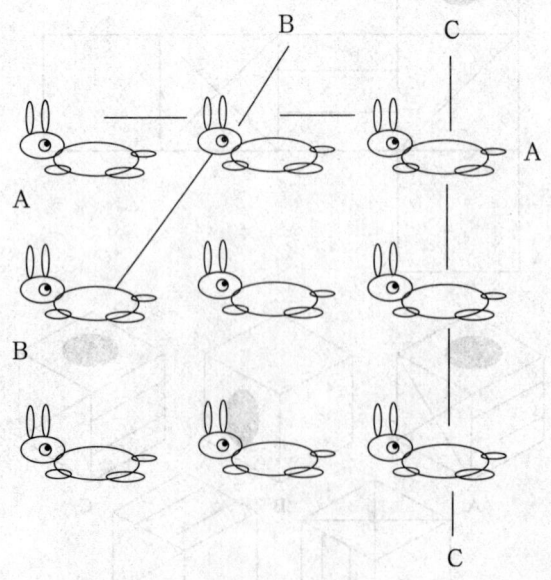

该如何过河

早上,有一个果农挑着一担苹果去赶集。他必须经过一条小河,小河上只有一座很窄小的独木桥，小桥离河面只有0.3米左右。独木桥承受的重量是80多千克，而这个果农的体重是70多千克，那一担苹果也是70多千克。

你知道这个果农怎样才能一次就过去吗？

小画师巧对刁难

据说在清末时，京城有一家画店的店主为人仗义，但不知什么原因得罪了大总管李莲英，李莲英一直想伺机报复这个画店的老板。这日，李莲英来到画店，说是奉慈禧太后的命令，让画店在一张长宽各5尺（1尺≈3.3333米）的宣纸上画出9尺高的观音像，一日之内必当完工，否则砸店。

这可把店主给难坏了，要知道5尺的宣纸，怎能画9尺高的像呢？这时，一个小画师对店主说："师父，我有办法，让我来试试吧。"说完，他磨笔展纸，一挥而就。在场的人看后，无不称奇。

第二天，李莲英带着人来取这幅图，他无话可说，只好灰溜溜地走了。

那么，你知道这个小画师是怎么画的吗？

下水道盖子

为什么下水道盖子都是圆的，你能给出3种以上的解释吗？

东东遮挡窗户

东东的房间有个120×120平方厘米的正方形窗子，东东想遮住窗子，可是手边只有一块长方形胶合板。胶合板的面积正好与窗的面积一样，但是尺寸不同，是90×160平方厘米的。

他看着这块胶合板想了一会儿，拿起尺子在胶合板上迅速画了几条线，并且照划好的线把胶合板锯成了两块，用这两块正好拼成一块尺寸适合遮窗的正方形板。

你知道东东是如何做到的吗？

小李的旅行

五一黄金周的时候，小李和父母一起出国旅游，他们在中途转机的时候，在那个国家停了一段时间，因为他们三个人都不会那个国家的语言，所以出现了一些不便的事情，小李的父母显得有些不知所措，但是小李并没有什么特别的感觉，也没有感到丝毫的不方便。

你知道这是什么原因吗？

移动一枚硬币

妈妈将8枚硬币，排成如图所示的十字形，横排4枚，竖排5枚，然后要求女儿文文只移动其中1枚就使无论横排还是竖排都有5枚硬币。

聪明的文文只是想了一下就做对了。

你知道该移动哪枚硬币吗？

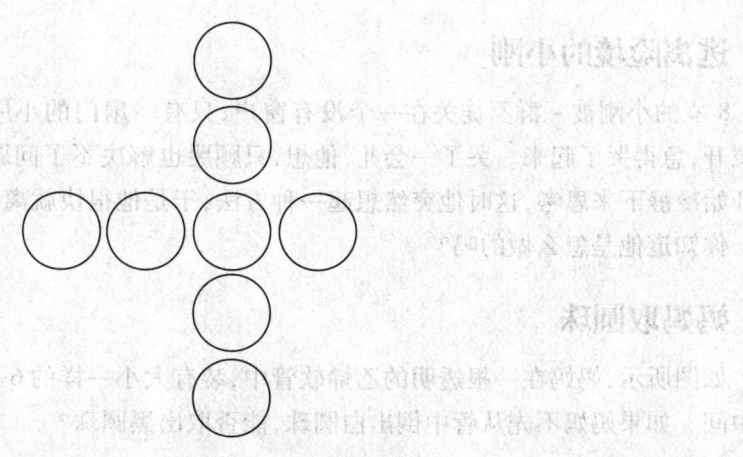

剪掉一个角

一个长方形有 4 个角，如果剪掉 1 个角，还剩下几个角呢？有几种可能？

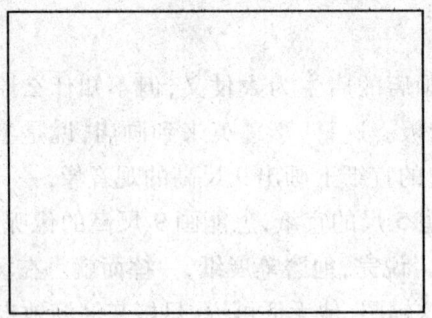

太阳看不到的东西

一天，太阳对身边的白云说："地球上的东西，我几乎都能看透，除了白天屋外的一个东西，这种东西视力正常的人都看过，唯独我看不到。白云，你知道是什么吗？"

白云说："那还用说，这东西肯定是你自己呀。"

太阳说："呵呵，白云，我不是地球上的，当然不是我了。"白云想了半天也不知道太阳不能看到的东西是什么。

你知道是什么吗？

围成三角形

三角形的两条边长的和，要大于第三条边的长。右面有三根木棒，在不折断和折弯的情况下，你能把它们围成一个三角形吗？

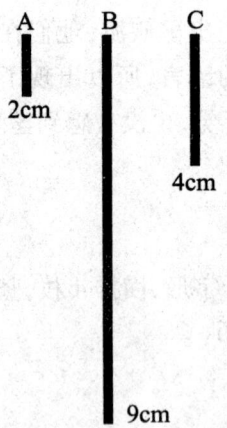

逃离险境的小刚

8 岁的小刚被一群歹徒关在一个没有窗户，只有一扇门的小屋子里，他用尽力气也没有把那扇门拉开，急得哭了起来。哭了一会儿，他想，只顾哭也解决不了问题啊，必须要想办法逃出去。于是他开始冷静下来思考，这时他突然想起一种方法，于是他很快就离开了那间小屋。

你知道他是怎么做的吗？

妈妈取圆珠

如图所示，妈妈在一根透明的乙烯软管中，装有大小一样的 6 颗白圆珠和 1 颗黑圆珠，黑圆珠放在中间。如果妈妈不先从管中倒出白圆珠，能否取出黑圆珠？

提示一下,管子的内径只能通过1颗圆珠,也不允许切开管子来取。

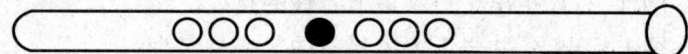

一次倒霉的抢劫

有一群抢匪持枪闯入了市中心的一家大银行,他们破坏了银行里面所有的报警系统,控制了局面。当他们要求工作人员交出柜台抽屉里所有的现金时,银行经理表示,柜台已经没有半分钱了。抢匪要经理打开保险柜,经理照做了,但就在这时,警察赶来了,立刻逮捕了抢匪。

你知道究竟发生了什么事吗?

时间的问题

在某市中心的广场上有一口大钟,这口大钟在整点的时候会报时,时间到几点钟就敲几下,并且每到半点时敲一下。有一天夜里,有一个人失眠了,他不知道是什么时候,他先是听见钟表敲了一下,然后过了一阵又敲了一下,再过了一阵又听到钟敲了一下。

你能想出现在是几点吗?

找规律填空

你能找出该图形的规律,并计算出问号处的数字来吗?

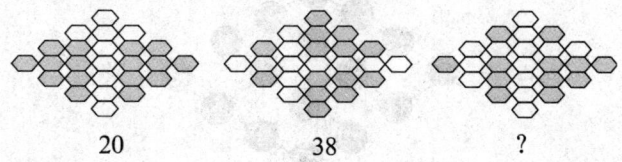

20　　　　　38　　　　　?

给三个儿子分西瓜

王叔叔有3个儿子,这3个儿子是三胞胎。无论是吃的、用的,还是玩的,这3个孩子都要一样的,否则就会互相打架。一天,他买了两个小西瓜,一路在想怎样平均分西瓜,总也想不出好办法来。就在他走到小区门口时,邻居李奶奶只说了3个字,王叔叔就愁眉舒展了。

你知道李奶奶告诉他的是什么办法吗?

自作聪明的张大爷

在酷热、无风的茫茫大海之上,有一艘帆船几乎呈现完全静止的状态——独自摇着帆船的张大爷,这时也已精疲力竭了。

张大爷在想该如何避免这种情况呢?突然,张大爷灵机一动,想在帆船后方甲板上架设一个大型送风机,再利用发电机来驱动风扇,让大风一直往帆的方向吹送。张大爷认为这个办法可行。

试问,在如此情况之下,张大爷的这种办法会让这艘帆船发生怎样的变化?

甲说肯定是向前行的;

乙说肯定是向后跑的;

丙说肯定是原地不动的。

那么,你认为哪个人说得对?

"铁公鸡"出门

威尼斯是世界著名的水城,河网密布,行人出门大多坐船。商人史密斯是一位有名的"铁公鸡"。有一天他要从甲地到乙地去,由于各条河道上的船只种类不同,船费也不一样,每条路线都标明了船费。史密斯绞尽脑汁,总算想出了一条最省钱的路线。

请你将这条路线在图上标出来,并告诉大家最省的船费是多少?

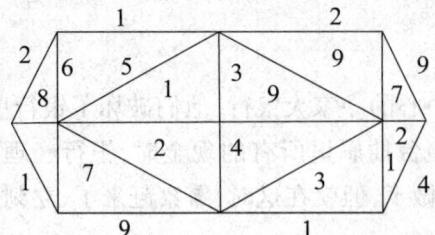

大脑网络的路径

据说微软创始人比尔·盖茨多次用下面这道题考那些应聘者。这道题看来是纯粹操作性的,其实盖茨是用来选拔发散—聚合思维过硬的未来微软人的。

这道题的具体内容如下:

人的大脑细胞的总数超过300亿个,这些脑细胞构成的神经网络比全世界电话网络的联系还要复杂,要体会一下大脑神经网络运作的感觉吗?

请看下图,从起点到终点共有多少种不同的路径?你只能从左到右,不能倒退,即到达一个结点后,或者朝上前进,或者朝下前进。

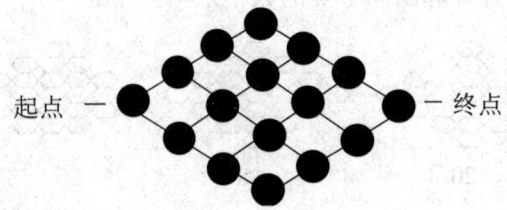

自作聪明的骗子

明朝正德年间,有个秀才叫郑一秋,他琴棋书画、诗词歌赋样样皆通。某年,他在繁华的街道上开了个字画店,几个月下来,生意兴隆。

一次,有个叫龚笋子的人,拿了一幅五代名画家的传世之作《韩熙载夜宴图》来押当。郑一秋知道,这可是件稀世之宝,因此心中大喜,当场付了5600两银子,龚笋子答应到期愿还8000两。

转眼间就到了最后期限,可是仍不见龚笋子过来赎画。郑一秋取出那幅画,在放大镜下仔细察看,这才发现是幅假画。

郑一秋就这样被骗去5600两银子的消息,在一夜之间不胫而走,一下子惊动了全城的同行。

第三天,郑一秋在家里办了8桌酒席,邀请全城士子名流和字画行家聚宴。这晚宾客来得很齐,有的抱着关切的心情来,有的抱着吸取教训的心情来,也有的抱着看热闹的心情来,更有一些人是抱着幸灾乐祸的心情来的。

酒饮一半,郑一秋从内室取出那幅画,挂在大厅堂的正中,对大家说:"今天宴请诸位,一方面是向大家表示郑某立志字画行业,决不因此罢休的决心;另一层意思是,让我们同行共看假画,认识一下骗子是如何用巧妙的手段以假乱真的。"

同行们看完假画后,都说:"郑先生使我们开了眼界,避免以后受骗上当,真是好人啊!以后一定要多向你请教。"

此时,郑一秋把假画投进火炉,边烧边说道:"不能留此假画害人!"郑一秋烧画,一夜之间又轰动了整个小城。

第二天,郑一秋来到店里,却见龚笋子已坐在那里等着他,说是有事而误了银子的还期。郑一秋说:"没事的,只误5天,无妨,但需按照事前约定加5天利息。"一算,共计本息达8280两银子。

那龚笋子早知画已烧了,所以并不害怕,就说:"好,兑银,请郑先生兑画!"郑一秋进内取出那幅画,龚笋子给了银两。龚笋子接画在手,迅速展开一看,不由得两腿一软,几乎瘫了下来。

你知道这是怎么回事吗?

分割土地

一个人有一块形状很怪的土地,如图所示,他打算把这块怪状的土地,赠给能把它划分成两块相同大小、形状的人。

你也来试试看应该怎么分?

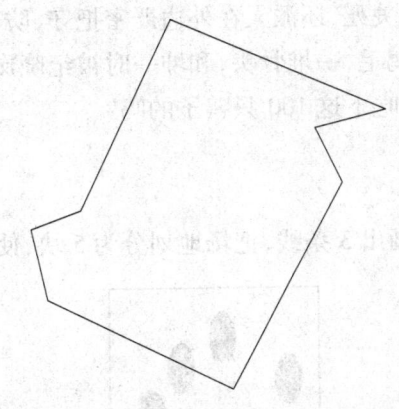

不用本金的赚钱之道

在一次保险培训课上,培训老师给大家讲了一个关于石油海运大亨的故事:

阿根廷有一位名叫图德拉的人,他本是一位自学成才的工程师,后来,他居然想到了要做石油生意。当时,他既没有石油界的关系可以凭借,也没有雄厚的资金作为基础,可是,他采取迂回的连环计最终使得生意大获成功了。

首先,他从一个朋友处得知阿根廷需要购买1000万美元的丁烷。同时又从报上获悉:阿根廷的牛肉过剩,几乎不用现钱,就可以拿下来。

这本是风马牛不相及的两件事情,可是,图德拉得到信息以后,却在大脑中展开了丰富的联想。他单枪匹马,自己不出一分钱,而是利用别人的资金,就进入了石油海运的行列,并且很快成了石油海运的大亨。

培训老师讲完这个故事后,让大家思考图德拉是如何将这风马牛不相及的两件事情联系起来进行商业运作的。

那么,你知道图德拉的运作方法吗?

打开煤油炉的销路

从前人们生火做饭都是使用木炭和煤,在煤油炉出现的时候,根本就没有人理会它。

美国一家销售煤油炉和煤油的公司,为引起人们对煤油炉和煤油的消费兴趣,在报纸上大肆宣传它的好处,可是煤油炉和煤油仍然无人问津。

面对积压的煤油炉和煤油,公司老板突然灵机一动,他吩咐下属将煤油炉免费赠送到各家各户,不取分文。

就这样,收到煤油炉的住户们开始尝试着使用它,而没有收到的纷纷打电话向公司询问,并索要煤油炉。在很短的时间内,积压的煤油炉赠送一空。公司员工们觉得十分心疼,但老板却不动声色。

不久,有一些顾客上门来询问购买煤油的事;再后来,竟有顾客要求购买煤油炉。在循环往复中,这家公司的煤油炉竟然久销不衰。

你知道这是怎么一回事吗?

和珅与纪晓岚打赌

和珅经常被纪晓岚捉弄,因此心里不服气,总想找个机会报复他一下。

一天,和坤与纪晓岚打赌。和坤下的赌是:如果纪晓岚10天吃下100只鸭子,吃下的鸭子不但不付钱,和坤还要送他100只;如果纪晓岚吃不下,赔100只鸭子的钱,还要纪晓岚赤膊负荆谢罪。

10天吃100只鸭子,平均每天10只,再大的肚皮也吃不了。但纪晓岚灵机一动,还是接赌了。

打赌开始,和坤叫人把柴米油盐、日常饮食和买来的100只鸭子,统统关在一个屋里,又让纪晓岚搬进去住,把所有的门窗都上锁关死,还派人在外边严密把守,防止纪晓岚捣鬼。10天后,和珅把门打开,鸭子不见了,只剩下一堆鸭毛,一堆骨头,和坤一时被纪晓岚的大肚皮吓蒙了。

你知道纪晓岚10天内是怎么吃下这100只鸭子的吗?

分场地和人

已知场地上有10个人,你能画出3条线,把场地划分为5块,使每一小块场地中只有2个人吗?

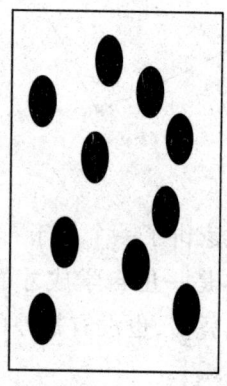

积与差相等

一天放学时,璐璐和文文一起走,璐璐说有很多对数字,它们的乘积与它们的差是相同的。而文文想了半天却怎么也找不到这样的数字。

那么,你能找出这样的两个数吗?

寻找死亡密码

在此图中,DEAD(死亡)一词完整地出现了两次,它们的排列横竖、斜正、正倒都有可能。

你能顺利找出来吗?

识别图形

请你根据图形的变化规律,找出第四幅图形。

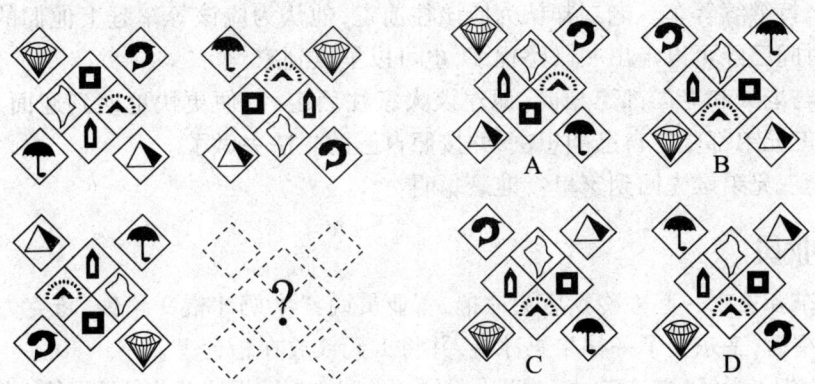

巧送牛奶

李师傅是某牛奶站的送货员,他每天都要把牛奶送到各个销售点(图中的黑点),请问,如果要求李师傅所走的路线不能重复,送完后再回到牛奶站的话,他该怎么走?

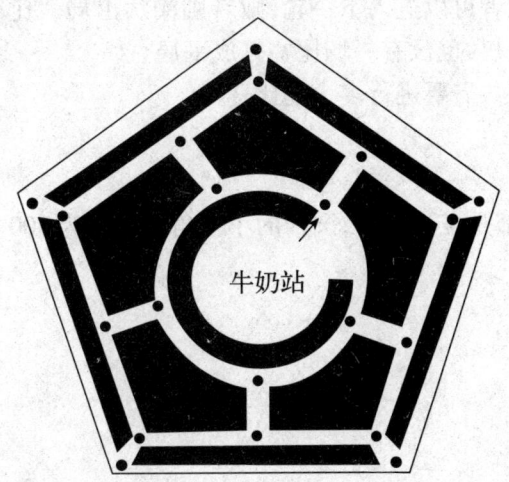

求值

求 A、B、C 的值。如图所示:

12	21	A
B	13	19
20	16	C

比聪明

放学的时候,有三兄弟回家,走到车站,打算一来车就跳上去。可是,一个小时过去了,他们也没有等到回家的那辆车子。

这时,老大坚持继续等车。老二却认为应该往前走,他认为应该等车赶上他们的时候大家再跳上去,这样等的时间已经可以走出一段路程了,也可以早点到家。

老三的意见与老大和老二都不相同,他建议大家往后走,以便更快地遇到迎面开来的车子,然后坐上去回家。三兄弟都坚持自己的想法,并按照自己的想法去做了。

那么,你认为三兄弟谁先回到家里?谁最聪明?

聪明的营业员

小学生孙启东和王东一起去冷饮店买冰棍,营业员说:"牛奶冰棍9角钱,巧克力冰棍1元钱。"听完营业员的介绍后,王东买了一根牛奶冰棍,并将1元钱放在柜台上。

这时孙启东也把1元钱放在柜台上,对营业员说:"给我一根冰棍。"营业员给了他一根巧克力冰棍。

那么,售货员是怎么知道孙启东是想要巧克力冰棍的呢?

淘汰赛

某中学举行了一次象棋比赛,比赛实行淘汰制,一共有32名学生参赛。比赛规则如下:每场比赛的选手配对由抽签决定,胜者可以进入下一轮,败者则淘汰出局。比赛结束后,有人作了统计,在整场比赛中,没有任何选手弃权,也没有一场比赛打成平局。

你知道为了决出冠军,一共需要进行多少场比赛吗?

动起来

已知图中的两个三角形都是正三角形,圆内的小三角的面积为500平方厘米,那么,圆外的大三角的面积是多少平方厘米?

如何摆硬币

如图所示,这是用25个5分的硬币排列成的一个正方形,其横行、竖行及对角线上各有5枚硬币。现在再给你5枚5分硬币,一共30枚硬币,你能不能使它的横行、竖行、对角线仍各有5枚硬币呢?考虑一下该如何摆呢?

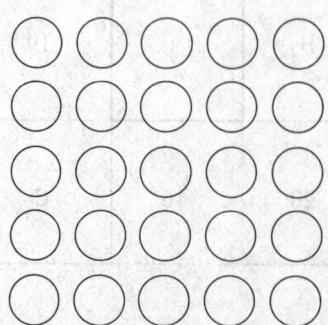

找出合理的图形

通过观察就会发现左边四个图形呈现一定的规律性,你能从右边给出的四个图形中找出与左边图形相匹配的最合理的一个吗?

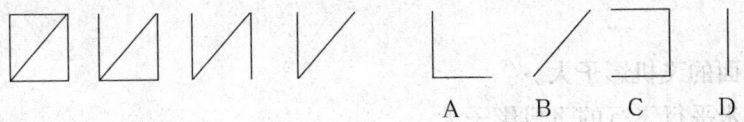

走进布满镜子的小房间

没事的时候,你试着想一下,假如有一间布满了镜子的小房间,你走进去,关紧门后,觉得自己会看到什么现象?

重新拼图形

由169个小正方形组成下面这幅拼图,你能想办法,将它分为三部分,以便重新拼合成一个完整的正方形吗?

需要注意的是,应当沿小正方形的直线来剪开。此外,由于材料两面的性质不同,因此不能把某块翻到反面去,图案的倒顺、间隔,都应照原样准确配合。

修改过时的裙子

有一位女士总觉得自己的裙子过时了,但是丢掉又觉得可惜,于是想自己设计一下。她把裙子改成了一条长方形的形状,而且只剪了一刀。裙子的样子如图所示。

你知道她是怎么剪的吗?

图形平面的组成

已知左边的图形是由若干个元素组成的,右边的备选图形中只有一个可以组成左边的图形,请选出这一个。

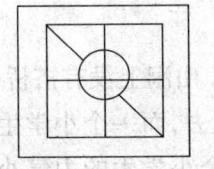 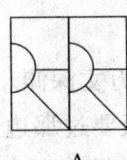 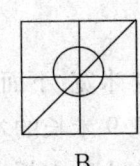 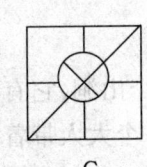 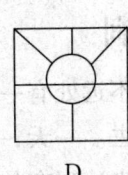
　　　　　　A　　　　　B　　　　　C　　　　　D

飞机的影子

日落时分,飞机场上有一架即将飞离地面的飞机和一架离地面100米平行飞行的飞机,你认为哪一架在地面上投下的影子比较大呢?

A. 一样大。
B. 即将飞离地面的飞机影子大。
C. 离地面100米平行飞行的飞机影子大。

正方形隧道

有个人被歹徒追杀,他跑进了一个正方形隧道里,就在这时迎面滚来一块大圆石头,正方形隧道的宽度和圆石头的直径一样,都是25米,而他离隧道出口还有很远的距离。

你认为这个人能躲开这块大圆石头的滚压吗?

画树比赛

美术课上,老师对大家说:"同学们,今天我们来个画画比赛怎么样?"同学们自信地说:"好啊!"

老师微笑着说:"很高兴大家这么有自信。这节课我们就来比赛画树,但是我们不是比谁画得最漂亮,而是比我们的想象力,看谁画的树最大。但是不管画的是多么大的树,都要在一张16开的白纸上面。现在我宣布比赛开始。"老师喊完口号后,同学们开始动起手来。

现在,你也试试吧,看你能想出多少种画法,把一棵树能画多大就画多大。

搭桥过山涧

在一个村庄不远处有一个山涧,它有4米宽,下面是万丈深渊。山涧上没有搭桥,来往的人必须带着木板才能过去。一天,一个大人带着3.9米长的木板要过那边去,而一个小学生带着4.1米长的木板要到这边来。现在的情况是,这个大人的木板太短了,而这个小学生的力气小,又搭不了桥。

两个人各自站在两边干着急,不知道该如何是好。

你认为他们应该用什么方法才能过山涧呢?

拼数字

请你把图中这些碎片拼起来,想一想,将会得到哪一个阿拉伯数字?

帮助弹力球搬家

妈妈把一个杯子倒扣在一张桌子上,杯子里有一个弹力球。妈妈要求鹏鹏在不借助任何外物的情况下,将这个杯子连同里面的弹力球挪到距离此桌子两米的另一张桌子上去,同时要求弹力球不能从杯子里拿出来。

鹏鹏反复实验了几次都失败了,你能做到吗?

排队找位置

中午时,甲、乙、丙、丁、戊、己六个学生在学校食堂排队。己不在队伍的最后面,在他和队伍末尾之间有两个人,位于队伍末尾的不是戊。甲前面至少有四个人,但甲也不在队伍的最后面。丁没有排在队伍的最前面,他后面至少有两个人。丙既不排在队伍的开头,也不排在队伍的末尾。

你能按照从前到后的顺序,排列出这六个人在队伍中的位置吗?

骰面

根据图中给出的五粒骰子,你能准确判断出哪一粒是已知骰面布局图所构成不了的吗?

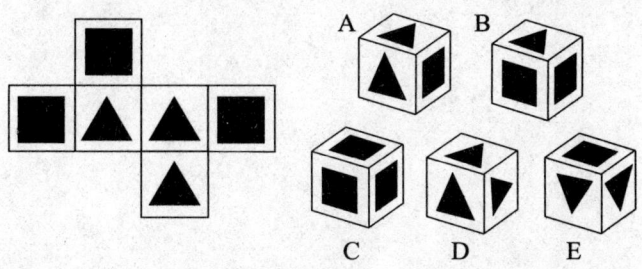

参加晚宴的夫妻

甲先生和甲太太邀请了3对夫妻来参加晚宴。他们分别是乙先生和乙太太,丙先生和丙太太、丁先生和丁太太。在座位安排上,有一对夫妻被分开了。你能根据下面的提示推算出是哪对夫妻吗?

(1)坐在甲太太对面的人位于乙先生的左边。
(2)坐在丙太太左边的人位于丁先生的对面。
(3)坐在丁先生右边的人是位夫人,她对面的那位夫人坐在甲先生左边的第二个位子上。

长与短

一天晚上,姐姐做完作业后,在纸上画了一个大圆,大圆里又画了许多小圆,小圆的圆心都在大圆的其中一条直径上。她对正在看她画圆的妹妹说:你认为是大圆的圆周长还是小圆的周长之和长?妹妹考虑了一下回答说一样长。

你认为妹妹说得对吗?

一块不规则的木板

给出的图是一块形状不规则的木板。请你想一想:如何把它切成两块,并把它们拼成一个 3×5 的长方形,而且不需要翻面?

需要多少秒

张师傅要到十层大楼的第八层去找在那里上班的儿子,不巧停电,电梯停开。如果张师傅从第一层走到第四层需要48秒。张师傅以同样的速度往上走到第八层,还需要多少秒?

被骂的师傅

有四个铺砖的师傅打算在一个墙面上铺满瓷砖,这 A、B、C、D 四个师傅分别使用的是正三角形、正方形、正五角形、正六角形瓷砖。结果,其中一个师傅被工头骂得狗血淋头。

你知道是哪个师傅吗,为什么?

两条平行线段

已知 AB、CD 是两条平行线段。但有人表示,他只需要再画三条线就能让它们不再平行。在不变动 AB、CD 位置的情况下,你知道这个人会怎么画吗?

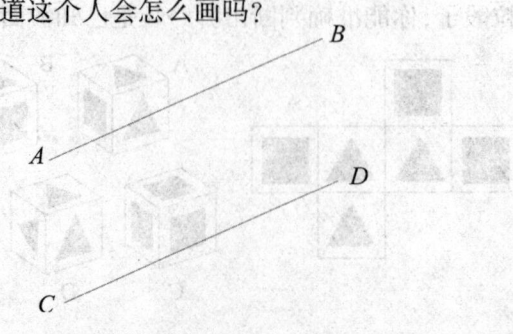

平分正方形

明明家里有一块正方形的土地,如果明明想用两条直线把它分成形状相同、大小相等的四等份,总共有多少种分法?你知道这其中有什么规律吗?

转动齿轮

现在有五个组合的联动齿轮,每个齿轮的齿目都标在旁边。当你转动1号齿轮两圈时,5号齿轮会转动几圈?

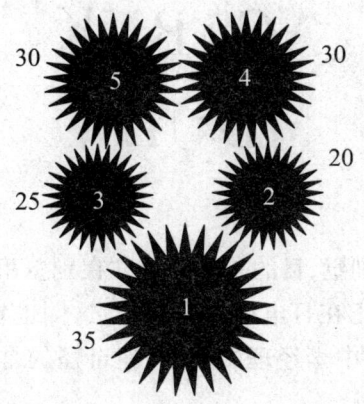

地皮变小

大家都知道上海的地皮很贵,但是,还是有人争先恐后地去买,就算是你有钱,你也不一定能买到地。一位广东人听到有栋别墅要拆,地皮形状是一个正方形,南北和东西长各是100米,地皮要对外卖时,他毫不犹豫地就按10000平方米的价钱,把钱打到了对方的账户上。可是当他到上海一看,整个土地的面积才5000平方米,竟然相差一半。这个广东人有些丈二和尚摸不着头脑。

你知道这是怎么回事吗?

脚的方向

一个人右脚朝正北,左脚迈开一步距离指向南方。你知道这是怎么回事吗?

构成立方体

已知图中的方块大小相等,如果是在不移动方块的前提下,构成一个立方体还需多少个方块?

皮球的运行轨迹

有两个小朋友站在急速旋转的转盘上,一个小朋友把一个皮球朝另一个小朋友扔去,你知道这个皮球的运行轨迹和最终落点吗?

找图中共同点

如图所示,你知道图中的深色字母有什么共同点?浅色字母又有什么共同点吗?

请把答案写在下面。

ACTBYK
MDUEW

失误的张兵

一个晚上,张兵潜入李经理的别墅,目的是要暗杀住在别墅里的李经理。他悄悄地走到李经理的房门口,从钥匙洞里看见李经理正在打电话。张兵想,这倒也省事,于是便从钥匙洞里向房内射进了一枚毒针。他看到毒针正好射中李经理的胸部,但奇怪的是,李经理一点儿反应也没有,依然拿着电话在聊天。

张兵想了半天也不知道是什么原因。

你知道问题出在哪里吗?

找出图形

给出的图形是用19根火柴组成的。你能在规定时间内找出图中所包含的等边三角形、梯形、平行四边形(其中几个菱形)吗?

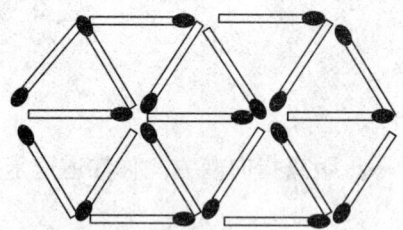

花瓣变太阳

如图所示的花瓣形状,在花瓣上剪两刀,就能拼成圆圆的太阳,你知道怎样才能拼成太阳吗?

巧取硬币

钱包里有10枚硬币,小明和小虎两人轮流从中取走1枚、2枚或者4枚硬币,谁取最后一枚硬币就算输。

请问：你知道该怎么做才能赢吗？

骰子点数之和

已知图中给出的是三个骰子，请你算出：隐藏的背面和侧面（垂直的两个面）上的点数之和是多少？

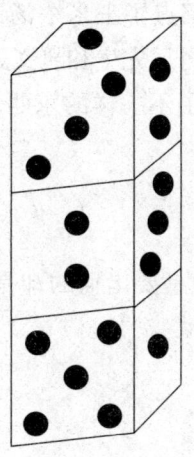

三角形重叠

三个三角形重叠形成了 18 个区域，如图所示。你能使它们重叠而形成更多的区域吗？

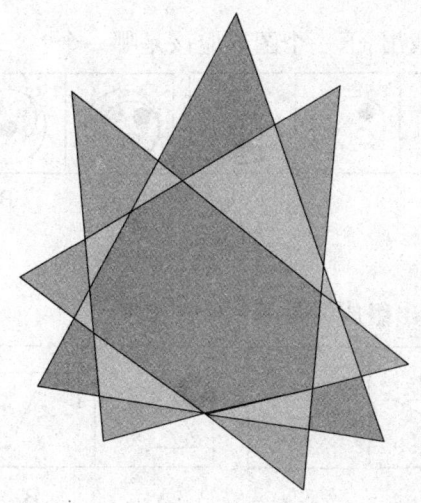

安排座位

在某个体育馆中，编号为 10～13 号的座位是每一排的中心座位。在最近的一场演出中，体育馆的前 A、B、C 三排座位中每一排的四个中心座位都坐满了。根据下面给出的条件，你能将下面列出的人员安排到正确的座位上吗？

（1）皮尔坐在安东尼的正后面，并且在查理前面斜对着的某个位子上。

（2）丹娜的票上写的是 B 排 12 座。

（3）三排中，每一排的这四个位子都坐着两个男的和两个女的。

（4）马可尼与鲁伯斯在同一排，她坐在鲁伯斯右边的第二个座位。

（5）爱丽丝坐在亚塔尔的正后面，她的丈夫亚力森紧挨着她的右边。

（6）观众中有一名男子坐在 A 排 13 座。

（7）托尼、亚方斯利和杜蕾斯亚三人都不在同一排。紧挨着杜蕾斯亚左边坐的是一名男子。

点餐

中午时,有四个同事前往一家西餐厅用餐,他们选了个圆桌,依 A、B、C、D 的顺序坐下,并在看过菜单之后,挨个点了主菜、汤及饮料。

在主菜方面,丹尼先生点了一份鸡排,凯文先生点了一份羊排,而坐在 B 位置的人则点了一份猪排。汤方面,欧文先生及坐在 B 位置的人都点了玉米浓汤,丹尼先生点了洋葱汤,另一人则点了罗宋汤。至于饮料方面,欧文先生点了热红茶,丹尼先生和凯文先生点了冰咖啡,而另一个人则点了果汁。

当大家点完之后,发现邻座的人都点了不一样的东西。如果丹尼先生是坐在 A 的位置,你知道坐在哪里的先生点了牛排吗?

释放女犯人

很久以前,有一个女犯人刑满释放,但是要出狱的却是一男一女两个人,这可把门卫搞糊涂了。但是他又接到上级的通知,准许两个人出狱。

你知道这是为什么吗?

比大小

你能快速比较出 444441/444445 和 333334/333337 这两个分数的大小吗?

下个图形是哪个

根据给出图形的规律,请你找出:下一个图形应该是哪一个?

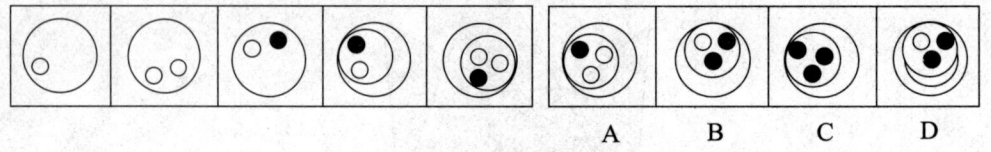

组合拼图

你能根据下面四个部分判断出组成的是哪一个图案吗?

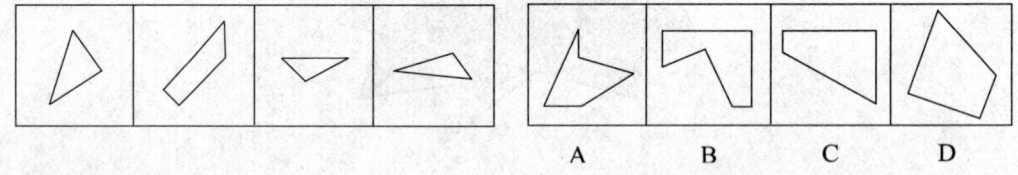

如何拼长方形

如图所示,小明家的天窗装了 7 块玻璃。一天,小明想把这些玻璃拆下来,改装在一个长方形的窗户上。巧好这时,小强走了过来,小明便把自己的想法告诉了小强,小强看了看这些玻璃说:"你还挺聪明的,这些玻璃刚好能拼成一个长方形。"

那么,你认为小强说得对吗?该怎么拼呢?

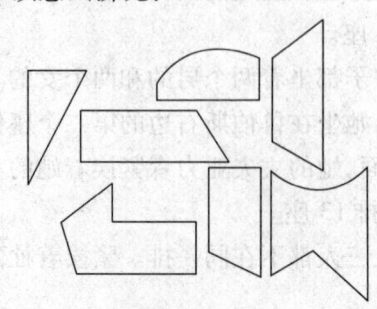

哪个是正确的

如果将下面这些图形换个排列方式就大不同了,请你找出这四个图形中哪一个是正确的?

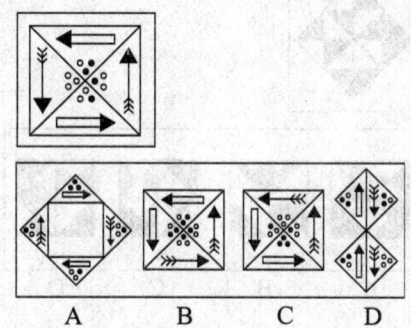

三阶反魔方

在三阶反魔方中,每行、每列以及每条对角线上的和都完全不一样。你认为这个三阶反魔方可能存在吗?

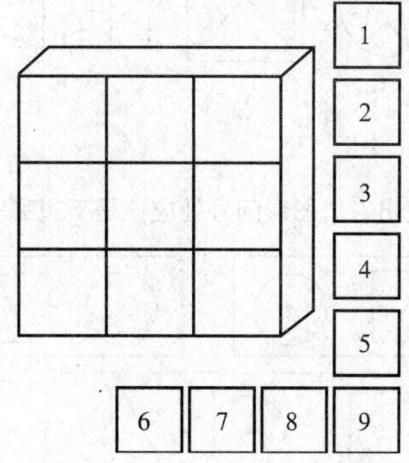

重新排列图形

给出的图中上边的图形由若干个元素组成。下边的四个备选图形中只有一个是由组成上边图形的各个元素组成的,当组成新的图形时,只能在同一平面上,方向、位置都可能出现变化,你能选出其中正确的一个来吗?

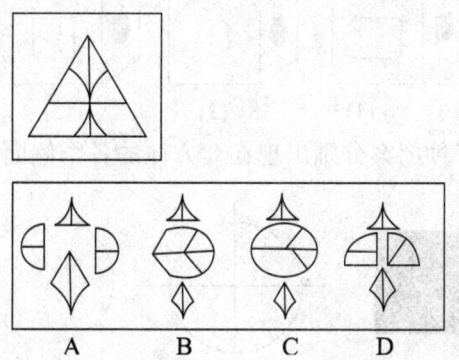

重新组合图形

已知下图上边的图形由若干个元素排列后组成,下边的四个备选图形中只有一个是由组成上边图形的元素组成的,组成新的图形时,只能在同一平面上,方向、位置可能出现变化,你能选出正确的一个来吗?

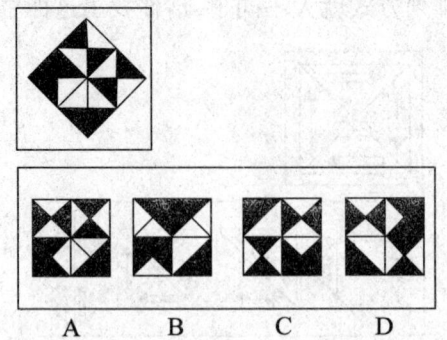

判断

你知道下列图形中哪些可以一笔画出来吗?

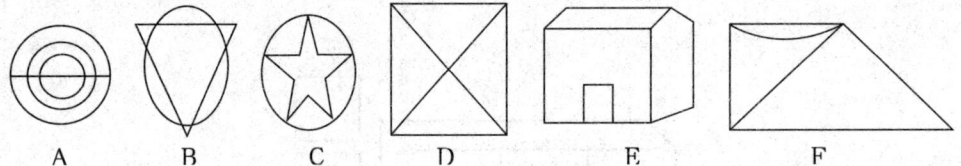

找图形

请你根据左边给出的例子,找出右边图形问号处应该是下边哪一个?

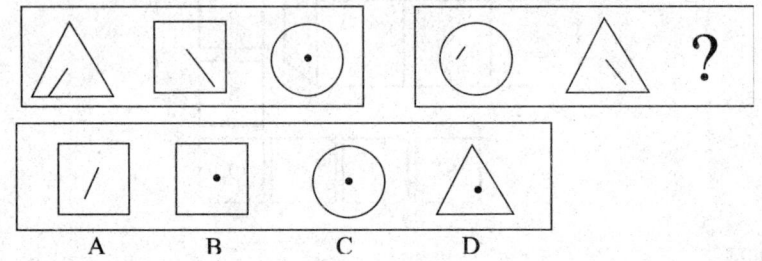

出现两次的图案

给出的三个图形,是同一个立方体由于三种不同的放置方法所呈现出来的三种不同的视面。

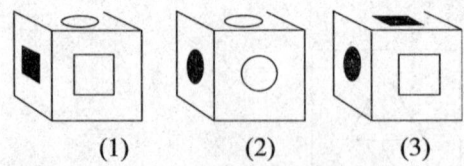

从图中可以看出,有以下五种图案分别出现在立方体的各个侧面:

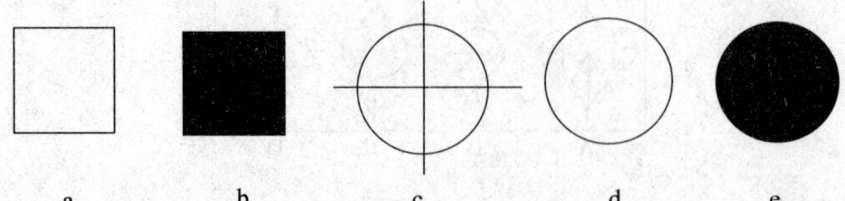

事实上,上述立方体的六个侧面都有图案,而出现在立方体的各个侧面上的图案,总共只有这五种(a、b、c、d、e),也就是说,有一种图案出现了两次。

如果上述三种视面中,位于底部的图案都不是出现两次的图案,那么,你知道哪个图案出现了两次吗?

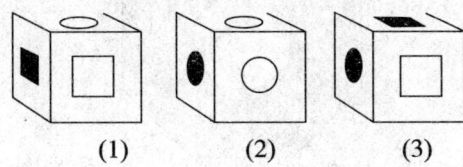

下一个图案

下面上边的四个图案具有一定规律,你能找出第五个图案可能是下边的哪一项吗?

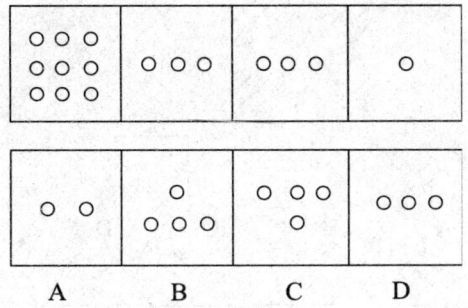

变色图形

请你根据左边图形给出的规律,分析右边问号处,应该填补上哪一个图案?

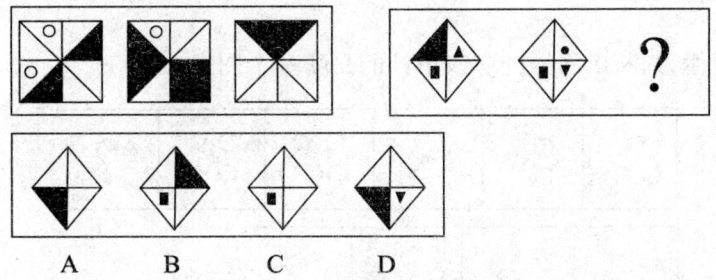

找不同

上面一组共有五个图形,它们呈现一定的规律性,下面一组一共有四个图形,其中三个继续保持这种规律性,另外有一个不具有这种规律性,你能很快指出来吗?

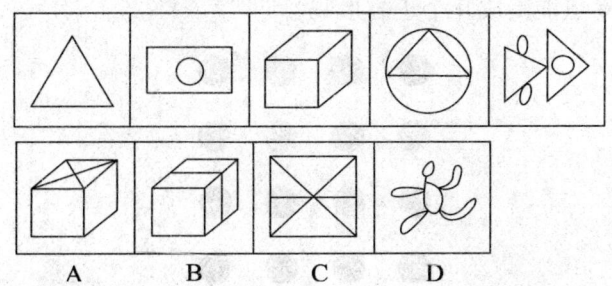

拼八角星

幼儿园的阿姨经常教小朋友们拼正八角星,让小朋友们先把纸张剪成一个有八角形圆孔的正八边形,再把这个图形剪开,然后按照一定的方法,拼成一个具有同样的圆形孔状的正八角星。

根据上面的提示,你会拼吗?

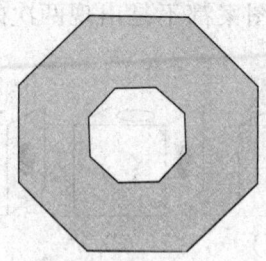

方向对吗

请你根据规律,从下面备选的八项里面找出可以填在空白处的一项。

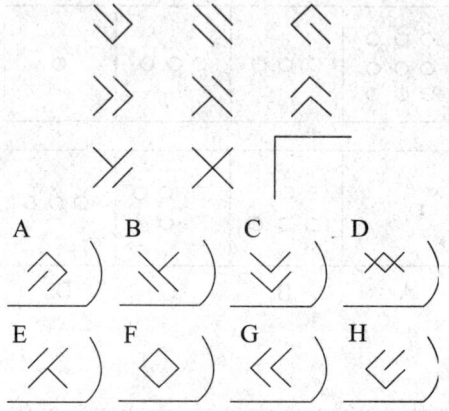

找规律填空

请你根据上图规律,判断出问号处应该填补的是哪一个图案。

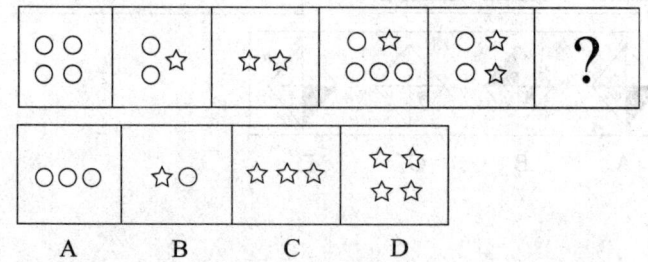

能围成几个正方形

你知道如图所示的16点能围成几个正方形吗?

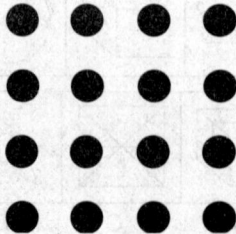

围变梯形

现在用五根火柴棒围成一个梯形,如图所示。要求你现在只变动其中的两根,并且另外再加一根,也就是一共用六根火柴棒,围成和图所示这个梯形一样的图形。

你能做到吗?

会转圈的三角

请你找出空白部分图形是右边四个中的哪一个？

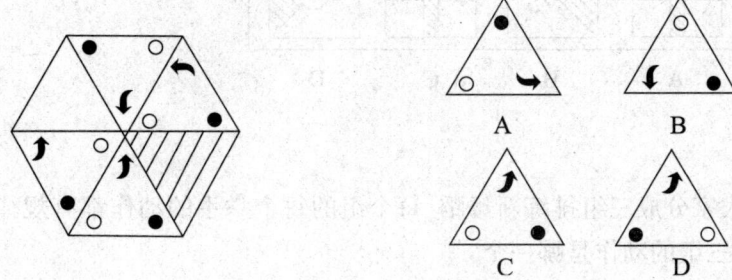

图案九宫格

请你从下面图案中找到规律，选择正确的选项填补图中的问号。

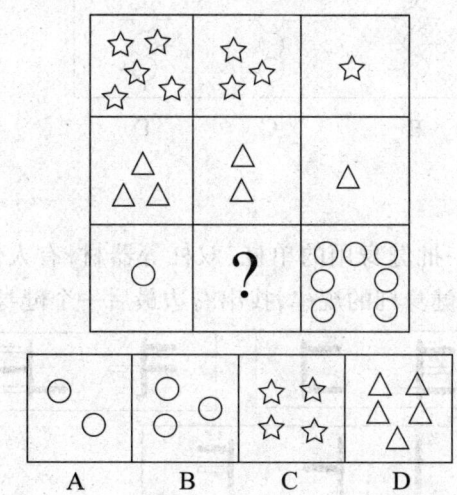

改正方形

给出的图中是画在黑板上的正方形，要求不可使用尺和圆规，你能用最简单的方法将这个正方形改成面积是百万分之一的正方形吗？

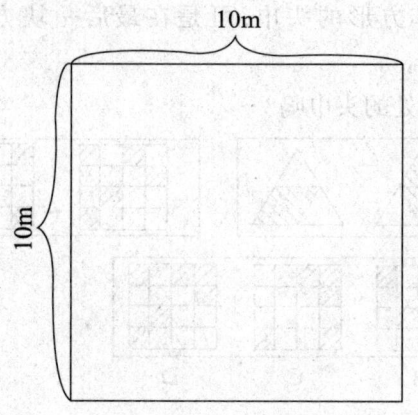

找相同

下图具有一定的规律性，请你根据规律找出适合填补问号处的那一项。

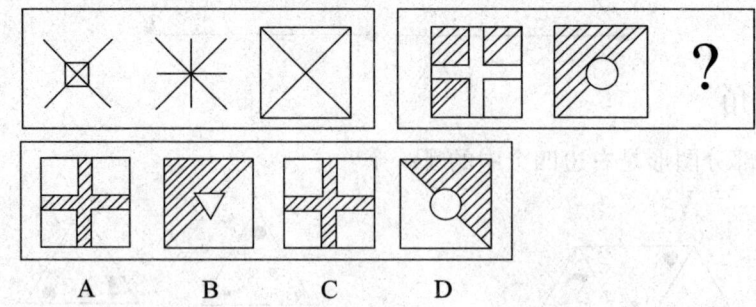

排舞蹈

某个舞蹈队将大家分成三组排练新舞蹈，每个组的每个举手的动作都有规律，请你按照左图中的规律，找出右图第三组的动作是哪一个？

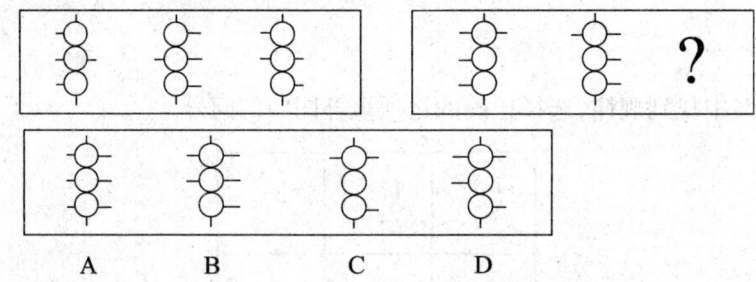

正确的健身杠

某学校在操场上新安装了一批健身用的单杠、双杠等器材，有人惊讶地发现，它们之间竟然有规律可循，请根据已经安置好的健身杠的规律，找出右边最后一个健身杠。

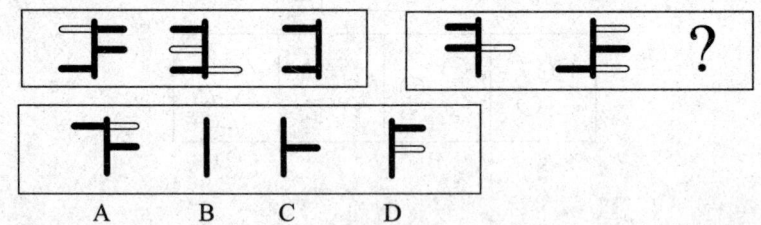

找头巾的规律

小方知道妈妈有很多条格子头巾，而且她还知道这些头巾上的格子排列隐含着某种规律。一天，她分别展开三角的头巾和方形的头巾，可是在最后一块方形头巾这里找不到符合规律的了。

你能帮助她找出应该在问号处的头巾吗？

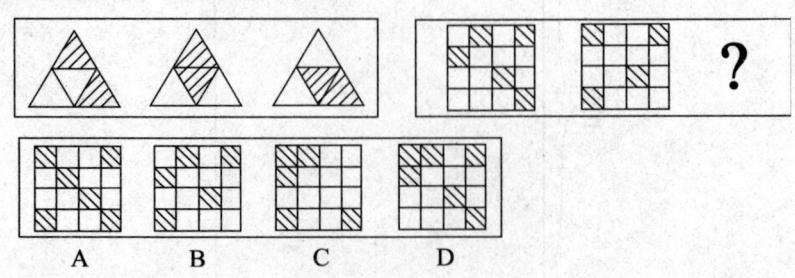

组合正方形

有宽 3 厘米、高 4 厘米的骨牌 12 张,在骨牌不能折也不能重叠的情况下,要求你用这些骨牌同时组合出大小不同的多个正方形,并且在多个正方形中不能同时存在两个以上一样的正方形,你能办到吗?

奇怪的图案

在一个地板设计图中,有如图所示的规律,可是工人在施工的时候却遇到了难题,请你帮忙找出填补空白处的应该是什么样子的图案?

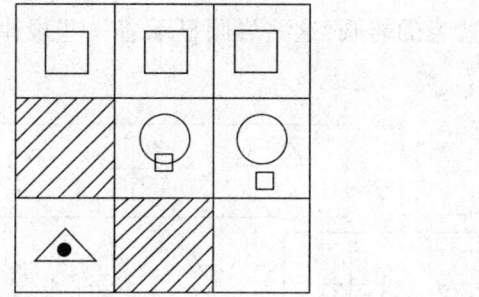
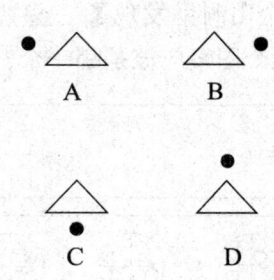

小亚糊纸盒

小亚想帮着妈妈糊纸盒,可是很多盒子都堆在一起了,小亚拿出一个样子,却不知道会糊成什么样子,你知道吗?

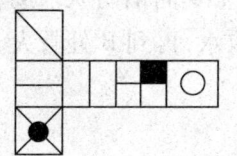  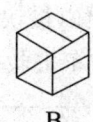 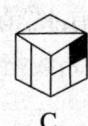 

一枚徽章

某著名社团为了考验社员,将六名新入社的成员编成两组,两组分别持有隐含规律的徽章。一组持有左边图中三个徽章,一组持有右边图中徽章,结果在分发徽章的时候,不小心把右边的一个混到了下图的一堆徽章里面。

你知道哪一个应该是第二组的徽章吗?

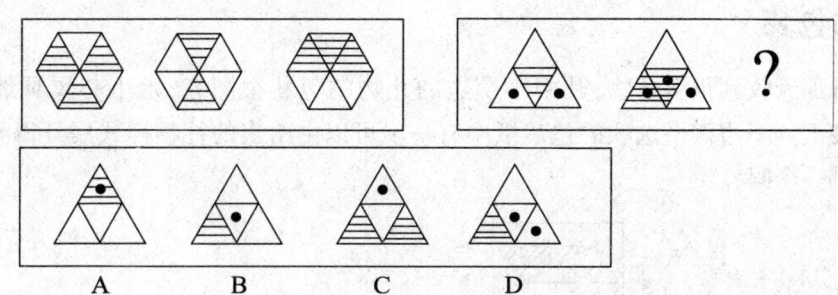

缺失的一角

在某个文明小镇,有这样几个转向标志,他们之间汇总在一起后,因为各自不同的规律而呈现出一个具有逻辑性的图案,这个图案还缺一个角,你知道右边的哪一个正是它缺失的那一个角吗?

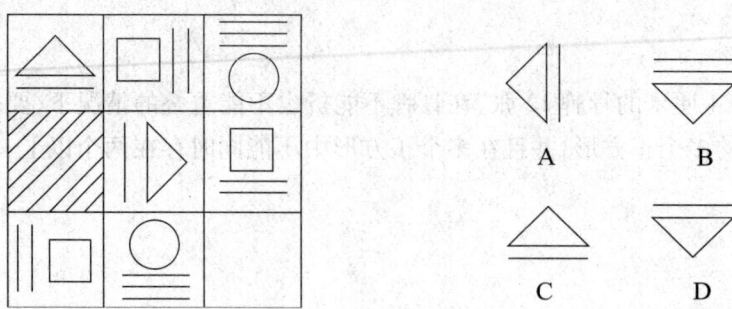

古老的岩画

探险家们在一个山洞里发现了一些古老的岩画,这些岩画显示着一些规律,请你根据这种规律,判断出右边第三个图案应该是哪一个?

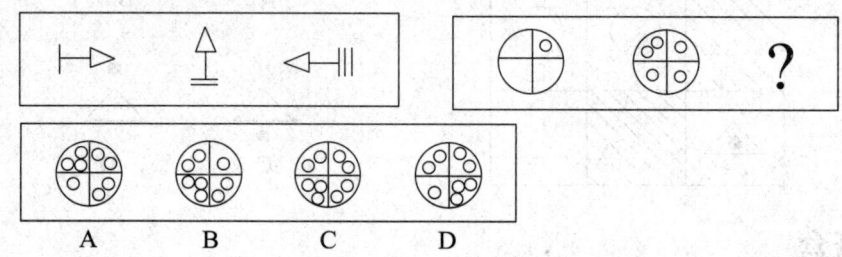

救火

已知图中 B 处是一家工厂,一天工厂突然失火。工人们急忙打 119 向消防队求助,已知消防队地处 A 处,恰巧消防车上没有水,消防员要以最快的速度到小河里取水,再到 B 处救火。

你能够找出一条最近的路线指挥消防车去救火吗?

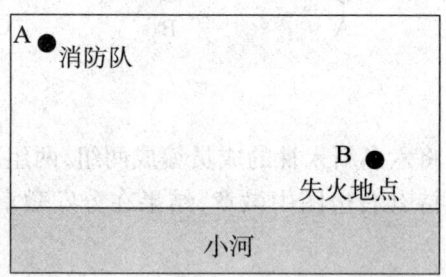

拆礼物的包装

小樱过生日那天收到很多礼物,其中小姨送的礼物的包装很漂亮,她小心翼翼地拆开,得到了一个完整的包装纸。下边四个选项的包装纸中有一项可以由给出的礼物样式展开得到。

你知道是哪一个吗?

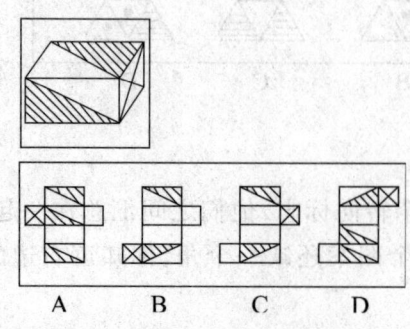

棋盘的秘密

一些和棋盘有关的游戏,于是他在棋盘上画出九宫格,做出左边三个图,这些图看起来很简单,实际上很有规律。一天,弟弟做完作业没事做,这时也照样摆了一个,可是第三个实在不知道怎么摆了。

你能告诉他应该摆成下面的哪一个样子吗?

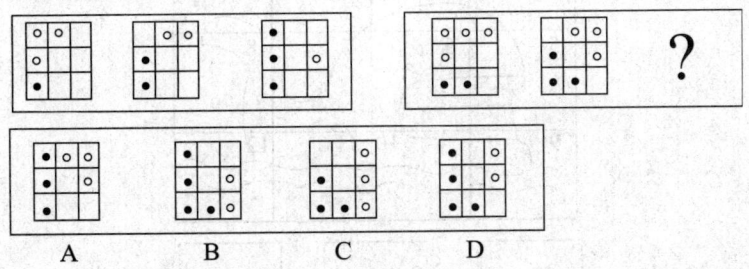

画盒子

小茹在电视上学了一些折纸盒子的方法。一天她心血来潮,在空白的纸盒子上画了一些线条,画完后又把它折成盒子。

你知道小茹折出来的盒子是什么样的吗?

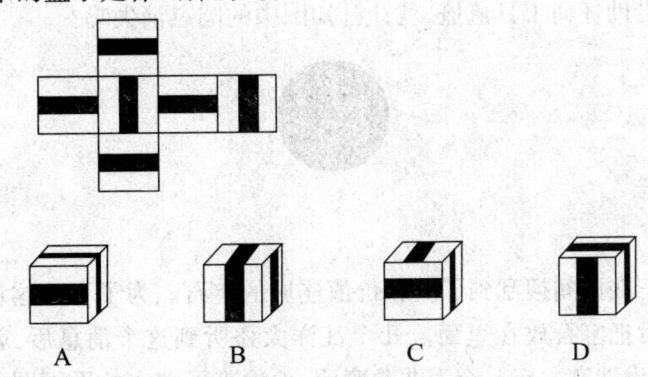

种杨树

如图所示,把27棵杨树很漂亮地种成9行,每行6棵。但园艺师却认为这种种法不好,因为有3棵树离得太远,孤单单地耸立在那儿。

现在要求把这27棵杨树换成另一种方法种,仍要保持9行,每行6棵,并且要求把这27棵杨树集中3处,任何一棵也不能单独离得太远,并且排列上要对称。

你知道该如何种吗?

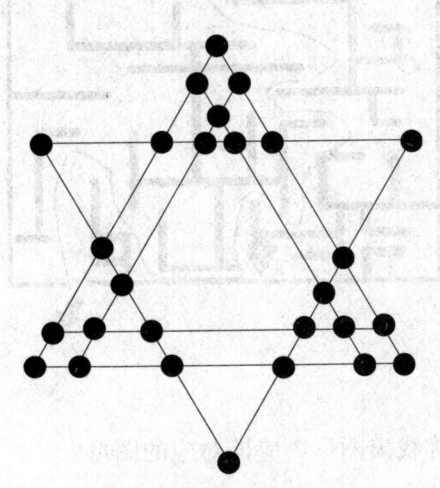

找出相同部分

请认真观察给出的图形,找出下面的3个小方格的画面与整个画面中的哪部分相同?并在括号中填写数字标号。

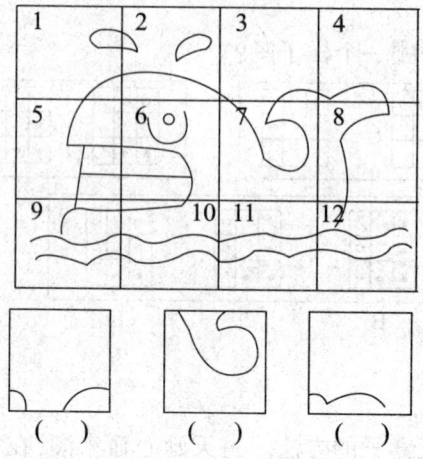

让圆点消失

你能不用手,也不借助任何工具遮掩,就让已知图中的圆点消失吗?

偷宝石

古时候,有一个国王在民间搜刮到了一颗价值连城的宝石。为了不让这块宝石被人盗走,他让人设计了一个迷宫,然后把宝石放在里面。几个江洋大盗听到这个消息后,就去迷宫偷宝石,虽然他们找到了宝石却走不出迷宫。有一个人非常聪明,他偷来了迷宫的平面图,很快就找到从进口走到出口的路线,这几个江洋大盗也顺利地把宝石偷走了。

你知道这个偷到迷宫平面图的人是怎么带着其他人走出来的吗?

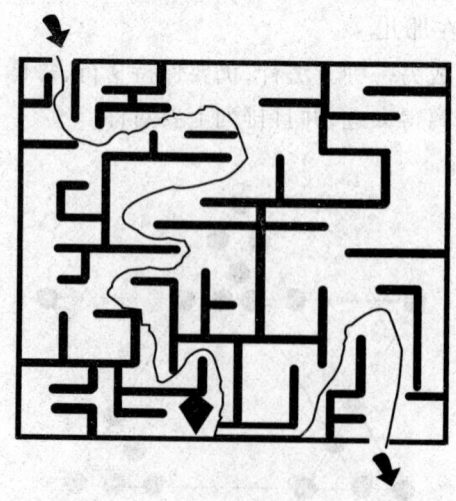

找对应

已知图形1对应图形2,请你找出图形3应该对应的图形?

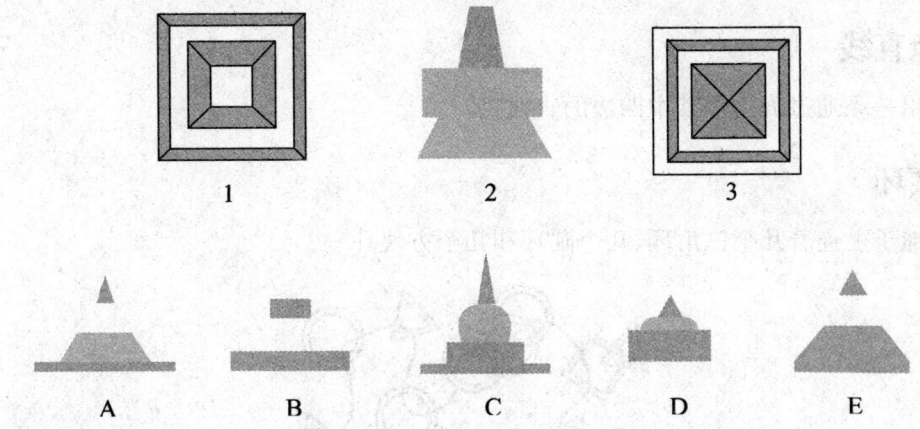

一个纸时针

在手工课上,小明制作了一个"纸时针",同桌看了,总觉得哪里不对劲。

你觉得他做得有问题吗?

棋子的颜色

孙师傅有黑白棋子共 2000 个,是按照下面的规律排列的:

○●●●○●●●○●●●○……

你知道第 1995 颗棋子是什么颜色吗?

变换三角形

下列给出的图案是由 9 根火柴棒拼成的 3 个三角形,你能移动 3 根火柴棒,搭出 5 个三角形吗?

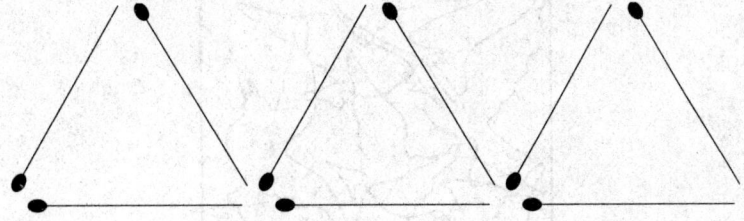

判断长短

你知道给出的图中的两条对角线,哪一条长吗?

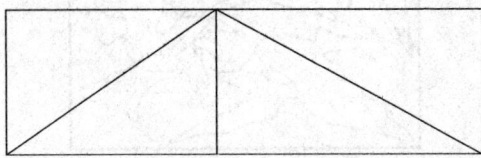

画一条直线

你能画出一条通过五边形其中四边的直线吗？

多少套环

你知道绳子上连着几个三角环、几个圆环和几个方块环吗？

数一数

你知道这里一共有多少个三角形吗？

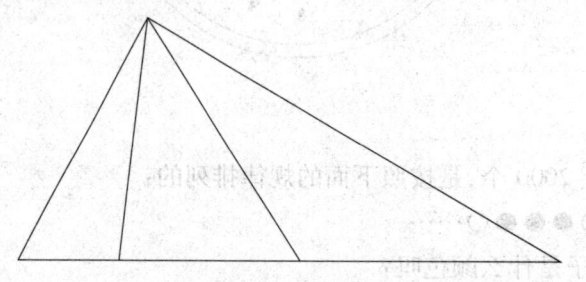

多少只小鸟

请你认真观察一下图形，并以最快的速度说出图中有几只小鸟。

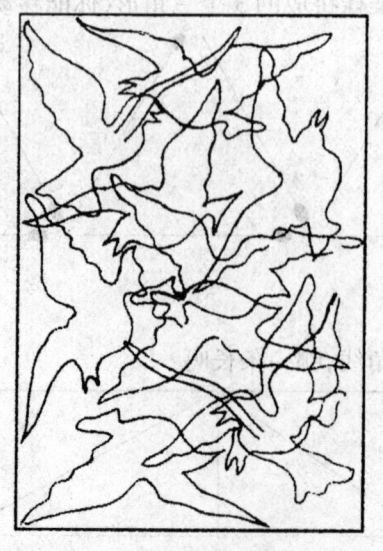

猜数字

已知左图阴影部分代表4,那么右图阴影部分代表几呢?

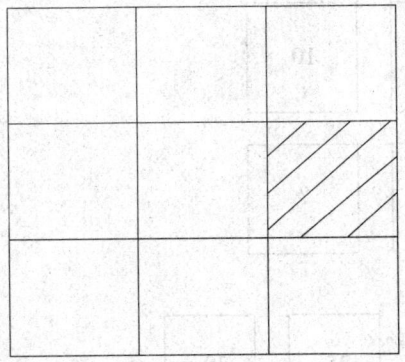 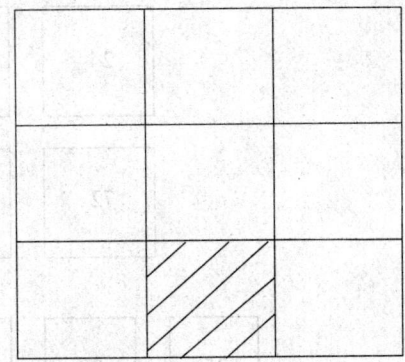

变白象

通过观察后,你能给黑象补上耳朵,并在两头大象上加一笔,让它变成三头大白象吗?

 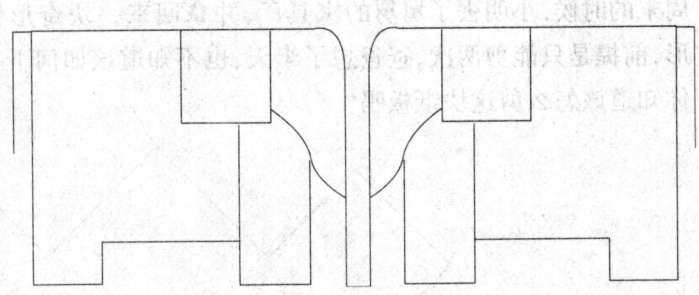

补缺口

请你仔细观察积木的缺口形状,在 A～F 的小木块中,哪一块正好能嵌入积木?

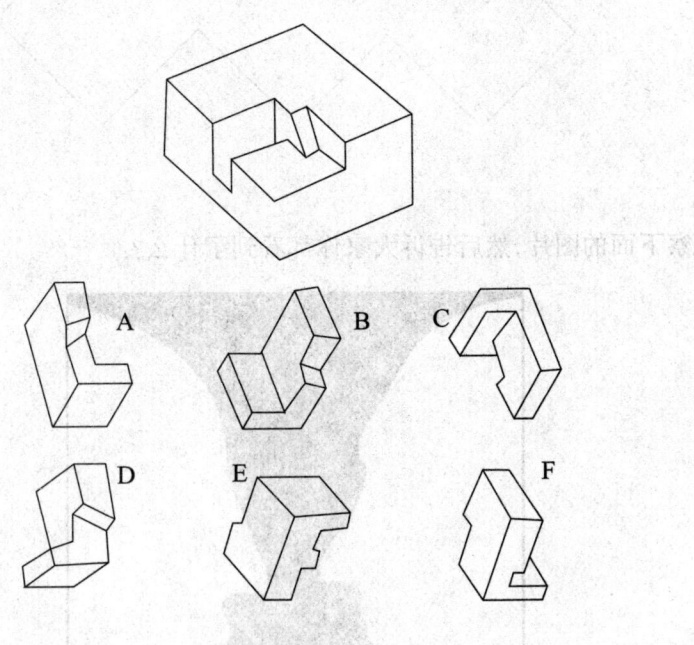

推算

要想完成这道题,就得将问号处换成数字。你知道换成右面的哪个数字吗?

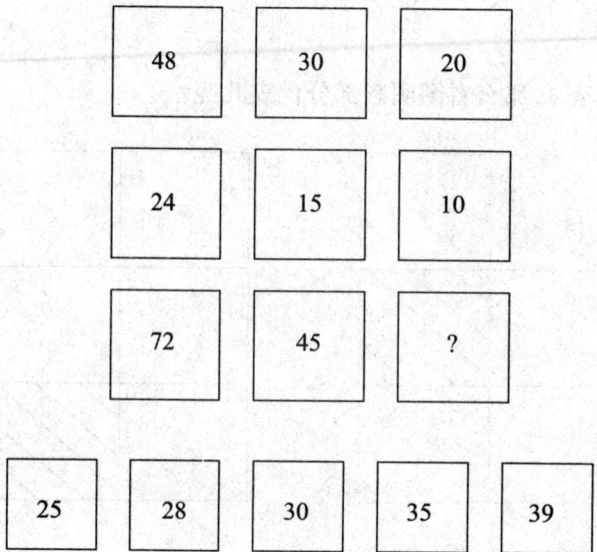

做正方形

周末的时候,小明去了舅舅的家具厂,并拿回来一块奇形怪状的纸板,想让爸爸给他拼成一个正方形,前提是只能剪两次,爸爸想了半天,也不知道该如何下手。

你知道该怎么剪这块纸板吗?

观察图片

请你认真观察下面的图片,然后告诉大家你都看到了什么?

顶端数字

你能准确填入缺少的数字吗?

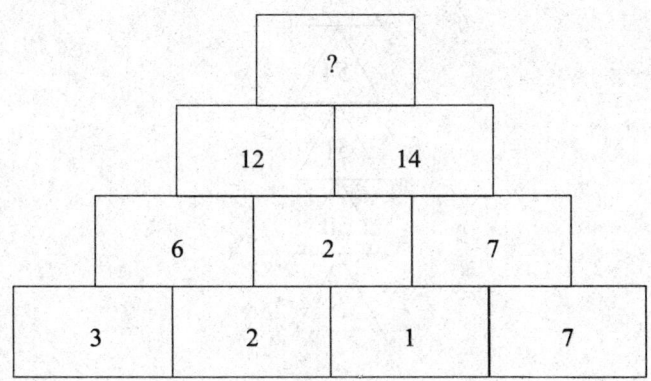

变三角最多

你能在字母"W"上画出 3 条直线,使得三角形的数量最多吗?

挑图形

如图所示,各个图形是按一定顺序排列的,按照这一顺序,你知道接下来的一幅图应该是 A、B、C、D、E 中的哪一个吗?

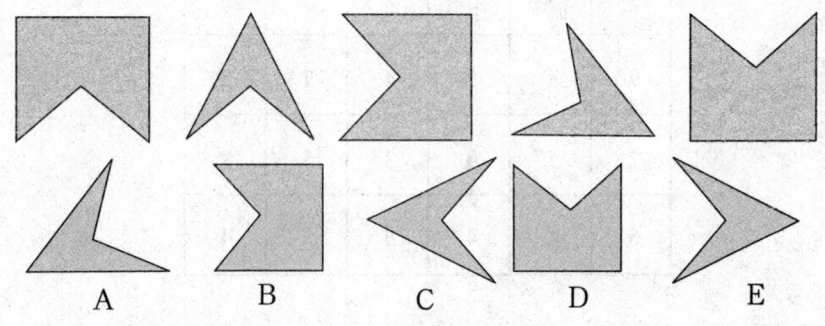

序列

你能很快完成这个序列吗?

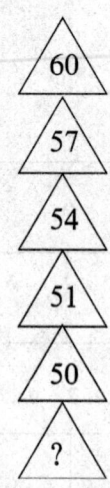

找三角形

你能很快数出下图中有多少个三角形吗?

分解表格

你能把这个表格分成四个相同的形状,并保证每部分中的数字之和为 50 吗?

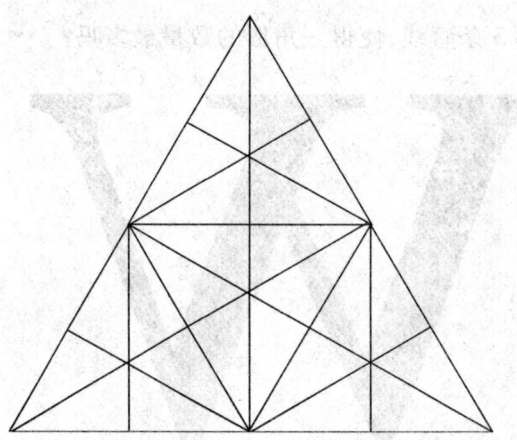

宝塔上的碎片

在某地有一座年久失修的宝塔。宝塔上有很多裂缝,其中有两块的形状是一样的,你知道是哪两块吗?

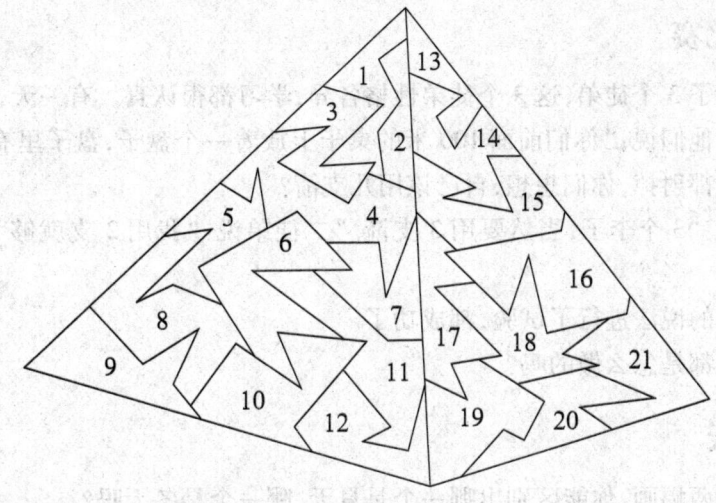

等边三角形变等边三角形

给出的两个等边三角形是用 15 根火柴棒拼成的,如图所示,你能否移动其中的 3 根火柴棒,把它变成 4 个等边三角形?

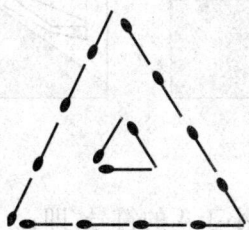

保持 3∶1 不变

下面的两个图形是用 20 根木棒排成的,已知大图形用了 14 根,小图形用了 6 根,大图形面积是小图形的 3 倍。现在要求从大图形中移出两根,放到小图形中,各自调整图形的形状,使新组成的两个图形,其面积之比仍是 3∶1。

考虑一下,该怎样做呢?

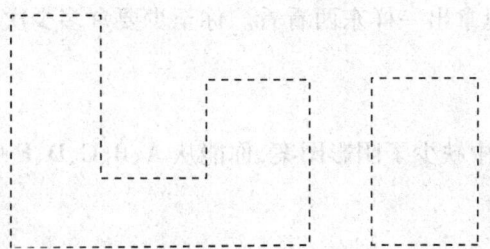

让三角形颠倒过来

已知用 10 个网球排成了一个三角形,现在要求你只移动其中的 3 个,使三角形颠倒过来,你知道该怎么做吗?

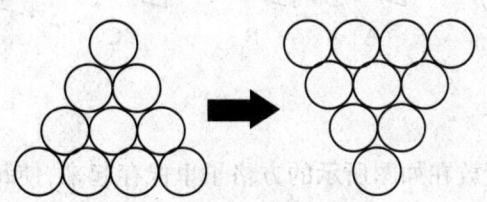

三徒弟射箭比赛

有一个神射手收了3个徒弟,这3个徒弟性格各异,学习都很认真。有一天,他把3个徒弟叫到一个空旷的场地上对他们说:"你们前面100米的桌子上放着一个盘子,盘子里有3个李子,如果要你们用箭把3个李子都射掉,你们想想,自己该用几支箭?"

大徒弟想了想说:"3个李子,当然要用3支箭。"二徒弟说:"我用2支就够了。"三徒弟说:"我用1支就可以了。"

三个徒弟按自己的说法进行了试验,都成功了。

你知道他们三人都是怎么做的吗?

夏天还是冬天

通过观察给出的两幅画,你能区别出哪一个是夏天,哪一个是冬天吗?

该如何摆

你能用3根火柴摆出一个要大于3小于4的符号,即:

3 < ? < 4

应该怎么摆呢?

标签

文具店新进了一批铅笔和橡皮。其中有三个箱子,一个装的全是铅笔,一个装的全是橡皮,第三个则混装着铅笔和橡皮。由于理货员一时疏忽将三个箱子的标签都贴错了。

你可以每次从某个箱子里拿出一样东西看看。你至少要拿多少次才能给箱子重新贴对标签?

补全多边形

如图所示,多边形一个角中缺少了阴影图案,你能从A、B、C、D、E中找出正确的答案,把它补充完整吗?

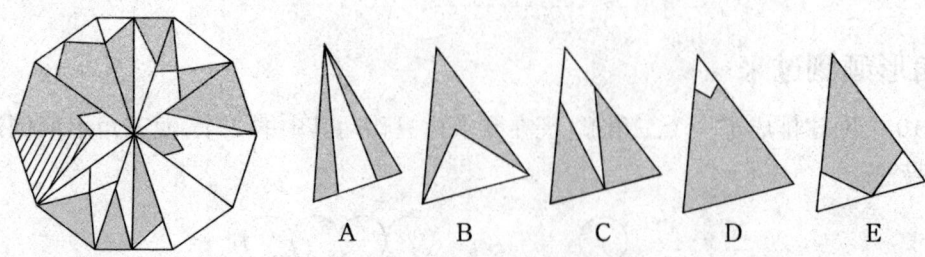

母鸡存鸡蛋

一只母鸡想把自己下的蛋放在如图所示的方格子里保存起来,使每行(包括横、竖和斜线)中的鸡蛋不超过两个,它能在方格子里下多少蛋?图中有两个鸡蛋已经放好了,因而不能再在这条对角线上放蛋了。

你能在表格中标注出来吗?

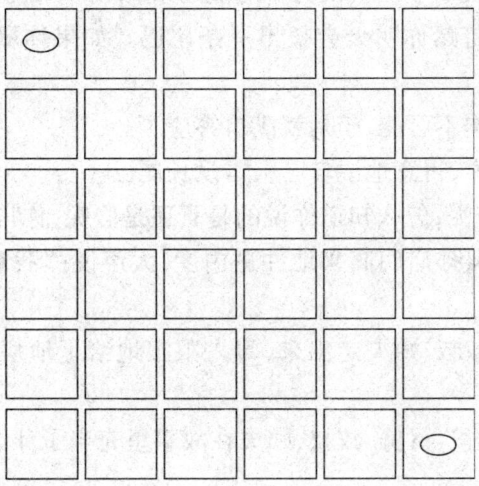

找脸谱

在已知的 12 张脸谱当中,你能看出哪个与众不同吗?

火柴棒变图形

已知这是一个用 9 根火柴棒组成的 3 个三角形。你能够只移动其中的 3 根火柴棒,分别把它变成由 5 个、6 个、7 个、8 个三角形组成的共四种图形吗?

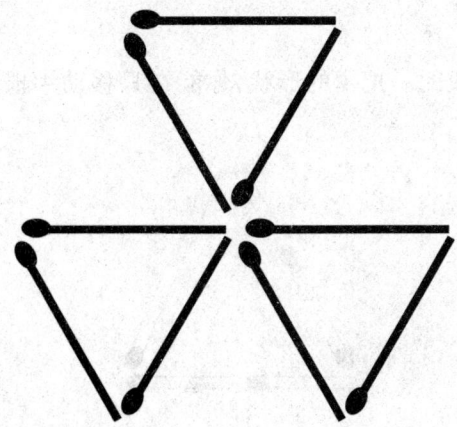

孙启明打赌

在网上看到过这样一则故事:

有个叫孙启明的人特别聪明,跟人打赌时总是赢。

一天,一个地痞找到他,要对他进行敲诈,说有人看见他偷了东西,如果不分给他一部分,就去报警。孙启明一口咬定自己从没偷过东西,家里的东西都是他打赌赢来的。

地痞不信,说:"除非你和我赌一次我认为不可能的事,如果你赢了,我才相信。"

孙启明当即答应:"好,我打赌你明天会长出一条尾巴。如果你赢了,我就输给你100元,反过来你就要给我100元。"

地痞一听,心想这种事根本不可能,于是就满口答应了。

第二天,地痞来到孙启明家,得意地说自己根本没长尾巴。

孙启明说:"我还没有检查呢,怎么知道你说的是真还是假呢,你得脱下裤子给我瞧瞧。"地痞一见四处没人,于是照办了。不料孙启明高兴地冲进内屋,大声说:"我赢了!"然后拿出一大叠钱,数了100元给地痞。

这时,地痞的爸爸、舅舅、叔叔、姨夫走出来,每人狠狠地给了地痞一耳光,说:"真不像话,露出屁股让人摸,丢死人了。"

这是怎么回事?地痞的爸爸、舅舅、叔叔、姨夫在故事里充当了什么角色?

灰黑相间

通过观察,你知道灰色的部分和黑色的部分哪个面积更大些吗?

由一变二的伞

给出的图片是用火柴棒排成的一把伞的形状,你能在只移动4根火柴的情况下,将一把伞变成两把伞吗?

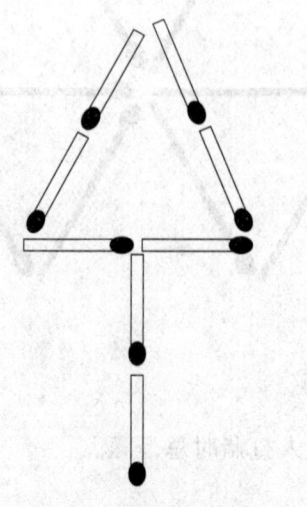

太阳真的从西边出来了

当有人说"太阳从西边出来"时,就表明是不可能发生的事情。据说有一位年迈的富翁为此一直耿耿于怀,他对自己的儿孙们说:"我一生不愁吃不愁穿,没有什么让我挂念的,然而我却没看见过一次从西边出来的太阳,真是遗憾。你们谁有本事满足我的这一愿望,我就将财产全留给他。不过我要亲眼看见这一奇景,不能用镜子或电视反映太阳的图像。"大家都觉得不可能。可是富翁最小的孙子出了个好主意使他看到了从西边出来的太阳。

你知道他是怎么做的吗?

正确选择

你知道图中空白处应该填入哪个选项吗?

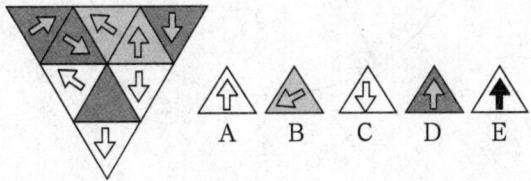

选图形

你能从给出的7个图形中选出一个与众不同的图形来吗?

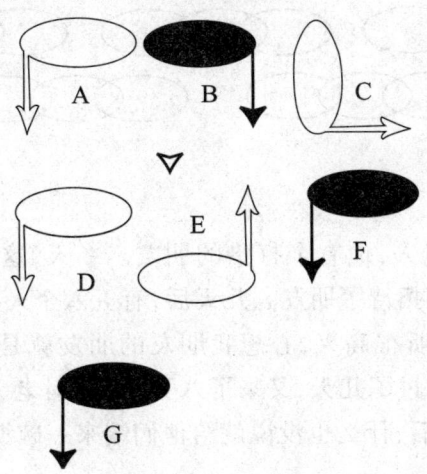

哪个圆是对的

如图所示,上边的图形由若干个元素组成。下边的备选图形中只有一个是由组成上边图形的元素组成的,组成新的图形时,只能在同一平面上,方向、位置可能出现变化,你能选出正确的一个来吗?

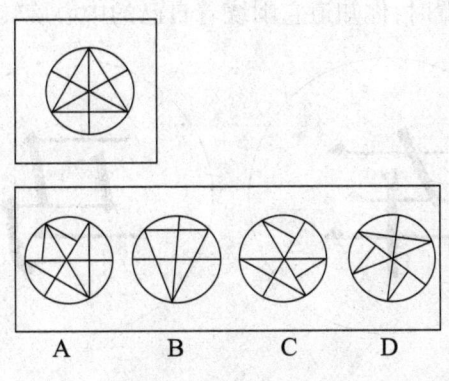

如何分大饼

只允许你用5刀将大饼切成16块。你能吗?

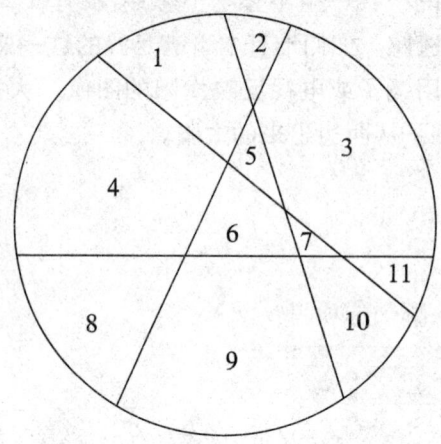

铁链条

在一个小镇上,有一个靠打铁为生的铁匠。一天,他要把5根分开的铁链条(每根上有3个环)打成一条长链条,你能找出一种方法,只需截断其中的3个铁环吗?

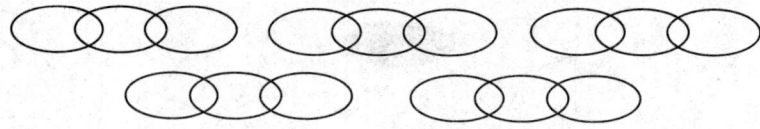

老人待客

张大爷是一位70多岁的老人,他有个打猎的朋友。一天,这个朋友给他送来了一只兔子。老人很高兴,当即拿着兔子做菜招待了朋友。几天后,有五六个人找上门来,自称"我们是送你兔子的那位朋友的朋友",老人一听很高兴,心想我朋友的朋友就是我的朋友,我肯定要好好招待的,便拿出兔汤招待了他们。又过了几天,又来了八九个人,对老人说:"我们是送给你兔子的那位朋友的朋友的朋友。"老人听后,什么也没说就给他们端来一碗泥水。这些客人很诧异,问这是啥呀?

你认为老人会如何回答呢?

旋转的象棋子

如图所示,有两枚象棋子紧贴在一起。马固定不动,车的边缘紧贴马并围绕着马旋转。当车围绕着马旋转一周回到原来的位置时,你知道它围绕着自己的中心旋转了几个360°吗?

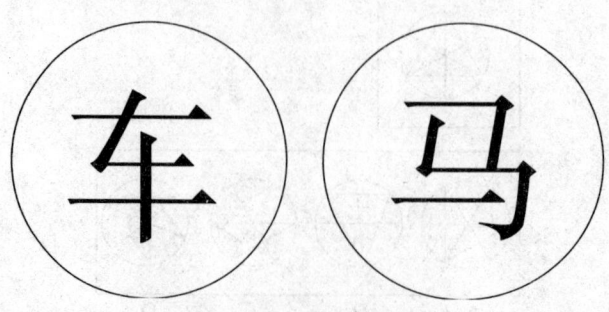

不为人知的联系方式

很久以前,某国的间谍甲奉命到另一国窃取机密文件,甲刚把资料看了一遍,不料就败露了行迹,被关进监狱中。但幸亏他的记忆力十分好,看过一遍后就全都记住了。

在监狱里的甲,无时无刻不在想着怎样才能将自己看到并且记下的机密文件传回本国。有一天,他看见铁栅栏外的一名看守向他发出了信号,原来那名看守是他的一个同伙假扮的。但是他们相隔二三十米,不能大声喊叫,更无法传递纸条。最后,聪明的甲想了一个办法,与他联系上了,将自己入狱的消息和自己看到的资料全都让他带了出去。

你知道他们是通过什么方式传递信息的吗?

火柴幻方游戏

给你一个由火柴组成的幻方(如图所示),你能移动其中的一根火柴,使每一横行和竖行里的数字相加之和都相等吗?

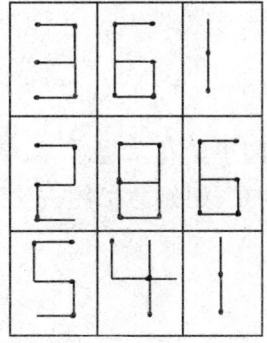

李师傅的工作

李师傅是一名送奶工,他要从单位出发,走遍图(单位:千米)中所有街道,最后回到单位,你认为他怎样走,路程最短?全程走了多少千米?

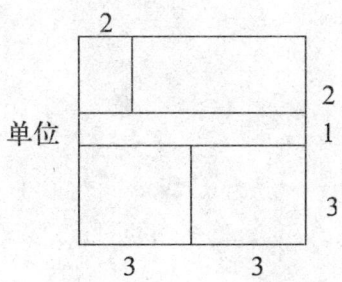

蜗牛爬了多远

有一个长、宽、高分别为5厘米、4厘米、3厘米(如图所示)的木箱,有一只小蜗牛从A点出发,沿木箱的棱爬行,每条棱不允许重复,你知道蜗牛回到A点时,最多能爬行多少厘米吗?

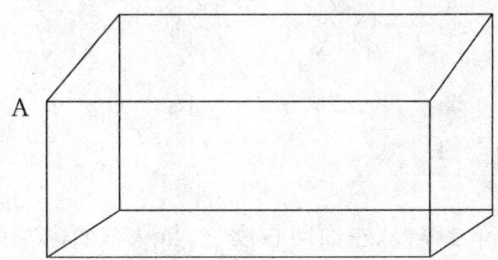

调整天平状态

已知图形是用9根木棒做成的一个天平,不过目前天平并不平衡,如果要调整到水平状态,你认为至少要移动几根木棒?

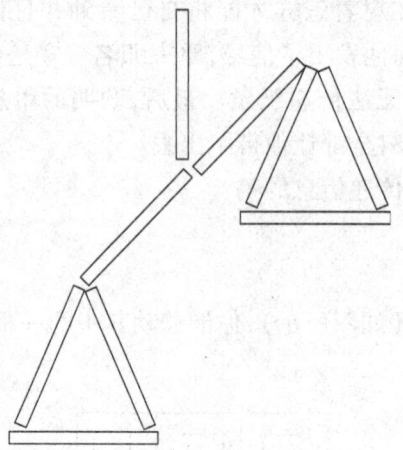

不洗脸的妹妹

周末的时候,姐姐和妹妹一起在花园里给花草浇水、除草。干完活后,姐姐的脸还是干干净净的,妹妹却一脸灰土,脏兮兮的。有趣的是,姐姐急忙跑去洗脸,而且是洗了一遍又一遍,可是妹妹却没有去洗脸。

你知道这是为什么吗?

几个圆相切

3个圆两两相切,图中用黑色标明切点。如果要得到9个这样的切点,最少要有几个圆相切?

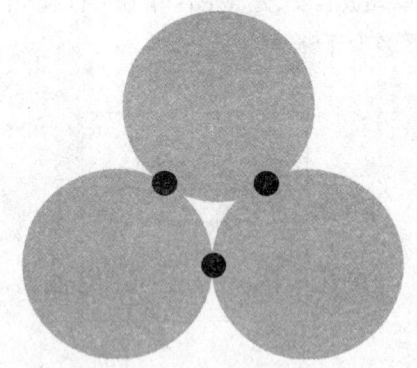

盾牌

根据规律,在问号处应填上什么数字?

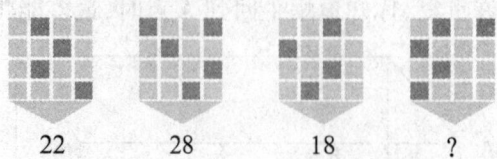

回文符路碑

回文符很有特点,是一种符号串,从左面向右读它,与从右面向左读它是一样的。例如,212和4334这样的数就属于回文符。

一天,张师傅驾车经过某地,发现路碑的千米读数是个回文符,读作13931。然后,他继续驾车行驶,过了两个小时,张师傅又看了一下路碑,使他惊讶的是,这时的路碑读数又是一个不同的回文符。假设张师傅驾车的时速不超过100千米,那么,此期间他的时速是多少?

找缺少的方块

请你找一找,缺少的是哪个方块。

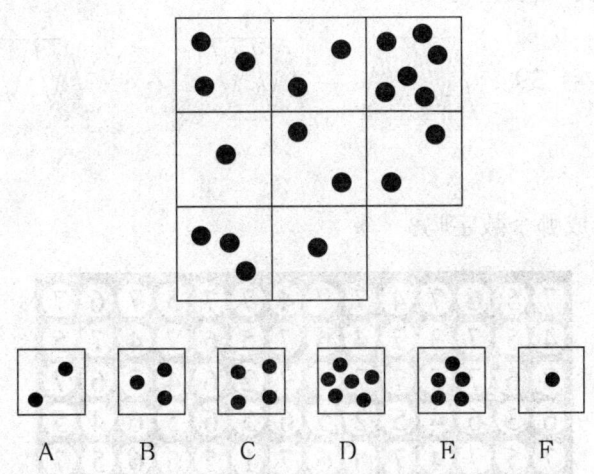

数字谜题

请你根据下列数字中的规律,完成问号中的数字谜题。

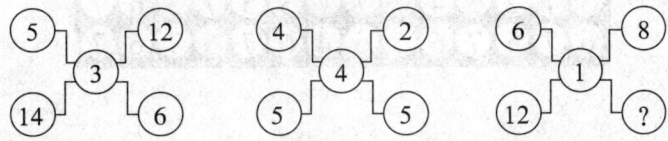

豪华酒店套间的门

某负责人正走进酒店的一个临时分为七个房间——R、S、T、U、X、Y和Z的豪华包间的预展厅。他首先到达房间R,并且只能通过R出入酒店。但是,一旦在酒店豪华包间内,他即可自由地选择从一个房间到另一个房间去。所有连接七个房间的通道是:R和S之间有一扇门;R和T之间有一扇门;R和X之间有一扇门;S和T之间有一扇门;X和U之间有一扇门;X和Y之间有一扇门;Y和Z之间有一扇门。

问题(1):根据已知条件,你认为下面哪间房间是这位负责人不可能从入口进去的第三间房间?( )

A.S B.T C.U D.Y E.Z

问题(2):如果有一扇两个房间之间的门被关掉,而所有的房间仍能让这位负责人进去,那么,你认为被关掉的门是可以通向下列哪一个房间的通道?( )

A.S B.U C.X D.Y E.Z

问题(3):如果有一位刚进酒店的客人觉得没有必要住在这里,而只想参观完所有的房间后就离开,你认为下列哪一间房间这位客人必须进去两次?( )

A.U B.S C.T D.Z E.Y

问题(4):有人建议开出一条新的通道使客人从R开始参观一直到Z结束,不重复走任何一间房间。你认为下列哪一个通道是正确的?( )

A.R—U B.S—Z C.T—U D.U—Y E.U—Z

黑色三角

请你认真观察图形：△▲△▲▲△▲▲▲△▲▲▲▲△▲▲▲▲▲△……前200个三角中有多少个是黑色的？

推数

你能知道问号处的数字是多少吗？

问号

你知道问号处应该换成哪个数字吗？

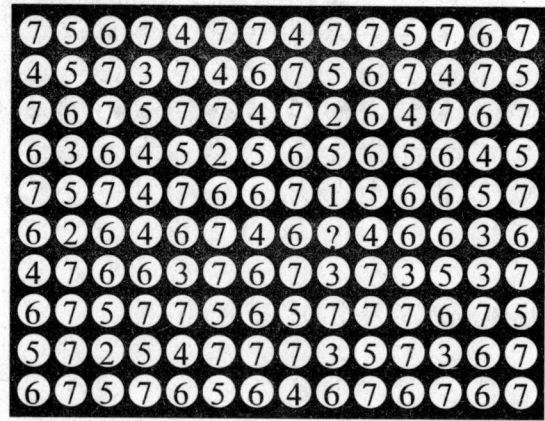

毕再遇巧撤军

公元1206年，南宋将领毕再遇率兵与金兵打仗，最终因寡不敌众，不得不决定撤退。平时作战时，毕再遇早已习惯了命士兵在军营里击鼓，一来鼓声可以威吓敌人，二来也给自己壮了胆。但是现在若只撤退而不击鼓，敌军听不到鼓声就会发现并阻挠其撤退计划，可能会乘胜追击致使其全军覆没。这可怎么办呢？究竟要怎样才能确保在撤退时和撤退后鼓声仍继续响起呢？毕再遇苦苦思索着。忽然，他听到了几声羊叫，于是灵机一动，想了个巧妙的办法使得安全撤军，并确保鼓声继续。

你知道毕再遇是如何利用羊的吗？

帮小猫找尾巴

你能在2分钟之内，把小猫的两截尾巴正确连接起来吗？

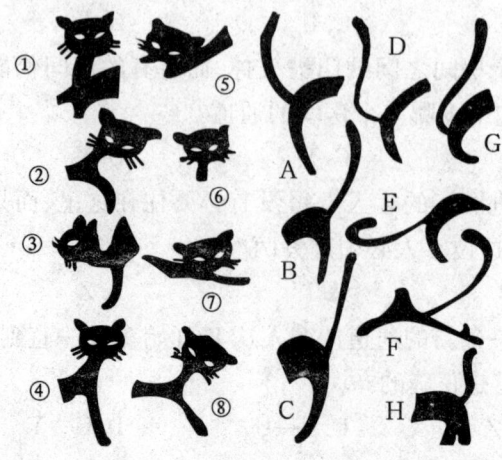

填数字

请在问号处填上一个正确的数字。

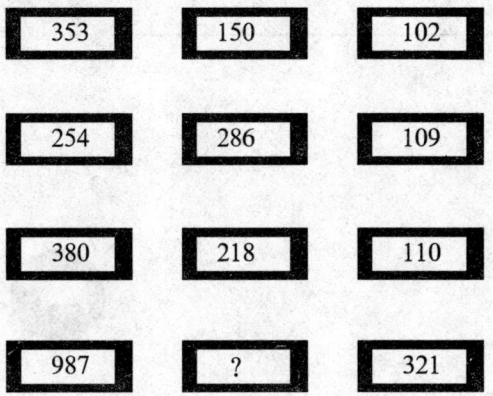

按图索骥

（1）请你在给出的6个选项中，找出下图漏掉的那块。

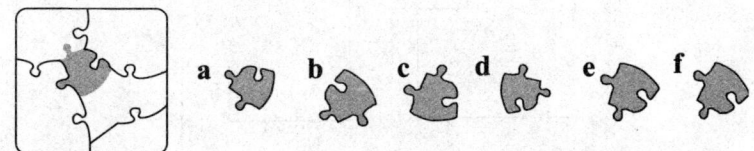

（2）在左侧标有字母的6个拼图块中，有5个分别与右侧标有数字的拼图块相同，你能把它们找出来吗？

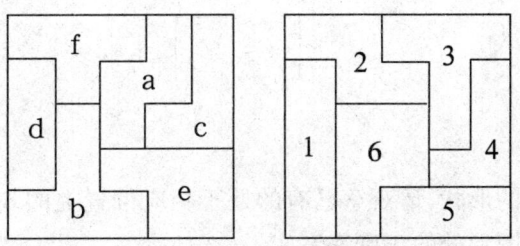

（3）在标有字母的拼图块中，哪一个不属于下面的拼图，请把它找出来。

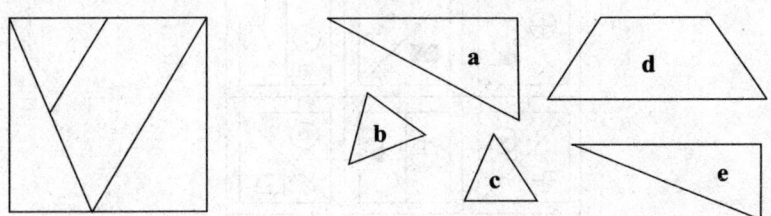

数字填格

你知道空格内该填什么数字吗？

落下的球

已知,图中是一个单摆。绳的一头系着一个小球,当球摆动到最高点的一刹那,绳突然断了,你知道球会如何落下来吗?

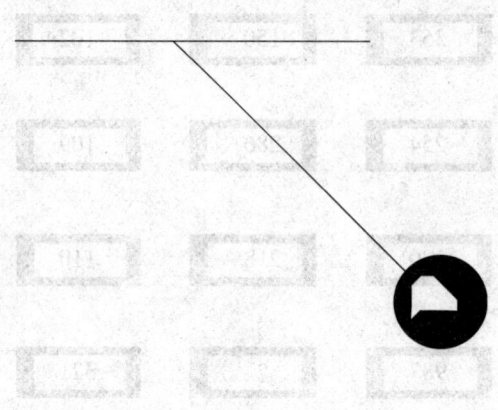

万字花拼图

你能将下图分割成4块,然后拼出一个正方形来吗?

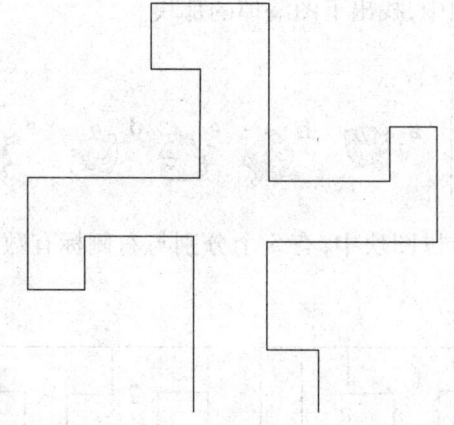

坐标图片

用9个图形排成九宫格的形状,请观察已有的处于相应位置上的8个图形的规律,从4个备选答案中选出右下角最后一个图形处的正确答案。

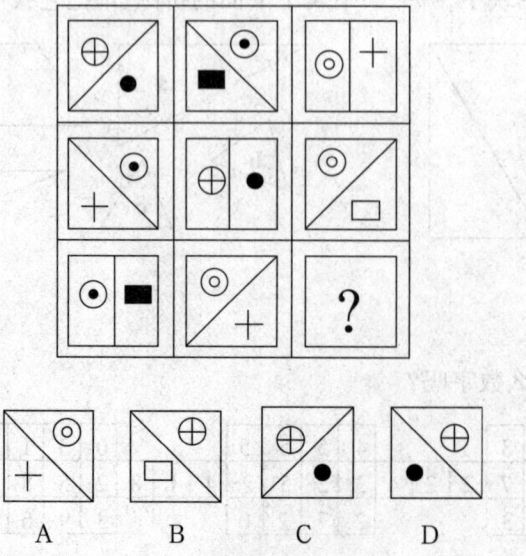

查缺补漏

你能找出图形中的规律,并把缺掉的部分(黑方块部分)补上吗?

图形纸片

给出四组图形构成一个序列,在四个选项中找到所给序列的延续。

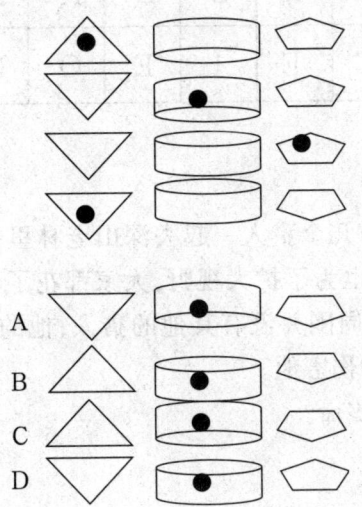

三个正方形

有 8 根铁丝,其中 4 根的长度是另外 4 根的一半,在不能折弯铁丝的情况下,你能用这 8 根铁丝做成相同大小的三个正方形吗?

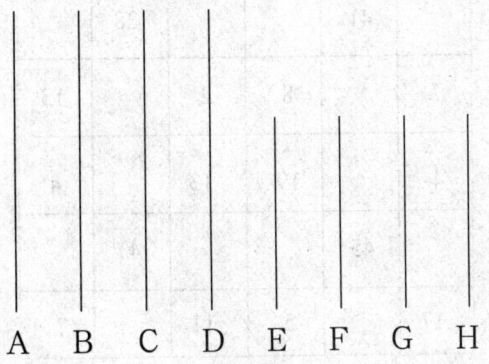

乘电梯的张先生

张先生住在一座 36 层高的摩天大楼里，楼里有好几部电梯同时运行。每部电梯无论是向上还是向下运行，在每一层楼都会停靠。每天早晨，他离开位于这座大楼某一层的公寓，然后去乘电梯。无论他乘哪部电梯，电梯向上的层数大约是向下层数的三倍。

现在，你能解释一下为什么会出现这种现象吗？

藏在字母里的秘密

字母方阵里藏着一个神秘的单词。请你仔细找一下，能发现它吗？

R	V	E	O	V	C
S	R	O	V	R	D
V	E	R	C	V	O
R	O	V	E	S	E
E	R	S	C	R	I
C	E	I	E	O	R

猎人丧命

张子良很喜欢打猎。一天他与几个猎人一起去深山老林里打猎，他们各自选好位置静等猎物出现。为了更加清晰地看到猎物，也为了扩大视野，大家都花了心思在选位置上。不一会儿，只听张子良一声枪响，接着就丧了命。周围并没有其他的猎人，他的伙伴既没走火更没有蓄意向他开枪，他也不想自杀，而且也没有猎物伤害他。

请你想一想，张子良为什么会丧命？

数字取代符号

你知道最后那个正方形中，问号处应该换成什么数字吗？

3		23	6		7
	41			28	
7		8	2		13
4		19	13		4
	45			47	
17		5	11		?

拍照片

8岁的小伟吵着要学摄影。一天他给一幢建筑物拍了一张照片,但由于技术不好,照片冲洗出来之后,上面的建筑物显得漆黑一片,现在,你能根据小伟的照片分辨出他是从哪个方向拍的照片吗?

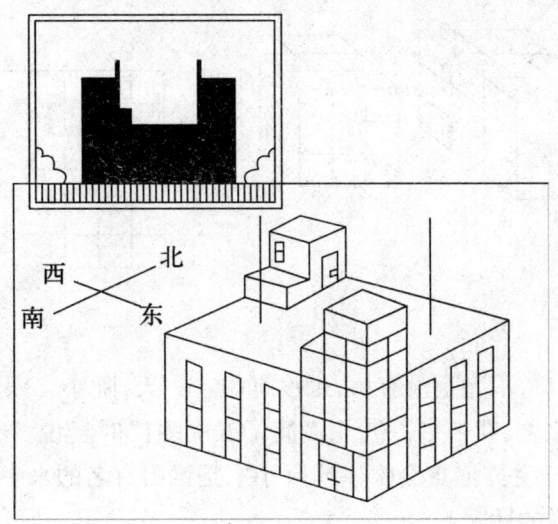

跳舞姿势

你能在下面这张图片中找到几个与左上方人的跳舞姿势相同的人?

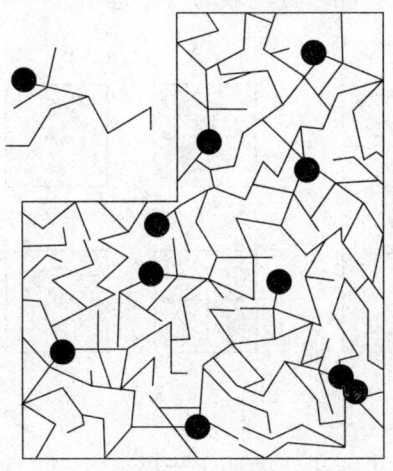

图案翻身

当你把下面的火柴图按箭头所指的方向翻一个身后,它会变成图中哪一个呢?

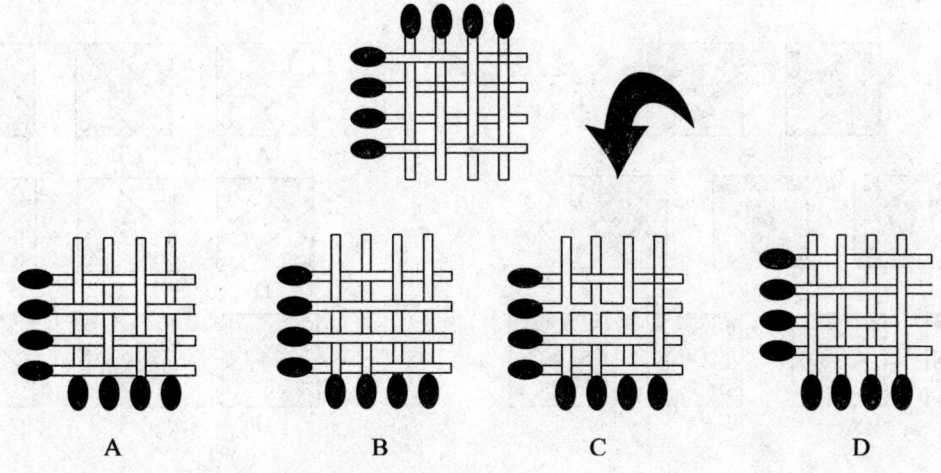

观察图案

你知道哪个立方体上的图案跟平面图形上的图案完全相同吗?

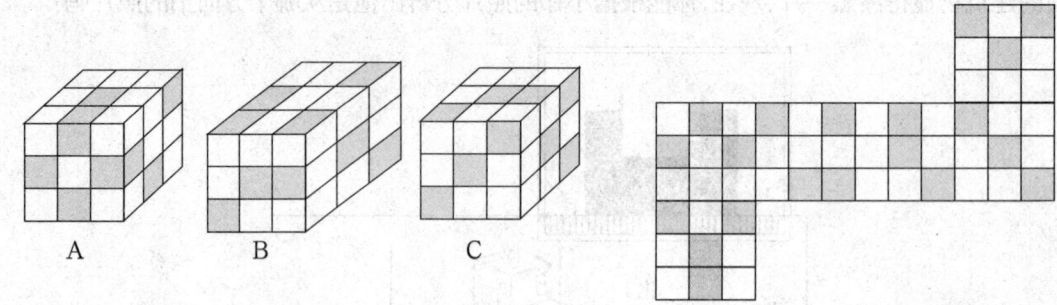

阮小二跟时迁吹牛

很久以前,在黄河的渡口,不光是没有桥,也没有船。一天,阮小二跟时迁在这里闲聊。阮小二对时迁说:"你别看水面这么宽,我上午一气儿横渡了五次呢!"时迁说:"是吗?游完你就回家了?"阮小二说:"可不是嘛!"时迁说:"你真会吹牛!"阮小二是梁山有名的水中好汉,时迁不是不知道,可是他为什么不相信阮小二说的话呢?

对号入座

请认真观察下列图片,并考虑在问号处应填写哪个选项。

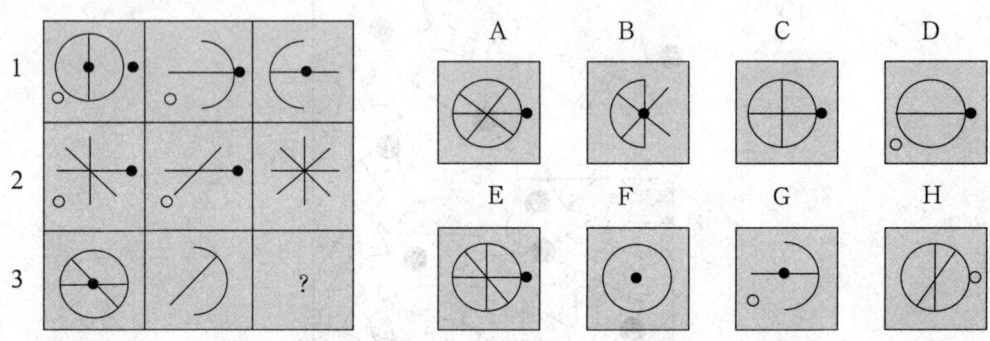

谁可以取代

那么,选项中的哪个正方形可以取代空着的正方形?

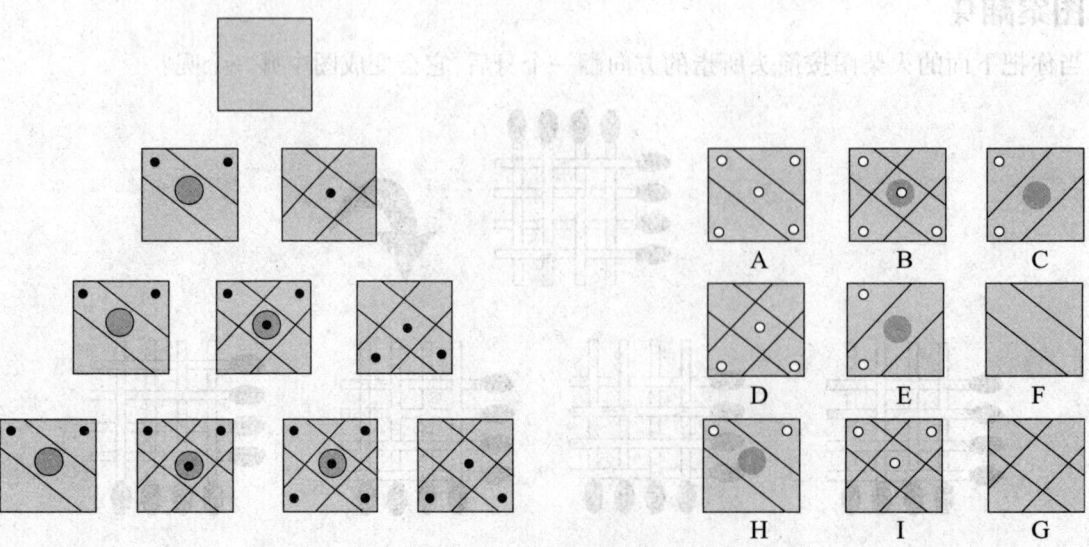

归位

你知道下面 6 个选项中哪一个选项可以完成图形中的归位问题吗？

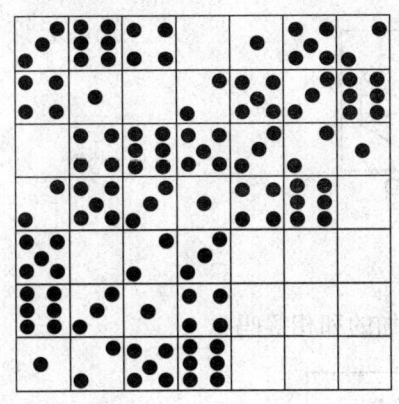 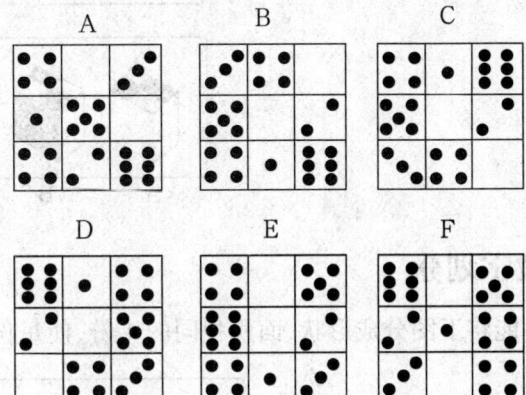

打结的绳子

已知下图中有四根绳子，在绳子的两端用力拉时，有三根都打不成结，只有一根能打成结。你知道是哪一根绳子吗？

   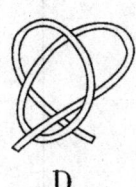

A   B   C   D

球的位置

现在有两种球，如图所示，一层层地排列，每层都是从左往右排，一种是黑色的，一种是白色的。现在，请你将这两种球自上而下排，当黑球比白球多 2005 个时，这个球正好排在第几层第几颗？

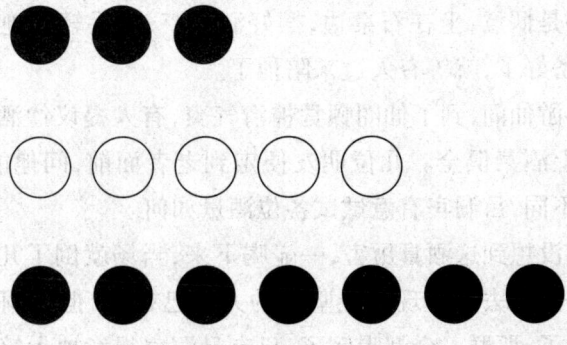

找出变形后的盒子

如果将下面的图形经过折叠后就会出现已知四个选项中的一个，你能准确找出是哪一个吗？

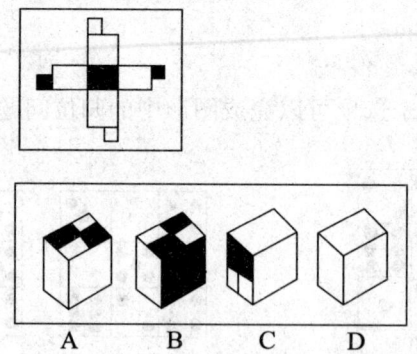

数字划分

你能将下图分成形状、面积相同的 4 份,使每份上各数相加的和相等吗?

与神仙比酒量

看过有关八仙影片的人,都知道八仙中的吕洞宾是一个十分爱酒的神仙,但他不喜欢独自喝酒,于是常常下凡间摆好酒局等待酒友。

这天,吕洞宾又想喝酒了,但其他七位仙人都无心陪他,于是他带着酒葫芦来到了蓬莱仙阁。那天的天气很好,吕洞宾很是惬意,坐在石桌边,摆好酒葫芦,用手轻轻地在石桌上抹了一下,瞬间酒菜已经齐全。一切都准备好了,就等有人过来陪他了。

一会儿,几个朋友结伴游仙阁,到了仙阁顿觉神清气爽,有人提议饮酒欢庆。举目四望,只见亭中有位老人,闭目养神,桌上酒菜俱全。几位朋友便走到老者面前,问他能否借酒同饮。老者高兴地点了点头。但每人酒量不同,吕洞宾有意试试各位酒量如何。

第一壶酒,每人平分。没想到这酒真厉害,一壶喝下来,当场就倒了几个。于是再来一壶,在余下的人中平分,结果又有人倒下去了。现在能坚持的人虽已很少,但吕洞宾喝得兴起,于是又来一壶,还是平分。这下可坏事了,那群人全都喝倒了,只有吕洞宾得意地大笑:"我真是千杯不醉啊,整整喝了一壶依然没有倒下。哈哈哈!"随后拎起酒壶,乘风而回。

那么,你知道算上吕洞宾一共有多少人喝酒吗?

一次走过七桥

俄罗斯有一个地区名叫加里宁格勒州,过去叫哥尼斯堡,这座美丽的城市因开拓了两个数学新领域——拓扑学和图论而著名。这座城市有两个岛屿(图中的 A、B)及连接它们的七座桥,岛与河岸之间架有六座桥，另一座桥则连接着两个岛。

当时，居民们有一项普遍喜爱的消遣活动：在一次行走中跨过全部七座桥而不许重复经过任何一座桥。但是好像谁也没有成功。

那么，有没有可能在一次行走中走过全部七座桥而不重复经过任何一座呢？

请你考虑一下，该如何走呢？

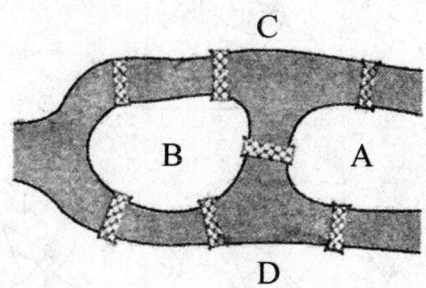

计算三角形

在下列图片中，每个都被遮掉了一部分，请你仔细观察，然后说出共有几个三角形。

找窗户

在下面的图片中，你知道哪一幅是右边铁门里的那扇窗户吗？

找相同图案

下面的 5 个图案中,你能把与小方格内相同的图案都找出来吗?

    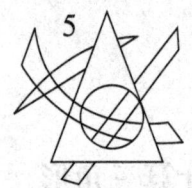

巧填数字

你能把数字 0~5 填写到每个小圆里(如图所示),使其连接的每个大圆上的数字之和均等于 10 吗?

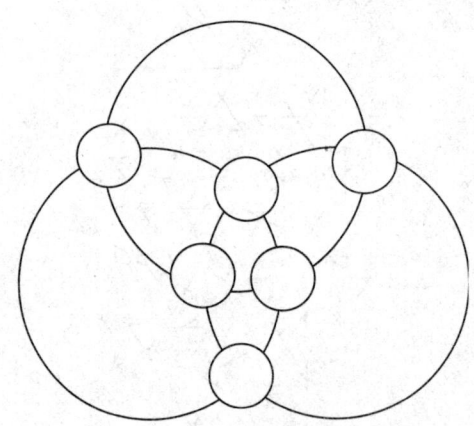

拼图

这幅拼图是由 169 个小正方形组成的。你能将它分为三部分,并重新拼合成一个完整的正方形吗?需要注意的是,应当沿小方块形的直线来剪开。此外,由于材料两面的性质不同,因此不能把某块翻到反面去,还有图案的顺序、间隔,都应照原样准确配合。

解难题

已知图形 ABCDEF 是由 3 块相等的正方形的木板构成：

现在要求把这个图形截成两部分，使截得的两部分能拼成一个中心为正方形孔的正方形方框，并且要求正方形的孔要与图形 ABCDEF 的任何一块正方形方块相等。

你知道如何截取才能达到要求吗？

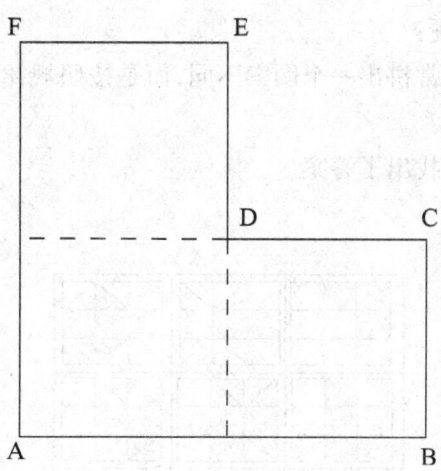

截 C 形磁铁

先画一个 C 形磁铁，然后再画出 2 条直线，要求这 2 条直线把磁铁截成 6 段。在截的时候不能移动磁铁。

奇思妙想的木匠

一天，一位木匠想用锯子把一个边长 3 分米的立方体锯成 27 个 1 立方分米的小立方体（如图所示）。显然，他只要锯 6 次，就很容易做到这一点。他突发奇想，能否把想锯下的木头巧妙地叠放在一起锯，而减少锯的次数呢？

于是，他试着去尝试了几次，最后都失败了。

现在，请你用手中的木头和锯子也试验一下，看能否做到？

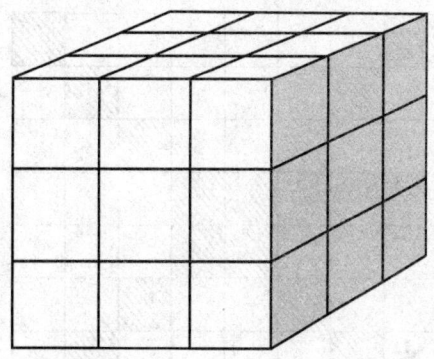

天柱巧翻毛皮

皇帝有一个毛皮匠，名字叫天柱。有一天，皇帝命令天柱将一件毛皮大衣修补好。这件毛皮大衣破了一个不等边三角形的洞，于是天柱剪了一块同样的毛皮做补丁，但由于疏忽大意，剪下来的那块毛皮只能在反面补洞。如果被皇帝知道了，肯定会要了天柱脑袋。可以用什么办法能把它翻个面,并且仍能保持原来的三角形形状呢?几天后,他终于想出了一个办法,于是天柱把这块毛皮割开,再把割开的各块在原来位置上翻面,结果就可以使这块毛皮顺利地补在那件毛皮大衣上了。

你能猜出天柱是怎么做的吗?

怪怪的拼图

妈妈给小明出了一个游戏题:

有一个拼图非常奇怪,和平常拼出一个图案不同,而是按照规律找出下一个板块。那么下面这个拼图,哪一个是缺少的一块呢?

小明想了一会儿,就准确地找出了答案。

你知道是哪个吗?

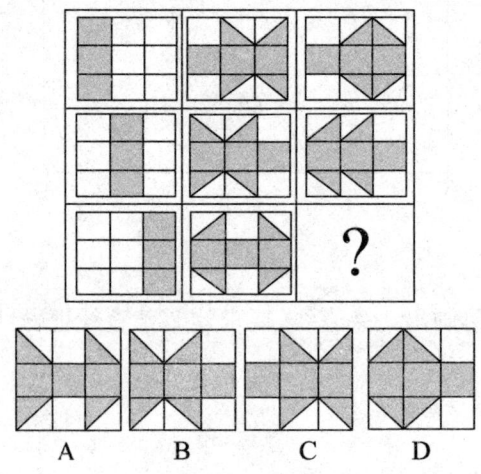

八颗星

在图上由白方块组成了4个形状、大小一样的图形,现在要求在每个图形上各放2颗星。要求不准2颗星(8颗星中的)处在同一横行或直行上,也不准在同一条对角线上,现在已知其中一块白方格内已放了1颗星,想想看剩余的7颗星该如何放置?

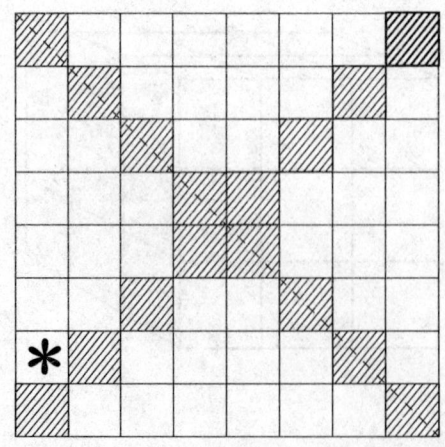

陈景润巧移火柴棒

小小火柴能玩出很多花样。大家都知道陈景润是一位著名的大数学家,他从小就爱思考问题。一天,老师用24根火柴排成一大一小的2个正方形,让他先移动图中的4根火柴,使2个正方形变成3个,然后再移动8根,使图形成为9个全等的正方形,最后再拿掉8根,再使图形变成5个正方形。面对疑难,陈景润头脑冷静,用心分析,很快就找出了答案。

你知道陈景润是怎么移动火柴的吗?

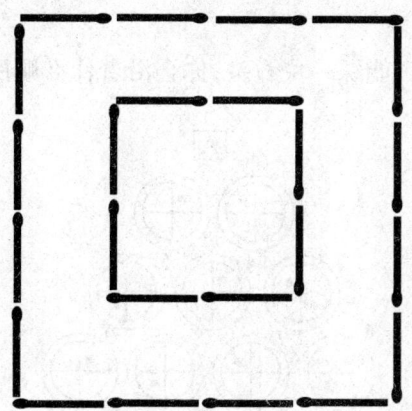

按要求分割铁片

在一块十字形的铁片上有8个圆孔和4个方孔,如图所示,请你将铁片分割成4个尺寸相同的图形,同时每个图形中要有2个圆孔和1个方孔。

你知道怎么分吗?

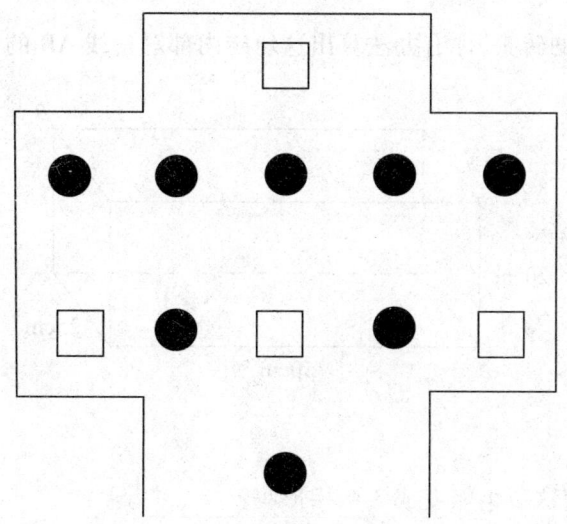

翻转杯子

一天中午,汪峰对同桌说,你虽然很聪明,但是我给你出个题,你恐怕不会做。同桌噘噘嘴表示不信。于是汪峰便给同桌出了这样的一道题:桌子上放着三个杯子,它们的口都是朝下的,如果让你翻转杯子,但是每次只能翻转两个,那么,你可以把它们全翻转成口朝上吗?

如果现在杯子的数目变成了六个,但是三个口朝上,三个口朝下。同样,你每次只可以翻转两个杯子,那么,你可以把它们全翻转成口朝上吗?

现在杯子的数目变成了八个,这八个杯子都是口朝下的,这次让你每次只能翻转三个杯子,你最少需要几次可以把它们全翻转成口朝上呢?

同桌想了半天没有回答,汪峰笑着说,不用着急,明天早上告诉我答案就可以了。

同桌放学回家后亲自演示,终于将所有的问题都解决了。

你知道正确答案吗?

踩石头过河

要想渡过一条小河唯一的办法就是小心翼翼地踩着一块块石头过去,一旦踩错了石头,就会掉进河里,弄得鞋子、袜子都湿透了。

如果让你从 A 开始,每一排只能踩一块石头,你会沿着什么顺序走呢?

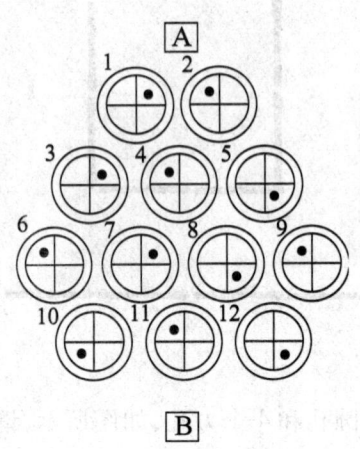

砖头对角线

有一块大小如图所示的砖头,你有办法算出这块砖内部对角线 AB 的长度吗?

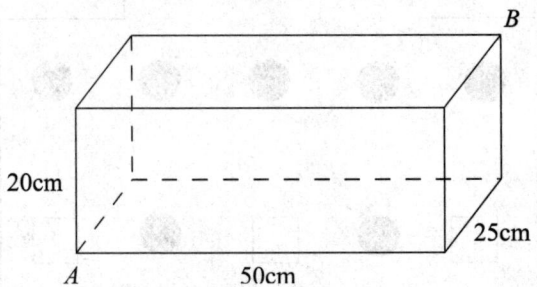

变形小船

你能移动 4 根火柴,使这条小船变成 3 个梯形吗?

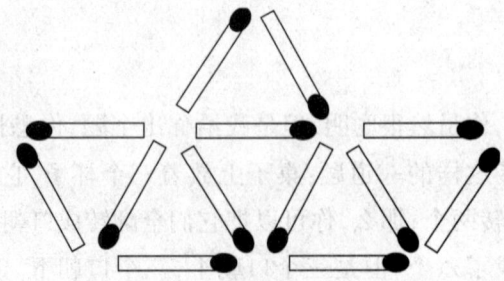

画线

用铅笔在纸上画线,要求只用一支铅笔一次在纸上画出两条线来,你知道怎么画吗?

排球比赛

某大学举行排球联赛,有 4 个班级在同一组进行单循环赛,成绩排在最后的一个班级被淘汰。

如果排在最后的几个班的负场数相等,则他们之间再进行附加赛。大一(1)班在单循环赛中至少能胜一场,这个班是否可以确保在附加赛之前不被淘汰?是否一定能出线?为什么?请写出解题步骤,并简单说明。

图形填空

如图所示,按照前三个图的顺序,第四个图应是 ABCDE 中的哪一个?

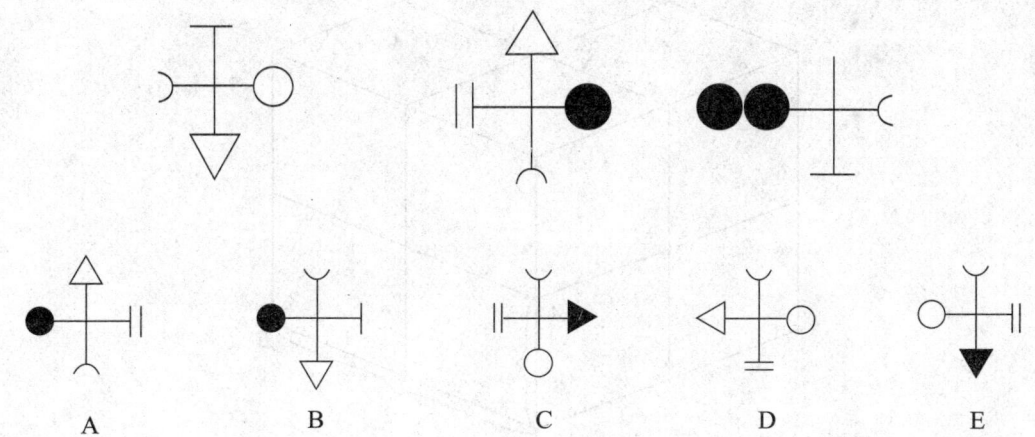

直角三等分

这里有一张长方形的纸,要求在不使用任何工具的条件下,将一个直角分成三等份。
你知道该怎样分吗?

测试一下你的智商

你知道空白处应该填什么吗?

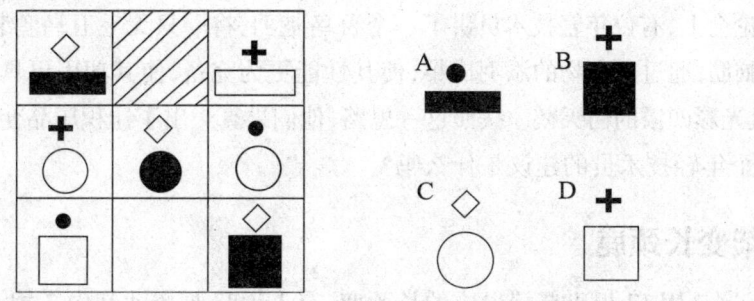

排火柴变三角形

如图所示,是用边长为 2 根、3 根、4 根火柴棒排出的三角形。现在要求你在不能折断、弯曲火柴棒的条件下,用另外 2 根火柴棒把这个三角形分成 2 个面积相等的图形。
你知道应该怎么排吗?

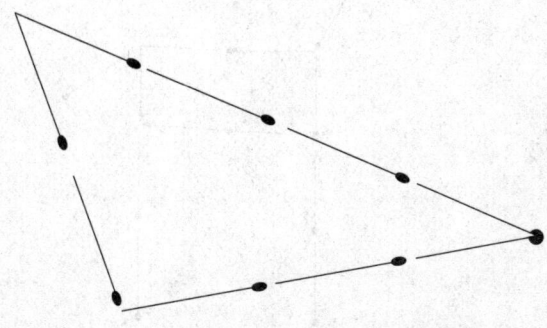

直线距离测量立方体

在 8 块等大的石头堆成的立方体上,如图所示,假设 P 到 A 的长度为 1,P 到 B 的长度为 2,那么要画到立方体的哪里长度才为 3 呢?你知道应该怎么画吗?请以直线距离测量。

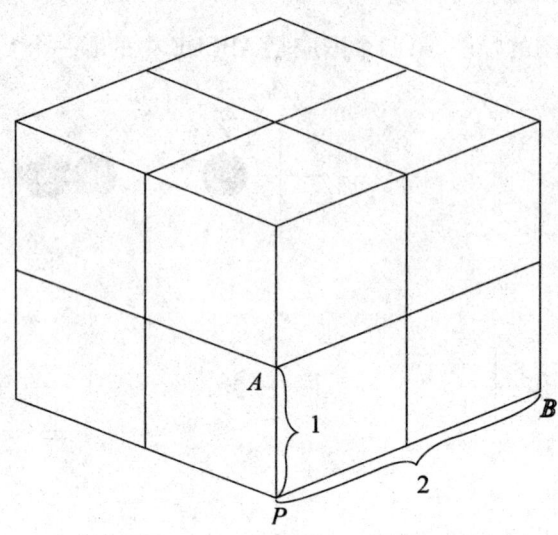

卖不出去的老头衫

某一家针织厂的主要产品是男式汗衫。随着时代潮流的更替,这种老样式的汗衫越来越无人问津了,到后来只有那些退休老人才穿它,因此人们便称其为老头衫。

该厂的仓库里老头衫严重积压,以致厂里给工人发工资都成了问题。他们想要转产,但缺乏资金,困难重重,工厂面临破产的境地。

在一次讨论会上,有位年轻技术员讲了一个百鸟献羽、将一只无毛丑乌鸦装扮成凤凰的故事。他建议大家开动脑筋,通过对事物的添羽成翼,使其性能更为完备,使其功用更具特色,使原本无名的丑小鸭,也能变成光彩四溢的白天鹅。按照这一思路,他们果真想出了让积压品变为畅销品的好办法。

你知道这个年轻技术员的建议是什么吗?

移动火柴变长颈鹿

如图所示,这是用 17 根火柴棒做成的长颈鹿,有人说只要变动其中 2 根火柴棒,就可以再添一头小长颈鹿,你认为可能吗?

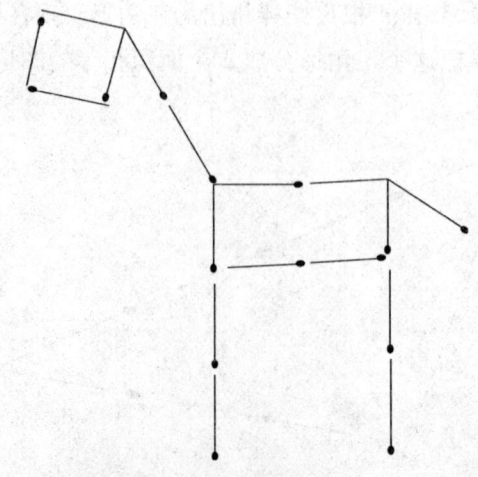

找规律

上面的图形有着一定规律,你知道选项中的哪一个才是空白处的图案吗?

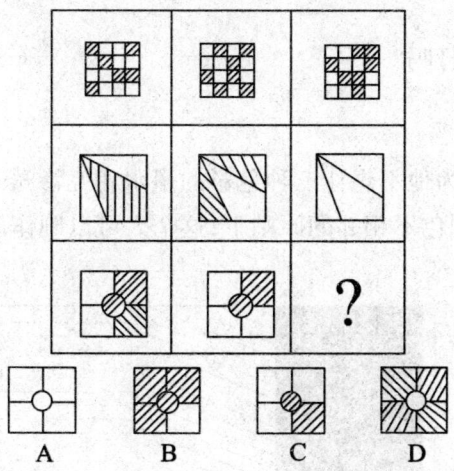

穿过六边形的直线

有一个正六边形,如图所示,如果想用直线穿过一个正六边形所有的边,最少需要多少条直线?

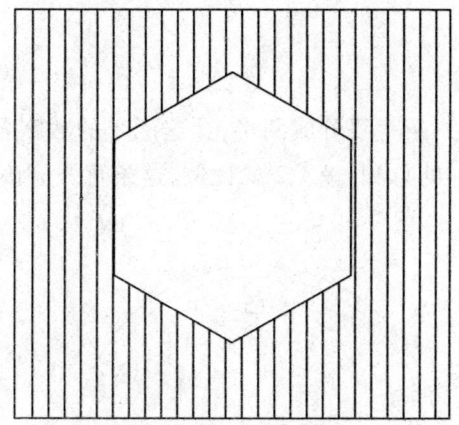

出售纽约土地

很久以前,卓玛想出售她位于纽约的一块土地,这块土地是一块三角形的土地,周围有三个小镇相连。小镇 B 位于小镇 A 的正西方,小镇 C 位于它们之间,但要偏北几英里。A 和 B 之间的距离是 12 英里,A 和 C 之间的距离是 17 英里,B 和 C 之间的距离是 14 英里。卓玛想以每平方英里 1000 美元的价格出卖土地。

你能帮她算一下,她能从中获得多少收益吗?

直角分成三等份

已知 A、B、C 三点构成一个直角,要求在不能用尺子量的情况下,在 B 点直角处所在位置分成三等份,你知道应该怎样分吗?

老财迷打水

从前有一位总喜欢给大家出题目的宰相,一天他又出了一道题目,只要有人能答出来,就可以得到 50 两银子的奖赏,但是如果答不出来,就要罚 80 两银子。一位老财迷听到这个消息,心想,我这么精明,肯定能答上来,那样的话我就能轻松地得到 50 两银子了。于是他马上就赶到城里去答题。这次宰相出的题目是:用一个木桶,一次精确地打出半桶水,不能多也不能少,而且不能使用木棒或者绳子来量。这个老财迷怎么打也打不到精确的半桶水,不是多了就是少了,最后不得不给宰相 80 两银子,灰溜溜地走了。

你知道这半桶水应该怎样打吗?

制作旗帜

一个人决定制作旗帜。因为他不想让三种色彩的墨水相互渗透弄混,所以如图所示,把画线区用不同的色彩隔出来,要求在同色不相邻的原则下,这个人可以制作出多少种旗帜?

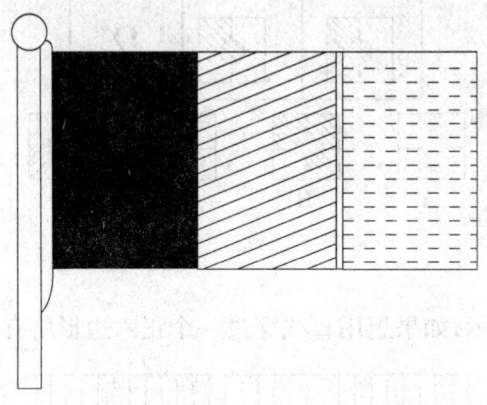

钟面分割

如图所示,将时钟的钟面用一条直线分成两半,让这两半的数字各自相加起来的总和相等。而假若我们要让两边数字各自相加的总和,呈 1:2 的比例,这条直线应该怎么画呢?

你能画出来吗?

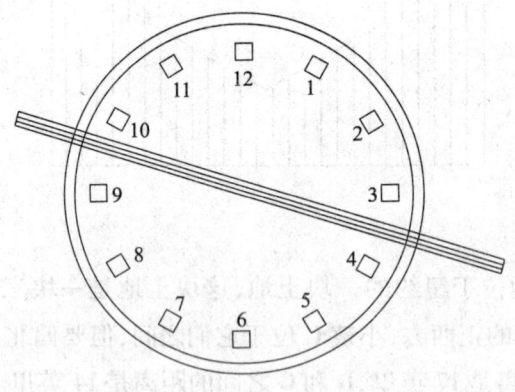

变三角形

你能在给出的图中加上三条直线,组合出五个三角形吗?

看图找答案

请你根据左图示例,找出右图缺失部分的图案。

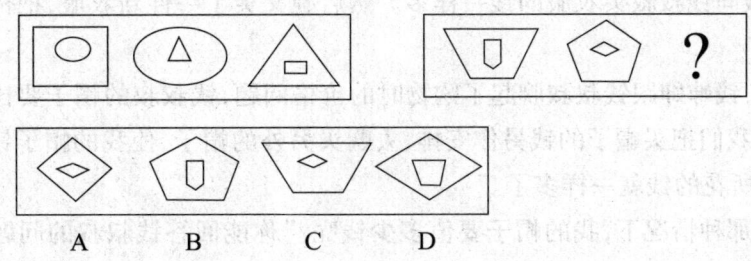

爬山

已知图中是 A 和 B 两座山的地图,一群登山者表示,地图中的 A 山比 B 山平缓好爬。你觉得有这种可能吗?为什么?

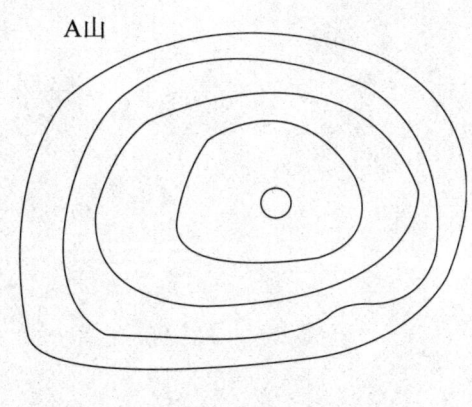

木板变桥梁

有一个长方形的广场,周围被等宽的水沟所包围,如图所示,现在有两块长度和水沟宽度相等的木板。那么,你能使两块木板变成水沟上面的桥梁吗?

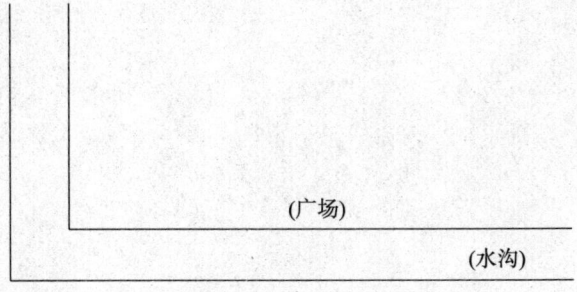

夫妻购物

钱叔叔同钱婶婶到商场里买衣物。钱叔叔买了一套衣服、一顶帽子,用去15美元。钱婶婶买了顶帽子,她所花的钱同钱叔叔买衣服的钱一样多。然后她又买了一件新衣服,把他们所带的钱统统用光了。

在回家的路上,钱婶婶跟钱叔叔聊起了购物时的价格问题,钱叔叔的帽子要比她的衣服贵1美元。她说道:"如果我们把买帽子的钱另作安排,去购买另外的帽子,使我的帽子钱是你买帽子钱的1/2,那么我们两人所花的钱就一样多了。"

钱叔叔说:"在那种情况下,我的帽子要值多少钱呢?"你能回答钱叔叔的问题吗?另外请你说出:钱叔叔和钱婶婶这次购物一共花了多少钱?

第五辑
语言文字类谜题游戏

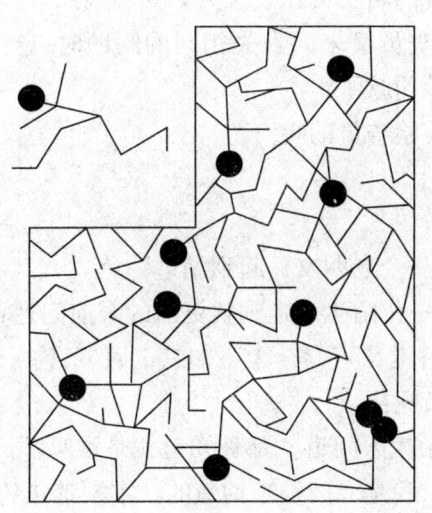

木炭和猴子

很久以前,有个米店老板因为要去外地处理一些事情,所以就把自己的一小包碎银子托付给邻居代为保管。几个月后,当米店老板回来后,邻居就把小包还给了他,可当他回到家里打开小包后,却发现银子都变成了木炭。

半年以后,那位邻居要去几万米外的亲戚家办事,就把自己3岁大的孩子托付给米店老板照看。邻居走后,米店老板就买来了一只猴子,把小孩儿身上的衣服和饰物穿戴在猴子的身上。等到邻居晚上回来时,米店老板一脸真诚地说:"孩子已经变成了猴子。"

邻居当然不肯相信,于是大声地冲米店老板喊道:"人怎么能变成猴子?你快把我的孩子还给我!"

这时米店老板只说了一句话,就使得邻居乖乖地交还了那包银子。

你知道米店老板到底说了一句什么话吗?

急中生智的农夫

一天中午,从城里来的检查员问农夫:"你家养了这么多头猪,你用什么东西喂它们?"

农夫不明白检查员这样问的意思,就直接回答说:"猪很好养的,用吃剩下的东西和不要的菜帮菜叶喂它们就可以了。"

于是检查员就以虐待动物的名义罚了农夫200块钱。

不久,又有一个检查员来问农夫究竟用什么东西喂猪。这一次,农夫吸取了教训,就回答说:"猪跟人一样吃饭,我用粮食来喂它们。"

可这个检查员却以浪费粮食的名义又罚了农夫200块钱。

又过了几个月,当第三个检查员又来问农夫相同的问题时,急中生智的农夫作了巧妙的回答,检查员再也找不到任何理由对他罚款了。

你知道农夫究竟是怎样回答检查员的吗?

机灵的狄更斯

一天,英国小说家狄更斯和一个老朋友一起到湖边钓鱼。

当他们钓得正起劲的时候,一位陌生人走到狄更斯的跟前问道:"你好,你们两个是在钓鱼吗?""是啊,当然了。"狄更斯热情地答道,"可是今天不知怎么回事,钓了老半天,却没见一条鱼上钩。昨天也是在这儿,我可钓着了15条呢!"

"噢,真的吗?你确信吗?"陌生人问道,"那你知道我是谁吗?"

狄更斯摇了摇头。"告诉你,我是专门检查钓鱼的。本湖禁止钓鱼!"

说着,他便从口袋里掏出罚款单,准备罚款。

见此情景,狄更斯不慌不忙地反问了一句:"你知道我是谁吗?我是作家狄更斯!你不能罚我的款,因为……"

那位检查人员一听,还真拿这位作家无可奈何,只得放弃了对他们罚款的念头。

你知道狄更斯是如何摆脱罚款的吗?

郑板桥题匾戏走狗

相传早在清朝乾隆年间,在某个地区有个充当衙门走狗的土财主,他胸无半点墨,又偏爱附庸风雅。他想,郑板桥是当今大书法家,为何不重金聘他为自家写一块匾呢?那样的话,多神气啊。

依郑板桥的脾气秉性,即使这个土财主推一座金山来,他也不会为财主写一个字的。但这次他却慨然应允,提笔写了"雅闻起敬"四个大字。但他有言在先,那就是制匾时其中的第一、三、四个字油漆左边,第二个字"闻"油漆"门"字。

土财主只一心想要郑板桥题匾,想也不想便答应了。

"雅闻起敬"的门匾挂上了,但挂的时日不多,土财主就不得不把它摘下来,因为匾上的四个字已成为讽刺他的一句话。

你知道那匾上的四个字是什么吗?

打油诗

在一次智力竞赛上,有一首打油诗:"火烧山倒,树毁多少;大人不在,云力自烧。"并说,每句诗打一字,这四个字组合起来就是四字成语。

结果很多人都没有答上来。

你知道这个成语是什么吗?

杨亿念祭文

宋朝真宗年间,郭皇后患病而终。早就对大宋虎视眈眈的辽国在得知这一消息后,就想趁机发兵攻打大宋。但苦于出师无名,便专门派使者送来了一封哀悼郭皇后的祭文。按照当时的外交礼节,这篇祭文是要由宋国大臣当众在大殿上宣读的。这个任务交给了一向以才思敏捷、学识渊博而著称的大臣杨亿。

可是,当杨亿在大殿上拆开祭文打算当众宣读时,才发现那上面竟然一个字也没有。聪慧过人的杨亿立刻就明白了辽国此举的目的,这是在故意侮辱宋朝的君臣,并想借此挑起事端,为攻打大宋制造理由。想到这里,杨亿不慌不乱想出了一个办法,既维护了宋朝的尊严,又避免了一场即将爆发的战争。

你知道杨亿究竟想到了一个什么样的办法吗?

总统做广告

在某国,有位书商的手中存有一大批滞销书,他整天为销路问题大伤脑筋。有一次,他在电视里看到了一个节目,节目里介绍本国的总统很爱读书。这个消息使书商立刻想到了一个把这些滞销书卖出去的办法。他先是给总统送去了这批滞销书中的一本,然后又多次打电话给总统,询问他对这本书的看法。

总统当然很不耐烦,随便说了一句"不错"。于是,书商就利用总统的这句话为自己的书做起了广告,结果书很快就销售一空。

接下来,书商又想用这个办法来推销其他滞销书,可总统再也不肯轻易对书作出任何评价了。然而,聪明的书商还是很快卖光了自己的书。

你能想到这一次书商是如何利用总统来为自己的滞销书做广告的吗?

同一个谜底

有一天,苏东坡正闲着无事可做,他的好朋友王安石来拜访,两人刚聊了一会儿,又有一位好朋友陈季常也来了。苏东坡见到这两位好友可高兴了,连忙叫人摆开酒席,三个好朋友一边喝酒一边聊天。

他们都有一个爱好,就是猜谜。所以,没有闲聊几句,话题就转到了猜谜上面。苏东坡说:"我昨天晚上躺在床上怎么也睡不着,于是就编了一个谜,你们猜猜看:脸儿亮光光,放在桌子上。你俩跑过来,请它留个像。"

陈季常听了,也开口念道:"你对我笑,我对你笑,我也寻你,你不见了。"

王安石紧接着吟起来:"我哭你也哭,我笑你也笑,要问它是谁,咱都知道。"

话音刚落,三人都哈哈大笑起来。

你知道他们三人所说的"咱都知道"的它,到底是什么东西吗?

父子猜谜

炎热的夏天,父子二人坐在树荫下乘凉,爸爸给儿子出了一个谜语:"不是溪流不是泉,不是雨露落草间,冬天少来夏天多,日晒不干风吹干。"

儿子听后想了想,就告诉爸爸他已经猜出了谜底。

爸爸笑着让儿子说出谜底,儿子道:"不是雨露不是泉,不是溪流也有源,在家少来下地多,它和勤劳紧相连。"

爸爸一听,知道儿子果真知道谜底了。于是摸摸儿子的头,夸儿子聪明。

你能猜出他们说的谜底是什么吗?

最长和最短的问题

在一个群山环绕的小山村里,住着一名道行高深的占星术师父,每天都有很多人前来占卜。有一名男子去拜访这位师父,请师父占卜他的婚姻、事业、健康和运气。但师父家的门口写着:"每问两个问题费用为 20 元。"

偏偏他身上只带了 25 元,他认为费用过于昂贵,便问师父:"不管我的问题多长,也算是一个问题吗?"

占星师回答:"是的。"

他又问:"不管我的问题多短,也算是一个问题吗?"

占星师回答:"当然。"

因此,他找出了最有效率的问法。

你能猜出他可以问几个原本他想问的问题吗?

一应俱全的百货公司

在一家大型百货公司的门前,立着一块醒目的大牌子,上面写着:"本店百货,一应俱全,如有缺货,自罚 10 万。"有个人看到这则广告很不服气,心想这家百货公司也太牛了,我就不信什么都有。于是,他就找到这家百货公司的经理,说自己想要买一艘潜水艇。于是,这位经理把他领到了百货公司的地下第四层,那儿果真有一艘潜水艇。接着这个人又说他还想看看直升机,于是,经理又把他领到了第二十八层楼,一架直升机真的就停在那里。

最后,这个人突然要求要看看肚脐长在脚下面的人,并且以为这样一定会难住这位经理。可谁知经理只是对着身边的一位店员耳语了几句,一个肚脐长在脚下面的人便很快地出现在了这个人面前。

你知道这位经理对店员说了些什么吗?

同事间的关系

有一个特别爱啰唆的人,每次单位有新人来报道,在向新人介绍自己办公室同事的情况时,常这样说:"我和文莱、杰克、玛丽三人之间是直接的上下级关系;文莱和安娜之间有工作联系;杰克和戴比之间是直接的上下级关系;玛丽和珍妮有工作联系;安娜和戴比工作联系多;戴比和珍妮工作联系也多;我常常给文莱、玛丽安排工作任务;戴比给安娜安排工作任务。"

当他介绍完后,总有人觉得这个部门同事之间关系好复杂。

根据这番啰唆的介绍,你能推断出他们之间分别是什么关系吗?

举人口渴想吃杏

从前,有十几个举人同路进京赶考,由于天气炎热,一个个累得腰酸背疼、口干舌燥,走着走着,他们来到一片杏林中,就想买几个杏子解解渴。

管杏林的老农笑着说:"你们想吃我的杏子可以,但我有个条件,我出个字谜你们猜,如果能猜中,你们随便吃随便拿,我分文不取。"

猜字谜有何难,这十几个举人个个精神大振,连声叫老农快出谜面。

老农说道:"四个小字颠倒颠,四个八字紧相连,四个人字不相见,一个十字站中间。"

这十几个举人想了半天也没猜出谜底。

一个过路老汉在旁边接着说:"此物世上不算少,没有此物不得了;年纪活到八十八,还是人人都需要。"

管杏老农听了,连声说:"对,对,你猜得对!"

他一摆手,便邀过路老汉吃杏子去了。

你知道这个谜底是什么吗?

一副对联

下面一副对联,说的是三国时期两位出了名的英雄豪杰。用不着说出名字,只要一看内容,你就知道他们是谁了。

对联写道:

取二川,排八阵,六出七擒,五丈原前,点四十九盏明灯,一心只为酬三顾;

抱孤子,出重围,匹马单枪,长坂桥边,战数百千员上将,独我犹能保两全。

是不是一看就知道讲的是谁了?上联是诸葛亮,下联是赵云。

显而易见上联这"三顾",是说刘备三顾茅庐,恭恭敬敬请诸葛亮走出家门,帮他平战乱、打天下。

"七擒",是说诸葛亮为了平定南方,七擒孟获,捉住了孟获就放掉他,再捉住就再放掉他,直到孟获口服心服,老老实实地投降为止。

"排八阵",是说诸葛亮摆下八阵图,使东吴大将陆逊困在里面出不来。

"取二川",是说诸葛亮辅助刘备取得川东、川西。

"六出",是说诸葛亮不辞劳苦,从四川发兵,六出祁山,多次同魏较量,看谁能一统天下。

"五丈原前,点四十九盏明灯",是说诸葛亮积劳成疾,最后一次出兵与魏军作战期间,病得快要不行了,不甘心"出师未捷身先死",只好搞点迷信活动,在军队驻地五丈原点了四十九盏明灯,向老天借寿,但没有成功。

上联里这么多事情,件件说的都是卧龙先生。

那么下联呢?为什么是赵云呢?

这要认真想一想。下联里不是提到长坂桥吗?谁在长坂桥打仗大显威风?那是赵云。赵云在曹操大军包围圈里杀来杀去,七进七出,找到刘备的妻子糜夫人和儿子阿斗。糜夫人把阿斗托付给赵云,然后跳井自杀。赵云把阿斗抱在怀里,单枪匹马,冲出重重包围,杀死曹营许多大将,自己和阿斗却都安然无恙。正像京剧里唱的:"长坂坡,救阿斗,杀得曹兵个个愁。"整个下联就是讲赵云百万军中救阿斗的故事。

在上联里,数词一、二、三、四、五、六、七、八、九、十全都运用上了,一个不少。在下联里为了避免重复,变着花样对上同样多的数词。例如孤子、匹马、单枪、独我都暗含数词"一";重围中的"重"字是说许多层,数百千中的"数"字就是若干,"许多"和"若干"也是数词,只不过数目不确定,带有模糊色彩。

现在我们改用阿拉伯数字,把上联中的一连串数词按照出场的先后顺序,依次写成一行:
2 8 6 7 5 4 9 1 3

现在展示你聪明才智的时候到了,你能不能在这些数字之间添加适当的数学符号,让它们组成一道等式呢?

10 两银子

一个商人为了养家糊口,不得不外出做生意,转眼间已有半年,托人给妻子带回一封信和 10 两银子。因为妻子不识字,他在信上没有写一个字,只画了四幅图画:

第一幅,画了七只正在戏水的鸭子;

第二幅,画了一头躺倒的大象和一只鹅;

第三幅,画了一把勺子和一碗热气腾腾的汤圆;

第四幅,画了嫩柳夹道的路上走来一个男人。

受托的人想和商人的妻子开个玩笑,只把四幅画交给了她,然后说:"你丈夫在外做生意赔了本,什么也没给你捎回来,就让我把这四幅画交给你,是不是让你带着孩子改嫁啊?"

商人的妻子看了画后,摇了摇头,笑着说:"你就知道跟我开玩笑,快把 10 两银子给我吧。"

带信的人大吃一惊:"奇怪了,你怎么知道我带回来 10 两银子的?"

你知道商人的妻子是怎么知道的吗?

聪明的列车长

在一列飞速行驶的火车上,甲、乙两个旅客为了开不开车窗的事吵了起来,周围的旅客被他们的争吵弄得无法休息。就在他们两个人越吵越凶,甚至要动起手来的时候,列车长走了过来。在多次规劝无效后,这位列车长只是拍了拍他们的肩膀,简单地说了一句话,就让两个人都哑口无言,不再争吵了。

你能猜到这位列车长对这两名旅客说了一句什么话吗?

一封家书

有位背井离乡在外谋职的书生,每到逢年过节,便遥寄家书向爹娘报平安。

这年,他的信是这样写的:"父母大人拜上新年好晦气全无人丁兴旺读书少不得五谷丰登。"

二老阅罢抱头痛哭,父亲直咬牙跺脚不该让儿子孤身在外,以致落得如此下场。母亲整天以泪洗面,担心儿子受苦受难。父母决定派家丁去千里之外寻儿归乡。当儿子见到家丁后,问清情况后,好生奇怪,说:"我在信中不是已向父母禀告生活平安、万事如意了吗?怎么父母还不放心?"家丁便把信从怀中掏出展开,书生只见老父在自己的信上加了几个标点:

"父母大人拜上:新年好晦气,全无人丁兴旺。读书少,不得五谷丰登。"

书生读罢,恍然大悟,于是重新卷袖挥毫,在原信上又重改添了标点,让家丁带回。

你知道书生是怎样改添的标点吗?

林肯的反击

林肯因为著名的解放黑奴运动而成为美国历史上最受人尊敬的一位总统。可在当时的社会背景下,那些传统意识很强的白人,认为林肯这一运动严重威胁到了他们的利益,根本无法接受林肯的新政策和新主张。所以,他们总是利用各种场合来刁难和羞辱林肯。

有一次,正当林肯在一所大学里为自己解放黑奴主张作演讲的时候,忽然接到了一张由下面的人递上来的纸条,纸条上只写了"傻瓜"两个字。显然,这又是那些反对解放黑奴的人对他的恶毒漫骂。就在大家都以为林肯会勃然大怒的时候,林肯却用自己突然想到的另外一种方式很冷静地处理了这件事情,既无情地回击了试图侮辱自己的人,又很好地保持了总统的形象和风度。

你能猜出林肯是以何种方式来面对和处理这件事情的吗?

牛角梳谜题

某个超市的收银台上放着一把精制的牛角梳子,要求猜谜者做一个动作,打一成语,猜中者即以此梳子相赠,买东西还可以打折优惠。这谜语好久都没有人猜中了。一天,有一位女同学走到收银台前,拿起梳子梳起头来。工作人员见了说:"这位女同学真聪明,你成功了,这把牛角梳子属于你了!"

你能猜出这个谜底吗?

寻找摇钱树的懒汉

从前,有一个懒汉,身强力壮却好吃懒做,没多久就把爹妈留下来的家产吃光了,从此,他成了一个东家讨西家要的乞丐。

一次,他在乞食时听说世上有种摇钱树,一摇便能生出钱来,谁找到它就一辈子不愁吃了。他听后便不顾一切地去寻找,一连找了七天,却没见到摇钱树的踪影。

这一天,累得腰酸背疼的懒汉碰上一位老农,老农看他左顾右盼很着急的样子,便问他在找什么,要不要帮忙。他说是找一棵摇钱树。老人一听哈哈大笑起来:"这事不难,我可以告诉你。"老人接着说:"听好了,摇钱树分两枝,一枝五权合为十,娘胎出来随身走,就看自己识不识。"懒汉听后一拍脑袋说:"我知道了,我找到了!谢谢活菩萨。"说完他朝老人鞠了一躬,转身跑了。

不久,那懒汉终于不愁吃穿了。

你能猜到那摇钱树到底是什么吗?

庞振坤智惩客栈老板

有一年,庞振坤和几个朋友一起进京赶考,途中住在一家客栈里。当时客栈的大门上写着"明天吃饭不要钱"几个大字,大家都觉得这家客栈很有意思,就故意在第二天吃饭的时候点了很多菜。可等吃完了饭,客栈老板还是要收饭钱。当有人就门上的那些字问这位客栈老板时,他竟狡辩说:"我说的只是明天,却没说是从哪一天算起的明天啊!"

聪明的庞振坤觉得客栈老板的这种做法应该受到惩罚,所以等到下次吃完饭,老板来结账时,庞振坤对他说:"明天再给。"连续几天他都这样说。

一天,老板终于沉不住气了。这时,庞振坤只说了一句话,就让这位老板无言以对了。

你能猜出来庞振坤究竟对老板说了什么吗?

借助彩电猜成语

语文课上,老师别出心裁搬来一台彩电,放在桌子上,然后对大家说:"以这台彩电为道具,谁能连续做两个简单的动作,打两个成语?"大家都在静静地思索。忽然,李冬冬走上前来,将彩电开关打开,屏幕上出现了画面,有了声音。没过几秒钟,又把电视开关关了。李冬冬的这两个动作并没有引起同学们的注意。

谁料,老师发话了,说李冬冬猜中了谜底。

你知道这是哪两个成语吗?

李光弼智收战马的故事

唐朝末年爆发了"安史之乱",多亏了一些智勇双全的文武百官,才使得天下重新恢复了太平景象。其中,李光弼就因为对抗叛将史思明而为后人敬仰。

在双方即将展开大战之前,狡猾的史思明先是采取了攻心战术,试图摧垮唐朝军队的信心。为此,他每天都派人在河的对岸放养数千匹高大的战马,故意让唐兵看到自己军队的雄厚实力。对此,李光弼想到了一个破解敌军这一战术的方法。于是,他立刻吩咐手下将士四处搜寻那些刚刚产过马驹的母马,而且是越多越好。等找到了数百匹母马后,李光弼很快就用它们破解了叛军史思明的战术。不仅如此,还用敌军的那些战马增强了自己军队的实力。

你知道李光弼是如何做到这一点的吗?

苏小妹的叠字回环诗

民间传说,苏东坡有一妹妹,人称苏小妹,嫁与秦观为妻。苏小妹的聪明才气在民间可以说是家喻户晓,下面就是关于她和丈夫对诗的有趣故事。

传说,秦观与苏小妹新婚不久,就离家当官去了。离行前,秦观写下著名的《鹊桥仙》,以示对妻子的真挚感情:

柔情似水,

佳期如梦,

忍顾鹊桥归路?

两情若是久长时,

又岂在朝朝暮暮。

秦观在外地思念妻子,就让人给苏小妹带了一封书信。苏小妹打开一看,信中只有短短的14个字:

静思伊久阻归期忆别离时闻漏转

聪明过人的苏小妹看了信后,微微一笑,就猜出了其中的奥秘。原来这是一首叠字回环诗,读法为:

静思伊久阻归期,

久阻归期忆别离。

忆别离时闻漏转,

时闻漏转静思伊。

寥寥14个字,却能组成一首七言诗,表达出秦观与妻子离别后对妻子的思念之情。为此,苏小妹也写了一封类似的书信作应答,内容为:

采莲人在绿杨津一阙新歌声漱玉

根据上面的提示,你能正确读出苏小妹的这首叠字回环诗吗?

列车长智取皮包

多年以前,有位漠河来的旅客因为要赶乘从北京去上海的火车,在匆忙之中将自己放有两万元现金的皮包落在了北京的一家旅社,等到他上了火车后才发现,就立刻向列车长请求帮助。

可此时火车已经开动了很久,又怎样去找落在始发地的东西呢?急中生智的列车长突然想到了一个办法,在火车正常行驶的情况下帮助这位旅客找回了他装着两万元现金的皮包。

你知道这位列车长到底想了一个什么样的办法,帮助旅客找到了他遗失的皮包吗?

一语双关

古时候,有个皇帝十分宠爱一个妃子,这个妃子姓李,常常利用皇帝对她的宠爱为所欲为。凡朝中要想升官的官员,都会走她的门路,这在宫里也已经不是什么新闻了。皇帝也是睁一只眼闭一只眼。

有一天,宫里设宴,观看演出。剧中有两人对白:

甲问:"请问,我们国家有何喜事?"

乙答:"哎呦,你没听有凤凰出来飞翔吗?"

甲又问:"听说过,但不知详情呀,你告诉我好吗?"

乙说:"凤凰飞翔有四种情况,它的预兆也不相同。向上飞是预兆风调雨顺,向下飞是预兆天下太平,向外飞是预兆四方来朝,向里飞是预兆加官进禄。"

皇帝听后,知道这话里有话,是在挖苦他,但由于表面上是表演台词,也就不好发怒。

现在,你能说出乙话里的另一层含义吗?

吕叔湘寄信

一次,著名的语言学家吕叔湘先生打算将一封回信寄给某位在来信中向自己询问有关语言方面问题的读者。可就在信的内容已经写好、即将装入信封寄出的时候,他却被如何填写收信人的地址这个问题给难住了。原来这位读者在来信时把自己的地址写得乱七八糟,字迹潦草得根本无法辨认。怎么办呢?情急之下的吕叔湘先生总算想出了一个办法,顺利地把信寄了出去。

你知道吕叔湘先生是如何填写收信人地址的吗?

稍作调整

著名剧作家于伶 37 岁生日时,朋友们联句作诗,以示庆贺。诗是这样写的:

长夜行人三十七,如花溅泪。

至今春雨江南日,英烈传奇说大明。

诗中巧妙地将于伶的几部著作《长夜行》《花溅泪》《杏花春雨江南》《大明英烈传奇》嵌入诗中,构思不可谓不妙。但是此诗传至郭沫若手中,他看后却评其情趣消极,似有"亡国之音",于是就动手做了如下修改:

大明英烈见传奇,长夜行人路不迷;

春雨江南三七度,杏花溅泪发新枝。

郭老到底是一代大诗人,出手不凡,他利用原诗的语言材料,只是稍事更动,重作安排,便一扫原诗的消极情调,而洋溢着一派葱茂的春意和昂扬自信的乐观主义精神。

与此同时,很多人就会想到唐代诗人赵嘏写的《江楼感旧》:

独上江楼思渺然,月光如水水如天。

同来望月人何在?风景依稀似去年。

有人认为这首诗的结尾平平,意境不深。于是他便将此诗作了一番调整,调整后的结尾果然情调韵味大不相同,把怀念友人的那种苍凉心境很好地渲染出来了。

你知道此人是如何将原诗重作安排的吗?

包青天试儿

包拯是宋朝有名的大官,他为官清廉,铁面无私,敢于为老百姓主持正义,善于审理冤案,抓了不少真正的坏人,救出了很多被冤枉的好人,人们都称他"包青天"。

包拯有一个儿子,从小就很喜欢猜谜,包拯经常和他一起猜谜,开发他的智力。有一天,父子俩又玩起了猜谜游戏。包拯先出了一个谜:"一宅分成两院,五男二女当家,两家打得乱如麻,打到清明方罢。"儿子摸摸小脑袋,也出了一个谜:"古人留下一座桥,一边多来一边少,少的要比多的多,多的反比少的少。"包拯一听,儿子真聪明,谜底竟然和自己的一样,都是打一样算账的工具,不禁得意地笑起来。

你能猜出他们所说的谜语的谜底是什么吗?

判断帽子的颜色

很久以前,有个客栈老板需要一个伙计,就为前来面试的两个年轻人出了一道试题。他先把他们领进了一间黑暗得看不见任何东西的小屋里,接着又说在屋子中央的桌子上共有五顶帽子,其中两顶是红色的,三顶是黑色的。他要求两个年轻人和他一起随便摸起一顶帽子戴在头上。这样,当他把油灯点着时,两个年轻人谁能以最快的速度,根据其他两个人所戴帽子的颜色,准确地说出戴在自己头上的帽子是什么颜色的,那么谁将赢得这次考试的胜利。

于是,当商人把屋子里的油灯点着时,那两个年轻人首先看到的是商人头上戴着的红色帽子。紧接着,其中的一个年轻人很快就正确地说出了自己头上戴的帽子的颜色,他因此成了这家客栈的伙计。

你知道这个年轻人是如何正确判断出自己头上帽子的颜色吗?

实为同一个字

有一天,孔子将自己的那几个得意门生召集在一起,讨论一个问题,大家积极发言。

子路说:"在'上'里却不在上边,就是'下'。"

子夏说:"在'下'里却不在下边,就是'上'。"

子贡说:"上又不是上,下也不是下。"

颜回说:"不上又不下,上里有,下里也有。"

孔子说:"诸子所说的都对,其实都是同一个字,不要争论啦。"

你知道这个字谜的谜底是什么字吗?

富贵不全

曾经有位著名的国画画家很擅长画牡丹。

有一次,一个人慕名买了一幅他亲手绘制的牡丹,回去以后,很高兴地挂在客厅里。每当有亲戚朋友来家做客的时候,他总要炫耀一下这幅画。

一天,他的一位儿时的伙伴来他家串门,伙伴看到了这幅画,大呼不吉利,因为这朵花没有画完整,缺了一部分,而牡丹代表富贵,缺了一角,岂不是"富贵不全"吗?

此人一看,也大吃一惊,认为牡丹缺了边总是不妥,就把画送到画家那儿,希望画家能够重画一幅。画家听了他的理由,突然也灵机一动,于是,也给了这幅缺边的牡丹一个解释。

那人听了画家解释后,居然高高兴兴地捧着画回去了。

你知道画家是怎么解释的吗?

三个儿媳妇的礼物

从前,有一位老人很喜欢给别人出各种各样的难题。秋收过后,他的三个儿媳妇都要回娘家去住上一段时间,老人在答应她们请求的同时,也要求她们三人在回来的时候给自己带回三件礼物。要求大儿媳妇给他带回来的是"骨头包肉";让二儿媳妇给他带回来的是"纸包火";让三儿媳妇给带回来的是"河里的柳叶沤不烂"。

三个儿媳妇一边走,一边想,可就是想不出是什么东西。

就在她们为此而发愁时,一个几岁的小男孩却很快地帮她们找到了答案。于是,三个儿媳妇回来的时候,都带回了老人所要的东西,而且完全符合他的要求。

你知道这个小男孩告诉她们的答案都是什么吗?

喜欢出难题的国王

从前,有个国王经常给自己的大臣出各种各样的难题。一次,他又给大臣们出了这样的一道题:如果一间屋子里总共有10个健康正常的人,那么把一根点亮的蜡烛放在什么地方,才能让屋子里的9个人都看得见,而1个人却看不见呢?国王的这个问题又一次难倒了所有的大臣。眼看这些大臣又要被国王嘲笑一翻,一个小太监却突然想到了问题的答案,就偷偷地告诉了一位老臣。接着,老臣就把这个答案说给了国王,国王高兴地奖赏了这位老臣。

那么,你知道这个问题的答案吗?

奸商卖伞

在一个繁华的市场里,有一个卖伞的奸商,因其店门前挂着一横幅"保不褪色",吸引了很多顾客前来购买。

几天后,便有人怒气冲冲找到商人说:"你不是说保不褪色吗?你看这伞,怎么颜色都掉净了?把这雨伞给你,快给我退钱,我不要了,真是大骗子。"狡猾的商人只用一句话就把那人给打发走了。

你知道他说了什么吗?

机智的护士

有一天深夜,一位在某医院上班的护士下晚班回家。她轻声地走进了自己的家,看到丈夫和刚刚出生不久的孩子已经睡着了。就在她对着穿衣镜卸妆的时候,却突然发现床底下有四只脚露了出来。机警的护士立刻意识到这是两个潜入自己家里的窃贼。可此时屋子里只有自己和丈夫两个大人,孩子那么小,一旦被吵醒了,就会哇哇大哭,吵得左邻右舍都睡不好觉。现在丈夫又在熟睡,到底怎样才能抓住这两个盗贼呢?十分紧张的护士突然灵机一动,想到了一个很好的主意,并最终在邻居们的帮助下抓住了那两个窃贼。

你知道这位护士究竟是用什么办法抓住窃贼的吗?

李白喝醋

有一天,李白正在金陵游玩,一时口渴,但四周既没有茶馆,也没有酒店,只有一家醋店,于是便走进了店里。李白心想,无酒无水喝点醋倒也不错。

尝了一口醋后,李白起了诗兴,便吟道:"一人一口又一丁,竹林有寺没有僧。女人怀中抱一子,二十一日酉时生。"

坐在一旁的店家,也是一个很聪明的人,他一听,便知道这四句诗是一个四字谜,想了一会儿,明白了其中的喻意。于是心中大喜,连连说道:"谢谢你的夸奖,请继续品尝!"

饮完醋后,李白又说了四句:"鹅山一鸟鸟不在,西下一女人人爱。大口一张吞小口,法去三点水不来。"

聪明的店家一听,再次解出谜底,连忙拱手告别:"客官,祝你一路平安!欢迎下次再来。"

你是不是也能猜出李白所说的两句谜语的谜底呢?

巧用标点符号

从前有一个穷书生到亲戚家去串门,眼看就到晚上做饭时间了,亲戚不想让这个穷亲戚在家吃饭,更不想让他在家里住下。此时外面又下起了瓢泼大雨,该怎么办呢?于是就在纸上写了一句话:下雨天留客天留人不留。

穷书生看了,马上就明白了亲戚的意思,知其不好明说,心想,一不做二不休,他索性在下面加了几个标点:下雨天,留客天,留人不?留!

亲戚一看,自己原来的意思完全被颠倒了,但是也无话可说,只好假惺惺地夸奖了一番,不得不做饭,留他住下。其实,这句话除了穷秀才想到的这种点标点的方法外,还有三种点标点的方法,可以分别使它变成陈述、疑问、问答三种句式。请你来加上标点试一试,看看都会变成什么意思?

一副对联

清朝时期,苏州有一个姓蔡的县官,和郑板桥是无话不说的好朋友,他受了郑板桥的影响,很同情老百姓的疾苦,二人经常一起到民间走访了解民情。

有一年的大年初一早上,他俩一起到大街上去散步,访贫问苦。忽然,他们看到一户人家的门上有一副奇怪的对联。

只见那对联的上联是"二三四五",下联是"六七八九"。看到这副对联,蔡县官正感到纳闷,觉得怪怪的,转身一看,郑板桥不见了。等了好一会儿,只见郑板桥扛了一袋大米、几包衣服,急匆匆地赶来。他们敲开了门,原来那是一个穷书生,正又冷又饿地在发愁。

郑板桥把东西送给了主人,蔡县官问郑板桥:"我一直跟你在一起,没有谁告诉你他需要衣服和粮食啊?"郑板桥得意地说:"是对联呀!"

你知道这副对联的含义吗?

牧童指路

看过《西游记》的人都知道唐僧和孙悟空、猪八戒、沙和尚师徒四人到西天去取经,一路上经历了千辛万苦。这一天,他们来到了一个十字路口,唐僧看看天色不早了就说:"我们找个地方住下,明天再赶路吧。"

孙悟空朝四面看看,不知哪儿有客店,他正想驾起筋斗云,到天上去观察一番,忽然传来了一阵笛子声,一个牧童骑在牛背上,往这儿缓缓走来。孙悟空连忙去问:"请问客店往哪个方向走?"牧童没有回答,他跳下牛背,捡了一根树枝,写了个"朝"字,然后又抹掉了半边,只留下一个"月"字。唐僧他们看不懂牧童的意思,孙悟空却哈哈大笑,连声对牧童道谢。

你知道这个牧童是什么意思吗?

宋老大请客

从前,有一个老财主,他又贪又狠。每年秋收以后,哪家佃户不请他吃一顿、喝一顿,他就撤租。

这一年,宋老大也租种了老财主家几亩薄地。秋收过后,为了来年还能租种他的这几亩薄地,宋老大不得不请老财主吃饭:"东家,明天我想请你到家做客。你知道我家里穷,没什么好酒菜招待你,杀只家养的猪,宰只家养的鹅,肉片炒咯哳。割牛肉,蒸馒头,鱼段儿、虾段儿全熘着。"老财主一听,心里很高兴。

为了能在宋老大家多吃一点儿,老财主前一天晚上和第二天早上都没吃饭。当他肚子咕咕叫的时候,才来到宋老大家,果然闻到一阵阵熘鱼段儿、虾段儿和炒肉片的香味。他连忙跟宋老大签好来年租地的契约,专等好菜上桌。

不一会儿,五盘菜端上来了:

第一个盘里装的是烂韭菜;

第二个盘里装的是一只蜘蛛;

第三个盘里装的是一只虫蛾;

第四个盘里装着半只花牛儿;

最后一个盘子里装着蔓菁顶儿。

老财主问:"宋老大,这是怎么回事啊?"宋老大微微一笑,说:"咱们有言在先,这和我说的一样也不差呀!"老财主气得无话可说,饿着肚子晃晃悠悠地回去了。

你知道老财主为什么无话可说就饿着肚子晃悠悠地回去了吗?

高手猜谜

苏东坡和他的妹妹苏小妹及苏小妹的丈夫秦少游(秦观),都是猜谜高手。有一次,苏东坡到妹妹家里做客,三位猜谜高手在一起,当然少不了又要猜谜了!一直到吃午饭的时候,他们还在一个劲地猜呢。

苏小妹看到饭桌上有鲤鱼,就出了一个字谜:"我有一物生得巧,半边鳞甲半边毛,半边离水难活命,半边入水命难逃。"

丈夫秦少游说:"我也出个字谜:我有一物分两旁,一边好吃一边香,一旁眉山去吃草,一旁岷江把身藏。"

苏东坡笑着说:"那我也出个谜吧:我有一物长得奇,半身生双翅,半身长四蹄,长蹄的跑不快,有翅的飞不起。"

刚说完,三人你看看我,我看看他,都哈哈大笑起来,随后便拿起筷子吃起鲤鱼来。

他们三个人的答案原来是同一个字,你能猜出是哪个字吗?

华佗拜师

提起华佗的名字,可以说是妇孺皆知。华佗是中国历史上极负盛名的名医,可他的童年却很不幸。在华佗7岁的时候,他的父亲身患重病死了,家中生活因此而变得非常贫困。无奈之下,小华佗只得找到了城里的蔡郎中,要求拜师学艺,以便将来可以谋生。

可蔡郎中并不想收下华佗作为徒弟,于是就故意为难他,让他把自家院子里的那棵桑树上最高处的桑叶采下来,否则,自己绝不会收他为徒。

可让蔡郎中想不到的是,小华佗只是抬头看了看那棵桑树,然后竟站在树下毫不费力地把桑叶采到了自己手里。没办法,蔡郎中只好按照事先的约定收下了华佗这个徒弟。

你知道小华佗是用什么样的办法采到了高高在上的桑叶吗?

一本预言书

在一次国际历史学术会议上,有位著名的考古学家兴奋地发表演说:"有本五百年前的预言书,书中的一句话,五百年来都应验在每一个读者眼前,我相信未来也是一样。"

你知道到底是哪一句话吗?

劝学

郑板桥是清代著名文学家。有一天,他路过一座学堂,听到里面传来孩子嘻嘻哈哈的声音,走过去一看,原来是一群调皮的学生不听老师讲课,正在互相打闹呢。郑板桥生气地走进去说:"你们这些孩子太不像话了,赶快好好读书吧!要不真是对不起你们的爸爸妈妈。"

有个学生看他穿着布衣草鞋,还以为是个老农民,就傲慢地问:"你以为你是谁啊,一个穷光蛋还来教训我们,我问你,你会写诗吗?"郑板桥说:"我不光会写诗,还会出谜呢!"他看到学堂旁边是厨房,里面有一样东西,就当场吟了一首咏物诗:"嘴尖肚大个不高,放在火上受煎熬。量小不能容万物,二三寸水起波涛。"

学生们猜了半天,谁都猜不出来,只好老老实实地读书了。

你知道郑板桥咏的什么东西吗?

木匠建庙

古时候,有个木匠跟建筑师鲁班学艺,到南山密林中去修筑寺庙。

一天,木匠陪师傅在山上散步,走到一棵古柏和一块怪石跟前,师傅指着古树和怪石说:"这古树和怪石,真是少见!"

木匠说:"如果能在石上再建座庙,就更好了。"

师傅看了看木匠说:"你的想法很好,你就试着在这儿修建成一百一十一座庙吧!"

师傅这么一说,木匠愣住了,心想,师傅也太会开玩笑了,这虽是一块巨大的怪石,但哪里能容得下这么多庙啊?

一连两天,木匠都想不出如何建造,愁得他茶饭不思。一天早饭后,木匠又坐在古柏下,看着那巨大的怪石发愁。忽然,他眼睛一亮,高兴地自语道:"师傅说的一百一十一座庙可以建造啦!"

木匠兴冲冲地跑去见师父,并把自己的想法告诉了师傅,师傅夸他聪明,肯动脑筋。

你知道木匠是怎样想的吗?

白居易送礼物

唐代大诗人白居易,写了很多著名的诗篇反映人民生活的疾苦。

一个冬天的晚上,正在杭州做州官的白居易,听着窗外北风呼啸,心里很担忧:城外那座山寺已经很破旧了,里面还住着两位读书人。这么冷的天,他们能受得住吗?

白居易再也睡不着了,他马上起床,叫人准备了棉被,又烧了几道热菜热饭,然后拿出一包小礼物,连夜派人送去。两位读书人收到了棉被和食品,心里非常感动。他们又看到了那包礼物,心想,这是什么东西呢? 包得这么严实。忽然,他们看见了包装纸上还写着一首小诗:"两国打仗,兵强马壮,马不吃草,兵不征粮。"

他俩大笑起来,立刻明白里面是什么了。

你能猜出白居易送的是什么礼物吗?

偷吃土豆

著名的寓言家拉·封丹有一个习惯,每天早上都要吃一个土豆。

一天早晨,他把热土豆放在了饭厅的壁炉上,本想凉一凉再吃,但过一会儿当他再来拿时,土豆却不翼而飞了。于是他大声喊:"天啊,是谁把我的土豆吃掉了? 这下子可怎么是好啊。"

新来的仆人急忙跑过来应道:"主人,不是我吃的,请你相信我。"

拉·封丹便说:"不是你,那就太好了。"

"主人为什么这样说?"仆人不解地问。

"因为——"仆人听后吓得浑身哆嗦,急忙求拉·封丹说:"主人,刚才跟你开玩笑的,是我吃的,快救救我,主人,你不能见死不救啊。"

结果拉·封丹笑着说:"没事的,我只是想让你说实话而已,吃一个土豆没什么的。"

你知道拉·封丹说了一句什么话让新来的仆人如此害怕并说出实话的吗?

题字喻客

齐白石是我国著名的画家,他的画闻名国内外,被很多博物馆收藏。那些学画的人,有的要拜他做老师,有的拿了画向他请教,也有学生的作品因获奖了,来向他表示感谢的。总之,齐白石的家门前,总是热闹得很。

有一天,几个学生拜见老师,他们刚想敲门,却看见门上写着一个"心"字。他们觉得奇怪,只见过门上写"福"字的,写"心"字是什么意思呢?这时有一个学生忽然说:"我明白了!"说着,拉着同伴就离开了。

第二天,他们又来到齐白石门前,只看门上换了一个"木"字,大家高兴极了,马上敲门进去,拜见了齐白石。

你知道齐白石分别在在门上写"心"和"木"是什么意思吗?

猜谜拜师

唐代有个叫曹著的谜语高手,他从小就很会出谜语。有个姓王的秀才听说以后,很不服气,就来见曹著,傲慢地说:"今天我们来比一比,谁的谜能够胜过对方,就拜谁做老师。"

于是,王秀才便得意地出了一个怪谜:"坐也是坐,卧也是坐,立也是坐,行也是坐。打一动物。"曹著马上说:"我也有一个动物谜:坐也是卧,立也是卧,行也是卧,卧也是卧。"那秀才一听,可把他给难住了,想了半天就是猜不出来,便反问曹著:"我先出的谜,应该你先猜!"曹著哈哈大笑说:"我的谜底能够吃你的谜底,还用得着我来猜吗?"

王秀才再也不敢神气了,连忙拜曹著做老师。你能猜到曹著和王秀才出的谜底分别是什么动物吗?

师徒互猜姓

古时候有一位教书先生,为了培养学生动脑筋爱思考的好习惯,就作出一个规定:凡是来拜师的,都必须经过面试,也就是要猜一个谜语,如果猜不出来,就没有资格拜师。

一天,有个小孩前来拜师,他先鞠了一躬,然后问老师:"请问先生尊姓?"先生说:"我的姓嘛,头在水里游泳,尾在天上发光。"孩子脑筋一转,马上猜出了这个姓。先生正感到惊奇呢,那孩子又说:"你也猜猜我的姓,如果猜不出,你就不配做我的老师!"小孩大声念道:"高小姐探头望,李小姐侧耳听。"先生一听,心想这个小孩真够聪明的,竟能出这么严谨的谜语。幸好先生是猜谜高手,很快就猜出了孩子的姓,他连声赞叹:"真是神童啊!"立刻收他做徒弟了。

你能猜出先生和小孩各自的姓吗?

自作聪明的秀才

从前,有一个秀才,自以为吃了几年墨水,谁都瞧不起。这一天,他写了一首歪诗,独自吟了几遍,越吟越感到得意,就匆匆忙忙地出门,想到朋友家去吹嘘一番。

当他走到半路时,口渴得要命,看到路边有一口水井,井水清澈凉爽,于是,对正在井边玩耍的一个小孩说:"小家伙,我是当代的大诗人,我现在渴得要命,快打井水给我喝!"

小孩说:"既然你是大诗人,现在就请你猜一个谜语,猜对了才给你打水!"秀才骄傲地说:"一言为定!"小孩大声念道:"上边有口无盖头,下边无口没堵头,左边有口没挡头,中间有口无舌头。"

秀才从来没有猜过这样的怪谜,想了半天,实在猜不出来,只好忍住口渴,狼狈地溜走了。

你知道谜底是什么吗?

赵南星巧写奏本

明朝时,有一年某地发大水,淹了十多个村庄,但是灾区的赋税一点儿也没有减少,这使灾民更加苦不堪言。很多百姓无衣无食,活活被饿死在家中,已被罢官的赵南星向皇帝奏本:"泥河发大水,淹了五百村,漂走一万家,还望开皇恩。"皇帝因此免了当地百姓全年的捐税钱粮。

后来,有个奸臣告状,对皇帝说:"当地总共不过一百多个村庄,怎么会有五百村被淹,一万户漂走呢?这个赵南星真是胆大包天,竟敢欺骗皇上。"于是皇帝把赵南星抓了起来,要治他欺君之罪。赵南星争辩说:"皇上,臣所奏句句属实,并无欺君之罪。"皇帝一查,果然不假,便赦他无罪。

你知道这到底是怎么回事吗?

偷吃红枣

从前,有个乡下穷人家的孩子在城里的一家食品店里做学徒,他苦苦熬过了三年的学徒期,终于成为了食品店里的一名正式杂工。这一天,店里来了一位要买红枣的老太太。这个孩子把红枣称好后,却趁着老太太不注意的时候,偷吃了一颗红枣。虽然老太太并没发觉,可老板却把这一切都看在了眼里。

于是,一向就对杂工很苛刻的老板立刻让他马上结账走人,因为偷吃顾客食品的做法是绝对不容许的。眼看着好不容易才盼来的工作就这么没了,这个孩子当然很不情愿。他急中生智想到了一个为自己辩解的主意,当他说出自己之所以要偷吃那颗红枣的原因后,老板不但没有开除他,反而一个劲地夸他聪明能干。

你知道这个孩子对老板说了些什么话吗?

国王的三个问题

从前,有一个人和他的同父异母的兄弟合种一块玉米田。等到玉米成熟的时候,贪心的兄弟在继母的挑唆下,竟把大部分收成据为己有。就在兄弟二人为这件事情争得面红耳赤的时候,国王刚好从这里路过。于是,国王为兄弟二人出了三个问题,并宣布:如果谁能够把这三个问题回答得好,那么他就会把全部的玉米都裁决给谁。

他的三个问题是:

在这个世界上,什么最肥?什么最快?什么最可亲?

国王让他们第二天把答案告诉他。

第二天,再次见到国王时,弟弟给出的答案是:最肥的是自家养的猪,最快的是自家跑的马,而最可亲的则是自己的老婆。而哥哥给出的答案却让国王很满意,最终国王裁决把所有的玉米都给了他。

你知道这个哥哥是怎么回答的吗?

等式猜字

一天,爷爷给正在玩游戏的孙子出了一道智力题,要求孙子根据下面的等式,打出一个字来:

100 天 + 100 天 = ?

孔子也猜错了

春秋时期,有一位著名的思想家、教育家,名叫孔丘,字仲尼,人们尊称他为孔子。孔子强调中庸之道,也就是要求不偏不倚。有一天,孔子到乡村去讲学,走累了,就在一口水井边休息。

这时候,有个老农挑着一副担子,也来到水井边休息。他站在井边,把扁担搁在井口上,然后问孔子:"孔子先生,我有一个字想请教你。"

孔子问:"你请讲,是哪个字呢?"

老农说:"你没有注意吗?就是我的动作呀!"

孔子看了看,马上就笑着说:"原来是这样,这很简单,井口搁一条扁担,当然是中庸的中字啊!"

那老农也大笑说:"先生是见物不见人,你猜错啦!"

孔子认真一想,发现自己确实错了,便向老农道歉。

你知道老农所指的是哪个字吗?

幽默家的匾文

为了能够宣传自己的店与众不同,很多店铺的老板都会请一位幽默家为店铺拟出特色的匾文。

一天,饺子铺、当铺、衣帽店、药店四家老板要求幽默家拟出最能表现店铺特色的匾文。幽默家经过考虑后分别写道:

饺子馆:无所不包

当铺:当之无愧

衣帽店:衣帽取人

你知道幽默家为药店起了什么名字吗?

吴中四子灯谜交友

明朝时期,有四个文人,被称为"吴中四子"。四个才子经常在一起做一种有趣的游戏:每人轮流出谜语,谜面不能相同,谜底必须是同一个。谁的谜出得精彩谁取胜。这一天,他们又在一起出谜、猜谜。

文征明带头说:"竹将军筑城自卫,纸将军四面包围,铁将军穿城而过,木将军把住后背。"

祝枝山巧妙地用中药名出谜:"淡竹枳壳制防风,一枝红药藏当中,熟地或须用半夏,生地车前仗此公。"

唐伯虎接着吟道:"口抹胭脂一点红,随你万里到西头,竹丝皮纸纵然密,也怕旁人一口风。"

最后徐祯卿接上:"墙里开花墙外红,心想采花路不通,通得路来花又谢,一场欢喜一场空。"

这四个文人说的是一件东西,你知道是什么东西吗?

妙计运钢管

一次,某工程师到国外去考察,回国时随身带了一根由特殊工艺制成的钢管,它正是国内的研究和试验所必需的东西。可直到工程师即将登上飞机的时候,才知道该国航空公司规定随身携带的货物其长、宽、高都不准超过 1 米。而这根钢管直径虽然只有 2 厘米,但它的长度却有 1.7 米,是不允许带到飞机上的。这可怎么办呢?眼看飞机就要起飞了,工程师突然想到了一条妙计,并很快顺利地把这根钢管带到了飞机上,而且既没有损坏钢管,又没有违反航空公司的有关规定。

你知道这位工程师想到了一条什么样的妙计吗?

二苏对谜

苏轼是北宋的大文学家,他有个弟弟叫苏辙,在文学上也很有成就。闲暇时兄弟俩经常在一起交流诗文,游览风景。有一年除夕夜,兄弟俩交谈了一个通宵。第二天早上推门一看,鹅毛大雪把天地都映白了。

看到这样美丽的景色,他们兴冲冲地骑上马,在雪原上尽情奔驰。他们来到一座山坡前,苏轼忍不住吟了一句诗:"雨余山色如浑如睡。"苏辙听出这是一个字谜,他故意不说出谜底,也即兴作了一首诗:"此花自古无人栽,一夜北风遍地开。近看无枝又无叶,不知何处长出来。"

苏轼一听,马上夸奖说:"不愧是我的弟弟啊!"

不用猜,他们二人所出的谜底都是同一事物,你知道是什么吗?

成语之最知多少

你一定能从你知道的成语中,找出下面问题的答案。

(1)最强韧的头发( )

(2)最不花钱的白吃( )

(3)最受关注的难产( )

(4)最无用的做法( )

(5)最成功的地方( )

(6) 最黑的时候( )

(7)最反常的天气( )

(8)最差的视力( )

(9)最勇敢的行为( )

(10)最大的寿辰( )

(11)最先进的做饭( )

(12)最成功的生意( )

(13)最长的腿,最大的跨步( )

(14)最有本事的人( )

(15)最有效率的动作( )

(16)最珍贵的时光( )

(17)最有效率的劳动( )

(18)最大的瀑布( )

(19)最贵的承诺( )

(20)最短的季节( )

(21)最大的手掌( )

(22)最大的渔网( )

(23)最稀罕的东西( )

(24)最重的话语( )

(25)最高的柱子( )

(26)最贵的稿费( )

(27)最好的副业( )

(28)最成功的外科手术( )

(29)最精湛的技术( )

(30)最神奇的魔术( )

(31)最徒劳的工程( )

(32)最大的磨难( )

文武双全的伍子胥

春秋时期,有一个能文能武、能言善辩的著名人物,他叫伍子胥。人们都说他做相国最合适了。君王听了以后就派人把他召进宫来,当着文武百官的面,想看看他是否像传闻那样有真本事。

君王让两个士兵抬来一只大鼎，伍子胥只用一只手，就把大鼎举过了头顶。君王又叫史官问了许多历史知识，伍子胥也对答如流。这时老相国着急了，他怕自己的位置保不住了，就出了一个怪谜："兄与弟同姓，弟与兄同名，兄有荫山秀，弟有万里明。"伍子胥不慌不忙地说："我也有一个谜请教老相国：霜有雪没有，箱有柜没有，你有我没有，立功自会有。"老相国冥思苦想了半天，还是说不出谜底。最后，君王让伍子胥做了相国。

你知道伍子胥的谜底是什么吗？

死里逃生的农夫

古时候，有个愚蠢的国王，喜欢利用抽签的形式对死囚作出最后判决，如果死囚抽到了写有"死"字的签，那么他就只能被处死，如果死囚抽到了写有"生"字的签，那么他就可以得到赦免。

一次，有个老实的农夫在仇人的陷害下被官府判了死罪。仇人为了不让他得到赦免，就偷偷地贿赂那个负责抽签的狱卒，把那个写着"生"字的签也换成了写有"死"字的签。这样，当他抽签的时候，无论怎样都难逃死罪了。可仇人的这种做法却被另一位正直的狱卒发现了，于是，他就趁别人不注意的时候把这件事情告诉了农夫。

农夫虽然也很愤怒，但一切为时已晚。就在这十万火急的时候，农夫却猛地想起了一个办法。于是，当抽签开始的时候，农夫竟然用这个办法拯救了自己。

你知道农夫到底是如何使自己死里逃生的吗？

传话

在瑞士的一家宾馆里住着讲德语、法语、意大利语、罗马尼亚语的游客。有四个中国人A、B、C、D到瑞士观光，也住在了这家宾馆里。后来大家都熟悉了，成为了朋友。A会说罗马尼亚语和德语，B会说德语和法语，C会说法语和意大利语，D则会说西班牙语和英语。

在某地竖立着一块写有罗马尼亚文的招牌，A看了之后用德语告诉B。

你知道B如何将招牌上的内容传达给C和D吗？

解谜助人

曹雪芹是清代有名的大文学家。有一天他正在庄子里散步，忽然看见有个女子一边走一边哭，便上去问原因。原来，她的婆婆受坏人挑拨，经常打她骂她，还经常不让她吃饱饭，不让她睡觉，整夜织布。

她的母亲病了，她要回娘家，婆婆就故意刁难她，要她带一样东西回来，否则不能进门。谁知婆婆要的东西竟然藏在一个谜语里："大圆球，满天红，里面住条小火虫，白天火虫睡大觉，晚上火虫闹天宫。"她怎么也猜不出来，急得哭了。曹雪芹安慰了她，告诉她谜底，还教了她一个新谜语。

她回到婆家，对婆婆说："你要的东西我带回来了，它是：打我我不恼，背后有人挑，心里似明镜，照亮路一条。"婆婆一听，她不仅猜出了谜底，还通情达理，是自己委屈她了，很后悔。从那以后再也没有听别人挑唆打骂过她。

你知道她婆婆要的这样东西是什么了吗？

我的谜专门捉你的谜

有一个秀才，读了几年书，自以为很了不起，总是看不起那些整天种地的农民。有一次，他在家里看书，忽然想出了一个谜语，心里得意极了。他赶紧放下书本，走出家门，想找个人吹嘘一番。可是，门口只有几个小孩子在玩耍，他有些扫兴。

这时有一个老农扛着锄头从他身边经过，他便拉住老农说："我给你猜一个谜语，你肯定猜不出来！"说着，他摇头晃脑地吟起来，"长脚小儿郎，嗡嗡入洞房，欲饮朱砂酒，拍拍见阎王。"老农听了，很平静地说："我以为是什么难的谜语呢，你的谜太简单了，还是猜我的吧：小小诸葛亮，独坐中军帐，摆起八卦图，捉拿飞来将。"秀才想了很久，没能猜出来。老农笑着说："我的谜专门捉你的谜！"说完就走了。

秀才愣在那儿，狼狈极了。

你能猜出他们的谜底各是什么吗？

玉麒麟被逼上梁山

了解《水浒传》的人都知道，书中有一个叫卢俊义的河北俊杰，他不仅急公好义，乐善好施，济人危困，而且武艺高强，名闻四海，人称"河北玉麒麟"。梁山泊义军头领宋江久慕他的威名，一心想招卢俊义上山坐第一把交椅，共图大业，替天行道。

可偏偏这个卢俊义有钱有势，有名有位，吃不愁，穿不愁，而且满脑袋的都是忠君思想，要他上山造反谈何容易！简直比登天还难。宋江常常为此苦恼。

军师吴用，人称"智多星"，为人机敏，善于谋略，凡事一经他策划，没有办不成的。所以，当宋江与他议起此事时，便生出一段"吴用智赚玉麒麟"的故事来。当时，有个算命的给卢俊义看过，说这几天他有血光之灾，要躲一躲才可以。这几天，卢俊义正为躲避血光之灾而惶恐不安。于是，吴用扮成一个算命先生，悄悄来到卢俊义庄上，写了四句卦歌，让他端书在家宅的墙壁上。这四句卦歌是：

芦花丛中一扁舟，俊杰便从此地游；
义士若能知此理，反躬难逃可无忧。

一心躲避血光之灾的卢俊义哪里有心思细察这其中的隐秘呢？这四句诗写出后，被官府拿到了证据，大兴问罪之师，到处捉拿卢俊义，终于把他逼上了梁山。

那么，你知道官府为什么看了这首诗后要捉拿卢俊义吗？

顽童难倒铁拐李

话说八仙之一的铁拐李虽然腿脚不利落，但是他很喜欢背着一个宝葫芦云游四海。

有一次，他在峨眉山遇见了一个正在玩耍的孩童。

孩童问铁拐李："老人家你葫芦里藏的是什么？"

铁拐李答："治百病的灵丹妙药。"

顽皮的孩童不以为然，脱口便说："既然你葫芦里的药能治百病，那怎么不治一治你的瘸腿呢？"

铁拐李脸一红，生气地说："小小顽童，休得无礼！你姓什么？今年几岁了？"

孩童连忙答道："我的姓，正好是我的岁数；我的岁数正好是我的姓。"

铁拐李听了一惊，感到顽童并非等闲之辈，但一时又猜不出谜底，只得带着羞愧的脸色腾云而去。回去后，他把这事给吕洞宾说了，吕洞宾连忙给他点破并哈哈大笑，弄得铁拐李脸都红了，很不好意思。

你能猜出孩童姓什么？多大吗？

让人无语的广告

一个叫志森的初中生，在广告里看到了一款很时尚的自行车，而且每辆自行车的价格只有80元。于是，他找到了那家商店，想买一辆自行车。

可当售货员推出一辆自行车给志森看时，他却发现这辆自行车上少了一个漂亮的车灯。

售货员告诉他，车灯不包含在这辆车的价格里，必须另外付钱。

志森认为这是一种欺骗行为,这时售货员只是简单地又说了一句话,便让志森无话可说了。

你能猜到售货员对志森说了一句什么话吗?

鲁迅对"独角兽"

旧时的私塾先生为了考察学生的才思,经常会出一些题要学生对答。

一次,鲁迅的老师——三味书屋的寿老先生出了个"独角兽"的课题让学生对。

一个学生立即起身,笑着说:"这有什么难的,不就是'两头蛇'吗。"寿老先生摇了摇头。

另一个学生站起来,摇摇头说:"他对得不好,那我对'四眼狗'。"寿老先生一听,气得半死。

接着又有学生说"八脚虫"、"六耳猴"、"九头鸟"的,先生都不中意。

最后鲁迅站起来,不慌不忙地对了一句。寿老先生一听,连声称赞,说鲁迅对的这副短联"既工且妙,一个是天上祥物——麒麟,一个是人间佳品,虽然都无数词,却都有数的含义,真是珠联璧合。"

你知道鲁迅对的下联是什么吗?

穷亲戚的回帖

从前,有个财大气粗的老爷过60大寿,他给那些有钱的亲戚好友都发了请帖。但他一直犹豫着是否要给一家穷亲戚发请帖,因为如果请他来,穷亲戚也不会送多少礼,反而还要大吃大喝一顿,自己就一点便宜也占不到;如果不请吧,就会招来街坊邻居甚至亲朋好友的闲言碎语。

他想了很久,最后想出一条妙计,他给穷亲戚特别写了份请柬,只见上面写道:"如果来,就是贪吃;如果不来,就是不赏脸。"

穷亲戚收到请帖,看后,给财主准备了一份薄礼,并附带上了一个回帖,同时把财主的请帖一同带回来。大家要求财主当面打开请帖与回帖,当有人念完请帖与回帖后,财主大为难堪。

你知道穷亲戚的回帖上是怎样写的吗?

聪慧的老伴儿

从前有位在外地打工的张大爷,因临时有事,年前不能如期回家,便托人捎了100元钱和一封信给老伴儿。捎信者不怀好心,半路将信偷偷拆开。见信笺上画了八只八哥和四只斑鸠,对钱却一字未提。于是他只拿出50元钱给张大爷的妻子,还有50元钱塞进了自己的腰包。可聪明的妻子看信后,竟对他说:"我老伴儿明明说是带回100元钱的呀,怎么是50元呢?你在跟我开玩笑吧?"那人一怔,红了脸,又退还了50元钱。

你知道张大爷的老伴儿是如何从图中明白丈夫捎来的是100元钱的吗?

疑心的丈夫

从前,有一个地主家的小姐爱上了一位长工,由于地主死活不同意女儿嫁给一个穷得上无片瓦、下无寸土的人,小姐于是与长工当夜出逃,来到一个离家很远的小山村里,并在那里安居乐业。

夫妻二人,男耕女织,生活虽不宽松,但十分快乐。

有一天,妻子叫丈夫去邻村请木匠来家里做一件东西。丈夫问请木工做什么?妻子写了一个纸条:

雾时间红日西沉。

灯闪闪人儿不见。

丈夫接过纸条一读,觉得有点不对头,以为妻子与木匠有什么暧昧关系,因此不去请木匠,还对妻子大发雷霆。这天他什么活也不做,在房里睡闷觉。妻子心里明白,可能是自己写的那张纸条引起了他的怀疑,于是便把纸条上的意思向丈夫解释一番。

这时丈夫才明白妻子请木匠的用意。
你知道妻子请木工做什么吗？

请皇帝猜凶手

一位皇帝最疼爱的小公主突然被人杀害了，皇帝闻知，立即召集群臣入宫。

传旨："孤小女被害，不知凶手何人，哪位爱卿奏知，必有重赏。"

当时，宰相上前启奏："万岁，此事小臣略知一二，如果直言恐怕身家性命难保，臣写四个字，请万岁在每个字上各添一笔，即知凶手。"

奏罢，呈上一纸，皇上过目。

上边写的是"菜如禾七"四个字。

你知道凶手是谁吗？

放牛娃考秀才

以前，在每年一度的秋考之际，朝廷派来的主考官员亲自到州府里做秀才的主考官。有一次，当主考官的轿子路经一个村庄的时候，却被一个骑在牛背上自称要考秀才的穷困放牛娃拦住了去路。

好奇的主考官也很想试试这个放牛娃的能力，于是就故意吩咐手下给了放牛娃一张很小的纸和一支笔，让他在这张纸上写下一万个字，如果能够写出来，就可以点他为秀才。要是写不出来，就只能挨一顿棍棒。

放牛娃只是稍稍犹豫了一下，就提笔在纸上写了起来，而且片刻的工夫就交了自己的"试卷"。主考官为他的聪明才智所折服，自然也就点他为秀才了。

你知道这个放牛娃究竟是怎样把一万个字写在那张很小的纸上的吗？

三块不同的招牌

三个伙伴租赁到一处互相毗邻的商场，分别开了三个服装店，各自独立经营。

三个店铺同时开张，围观的人很多，等着开门买点打折的服装。只见左侧的店主举着巨大招牌，上面写着："开业酬宾大甩卖！"右边的店主也立起一块大牌子，上面写着："开业降价不惜血本！"

中间的店主见了，便在门上写了一行醒目的字，结果，顾客都走进了他的店，生意十分兴隆。

你知道，中间的店主在门上写了一行什么字吗？

巧妙脱身

一次，十分富有的商人孙膑坐在驶往另一个城市的客船上，闲来无事便一直低头看书。

就在他偶尔抬起头来的时候，却发现有个年轻貌美的女孩正在看着自己。这个女孩总是时不时地流露出对孙膑的好感，并终于将禁不住诱惑的孙膑骗进了自己的房间。谁知刚一进门，这个女孩就露出了她的本来面目，威胁孙膑如果不给她一笔数量可观的钱，她就要大喊大叫，说他对自己欲行不轨。

这时的孙膑才明白自己遇上了一个诈骗犯，可自己在她的房间里，不管怎么解释，又有谁会相信呢？情急之下，孙膑突然想到了一个对策，很快摆脱了这个可恶的女诈骗犯。

你能猜出孙膑到底是如何使自己巧妙脱身的吗？

一张字条

有个名叫孙凯越的应届大学毕业生去面试求职，可当他到达面试单位地点时，那里已有20位求职者排在自己的前面。

糟糕,这么多人,我肯定没戏了,不行,我一定要争取这个职位。怎样才能引起老板的特别注意而赢得唯一的职位呢?孙凯越沉思良久,终于想出了一个主意,他拿出一张纸,在上面写了几行字,然后请人转交给老板。

老板看了孙凯越的字条,大笑起来。

最后,孙凯越凭借出众的创新能力,从众多求职者中脱颖而出,如愿以偿地得到了这份工作。

你知道孙凯越的字条上写的是什么内容吗?

萧伯纳的一封回信

大文豪萧伯纳是一个非常风趣的人,在他的生活中发生过很多有趣的逸事。

有一次,一个漂亮的女演员给他写了一封求爱信,信里写了很多羡慕、崇拜他的话,然后就说她希望能够与他朝夕相伴,有一句话是这样写的:"如果我们俩结婚了,生下的孩子有你的头脑,有我的外表,那该有多好!"萧伯纳看完信后,立即回信,只是将语句稍微地作了一点变动,便巧妙地回绝了她。

你知道萧伯纳是怎么回的这封信吗?

无名指最长

正常人都有一双手,五根手指头除了拇指外,通常其他四根指头的长度也不一样,其中又以小指最短。但是,有人却说最长的是无名指而非中指。这是为什么呢?

接风洗尘的菜肴

妻子出差回家,丈夫亲自下厨房为妻子做了几道好菜,算是为她接风洗尘。妻子吃完后,戏谑道:"老公,你这菜用下面四句话来评价最为贴切:

"赵云孤军战长坂,

"孔明用计遇周瑜,

"张飞走失燕子马,

"刘备亲自上战场。"

你知道妻子评价丈夫做的菜怎么样吗?

三菜一汤

很久以前,有一名厨师,他能使烹调技术如诗如画,慕名而来的食客络绎不绝。

一位秀才听说此事,有些不服气。

一天,秀才身着褴褛衣衫,来到那家饭馆说:"我今天身上只有一枚铜板,请准备三菜一汤。"说罢,他掏出一枚铜板放在桌上。店小二一下子傻了,一枚铜板仅能买两个鸡蛋啊,这不是在成心刁难人吗?无奈之下他只好请出厨师。

厨师听罢一笑:"无妨,无妨,稍等片刻,马上就好。"没一会儿,店小二飞快地上了三菜一汤:

第一道菜是两个炖蛋黄,碗里还放了几根绿葱;

第二道菜里把熟的蛋白切成丝,放在盘里,排成一队,下面垫一片菜叶;

第三道菜是一碟炒蛋白,碟正中有一个长方形图案;

第四道菜是一碗清汤,上面浮着几片蛋壳。

你知道这四道菜应了哪首唐诗的四句诗吗?

猜字请客

有一个姓王的酒店老板,他平日里喜欢与文人打交道。

一天来了一位客人，戴着一副眼镜，一看就是一个文化人，王老板便笑着说："我出个字谜，你若猜中，今日饭钱分文不取；若猜不中，则双倍收款。"

说罢吟道："唐虞有，尧舜无；商周有，汤武无。"

客人一沉吟，拱手笑道："老板，现在我将你的谜底也制成一谜，你看对不对：跳者有，走者无；高者有，矮者无。"

酒店老板雅兴大发，又出一谜："善者有，恶者无；智者有，蠢者无。"

客人又接着说："右边有，左边无；凉天有，热天无。"

酒店老板拍手叫好，又道："哭者有，笑者无；活者有，死者无。"

客人接着说："哑巴有，麻子无；和尚有，道士无。"

酒店老板哈哈大笑，让服务员摆出丰盛酒菜，请客人开怀畅饮。

现在，你猜出这是个什么字了吗？

反应灵敏的演员

某工厂为了庆祝建厂50周年，搞了一次文艺演出，并由两个人来饰演剧中的一对邻居。由于这两个演员之间最近刚闹了一点儿矛盾，所以第一个人就想趁着演出的时候让第二个人出丑。于是，当他应该按照剧情将一张写有台词的纸交给第二个人来念的时候，他偷偷地将这张纸换成了一张空白纸，并在演出时假模假样地交给了第二个人。当第二个人慢条斯理地接过来一看，发现是一张空白纸，此时台下不了解情况的观众还在等着他来念这张纸上的台词呢。

这可怎么办呢？急中生智的他用最快的时间想出了对策，不仅使自己摆脱了窘境，还惩罚了那个试图让自己出丑的人。

你知道他到底用了什么办法吗？

爷爷出字谜

一天晚上，全家人正围坐在电视机旁，准备看电视剧，可是离播放电视剧还有一段时间，于是爷爷提议，给大家出字谜，大家来猜。

爷爷出的谜题是："去上面是字，去下面是字，去中间是字，去上下是字。"

几分钟后，只有爸爸猜出了谜底。

你能猜出是什么字吗？

王安石招书童

有一次，王安石想招一个书童，就派人传出消息：凡是想当书童的，必须参加考试，考试的题目就是猜谜语。这一消息传开后，三里五村的人都把孩子送来，想得到这样的好差使，可是，却没有一个能通过考试。

这天，又来了一个孩子，他的家里虽然很穷，但是他学习刻苦，聪明伶俐，王安石接连出了三个谜，他都很快就猜出了答案。身边的人问王安石："你已经连续给他出了三个谜语了，他都回答上来了，这个孩子用还是不用？"王安石一言不发，拿起笔又写了一则字谜："一月又一月，两月共半边；上有可耕之田，下有长流之川；一家有六口，两口不团圆。"身边的人还在奇怪呢，那孩子却高兴地跳起来，连声对王安石道谢。

你知道那个孩子为什么道谢吗？

李时珍巧骂贪官

明朝时有一县官，专门利用自己的权势鱼肉乡里。有一次，他突然生病了，早就听说有个郎中叫李时珍,他医术相当高明,有妙手回春的本领,便亲自登门拜访,请求李时珍为他开一副能治病并能延年益寿的药。

李时珍平时最恨的就是这种贪官污吏,恨不得给他下点毒药毒死他,但是作为医生要治病救人,不得不给他看病,便随手为他开了一处药方:

柏子仁三钱木瓜二钱官桂三钱

柴胡三钱益知二钱附子三钱

八角三钱人参一钱台乌三钱

上党三钱山药二钱

县官拿到药方,如获至宝,回到县衙。他的师爷为人精明,又精通医理,看了药方后说道:"老爷,你没有看出来吗?这哪里是什么益寿药方,这是李时珍在借药方骂你呢!"县官按他的指点读去,被气得口吐白沫,直翻白眼。

这个药方你能读懂吗?

"一把战刀"训师长

拿破仑刚刚20岁出头就当上了将军,在历史上被称为"一把战刀",战场上威风凛凛的他,其实是个貌不惊人的小矮个子。据说,他刚被任命为将军,就受命率四个师长远征。这四个师长,不论是年龄还是所经历的战争次数,都要胜于拿破仑,因而他们都不服气。

在一次军事会议上,其中一位个子高大魁梧的师长,根本不把拿破仑的命令放在眼里,总是用一副蔑视的表情看着拿破仑。当拿破仑单独和他讲战略部署的时候,这位师长始终笔直地站在那里。由于拿破仑个子太矮,于是要求师长俯下身子听他说话。

不料这位师长回答说:"对不起长官,我只会俯身训人,不会低着头听人说话。"

拿破仑听了,强忍怒火,平静地对他说了一句话。

这位师长听完后,立刻把头低下了。

在军队中,统帅的尊严是不容侵犯的,如果统帅没有了尊严,也就没有了军队的团结一心。

你知道拿破仑说了一句什么话使得高个子师长立刻低下了头吗?

司马光考黄庭坚

黄庭坚是宋代有名的大文人,他7岁的时候就会写诗,后来名气越来越大。史学家司马光听说以后,很想请他来做助手,于是,就邀请黄庭坚来做客,实际上是想借此机会考考他。

司马光和黄庭坚聊了一会儿,就念了两句诗:"荷花露面才相识,梧桐落叶又离别。"然后让黄庭坚猜一猜,诗里说的是什么。

黄庭坚笑笑说:"我来写给你看吧!"他马上挥笔写了一首诗:"有户人家没有墙,英雄豪杰内中藏,有人看他像关公,有人说是楚霸王。"

司马光一看,连声说好诗,马上向皇帝推荐,让黄庭坚受了重用。

其实,黄庭坚的答案和司马光的答案相同。你能猜出答案是什么吗?

杨修分酥糖

三国时期的杨修,智谋超出常人,帮曹操出了很多好主意。然而曹操却是个疑心很重的人,不喜欢别人看透他的心思,偏偏杨修却能,而且喜欢告诉别人,借此炫耀自己的才能,这令曹操很忌讳。曹操爱才又不舍得杀了他,所以心里一直很矛盾,想找机会试探一下杨修。

有一次,有人送给曹操一盒酥糖,曹操便在盒子上写了三个字:一合酥,然后把所有的将领叫到帐篷里来,自己故意离开了。

将领来了以后,看见桌子上有一盒东西,都感到奇怪,杨修却打开盒子,把酥糖分给大家吃,有的人不敢吃,杨修笑着说:"不要害怕,这是丞相给我们吃的,大家放心吧!"

通过这件事,曹操知道杨修确实很聪明,能猜出自己内心的想法,这样对自己是一种威胁,他决定处死杨修。后来就找了个借口,把杨修给杀了。

你知道杨修为什么敢把酥糖分给大家吃吗?

踏花归来马蹄香

宋徽宗赵佶,酷嗜绘画,善工花鸟。在位时广为搜集历代名人书画墨宝,并亲自掌管宣和画院,经常考察宫廷画师的艺术技巧。

一天,赵佶骑马踏春而归,雅兴正浓,便以"踏花归来马蹄香"为题,在御花园举行了一次别开生面的画考。由于花之"香"气难用形象表现于画面,许多画师虽有丹青妙手之誉却面面相觑,不知道该从何处下笔。独有一青年画师奇思勃发,欣然命笔。

宋徽宗俯身细览,大赞:"妙!妙!妙!"接着评道,"此画之妙,妙在立意妙而意境深远,把无形的花香,有形地跃然于纸上,令人感到香气扑鼻!"

众画师一听,莫不惊服,皆自愧不如。

结果,这幅笔精墨妙、构思奇巧的丹青妙作被选进内宫清裱镶挂。

你知道那位年轻画师画的是什么吗?

儿子的反驳

当古罗马城陷入纷乱的时候,有位母亲对儿子说:"如果你正直的话,就会被大众所背叛;但如果你不正直,就会被神遗弃。反正都没有好下场,你何必要强出头呢?"但这位坚强的儿子不但不放弃,还驳得母亲哑口无言。

你知道他是如何反驳的吗?

浪子回头金不换

从前有个花花公子名叫金有钱,从小好吃懒做,嫖赌逍遥。父亲死后,他依旧恶性不改,很快就把遗产花了个一干二净,成了个名副其实的"负少爷"。

一年除夕,穷少爷过年连米也没有,于是他自嘲地写了副对子:行节俭事,过淡泊年贴于门口。

夜里,舅父背着舅妈偷着买了两斤肉,背了十斤米过来送给外甥,见门前春联,感慨万分,便对外甥说:"你爸爸临走时让我好好照顾你,我也没能力养活你,只能是尽一点当舅父的责任而已。你这对联的头上,还应各加一个字!"说完挥笔写了一副门联。

穷少爷一看,羞愧不已,从此改邪归正,自力谋生,成了个回头浪子。

你知道那位好心舅父在对联头上各加了一个什么字吗?

县太爷测试师爷

跟随县太爷多年的师爷因年事已高,决定告老还乡了,经别人介绍,他又招了名师爷。可这位新师爷年纪轻轻,县太爷总觉得他能力不是很强,总想考验一下他的能力,可是这段时间并无案情可办,无法显示师爷的能力。于是,县太爷就想出题考考他,看他是不是真的很有才能。

这天,县太爷对师爷说:"我想要你给我找一个东西,不知道你能不能办到?"师爷说:"老爷请讲,我一定能找到。"

县太爷喝了口茶,润润喉咙说:

高山上面叠高山,

高山下面毛竹滩。
毛竹滩上滚龙潭，
滚龙潭下火焰山。

师爷听后，微微一笑，对县太爷说："这个不难，我明天就给大人带来。请大人放心。"当晚，师爷忙了几个时辰，第二天一早就把东西送给了县太爷。

县太爷看后，心中大喜："果然有真本领，这下子我放心了。"

你知道县太爷要的是什么吗？

刻薄的财主

从前，有一个特别贪财的财主叫杨才枚，非常刁钻刻薄，经常想出各种各样的诡计来扣长工们的工钱，大家对他深恶痛绝。

有一年春天正赶上种庄稼，杨才枚家里的长工不够用，便把一个名叫周聪的招去做短工，讲好期满后给周聪50两银子。转眼三个月期满，周聪找杨才枚要工钱，杨才枚对周聪说："周聪，人家说你是一个聪明人，我倒要考考你，答对了我给你双倍工钱，答错了可要扣掉你那三个月的工钱！"

接着，杨才枚亮开嗓子说道："什么吃草不吃根，什么睡觉不翻身，什么腹中长牙齿，什么肚内长眼睛。"

周聪很快猜出了这四种东西，刁钻的财主没想到会输在一个大老粗的手里，只好按商定的条件付了工钱。

你能猜出杨才枚出的谜底吗？

缺少标点符号的谜语

一天，爸爸对女儿说："有这样一个谜语曾经难倒了很多人，不知道你能否猜出来。"

女儿笑着说："老爸，你忘了我是谁啊？我可是一才女。"

"听好了，"爸爸说，"一不出头，二不出头，三不出头。不是不出头，是不出头。打一字。"

这下还真把女儿给难住了，后来爸爸点拨她："很多人看后不知道如何去理解，事实上，这句话里是缺少标点的，你先为它加上标点，然后就很容易说出它的谜底了。"

不一会儿，女儿果真猜出来了。

你知道女儿是怎么加的标点吗？谜底是什么吗？

作画报平安

古时候，有一个农民正在田地里干活，不幸遇上了官府的军队抓壮丁，他被抓到很远的边疆去打仗了，一去便杳无音信。好多年过去了，他天天惦念着家里的老母亲和妻儿，他的老母亲眼睛都哭瞎了，妻子每天晚上都坐在村口等着他回来，等得头发都白了。

有一年快过年了，妻子又思念起丈夫，忍不住痛哭起来。忽然，来了一个陌生人，他交给妻子一封信，说："我在很远的边塞做生意，碰到了你的丈夫，他让我捎信给你。"妻子打开信一看，上面有四幅图画：

第一幅是七只鸭子；

第二幅是空酒瓶；

第三幅是一头死去的象；

第四幅是一个人骑着马，正往一间房子飞奔。

看完信，妻子马上擦去眼泪，开心地笑了。

你知道这几幅画到底是什么意思吗？

语意深长

有位少年向莫扎特请教如何写好交响乐。

莫扎特答道:"你写交响乐还太年轻,为什么不从写叙事曲开始呢?"

少年反驳道:"可是你开始写交响乐时才10岁呀?"

"对,"莫扎特回答道,"——"

莫扎特的回答充满了自信,又语含教育。

你知道他是怎么回答这个少年的吗?

出奇制胜

相传有六位文人合计好后,想捉弄一下绍兴有名的才子徐文长。

一天,他们邀请徐文长一起吃饭,这天的酒桌上只摆了六盘菜,规定按年龄大小行酒令,并且酒令必须是一个典故,只要典故与桌上的菜肴有关,就可以拿这盘菜去吃。

第一个人说:姜太公钓鱼,便把桌上的一盘鱼端到自己跟前了;

第二个人说:时迁偷鸡,于是将一盘鸡肉端走了;

第三个人说:朱元璋杀牛,牛肉就归了他;

第四个人说:苏武牧羊,把羊肉也拿走了;

第五个人说:张飞卖肉,就顺手将一盘猪肉移到自己面前;

第六个人忙说:刘备种菜,便把最后一盘青菜端走了。

六个人得意扬扬地正要动筷子,只听年龄最小的徐文长说声:"等一等!"接着说出了一个酒令,然后六个人在叹服声中把他们的菜全部都端了过去。

你知道徐文长说出了一个什么酒令吗?

借鱼破谜

一天,秦少游又想喝酒了,希望苏小妹能给他炒两个菜。苏小妹说:"想喝酒不难,让我炒菜也不难,老规矩,你得先猜谜!"说着,就出了一个字谜:"两日齐相投,四山环一周,一口吞四口。"秦少游想了很久,还是没有猜出来。

可是,他哪里肯认输,借口说:"哎哟,我把扇子忘在哥哥家了,我去取。"他赶到苏东坡的家,看见苏东坡坐在院子里,面前放着几盘菜,正在悠闲地喝酒。秦少游忙把苏小妹的谜语说了,恳求苏东坡一定帮忙。苏东坡喝了一口酒,只是笑了笑,然后把筷子伸向盘里的鱼,把鱼的头和尾巴夹断。

秦少游眼睛一亮,高兴地说:"谢谢你告诉了我答案!"在整个过程中,苏东坡一句话也没有说,你知道秦少游为什么说他告诉了自己答案吗?

5岁的小甘罗

甘罗,在我国历史上被称为一位神奇人物。他12岁就当上了丞相,是战国时期秦国最有名的人物。在他还是一个5岁的孩子时,就曾随秦王去看军队的演练。当秦王看到操场上密密麻麻的士兵,以及他们身后摆放着的无数兵器后,就对文武百官说,如果谁能够在自己击掌十次的时间里查出到底是士兵多还是武器多,那么他将重重地奖赏这个人。

所有的大臣都认为这是不可能的事情,而甘罗听到这件事后,很快就想出了一个办法。于是,他对秦王说根本就不用击掌十次,只需要三次的时间就足够了。秦王当然不信,可事实证明,甘罗并没有吹牛,他真的只在秦王击掌三次后就给出了正确答案。

你知道甘罗是怎样做的吗?

猜字谜

放学后,有四个初中生一起回家,他们一边走一边猜字谜。他们分别出了一个字谜:

"一个字,两个口,下面还有一条狗。"打一个字。

"一个字,生得恶,四张嘴,一只脚。"打一个字。

"一个字,生得怪,六张嘴,两个头,两只脚。"打一个字。

"高爷爷的头,李爷爷的脚,郑爷爷的耳朵。"打一个字。

后来,这四个字谜都被大家猜中了。

你能猜中这四个谜底吗?

韩信求兵

刘邦的大臣萧何向他推荐了智勇双全的韩信。刘邦觉得韩信很年轻,想找个机会试试他的才能。一次,刘邦将韩信叫到自己身边,交给他一块五寸见方的布帛,要求韩信必须在一天时间内尽可能多地在这块布帛上画出士兵来,而他所能够画的士兵的数量就是自己将会交给他的士兵的数量。

第二天,当韩信将布帛交给刘邦的时候,刘邦很高兴地称赞韩信确实是个难得的将才,并且让他做了自己军队的元帅。

你知道韩信到底在布帛上画了多少士兵,才使得刘邦高兴地封他做元帅吗?

奖励说谎话的人

从前,有个国王对一个能言善辩的人说:"如果你能够讲一段我从未听到过的谎话,就赏1000银币,反之就罚你100银币。"

这个人连讲三段谎话,国王听后都说早就听过了,于是罚了他300银币。这个人想,照这样下去,他无论说什么,国王只要说早就听过,就可以不断罚款,这样自己就会倾家荡产,这可怎么办呀?

后来,他终于想出来一段谎话,对国王说:"哎呀,我记起来了……"国王一听,从座位上跳了起来,急道:"你真是胡说八道,我从未听说过这件事,这是彻头彻尾的谎话!"于是,国王赏了这个人1000银币。

你知道这个人是怎么说的吗?

裁缝店比招牌

在欧洲的某个国家,所有人都很讲究服装时髦、高雅,这是因为他们的裁缝勇于创新,手艺高超。只要设计出一款服装来,欧洲的富人就会争先恐后地去这个国家买衣服、做衣服。

在这个国家的都城,有一条大名鼎鼎的小街道,这条街上开着三家出了名的裁缝店,这三家店都是欧洲的王公贵族们喜欢光顾的地方。这三家裁缝店为了竞争到最多的顾客,店招牌时常更换,什么"最优惠缝纫店"、"绝活缝纫店"、"合体缝纫店"等等。

某日,一家店挂出了新店牌"欧洲最佳缝纫店"。又一家也赶紧挂出了新店牌:世界最佳缝纫店。这两家店都认为自己的牌子很醒目,肯定能招来很多顾客。谁也没有料到,当第三家的店牌挂出之后,这两家就彻底败阵了。因为他们即使绞尽脑汁,也无法想出在招牌上写什么文字可以压过这家了。不久,这两家店铺先后搬走了。

你能猜出那家店牌上写的是什么吗?

冯梦龙请客

冯梦龙是明朝时期著名的文学家。他不喜欢升官发财,而是把全部的精力,都投入到文学创作中。冯梦龙还有一个特别的爱好——喜欢谜语,他在平日里收集了许多资料,并精心研究,写了一部专门讲谜语的书——《黄山谜》。

有一年春天,冯梦龙起床推开门后,发现院子里的桃花都开了,满树的桃花可漂亮了。正在这时,有一姓李的朋友来拜会。冯梦龙便开玩笑说:"桃李杏春风一家,既然你来了,我们就在院子里的桃树下,一面喝酒,一面赏花吧!"他们在一棵大桃树下落座。

冯梦龙忽然想起忘了一样东西,就对屋子里的书童喊道:"你快去拿一件东西,送到院子里来!"

书童问:"是什么东西呢?"

冯梦龙随口就造了一个谜:"有面无口,有脚无手,又好吃肉,又好吃酒。"

书童愣在那儿,猜不出应该去拿什么。

你知道冯梦龙让书童拿的是什么吗?

哑谜救亲家

纪晓岚和当时的两淮盐运史卢雅雨是儿女亲家。卢雅雨挥霍无度,亏空了大量公款,朝廷打算予以严办,查抄他的家产。

纪晓岚当时做侍读学士,经常出入乾隆的内廷,知道了这件事。他决定把这一情况通知卢雅雨,但是又怕走漏风声,吃罪不起。最后终于想出了一个办法:他将一小撮茶叶装在一个信封里,然后用面糊加盐封好,派人送到卢府。

聪明的卢雅雨接到亲家这封内外都没写一个字的古怪信件后,很快便领悟了其中的奥秘,把余财迅速安顿他处。到了查抄的时候,所存资财已寥寥无几。

和珅派人侦得纪晓岚曾送信给卢雅雨的事,报告了乾隆。乾隆责备纪晓岚,纪晓岚力辩信中实无一字。经乾隆再三追问,纪晓岚才招认这封信实际上是一个隐着六个字的哑谜。

你知道这六个字是什么吗?

黑暗中分袜子

有两个高中生,假期里想自己做点小生意,赚点零花钱。二人凑钱在批发市场上买了一箱袜子,其中黑色和白色的袜子各50双。可等到他们把装有袜子的箱子抬回家中后,天已经完全暗了下来。这时又恰巧家里停电(屋子里也没有可照亮的东西),所以两个人只好在一片黑暗中考虑如何将这些袜子平分。因为黑、白两种袜子的质地没有任何区别,这就给袜子的分配增加了难度。到底怎样做才能使每个人分到的袜子都是黑、白两种各25双呢?

这时,其中的一个人突然对另一个人说自己已经想出分袜子的方法来了,并且很快分好了这些袜子。等到来电时,他们看到袜子的分配果然没有一点儿差错。

你知道这个人是如何分的袜子吗?

数词入信

在我国古代有很多名诗将数词入诗,成为佳话,也有很多人将数词用在书信中,其表情达意又是另一番滋味。

相传汉代的卓文君和司马相如成婚不久,司马相如就辞别娇妻,赴京做官,此后杳无音信,多情的卓文君痴情地等了五年,等来的竟是写着"一二三四五六七八九十百千万"的数词家书,聪颖过人的卓文君读懂了夫君信中的意思,家书中无"亿","亿"字谐音"意",表示丈夫已另有所爱,于她"无意"了,只不过羞于直说。文君看后,即复信:

(　　)别之后,(　　)地相思,只说是(　　)(　　)月,又谁知(　　)(　　)年。(　　)弦琴无心弹,(　　)行书无可传,(　　)连环从中拆断,(　　)里长亭望眼欲穿,(　　)思想,(　　)

思念,( )般无奈把郎怨。

你知道括号中都填的是什么数词吗?

叶公好龙

众所周知,叶公好龙,在他家四处都刻着龙。真龙听说了这事以后,很感动,决定去拜访叶公,于是,从天而降,来到叶公的家里。叶公见到真龙,立刻被吓得面如土色。

你知道这是什么动物吗?

根据符号猜字

周末,徐立和同学一起做完功课后,给同学出了这样一道题:

请你们在纸上写出加号、减号、乘号和少了一点的除号。然后根据这样的图打一字。

几个同学想了半天也不知道是什么字。

你能猜到这是什么字吗?

百步吹烛

小王是公司里有名的才子。元旦晚会上,大家都要他表演一个精彩节目。小王想了一下说:"真是不好意思,我没有什么精彩节目献给大家,就表演一个'气功百步吹烛'吧。"大家一听,惊奇地说道:"小王也会吹牛啊,你根本不会气功,你怎么表演啊?"这时小王已拿出一支蜡烛,点燃后粘贴在桌上,转身走了起来,一步、两步、三步……共走了一百步,然后用足力气,对准蜡烛一吹:"噗!"蜡烛灭了。

"大家说我牛不牛?走一百步还能把蜡烛吹灭,不假吧!"大家都笑开了,鼓掌说:"牛人一个,不假!不假!"

那么,不会气功的小王是怎样做到百步吹烛的呢?

无法准时送到的货物

有一家大集团致电欧洲供应商要求订一批半导体材料,这家大集团非常精确地指定交货日期,欧洲供应商保证准时送到。但是,信誉良好的欧洲供应商每一批交货日期都至少有一个月的误差,有些货物太早送到,有些货物却迟到。

于是,这家大集团打电话质问原因,欧洲供应商却说他们的货物都是由物流公司经营的,物流公司说他们是按照合同上的时间按时送到的。

那么,问题到底出在哪里呢?

贵族与矿工

在一次联合国大会上,有一位英国工党的外交官同前苏联外交部长莫洛托夫发生了争辩。争辩中,他忽然用莫洛托夫的出身来攻击对方:"莫洛托夫先生,你是贵族出身,而我家祖祖辈辈都是矿工,我们两个究竟谁能代表工人阶级呢?"他本来想让莫洛托夫尴尬,不料莫洛托夫镇定地说:"你说得对,我出身贵族,而你出身工人。不过,——!"

话音刚落,英国工党的那位外交官哑口无言了。

你知道莫洛托夫的后半句话说的是什么吗?

猜职业

一天,詹姆、强尼和丽达他们三个人一起去逛商场,在路上强尼多年不见的好友杰姆打电话给他,得知与强尼同行的还有他的两个朋友,于是在电话中互相问好。后来,杰姆问大家的职业,詹姆说:"我们的职业分别是教师、律师和医生。强尼比教师矮一些,詹姆比医生高些,丽达比医生矮一些。

你能猜出他们各自的职业吗?

张老板割肉

有个人家里来了客人,妻子让他去街上买肉,他转了好几家肉店,结果肉都卖没了,最后问到张老板那里。张老板热情地问他要买什么肉,他说:"皮抖皮,皮打皮,精肉不挨骨,肥肉不挨皮,皮肉还有两层皮。"

张老板听后,二话没说就割好了肉。

你知道张老板割的是什么肉吗?

回击吝啬的姑父

明代著名艺术家徐文长到姑父家做客,眼看很多人家都吃完了午饭,可是姑父的饭菜还没做好,饿得徐文长肚子咕咕直响。姑父终于端出一碗少得可怜的鸡蛋汤,对他说:"文长啊,真是不好意思,你来得真不是时候,要是晚来三个月,这碗鸡蛋汤就是一碗鲜鸡汤了。"徐文长笑道:"啊,没关系的,真是难为你了。"

隔了数日,徐文长复请姑父,过了半晌,端出一盘竹片,对姑父说:"姑父啊,真是不好意思,你来得真不是时候……"

你能猜出徐文长是如何回击吝啬的姑父的吗?

老臣卖羊

商纣王是个性情残暴的昏君,总是喜欢用一些无法做到的难题来为难自己手下的大臣。有一次,他把一位老臣召进宫里,让他第二天把1000只羊牵到市场上去卖,不仅要拿回卖羊的钱,而且还必须把全部的羊都带回来,否则不仅要杀掉他,还要杀掉全家老少。

既然要把卖掉羊的钱拿回来,又怎么能够再把羊一只不少地全带回来呢?这位老臣回到家后,就把国王的这个难题告诉了10岁的小女儿。小女儿眨了几下眼睛,很快就想出了解决问题的办法。第二天,这位老臣照着女儿的办法到市场上去卖羊,不仅把卖羊的钱交给了国王,而且还带回了所有的羊,这样也就保住了自己的性命。

你知道老臣的小女儿究竟想到了什么样的办法,解救了自己的父亲吗?

铁桶江山的故事

有一年,乾隆皇帝为了庆贺即将到来的生日,就发给每个大臣千两黄金,让他们为自己准备寿礼。为了能够让皇帝欢心,很多大臣都搜集了大量的奇珍异宝。

刚正的老臣刘统勋也领到了黄金,可他却把这些黄金给了那些镇守边疆的官兵,并告诉他们说这是皇上犒赏的。然后,他在一个铁桶里装满了姜,把它作为礼物献给乾隆皇帝。

到了乾隆生日的那天,当刘统勋把自己这份寿礼中的含义说出来以后,乾隆不仅没有生气,还连声说这是自己今年收到的最好的礼物。

你能想到这份礼物中究竟有着怎样的含义吗?

"亚"字的奥妙

语文课上,老师给同学们出了一道题:

为"亚"添上一个部首,然后就可以变成一个新的字,并且其过程还可以用一个成语来表示。

现在,你能想到几个这样的字呢?

谜破谜

北宋时期的王安石是个大文学家,他很喜欢出谜语让别人猜。

有一次,王安石的好朋友王吉甫来访。闲聊后,王安石随即出了一谜:"画时圆,写时方,冬时短,夏时长。"王吉甫也是一个猜谜高手,稍加思考就知道了答案,但是他没有说出来,而是说:"呵呵,有意思,现在我也出个谜语你猜猜:东海有条鱼,无头亦无尾,去掉脊梁骨,便是你的谜。"王安石听后,微微一笑。

原来他俩的谜语是一个答案。你知道答案是什么吗?

爱因斯坦的回答

世界著名物理学家爱因斯坦在成名之前一直过着清贫的生活。有一次,当一位反对他理论的同行在街上遇到他的时候,爱因斯坦正穿着他的那件破旧的大衣。这个人嘲笑他为什么穿了这样的一件衣服。爱因斯坦满不在乎地回答说:"反正这里的人都不认识我。"

等到爱因斯坦因为他的相对论而享誉物理学界的时候,这个人又一次在街上遇到了他。而此时的爱因斯坦还是穿着那件破旧的大衣。于是这个人便又假惺惺地问爱因斯坦为何还穿得这么寒酸,应该换一件新的大衣了。聪明的爱因斯坦稍加思索,便用一句话回答了那个人。

你知道爱因斯坦是如何对自己的旧大衣作出解释的吗?

三娃巧计抓强盗

从前,有个十分聪明的孩子叫三娃。一次,他和父亲出远门,住在一家客栈里。到了半夜的时候,有一个强盗手持钢刀闯进了他们的房间,并用刀逼迫三娃和他的父亲交出财物,否则就要杀死他们。

这时,打更的梆子声由远而近地传来,心虚的强盗就催促假装在找东西的三娃赶快交出财物。可三娃却告诉强盗,如果着急的话就必须允许自己点亮灯盏来找。于是,就在打更的梆子声在房间的门外响起的时候,三娃点亮了灯盏,并把父亲藏在枕头下面的钱交给了强盗。就在这个时候,门外的更夫突然大喊"快来抓强盗啊"。很快人们就冲进了房间,抓住了还来不及跑掉的强盗。

你能想到三娃是怎样为在门外的更夫作出屋子里有强盗的暗示吗?

孙子机智救祖父

古时候,有个孩子叫孙元觉,他从小聪明伶俐,尊敬长辈孝顺父母。在孝顺父母方面,他对父亲的影响很大。

父亲对祖父一直很不孝顺。一天,当孙元觉和父亲以及祖父一起路过深山里的一个悬崖时,父亲竟突然要把祖父装在随身携带的大筐里,然后推下悬崖。孝顺的孙元觉跪着哭求父亲,可父亲却一定要这样做。

就在这危急的时刻,孙元觉突然停止了哭泣,接着又说了一句话。虽然只有短短一句话,可他的父亲听了这话以后却突然取消了自己原来的打算。不仅如此,他还把孙元觉的祖父恭恭敬敬地背回家中,从此以后还变得很孝顺。

大家猜猜孙元觉到底说了一句什么话,才让他的父亲变得孝顺起来了呢?

妙改电文救百人

就在1949年解放战争即将结束时,蒋介石秘密命令大特务沈醉在昆明逮捕了近百位爱国民主人士,而且打算将他们全部处死。云南省主席卢汉得知此事后,立刻致电蒋介石为他们说情。可蒋介石主意已定，只在回电中写了八个字："情有可原，罪无可恕。"

卢汉看到电文后很无奈，只好求助于一向善于谋略的李根源先生。李根源在反复地看了蒋介石的回电后，很快就找到了一个既简单又可以让那些爱国民主人士免于受到迫害的方法。

你能想到那到底是一个什么样的办法吗？

神童妙对知府大人

明朝洪武年间，江西吉水县有个穷人家的孩子叫解缙，别看他没读过什么书，但七八岁时便能吟诗答对，当地老百姓都称他为神童。

一年中秋，知府大人来到吉水。他很想见见这个神童，于是亲自召见了解缙，看他是否聪慧。

知府见解缙稚气未脱，便先笑问："小孩儿，你父亲以什么维持生计？"

解缙答道："慈父肩挑日月。"

知府大人又问："那你母亲呢？"

解缙又答："家母手转乾坤。"

知府一听，高兴地说："果然名不虚传。"

当即命随从赏了解缙5两银子，让他回去好好上学。

你能猜出解缙父母是干什么的吗？

让员外昏死的对联

从前，在一个小镇上住着一对横行乡里、不学无术的员外父子，他们各用钱买了一个"进士"功名，他们的老婆还被封为"诰命夫人"。这年除夕，员外按捺不住得意的心情，在门上贴了一副对联：父进士，子进士，父子同进士；妻夫人，媳夫人，妻媳同夫人。

可第二天早晨，他们看到自己家门上的对联的一些字被稍微改了一些，意思竟大为不同。员外一看，气得当场昏死过去。

你知道这副对联是怎样改的吗？

拆字法对对联

据说林则徐从小就很聪明，有一次随父亲出游，当他们走到闽江边时，父亲观景有感，随口吟出一句上联："鸿是江边鸟。"

猛一看父亲的上联很短小，但是恰当地运用了拆字法，林则徐想了半天，也没有对上来。后来，父子二人经过一农家小院时，看到一老汉正在喂蚕，林则徐看到这一场景，立即有了灵感，随即对出了下联。

父亲听了笑着点了点头。

根据上面的提示，你能猜出林则徐是怎样对的吗？

唐伯虎白送画

唐伯虎是江南才子之一，他的画很有名，大家愿意出很高的价钱来买他的画。于是，他就在西湖边开了一个画廊。这一天，画廊里又挂出了一幅画，画面上是一个人牵了一只狗，在西湖边散步。

人们围着画纷纷赞叹："快看啊，这真是千金难买的好画啊！"唐伯虎听到赞扬声，心里可得意了，马上宣布："各位注意了，这是一幅字谜画，谁要是能猜出答案，这幅画就白送给他。可是谁要是猜错了，罚10两银子！"大家一听，都皱起眉头苦苦思考起来。

忽然，有一个年轻人跑上前，一下子趴在地上，大家都感到很奇怪，唐伯虎却大笑起来，然后把画取下来送给了年轻人。

你知道年轻人为什么趴在地上,唐伯虎就把画送给了他吗?

想不到的"天下第一味"

有一年春天,分别来自四川、广东、浙江的三个赴京赶考的举人途中相遇,并结伴而行。

当大家走累了时,便坐在一棵大树下歇息。四川举人心头一动,拱手笑道:"二位才子,你我今日幸会,实为难得,眼下已近中午,大家肚内皆饥,小弟请问二位仁兄何谓天下第一味?"

浙江举人笑道:"这还用问,天下百味,自然是糖醋肉排最佳。"

广东举人说:"你说得不对不对,蛇肉之香,与众不同,味道更美。"

那四川举人笑道:"二位仁兄皆未道中。其实,小弟刚才是给二位出了一道谜语呀,其实'天下第一味'本身就是一道菜!"接着他说出这一道菜,并解释了一番。

那两个举人一听,拍手叫绝,连说:"妙,妙!"

你猜出这"天下第一味"是什么菜了吗?

巧戏西太后

清末,在山东有个名叫李奎元的著名画师。那一年,慈禧太后为了修建颐和园,传旨把他召到京城,要他画一个大屏风,放在仁寿殿里,好为她歌功颂德。李奎元一见到慈禧,恨不得扒了她的皮——这个祸国殃民的败类。心里虽是恨死了慈禧,可是又不能公开违抗,只好答应了。

他把自己关在屋子里,没日没夜地画画。献画的那一天到了,慈禧带了文武百官来看画,只见屏风上画了一个胖小孩,跪在午门前,手里托着一个大寿桃,后面飘着各种国旗,排列着各国军队。官员们都拍马屁说:"真不愧是著名画师,老佛爷,这是仙童祝寿,万国来朝!"慈禧开始还很得意,并赏赐了李奎元,就在李奎元出宫后,慈禧突然想到了什么,大声骂道:"好大的胆子,竟敢用谐音来骂我!"她马上派人抓李奎元。

李画师却早已经逃走了。

你知道这是为什么吗?

竹苞堂

清代乾隆皇帝的宠臣、大贪官和珅筑了座书斋,请大学士纪昀(字晓岚)题匾。

纪昀深知和珅胸无点墨,又见书斋廊外满篱疏竹,新苞丛生,遂触动灵感,题上"竹苞堂"三字。和珅大喜,称其"致雅清高,妙不可言",遂领镌刻,嵌于门首。

后来乾隆到和府游园,指着匾额笑道:"爱卿上当矣。"遂解释一通。和珅听了又羞又恼,又不好发作。

你知道这是为什么吗?

哭泣的少女

陶渊明是东晋著名诗人、文学家,他尤其擅长写田园诗。

有一天,陶渊明独自在郊外闲游,走到河边的时候,正巧遇到一个少女在河边掩面哭泣,陶渊明急忙上前问明情由,那少女神态悲切地说道:"我刚才遇到一算卦先生,我让他给算了一卦,他竟然说我:

"风流女,河边站,

"杨柳身子桃花面,

"算命打卦她没子,

"儿子生时娘不见。"

陶渊明听了少女的哭诉，不禁拍额大笑，连说："小妹妹不要啼哭，算命先生说的是一个谜语，是称赞你美貌的。"说着便为她解说，少女听罢破涕为笑。

你知道那个算卦先生的谜底是什么吗？

妙计

很久以前，有个姓陈的穷人开了一片荒地，并栽了一片果树，几年后，树木茂盛，果实满枝。这个姓陈的穷人也挣了很多银子。一个财主眼红了，想把它占为己有。这个财主跑到县衙告了姓陈的穷人一状，并用10两银子去贿赂县太爷。

于是，县太爷派人传讯姓陈的穷人，这个姓陈的穷人知道自己肯定要吃亏，心里很着急。当他走到县衙门口，官差盘问他姓名时，他忽然心生一计。

官差通报后，开始审案。县太爷喊了财主的姓名之后，紧接着又喊："传陈旧上堂！"县太爷一喊，财主心想，我的妈呀，这不是作死吗？竟吓得偷偷地溜走了。

你知道这是为什么吗？

难以迈进的门

从前，有位富翁，他的妻子为他生了一个可爱的儿子。可算命的先生却说这孩子有克父之相，还说一旦这个男孩将来长得跟门一样高的时候，也就是他的父亲失去生命的日子。

算命先生的一席话使得富翁很担心。于是，他把孩子送到了外地的一座寺庙里寄养，再也不打算与其相见了。

几年过去了，孩子长大了，他很想回到家里。可眼看着自己已经长得快要跟门一样高了，迷信的父亲又怎么会允许他回家呢？其实，父亲也很想让孩子回家。

于是，父亲请教长老，该怎么办。

长老想出了一个巧妙的方法，终于使一家人得以团聚。

那么，你能猜到长老想到的是什么方法吗？

聪明的杏云姑娘

杜牧是唐朝著名的大文学家，他曾经担任过州官。为了了解民情，杜牧常常脱下官服，穿着普通老百姓的衣服，到城镇乡村私访，经常和一些老百姓、文人、商人聊天，看到优美的风景还要即兴写诗。

有一次，杜牧听说附近有个杏花村，村口开了一家小酒店，掌柜的叫杏云姑娘，她聪明伶俐，喜欢和文人交朋友。于是，杜牧穿着便服来到小酒店，想看看杏云姑娘到底是怎样的聪明。他刚坐下，杏云姑娘走过来，微笑着问："这位先生看着很面生，肯定是第一次光临。请问尊姓大名？"杜牧没有回答，却吟了一副对联："半边林靠半坡地，一头牛同一卷文。"杏云姑娘一听，马上行了大礼说："原来是州官大人啊！"杜牧这才相信，杏云姑娘确实聪明过人。

你知道这是为什么吗？

大白菜的谜语

一天，语文课上，老师将一棵大白菜放在桌子上，要求同学们开动脑筋做一动作，猜一历史名人。

大家都在默默地思考着。忽然文章拿起大白菜，不分青红皂白，撕下许多菜叶子扔在桌子上，然后拿着白菜帮子回到座位上去了。有的同学对文章的所作所为不满，认为开玩笑也应讲究场合。但没想到，语文老师说，文章这个"玩笑"正好猜中谜底。

你知道谜底是什么吗？

第六辑
侦破类谜题游戏

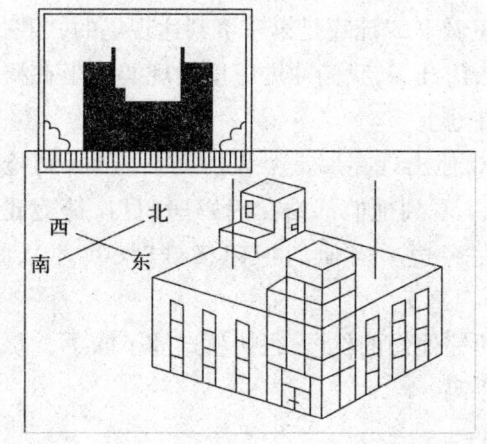

目击者

有一个小伙子杀人之后便逃之夭夭。当警察赶到现场时,根据目击者提供的线索,在一家饭店里发现了这个嫌疑犯。可这个小伙子说自己一直在这儿喝水、喝酒、吃饭,吃饭后就在这里看电视,从一进来到现在连卫生间都没有去过,更不要说中途离开过饭店。

饭店的经理和周围的人也证实了他的说法。可目击者却非常自信,认定这个小伙子就是那个作案者。然后,警察化验了凶手留下的指纹,结果,凶手的指纹和这个小伙子的指纹明显不符。那凶手到底是谁呢?为什么目击者肯定说是他呢?警察忽然明白了,于是,他赶紧和助手去查了小伙子的户口册。果然,根据这个线索,警察很顺利地把凶手抓到了,并且证明凶手确实不是这个小伙子。

你知道警察是如何找到凶手的吗?

没良心的养子

格林太太收养了四个孩子,辛辛苦苦地把它们养大成人,但是这几个孩子却不知道感恩。格林太太很失望,她说:"我要重新修改遗嘱,一分钱都不会留给这几个忘恩负义的坏蛋!"说完她就回卧室了。

两小时后,就听到一声枪响。格林太太死了,警方接到了报案。警方对死者的养子们逐一审问。

"警官,当时我正在楼下看书。"曼尼对警察说,"我一听到枪响就赶紧上楼来到妈妈的卧室,但门从里面反锁了。"

莫尔当时正在楼下的厨房里,他说:"我听到枪响后,就立刻从后面的楼梯上了楼,曼尼已经站在妈妈房间门前了,他一边猛敲门一边喊着妈妈的名字。"

"我当时正在自己的房间里看书。"捷克是第三个到达现场的,"我提议从钥匙孔往里看,但曼尼和莫尔决定撞门。撞了几下后,门开了,我们冲进屋里发现妈妈坐在椅子上,头无力地垂下,血滴答滴答地往下流,有一把手枪扔在地上。"

最后一个到场的是弗纳尔,他出现在那三个人的身后。"听到枪响时,我正在三楼,"弗纳尔说,"随后,我就跑下来到二楼。看到他们都站在妈妈房门口,捷克正从钥匙孔向里看,曼尼和莫尔后来就开始撞门,我就站在旁边。当他们把门撞开时,我才从眩晕中清醒过来,跟他们进了屋。"

警察看过了上锁的房间,听完他们的供词,很快就逮捕了凶手。

那么,你知道谁是杀人凶手吗?

积雪上留下的脚印

下了几天的大雪终于停了,在一个白雪皑皑,积雪厚达30多厘米的早晨,罪犯将几天前来家里的朋友杀害了。他为了转移杀人现场,就穿过一片空地,将尸体扛到邻居一所正在建造中的空房内。

然后他又顺原路返回家中,拨通了警察的电话。几分钟后,警察赶到,他装作紧张的样子说:"今天早晨,我想扫雪,可是我没有找到自家的推雪板,于是去邻居家的空房里找推雪板,却发现了一具年轻的尸体,当时吓了我一跳。因为空房周围没有被害人和凶手的脚印,只有我一个人进出的脚印,此人肯定是下雪前在空房里被杀的。"

警察查看了现场,并对脚印作了比较后怒斥道:"你还敢说谎,凶手明明就是你。是你在自己家杀人后将尸体转移到这里的,所有的积雪都是证据。你自作聪明。"

你知道警察是如何识破他的谎言的吗?

一份身体检查报告

商人孙海到南非出差考察，当时正赶上南非发生霍乱，考察完后当天他在南非给家人购买了五颗钻石礼品，便乘飞机归国，没想到回国后就死了，那五颗钻石也不知道什么时候消失了。警察局接到报案后便前往调查，经过检验，发现孙海先生感染了霍乱病菌，但是根据尸检报告来看，孙海先生并不是死于霍乱病毒，而是被另一种毒药毒死的。

经过仔细调查后警察找到了嫌疑人孙海先生的大学同学宋小姐，并且在她的房间内找到了丢失的五颗钻石，于是立即传讯了她。

但是宋小姐说她最近一直在忙，前几天还出国旅游去了，根本没有见过孙海先生，并且是从警察口中才得知孙海先生死亡的消息，当警察问她五颗钻石的来历时，她说是自己不久前在澳大利亚旅游时买回来的。

要怎样才能证明宋小姐见过孙海先生呢？负责调查此案的张文斌想了想，然后让宋小姐做了一次身体检查，拿到检查报告后，警察立即便将宋小姐逮捕了。

你知道警察让宋小姐做了一个什么检查吗？如何证明宋小姐见过孙海先生呢？

离奇死亡的小女孩

有一个12岁的小女孩，母亲在她4岁的时候就去世了，她和父亲住在伦敦郊外一栋带花园的别墅里。小女孩胆子非常小，害怕寂寞，所以在屋里装满了镜子，寂寞的时候镜子中的影子也可以陪着她。每天小女孩都要照镜子，有时候晚上醒来也会照镜子。

就在她10岁的时候，一个女人为了她父亲的财产而接近她的父亲，并成为她的后妈。这个女人发现丈夫早已把所有财产留给女儿继承了，她自己没有权利继承财产，女人知道如果小女孩死了，那么全部财产都将会由她来继承，所以她便想找个机会杀掉小女孩。

这个女人心狠手辣，对小女孩一点也不好，经常打她，因此小女孩也很恨这个女人，想让这个女人早点死去。正好她看到了一本关于诅咒的迷信书籍，她深信用诅咒这个方法可以很容易就杀死这个让她憎恨的女人。她手上正好有个继母刚进这个家时送给她的洋娃娃，这样她便把这个娃娃当成了继母，用十分残忍的方法折磨这个娃娃，折磨完这个娃娃后就把它挂在窗户上。

复活节的前三天继母不知道什么原因突然死了，而在复活节的雷雨之夜，可怜的小女孩也离奇地死去了。

你知道继母与小女孩间发生了什么事吗？

是谁刺杀了会计师

本杰明在某事务所主要负责审计和监督股票市场上市公司的财务运行状况，防止公司弄虚作假。

这天，本杰明收到一份某室内装修公司的年度报表。从报表上来看，这家公司经营有方，利润高达3000万美元。细看之下，本杰明发现在这个报表中有许多材料不清楚，有的材料甚至被反复利用。正在这时，这家室内装修公司的财务顾问约翰打来了电话："本杰明会计师吗？我是某室内装修公司的财务顾问约翰，如果能和你共进午餐，我将非常荣幸。我早就想结识你这个朋友了。"

"我正想找你呢。"本杰明说，"我发现你们的报表中很多材料有问题。"

"真的吗？那这样吧，中午，我们在你事务所对面的咖啡馆见，我会把有关材料全部补齐的。"

中午时分，本杰明找到了早已等候在咖啡馆里的约翰。

"约翰先生，那些材料你带来了吗？坦率地说，我对你们公司的赢利前景并不看好。以你们现在的规模，不大可能有这么高的利润额。"

约翰递过来一个厚厚的信封,他说道:"50 万美元,希望你能给我们一个机会,如果再支撑一年,明年的这个时候,我们将是全国最大的室内装修集团了。"

本杰明没有被金钱诱惑,他坚决地拒绝了约翰的贿赂,他有自己不可动摇的做人准则。约翰于是和本杰明聊起高尔夫球。咖啡馆的侍者看到他们愉快地谈论了一个小时,然后约翰结账离开。

两个小时以后,有人在咖啡馆的洗手间里发现了本杰明的尸体,他被尖刀刺中心脏,双目圆睁,好像发怒的样子。在案犯现场,警察在他口袋里找到一个微型录音机,按下播放按钮,传来了这样的声音:"如果有一天我出事了,约翰是最大的嫌疑人……因为今天我拒绝了他送给我 50 万美元的贿赂……天啊,他来了,手里拿着刀,啊……"

警察马上逮捕了约翰,可是他坚持说自己是清白的,录音带是有人想嫁祸于他。由于没有别的证据,侦破陷入了僵局。

那么,你认为约翰是凶手吗?

主犯是谁

一天,捷克在自己的农场中突然被人杀害了,警方调查得知有三个人在现场,这三个人分别是管家、佣人和马夫,已知这三人之中有一人是主犯,一人是从犯,另一人与案件无关。警察从这三人的口中得到了如下的证词:

(1)管家不是主犯。
(2)佣人不是从犯。
(3)马夫不是与案件无关的人。

关于这三条证词,只知道:
第一,证词中提到的名字都非说话者本人。
第二,其中至少有一名是与案件无关的人讲的。
第三,只有与案件无关的人说了实话。但不知各证词分别出自何人之口。

那么,你能判断出究竟谁是主犯吗?

证据

夏天的一个早晨,一个在湖边钓鱼的年轻人发现湖面上浮着一叶小舟,当小舟靠近时,他发现小舟里面有一具金发女郎的尸体,年轻人立刻报警。

经过警察检验,死者是被刀刺死的,船底有一片鲜血,船壁上爬着一些海螺,估计死亡时间是前天下午 3 点多钟。

经警方调查,很快就找到了重大嫌疑犯,他是住在海边城镇的一个 40 多岁的单身汉。镇子离发现尸体的湖泊有 50 千米,但此人有当时不在作案现场的证明,作案时间前后,有邻居看见他在海岸边自己的家中。

"可是,即使你有确凿的当时不在作案现场的证明,那也是毫无意义的。因为作案现场并不是那个湖泊,而是你家的这个海岸。你是在小舟里把她杀害的,在夜里没人注意时,你偷偷把装尸体的小舟放到汽车上运到湖边,再把小舟放到湖里。这样制造了被害人是在湖泊里被杀害的假现场,看不出来你还够狡猾的。"

警察一针见血地揭穿了他的阴谋。

"无凭无据,你们到底有什么证据作出这种判断呢?不要栽赃陷害我。"凶手反问道。

"你还嘴硬是不,要证据吗?我这就给你证据。"警察说着拿出一样从小舟上取下来的东西。

凶手一看到证据,不得不低头认罪。

那么,你能猜到这个证据是什么吗?

将计就计的"英雄"

一天上午,瑞士的一家银行像往常一样正常营业,突然发生了劫案,五名劫匪只有一支可装六发子弹的左轮手枪,他们从银行抢走了3000万美元后,慌忙向城外的山沟方向逃去。劫案发生后,银行保安部负责人贡井立刻跨上摩托车,向劫匪逃逸的方向追去。

贡井走时忘了带手枪,保安部的助手马上找来几名保安,开车前去援助。几声枪响将他们引到了荒无人烟的山沟里,当这几名保安赶到时只见五名劫匪已经倒在地上死了,贡井的左臂也受了伤,血从伤口处不停地冒出来。助手忙从地上拾起被抢的银箱,搀扶着贡井胜利而归。当晚,银行为贡井举行庆功会,一些地方政府官员和刑警队的警察也被邀请来了。宴会上,银行董事长举杯感谢贡井,并请他向大家介绍勇斗劫匪的整个经过。

被众人围绕的贡井面带微笑,喝了一口白兰地后,走到台前说道:"我骑着摩托车追上时,他们正准备分赃,而且在为该怎么分而吵闹着。一个望风的劫匪发现了我,朝我连开两枪,打中我的左臂。我冲上去夺过了手枪,一枪将他打死。另外四个劫匪一看全向我扑来,我躲在岩石后连开四枪,将他们一个个打死在地。这时,救援的人也赶到了……"

话音未落,刑警队的警长神态严肃地走到贡井面前说:"是时候了,你演的戏该收场了,你和那帮劫匪其实是一伙的!"在座的嘉宾们听了,大惊失色,不知这位警长何出此言。

经过进一步审查,贡井果真是劫匪的同党。案发后他独自去追,其实是去分赃,后见援助的保安人员赶来,因怕露出马脚,便打死了同党,又故意打伤自己。

你知道刑警队的警长是怎样识破骗局的吗?

是自杀还是谋杀

清晨,正在警察局值班的李大强接到一个男子打来的报警电话,说他的女朋友已经一个多星期没有和自己联系了,他和女朋友的家人联系过,也没有她的消息,担心她出事,于是报警,想通过警方帮忙寻找。两分钟后,几名警察一起赶往失踪者的住所去寻找线索。

他们来到失踪者的住所,那是一个大杂院,失踪者住的是靠边的一间只有一扇窗和一扇门的房子,而且都在里面锁上了。有一名警察找来房东用钥匙打开门,发现该女子死在了房间内。死者倒在床上,是中弹身亡的。

根据现场,初步认定死者像是先锁上了门和窗,然后坐在床上向自己开了枪。死者向自己的右侧倒下去,手枪掉到了地毯上,钥匙在她的衣服口袋里。验尸报告证明死者最少死了一周的时间了。

警察仔细观察了一下房间里面的情况,发现死者的房间很简陋,没有什么家具。简单的家具摆放得也很有秩序,一只花瓶放在狭窄的窗台上,不过花瓶里的花都枯萎凋谢了。房间内整个地板都铺了地毯,而且一直铺到了离墙脚一英寸的地方。不过在房间的地板、窗台或者地毯上没有发现血迹,只有一点儿灰尘,没有别的东西。整个房间只在床上有血迹。

看了现场的情况后,一位警察说道:"看来有人配了一把死者房间的钥匙,他开门进去,打死了正站在窗边的死者,然后,打扫清洗了所有的血迹,再把尸体挪到床上,使死者看上去像是自杀。"

你知道这位警察为什么会这样说吗?

一桩鸵鸟血案

某动物园为了庆祝建园30周年,特地从很多国家运来了一批珍稀动物,免费向公众巡展一周,每天赶来参观的人络绎不绝,动物园里出现了从来没有过的热闹场面。今天是最后一天免费开放的日子,当动物园的大铁门打开后,排在最前面的大人和孩子们便欢快地叫起来,一窝蜂地朝前冲过去。

忽然，从人群中传来大人和孩子惊恐的尖叫声，很多人连忙跑上来一看，也吓了一大跳，只见两只新运来的鸵鸟倒在血泊之中，更让人无法相信的是，凶手残忍地剖开了鸵鸟的肚子。

接到报案后，警察在第一时间赶到了现场，他们经过仔细检查，在一个不起眼的地方发现了被锯断的铁栏，地上还找到了麻醉枪的弹壳。凶手显然早有准备，他锯断栏杆，用麻醉枪制服鸵鸟，迅速作案并离开，没有留下任何指纹和有价值的线索。

警察局长一边查看现场，一边忍不住咒骂："该死的凶手！为什么用这样凶残的手段来对付两只鸵鸟？真是没有人性，早晚遭报应。"

一同赶来的王警官点头说道："不错，你说到了点子上，这是为什么呢？"

警察局长愣了一下："不知道。也许凶手是心理变态或者是精神病吧？"

王警官摇头说道："显然不是，通过现场观察可知凶手的目的并不是杀死鸵鸟，杀死鸵鸟应该是很容易的事情，因为他使用了很专业的麻醉枪，他的目的是剖开鸵鸟的肚子！"

警察局长有点糊涂了："可是凶手为什么要这么做呢？到底是因为什么呢？你的意思是，这是一桩悬案？"

王警官笑笑说："不，凶手已经找到了，很可能就是运送动物的公司，这应该是一桩走私案。"

你认为王警官的判断正确吗？

奇怪的车痕

太阳快要落山的时候，马警官来到托比教授的住所，一见到托比教授就问："停车场里那辆黑色的吉普车是你的吧？"

"警官，是我的，没错。"

"好的，那么，请你现在跟我去一趟警局，有一件案子需要你协助调查。"

马警官的话让托比教授感到很吃惊。

"马警官，到底发生了什么事？怎么会与我有关呢？"

"昨晚11点左右，一个商业间谍潜入了激光能研究所。幸好被警备人员及时发现，此人仓皇越墙，并乘着停在外面空地上的一辆黑色吉普车逃走了。"

"黑色吉普车那么多，不能说那辆车就是我的啊？"

"你说得没错，但是空地上留有轮胎的痕迹。方才，警方勘查了你那辆车，结果与现场的轮胎痕迹完全一致，即使是相同产品的轮胎，磨损状况也各有各的特征。所以，轮胎痕迹也同人的指纹一样，是决定性的证据。"马警官的一番话，令托比教授越发吃惊了。

"可是，马警官，我有不在现场的证明。昨晚10点左右，我到马甲公寓去拜访推理作家马格尔先生，并聊了两个半小时，晚上12点30分左右才走出马格尔先生家的门。"

"那么，这段时间内你的车在哪里？"

"我是开车去的，我的车子就停在马甲公寓的停车场上，锁得好好的啊。"

"这么说是窃贼用自配的钥匙偷了你的车？从马甲公寓到激光能研究所有一小时的路程，跑一个来回时间是很充分的。"

"不，那是不可能的。绝对不可能。我多年来养成了一个习惯，停车时总要检查一下里程表。昨晚检查时，发现里程表的数字丝毫未变。这就是说我在马格尔先生家这段时间里，我的车子没离开过停车场一步。"

"真让人费解，那么现场怎么会留下你的车胎痕迹呢？"马警官也觉得奇怪。经过一番思考过后，他立刻想到了窃贼的作案手法。

那么，你知道窃贼是如何作案的吗？

目击者的谎言

一个寒冷的冬夜,在某个偏僻小山村的民房里发生了一起入室抢劫杀人案。死者为一个老人,死亡时间大约是晚上12点。

第二天早上,当尸体被发现时,屋内煤油炉里的火还没有熄灭,炉上的水壶内还有一点点开水在冒着热气。屋内温度很高,灯还开着,窗户紧闭,窗帘半拉着。

相隔约五六十米处住着一个四十几岁的男人,他是目击者,说当晚在现场作案的好像是一个面目清瘦、头发蓬乱的青年男子。

经过调查,警察并没有找到这样一个人,于是又找到目击者询问情况:

"你确定案发的当晚看见的是一个面目清瘦、头发蓬乱的青年男子吗?"

"我确定,肯定没错。"目击者回答。

"那你是怎么看见的?"警察又问。

"我无意中通过半拉开的窗帘看见的。"

"看你挺老实的,你竟敢说谎作伪证,你一定有问题。请跟我到警局走一趟吧!"

你知道警察为什么说目击者在说谎吗?

停电时的命案

张国强先生是一位很有名气的收藏家,他最近购得一块价值连城的玉佩。张先生的几位好友也是本市收藏界的名人,听说他收集到这样的宝贝,纷纷打电话给他,要求前来鉴赏一番。因为都是好友,又都是同行,张先生百般无奈,只好答应,彼此约好在这个周末的晚上到张先生家小聚一番,顺便欣赏一下这块玉佩。

张先生家有四个房间,房间的门两两相对,就像北京的四合院,院子中间种了一些花。张先生的收藏室是一个有两道防盗门的50平方米大小的房子,房间的几个窗子都装有防盗网。房间内,四周立着几个很大的玻璃柜,里面摆放着许多各种年代的古董,房间中央有一个直径几米长的圆桌。

周末的晚上,等大家在圆桌旁坐定后,张先生从墙角的保险柜中拿出一个锦盒,然后慢慢地从锦盒中取出那块玉佩。众人都睁大了眼睛观赏。在张先生的许可下,玉佩在众人的手中依次传递。当玉佩传到张先生的正对面时,突然房间里一片漆黑,众人顿时骚动起来。过了一会儿,只听到张先生对众人说:"怎么突然没电了呢!大家不要慌!我去看看怎么回事!"说着他打开了房门,大声叫他儿子。在屋外的微光下,众人看到张先生的儿子很快来到了门口。

张先生问儿子这是怎么回事。儿子回答说不知道,得去查查。然后,张先生回到收藏室中,询问玉佩目前在谁的手中,得知玉佩正在另一位收藏家老徐的手中。张先生吩咐大家静候片刻。过了一会儿,突然有人发出一声惨叫,众人不知发生了什么事,只是依稀觉得像是老徐的声音。

正在这时,来电了,原来刚才是保险丝烧了。灯光下,大家惊骇地发现,老徐被人杀死了!只见他脖子上的动脉被人用锋利的手术刀戳了一下,血还在汩汩地流,而他手中的玉佩已不翼而飞。众人赶紧拨打110,警察很快来了。警察仔细地搜遍了整个住所,却始终找不到失踪的玉佩。

那么,你知道玉佩在哪里,凶手的犯罪过程又是怎么样的吗?

嗜酒的小偷

詹姆森是一位著名化学家,因为研制出了许多化学产品而成为富翁。

一天,一个早就盯上了詹姆森的小偷终于钻进了詹姆森家里,摘下一幅名画卷起来。这时,桌上一瓶高级酒吸引了他。原来这小偷嗜酒如命,他迫不及待地拧开酒瓶,喝了几口,忽然听到房间里好像有人走来,于是赶紧逃跑了。

第二天，詹姆森发觉家中那幅珍贵的名画不见了，连忙报警。警探赶过来后发现，小偷没有留下指纹和脚印，只有那瓶酒的酒味还弥漫在空气中。于是心生一计，要让这罪犯投案自首。

你能猜出来这位警探想出的是什么办法吗？

画室里留下的鞋印

一位画家在自己的工作室内被人杀害了。通过初步调查，警方将犯罪嫌疑人圈定在画家的两个助手身上。其中男助手和画家有经济方面的纠纷，二人经常为这事吵架。女助手和画家关系一直比较暧昧，两个人都有作案的动机。另外，两名助手都住在工作室的楼上，所以这也增加了他们作案的可能性。

警方对现场进行了仔细勘查，除了死者的痕迹以外，只在地上发现了男助手的鞋印，于是警方逮捕了男助手。男助手交代这双鞋是他在三个月前买的，以后每天都穿着。不过案发当天晚上，有人证明他不在现场，所以他是清白的。

女助手也有嫌疑，但是她并没有可能偷走男助手的鞋子嫁祸于他。因为案发当时男助手正穿着那双鞋，整个案子似乎进入了死胡同。

后来，一个警察经过反复推理，终于知道凶手是谁了。

你知道凶手到底是谁吗？他采用的究竟是什么样的作案手段？

精明的张利

美籍华人张利刚调到纽约某警局就接了个大案子，要他去调查隐匿在本市的一个重大贩毒团伙。据说该团伙的头目十分狡猾，多次逃过了警方的追捕，当然这并不是警方有人有意要包庇他，警方曾多次全体出动在全城范围内进行搜捕也没有成功。

张利原以为这是个比较棘手的案子，初来乍到的他，一点情况都不了解，想破案难啊。可是他很幸运，到任没几天就将这起案件破获了，一举抓获了多名贩卖毒品的人员及其头目，发现其藏身的地点竟在警察局附近。当记者采访张利，问他有什么秘诀能够如此神速破案时，张利反问了记者一个问题："你知道一片树叶藏在哪里最不容易被发现？一个人要藏在哪里才最不容易被发现？如果你能回答出来，那么就知道我为什么能够轻易地破案了。"

你能回答出张利这个问题吗？

惨死的黑帮老大

一天，在一片海边沙滩上，发生了一桩离奇的命案，某黑帮头子竟然被人活活打死了。本来，像死者这样的人应该有保镖跟随。但在案发当日，死者却想独自享受日光浴，因此把保镖支开，可没想到出事了。

接到报案后，莫斯探长很快赶到现场。探长在审视现场环境时，发现死者是在沙滩上被人用太阳伞尖刺死的。沙滩上除了保镖的足迹和那些东倒西歪的桌椅外，再也找不到第二个人的足迹。既然这样，凶手是怎样逃走的呢？探长沉思了一会儿说："我知道谁是凶手了。"

那么，你知道凶手是谁吗？

如此诡异的枪声

深夜，正在值班的李警探接到一个男子报案，说自己的女友被杀死在房间内。李警探前去调查，到达现场后，从男子那里了解了事情的整个经过。

原来男子前几天去外地出差了，刚刚回来就急忙赶到女友这里，想看看她这几天过得好不好。可是刚到门外就突然听到房间里传出一声枪响，于是男子急忙打开门，看见自己的女友趴在桌子上死了,血正不断地从她头上流出来,而女友的右手还紧紧握着手枪,桌上放有一封遗书,似乎是自杀。男子连忙报警。

李警探根据现场的情况,确定该女子是自杀,但是经验尸发现她已经死了大约六小时。可男子却说在他到达时听到了枪响,已经死了数小时的人是怎么开枪的呢?怎么会如此诡异?

难道是男友说了谎话吗?你知道是怎么回事吗?

畏罪自杀的会计师

警局让洛警官接手了一件很棘手的案子。一位富商的小儿子被绑架了,虽然按照约定付给了罪犯大笔赎金,可人质却没有生还。显然罪犯一开始就没打算归还人质,早已将碍手碍脚的幼儿杀掉了,而且残忍地将其碎尸。从这一点看,罪犯肯定是熟悉被害人家庭内情者。经调查,经常出入被害人家的会计事务所会计师安东列被列为嫌疑对象。

这家事务所在案发前一直生意萧条,门庭冷落,最近不知什么原因突然火爆起来,这不能不令人觉得蹊跷。洛警官和其他两位同事一同走进了安东列所在的那个会计事务所,见安东列正用舌头一张张地舔着印花往文件上贴。

"安东列先生,实在对不起,又来打扰你了!"洛警官说道。

"哦,又是为那桩绑架案吧?还没有结案吗?"安东列一副不情愿的样子,将两人让到待客厅坐下。

"我的合伙人佐斯尔本刚好出去了,我最近一段时间比较忙,有什么需要我帮忙的希望你们简洁点儿。"完全是一副冷冰冰、拒人于千里之外的态度。

"唉,如果有个助理就好了,可前一阵子经营情况很糟,为了节约开支,所以没有招。"

"听你的意思,现在已经摆脱了困境,那么你是怎么筹到这么一大笔钱的呢?"洛警官问道。

"这个是我的隐私,我想我没有必要回答吧?我想我有这个权利不回答,对吧?"

洛警官接着问道:"安东列先生,如果没记错的话你的血型是 A 型吧?"

"正如你说的,也许因为我同佐斯尔本都是 A 型血,很多人都觉得不可思议,这是不是……"安东列想岔开话题。

洛警官打断安东列的话,直截了当地说道:"我们从送到被害人家的恐吓信的邮票背面验出了你的指纹,上面还留有 A 型血的唾液,你肯定有舔邮票贴信件的习惯吧?"

"咦,真是奇怪了,你怎么知道的?"

"这个现在不重要,还是先回答我刚提出的问题吧。你的钱是怎么弄到的?"

"实际上……说起来你们恐怕不相信,是我捡的。那是绑架案发生数日后的一天,刚好就是那边椅子的一旁,有人遗忘了一个包,里面装的是现金。"安东列不安地说道。

"关于这件事情,你告诉佐斯尔本了吗?"

"没有。我想大概会有人来问的,便保存了起来。但始终没见有人来问,于是……啊,你也知道我急需钱。我对佐斯尔本说钱是我张罗来的,因为前一段时间他干得很棒,所以我也不想落后……"安东列战战兢兢,以为自己会被起诉,但洛警官什么也没说,随后便和一起来的几位同事起身告辞了。

当晚安东列便服毒自杀了。抽屉里发现了盛毒药用的一个小瓶子,但没有发现遗书。这看起来似乎是畏罪自杀,但洛警官看了验尸报告上显示的"非分泌型体质"几个字后,认为安东列不是绑架罪犯,他是被罪犯所杀,而又被伪装成自杀的。

那么,你知道这到底是怎么回事吗?知道凶手是谁吗?

情侣被杀案

清晨,一位老大爷跑步经过郊外公路旁的草地,这片草地上停着一辆汽车。老大爷心想,谁啊,这么早就开车出来了。他跑上前去一看，汽车内有两具尸体，一男一女。

老大爷赶紧报警。

经过警察检验，初步估计死亡时间为昨晚午夜，二人躺在后座椅上。车内没有发现任何打斗痕迹，车窗紧闭，车内的空调还开着。

据这两个死者的双方父母说，他们二人正在谈恋爱，但是家里人都反对他们两个在一起。昨晚女孩跟父亲吵了一架，便偷偷跑出来了，所以他们只好这样偷偷约会。

根据现场的情况来看，车内一切都很正常，二人不像是被人所害，那么凶手到底是谁呢？

正当侦破进入死胡同之际，法医的验尸报告令人恍然大悟。

你知道杀害他们的凶手是谁吗？

半截火柴

在一个荒无人烟的大沙漠上，警察发现一名女子的尸体，可以肯定这个女子是从高处坠落而死，但是沙漠的四周并没有什么高层建筑物。死者的手里还握有半截火柴。

你知道这个女子是怎么死的吗？

找不到的杀人凶器

在一个公共洗浴中心，有一对好朋友在一起洗澡，其中一名女子在浴室里突然被人杀了，好像是被什么东西勒死的。然而在现场，张警长只找到了一盒香皂和一瓶洗发露。报案的是死者的好朋友，因为当时只有她和死者在一起，所以她就成了警方的怀疑对象。但案发后是她裸着身体出来报的警，这个当时在场的洗浴中心经理及服务员可以做证。

警方在案发现场没有发现任何可以作案的凶器，张警长沉思了一会儿，终于找到了凶器，并逮捕了凶手。

那么，你知道凶手是谁吗？他又是如何作案的呢？

不懂常识的手下

大盗本杰明早就打探到里斯夫人准备外出旅行。他几乎计划好了一切，可是偏偏不凑巧，就在里斯夫人外出旅行的那天，他竟然生病了，没办法，他只能叫来两名手下，并告诉他们任务："在里斯夫人卧室的秘密保险柜里，有一颗重达75克拉的大钻石，你们去把它偷来！"

手下问："怎么打开保险柜呢？"

"里斯夫人外出旅行了，现在那是一座空房，所以不管用什么方法，只要打开保险柜的门就行。"

于是，两个手下带了氧气切割机和高压氧气瓶，溜进了里斯夫人的卧室。他们发现保险柜虽然很小，但却镶嵌在墙壁上，所以将保险柜搬走是不可能的。

两人操起氧气切割机干了起来。灼热的火焰很快将保险柜的门烧红了一大块，不久就像糖稀一样开始熔化。很快，保险柜门就被切割出一个大洞。其中一个手下顺着洞往柜里一看，里面却什么也没有。

"真怪，哪有什么钻石呀？这个可恶的本杰明肯定是在耍我们两个。"

"不可能的，本杰明不会耍我们的。"

于是他们套上耐火手套伸进去一摸，里面果然是空的，两人像泄了气的皮球一样回到本杰明那里。

"怎么，没有钻石？不可能的，钻石就在保险柜里面。你们俩究竟怎么打开保险柜的？"本杰明追问道。

"我们用的是氧气切割机，用它没什么大动静。"

"哎呀！你们真是蠢货！再大的声响也不要紧呀，那是一座空房，为什么不用电钻？要用电钻你们两个没用的东西。"本杰明痛骂了两人一顿。

你知道那两个手下犯了什么错吗？

粗心大意的赌徒

刚刚三十出头的李祥是一个嗜赌如命的赌徒，几个月以来在外面欠了很多赌债。他想再玩一次，把以前的本都捞回来，又苦于无处借钱。一天，他突然想到叔叔的保险金就在屋内的抽屉里，所以就打起了叔叔的主意。

李祥打电话给叔叔，说自己很长时间没去看望他了，晚上8点想去他家吃饭，顺便看看他。打完电话后他就去水果店给叔叔买了一个西瓜，并用注射器注入了早已准备好的毒药。

晚上8点钟的时候，李祥提着西瓜准时到了叔叔家，叔叔见到他很高兴，他也假装很高兴，还一直让叔叔吃西瓜，叔叔吃完西瓜不久就一命呜呼了。

见叔叔断了气，李祥赶紧去抽屉取钱，临走时看见书桌上有一个记事本，打开的那一页上面写着："侄子李祥晚上8点钟来吃饭。"李祥担心这会引起警方的怀疑，于是就把那张纸撕下来带走了。

他认为这件事做得很完美，即使警察来了，也不会查出来的。但他刚刚到赌城就被随后赶到的警察逮捕了。

你知道李祥在哪里疏忽了吗？

反常的厨师

耶律汉森是南美洲的一名大毒枭，一直是国际刑警组织追捕的对象。终于，他被国际刑警抓到了尾巴。

这天，耶律汉森与他的同伙驾驶着一艘帆船来到一座城市的港口，目的是与当地的贩毒集团秘密接头。为了取得确凿的证据并将毒犯一网打尽，在史密斯警长带领下的缉毒刑警并没有急于对耶律汉森下手，而是秘密监视着他，希望能够弄清耶律汉森同伙的人数以及他们的活动规律。

很快，史密斯警长就发现这条船上共有7个人，分别是：1名船主、5个水手和1个厨师。通过观察，史密斯警长发现：每天早晨8点，船主都会走上甲板，伸伸懒腰，蹬蹬腿，活动一下筋骨，然后做几次深呼吸的动作，然后又回到甲板下面去。到了上午9点，厨师就会走出船舱，骑上自行车上街去采购。另外的5个水手，上午在船上工作，下午就会去逛街，傍晚喝得醉醺醺的，哼着小曲回来，天天如此。

而那个厨师每天都是循着同样的路线，先去一家烤肠店，然后去一家调味品批发商店，再去一家卖牛肉的店铺、一家杂货店、一家小餐馆，最后去报摊购买当日的报纸。在每个地方，厨师都会短暂停留。

观察了多天之后，因为没有发现任何线索，国际刑警组织的警察们有些坐不住了，纷纷对史密斯警长说："已经监视了他们好几天了，也许我们发现不了什么进一步的线索了。"

史密斯警长看着着急的同事们很有把握地说："我已经发现线索了，现在就出击，一定大获全胜。"

果真如史密斯警长所说，刑警们成功狙击了毒贩的毒品交易。

你知道史密斯警长发现了什么线索吗？

煤气中毒案

大厦的管理员在收拾垃圾的时候，突然闻到从琼斯家门缝里发出一股难闻的煤气味，他连忙敲门，可是敲了很久里面还是一点声音也没有。他担心出意外，于是赶紧报警。

警探撬开房门后，只见琼斯倒在卧室地板上，满屋子都是浓浓的煤气味。经过法医仔细鉴定，确认琼斯是煤气中毒身亡的,死亡时间大约是凌晨1:00~3:00之间。琼斯身上没有伤痕,门窗也没有被撬过的痕迹。看来,这似乎是一场意外,煤气杀手又夺走了一条生命。

警察拿出记录本问管理员:"你知道,昨天晚上有谁来找过琼斯吗?"

管理员说:"有一个男人经常来的,好像是她的经纪人,在登记簿上登记的名字是劳伦斯。"

"这个劳伦斯先生应该不是凶手。"管理员接着说道。

"你为什么这样说呢?"警察问道。

管理员拿出登记簿翻给警察看:"你看,他是晚上8点来的,10点的时候离开的,我当时还看到琼斯小姐亲自送他下来,然后上楼去了。那以后,就没有人来过。"

死者死亡的时间是凌晨,这个时候劳伦斯早就离开了。随后的调查也表明:劳伦斯从琼斯家离开后,就去参加一个朋友的通宵派对,很多人可以证明他整晚没有离开过。

"看!这是什么?"一个警察从沙发后面拖出来一样东西,大家围拢过来发现是一只灰色的波斯猫。这只胖乎乎的宠物也由于煤气中毒和它的主人一起死去了,可奇怪的是,它的尾巴尖上绑着一个棉花团。

"快看,煤气管这里有破洞!"又一个警察说,只见塑胶煤气管靠近地面的地方,有一个破裂的口子,似乎是被故意剪开的。

"真是太奇怪了!这个琼斯小姐还真让人搞不懂。"一个警察说道,"好好的一只猫,为什么绑个棉花团在尾巴上?而且如果煤气管有裂口,应该早就发现了啊。"

警察们看着奇怪的裂口和那只倒霉的胖猫,认真地琢磨究竟是怎么回事。忽然,有个警察叫起来:"我明白了,狡猾的罪犯真聪明!快逮捕劳伦斯,他就是凶手!"

那么,你能推断出劳伦斯是怎样作案的吗?

小提琴手的阴谋

巴蒂和埃利是著名指挥家格雷的两个得意门生。格雷一直在考虑这次音乐会上让谁首次登台独奏小提琴。直到音乐会开幕的当晚,仍然犹豫不决,就在开幕前15分钟,他才告知巴蒂准备出场演奏,然后将这个决定告知埃利,埃利听后感到很遗憾。

就在离开幕式还有10分钟的时候,格雷去叫巴蒂准备出场,却发现巴蒂倒在小小的化妆间,头部中弹,血流满地,惊恐的格雷立刻将这一惨案报告尼斯探长。

探长见开场时间已到,就极力劝格雷先别声张,继续演出,然后他走进埃利的化妆室。埃利听到让他登台时,刚开始显得很惊讶,但随即便拉拉领带,拿起琴和弓,随格雷登台了。

当听众如痴如醉地沉浸在优美的乐曲中时,尼斯探长却拿起电话通知警察前来逮捕这位初露头角的青年小提琴手。

你知道探长为什么要逮捕埃利吗?

喜欢喝雪碧的教授

一天,林丹教授跟往常一样,到单位跟大家打声招呼后,就走进了实验室。几分钟后,同事就听到从实验室里发出一声巨响,有的同事精神紧张地说:"不好了,实验室里出事故了。"大家赶去敲门却毫无反应,由于门从内反锁着,同事只得报警。

不到10分钟,几位警察到达现场,他们破门而入。进去之后,发现林丹教授倒在地上,浑身扎满了小片玻璃,面部及上身受伤最为严重,危在旦夕,他们连忙将林丹教授送去医院。

林丹教授实验室的地面及桌面到处是玻璃碎片和某种液体,一位警官发现了一个破碎的塑料瓶,是装雪碧的大瓶子,后来化验液体,确认为雪碧,除此之外并没有发现其他可疑的物品。林丹教授实验室的窗户是从内牢牢锁住的,看不出有破窗痕迹,几位警官一进实验室就觉得空气很压抑,似乎氧气不足。跟进来的几位同事反映,林丹教授每次进入实验室均会将门反锁,以防旁人打搅,并且林丹教授特别钟爱雪碧,经常喝雪碧。

大家都认为这是实验室的意外事故,但细心的警官却认为这是一起有预谋的凶杀案。

你能断定这是一起有预谋的凶杀案吗?

"聪明"的作案手段

早上,邻居张阿姨在外面已经等李阿姨十几分钟了,也不见李阿姨出来一起去锻炼,以为李阿姨还没起床,便来到李阿姨家的窗子旁边,准备敲李阿姨卧室的窗子。这时,张阿姨发现李阿姨正在屋内做瑜伽,坐在窗户前面,盘腿打坐,静心养气。

张阿姨感到奇怪,因为李阿姨都是晚上练瑜伽的,怎么今天早上就练瑜伽了呢?张阿姨透过玻璃怎么看李阿姨都不正常,精神有些紧张的张阿姨心里想:"妈呀,这个老太太不会出事吧。"她赶紧报警。

当警察撞开门以后,发现李阿姨早就断了气,死者身上没有任何伤痕。后经法医鉴定,死者是中毒而死,在其呼吸道内发现少量毒气,死亡时间为昨晚午夜。警察检查了室内的物品,没有发现任何有毒物质,屋内有一扇大窗户,下面是暖气管。据邻居反映,死者平日里不怎么喜欢与人交往,每天早上跟几位阿姨一起出去锻炼,每天下班后就做饭收拾屋子,然后就一直在屋内做瑜伽,坐在窗户前面,对着月光,盘腿打坐,静心养气。

警察问经常跟李阿姨一起锻炼的几位阿姨:"你们知道,最近有没有什么人来过?"

阿姨说:"昨天她的前夫来过,还给她带来了一些水果,之后就走了。"

警察带走了桌子上的水果,经过检验也没有发现其内含有毒物质。令警察一直不解的是,他们到案发现场时,门是从里面锁着的,相当于死者是死在一个密室中,凶手是怎样作案的呢?大家百思不得其解。

于是几位警察又回到了案发现场,按照死者生前练功的方式,盘腿而坐,面向窗户。有一位警察看了看眼前的电暖气,顿时面生喜色,他终于知道凶手的作案手段了。

你能猜到凶手的作案手段吗?

一串数字的背后

刚刚吃完饭回来的王警长接到报案后,立即驾车来到案件发生的别墅。

这起凶杀案发生在别墅的书房内,死者是一名气象专家,是研究天气与气候的权威人士,他是被人从背后捅了一刀致死的。经过检查,现场没有发现指纹,也没有发现其他有价值的线索。王警长看了看窗外,只见泥地上有两行清晰可见的脚印,从窗台下一直延伸到别墅后门外,不过后面的脚印早已经被大雨冲得模糊不清了。

王警长转回身又仔细看了看书房,发现书桌的台历上有一串带着血迹的数字:7891011,看来这是死者写的。王警长想了想,问发现死者的管家:"你家主人有个叫加森的朋友吗?"管家点了点头。于是王警长点头说道:"我想杀害你主人的凶手应该就是那个叫加森的人。"

你知道王警长是怎样根据这串数字推断出加森就是凶手的吗?

马棚里的谋杀案

值了一夜班的加利探长一早起来就接到报案,说马戏团里的一位驯马师被杀死在马棚里了。

当他赶到现场时,情况是这样的:马棚里一位驯马师模样的人趴在干草堆上,一把锐利的匕首就扎在他腰上,旁边有一大片血迹。报案者是一位金发女郎,她在早上进入马棚时发现的尸体。

"死了大约有八小时了,"加利自言自语,"谋杀应该发生在半夜。"

他转过身，看了一眼正捂着脸的那位金发女郎，说："小姐，你的袖子上是血迹吗？"金发女郎把骑马装的袖口转过来，上面赫然是长长的一道血印。

"噢，"金发女郎有些惊讶，"一定是刚才不小心在他身上蹭到的。我叫盖尔·德伏尔，他是洛波斯特·墨菲，他是我的驯马师。"

加利继续问她："根据你对他的了解，你知道谁谋杀他的可能性最大吗？"

"不，不知道。"她说，"除了……也许是福特欠了他一大笔钱……"

第二天，警官告诉加利："洛波斯特欠福特15000美元。另外，盖尔小姐袖口上的血迹经过化验确实是死者的。"

加利更坚定了自己的判断。

你知道探长是从什么蛛丝马迹中发现杀人凶手的吗？

杯口上的酒沫

晚上，瑟拉约好与他新认识的朋友一起骑摩托车到一个酒吧喝酒。这个酒吧老板是瑟拉从小玩到大的好朋友。老板见瑟拉带着朋友一起来，很热情地说："谢谢你带朋友过来给我捧场，我今天开一瓶你最喜欢喝的威士忌。"瑟拉和朋友一边喝酒一边聊天。

不一会儿一杯酒喝完了，瑟拉还用舌头舔了舔杯口的酒沫。之后，瑟拉和他新认识的朋友就各自回家睡觉了。然而晚上10点，瑟拉被家人发现死在床上了。

死因是中毒。警方仔细检查了死者家中的物品，没有发现有毒物质。与他一起喝酒的那位朋友却平安无事，而那位朋友也绝对不是凶手。

那么，你知道瑟拉是怎样被害的吗？

偷画贼

佐罗在纽约也算是个比较有名气的大收藏家了，他尤其喜欢油画，收藏了许多毕加索的画。一天他在网上收到一封邮件，寄件人说："我对佐罗先生十分敬佩，对你的藏品甚是喜欢，今晚将去你家取毕加索的一幅画，先生可要看好啊。"

看完这封邮件后，佐罗立刻加派了人手看守自己的藏品，到了晚上他又加派了几个人手，尤其让一个保安专门盯着毕加索的画。一切安排好后，佐罗心想，你再牛，也无法偷走我的画。

第二天佐罗再次收到了那个人的邮件："亲爱的佐罗先生，画我已经拿走了，墙上又添了一幅新的。请你验收一下，收好。"于是佐罗到收藏室一看，发现真画果然被人偷走了，还换了一幅假画挂在那儿。佐罗一气之下，就让身边的保安扔掉了那幅假画。

你能猜到窃贼是怎样作案的吗？

前夫杀人案

张莉刚刚离婚不久，一天，她无缘无故竟然在自家卧室中被人杀害了。死者胸部中刀，床上有很多血，死亡时间是昨晚的9点到11点之间。死者的邻居反映，昨天晚上，他经过死者的家门口，正好看到死者的前夫来了，但是只过了几分钟就走了，目前她的前夫已经再婚了。

下面是前夫的证词："我昨晚是去过她的住处，看到她正在收拾卧室，也没有时间跟我聊天，觉得很无聊，便待了一会儿就回来了。我在10点左右的时候给她打电话，她还在和别人通话，证明当时她还活着，这一点你们可以向总机查询。"

警方经过查询，证明他说的是实话，当时死者家中的电话确实一直处于通话状态。但是警察认为凶手其实就是死者的前夫。

你知道死者的前夫是怎样实施作案的吗？

豪华游轮上的窃案

一天,法国的一艘豪华游轮远航日本,这艘豪华游轮是由亿万富翁亨利出了高价订购的。他还邀请了世界上其他几位亿万富翁一起远航日本,去享受最新鲜的生鱼片和鲑鱼大餐。大亨们对这艘"游艇之王"赞不绝口。

一段时间后,亨利告诉大家现在已经进入日本海。大家听说已经来到日本领海,纷纷挤上甲板,想看看这个岛国的面貌。让他们失望的是,别说白雪皑皑的富士山,连小片陆地都看不到。有的人心里想,日本就是这样的吗?

既然没有什么特别的风景,大家又重新回到客厅。忽然,美国传媒集团的总裁伯亚特惊叫起来,他的公文包不见了! 公文包里面不但有大量现金、信用卡和空白支票,还有许多机密资料和信息,这些信息的价值是无法估量的。

亨利找来船上所有的护卫,发誓要找出窃贼。经过仔细回忆,每个人都证明了自己刚才都在甲板上。也就是说,偷走公文包的人只可能是船上的船员。

亨利立刻把船上的五名船员叫了过来一一询问。船长说,刚才他在驾驶舱里一直没走开过,有录像带可以做证;技师说他一直在机械舱保养发动机,好让发动机能保持37节的速度,可是没人可以证明;电力工程师告诉亨利,他刚才在顶层甲板更换日本国旗,挂上去以后发现挂反了,于是重新挂了一次,有国旗可以做证;还有两名船员说他们在休息舱打牌,互相可以做证。

亨利听完,立刻指出了其中一个人在说谎,并且让他交出公文包。最后这个人不得不交出了公文包。

你知道谁在说谎吗?

一群黑蚂蚁

一天深夜,一对感情不好的夫妻因为一点小事而大吵了起来,气急败坏的丈夫顺手抄起桌上的汽水瓶向妻子的头砸去,喝剩的半瓶汽水把妻子穿的睡衣弄湿了一大片。然而,当他想要举手再打时,却发现蜷缩在地上的妻子已经一动不动了,她的太阳穴被打破,鲜血正往外流。失手将妻子打死使他一时不知所措,他想到自首,但是马上又冷静下来,他想,不能去自首,自首的话,自己这一辈子就完了。

他把尸体装进汽车的后备箱,将其扔到了靠近郊外的一个公园里。幸亏深夜公园里没人,他将尸体放在花坛边,正准备要离开时,猛然想起忘了把凶器——汽水瓶带来。为了慎重起见,他从附近的垃圾箱里找出一个刚扔不久的汽水瓶子当凶器,心想如果上面留着谁的指纹那就该他倒霉了,肯定会被当作凶手的。虽然这个瓶子与那个打死妻子的瓶子是不同厂家的产品,但他想瓶里的汽水总会是一样的东西吧。为了不留下自己的指纹,他戴上手套拾起空瓶子,往瓶子上弄了些死者的鲜血,然后将瓶子扔到死者脚旁。

尸体在第二天清晨被清洁工发现,死者所穿睡衣的肩膀处聚集了一大群黑蚂蚁。

"为什么蚂蚁只聚在尸体的肩膀处呢?"现场勘查的刑警觉得很奇怪。

"一定是凶手用这个汽水瓶打人时,瓶里的汽水洒到了死者的肩膀处。汽水都是白糖做的甜水。"鉴定员说着从尸体旁边拾起空瓶。"哎呀!奇怪了,瓶子这儿怎么会一只蚂蚁也没有呢!肯定有问题。"说着便歪着头看汽水瓶上的商标,"凶器不是这个瓶子,可见,尸体一定是从别处转移到这里的。"他果断地下了结论。

那么,你知道为什么鉴定员只看了一眼商标就知道现场是凶手伪造的呢?

越狱

二战期间,一名盟军战士被关在德军设在山上的监狱里。他无法忍受监狱的痛苦生活,几次想越狱,结果都以失败告终,因为这座山三面都是悬崖峭壁,只有一面有路通往山下。

入冬的一天,其家人来探监,给他送来了一把雨伞、一件毛衣,还有几件羽绒服和一包用来补衣服的针线盒。聪明的他根据这些东西终于想到了逃跑的办法,于是在一个大雪纷飞的夜晚,在监狱的顶楼上实施了自己的逃跑计划,成功逃离了监狱。

你知道他是怎样做到的吗?

纵火者的谎言

一天晚上,在一个小区里,一些居民家着火了。等警察和消防员赶到后,火虽然被扑灭了,但有六幢房屋被完全烧毁,十多幢遭到严重破坏。警察经过调查发现,大火是从肖春丽女士家里开始的,由于现场已经完全毁坏,起火的原因也无法查明。

肖春丽女士一家三口只有她自己逃了出来,丈夫和孩子已在火海里丧生。听到这个消息,肖春丽女士悲痛地晕了过去。

过了一会儿,肖春丽女士精神状态好了一点。警察开始询问她起火的原因。

肖春丽说:"我们昨晚参加一个朋友的派对,一直到深夜才回家。回来以后,我丈夫和孩子都说很饿,在派对上就顾喝饮料了,没有吃多少东西。我就去给他们煎牛排。正在牛排快煎好的时候,我听到孩子大哭起来,连忙放下牛排跑到客厅,原来孩子不小心把杯子碰到地上了,他捡玻璃碎片的时候,手掌被玻璃划破了。我丈夫这时也跑了过来,他把孩子带到浴室清洗包扎,而我返回厨房。没想到,我出去时忘了关闭煤气灶,火焰顺着油,已经在锅里烧了起来。"

"只是在锅里烧?那很容易扑灭啊。"警察说道。

肖春丽痛苦地捂住脸说道:"这时我犯了一个不可饶恕的错误。我当时完全慌了,随便提起一个桶就往油锅浇过去,谁知道,桶里面也是油,整个厨房一下子就着火了,当时我不知道该怎么办才好,我甚至都来不及通知丈夫和孩子……"

警察停下记录,缓缓说道:"肖春丽女士,你因为涉嫌纵火被捕。"

你知道肖春丽的叙述中哪里有破绽吗?

狡猾的凶手

周女士昨天晚上去警局报案,说自己的丈夫失踪了,但是由于失踪的时间不到48小时,警察局没有受理,让她跟亲戚朋友联系一下,是不是他临时去谁家办事了,说不定晚上就会回来的。当时,周女士说她的丈夫是去取公司的工资款后失踪的,发生在昨天下午的4点左右。

今天一大早警察局又接到报案说发现市中心的喷水池里有一具尸体。警局立刻组织办案人员赶到了现场,对尸体进行了检查。因为想起了昨天报案的周女士,于是立刻联系周女士前来辨认死者是否是她的丈夫。

周女士到了现场,经过确认,死者正是她的丈夫。警方经过对尸体的检查,发现他已经死亡了7小时,也就是说,死亡时间大约是今天的凌晨1点左右。不过根据检查,他的死亡不是因为溺水,而是被人活活勒死的,颈部可见明显的勒痕。警察很快展开了侦破工作。

经过一天多方调查取证,基本确定了3个嫌疑人,分别是:死者的妻子周女士、邻居汤姆、死者的好友哈里。

根据现场的情况,办案人员列出了一些信息来分析案件。

首先,发现尸体的喷水池位于市中心,整夜都会有值班警察巡逻,通常是每15分钟巡逻一次,但是据昨晚巡逻的警察反映他们并没有看到什么可疑的情况。办案人员也认定,这里一定不是案发的第一现场,因为在尸体的背部可见到明显的拖痕。

接下来再分析一下这些嫌疑犯。

死者的妻子周女士绝对知道丈夫每月的这一天要去取工资款。而且经过调查,他们夫妻二人的关系最近两年不是很稳定,经常因为一些家庭琐事和丈夫出轨的事情而吵架。另外还得知,昨天早上他们还大吵了一场,似乎是由于死者不关心孩子学习的事情。周女士无法证明今天凌晨4点她没有作案嫌疑的可能,她只是说在家里睡觉,但是没有人可为她证明。周女士的表现看不出什么破绽。她没有工作,是一位全职太太。

接下来是死者的邻居汤姆。他是一个身强体壮的大货车司机,在运输公司上班。单位人都说他是个地地道道的老实人,平时也很节约,但就是喜欢喝酒,正因为这样,他与同样喜欢喝酒的死者经常在一起不醉不归,加上他们又是邻居,来往就更加密切了。昨晚他刚刚出车回来,他家的邻居都可以证明他在12点左右回到了家中,因为当他回来的时候小区正好闹贼,大家正抓小偷,虽然没有抓到小偷,但是小区的人都证明他当时也在小区内帮着抓小偷。

哈里是死者的大学同学,两人关系相当密切。但是哈里曾经因为抢劫坐了两年牢,现在在死者的公司做司机,他今天凌晨也是在家睡觉,他说自己感冒了,但他是单身,没有人可为他证明。

所有的线索都摆在面前了,你认为谁最有可能是凶手?

精明的女间谍

某警局警长接到任务——某住宅区内新搬来的哈默太太有可能是某国的一个军事间谍,她来此地就是为了与潜伏的人接头并商讨如何盗取军方的绝密文件——上级要求该警局先秘密监视哈默太太,等找出潜伏的人后再采取抓捕行动。该警局接到任务后立即展开调查。

星期三一大早警局就安排警察开始对哈默太太进行全面监视。

上午8点10分,哈默先生出门去单位上班。9点30分,哈默太太去逛百货商场,又随处转了转就回家了。下午她没有出门,只有几位女客人和邮差来过,还有一位洗衣店的小弟,但他们稍作逗留就离开了,绝不会是哈默太太的接头人。

晚上8点40分,哈默先生从公司下班回家……

星期四上午8点10分,哈默先生上班。11点整哈默太太去市场买菜,7分钟后回家。下午3点30分她去邮局办事,途中买了一份晚报。晚上7点30分哈默先生下班回家。

星期五上午8点10分哈默先生上班。下午1点,哈默太太盛装出门,来到一家大饭店,她去参加同学会。晚上6点30分她再度出门,是和哈默先生一块去某酒店吃晚餐。

星期六上午8点10分,哈默先生出门去上班。11点,哈默太太出门购物,12点多回家。下午4点整她又出去买日用品,6点10分才回家。晚上8点整,哈默先生回家。

星期天,哈默先生去打高尔夫球,哈默太太在家整理院子,洗衣做家务。

就这样调查了一个月,并没有发现哈默太太有任何可疑的举动,与哈默太太接触的那些人警方也作了秘密调查,并非潜伏的人。而她的丈夫哈默先生对她的真实身份也一无所知。但事实上哈默太太经常与潜伏的人会晤并商讨行动方案。

你知道哈默太太是怎么躲过警方监视的吗?

典当行里的谋杀案

刚刚大学毕业的小曹来到了一家典当行工作。这家典当行规模不是很大,只有几个人:老板娘潘太太,自从5年前失去了丈夫,她就一个人打理这个典当行,是个女强人;秦钟先生,公司里的一把手,自从有了他,公司业务蒸蒸日上;老刘,一个有丰富经验的老前辈。

一天,下班后,潘太太说有事就先走了,秦钟先生还在金库里盘点,小曹就和老刘聊天。小曹记性不好,所以常用典当行里的白板记事。当他看到自己在白板上写着的"8点30分,湘缘餐厅"时,才想起昨天已经和朋友李文约好今天晚上在湘缘餐厅见面,主要是为了送别,于是他连忙收拾好东西准备下班。老刘是在小曹之前离开的,小曹关好门窗后就去和秦钟先生道别,那时秦钟先生正在金库内层盘点。

湘缘餐厅离典当行不是很远,小曹走了几分钟就到了。可是他在湘缘餐厅等了整整一个钟头,李文也没有出现。大概晚上9点,李文打电话给小曹,生气地问他怎么没到,小曹这时才知道原来他们约在机场旁边的西餐厅见面。小曹问是否来得及赶过去送别,李文说:"不必了,没事的,我马上就要上飞机了。从湘缘餐厅到机场很远,你赶到的时候飞机应该已经起飞了。等下次回来的时候我们再见面吧。"

之后李文就挂了电话,小曹只好独自一人在湘缘餐厅吃完晚饭,然后回家。

第二天,小曹一大早就去上班了。老刘比小曹还要早一点儿。公司大门没关,小曹看见办公室里面有一个肯德基快餐店的塑料袋,就知道秦钟先生又熬夜了。这时小曹发现秦钟先生的钥匙还扔在抽屉里,他想起秦钟先生是从来不会这么粗心把钥匙留在抽屉里的。直到潘太太上班,打开金库的时候,他们才发现秦钟先生躺在金库里,神情恐怖,已经死了。金库内外两层都有被翻过的痕迹。

一小时后,警察赶来调查,并查看了金库的构造。金库分为两层,外层存放一般物品,内层存放贵重物品;共有两扇门,每扇门上都有一道类似于保险箱的密码锁。只有秦钟先生和潘太太才有密码和钥匙。如果有钥匙,任何人都可以从外面打开门,可是如果门被关上,身在金库里面的人即使有钥匙也无法打开门,因为门里面是没有开关的。整个金库就是一个严严实实的密室。所以,潘太太在一个月前特意在金库内层装上了警钟。可是一般情况下,没有必要使用警钟,因为这种机会很少。

在进一步的检查当中,警方发现金库内有一些贵重物品被盗。此外,警钟的电线也被剪断了。

经过法医解剖,警方推断出秦钟先生的死亡时间是凌晨2点,他死于窒息。减去整个金库里空气可以供给的呼吸时间,可以推断出关闭金库的时间是晚上8点到10点之间。于是警方询问大家当时都在哪里。

潘太太说她当时有一个聚会,老刘说他当时和邻居在打麻将。警方又找到了当时肯德基快餐店送外卖的那名小伙子。小伙子说他在晚上8点半左右送饭到公司,是秦钟先生本人订购的。当时他看到秦钟先生还在盘点。

最后,由于没有不在场的证明,小曹便成了重点怀疑对象。小曹觉得自己很冤枉,也总觉得哪里不对,但是又找不出证据来证明自己的清白。小曹想起李文之前因为母亲生病,曾来典当行典当过一件古董。由于当时秦钟先生把价钱压得很低,李文十分不满。不过现在李文母亲的病已经完全好了。

那么凶手究竟是谁?凶手究竟是如何作案的呢?

是谁盗走了花瓶

平安夜那天,正好是马基雅维利夫人的生日,于是马基雅维利夫人便在家里举行了一场聚会。

宾客很多,大家也都玩得很尽兴。可令人遗憾的是就在聚会接近尾声的时候,马基雅维利夫人突然发现大厅入口的桌子上放着的那个价值连城的瓷瓶不见了。

马基雅维利夫人立刻报了警,警察赶到时,宾客们都聚集在客厅里。警察搜遍了整个房间以及客人们的汽车,都没有找到那个花瓶。负责此案的警长决定询问宾客,虽然这样做不一定会有什么结果,因为在这种氛围的聚会里,很多人可能连自己做了些什么都记不住,更别说去注意别人的行动了。

菲特勒是第一个接受询问的人,他对警长说:"我和朱丽叶一样,是最早一批到达的客人,我始终没有离开过这屋子。要是其他人没有注意到我,那是因为我很长时间都待在卧室里看电视转播的足球赛。"说完,菲特勒在衣帽架上找到他的外套穿上后就离开了。

史洛科是第二个接受询问的人。"不好意思,已经这么晚了,我现在必须得回家了。"他抱歉地说,"要是凌晨2点我还没回去帮忙带我的那两个双胞胎孩子的话,我妻子就会大发雷霆,吵得四邻不安,说不定还会打我的脑袋。"

此外,史洛科也声称从未离开过屋子。"哦,对了,我想起来了,我曾去了一趟二楼阳台,因为外面太冷,我一会儿就回到屋里了。"史洛科说完就戴上他的礼帽迅速地离开了。

朱丽叶是第三个接受询问的人,她也声称从未离开过屋子,也没有看到什么异常现象。她说:"我一直在跟不同的人说话,还品尝了桌子上丰盛的食物。"警长于是挥挥手让她离开了,朱丽叶走到大厅入口处,那里的衣架上挂满了衣物,她从众多衣物的最上面取下了自己的大衣。

"真倒霉,看来要用一整夜的时间来查找嫌疑人了。"马基雅维利夫人抱怨说。

警长摇摇头说:"不要着急,夫人,不会用一整夜的,我已经看到了一个嫌疑人!"

你知道警长怀疑的人是谁吗?为什么?

池塘边的女尸

一个晴朗的日子,在日本东京郊外的一个小池塘边上,有一个中年妇女的尸体,路过的人发现后马上报了案。

这个中年妇女看上去像是采野菜的,采到的野菜都装在一个白色塑料袋里。经过初步鉴定,死亡时间为两三天前,但在尸体上却找不到明显的外伤。为慎重起见,警察把尸体交给医院解剖,医生们通过解剖发现,死者的血液里含有大量的卵磷脂酶。卵磷脂酶就是蛇毒,这毒液进入身体的血液后,血清中的磷脂便分解成卵磷脂,大量杀死红血球和细胞,以致夺走生命。在死者的左腿小腿上发现有两处被蛇咬的痕迹,一般蝮蛇习惯于咬长筒袜子上方的部位。

可是,当警察把这一情况报告署长时,署长却发出疑问:"什么?蝮蛇!胡说!即使死因是蛇毒,也不是在这里被毒蛇咬死的,这分明是一场巧妙作案的杀人事件。"

年轻的刑警吃惊地问:"那又是什么原因呢?"

署长说:"罪犯将蛇毒注射到被害人的体内,再将尸体扔到小池塘边上,伪装成被蛇咬的现场。你们发现的那个像被蛇咬的小小的伤痕,一定是用针注射的痕迹。尽管如此,这也是个愚蠢的罪犯。"署长果断地下了结论。

你知道署长是根据什么下结论的吗?

老板被杀案

"不好了,老板被人暗害,死在办公室里了。"第一个到单位上班的办公室职员刘小姐大喊着。随后有人报了案。

死者是某电子公司的老板,他死在办公室里,尸体伏在桌上,左太阳穴中弹,血顺着桌子和衣服流了一地,左胳膊无力地下垂,手上戴着手套,手套上有火药痕迹,离死者不远的地上有一把手枪,弹道与子弹吻合。在枪的扳机上有一点点透明胶粘过的痕迹,而且死者吃了安眠药。

"这个手套是公司人员都要戴的吗?"一位警察问。

"是的,警官,老板是这么要求我们的,他自己一天到晚也都戴着。"秘书答道。经化验,死者的死亡时间是凌晨4点左右,办公室职员是在早上7点半上班时发现他的尸体的,经过调查得知死者几乎每天晚上都在公司加班,还有晚上10点吃安眠药睡觉的习惯。

经过调查,公司门口的警卫说并没有听到枪声,因为在凌晨4点时有一辆火车从公司后面经过,很吵,不知道是不是那时候开的枪,但他可以保证,从昨天下午6点员工下班后到今天上班为止,绝对没有任何人出入过。

尸体被运走后,负责此案的王警长仔细查看了办公室的摆设,这是一间装饰极其豪华的办公室,空调、电脑、扫描仪、喷墨打印机、数码相机、电视和沙发一应俱全。另外,打印机出了些故障,这么昂贵的产品竟然出了故障，真是有点让人费解。

经多方调查，嫌疑人有3个：

职员王双德、打字员臧克、职员伊静。其中，职员王双德因为经常与死者赌钱，几乎输光了全部家产，他怀疑死者出老千，扬言要杀了死者，出口恶气。打字员臧克把一次重要会议的讲演稿不小心打错了字，结果使死者出丑，死者一气之下连降他三级，他是八口之家唯一的经济支柱，现在勉强度日，对死者极为仇恨，每天见到死者总是咬牙切齿的。职员伊静原是与死者竞争的一家公司的老板，后因死者诬告该公司使伊静破产，伊静为求生存，不得不低声下气当了死者公司的职员，更对死者抱有极大仇恨。

根据以上线索，你能推理出凶手是谁吗？凶手是用什么方法杀害老板的？

查理博士被杀案

美国某国家级导弹实验室里发生了一宗命案。查理博士被杀，他电脑里的一个绝密的导弹控制模块被人给复制了。

法医验尸的结果表明：死亡时间为昨晚22点左右，死因是身中数刀，当场毙命。现场情况：实验室的三层防盗铁门都没有锁。现场一片狼藉，明显有人为破坏因素。很多存储资料的磁盘被砸碎，不过除了丢失的那块模块外，并没有其他的重大损失。

查理博士的尸体是清洁工今天早上打扫卫生时发现的，当时总电源没有切断，但电脑确定是关闭了的，系统复制记录时间为21点54分，与死亡时间相符。电脑系统必须有查理本人的密码才可以进入，否则模块会被自动销毁以确保安全。凶器是死者自己放在实验室内的一把水果刀，上面没有任何指纹。

经过多方调查，警方锁定了3个嫌疑人：

一个是单位接待的外国学者琼斯野夫，计算机专家。此人一直被大家怀疑是科技间谍，但没有充分证据。当天他于20点离开宾馆，22点20分返回，据说是去看纽约的夜景。但22点左右，有人看见他在实验室附近出现。而且，他一回到宾馆就用电话预订了提前回国的机票。

一个是查理博士的女友兼搭档玛丽娜。当天21点30分左右，有人看见她和查理博在楼下发生激烈争吵。同寝室的人证实她24点熄灯后才回到宿舍。她说她和查理博士因一些小事争吵，心情十分不好，于是独自在外面散步到深夜，但是没人可以证明。她是唯一一个知道电脑系统密码的人。

还有一个是查理的导师斯蒂芬逊教授。他是个计算机专家，最近因为炒股票赔了很多钱。案发前一天，师生两人有过争吵，原因是查理博士剽窃了斯蒂芬逊教授的一篇论文。当晚，斯蒂芬逊教授说自己一直在实验室楼下的办公室查找明天试验将要用到的资料，于23点离开，他没有听到任何动静，也没人可以证明。不过实验室的隔音效果的确很好。

警方对这几个嫌疑人的住处、办公室和实验室进行了严密搜查，但都没有发现存有模块的磁盘。而且可以肯定，他们在案发后没有机会把磁盘通过任何方式转手。

实验室的窗户正对着一间办公室，当晚那里有一个员工在加班。因为有厚厚的窗帘，该员工看不见实验室里的任何情况。但是他回忆说在21点40分左右，看见对面的灯是亮着的，而22点10分左右再抬头，却发现灯已经熄了。就在几分钟后，灯又亮了，这次只有很短的时间，一两分钟就又熄灭了。

那么，究竟是谁杀了查理博士？磁盘又在哪里呢？

一串关于命案的数字

一天，警察局接到报警，本市比较有名的收藏家博朗先生在家中被人杀死了！

博朗先生是该市小有名气的文物鉴赏家和收藏家。他中年丧妻,一直没有再婚,已经二十几岁的儿子在英国念书,只是寒暑假才回来。家中只有他一人独住,每天早晨有聘请的钟点工来替他打扫房间和做饭。

接到报案后,警察迅速赶到了案发现场,第一个发现博朗先生遇害的人是替博朗打扫房间的钟点工。她说早上像往常一样来到博朗先生家,开门后惊奇地发现博朗先生收藏室的门敞开着,这是很不正常的,因为博朗先生每天睡觉前总会把防盗门小心地关好,而今天的门却是敞开着的。

那个钟点工站在门口向屋子里张望,发现博朗先生一动不动地趴在地上,地上有一大片干涸的血迹,于是她急忙报警。

博朗先生的收藏室是一间有两道防盗门的30平方米的房间,房间的两个窗子都有铁栅栏,房间四周立着几个大的玻璃柜,里面放着许多古董。房间中央有一张很大的圆桌,旁边地上有大片已干涸的血迹及茶杯碎片。博朗先生脸朝下倒毙在地上,右手伸向地上掉落的一部诺基亚手机,据了解这是博朗先生的手机,可能是在与人发生冲突时摔在地上的。

很快,得出了初步的死因,博朗先生是被人用重物击中后脑,同时后背上被刺了一刀致死的。在博朗倒毙的地上,警方发现了一串用血写的数字"7362 3362 928131",这一串数字极有可能是博朗先生在临死前想说明是何人杀死了他!

根据收藏室中破碎的茶杯、门锁完好、没有被撬的痕迹、家中摆设很整齐、没有失窃、博朗先生是被人以很近的距离击中脑部这一点,警察得出以下结论:凶手在当晚肯定是以客人的身份来博朗先生家的,凶手一定是博朗先生非常熟识的人,凶手的目的一定不是为了金钱。

据了解,那天晚上来此拜访的有两位,一位是酒吧老板松下,另一位是该市小有名气的书画家杨志颖。二者之中肯定有一个是凶手。

那么,你能判断出谁是凶手吗?

害人不成反害己

每到周末,某著名化学家一凡教授就会邀请同事或者老朋友、邻居来家打桥牌。周五刚下班时,他就邀请了三个老朋友到家打桥牌,一位是他的助手——副教授安得烈,还有医生琼斯德和物理学家亨利。他们边玩桥牌,边品尝女主人做的各种各样的点心。

副教授安得烈在趁着洗牌的时候,离开座位,到客厅给每人倒了一杯白兰地。

"安得烈,你干啥去了,快点儿来啊!牌发好了,酒让我的太太去弄。她现在也没有事可做。"一凡教授等不及了。女主人怕大家玩牌时弄错酒杯,于是她在每个人的酒杯底下放了一块彩色的餐巾纸。大家根据自己喜欢的颜色,来拿自己的酒杯。

女主人问副教授要哪一个杯子,副教授说要天蓝色餐巾纸上的那个。

副教授一手拿着牌,一手接过酒杯,一饮而尽。突然他半张着嘴巴,眼睛瞪得滚圆,倒在地上。法医在副教授尸体的胃中发现了氰化钾,毒药是放在白兰地里面的。

第二天,那些在教授家打桥牌的人都被传唤到警察局。张警长将副教授的尸检结果告诉了大家,一旁的警员仔细观察,试图发现反应异常的人,然而这些人都没有一丝恐慌的神情。

张警长看不出可疑的事情,只好让他们回去了。

等这几个人走后,张警长问警员发现什么异样情况没有,警员摇摇头,张警长说:"这样很难找到线索的,我们还是单独探访吧。"

果然,从物理学家亨利那里得知,一凡教授和安得烈副教授在研制一种新型的物质,这种物质比任何合金钢的强度还大,而且便于塑形,耐火力极高,是理想的航空制造的原材料。这个研究引起了国外许多大公司的注意,副教授这次突然被谋害,极有可能和研究成果有关。

接下来的几天,又有几位证人来找张警长,从这些人所谈的情况分析,似乎每一个人都有可能是凶手,因为他们对死者都有过怨恨。张警长还得知副教授和教授的关系并不好,因为副教授想一人独享研究成果,张警长又得知,那天,副教授告诉女主人他的酒杯是在天蓝色的纸上的,女主人从桌子上拿了两杯,一杯给了教授一凡,另一杯给了副教授。而法医看见天蓝色纸上的酒杯根本就没动,这么说女主人也有嫌疑?

第二天,张警长把女主人叫来,警长拿来一张天蓝色的纸和一张粉红色的纸。他让女主人在天蓝色的纸上签名,以做口供材料的存档。女主人走后,警员发现她把名签在粉红色的纸上了。"这是怎么回事?真是有点怪怪的。"他说道。"不要着急,明天你就知道答案了。"张警长眯着眼睛神秘地说。

第二天,与此案有关的人都被张警长请到了教授一凡的家中,他要做一个与此案有关的模拟实验。大家就按那天打牌的位置就座,死去的副教授由警员代替。女主人问扮演副教授的警员放在酒杯下的餐巾纸的颜色,警员说是天蓝色。当女主人把酒杯递过去的时候,张警长高声喊停。

这时,大家发现递给警员的酒杯下的餐巾纸是粉红色的,而粉红色餐巾纸上的酒杯应该是教授一凡的,天蓝色餐巾纸上的那杯还在桌子上。

警长慢慢地说:"这下明白了吧,凶手其实就是副教授本人!"

"啊?这是怎么回事?"大家吃惊地望着警长。

你知道答案吗?

狡诈的厂商代表

詹姆森是个出了名的开锁高手。在詹姆森眼中,没有他打不开的保险箱,对于他来讲打开最新式的保险箱才是最具挑战性、最富有乐趣的事情,也只有在开锁时,他散乱的思维才会高度集中在一个点上。

这天,在家闷了一上午的詹姆森觉得无聊,便出来漫无目的地在街上四处闲逛,突然听到身后有人在叫他。他回头一看,原来是警察局的罗警长,想请他去开保险箱。詹姆森有些疑惑,罗警长接着说道:"詹姆森,别紧张,是这样,某家跨国集团定做了3个用来放机密文件的保险箱,做保险箱的人夸口说只要有人能在半小时内打开这3个保险箱,就愿意付给他3万英镑。刚好,我一出来就碰上你了,大家都知道在这方面你是高手啊,3万英镑也不是个小数目!说不定你真能拿到这3万英镑呢。"

听到这个消息,詹姆森对那3万英镑也颇为动心。因为他对自己开锁的技艺绝对有自信,出道以来,他还没有遇见过自己在10分钟内打不开的保险箱,绝大多数看起来十分坚固的保险箱,他只要花一两分钟就可以轻松搞定。更重要的是他很想看看最新式的保险箱是什么模样。于是,他和罗警长一起来到了警察局。

在警察局的保密室里,3个用特种钢材铸造的、闪烁着金属光泽的保险箱整齐地排列在桌子上,精密的感应锁加上智能加密密码,看起来完全没有破绽。

詹姆森在壁炉旁暖了暖手,立刻就开始动手,厂商代表则用一个有机玻璃沙漏开始计时。詹姆森在开第一个保险箱的时候遇到了一些麻烦,他足足花费了15分钟,尝试了20种不同的方法,直到用第21种方法才把保险箱打开。

由于有了经验,打开第二个箱子只花去他7分钟的时间。这时,厂商代表示意他暂停。

"我请你停下的原因,是告诉你酬金就在第三个保险箱里。"他阴阳怪气地说,"现在,开始最后一次冲击吧,你还剩下8分钟。"接着,他把沙漏挪到了壁炉旁边,开始重新计时。

詹姆森有了刚才两次经验,对这种保险箱已经了如指掌。他顺利地解开密码,打开了第三个保险箱,看到了里面厚厚的现金。

他刚要去拿现金,这时听见厂商代表说:"多么高超的技艺啊!亲爱的詹姆森先生,我很佩服你,可是你超时了,这3万英镑不属于你。"詹姆森回头一看,沙漏的刻度显示为8分钟零1秒!他完全不敢相信自己的眼睛!忽然,詹姆森想起了什么,明白了沙漏走快的原因,他大声对厂商代表说:"你不是聪明,是阴险,尽管你动了手脚,但酬金还是我的。还要我直接说出来吗?"

厂商代表听后,顿时面如土色,只好把那3万英镑的酬金付给詹姆森。

你知道这个厂商代表动了什么手脚吗?

幽灵大盗的信件

一日,卢浮宫博物馆的馆长刚到单位,就接到一封神秘信件,信的内容如下:"亲爱的馆长,我将在树最美丽的时候,降落在灯火辉煌的金字塔上,当时间老人将时针再次平分的时候,我将带走那最美的微笑。"信的落款为:幽灵大盗。

博物馆的馆长被这封神秘信件搞得一头雾水,不知道这位幽灵大盗究竟想干什么。于是来到警局报案,希望警局能够帮助他解答这封信的内容到底预示着什么。有位警长看完信件后,笑着对这位博物馆的馆长说:"你放心地回去上班吧,不会有什么事的。"

一段时间过去了,博物馆果然平安无事,而实际上博物馆并非平安无事,这位聪明的警长根据信件的内容在准确的时间和地点将罪犯抓捕了。

现在,你知道幽灵大盗的那封信件的内容到底预示着什么吗?

王二蛋的谎言

刚忙完的苏警官还没来得及休息就接到电话,说步行街的点心店被抢了,有人正好看见王二蛋从店里跑出来。苏警官知道,王二蛋曾被判了5年徒刑,刚被放出来。于是他找到目击人,想进一步确认一下。但目击人说当时有点紧张,害怕抢劫犯杀人灭口只是偷偷地看了他一眼,也有可能看错了,于是苏警官决定去问问王二蛋本人。

苏警官来到王二蛋家,他看见院子里停放着一辆黄色的轿车,一个高个子青年站在大门口,怀里抱着一个1岁左右的赤脚小男孩。

苏警官命令王二蛋:"王二蛋,把孩子放下,举起手来!"

王二蛋把光着脚丫的小男孩放在黄色轿车的挡泥板上,然后举起手问道:"警官先生,这是为什么?我没有做错什么啊?"

"步行街的点心店被抢了,3小时前,有人看见你从那家点心店里跑出来。"

王二蛋听了哈哈大笑:"1小时前我根本不可能在步行街。我一整天都……"

王二蛋刚说到这儿,苏警官突然大叫一声:"危险!"一个箭步冲到小男孩跟前。

原来小男孩不知什么时候爬到汽车引擎罩上去玩,不小心滚到引擎罩边缘,眼看就要掉下来了,苏警官冲过去抱住了小男孩。

"啊,谢谢你,警官先生,这是我的外甥。"王二蛋说。

苏警官接着问:"你要如实告诉我今天你在哪里,否则我把你带到警局去审讯。"

"我今天一早就开车到远离本市几百里的海滨去了,要说1小时前,我还在路上拼命赶路呢,你这会儿来,我才到家里5分钟。"

苏警官看了看手表:"这么说,你12小时开车跑了将近1000千米路程。不过,6点前后,你遇到过谁没有?"

"我4点左右加过油,买了个汉堡包,然后就直接回家了,我很困,想好好睡上一觉。点心店的抢劫案和我一点关系都没有。"

"你说的都是实话吗?"

"句句属实,我早就不干坏事了,我要做好人。"

于是，苏警官马上指出他是在说谎。

请问，你知道苏警官的根据是什么吗？

黄金大盗董二黑

一天，某银行的金库被盗，放在金库里面的几十斤黄金不翼而飞。接到报案的孙警官奉命追查，最后追查到了黑帮老大董二黑的身上，警察立马前往董二黑的住处搜查，可是不但没有发现黄金，就连董二黑的人也不见了，经过询问他的邻居才知道董二黑今天早上驾车度假去了，据说要半年以后才回来。于是，孙警官连忙追到边境线上拦住了董二黑。

"董二黑，你赶紧把偷取的黄金交出来！你这是想逃跑吗？"孙警官拦住董二黑，便大声质问。

"你们警察是不是都喜欢冤枉好人啊？你不要胡说好不好！不然我可要投诉你了！"董二黑连忙反驳。

"这是搜查令，请让开，现在我们要搜查一下你的车！"孙警官说完便开始察看董二黑的汽车，然而搜来搜去，连一点黄金的影子都没有看见，整个车都检查过了，也没有发现有黄金。

"怎么样？没有你们所说的什么黄金吧，你等着，等我度完假回来一定要到联邦检察院投诉你们！你们这帮土匪，就会冤枉好人。"

听了董二黑的话，孙警官心中很是疑惑，有许多的迹象表明就是董二黑偷走了那些黄金，那他把这些黄金藏在哪儿了呢？孙警官盯着董二黑乌黑光亮的汽车思索了一会儿，便恍然大悟，然后冷冷地说道："董二黑，看来你没有办法去度假了，你信不信，我已经知道你把黄金藏在哪儿了。"说完孙警官很快就从汽车上找出了他们盗走的黄金。

你知道这些黄金到底让董二黑他们藏在哪里了吗？

作家留下的那份遗书

一天，某著名作家的管家给警察局打去电话，说他的主人在焚烧了所有的稿纸之后，开枪自杀了。

警察立即来到作家的山间别墅。在现场，他们发现壁炉里有许多烧尽的纸灰，作家本人捏着枪，朝太阳穴开了一枪，桌子下面有遗书，上面写着："我已面临绝境，无能为力摆脱这种绝境，只能选择开枪自杀……"下面有他的签名和日期。

化验显示，枪上只有作家的指纹，子弹和枪里的一样，遗书是死者在惯用的稿纸上写的，完全是他的笔迹，壁炉里残存着纸灰，字迹已经无法辨认，质地和作家所用的稿纸一样。

当这一切都得到认可以后，警察们一致认为自杀的结论是可以成立的。但是，负责写报告的赖斯警官却有不同的看法：这么有名气的作家为什么要自杀呢？

于是他又进一步展开调查。

在这位作家的出版商那里，赖斯警官听到了跟自己相同的结论。出版商惊讶地说："不可能，绝对不可能！他已经跟我签了合同，打算写5本惊险系列作品，他的作品很畅销，可以说前途一片光明，怎么会陷入绝境呢？怎么会自杀呢？不可能。"

听说有人认为作家精神失常，这位出版商立即反驳："他思路敏捷，正当中年，他的事业如日中天，说他患了精神病，简直是无稽之谈。他要是患了精神病为什么还能写出那么多畅销的作品来呢？"

赖斯警官取出作家遗书的复印件，向这位出版商讨教。出版商仔细看了几遍，立刻恍然大悟地向赖斯警官指出遗书的来历。

于是，赖斯警官立即断定，杀害作家的凶手正是管家。

你知道赖斯警官是如何判断的吗？

谁是真正的凶手

住在海边一所公寓的某公司老总被害。当警方赶到现场时,凶手已经逃离。后来,一个案发时正好经过现场的年轻人提供了一些有价值的线索:"清早,我跑步时正好经过那里,因为吉普车玻璃的阻挡,所以看得不是太清楚。但有一点可以肯定,屋内的人一直在抽烟,但我根本就没看见屋内人的脸。"

警察又根据周围邻居提供的情况,发现案发时只有两个人与死者有过接触,一个是矮个子邮递员,身高大概168厘米左右;另一个是篮球运动员,身高198厘米左右。二人之中肯定有一人是凶手。

那么,你知道谁是凶手吗?

查找钢笔的主人

凌晨1点左右,一个小偷潜入书原公寓偷盗,恰巧被住在8号房间的一个正上厕所的大学生发现后提着包仓皇逃跑。小偷从8号窗户跳了出去,在逃跑的过程中,就要冲过十字路口时,被迎面开来的汽车撞倒。开车的司机叫汤姆,30岁,是一位青年作家,笔名叫"天地无限"。因为事情来得太突然,汤姆根本来不及刹车。据说,撞人后他吓傻了,瘫在方向盘上好一阵子。直到大学生跑到跟前,告诉他被撞的是逃跑的小偷,没有他的责任,并答应给他做证时,汤姆这才得到安慰,放心地从车上下来去看尸体。

与此同时,大学生发现离现场五六十米处有个公用电话亭,由于周围没有人,无法进行急救,所以他就拨打了110。警方来人后发现小偷从书原公寓偷来的手提包里装有一部索尼牌照相机、几瓶洋酒和几块宝石玉坠、戒指、珍珠项链等赃物。本来是个很简单的案子,可是警方在手提包里还发现了一支钢笔,钢笔的墨水囊里装的不是墨汁,而是海洛因。据调查,毒品并不属于小偷,可能也是赃物。那支钢笔上没有留下任何指纹,而其他赃物上都有指纹。另外,在钢笔笔管上横刻着一个"8"字,看上去很不协调。

事后,警方对所有涉案者都进行了调查。面对一支装有毒品的钢笔,受害者中自然没有一个人承认这是属于自己的。以下是公寓里三位受害者的情况:

第一位是松下惠子,她住在一楼7号房间,是个女招待,被盗时不在家。被盗物品有8万日元和钻石戒指、珍珠项链。她的老板经营旅行代理店,因此她经常去东南亚各国出差,也有可能带回毒品。

第二位是山野一郎,住在一楼5号房间。他是酒吧的侍者,被盗时还在酒吧上班。被盗物品有照相机和四瓶威士忌酒。那些物品上都有山野一郎的指纹,所以毫无疑问是他的东西。他所在的酒吧经常有外国的船员出入,从不法的船员手里弄到毒品也是有可能的。

第三位受害人是井泉二郎,住在一楼8号房间,是名学生,被盗物品有照相机和32万日元。据调查他少年时曾有过吸毒的记录,不过是少年时的一次好奇,除那次不良记录外,他倒是一个品学兼优的好学生。但也不能排除他的嫌疑。

所有的线索都已齐备,现在我们所要追查的是钢笔的拥有者。

那么,你知道那支钢笔到底是谁的吗?

不圆满的谎言

在一个没有月光的夜晚,窗外黑得伸手不见五指。在张先生别墅里的一间办公室中,财务管理员李小姐颤抖地拉着一位警察说:"你不知道我有多害怕。今天家里就我一个人,张先生一家人出国度假去了,司机和保姆都放假回家了。我心想反正就我一个人,外面也用不着那么亮,于是就把外面所有的灯都关掉了。我留在这里加班清算账目,突然看见右边地面有个影子。窗子是开着的……"

"你没听见什么响声吗?"警长问道。

"绝对没有。当时电视里正在播放音乐,我非常专注地工作着。随着人影晃动,我看见有个人从屋里跳出了窗外。我赶紧打开了室内所有的灯,在这之前,我只开着一盏灯。喏,就是办公桌右角上的那盏灯。我发现少了两个装着珍贵玉雕的保险箱,要知道这些玉雕可是稀有珍品。这可怎么好呢?我该怎么跟张先生交代啊?"

"你是几点钟到这里来的?"警察问道。

"大约9点的时候。"李小姐回答说。

警察严肃地说道:"你还打算继续编造你的谎言吗?"

你知道警察是怎么发现李小姐在蒙骗他的吗?

蹊跷死亡的总裁

某公司总裁在高级饭店第39层的总统套房内被杀。经过法医验尸得知:死者是因胸前中了一刀,刺破心脏而亡的。死亡时间在案发当晚9点左右。

尸体于第二日凌晨4点左右,被巡夜的饭店经理发现。据经理称,由于该层的客房服务员是一个工作好几年的老员工,习惯在凌晨时分偷懒,悄悄回宿舍睡觉去,每次被发现后也就是给她警告,她已经习以为常不在乎了。他想抓她做典型处理,所以当晚他一个人想要逮住偷懒的服务员,没想到却发现了死者。

经警方多方调查,查找到以下几条线索。

线索一:

套房从外面锁门时需要用磁卡钥匙,以防客人误将磁卡钥匙锁于客房内。而从里面锁门时则不需要用磁卡钥匙,仅需要将内侧门锁处的掀钮向下扳,就可将门锁上了。

线索二:

死者生前曾收到过这样一张纸条:

◇△△△ + ◇◇◇△ + ◇◇◇△ + ☆ ☆ △ ☆ * ☆ + ☆ △ + ☆ ◇◇◇△ * ◇◇△ △ + ☆◇ * ☆ + ◇△△△十☆◇◇△ + ◇◇◇△ + △△ * ☆◇◇△△ + ☆◇ +1 + ☆☆◇△△△

线索三:

由于房间具有良好的气密性,所以房间内的气味并没有散掉。警方检验出房间内的奇怪气味包括:少量酒精及苯环芳香烃(香水的主要成分)。怪异气味似乎就是酒精、香水和血腥味混杂而形成的。

线索四:

为了保护客人的个人隐私,总统套房的磁卡钥匙只有两把。其中一把,就在死者的衣兜之中,另一把则由饭店保存,而如果要动用备份钥匙,就需要有饭店经理的签字说明并进行相应的登记。但是,除清晨时经理本人做过领钥匙的登记外,再没有第二个人的名字出现在这份记录上。

线索五:

死者紧紧地捏着纸条末端,纸条上"☆☆◇△△△"这几个图案都被捏皱了。

根据调查,警方找到了以下4个嫌疑人。

第一个是饭店酒吧的调酒师。该调酒师曾经追求过死者的女儿,但是死者不同意,于是双方相互怀恨在心。案发当天晚上8点至10点,为调酒师上班时间。经调查,调酒师上班时曾有10分钟不知去向,虽然他本人解释那会儿是去了卫生间,但是没有证据能够证明。

第二个是客房的服务员。此人曾经在死者的公司担任后勤主管一职,后因不明原因被辞退。据服务员称,在案发当天下午6点,她与饭店另一名员工一起去逛街了,因此有不在场证明。然而她提到的另一名员工因放假而外出旅游,暂时联系不上,所以该嫌疑人也没有不在场证明。

第三个是死者的秘书。经死者员工反映,死者生前曾追求过她,并且死者曾不断要求与她发生性关系。在案发当天下午4点,有人看见死者的秘书曾出现在饭店大厅。至晚上9点,又有人见她从大厅回到楼上。由于大厅人多,因此在下午4点到晚上9点,并没有人了解她的去向。

第四个是死者生前刚认识不久的珠宝商。珠宝商声称,他与死者同住在这家饭店里,两个人只是偶遇的知交,没有什么交易。珠宝商在案发时间内一直在自己的客房里,但是没有人证。

由上述线索可知,4名嫌疑人都没有不在场的证明,但是警方很快就抓住了真凶。

那么,你知道凶手究竟是谁吗?

电话凶杀案

一天中午,正当人们睡午觉的时候,街上的一座房子突然爆炸起火。经勘查,这场火灾是煤气爆炸引起的,里面有一具老人和一只小狗的尸体。经过解剖,死者的健康状况良好,但在煤气爆炸前服用过安眠药。

令警方调查人员百思不解的是,煤气怎么会平白无故爆炸呢?引起煤气爆炸的火源是从哪里来的呢?在爆炸之前,这个地区就已经停电了,不可能因漏电而起火。经过调查,警方怀疑被害人的外甥有作案可能。理由是被害人无儿无女,有大量的宝石和股票,都存在银行里,他早已经立下遗嘱,只要外甥孝敬他,等他过世以后,所有财产全归外甥继承。老人的外甥也许是想早日继承这笔遗产,而老人却很健康,所以才下此毒手。

而在这房子爆炸前后,他都不在现场,他当时正在离现场几万米远的一家饭店里。那家饭店的老板和服务员可以做证,他在饭店里还打过电话,也就是说,老人的外甥不可能是作案者。那么,究竟是谁呢?

十几天过去了,这个案子还没有结。警方不得不将几位专家请来破案,其中有电话通讯方面的专家。负责破案的警察局局长向各位专家介绍完案情,通讯方面的专家站起来说:"这个凶手肯定是他的外甥,他是利用电话作案的!"

你知道死者的外甥是如何利用电话作案的吗?

不留痕迹的死因

在上海某个别墅区内,主人张某正在家中举行晚宴,招待宾客,晚宴开始20分钟后便进入高潮。

青年企业家罗某因为帅气的面庞和他那独有的气质,吸引了大量的女宾客,现在正被几个女孩子围着干杯!他显然不胜酒力,几杯酒下肚后便有了几分醉意,神情恍惚起来。

主人张某阴笑着走上前,手中的叉子叉着蘸了调味汁的牛排。

张某装作若无其事地晃动着手中的叉子,随着他的动作,颜色艳丽的调味汁溅到了罗某身上,雪白的领带顿时污迹斑斑。

"啊,你看我只顾看大家了,竟然忘记自己手里还拿着蘸了调味汁的牛排了。真是对不起,把你漂亮的衣服弄脏了,洗手间里有清洁剂,要不我叫女佣去给你洗洗吧。"张某假装好心地说道。

"不用了,你太客气了,没关系的,我自己去洗就好,不用管我,你还是应酬其他客人吧。"清洁剂就在洗手间的架子上放着,罗某将里边的液体倒在领带上擦拭污迹,擦掉后立即回到宴会席上,一边喝酒一边和那几个女孩谈笑风生。

突然,罗某的身子晃了一晃,便直接倒下了。

宴会厅里举座哗然,大家连忙叫了救护车。救护车赶来,将罗某送往医院,但为时已晚。医院诊断为酒精中毒死亡。

后来经过警察局化验分析,得出的结论却是罗先生不仅仅是死于酒精中毒。

你能推测出警察局得出的结论吗?

妻子的作案手段

星期天是某监狱允许家属探望囚犯的探视日,今天是去还是不去?凯莉还在犹豫。

丈夫误杀自己弟弟的事情,时至今日,凯莉还是不能原谅自己的丈夫。是他一时的不冷静造成了这一惨痛结局,年迈的父母整日以泪洗面。弟弟还是个孩子,年龄还那么小。经过一系列思想斗争,她还是决定去。倒不是因为顾念旧情,只是因为她觉得法院判丈夫7年有点儿太少了。

"不能就这么便宜了这家伙,只有让他死才能解我心头之恨。这几年他对我那么凶,我跟他已经没有感情了,只有仇恨。"凯莉包了几件丈夫夏天换洗的衣服,带上昨晚做好的牛肉,出来后又在商店买了一瓶伏特加,就这样上路了。大约坐了3个小时左右的公交车,就到了关押丈夫的监狱。

丈夫在接待室早已等候了15分钟,看见凯莉后连忙说道:"亲爱的,你来了,我知道自己错了,但你也知道我不是故意杀害你弟弟的,我也是一时疏忽,失了手,才酿成大错。我向你父母和你道歉。请你们原谅我好吗?"

"事情都这样了,你也别再想那件事了,我不想再提,这里有些换洗的衣服,还有你最喜欢吃的牛肉,一瓶伏特加。你自己一定要注意身体,夏天天气热,衣物要勤换。希望你能早日去见他,一命抵一命,这样才是公平的。"凯莉狠狠地骂道。

"你就这么恨我吗?难倒你就不顾及一点夫妻之情吗?"凯莉的丈夫内疚地对她说。

"好了,没什么事情,我先走了。"说完凯莉便离开了监狱。就在凯莉探监后的第二天,她的丈夫离奇地死了。尸检报告显示,犯人是中毒而死,但在其胃及肠道内没有发现有害物质,尸体也没有任何被攻击的伤痕。在对死者的衣物进行检验之后才发现死者是被谋杀的,而且凶手就是凯莉。

那么,你知道凯莉是怎样杀害她丈夫的吗?

触电身亡的昆虫学家

在亚马逊河上游,有一片神秘的热带雨林。一天,一位昆虫学家不远万里来到这里采集新的蝴蝶标本。在这片热带雨林里,他无法忍受酷暑的炎热,决定到亚马逊河支流的池塘里洗个澡凉快一下。

他脱光了衣服一个猛子扎进河里,正当他痛痛快快地游泳时,突然一声惨叫,全身瘫软,当即触电身亡。

让人大惑不解的是这里至今都是一块尚未开发的处女地,既无发电机,也无输电线路。当时天空晴朗,万里无云,不可能是遭受雷击。

那么,你知道这位昆虫学家是触了什么电死亡的吗?

改装过的望远镜

一天清晨,修道院的修女卜马诺躺在高高的钟楼凉台上死去了。她的右眼被一根很细的约5厘米长的毒针刺过,这根带血的毒针就落在尸体旁边,像是她自己把毒针拔出之后才死去的。

钟楼下的大门是上了闩的,这大概是卜马诺怕大风把门吹开,在自己进来之后关上的。因此,凶犯绝不可能潜入钟楼。凉台在钟楼的第四层,朝南方向,离地面约有15米;下面是条河,离对岸40米。昨夜的风很大,凶犯从对岸用那根针射中卜马诺的眼睛是根本不可能的。

院长认为卜马诺是自杀,又觉得自杀是违背教规的行为,虔诚的卜马诺不会做出这种事。警察来看过现场之后,从院长处得知死者的身世和爱好:"卜马诺家境富有,有个同父异母的兄弟。今年春天,她父亲去世了。卜马诺准备把她应分得的遗产全部捐献给修道院,但遭到异母兄弟的反对,姐弟俩为了这件事多次发生口角。卜马诺平时除了观察星象之外没有别的爱好,据别的修女反映,不久前卜马诺的异母兄弟曾送给她一个小包裹,或许是为了讨好她吧。但是,案发后整理她房间的时候,那个小包裹却不翼而飞了。会不会是凶犯为了偷这个小包裹而把她杀了呢?那个小包裹里面到底是什么东西呢?"

警官根据大家所反映的情况,静静地思索了一阵,然后吩咐手下人去把那条河的河底搜索一下,说在河底很可能找到一架望远镜。手下不理解警官这么做和侦查凶犯有何关系,不过,最后他们的确在河底找到了一架望远镜。

你知道警官为什么这么做吗?

无知的骗子

周末,爸爸妈妈去医院看望老朋友,10岁的鹏鹏独自在家玩。突然门铃响了,鹏鹏踩着板凳,看到防盗门外是一个穿着警服的人。"你是鹏鹏吧,我是你爸爸的同事。"

"哦,对不起叔叔,我不认识你。"鹏鹏牢记爸爸妈妈的教诲:大人不在家时,不要随便给陌生人开门,即使是认识的人也不要轻易开门,除非是爷爷、奶奶、姥姥等自己家人。

"鹏鹏,叔叔绝对不是坏人,你看,这是我的名片。"鹏鹏让这个人把名片从门缝里塞进来,他拿过名片,看到上面印着:城西公安局刑警×××。凭借在法制夏令营学到的知识,鹏鹏马上判断出这个人是骗子。

你知道鹏鹏是如何知道这个人是骗子的吗?

溺水案

一天,在一个湖面上发现了一具尸体,是一个渔民报的案。警察仔细检查了尸体,发现死者胸前有很多横七竖八的刀痕。

然后警察看了看周围的环境,发现方圆百里没什么人。发现尸体的渔民说:"这个人大概是溺死的,最近已经不止一次发生溺水身亡的事了。"

"那尸体上怎么有伤痕呢?"

"可能是一些游艇的螺旋桨划的,谁也不会想到水底竟然有死人。"渔民很无奈地说。

警察思考了一下,让助手们搜查渔民的那只渔船。

助手们在渔船的舱底查出一把带血的砍刀。原来,正是这个渔民砍死了被害者,又将他丢入湖中的。

你知道警察是怎么判断出来的吗?

福尔摩斯断案

苏格兰的冬天从不缺少乐趣。不但有冰天雪地的景致,而且还可以在滑雪场上尽情运动,所以许多游客都喜欢在这里过冬,或者来这里旅游。福尔摩斯和华生也是这样,他们准备在苏格兰度过一个惬意的冬天。

这天,福尔摩斯和华生像往常一样到屋外散步,忽然从树丛后面跳出来一个全身上下湿漉漉的黑衣男人。看到福尔摩斯和华生,他立刻大叫起来:"二位,有人刚刚落水了,快来救人呀!晚了人就没命了。"

"这到底是怎么回事?"华生问。

"刚才我和朋友从结冰的湖面上走过,一块薄冰忽然裂开,我的朋友掉了下去。天啊!我没有拉住他,随后我跳下水去,也没有找到他在哪里,你们快去救他吧!他可是我的好朋友啊。如果真出事了,我怎么向他的家人交代啊。"

福尔摩斯和华生立刻和那个男人一起向湖边跑去。他们在冰面上艰难跋涉,看到那个男人的衣服都快结冰了,福尔摩斯连忙把自己的大衣脱下来给他穿上。

30分钟后,他们终于到达了事故发生的地方。经过了这么长时间,破裂的冰层上已经结了一层薄冰,看来失足落水的人已经没有生还希望了。

"捷克,我的朋友,我来晚了!要知道这样,我不该带你出来的。这可怎么办啊。"那个男人扑倒在地,伤心地大哭起来。

福尔摩斯拉住他说:"省省吧,你虽然不是演员,但是这出戏倒是演得不错,可惜却碰上了我们。你虽然精心策划,但还是留下了很多破绽。"

华生有些不解地问道:"死者还没打捞上来,冰层破裂不像人工切割的样子,你怎么判断他的朋友是被害死的呢?"

福尔摩斯微笑着说:"不错,冰层的确是自然破裂的,但这并不能说明他的朋友是失足掉下去的。根据我的判断,很有可能是被他杀害以后,扔到水下去的!"

你知道大侦探为什么能识破杀人犯的诡计吗?他究竟在哪里露出了马脚?

急中生智的王玲

工作了一天的王玲收拾好屋子后准备看一会儿电视再睡觉,刚一打开电视就看到播音员正在播报一条消息:"今天晚上19点左右,在栓飞卢花园街,一名68岁的老人在遭到抢劫后被枪杀。据目击者称,凶手身穿一身绿色西装。请知情者速与警察局联系。"

栓飞卢花园街!天啊!正好是她家所在的这条街,她不由得感到害怕。晚上家里又没有其他人,她感到有些恐惧和不安。正在这时,阳台上突然出现了一个35岁左右的男子,身穿绿色西装,衣服上还有血。王玲吓得脸都白了。男子命令王玲把现金和值钱的物品统统交给他。

这时,突然有人敲门。男子便用枪顶着王玲的脑袋,命令道:"到门口去,就说你已经睡下了,不能让他进来,否则我先开枪崩了你。"

"谁呀?"王玲问道。

"我是你丈夫的老同学张警官。王玲,你这儿没事吧?"

听到这熟悉的声音,她内心平静了许多。"是的。"接着,她用稍大的声音说,"我哥哥也向你问好,警官!"

"谢谢,不早了,你早点休息啊,晚安。"不一会儿,巡逻车开走了。

"你配合得很不错,太妙了。"抢劫的男子高兴地说,接着还从冰箱里拿出食物和啤酒坐在沙发上放心大胆地吃了起来。突然,从阳台外一下子冲进来许多警察。没等男子反应过来,就给他戴上了手铐。

"你的主意真不错,王玲。你没事吧?"张警官关切地问道。

你知道王玲那个不错的主意是什么吗?

地产商被杀案

一天,某州很有名气的地产商亨利像往常一样到私家花园里散步。转眼已经是中午时分,亨利还没有回来,管家觉得有点不对劲,平时亨利都是在里面不超过30分钟就出来了,今天怎么这么久呢?于是他叫上佣人到花园里查看,他们惊讶地发现,亨利已经死了!他倒在花园中央的草坪上。

"天啊!老爷这是怎么啦?快来人啊。"佣人震惊得大叫起来,想跑过去察看,但管家一把拉住了他。

"你不要乱动,我们应当保护现场,赶紧报警!"管家说道。

几分钟后警察赶到现场。警察仔细察看,发现亨利已经死去两三个小时了,一把长刀横穿胸部,而雨后松软的草丛里竟然只有亨利自己的脚印!也就是说,可以肯定在这段时间中,只有亨利一个人进入过草坪。

"看现场,我觉得是自杀。"一名警察认真思考后说道。

管家说:"老爷最近在生意上确实不太顺利,听说前几天还赔掉了很多钱,他每天都愁眉不展,但怎么也想不到他会选择这种方式。"

这时候,警局局长也赶到了,他察看了警察的记录,又仔细看了看那把刀。这是一把标准的日本武士刀,狭长的刀身没有任何弧度,刀刃锋利。忽然,警局局长注意到刀柄上的护手不见了,刀柄的末端有一个小小的凹槽,他马上询问道:"这段时间草坪附近还有其他人吗?"

"只有这名管家。"迷惑不解的警察回答,"可这关管家什么事呢?"

警局局长站起身,大声说:"不要查下去了,管家就是凶手!"

你知道这位局长是如何推测的,而管家又是如何行凶的呢?

4 只钻戒

一天下午,一家珠宝专卖店里来了一对年轻夫妇。丈夫英俊潇洒,身穿高贵的西服,手里拿着一个不锈钢保温杯,端庄的妻子身穿时髦的长风衣,两人看上去都很阔气。

这时,丈夫彬彬有礼地告诉店员,今天是他们的结婚纪念日,打算为妻子选一些首饰。店员热情地为他们介绍了各种款式和最近优惠的几个品牌后,那对夫妻决定先试戴看看。接着他们出示了贵宾卡,这是极少数顾客才有的卡,标志着顾客的诚信和地位。于是,店员为他们提供了单独的试戴间,根据他们的要求将珠宝送进去给他们试戴。

这对夫妇在试戴间里待了整整一个下午,几乎试过了一半的珠宝,最后,他们决定购买一条项链和一对手镯。

就在收银员准备为他们结账时,一个店员注意到站在丈夫身后的夫人好像很紧张,捧着不锈钢保温杯的手在微微颤抖。丈夫笑着说:"不好意思,我妻子有点病,大夫嘱咐每隔 30 分钟必须吃一次药,所以才会随身带着杯子。"他出示了口袋里的药物,又打开杯子给店员看,杯子里是满满一杯咖啡。

妻子向店员微笑着表示歉意,同时喝了一口咖啡,这时丈夫递给夫人一片药,夫人喝了下去。尽管丈夫的解释听起来也在情理之中,可是店员还是有些迷惑,她总觉得有些地方不对劲,可具体又说不出哪里有问题。这对夫妻持有贵宾卡,没有确凿证据是不能对他们进行搜查甚至盘问的。

这时,丈夫已经拿出信用卡,准备付钱了。突然,店员想到了什么,她毫不犹豫地报了警。

很快,警察在他们的保温杯里找到了 4 只钻戒。

大家都对那位细心的店员赞不绝口。

你知道店员是如何看出破绽的吗?

鱼缸的证言

昨天晚上下了一场大雪,今早气温降到了零下 20 度。刑警询问某案的嫌疑犯,当被问到她有无昨夜 11 点左右不在作案现场的证明时,这位独身女子回答:"昨晚 9 点钟左右,我那台电视机出了问题,造成短路停了电。因为我没有文化,不懂电方面的知识,不敢自己修理,害怕电到自己,于是就吃了片安眠药睡了。今天早晨,就是刚才不到 30 分钟之前,我给电工打了电话,他告诉我只要把大门口的电闸合上去就会有电了。"

刑警扫视整个房间,目光落在室内的玻璃鱼缸上,便识破了她的谎言。

刑警发现了什么?

谁是红绿色盲

昨晚,有一位女明星被杀害了。经过多方调查取证,警察抓住两个嫌疑犯,但不能肯定他们谁是凶手。于是警察就展开了进一步调查，发现这个女明星生前很喜欢收藏鞋子，她的鞋箱被翻乱后又被凶手放好，警察发现红箱子里有红色和绿色的鞋子各20双，绿色箱子里有红色和绿色的鞋子各20双，这些鞋子摆得很整齐。

警察问两个嫌疑犯谁是红绿色盲，甲说："乙是红绿色盲。"

那么，你能猜出谁是凶手吗？

不知去向的孩子

一天，警察局里接到一位母亲的报案，说自己刚刚出生几个月大的孩子被人绑架了。接到她的报案后，警察局立刻派张宝军警官赶往受害人家中了解情况。

这位母亲说她喂完孩子奶粉后，看到孩子睡着了，她去了一下厕所，把孩子放在了客厅的摇篮里，也就5分钟的工夫，出来时就发现孩子不见了。她走出公寓，在小区的花园里发现了孩子玩的一个洋娃娃，她想孩子一定是被人绑架了。她前夫是个好吃懒做的吸毒者，她怀疑是她前夫干的，因为没有毒资就出此下策。

张宝军警官听完这位母亲的叙述后，帮她登了报纸，但一直不见绑匪打电话索取赎金，也没有孩子的任何信息。

那么，你能根据以上的线索推断出孩子的下落及凶手的目的吗？

一杯毒茶

昨天夜里23点钟，一家公司的总裁被发现在家中毒身亡。

据总裁秘书张小姐讲，被害者3小时前出席了一次宴会，因为有几位老朋友在，就多喝了几杯，由秘书将他送回家。当时总裁的家人都不在，家人是前几天出去旅游了，还没有回来，于是就留下来照顾他。

因为总裁喝多了，为了给他醒酒，秘书就为他沏了一壶茶。安顿好后，秘书想到工作上还有一些事情需要及时处理，于是赶紧回公司处理事务了。当她再次来看总裁时，发现他已中毒身亡。

于是，张小姐报了警。警长又转身向先来的警察和法医询问，据他们讲整个房间里除了死者和秘书外，没有第三者来过的痕迹。壶中的茶水试喂过狗，没有毒。初步怀疑是在宴会上吃了有毒食物，现在正在进行调查。

警长来到桌边把那只茶壶揭开看了看，发现里面有半壶茶水，上面还漂浮着一些茶叶。他把壶盖好，转身问跟在身边的警员："茶壶上的指纹取过了吗？"

"取过了，上面只有总裁和秘书的指纹。"

"那么说凶手就是秘书！"警长斩钉截铁地说。

你知道这位警长是如何得出这一结论的吗？

奇怪的自杀案

寒冷的冬季终于过去了，在家闷了一个冬天的人们陆续走出家门开始爬山锻炼。一个早上，一名男子在郊区的一座深山内，发现了一具年轻女尸，死者头部吊在挂于高树枝的短绳索上，男子吓得哆哆嗦嗦地报了案。

赶到现场的警察经过检验得出结论，死者大约两个月前去世，因为是冬天，尸体没有腐坏。一个警察从她的厚厚的外套口袋中找出了一封遗书。根据遗书得知，这是一起自杀事件。问题在于，树枝离地面那么高，而且在尸体的下方也没有找到可当作平台的东西，难道是这位年轻女子特意爬上高树，绑好绳索，然后自己上吊自杀的？看着这具年轻女尸，瘦弱得很，根本没有力气爬上高树。

你知道死者到底是怎样自杀的吗？

不翼而飞的赎金

某市一位富翁的儿子被绑架了,绑匪要富翁在旅行袋里装上50万美元,让他的司机在第二天晚上24点,在一个指定的山顶的一棵大树旁边挖一个坑,将钱埋在地下。

富翁立刻向警方报了案。为了人质的安全,警方请富翁按照绑匪的要求去做。

第二天晚上,司机拿上装有现金的旅行袋来到山顶大树旁边。他挖了一个很深的坑,将旅行袋放进坑中埋好。同时,有几名警察在远处树丛中把守,等司机提着铁锹离开那里,他们就留下监视。但是直到第二天中午,也没有发现什么动静,而富翁的儿子却平安回家了。

绑匪没有取钱,为什么人质却被释放了呢?

于是,警察马上把埋钱的坑挖开,让人惊奇的是,旅行袋内空无一物,赎金不知何时被取走了。负责监视的警察证实,绑匪绝对没有来过,而且也没有任何人靠近。

那么,你知道绑匪是如何避过警察的耳目,巧妙地取走赎金的吗?

那艘有点异样的船只

深夜,纽约警局得到线报,说有十几个恐怖分子即将偷运大量武器弹药潜入美国,准备再次制造一起恐怖事件,而且登陆地点就在纽约。

这一情报使纽约警局立刻高度警惕起来,加派很多人手在整个纽约市海域加紧巡逻。

这一天,狂风四起,风大浪高,海浪拍着海岸啪啪直响,有两位警官化装成渔民来往于纽约市附近的各港口码头,就在他们认为这里很正常时,突然在一座码头上发现了一些异常情况。

码头上几艘刚刚卸完货的船停在那里,随着海浪左右摇摆着,但是有一艘船明显与其他几艘船不一样,有一点怪异现象,于是这两位警官便上前检查。

"我们是警察,感觉这艘船可疑,需要检查一下。"上船之后他们都拿出了自己的证件。

船主非常大度,示意警察可以随便检查,他们二人将船舱里里外外检查了个遍,结果一无所获。正当船主暗自得意的时候,有位警官让船主打开船底的底板,听到这里,船主立刻慌了阵脚,转身就跑。两位警官很快就将其抓住,随即撬开了船底的底板,果然发现了大批的武器弹药。

你能知道这两位警官是根据什么判断出船上有异常,藏着武器弹药的吗?

会说话的"苹果"

一对双胞胎兄弟,因为父亲病重多时,经医院专家确诊已经时日不多了,于是父亲遗产的继承问题便成为两兄弟争论的焦点。几天后父亲去世,将父亲后事办完后,为了遗产分配的问题,哥俩就聚在一起讨论,结果两个人闹翻了,哥哥用一把水果刀将弟弟杀死在自家的院子里。

刚才还吃着苹果谈论事情,现在弟弟却被哥哥活活给杀死了。为了隐藏自己的犯罪行为,当夜深人静的时候,哥哥把弟弟的尸体运到了弟弟家,并且制造了自杀的假现场。就在他转身准备离开的时候,突然想到,自己刚才还和弟弟一起吃苹果,要是法医检查出他的胃里有苹果的话,警方就会怀疑到自己的头上。这时正好看见弟弟家院子里有一棵苹果树,还结了果子。于是哥哥就顺手摘了几个苹果,将削过皮的苹果放在弟弟客厅里的果盘里,为了显得真实,他还咬了几口。

第二天警方发现弟弟的尸体,验尸报告显示死者死前吃的不是他家里盘中的苹果。

你知道警方是怎么知道这件事的吗?

罕见的抢劫案

张某是一个有名的吝啬鬼,尽管他有上亿的财产,但从不轻易借钱给人。一天晚上,他家里遭遇抢劫,结果他被人用枪打死在保险箱旁边,胸部中两弹,这足以致人死命,但奇怪的是,凶手还用刀残忍地剖开了死者的胃。

难道凶手与死者之间竟然还有深仇大恨吗？不这样不足以泄愤？但根据一般情况推测，即使这样，凶手也只是割下死者的头颅或者戳烂死者的面孔，开膛破肚实属罕见。

那么，你知道凶手为什么要剖开死者的胃吗？

偷项链的窃贼

夜里 11 点左右，有点瞌睡的李警官接到住在附近公寓的某女明星打来的报警电话，电话中说她那条价值 200 万的钻石项链被盗。由于事态严重，李警官放下电话就去了公寓 9 层的 903 室。当李警官赶到时，这位女明星还穿着睡衣，她告诉李警官，刚才她参加电视台的纪念舞会回来，因为要洗澡，便将项链和戒指摘下来放在桌子上。洗完澡出来一看，项链不见了，总共也不过 20 分钟。钻石戒指和提包还在那张桌子上，提包里的 50 万现金也没丢。

起居室的窗户半开着，窗帘也没拉上。可是在 9 层楼上，无论什么怪盗也不可能从窗户溜进来。窗户距地面有 20 多米高，而且窗外没有可立足的阳台。

"你的大门没有忘记锁吧？"李警官问。

"没有，除了上锁之外还挂上了铁链子，我胆子比较小，一个人在家总是害怕，所以每次回家我都会把门锁上，并把链子也挂好。"

"听到什么响动没有？"

"噢，想起来了，我在浴室中淋浴时隐约听到了一阵噪声，就跟很远传来的飞机轰鸣声一样。"

"原来如此，看来罪犯用的是航模飞机，就是无线电遥控的模型飞机。"

李警官指着对面相距约 25 米左右的公寓说："这儿屋内很亮，而且窗户开着，如果有人从对面用望远镜观察，看见桌子上的项链是没有一点问题的，所以说项链是被无线电遥控飞机盗去了。"

说完，李警官马上朝对面的公寓走去，问那里的管理人员："你知道这座公寓里谁有航模飞机呢？""噢，你问这个啊，有两个人有。一个是住 1003 号的约翰，他有一架机翼在机身上部的单翼机。另一个是住 803 号叫乔伊的大学生，他有一架遥控直升机模型。"管理人员告诉他说。

警官很快就有了结果。

那么，你知道窃贼到底是哪一个人吗？

留在手心里的线索

一位电脑公司老总深夜被枪杀在自己的办公室里。

第二天先到单位的职员发现老总办公室门是开着的，想过去打声招呼，谁知老总被人枪杀了，他赶紧拿起电话报警。

当警察赶来的时候，在办公室里转了一圈，也没发现其他异常现象，电脑是关闭的，打开电脑也没有发现任何线索，不过奇怪的是老总右手抓着键盘，左手手心上写着几个带血的数字 "137" 和 "平行" 两个字。警察经过调查化验，确认是死者死前留下的信息。排查之后，警方查到 4 个嫌疑人：

周大可：死者的同学，死者夫人曾经的恋人，曾嫉恨死者抢走自己心爱的女人，扬言要杀了死者。拿不出自己在死者死亡时不在场的证明。

王彤彤：死者曾经的员工，因工作关系有过矛盾。无不在场证明。

顾飞：死者同父异母的弟弟，因父母的遗产分配不均曾多次与死者争吵。无不在场证明。

周翠敏：死者的远房亲戚，曾经借过死者很多钱。无不在场证明。

那么，你能猜出凶手到底是谁吗？

杀人蜂

有人报案说一位日本商人死了。

几分钟后,警察立即赶到现场。这位日本商人死在院子里一棵大树下的椅子上,地上丢着两个空啤酒罐和一些日本报纸。这里的管家指着尸体对警察说:"主人是在凉爽的树荫下一边喝着啤酒,一边看报纸,不巧被杀人蜂蜇了。你瞧,他胸部还有被毒蜂蜇过的痕迹。"所谓毒蜂是一种蜜蜂,它的产蜜量要高出普通蜜蜂好几倍,但它的毒性很大,一旦被这种蜜蜂蜇了,再强壮的汉子也会死掉,所以它被称为杀人蜂。

"一般人被毒蜂蜇了后,都会有强烈的反应,从他没来得及逃进屋里的状况看,大概是喝了啤酒醉醺醺地昏睡过去了。你们这儿附近有毒蜂窝吗?"当警察对周围一带调查了一番之后,发现邻居家空房的院子里有一棵大洋槐树,树上有个很大的毒蜂窝,挂在树叶遮掩的树枝上。

当时已经夕阳西下,毒蜂都钻进了蜂窝里。警察轻手轻脚地走到跟前,"看,那是什么?"一个警察发现在另一根树枝上挂着一架日本制的微型录音机。

"在这种地方,谁会把录音机丢在这儿?这里应该没有人住的。"警察取下录音机,把磁带倒回来一放,是盘音乐带。警察听了一会儿,突然想到什么,马上断定说:"这个日本商人根本不是在院子午睡时偶然被毒蜂蜇死的,这是巧妙地利用毒蜂作案的他杀案。"

说完,他又把录音机放回原处,并隐藏在院子里的树丛中耐心地监视着。晚上9点多钟,突然闪出一个身影,偷偷地接近洋槐树,准备要取下录音机。

"喂!不许动,你因杀人嫌疑被逮捕了。"警察迅速跳出来追上欲逃跑的罪犯并将其抓获。这个罪犯是在被害人手下工作的当地人,因贪污行为败露而作案杀人。

可是,尽管如此,这位警官为什么只听了一会儿音乐,就能果断地识破罪犯的诡计呢?

你知道这是怎么一回事吗?

袭击人的硬物

中午的时候,某公寓一个单元的房间内,突然传出一个男人一声急促的呼救声,然后就没有了任何响声。左邻右舍担心发生了凶杀案,马上通知了警方。警察到达后按了那个房间的门铃,却没有人应声开门。于是警察撞开了房门,只见屋内有一名男子昏迷在地板上,他的头部还在往外冒血。而他的妻子则坐在一旁,似乎是个神经不正常的女人,正在津津有味地吃着煮熟了的玉米。

从这种情况来看,显然是那个女人精神病发作,打晕了自己的丈夫,但警察寻遍屋内并没有发现可以用来袭击人的硬物。

那么,你知道那名男子到底是被什么击伤的吗?

脱离现场的凶手

歌手于丽楼上住着一位金发模特。一天,于丽听见楼上的自来水一直流个不停,以为主人不在家,是水管爆裂,就叫来了公寓管理员。

管理员和于丽一起来到楼上,但是无论怎么敲门,都没人开。于是管理员用力把房门撞开,发现女模特赤裸裸地躺在浴室的地上,背上插着一把刀。沐浴的热水龙头仍在哗哗地往外喷水,热气弥漫了整个浴室。

不久,警长带着两名助手赶到了现场。案发现场窗户紧闭,房间门反锁着,原本卡在铁钩上的门闩被撞落在地上。细心的警察发现门闩的一端拦着一根金发,门的上面和下面各扎着一枚图钉,下面的图钉上还有一根打了结的金发。

你知道杀人凶手是如何从房间中逃脱的吗?

蓄谋已久的谋杀案

一位著名的女明星死在了自己家中。接到报警后,几位警官立马赶到了现场,很快他们便确认发现死者的位置就是第一现场。

死者生前从事娱乐行业,长得很漂亮,老板对她很好。死者的丈夫经常干涉她的职业,希望她能够找一份稳定的工作,但是死者不同意,夫妻两人经常为这事吵架。丈夫在前不久刚帮她买了巨额的保险,不过在死者死前的一个星期,她丈夫都在国外为自己公司的债务奔波。丈夫欠下了很多债务,就算拿了她的保费也救不了公司。

经过检验,没有发现死者受任何伤,死者是由于惊吓过度导致死亡的,不过死者没有心脏病史,只是从死者血液里检测到少量安眠药和软性毒品的成分。不过细心的警官在死者家里发现了一些新的音响设备,他们仔细想了一会儿,随即理清了思路,断定整件事情就是一个有计划的杀人案!

你知道杀害女明星的凶手是谁吗?行凶动机是什么?行凶手法是怎样的吗?

谁杀了教师

一个晚上,某大学教师公寓里发生了一宗奇特的凶杀案:大学教师梅杰夫被人杀害了,他是被人活活勒死的,上身赤裸地躺在公寓的地板上,双腿还搭在床边上。教师公寓的门锁都是自动锁,一旦关上,除非有钥匙,否则外面的人是无法进入的,因此警方断定谋害梅杰夫的人一定是他非常熟悉的人,不然是不可能有机会进入他的公寓内谋害他的。警方经过调查,锁定了两个嫌疑犯:一个是梅杰夫的弟弟瓦里,他是个不长进的社会混混,吸毒成瘾,经常向哥哥勒索钱财,两兄弟也常为此事发生争吵。另一个是刚刚被学校开除的学生的家长,他为人粗暴,脾气很糟,因为儿子被开除而大发脾气。两人在死者被害的当晚都来找过死者,但是两人都称自己按了门铃,见里面没人应答就走了。

听了他们的回答,一位警察想起梅杰夫教师的门上有个猫眼,于是他立刻知道谁是真凶了。

那么,你能根据以上内容判断出谁是真凶吗?

被转移的珍品

某博物馆有许多价值连城的艺术珍品。有一天,几名窃贼利用高科技偷走了一批艺术珍品,但他们马上就被警察抓获了,这批珍品却下落不明。

经过反复对这几个窃贼进行心理攻势,主犯招认说艺术品被农场主拉蒂用一个大铁箱装起来埋在了一个石磨下面。于是,警察冲进拉蒂的农场,看到这些冲进来的警察,拉蒂很镇定,只是他的眼睛朝院子里那两个篮球场般大的晒谷场瞟了一眼,并说自己从来没有触犯政府法令,不信可以随便搜。

警察把磨坊里的石磨移开,在下面挖了一个又大又深的坑,坑底已见到了生土,再挖下去也没有什么意义了。警长想,这家伙一定是嗅到了什么风声,把铁箱转移了。可是铁箱会转移到什么地方去呢?而且这个铁箱子很笨重,一个人根本无法转移,他也不可能找别人来帮忙。那他是把箱子埋在了树底下?麦田里?

警长脑子飞快地转动着,他一点一点回忆拉蒂的一举一动,突然想起了什么,招呼警察们说:"大家停手吧,这里不用再挖了,跟我到院子里去。"

来到院子里,警长叫手下去打水,把晒谷场分成若干块,一块一块地浇上水,水浇到泥土地上,很快往地里渗。

终于,警长宣布:"好了,不用再浇水了!"他指着一块颜色更深的泥地,叫警察往下挖。

不久,一只铁箱被挖出来了,里面正是那批珍贵的艺术品。

你知道警长怎么知道铁箱埋在这里的吗?

女间谍迪丽雅

二战期间,英国有位女间谍名叫迪丽雅,一次,她以交际花的身份出现在德国,她这次的任务主要是盗取有关德国对英作战的具体计划。管理德国军事机密档案室的是一个中年单身男人，丧妻多年，一直没有再成家。在得知这一情况后，迪丽雅开始主动接近这名军官，军官生活寂寞，迪丽雅很快就取得了他的信任。迪丽雅知道档案室只有在知道密码后才能打开，她每次到军官家里都会找机会寻找密码，只是一直都没能找到。她想档案室经常有人进出，所以密码一定藏在一个比较好找但又很安全的地方。

一天晚上，迪丽雅做了好多菜，她陪着军官喝了好多酒，不胜酒力的军官烂醉如泥。趁军官酒醉后，她悄悄地进入书房，这时天已经快亮了。她知道档案室就在他书房的书架后面，密码是6位数，她一直试了近半小时都没成功。这时她发现明明已是早上6点钟了，墙上的钟显示的还是8点7分21秒，心里灵机一动，终于找到了密码，得到了情报，顺利完成了任务。

那么，你知道密码是多少了吗？

搞恶作剧的人

某活动中心举办了一次"海盗嘉年华"的活动。6月的一个早晨，经过筛选后到斯凯岛参加"海盗嘉年华"的9名游客登上了鲁宾号帆船。9名游客中有5男4女。4位女客都已50岁开外。在5位男客中，亨利年龄最小只有26岁，是伦敦一家小药店的老板；49岁的摩尔是开杂货铺的，同时也是一位业余摄影爱好者，左腿有一点跛；考克斯莱是一位50岁的出租车司机；匹克尔和莱斯特都已是63岁的老头儿，早已退休在家。他们此行的目的是效仿海盗，乘帆船顺着海盗的踪迹，穿梭于斯凯岛和各岛屿之间，最后到达摩勒岛——几百年前海盗所住过的巢穴。

就在下午4点30分，船靠岸了。随后这9名游客登上了一条被人踩出来的小路，两旁是灌木丛林和齐人高的杂草。大家有说有笑地向前走着，"快看呀！亨利先生，真想不到在这荒岛上竟然还长这种植物。"女游客海蒂拔起一种像杂草一样的植物给亨利看。

"这是什么植物？我从来没有见过。"亨利问。"你不认识它？我以为你认识呢。"海蒂问亨利，亨利摇摇头。

"这是款冬，一种药草，可制作助阳剂。"海蒂介绍道。

不知不觉中他们绕过一堆土丘，一座废弃的古堡赫然耸立在游客面前。

"女士们，先生们，这就是海盗曾住过的古堡，现在是4点55分，海盗幽灵将接待你们15分钟，与你们合影留念，请你们准备好相机。"船长吉力尔介绍完后便让游客走进古堡，自己却和4位工作人员来到离古堡50米远的一幢木屋里，坐在桌前喝酒。

5点02分，船长和伙伴们刚想离开，突然见屋外有个人影闪过，待他们跑出屋去，已不见那个人的踪影。他们在屋外四周搜寻了一会儿，没有发现什么，便匆匆回到了古堡，时间是5点10分。此时，9名游客已准时集合在一起等他们了。

5点23分，他们回到鲁宾号上，等待着开船返航，却发现发动机的进油管被人割断了。船长马上明白了，一定有人在搞恶作剧，而此人一定就在这9名游客当中。

那么，你认为这个人会是谁呢？

子弹哪里去了

警察局接到报案，说在海边发现一具女尸。当几位警察赶到现场时，发现那是一名身着粉红色游泳衣的金发女郎，腹部中了两枪。

几位警察仔细检查现场后，发现除了一具女尸体以外，没有其他任何线索。在这种情况下，唯一的线索只有她体内的两颗子弹头了，于是立刻把尸体送进医院解剖。不料，解剖的结果是体内没有子弹头。

负责此案的几位警察大伤脑筋，如不掌握子弹的线索，那就无法进行侦破。无奈之下，只得求教探长。探长认真地听了警察介绍后说:"尸体背后有没有子弹穿过的伤口?"警察说:"我们早已经检查过了,没有!"

探长又问:"有没有子弹被挖出的痕迹?"

警察又摇摇头。

探长沉思片刻对警察说:"子弹肯定在体内,不过已完全融化了。"

你知道探长的依据是什么吗?

村长断案

清晨,村长准备去自家地里除草,他刚走到村口,就看到不远处有一男一女在争吵,男的说:"这茄子是你从我的地里偷的。"那个妇女说:"你诬赖好人,茄子是我从自家地里摘下来的。你哪只眼睛看到了?凭什么说我偷了你家的茄子?"

村长仔细观察后对那个妇女说:"你们不要争吵了,你把茄子按大的、中等的、小而未成熟的分成三堆,数数各堆有多少个。"妇女不明白村长要干什么,只好照办,不一会儿,她分好了,并说:"大的90个,中等的60个,小而未成熟的50个。"

村长冷冷一笑,严厉地对那妇女说:"这茄子肯定是你偷来的,老实交代吧。你要是不说老实话,我们就把你送到派出所去。"

那妇女不敢再辩,只好认错。

你知道村长凭什么断定茄子是那妇女偷的吗?

即兴的心理测验

某法院正在开庭审理一件预谋杀人案:多普拉被控告在一个月前杀害了雅思尼尔。从犯罪动机、作案条件到人证、物证都对他极为不利,虽然至今警察还没有找到其他更充分的证据,比如被害者的尸体,但公诉方认为已经有足够的证据可以将他定为一级谋杀罪。

多普拉不得不请来一位著名律师为他辩护。在大量的人证和物证面前,律师感到捉襟见肘,但他毕竟是位精通本国法律的专家,他急中生智,将辩护内容转换了一个角度,从容不迫地说道:"毫无疑问,刚才对方所说的这些证词听起来,好像可以证明我的委托人犯下了谋杀罪。可是,迄今为止,还没有发现雅思尼尔先生的尸体。当然,也可以作这样的推测,便是凶手使用了巧妙的方法把被害者的尸体藏匿在一个十分隐蔽的地方或是毁尸灭迹了,但我想在这里问一问大家,要是事实证明那位雅思尼尔先生现在还活着,甚至出现在这法庭上的话,那么大家是否还会认为我的委托人是杀害雅思尼尔先生的凶手呢?"

陪审席和旁听席上发出窃笑声,似乎在讥讽这位远近闻名的大律师竟会提出这么一个缺乏法律常识的问题来。法官看着律师说道:"请你直接说吧,你究竟想要表达什么意思?"

"法官大人,我所要表达的就是这个意思。"律师边说边走出法庭和旁听席之间的矮栏,快步走到陪审席旁边的那扇侧门前面,用整座厅里的人都能听清的声音说道:"大家不信我说的话,那么好,现在,就请大家看吧!"说着,他一下拉开了那扇门……

所有的陪审员和旁听者的目光都转向那扇侧门,但被拉开的门里却空空如也,没有任何人影,当然里面更不可能有那位雅思尼尔先生……

律师轻轻地关上侧门,走回律师席中,慢条斯理地说道:"大家可能认为我刚才的那个举动是对法庭和公众的戏弄,其实,我只是想向大家证明一个事实:即使公诉方提出了许多所谓的'证据',但迄今为止,在这法庭上的各位女士、先生,包括各位尊敬的陪审员和检察官在内,谁都无法肯定那位所谓的'被害人'确实已经不在人间了。是的,雅思尼尔先生并没有在那个门口出现,这只是我在国家法律许可范围之内采用了一个即兴的心理测验方法。刚才整个法庭上的人们的目光都转向那个门口,说明大家都在期望雅思尼尔先生在那里出现,这证明,在场每个人的内心深处对雅思尼尔是否已经不在人世是存在怀疑的……"说到这里,他停顿了片刻,然后把声音提高了些,并且借助大幅度挥动的手势来加重语气:"所以,我要大声疾呼:在座的这12位公正而明智的陪审员,难道凭着这些连你们自己也质疑的'证据'就能断定我的委托人便是'杀害'雅思尼尔先生的凶手吗?"

霎时间,法庭上秩序大乱,不少旁听者交头接耳,连连称妙,新闻记者竞相奔往公用电话亭,给自己报馆的主笔报告审判情况,推测律师的绝妙辩护有可能使被告多普拉被宣判无罪释放。

当最后一位排着队打电话的记者挂断电话回到审判庭时,他和他的同行们听到了陪审团对这一案件的裁决,那是同他们的估计大相径庭的结果:陪审团认为被告多普拉有罪!

你知道这一裁决又是根据什么奥秘吗?

仓促的谋杀案

相恋三年的丽娜和男友李克分手了,李克不甘心,还在努力挽回丽娜的心,铁了心要分手的丽娜根本就不理睬李克。于是有些恼怒的李克便动了杀机。这天,丽娜在画家内德的画室当模特儿,内德中途出去办事,李克就在此时进入画室,用丝袜勒死了丽娜,并把她的尸体拖走,找个地方藏了起来。

内德办完事回到画室后不见丽娜,但见现场凌乱,灵感涌现,就把现场的环境画了出来。两小时后,李克收藏好了尸体,想起杀人的丝袜留在画室内,便折返伺机取回。可是,他在窗外见到内德出神地画着,又眼巴巴的见到丝袜还在那里显眼地放着,心里十分着急。

又过了3个小时,内德画完后出去了,李克趁机闪入收起丝袜。谁知这时内德突然又回来了,李克情急之下用椅子打死了内德。谁知李克在仓皇逃走时,又把他的墨水笔遗留在现场了。

没多久,警方闪电般地破了案,将李克拘捕了。

你知道警方是怎样破案的吗?

风扇杀人案

一个夏天的傍晚,在一家出租房间里发现了一具只穿着短裤的男尸。他似乎是在吊床上睡午觉时死去的,室内摆着的两台日本产的电风扇早已经停了。

验尸结果是窒息死亡的,尸体上没有任何伤痕,虽然从肠胃里检查出一些安眠药成分,但也是不足致死的剂量。死亡时间是下午3点左右,因为在睡午觉时窒息死亡有些不太合乎情理,所以警察把它当作他杀而立案侦查。第二天就抓到了嫌疑犯,就是被害者的邻居,他从死者那里借了一大笔钱。

案发当天上午11点左右,房东曾亲眼看到他离开被害者的房间,之后他在工作的电器行一直到深夜才回来。

那么,他究竟使用了什么手段使被害者窒息死亡的呢?

狼犬杀人案

佐斯尔和马沙尔特在当地都是出了名的赌徒,他们整天在一起赌博。但在几周以前,两人从来没有碰到过。上周六,佐斯尔从旧金山开车到加州的一个赌场去赌博,在赌场里他看到一个瘦高个儿朝他走了过来,礼貌地握了握他的手说道:"我是马沙尔特,难得看到你这样的高手光临加州,我们俩来赌一把怎么样?"见他还在犹豫,那人接着说:"我这是第一次来这个赌场,给个面子,算结实一个新朋友。"

"那好吧。"

两人第一把就押上了所有的钱,结果佐斯尔轻松获胜,马沙尔特说道:"年轻人,你给我听好了,不久之后你将会付出很大的代价的!"

佐斯尔并没有太在意这次输赢,几天后他喜滋滋地回到了旧金山,住在一座可以看得见海景的别墅里,邻居马基雅维利小姐是位医生。

就在他回去的几天后,马基雅维利小姐告诉佐斯尔她要去看望一个生病的老朋友,要离开一段时间,请佐斯尔帮忙照看她的狗。这是一条彪悍的狼犬,佐斯尔非常喜欢狼犬,于是愉快地答应了马基雅维利小姐的请求。

结果第二天,佐斯尔被狼犬咬死在电话旁,身上的衣服都被咬碎了,而马基雅维利小姐就好像从人间蒸发了一样,再也找不到了。

警方发布了通缉令,在找到马基雅维利小姐后,她承认这条狗是别人送来的,同时还给了她5万美元,唯一的条件是请她说服邻居佐斯尔收养这条狗。

情况很明显,马基雅维利小姐只是一时贪财,被人利用,而送狗的人才是真正的谋杀犯!经过照片辨认,马基雅维利小姐认出狗是马沙尔特送来的。警方迅速传唤了马沙尔特,他并不否认狗是他的,可是他辩解说案发时自己身在加州,距离旧金山有一天路程,无论如何不可能给狼狗下达咬死人的命令,因此这是一桩纯粹的意外事件。

警方经过调查和试验,终于发现了马沙尔特杀人的方法,法院最终判定马沙尔特谋杀罪名成立。

这可奇怪了,远在数百千米以外的人,如何控制自己的狗杀人呢?

你知道这是怎么回事吗?

人头马谋杀案

某市的一位工商局的陈副局长死了,死在他自己的家里。

临死前,陈副局长正与妻子还有一个姓刘的客人在家中喝酒。经法医鉴定,陈副局长死于氰化物中毒,现场只有人头马的酒瓶和瓶盖,经过化验得知陈副局长和刘先生的酒杯中都有毒。

据陈副局长的妻子交代,他们所喝的酒是自己从酒柜里取出来的,在喝的时候才开封的。"当时我老公要给小刘倒酒,小刘连说不敢,还是自己来吧,于是接过酒瓶去给自己倒了一杯,然后又给我老公倒了一杯。当时我还说小刘太客气了。小刘没来得及喝酒,因为在干杯之前他正在吃辣子鸡丁,一说话呛到嗓子里去了,把酒弄洒了半杯,还弄湿了衣服,然后他说声不好意思,便到卫生间去清理衣服了。我老公于是自己干了一杯。在小刘去卫生间的时候,他自己又倒了一杯酒喝。就在小刘回来要落座的时候,我老公突然脸色大变,非常恐怖地盯着小刘,然后就一头栽下去了。这酒也不是小刘买的。我家里一共有两瓶人头马,都是别人送的。一瓶是小李在几天前送来的,另一瓶是小宋昨天送来的。我也不知道刚才他们喝的酒是谁送的了。"

经过调查发现,陈副局长的妻子最近的确跟丈夫感情不和,因为陈副局长在外面行为不检点。但是几十年的夫妻了,陈妻还不至于因为这点儿事就下毒谋害亲夫。

小刘说是陈副局长请自己去他家喝酒的,酒也不是他带过去的,是他自己家里的,自己不可能有机会下毒,当时他没有喝那杯酒,是因为当时发生了点意外。这个陈副局长的妻子是知道的。警方在对小刘的调查中发现,小刘不久前与陈副局长进行了一桩巨额的非法交易,此次交易还牵扯到了工商局张局长。

同时,警方也对送酒的小李和小宋展开了调查。

小李是开服装店的,他说自己给陈副局长送礼是想托他办事。最近他们对面又开了一家店,很多顾客都到那边去了,跟他抢生意抢得很厉害。所以他想让陈副局长帮忙找那家店的麻烦,让那家店早点离开这里。自己根本没理由在酒里下毒!再说送出去的酒是没有开封的,根本不可能下毒,他送的酒也是购自正规的烟酒店,不信,可以去调查。

小宋说,他送给陈副局长的酒一开始并不是买给他的。自己在副科级干了好几年了,想转正,而且他小舅子刚毕业也想进工商局。自己跟陈副局长熟,所以想找他帮忙。但陈副局长说这事得找张局长,陈副局长说张局长爱喝洋酒,就让小宋给他买瓶人头马。给张局长送礼那天,小宋拿着酒先去陈副局长家待了一会儿,陈副局长当时还看了一下礼品。出门时陈副局长在找皮鞋,让小宋去阳台帮忙拿了一下西服。然后陈副局长就领着小宋去了张局长家,但陈副局长只把小宋领到张局长的家门口就走了,因为他跟张局长素来不和,最近为了升迁的事关系更糟了。

进去后,张局长不在家,只有张局长夫人在,说张局长刚刚检查出肝不太好,不能喝酒,就让小宋把酒提回来了。小宋想陈副局长也喜欢喝酒,自己也常有求于他,于是就把酒又提到陈副局长家里去了,并谎称这是自己专门为陈副局长买的,表示一下谢意,希望以后多多照顾。

由于找不到其他有价值的线索,警方对此案大为头疼。然而,在月底的一次大规模打假行动中,一条线索使案情水落石出。在一个制造假酒的窝点,警方发现了几个人头马的瓶盖。据窝点的嫌犯说:"前些日子有个人拿来一瓶开封的人头马,说要送人,但如果再买一瓶又嫌太贵,所以找我帮忙安个瓶盖。那个人出了200元,我当天便去弄了个瓶盖给他安上了。"而根据嫌犯的描述,那人竟然是陈副局长!

整个案子看起来很复杂,这到底是怎么回事呢?究竟谁才是凶手呢?

美食作家之死

在郊区的一栋别墅内发生了一起凶杀案,死者是当今饮食领域的畅销书作家奥莱斯。接到报案后,乔警长立马带人赶到了奥莱斯先生的别墅。案发现场是这样的:在饭厅的餐桌上,除了没有沙拉外,摆满了精心烹制的菜肴。而奥莱斯先生坐在餐桌前,面对丰盛的饭菜,围着围巾,两手拿着刀叉,像是正要吃饭,却一动不动,显然已经气绝身亡多时了。

经法医验尸后,"从尸体腐烂的程度来看,奥莱斯已经死了四五天了。"乔警长思忖着。

"可是……这些菜看上去没做多久,如果是四五天前做的菜,现在早就长毛发霉了。估计是凶手昨晚又来到这里做的……凶手到底为什么作出这么奇怪的举动呢?"这个疑问一直在乔警长的心中盘绕。

最后,警方根据调查结果锁定了3个嫌疑犯,他们都是委托奥莱斯先生写稿的出版社的编辑,而且都和奥莱斯先生有过节。死者遇害的7月9日到11日期间,他们都住进了奥莱斯住宅附近的旅馆等待完稿。警方估计这3个人中某人与奥莱斯发生争执,一时冲动杀了他。于是,乔警长决定对这3个人进行审查。

第一个是嫌疑犯曼若夫的供词:"我是在9日晚上到奥莱斯先生的别墅去催稿的。当时门没有上锁,我敲门他也没有回应。不过里面有咖啡的味道,我猜他可能在认真工作,心想还是不要打扰他了,所以没有和他打招呼便走了。"

"那么关于其他两个人你都知道些什么?"乔警长接着问。

"这个……克罗11日早晨从奥莱斯先生的别墅回来后,说奥莱斯先生正在呼呼大睡。鲍尔默是在10日上午去的,回来后很生气地说奥莱斯先生去散步了,不在家。"

之后乔警长传唤了鲍尔默。

"我是10日上午去奥莱斯先生家的。按了很长时间的门铃也没有回应,我想他很可能去散步了,然后就走了。"

"那你是不是很生气?"乔警长问道。据曼若夫的供词,鲍尔默当时应该很生气。

"哦?我生气?没有这样的事。我只是担心他再不抓紧时间赶稿子的话,我们的压力都会很大。"鲍尔默很快就否认了。

"其他两个人……哦,曼若夫是在9日晚上去的,而且他去了很久都没有回来。10日天气突然变坏了，又打雷又下雨，连旅店的电闸都跳闸了。11日的早上，克罗去了奥莱斯家。"

"电闸是什么时候跳闸的？"乔警长对停电这件事很感兴趣。

"好像是在晚饭前。"

最后是对克罗的盘问。

"对！他俩说得没错。我确实是在11日早上拜访奥莱斯先生的。不过在门口听到他打呼噜的声音，我以为他在睡觉，所以就走了。而且当时门没有锁……曼若夫是9日去的吗？不……我没听说，不过我知道10日上午鲍尔默不知道去了哪里，回来之后很生气……"

听完3人的供词，乔警长已经确定了凶手。

那么，你能猜出来哪一个是真正的凶手吗？而且在餐桌上摆上那些精心烹制的菜肴又是为什么呢？

嫌疑人的鞋印

在一个风雨交加的夜晚，两名巡警在森林公园被人袭击，他们的尸体在第二天才被发现，当时已经天晴了。这场大雨清除了凶手留下的所有证据，警方在现场只找到一个陷在泥土里的鞋印。警方立刻搜查了整个森林公园，在一平方千米以内，只有本基恩一个人声称自己昨晚因为下大雨的缘故，在森林公园的亭子里避雨。警方马上把本基恩的鞋子和取得的鞋印石膏模型对比，发现完全吻合。

虽然这种款式的鞋子有很多人穿，但是大小完全相同又同时出现在犯罪现场的可能性非常小。汤恩探长说："现场只有他一个人，鞋印又完全吻合，他也承认自己在森林公园。这个案件没什么疑问，凶手就是他。"

这时，有一位警官却说："我认为恰恰相反，你所说的关键证据——鞋印，其实只能证明本基恩是清白的！他肯定不是凶手。"

你知道这位警官为什么说鞋印其实能够证明本基恩的清白吗？

不怕暗杀的华蒙托夫

在第一次世界大战期间，熟知同盟军的战术、兵力分布甚至将领的习惯的同盟国指挥官华蒙托夫投降了协约国，华蒙托夫知道的所有绝密情报让他成为了同盟国军队的头号敌人。

同盟国军队曾派出了许多身怀绝技的人去刺杀他，但华蒙托夫上校不仅护卫森严，他还是拳击好手，去刺杀他的人不是被抓住，就是在其铁拳下丧生，华蒙托夫因此扬扬自得，自称是"不怕暗杀的人"。

一天傍晚，华蒙托夫上校带着警卫偷偷爬到一座山上，观察同盟国军队的情况。这座小山虽然不高，可是十分陡峭，山下有一条蜿蜒的小河，对方军队就驻扎在小河边。华蒙托夫上校和警卫们悄悄攀上山顶悬崖，趴在悬崖边缘观察同盟国军队的部署情况。

过了很长时间，警卫们发现上校还是趴在悬崖边缘一动不动，轻声呼唤也没有反应，不由着急起来。他们把华蒙托夫上校拉起来一看：上校竟然死了！警卫大惊失色，连忙把华蒙托夫抬回营地，请军医鉴定。军医经过仔细检查，发现华蒙托夫全身一个伤痕都没有，平时体壮如牛的华蒙托夫怎么会突然死去呢？一时间，谣言四起，大家都说这是上帝的震怒，叛徒得到了应有的惩罚。

事情越传越远，传到了一位著名探案专家耳中，他稍微思索了一会儿说："这不过是一起巧妙的杀人事件，如果我没有猜错的话，华蒙托夫的望远镜当时一定遗落或者丢失了。"

后来，果然在小河中找到了卡在河床上的望远镜，揭开了上校离奇死亡的秘密。

你知道这位上校是如何死去的吗？探案专家为什么能在千里之外，预见到一架失踪的望远镜呢？

最有可能的凶手

一天夜里,某市知名企业家李清在自己的公司被人杀害。这个某市最富有、靠房地产发家的青年才俊,没想到会在事业的巅峰期英年早逝,很多人都为他感到惋惜。接到报案后,警务人员立马赶到现场进行调查。调查结果发现死者的死亡时间是当天晚间10点左右,死因是被人用手枪击毙的,办公室内东西摆放很整齐,没有任何挣扎的迹象。而办公室的门有明显被人撞击的痕迹,死者是趴在桌子上死的。

室内的保险柜被人撬开,大量现金还在,但一个文件袋被拿走。

警方经过严密排查,最后确定了4名嫌疑犯:

第一个嫌疑犯是死者的妻子刘颖,两年来他们一直在闹离婚,一直在为分财产的事而争吵,刘颖曾经对别人说要杀了这个负心汉。

第二个嫌疑人是死者的弟弟李鹏,他是某银行的主人,为哥哥贷款的事情做了三年的担保人,因为哥哥有能力偿还贷款但迟迟未还而怀恨在心,一直与哥哥闹矛盾,甚至曾经大打出手。

第三个是公司的公关经理苏林安,苏林安被传与李清关系不一般,也因为一直未得到李清的钻石项链而耿耿于怀。

第四个是死者的竞争对手马文强,这个家伙多年来一直是李清生意场上的竞争对手,最近一直在与李清竞标一块地皮,彼此都不止一次的恐吓过对方。

经过分析,发现这几个家伙都有作案的可能,且都有充足的作案时间。

那么,你能推断出谁最有可能是凶手吗?

说谎话的管家

捷克先生多年来一直都是喜欢乘周五下午加点的火车离开他工作的城市,两个小时后到达他郊外的住宅。可是有一个星期五,他突然心血来潮改变了这个习惯,坐上了那天夜里的火车。回到家里接近午夜零点,当他走进院子的时候,就听见管家阿莱正在地下室的酒窖里喊"快来人啊,救命"。捷克砸开门,救出了阿莱。

"先生,幸亏你回来了,不然我就没命了。几个小时前,有人抢了你保险柜里的钱,我听见他们说要赶今天午夜12点的火车,现在恐怕追不上他们了。你要是再早回来几个小时就好了。"

捷克一听钱被盗走,焦急万分,便报了警。

几分钟后,亨利探长带着几个警察过来了。

探长找到阿莱,问:"你是说几个窃贼用枪抵着你,逼你打开保险柜吗?"

"是的,探长。"阿莱回答,"他们又逼我服下一粒药片——大概是安眠药吧,当我醒来时,正好赶上先生下班回来。"

探长检查了酒窖,这个酒窖并不大,四周无窗,只有一扇门。里面有盏25瓦的灯泡,灯光有些微弱。探长在酒窖里找到一块老式机械表,他问阿莱,"发生抢劫时你戴着这块表吗?"

"是,是的。我一直戴着这块表。"

"哦,那么请你好好说说,你和那些强盗把钱藏在哪里了?"阿莱一听,顿时瘫倒在地。

你知道探长是根据什么做出这样的判断吗?

嚼口香糖的顾客

一天下午6点,张小姐的饰品店里已经没有多少人了,她正准备下班,这时,来了一位年轻的顾客。这人看上去似乎很有钱,一身名牌,举止文明,很有礼貌,嘴里一直咀嚼着口香糖。他说:"你好老板,给我拿这个看一下,就是这枚玛瑙戒指。"

张小姐一边跟顾客打招呼,一边走过来帮顾客拿出了戒指:"先生你可真有眼力,这是女作家海伦的遗物。"顾客一直在欣赏,于是张小姐就去忙其他的事情了。不一会儿张小姐回头,发现戒指好像掉到地上了。"哎呀!老板,真对不起。"那人弯下腰,从地上捡起了戒指,递给了张小姐,"老板,你放回去吧,刚才实在是不好意思。我改天带着我女朋友过来,让她试戴一下,如果合适我就买下它。"

接过戒指的张小姐发现戒指已经被掉包了便说:"对不起先生,好像不是这枚,你能允许我搜身吗?"

"可以。如果你搜不到,可要赔我名声损失费啊。"顾客答道。

张小姐搜遍了他的全身也没找到那枚戒指,不过张小姐还是不相信自己的戒指会不翼而飞,于是说道:"先生你还是不能走。"之后张小姐就报了警。

李特警员过来了解一下经过,然后就把那家伙带回了警局,后来在他身上果真搜出了那枚戒指。

那么,戒指到底藏在了这位顾客身上的什么地方呢?

损失惨重的惯偷

"麻秸秆"是个惯偷,今天一早,趁着人流高峰期来到地铁里行窃。他在乘客中挤来挤去,终于找到了目标。他先将一个肩挎皮包的年轻小姐的钱包偷到手,接着又把手伸进一个男士的衣袋,最后将一个身穿休闲服的妇女的钱包掏了出来。

"麻秸秆"知道作案时间不宜过长,车到站,他赶紧下车溜了。他以为今天的收获应该不小。急忙来到一个僻静处,他从衣袋里掏出钱包查看,发现收获不大。"妈的,都是穷光蛋,老子空喜一场。"他不满地嘟囔了一句。更让他恼火的事情还在后面,原来,和偷来的钱包放在一起的自己的钱包不见了,要知道自己的钱包里有很多钱。口袋里还多了一张纸条:"在偷别人东西之前,最好先看好自己的东西!"

你知道在被偷的三个人中,是谁偷走了惯偷的钱包吗?

盲人小孩被关的小屋

这个夏季很难过,每天热得让人喘不过气来,谁都不想出门。幸好最近一段时间比较太平,警察局里的警员们才能够待在办公室里享受着空调的清凉。正当洛克警长祈祷着这样的日子可以多过几天时,办公桌上的电话突然急促地响了起来。

电话是一对中年夫妇打来的,他们说自己的儿子昨天遭到了歹徒的绑架,歹徒要求他们准备100万美元赎人,不准报警,否则就杀了孩子。

洛克警长根据夫妇提供的材料,知道被绑架的是一个12岁的孩子,这是一个可怜的孩子,他双目失明,是音乐学校的一名学生,昨天在放学回家的路上被人绑架。

接到报案后,洛克警长便和警察局的同事迅速展开破案工作,由于歹徒非常狡猾,警察只能先同意歹徒的要求,营救出孩子,再进行下一步追捕计划。

营救出男孩后,洛克警长问道:"孩子,不要怕,你现在安全了。你还记得当时的情况吗?"

"警察叔叔谢谢你们,我现在没事了。我记得好像有3个歹徒,其中有一个女的。我好像是被关在海边的一间屋子里,因为我能清楚地听到海浪的声音。屋里热极了,我不停地冒汗,只有到了晚上才有风从窗口吹进来。"

洛克警长根据情况,来到海边,发现有两所房子,但这两所房子结构几乎完全相同,不同的只是阁楼的窗子,一间开在南边,一间开在北边。

这条海岸向北不远处就是丘陵地带,长着一些树木,环境幽雅。你知道哪一间才是盲人小孩被关的小屋吗?

第七辑
综合类谜题游戏

如何理解

在一次讨论会上,有的同学说自己没有一点逻辑思维,不知道该如何发表自己的看法。小倩认为:"所有的人都是有逻辑的。"如果她的想法是不正确的,那么正确的应该是下面的哪一句话(　　)

A. 有逻辑的便是人　　　　B. 有的人没有逻辑

C. 全部的人都没有逻辑　　D. 有的人有逻辑

涨潮

"五一"黄金周期间,小星一家去海边游玩,因为是第一次看到海,充满了好奇,特别是看到涨潮落潮时,简直看得入了迷。小星很想知道,涨潮时每小时海水上涨了多少。于是,他想出了一个办法,在大游轮的船舷边上放下一条绳子,绳子上系有10个红色的手帕,每两个相邻的手帕相隔20厘米,绳子的下端还特地系了一根铁棒。放下时,正好最下面的一个手帕接触到水面。

涨潮了,小星赶紧跑去看绳子上的手帕,并戴上表计时。你认为他能测出潮水每小时涨多少厘米吗?

谁的供词正确

赵满、孙立和关洋三人由于孙海东被谋杀而受到传讯。犯罪现场的证据表明,可能有一名律师参与了对孙海东的谋杀。

这三人中肯定有一人是谋杀者,每一名可疑对象所作的两条供词是:

赵满:

(1)我不是律师。

(2)我没有参与谋杀孙海东。

孙立:

(3)我是个律师。

(4)但是我确实没有杀害孙海东。

关洋:

(5)我不是律师。

(6)但有一个律师杀害了孙海东。

警察最后发现:

A. 上述6条供词中只有两条是实话。

B. 这三个可疑对象中只有一个不是律师。

你知道是谁杀害了孙海东吗?

体育竞赛项目

在一场体育比赛中,共有N个项目,运动员甲、乙、丙三人参加。在每一个比赛项目中第一、第二、第三名分别得A、B、C分,其中A、B、C为正整数,且A>B>C。

最后甲选手共得22分,乙与丙均得9分,并且乙在百米比赛中获得第一名。

你知道一共有多少个项目吗?(求N的值。)

农民赶马

有一个农民在家里养了A、B、C、D四匹马,现在,想将这四匹马赶到马市上去卖。从家到马市,A马需要走1小时,B马需要走2小时,C马需要走4小时,D马需要走5小时。假设这个农民一次赶着两匹马去,再骑一匹马回来,所需要的时间以速度较慢的那匹马来计算,一共花了12小时将这四匹马赶到了马市。

你知道他以什么顺序将这四匹马赶到马市的吗?

中西方国家传统的区别

西方每一个国家的现代化都有各自的特点。中国许多东西都有自己的传统,这些传统与西方很不一样。下面哪个观点是根据题意推出来的( )

A. 中国现代化会自发地实现

B. 中国不需要向外国学习

C. 中国现代化特点与西方的现代化特点有着明显的区别

D. 中国的传统与现代化之间不存在矛盾。

忽略的问题

夜里,一个凶手戴着手套闯进一个富翁家,并杀死了富翁。他把这个富翁柜子里所有财物全装进自己的包里,然后他把作案的工具和手套放在一个搅碎机器里,之后他给警察打电话报警。

其实,这个凶手犯了个很严重的错误,你知道是什么吗?

变瘪的塑料瓶

刚上小学四年级的亮亮在洗塑料瓶的时候发现,将用热水洗过的塑料瓶立即密封起来放入冰箱后。塑料瓶竟然立即变瘪了。他想了半天也不知道这是为什么。

你能告诉亮亮其中的原理吗?

防止灯泡被盗

据说,在英国一个主要城市的地铁里,由于灯座设在伸手可及的地方,而且无法移动,因此经常有人偷灯泡。如果你是政府当局,该如何解决这个问题,防止灯泡被偷事件的再次发生呢?

下周活动安排

某个大学的孙教授每天都很忙,这周还没有过完,孙教授下周的活动安排就已经有很多了:

准备去参观博物馆;

要去税务所办事;

去医院看外科;

还要去餐馆吃午餐,餐馆是在星期三停止营业;

税务所是星期六休息;

博物馆在周一、三、五开放;

外科大夫每逢周二、五、六坐诊。

你知道孙教授在星期几才能一天之内完成所有事情吗?

谁是第五圈

最近,学校比较流行一种叫"三人玩"的游戏。一天,甲、乙、丙、丁、戊五人聚在一起玩这种游戏。游戏的规则是每一圈只能由三人玩。下列是游戏的所有规则,它将影响到每圈游戏参加者的顺序和玩的圈数:

第一,没有人可以连续玩三圈;

第二,没有人可以连续两圈不玩;

第三,每个人都必须玩三圈。

如果甲、乙、丁玩第一圈,而乙、丁、戊玩第三圈。下面哪一位不能玩第四圈,而只能玩第五圈( )

A.甲   B.乙   C.丙   D.戊

一条棉花船

张师傅开着一条载棉花的船在河里行驶,旁边靠后面的芦苇着火了,船上只有张师傅一个人,火的速度比船快,船还是顺风行驶,你知道怎样才能不让火烧到张师傅吗?

判断真假画

张老是一位著名的艺术收藏家,他喜欢收藏西方中古时代的物品。这天有一个人拿来了一幅圆桌武士比武的图画,这幅画看起来非常古老,有些地方有虫蛀的痕迹。图上画的是四个武士正从自己的剑鞘中拔出剑来要参加战斗。他们各自剑的形状如下:

第一个武士的剑是直的;

第二个武士的剑是螺旋形的;

第三个武士的剑是波浪形的;

第四个武士的剑是弯的。

张老立刻断定这幅画是假的。

你知道他是怎么判断的吗?

排队练节目

每个班都在为元旦晚会做准备。一个班级有24个人,为了排一个节目,必须把全班同学排成6列,要求一列为5个人,你知道该怎么排吗?

学校的衣着规定

某高级中学的男生宿舍的"衣着规定"一共有以下五条:

(1)16岁以上的男生才能穿燕尾服;

(2)15岁以下的男生不准戴大礼帽;

(3)星期六下午观看篮球比赛的男生必须戴大礼帽,或穿燕尾服,或两者俱全;

(4)带伴的,或16岁以上的男生,或两条都具备者,不准穿毛衣;

(5)男生们一定不可以不看球赛和不穿毛衣,或者既不看球赛也不穿毛衣。

那么,星期六下午观看篮球赛的男生穿戴情况如何?

抓小偷

一天夜里,一家商场有大量货物被偷走了。

警察很快抓住了三个嫌疑人。经过询问得出三个事实:

(1)小偷一定在三个嫌疑人中间;

(2)A偷东西定要有C共犯;

(3)B不会开车。

你知道谁是小偷吗?

决定生死的美酒和毒酒

当一个小国被攻陷的时候,有一名数学家不幸被逮捕了,按照战胜国的规矩,他要参加一个喝毒酒的"游戏"。有两位士兵站在他面前，他们有一个人说真话，一个人说假话，一个人拿的酒有毒，一个人拿的酒没有毒，而且他们知道自己拿的酒是否有毒。

现在只允许数学家向两个人中的任意一个人提出一个问题，然后选择其中一位士兵的酒喝下去，如果喝下去是没有毒的酒，就可以幸免一死。

最后这位数学家幸免一死。

你知道这位数学家是怎么设计这个问题，找到了没有毒的那杯酒的吗？

预测比赛结果

某学校选拔出 5 位学生 A、B、C、D、E 参加一场比赛。根据这 5 位学生平时的成绩，某人预测比赛结果的顺序是 ABCDE，结果没有猜对任何一个名次，也没有猜中任何一对相邻的名次（意即某两个人实际上名次相邻，而在此人的猜测中名次也相邻，且先后顺序相同）；另一个人预测比赛结果为 DAECB，结果猜对了两个名次，同时还猜中了两对相邻的名次。

现在，请你试着找出真正的顺序。

猜选手

小丽和小娟是两位女士，大壮和老黄是两位先生，他们四人都是运动员。其中一位是田径选手，一位是足球选手，一位是体操选手，一位是网球选手。有一天，他们围着一张方桌而坐一起喝茶聊天。座位情况是这样的：

（1）田径选手坐在小丽的左边；
（2）体操选手坐在大壮的对面；
（3）小娟和老黄相邻而坐；
（4）有一位女士坐在足球选手的左边。

你知道谁是网球选手吗？

移动水杯

莉莉的妈妈在一家制药厂的实验室工作。一天放学，莉莉来到实验室做作业。做完后想出去跟其他小朋友一起玩。

"等等，妈妈还要考你一个题目。"妈妈接着说，"你看这 6 只做化验用的玻璃杯，前面 3 只盛满了水，后面 3 只是空的，你能只动 1 只玻璃杯，就使盛满水的杯子和空杯子之间隔起来吗？"聪明的莉莉，只想了一会儿就做到了。

你知道莉莉是怎样做的吗？

弟弟的建议

有位阿拉伯大富翁想要考考自己的两个儿子中哪个更聪明、更能吃苦。一天，他把两个儿子叫到跟前说："沙漠正中间有一片绿洲，你们各自骑着自己的爱马来比赛，谁的马赢了，我就将所有的财产给他。但是这次赛马不比快，而是比慢，我会在那片绿洲等你们，看谁的马最晚到达。

于是，两个儿子各自骑着自己的爱马，遵照父亲的指示开始赛跑。两人在沙漠中被太阳晒得口干舌燥，就在这时，弟弟提出了一个建议。两个人商量之后，骑上马离开了这个灼热的地狱。

你知道弟弟的建议是什么吗？

熊妈妈分苹果

熊妈妈从超市里买回来 5 个苹果。她要把它们分给 5 个孩子，使每人得到 1 个，同时篮子里仍然还留有 1 个。

你知道熊妈妈应该怎么分吗？

两个学生做取纸游戏

一天晚上，两个中学生做完家庭作业后，便开始闲聊起来。这时候，其中的一个学生又取来一个喝水的杯子，在里面加满水，然后把一张16开的白纸放在桌子上，用装满水的杯子把白纸压住。然后对另一个同学说："你能在不移动杯子的情况下，取出杯子下面的白纸吗？"

另一个同学想了想，然后很快就把白纸取了出来。

你知道这个同学是怎么做到的吗？

猎人过河

有一个猎人要乘船把一匹狼、一只羊和一捆青草带过河去。船上却只能容纳一个人和一匹狼或一只羊或一捆青草。但如果没有人看着而留下狼和羊，狼就会把羊吃掉，留着羊和这捆青草，羊就会把青草吃掉；只有人看着的时候，狼才不会吃羊，羊也不会吃青草。

你知道这个猎人究竟应该怎么办，才能将狼、羊和青草安全带过河去吗？

该牺牲哪一个人

有三个人乘坐一个大热气球，正在空中飞行。突然，他们遇到了风暴，在风暴中点火装置坏了，眼看他们将要飘落在海中，如果减轻一些总量的话，就会飘过海洋，落到对面的陆地上。他们把气球中的所有东西都扔了下去，但还是不够。

于是三个人中必须有一个做出牺牲，来确保另外两人的安全。他们中一个人是计算机专家，曾设计出一种快速运算的超级计算机；一个人是著名的物理学家，在物理学界做出过杰出的贡献；另一个是心脏病专家，曾拯救过数千患者的生命。

那么，你认为该牺牲哪一个人呢？

医生的测试

一个人对医生说他的一只耳朵听不见了，于是医生做了一个简单的测试。很快就知道这个人的耳朵是否有毛病了。

你知道这个医生是怎么测试的吗？

父亲在想什么

父亲对9岁的儿子说："我手里有100元钱，如果你猜得出我在想什么，这100元钱就归你了。"儿子一听非常想得到这100元钱，于是绞尽脑汁想了半天，才想出了一个绝妙答案。父亲听到后，说了一声"对，你很聪明"后，就把100元钱给儿子了。

你知道儿子到底想出了什么绝妙答案吗？

古怪的老头儿

一个农村的老头儿，赶着马车来到镇上买东西。当他经过一家理发店时，突然想到该理发了。于是他就进了这家理发店，一眼就看出这家店非常脏，理发师本人衣着不整，虽然头发刚刚理完，但还是乱糟糟的，没有一点型。老头犹豫了一下，又到另一家理发店，这家店店面崭新，理发师的胡子刚刮过，头发修剪得也非常好。老头稍作思考后，又出来了，这时他得知在这个小镇上只有这两家理发店。于是他便返回了第一次去过的那家比较脏的理发店。

你知道这是为什么呢？

赏花

某大臣的后花园里只有开着红、蓝两种颜色的花圃。这位大臣不满意地表示："真无趣，这个花园里竟只有红、蓝两色的花圃,难道没有其他颜色的花吗?"管家听后回答:"交给我好了,明天我就想办法改善,但请你从城堡上的窗口眺望好吗?"

管家自然不会在花朵上面着色,你知道他打算怎么做吗?

猜数字

有一个数字,去掉第一个数字变成15,去掉最后一个数字变成30,你知道这个数字是多少吗?

为了活命的老渔翁

很久以前,有个很注重饮食的皇帝。有一次,他召见了所有的大臣和御医们商量该如何更好的饮食。大家一致认为皇帝应该多吃黄鱼才对。

可对于黄鱼的哪部分最有营养,大臣们却有着不同的看法。

第一个大臣认为皇帝应该多吃黄鱼的头;

第二个大臣则说鱼身是最有营养的部分;

第三个大臣认为鱼鳔的滋补益处远远胜过鱼头和鱼身;

第四个大臣却说皇帝应多吃鱼尾。

这四个大臣各执己见,最后只好找来一位老渔翁来做个判断。聪明的老渔翁知道,要想保住自己这条老命,就不能得罪这几位大臣,于是当着皇帝的面,他不紧不慢地说了一番话,不但让皇帝很满意,也使得这四位大臣的脸上都露出了笑容。

你知道这个聪明的老渔翁究竟说了怎样的一番话吗?

旅游团一共有多少人

在一个去往桂林旅游观光团中,所有游客戴的不是红颜色的帽子就是白颜色的帽子,在戴红帽子的人看来,戴红帽子和白帽子的人一样多。在戴白帽子的人看来,戴红帽子的人是戴白帽子的人的2倍。

你知道共有多少人参加了旅游团吗?

一根管子

张笑前往 N 国某集团考察。N 国集团的负责人展示一根直径5厘米的金属制管说道:"我们国内的水管皆以此制管制成。"

张笑不解地说:"管径如此细小,如何能输送水?"

"它1分钟可输送10吨以上的水呢!"负责人答说。

"是否将其绑成一束来使用呢?"

"不!仅使用1根。"

你知道究竟是什么道理吗?

物理老师出的一道习题

一天,物理老师给同学们出了一道这样的习题:

一根绳子穿过无摩擦力的滑轮,在其一端悬挂着一只10千克重的砝码,绳子的另一端有只猴子,同砝码正好取得平衡。当猴子开始顺着绳子向上爬时,砝码将如何动作呢(假定绳索与滑轮本身没有重量,也没有摩擦力)?

许多优秀的数学家给出了截然不同的答案。有人认为,砝码将向上升,而且速度越来越快。还有人认为,砝码将以与猴子一样的速度向上升起,甚至有人说,砝码将会向下降!

你知道答案吗?

不让苹果掉下来

课堂上,老师问同学们,如果把一个苹果系在一根 3 米左右的线的一端,另一端系在高处,把苹果悬挂起来,你能够从中间剪断这根线,并保证苹果不会落地吗?

几分钟后,有一个同学做出了正确的回答。

你知道该如何做吗?

幽默风趣的自然课老师

自然课上,一向幽默风趣的老师在黑板上写了一组不可思议的算式。同学们看到老师的这个题目,都猜不透老师的用意,是要大家判断哪些题目错了吗?可是,这些题目非常简单,一眼就可以看出答案。老师的葫芦里到底卖的什么药?看着同学们疑惑的眼光,自然老师说:"同学们,你们知道在什么样的情况下,下面的等式成立吗?"

$24 + 36 = 1, 11 + 13 = 1, 158 + 207 = 1, 46 + 54 = 1$

哦,原来老师是在考验大家的智商啊,大家开始思考起来。

你知道上面这些等式在什么情况下成立吗?

收入多少

在一个工厂里,由于老板不接受工人提出的要求,工人要罢工。老板认为一周工作时间少于 44 小时就无法完成生产计划。因此老板提出两个方案供选择:

第一个方案是,可以把每周法定工作时间缩短为 40 个小时,但是还得再加班 4 个小时来完成计划,加班时间的工资是原工资的一倍半;

第二个方案是,每周工作时间仍是 44 小时,不加班,但每小时工资按每镑增加 5 便士支付。

后来工人想,老板不可能妥协了,只要能比原来收入多一些也就算了。

两个方案中似乎有一个能使工人的收入多一点。你知道是哪个方案吗?

(注:英国货币 1 英镑等于 100 便士。)

晒凉水

暑假的时候,丁丁去农村姥姥家玩。一天,他遇见一位晒水的阿姨,这位阿姨用一个泥罐装满水,然后又用湿毛巾把泥罐包起来,之后放到阳光下晒。丁丁觉得很奇怪,就问:"阿姨,你这样晒水会越晒越热的,到时候怎么喝啊?"这位阿姨笑眯眯地对他说:"孩子,结果不会像你想的那样,只会越晒越凉,喝起来会很舒服的。"丁丁将信将疑。可过了一会儿,泥罐里的水竟然真的是凉凉的,他还喝了一大碗。

你知道这水为什么会越晒越凉吗?

突然坠毁的钢桥

某大城市在一个很重要的交通位置上建造了一座十分坚固的钢桥,钢桥建成的那年冬天,天气很冷,气温竟然下降到了零下 20℃,而且气温还在不断下降。就在气温下降的那段时间里,人们发现钢桥坠毁了!

如此坚固的钢桥,怎么会坠毁呢?当然,钢桥的坠毁并不是因为有人搞破坏,也不是因为爆炸等人为因素。

你知道究竟是什么原因导致钢桥突然坠毁的吗?

旅行团渡河

一个老人旅行团来到河边,准备过河。但他们发现河上的桥已坏,而河水又很深。有两个小孩子在河边的一条小船上玩。这条船很小,一次只能乘一个大人或两个小孩子。看来还是没办法过河。这时一位老人灵机一动,想出了一个办法。最后旅行团所有人利用这条小船渡过了河。

你知道他们是怎样渡过河的吗?

比速度

孙东东航海归来后,对他的好朋友宋双德说:"我知道游艇即使顶着风也能前进,所以没拿桨就上艇进海了。谁知道一下子就陷入了完全无风的地带。幸亏不久来了海潮,我借潮流的力量才离开了那个地带。现在仔细想想,那时候我只有任凭潮水的摆布,除此以外,还有什么能助我一臂之力呢?"

宋双德却说:"我看完全无风状态下的速度可能比潮水还快。"

你知道宋双德说的是什么意思吗?游艇能比潮水更快地离开那个地带吗?

超车之谜

爸爸带着7岁的儿子开着新买的小汽车沿着双湖公路游览,儿子坐在车子里别提有多开心了。这时,儿子从后视镜里看到后面有一辆破旧的小货车,开得慢极了,就像蜗牛一般艰难地往后倒着走。小货车越来越远,渐渐看不见了,儿子高兴得在车上手舞足蹈,嘴里还一个劲地说爸爸开车的技术真棒。

湖边的路只有三米多宽,是单行线,儿子玩累了,一会儿就睡着了。等他一觉醒来,简直不敢相信自己的眼睛,小货车竟然慢腾腾地开在自己家的车前面。

你知道这辆小货车是怎么超过去的吗?

围桌而坐的人

小白夫妇、小孙夫妇和小陆夫妇以相同的间隔围着一张圆桌就座。几位男士都没有坐在自己妻子的旁边;但每一位女士的两旁都坐着一位男士。

他们分别是小白、小陆、小孙、心怡、小丽和小红。几位男士的职业分别为工程师、医生和设计师。

A. 小陆和小白先生,常同工程师的妻子和小陆夫人一起打桥牌。
B. 设计师是个独生子,坐在小红的左边。
C. 医生的座位离心怡比离小孙的夫人座位近一些。
D. 小孙是工程师的内兄弟,他坐在他唯一的妹妹的右边。工程师没有姐妹。

根据以上给出的内容,你能推断出三位男士各自的职业以及三对夫妇各是谁吗?

为什么蜡烛不灭

刚上小学四年级的小明在老师的指导下做了一个吹蜡烛的实验,结果发现蜡烛吹不灭。实验如下:

实验用到的工具材料:漏斗、蜡烛。

操作步骤:点燃一支蜡烛在桌子上放稳,把漏斗的大头朝着蜡烛的火焰,但不要用漏斗罩住火焰。通过漏斗使劲向蜡烛吹气。

实验结果:发现蜡烛是吹不灭的,火苗还向漏斗这边倒。

小明觉得很奇怪,由于他岁数小,所学的知识也有限,所以他不知道是什么原因。

请你给小明解释一下这是什么原因吧。

按劳取酬

张大爷种了很多地,秋天种小麦的时候,他雇用了两个临时工帮忙种小麦。其中一个叫小汤,是一个耕地能手,但是他不会播种;而另一个叫小尼,他并不擅长于耕地,但是,他却是播种的好手。张大爷决定要种 150 亩小麦,让他们各自包一半,于是,小汤从田的东边开始耕地,而小尼从田的西边开始耕地。耕一亩地小汤只要用 20 分钟,而小尼却需要 40 分钟,但是小尼播种的速度比小汤要快 3 倍。

他们播种完工后,张大爷按照他们的工作量给了他俩一共 1000 元的工钱。

你认为他们应该怎样分这份工钱才最合理?

老板称米

一天,米店里来了一位顾客,他指着装有 9 千克的米袋对老板说,我想要把这袋大米分成一份 2 千克和一份 7 千克的。而米店里只有试用天平和 50 克与 200 克的两个砝码,这时顾客又要求如果是用这个天平和这两个砝码称的话,只准称 3 次。

老板犯难了。

你知道该怎么称吗?

巧称重球

刚刚会使用天平称物体重量的东东,总喜欢用天平称一下这个东西,又称一下那个东西。这时爸爸给他出了一道题:

假设你有 8 个球,其中一个略微重一些,但是找出这个球的唯一方法是将两个球放在天平上对比。最少要称多少次才能找出这个较重的球?

东东想了半天也不知道该怎么称。

你知道该怎么称吗?

英雄雕像底下的绳子

某个小镇为了纪念一位在抗洪抢险中牺牲的英雄,为他雕刻了一座纪念雕像,雕像完成后,要放置在小镇广场中央的台座上。但这个雕像巨大而笨重,并且雕像的底部完全是平的,必须用绳索将它的周围和底部捆绑起来,否则无法抬起。

现在需要考虑的问题是,等雕像抬到台座上后,要如何将压在雕像底部的绳索抽出来。

你知道该怎么做吗?

擦地板

一家餐馆里有甲和乙两个服务员,她们每天早上在还没有开业之前都要用抹布擦洗餐馆的地面。因为甲的速度比较快,每天早上,甲擦的地板面积是乙的两倍,所以甲总是受到老板的赞赏。

有一天,甲和乙擦的面积是一样多的,但是两个人的速度都没有变化,而且甲也没有休息,你知道原因是什么吗?

炸煎饺

女儿吵着要吃妈妈炸的煎饺。于是,妈妈就用小平锅炸煎饺。煎饺要炸两面,炸一面的时间需 30 秒钟,而平锅中只能放 2 片。

如果按照上面的条件,妈妈应该用什么方法可以不必花 2 分钟,而只要 1 分半钟,就能把 3 个水饺的两面都炸好呢?

可怜的假钞制造者

韩二保是一个假钞制造者,他花了近 10 年的时间来研究 100 元的纸币,从质地到工艺,各个细节都考虑到了,直到他认为造出了完美的伪钞。但是,他第一次用自己做的伪钞,就被逮捕了。

你知道这是为什么吗?

一条短信

付小海和田新宁是某公安局的优秀侦查员,为了早日破案,付小海奉命打入一个黑帮的内部,田新宁的身份是付小海的弟弟,在外围提供掩护,付小海最终得到了黑帮老大的信任。

一日,付小海得知黑帮就要有个大的举动,需要马上把情报送出去,但是黑帮老大不允许任何人脱离他的视线,也不可和外界联系。

正好近日黑帮老大把住在外地的表妹介绍给了付小海,他们正在"谈恋爱"。本来他与黑帮老大的表妹约好今天去自己家里的。于是付小海急中生智,向黑帮老大申请发条短信给弟弟,让他帮忙接待,黑帮老大看看短信内容,同意了。

短信内容:小宁,我今天有要事走不开,我一个朋友要来家里,替我招待一下,从大城市来的千金小姐,又是专程来看我的,去机场接的时候可千万别迟到,她的电话是139×××5780,你直接联系,一定要好好款待这位朋友。

田新宁的手机号136×××3560,田新宁接到短信,并没有多想,拨打了电话,结果是空号。

田新宁意识到了这个短信的不寻常,很快就从短信中获得了情报,带领公安人员做好了埋伏,将黑帮彻底摧毁。

你知道这条短信中到底隐藏着什么信息吗?

家离超市有多远

一个人总是习惯在周末晚饭后去他家附近的超市购物。这天,他想算一下从家到超市的距离。他决定用大小同样的步伐来测量。

前一半路,他每2步一数,到后一半路时,他每3步一数。最终结果是3步一数比2步一数少了250次。

根据以上条件,你能算出从他家到超市的距离是多少吗?

可以改造的客观规律

东方日出,西方日落,反映了不依赖人的意志为转移的客观规律。某甲对此不以为然。他说,有的规律是可以改造的。人能改造一切,当然也能改造某些客观规律。比如,价值规律不是乖乖地为精明的经营者服务了吗?人不是把肆虐的洪水制住而变害为利了吗?

以下哪项最为精确地揭示了某甲上述议论中的错误(　　)

A. 他过高地估计了人的力量

B. 价值规律若被改造就不叫价值规律了

C. 他混淆了"运用"与"改造"这两个概念

D. 他认为"人能改造一切"是武断的

癌细胞的存活

据宾夕法尼亚大学的研究人员已经确定,癌细胞的存活可以归结为一种称作 pim—2 的关键酶。这项刊登在《基因和发展》杂志上的发现意味着研究人员对于理解癌细胞在形成肿瘤以前为什么能在人体内存活(对抗体内自然的免疫系统)取得重要进展。在许多肿瘤中,这种酶的浓度都非常高。

有人根据以上内容总结出了以下结论:

A. 这项发现刊登在《基因和发育》杂志上

B. 发现了一种被称作 pim—2 的关键酶
C. 在许多肿瘤中,这种酶的浓度都非常高
D. pim—2 对癌细胞的存活起着关键的作用
你认为这个人推出的结论哪项是正确的?

烟囱为何不出烟

张师傅小时候家里很穷,住了一间破烂不堪的茅草房子,房子的门窗坏了,倒好修理,可房上的烟囱坏了,就不容易爬上房把它修好了。于是,母亲就在离火炉很近的墙边挖了一个洞,用很短的一节铁皮桶与灶台连接起来,想把烟引出去。但是,烟却很少由此洞冒出,弄得满屋烟雾腾腾,呛得一家人咳嗽。

你能说出这是什么原因吗?

灯泡比亮度

某小区分为Ⅰ区和Ⅱ区,Ⅰ区点了 100 瓦的灯泡三个,Ⅱ区点了 300 瓦的灯泡一个,你认为哪一边的灯泡会比较亮呢(　　)

A. Ⅰ区　　　　B. Ⅱ区　　　　C. 明亮度一样

无重力地带

一天,刚上初一的小曼问爸爸,地球上究竟有没有完全无重力的地带呢?倘使有的话,你能明确指出它在什么地方吗?

爸爸告诉了她答案,小曼听后点点头。

你知道爸爸是怎么回答的吗?

让自来水变弯的实验

众所周知,从水龙头里流出来的水流都是直的,但是在某些情况下,也会变弯。甲和乙一起做让自来水变弯的实验。下面是甲和乙的做法。

甲:在冬天的晴朗天气里,用毛料布摩擦一块塑料板,让塑料板带上电,然后打开水龙头,让塑料板靠近水流,最后等待水流变弯。

乙:在冬天的晴朗天气里,用毛料布摩擦一块塑料板,让塑料板带上电,然后打开水龙头,让塑料板稍微碰上水流,然后等待水流变弯。

请你判断一下,他们两人的实验中,谁会失败,并说出理由。

看西瓜的狗

一天,妈妈对正在学习的小海说,家里中午要来客人,让小海去舅舅的瓜地摘一个大西瓜回来,当小海到瓜地的时候,正好舅舅不在,舅舅把一只狗拴在瓜地中央的一根木桩上,狗正好可以看半径 8 米的整块圆形瓜地,由于狗不认识小海,小海很聪明地想了一个办法,很顺利地把瓜摘回了家里。

你知道他是怎样做的吗?

一封未来的信

一天,阿里正在院子里晒太阳,突然他想到好几天没有查看邮箱了。于是他打开了邮箱,这时他发现了一封令他大吃一惊的信。信上的邮戳显示的是两天以前寄出的时间,而且信密封很好,但是里面竟然有一则今天早上的新闻,莫非这个人是用了时光机,从未来世界寄来的信?阿里感到很

连句成诗

请根据你自己的喜好,将下面三句话排成一句诗(　　)
A. 那些花　　　　B. 娇艳欲滴的　　C. 一生也忘不了

你喜欢哪种颜色组合

下面有四项选择,请选出你喜欢的那项颜色组合(　　)
A. 红色和黄色　　　　　　　　B. 灰色和黑色
C. 蓝色和白色　　　　　　　　D. 绿色和紫色

测一下你的嫉妒感

一天,你和自己的好朋友在森林中迷了路,这时突然出现了一个邪恶的巫婆,她一下子就把你变成了一只鹿,接着她又转身面对你的朋友,你想她会把你的朋友变成什么动物(　　)
A. 一只山羊　　　　　　　　　B. 一只猴子
C. 一只松鼠　　　　　　　　　D. 一只大熊猫

你会写出哪个字

一天,你去朋友家玩儿,这时看到桌上有一张白纸,白纸上写着一个部首"口",你的朋友让你按照这个部首写成一个字。

你会写出哪个字呢(　　)
A. 喝　　　　B. 哈　　　　C. 叫　　　　D. 啊

硫酸的溶解度

同学们正在实验室中做实验,王美美在稀释硫酸,她有两个烧杯,一个烧杯中有1升的水,另一个烧杯中有1升的纯硫酸。她先从装有硫酸的烧杯中倒入一部分硫酸到盛水的烧杯中,摇匀后,再从原盛水的烧杯中倒一部分溶液到盛硫酸的烧杯中,然后充分摇匀,再倒一部分到原盛水的那个烧杯中。如此倒来倒去,进行了很多次。

那么,这两个烧杯中的硫酸所占的百分比是否会相同呢?

你的习惯是什么

夏天,闷热的天气总是让人懒洋洋的提不起精神来,如果全身湿漉漉的更是令人难受。通常在汗流浃背后你会有怎样的习惯呢(　　)
A. 忍耐一下让身体自然风干
B. 找个有冷气的地方把身体吹干
C. 时时洗澡让身体随时保持清爽
D. 顺便运动一下,让自己流更多汗再去洗
E. 只要觉得不舒服就直接去冲个凉

令你一见倾情的人

如果有一款新的扑克牌,除了有原本红桃、方片、黑桃及梅花的图案之外,又多出一种花样,如果你有机会决定这种花样的图案,从第一眼看,你会选择下面哪一种图案来做这第五个花样(　　)
A. 空心圆形　　　　　　　　　B. 象棋形
C. 月亮形　　　　　　　　　　D. 漏斗形

你最常选用的伞面花色

你最常选用的伞面花色是下面哪种(　　)
  A. 有大面积图案的伞面　　B. 单一素色的伞面
  C. 几何线条的伞面　　　　D. 零碎小图案的伞面

猜出哪一杯先冷

妈妈指着桌子上的两杯等量的牛奶对明明说,这两杯牛奶唯一的差别是温度不同,现在把它们同时放进冰箱里,你觉得是温度高的那杯冷得快呢,还是温度低的那杯冷得快?

明明想了一会儿,摇摇头。

你能告诉明明答案吗?

选择什么来消除暑气

炎热的天气实在让人无法忍受,你恨不得躲在凉爽的冰箱里去。在这个酷热的时刻,你认为做什么事,会让你马上消除暑气(　　)
  A. 冥想静坐,心静自然凉　　B. 吃一块冰
  C. 吹一会儿冷气　　　　　　D. 游泳

选择鞋子的颜色

在五一黄金周的某天早上,上司忽然打电话给你,要你马上把一些资料准备好后送到公司。因为是放假期间,所以你可以穿得比较轻松。这时,你通常会穿下面哪种颜色的鞋子去公司(　　)
  A. 白色的　　　B. 黑色的
  C. 黄色的　　　D. 蓝色的
  E. 红色的

你经常做什么梦

每个人都会做梦,每个人做的梦都是不同的,但每个梦都能表现出在潜意识里你需要加强的生活方式。在梦境里,你经常会遇到怎样的情形(　　)
  A. 梦见自己飞了起来
  B. 梦见自己参加考试
  C. 梦见自己一点都动弹不得或上不去火车
  D. 梦见自己从高处摔下来

讨论天气预报的话题

周日早上,小王、小李、小张准备一起去爬山。天气预报说,今天可能下雨。围绕天气预报,三个人争论起来。

小王:"今天可能下雨,那并不排除今天也可能不下雨,我们还是去爬山吧。"

小李:"今天可能下雨,那就表明今天要下雨,我们还是不去爬山了吧。"

小张:"今天可能下雨,只是表明今天不下雨不具有必然性,去不去爬山由你们决定。"

对天气预报的理解,三个人中谁理解的正确(　　)
  A. 小王和小张正确,小李不正确
  B. 小王正确,小李和小张不正确
  C. 小李正确,小王和小张不正确

D. 小张正确,小王和小李不正确

E. 小李和小张正确,小王不正确

转鸡蛋

妈妈每天早上都会给小明煮鸡蛋吃。最近几天,妈妈要去外地出差,就事先给小明煮了好几个鸡蛋,让小明在她出门这些天里吃。但是,妈妈在将熟鸡蛋捞出来后,一时大意将它们和生鸡蛋混放在一起了。

妈妈走后,小明在吃第一个鸡蛋的时候,发现鸡蛋是生的,于是就打电话告诉妈妈。

妈妈很快就想到了办法,她让小明将那些生鸡蛋一个一个地转起来。小明照着妈妈的话做了,一会儿就将生鸡蛋和熟鸡蛋分开了。

那么,你知道为什么转鸡蛋就能把生鸡蛋和熟鸡蛋分开吗?

重复分类

某医疗队到一个贫困山区进行义务体检。有30%的人患维生素A缺乏症,30%的人患维生素B缺乏症,30%的人患维生素C缺乏症。有人断言,该山区只有10%的人不患这三种维生素缺乏症。

你认为这种说法对吗?

你的心理空间有多大

当你和一个陌生人乘电梯时,你会有怎样的表现(   )

A. 会主动和对方搭讪

B. 面无表情,盯着电梯楼层灯

C. 一直保持微笑,等对方开口,再跟他讲话

D. 双手抱胸,头朝下看着地板

你选择的架桥方案

假如你是某镇的镇长,这个城镇不但商业不发达,离火车站也有很长一段距离,文化设施更是落后。总而言之,这是一个居住生活条件并不太好的小镇。而隔着一条与这个小镇相对的就是繁荣的市中心,现在你打算在河流上架一座桥,这样,小镇的人到市中心去就方便很多了。架设的地点则有下面三个方案,你会选择哪一个(   )

A. 桥的另一端正对着学校、图书馆、游乐场、博物馆等

B. 桥的另一端正对着商业街、活动中心、邮局、银行等

C. 桥的另一端和铁路、高速公路相连接

正确安排座位

在一个国际学生联谊会上,一个圆桌周围坐着5个人,甲是中国人,会英语;乙是法国人,会意大利语;丙是英国人,会法语;丁是日本人,会汉语;戊是法国人,会俄语。

请问如何安排座位,他们才能彼此互相交谈?

传递情报

某市气象部门根据观察测定,半个月后将有飓风袭击北部城市。现在气象台成员只有步行爬越一座高山将情报传递过去。而每个人爬越高山的时间都是12天,每个人最多只能带8天的粮食。假设每个人的饭量相同,所带的食物也一样多。

你认为最少需要几个人才能完成任务?

谁打碎了花瓶

妈妈去市场买菜,让甲、乙、丙三个孩子在家里好好玩儿,不要打架。谁知三个孩子在做游戏的时候打碎了一只花瓶,妈妈买菜回来后问是谁打碎的,甲说:"我说的是真话。"乙说:"甲说他在说真话。"丙说:"甲在撒谎。"

妈妈可以判断出他们中都谁说的是真话,谁说的是假话吗?

李晨购物

刚刚上初中的李晨因为长期躺在床上看书,时间一久就变成了一拿掉眼镜,几乎看不见东西的程度。虽然平时他戴有框眼镜的次数多于戴隐形眼镜,当他在购买某件物品的时候,他觉得还是戴隐形眼镜比较适合。

你知道李明购买的是什么物品吗?

请客也这么难

丁盛对刚来单位上班不久的美女燕子动了心。可燕子生性羞怯,若直接请她吃饭,可能会遭到谢绝。有点苦恼的丁盛向好友求助。于是,好友帮他想了一个对策,丁盛顿时喜上眉梢,立即找到燕子。

"燕子小朋友,有两个问题要请教你,只能回答'是'或'不'。而且听好之后再回答,两个问题的答案必须在逻辑上完全合理,不能自相矛盾。"他对燕子说。

燕子紧蹙了一下眉,感到非常有趣,于是,她爽朗地答应了。

你知道丁盛该怎样提问,才能达到他想请燕子吃饭的目的吗?

参考答案

第一辑　趣味推理类谜题游戏

一张野牛皮

要想得到更多的土地,就只能在牛皮上动脑筋了。

这个小女孩和大家上岸后,向酋长买来一张野牛皮,用小刀把它割成细细的牛皮条,然后把这些牛皮条一条条都连接起来。接着,在平直的海岸上选好一个点作圆心。以海岸线作直径,在陆地上用牛皮条圈起了一个半圆。酋长一看,大吃一惊,因为自己部落的一半领土都被这个小女孩圈起来了。但是事先答应小女孩了,又不好反悔,只得表示同意。

变化的体重

当把一个二维物体线性放大 2 倍时,它的面积就会以 4 倍的因子增加,相似地,当把三维物体线性放大 2 倍时,它的体积就会以 8 倍的因子增加,假设该物体的密度保持不变,其重量也会以 8 倍的因子增长。

因此,正确答案选 D。

转盘的转速如何变化

此时转盘的转速会突然变快。

用红笔标示的内容

因为所有员工手里拿的都是经理亲笔所写文件的黑白复印件,怎么能看出哪些是红色的标示呢?

选择人行道

这位朋友发现,人们走路的时候都有一个习惯,放着坦荡的大道不走,却偏要抄小路走,选择一条通向目的地最近的道路,这也是为了节约时间。

在这些楼群之间种上草以后,到了秋天,人们在地上踩出了许多小道,走得多的印迹就比较明显,走得少的就不太清楚。于是,建筑师根据这些痕迹设计出了一条条人行道,果然大受欢迎。

冰与水的转换

假设现在有 12L 的冰,冰融化后,变成水,体积减少 1/12,也就是只剩下 11L 的水。当这 11L 的水再结成冰时,则又会变成 12L 的冰,所以,对于水而言,正好增加了 1/11。

因此,正确答案是 1/11。

奥利莱的智慧

很多有经商头脑的人对于这道游戏题应该会觉得不太难。首先奥利莱可以在自己国家用 200

元买货,然后带去邻国卖,因为货物没有贬值,可以在邻国卖货物,然后把卖的钱再换成他自己国家的钱。

同理可以在邻国买货到自己国家卖,两边都可以用90元换100元。

所以,要不了多长时间,他就可以赚很多钱了。

田忌赛马

原来,孙膑让田忌先用下等马对齐威王的上等马,田忌自然输掉了第一局。接着拿上等马对齐威王的中等马,田忌胜了一局。第三局比赛时,再用中等马对齐威王的下等马,又胜了一局。这样,田忌虽然输了第一局,但赢了第二局和第三局。按三局两胜的规定,田忌赢得了这场比赛。

寻找灰姑娘的王子

因为一个人丢了鞋子时,自己肯定知道丢的是哪一只脚上的鞋。

所以正确答案是在这三人中只有一个人伸出与鞋子同边的脚。

刚好的飞机燃料

这位试飞员那天飞行的目的地刚好处在与起飞地面相对的地球的另一端。这样,他由目的地返回驻地时就不止一条距离相等的航线了。

偷盗者

根据给出的条件(2)、(3)、(5)就可以知道甲、丙不能做这件事;由条件(1)知道甲、乙、丙至少有一人做了这件事,那么乙一定做了;由条件(4)得出,只有乙一个人做了这件事。

兔国王分稻穗

首先将两只小兔子分别称为甲和乙。兔国王先让甲将这堆稻穗平均分成两份,然后由兔子乙先在两份中挑出想要的那份,剩下的那份给兔子甲。因为稻穗是由兔子甲分的,所以这两份在兔子乙的眼里肯定是一大一小的,它就挑走了它认为大的那份,这样双方就没有怨言了。

互不相撞的概率

根据已知条件,毛毛虫爬行时要保证不会相撞,他们要么都顺时针爬行,要么都逆时针爬行。毛毛虫爬行方向的选择是随机的,如果第一只毛毛虫选择了自己的爬行方向,那么第二只毛毛虫有一半的概率选择与第一只毛毛虫相同的方向。第三只毛毛虫同样有一半的概率选择与第一只毛毛虫相同的方向。

所以三只毛毛虫不会撞到一起的概率是1/4。

摇身一变成富翁

这是一个很聪明的人,他买了一条船在河两岸间做营运业务,这座金矿使渡船的人肯付高额的营运费,而且不管挣没挣到钱,每天都是人来人往,他当然很快就发了财,成为大富翁了。

沙漏上浮

当这个圆柱被颠倒过来后,沙漏会因重心变高而翻倒,由于此时的浮力会帮它卡在中间圆柱里。沙漏和圆柱间的摩擦就会阻碍沙漏上浮,直到大部分沙子漏下去,使其重心再次降低。这时沙漏才会摆脱摩擦浮到顶部。

说到 100 是赢家

如果想要在这场游戏中获胜,你只需说到 89 就赢了。因为只要你先说到 89,对方无论说什么数(在 10 以下)加上 89 之后,其和与 100 的差数都是 10 以下,这时轮到你说出差数,就赢了这场游戏。

但是,说到 89 并不容易,那么你知道说到 89 的秘诀是什么吗?首先将 100 连续减 11,得到 89,78,56,45,34,23,12,1 的数列,由小到大排列如下 1,12,23,34,45,56,67,78,89,这个顺序是很容易背下来的。你只要按照如下的方式去做就可以了,首先限定的数为 10,加上 1 就是 11,然后此数乘以 1,2,3,4,…8,就会得到 11,22,33,44,55,66,77,88,紧接着把这些数加 1,然后由 1 开始数,就能得到上面的数列。

在游戏的过程中,你会发现,当你说出 1 时,无论对方说出什么数(10 以下),都无法阻止你说到和为 12 的数,同理,也无法阻止你说到 23,34,45,56,67,78,以及 89 一系列数字。而你只要说到 89,不论对方说什么数(10 以下),你都能轻易地说到 100,这样你就赢了。

按照以上的情形,假如两个比赛者都知道这个要诀,那么这场游戏的胜负,就看是谁先说出 1 了。

换句话说,先说的人一定是赢家。

没有再次加汽油

这是因为甲市和乙市之间有条至少 100 千米宽的河,必须搭乘渡轮,乘坐渡轮的时候,车子不必跑动,所以,张师傅可以用只能跑 300 千米的汽油就能到达距离 400 千米的乙市了。

说谎骗人谁最牛

这个大人相信了这个小孩子的话,他在那里等了很久,这个聪明的小孩子回到家里就再没有出来找这个人,这人自然是上当了。

我只带了两个大人

这个小男孩对房东说:"先生你好,我非常喜欢这间房子,我要租这间房子,我没有孩子,我只带来两个大人,完全符合你的要求。"

盲人抱怨咖啡不热

这位盲人在第一杯咖啡里放了一些糖,只需尝一口便知道。

100 个数字

这位画家是把油墨涂在钱币的外圈锯齿状部位上了,然后朝纸上滚动压过,就能印出许多个"1"来了。

参加比赛的人数

第一步:先计算出 10 名选手的总得分:比赛一共要比 $9+8+7+\cdots+2+1=45$(盘)。因为每盘比赛双方得分的和都是 1 分($1+0=1$ 或 $0.5\times2=1$),所以 10 名选手的总得分为 $1\times45=45$(分)。

第二步:计算出乙队的总得分:由于每个队的得分不是整数,就是"×.5"这样的小数。又因为乙队选手平均得 3.6 分,3.6 的整数倍不可能是"×.5"这样的小数。所以,乙队的总得分不是 18 就是 36。但 $36\div3.6=10$,这就和三个队一共才 10 名选手相矛盾,因此,乙队的总分是 18 分,$18\div3.6=5$,故乙队有选手 5 名。

第三步：已经知道三个队一共10名选手，扣除乙队的5名选手，可知甲、丙两队共有5名选手。

第四步：由于丙队的平均分是9分，所以该队的总分只可能是9分、18分，而不可能是27分。因为27+18=45，这样甲队总得分就变成0分了。相应的，丙队选手人数相应为1名或2名，甲队选手人数相应为4名或3名。

第五步：因为每人最多9场比赛，如果全胜的话每人最高得9分，而丙队平均9分，可肯定丙队只有1人。

甲队参加比赛的选手人数是4名，乙队是5名，丙队是1名。

把水卖给谁

这个水商会卖给要买19升水的人。只要从中倒出6升水留给自己，剩下的便是19升。

预测比赛结果

假设解说员甲说的1号运动员的说法是正确的，那么1号运动员是第1名，而解说员乙却说"4号运动员是第1名，1号运动员是第2名"，这显然与题目的已知相矛盾，所以，可以确定解说员甲说的3号运动员和6号运动员的话是正确的，那么，可以确定的是解说员丙说的2号运动员和5号运动员的名次是正确的，解说员乙说的4号运动员和1号运动员的预测是正确的。

4号运动员是第1名，1号运动员是第2名，3号运动员是第3名，2号运动员是第4名，5号运动员是第5名，6号运动员是第6名。

三个人和三只熊

要想顺利渡过这条河，需要按照以下步骤过河：

第一步：一个人先带一只小熊过河；

第二步：那个人过河后留下小熊，然后再独自返回来；

第三步：让那只老熊带一只小熊过河；

第四步：老熊留下小熊后，独自返回来，现在就有两只小熊过了河；

第五步：把老熊留下，让两个人一起过河；

第六步：留下一个人，让另外一个人带一只小熊返回来；

第七步：把小熊留下，让一个人带老熊过河；

第八步：留下老熊后，让一个人带一只小熊返回来；

第九步：把两只小熊留下，两个人一起渡河；

第十步：由老熊独自返回，此时三个人都留在了对岸；

第十一步：老熊带一只小熊过河；

第十二步：把小熊留下，老熊独自返回；

第十三步：最后，由老熊带另一只小熊过河。

根据以上步骤的提示，一共要经过13次往返后，这三个人带着三只熊才能安全地渡过河。

是谁在说话

要想得出正确答案，关键就在于要确定一种与题目中任何陈述都不相违背的医护人员分布情况。

由于医生和护士的总数是16名，而平均人数是各8名，那么从条件（1）和条件（4）得知：护士至少有9(8+1)名，男医生最多是6(16-9-1)名。按照条件（2），男护士的数量必定不到6名。根据条件（3），女护士少于男护士，所以男护士的数量必定超过4(9÷2)名。

根据上述推断，男护士多于4名少于6名，且人数是整数，故男护士的数量是5名。护士总数必定不超过9名,那么,其中包括6名男性和4名女性,于是男医生则不能少于6(16-9-6)名,所以只有1名女医生。使得医护人员总数为16名的条件成立。

再根据叙述人所言:"无论是否把我计算在内,都不会产生任何变化",进行假设推理:

如果把1名男医生排除在外,就会与条件(2)矛盾;

如果把1名男护士排除在外,就会与条件(3)矛盾;

如果把1名女医生排除在外,就会与条件(4)矛盾;

只有把一名女护士排除在外的时候,与任何一个条件都不矛盾。因此可以判断出,说话的人是一位女护士。

说话的人是一位女护士。

亲姐妹俩

要想做出正确的判断,我们需要先判定出四种符合题意的持币情况,再判定每人符合哪种情况,就能得知答案,当然你也可以用手中的硬币尝试一下。根据条件(1)和(2)的描述,通过反复试验我们可以发现有如下的四种持币情况(在下表中A代表50美分,B代表25美分,C代表10美分,D代表5美分):

60美分	75美分
1. BBC	3. ADDDDD
2. DDA	4. BCCCCC

根据条件(3)和(4),芬妮的持币情况必定是第4个。再从条件(3)和(4),露丝的持币情况必定是第3个。再从条件(3)和(4)中分析出露丝雅的持币情况必定是第2个。条件(3)和(4)中显示,莉莉的持币情况必定是第1个。综上,在付账之后,这四位好姐妹持有的硬币情况是:

莉莉(1)——BB

露丝(3)——AD

露丝雅(2)——D

芬妮(4)——CCC

上述结果结合条件(5)可以判断,莉莉和露丝是亲姐妹俩。

莉莉和露丝是亲姐妹俩。

猜年龄

首先,根据游戏内容的提示,已知这3位邻居年龄的乘积是2450,把2450进行分解:$2450 = 2 \times 5 \times 5 \times 7 \times 7$。

接下来从这3个邻居的年龄之和是乙老师的两倍可推出三个邻居的年龄有以下7种组合:

(1) $10 + 35 + 7 = 52$;

(2) $10 + 5 + 49 = 64$;

(3) $2 + 25 + 49 = 76$;

(4) $14 + 35 + 5 = 54$;

(5) $14 + 25 + 7 = 46$;

(6) $2 + 35 + 35 = 72$;

(7) $50 + 7 + 7 = 64$。

再根据游戏中甲、乙老师都说"还差一个条件",可以推出第二个老师为:$64 \div 2 = 32$。因为在以上7种组合中只有第2种和最后一种的结果是相同的,都是64。

如果甲老师大于50岁的话,那他补充了条件也猜不出邻居的年龄,所以他应该刚好50岁才对。

甲的年龄是50岁,乙的年龄是32岁,3个邻居的年龄各为10岁、5岁、49岁。

相遇的时间

这道逻辑游戏题需要我们排列日历来推理,根据条件(1)和条件(5),李文成第一次去良子健身中心的日子必定是王小兵第一次去良子健身中心那天的第二天或者另一种情况:王小兵第一次去良子健身中心那天的前六天。

根据条件(5),他们再次都去良子健身中心的那天一定是在二月份。可是,王小兵和李文成第一次去良子健身中心的日子最晚也只能分别是一月份的第六天和第七天。在这样的情况下,他们在一月份必定有两次是同一天去良子健身中心的,也就是1月11日和1月31日。在上述第二种情况下,一月份的第一个星期二不能迟于1月1日,否则随后的那个星期一将是一月份的第二个星期一。因此,李文成是1月1日开始去良子健身中心的,而王小兵是1月7日开始去的良子健身中心。于是根据(2)和(4),他二人在一月份去良子健身中心的日期分别为:

李文成:1日、5日、9日、13日、17日、21日、25日、29日;

王小兵:7日、12日、17日、22日、27日。

因此,根据(5),王小兵和李文成相遇于1月17日。

王小兵和李文成相遇于1月17日。

各自的民族

根据给出的前三个条件说明:甲、戊、丙三个人分别是白族、回族、壮族人;

乙、丁、己三个人分别是汉族、瑶族、赫哲族;

由给出的第(4)个条件得知乙和己不是赫哲族人,所以丁是赫哲族人;

第(5)个条件说明甲不是回族人,丙不是壮族人;

第(6)个条件同样说明乙不是汉族人,丙不是回族人;

综上所述:甲是白族人或壮族人;乙是瑶族人;丙是白族人;丁是赫哲族人;戊是白族或回族或壮族人;己是汉族人。

甲是壮族人;乙是瑶族人;丙是白族人;丁是赫哲族人;戊是回族人;己是汉族人。

谁是古物拥有者

王老师说:"如果我不知道的话,何老师肯定也不知道。"从这句话中可以得知名字和姓肯定有多个选择,排除陈平和张良,把陈姓和张姓也同时排除。现在只剩下:赵括、赵云、赵鹏、岳飞、岳云这几个人。从何老师说"刚才我不知道,听王老师这么一说,我现在知道了"这句话中肯定还是将多选的那几项排除,也就是名字为"云"的,剩下:赵括、赵鹏、岳飞。

王老师说:"那我也知道了。"通过王老师这句话可以得知这个姓肯定是唯一的,那只有"岳飞"了。

所以古物是岳飞的。

"30"的游戏

1. 这个游戏要求谁先报到30,因为30是3的倍数,如果能保证每一轮结束时都得到3的倍数就可以取胜。

2. 有一些关键的数字是:3、6、9、12、15、18、21、24、27、30,它们都是3的倍数。

3. 要保证第一轮得到3,必须后报数才行。对方报1,你报2、3;对方报1、2,你报3。以后每轮结束都报6、9、12…30这些关键数。

4. 而"让30"的游戏就完全不同了。它实际上是"得29"。29是一个被3除余数为2的数,所以每轮结束你必须得到被3除余数为2的关键数,即:2、5、8、11、14、17、20、24、26、29。而且为了得到第一个这样的数2,还必须先报数才可以。

总之,对于"抢30",后报数并且抢到能整除以3的数就赢。而对于"让30",先报数并且抢到被3除余数为2的数就可以了。

谁存款没有千万

根据条件(3)和条件(5),推断出如果安非常聪明的话,那她也多才多艺。根据条件(5),推断出如果安富有的话,那她也多才多艺;

根据条件(1)和条件(2),可以推断出如果安既不富有也不聪明,那她也是多才多艺。因此,无论哪一种情况,安是多才多艺的;

根据条件(4),可以推断出如果玛利亚非常漂亮的话,那她也多才多艺;

根据条件(5),可以推断出如果玛利亚富有的话,那她也多才多艺;

根据条件(1)和条件(2),可以推断出如果玛利亚既不富有也不漂亮的话,那她也是多才多艺。因此,无论哪一种情况,玛利亚总是多才多艺。

根据条件(1),推断出爱丽丝并非多才多艺。再根据条件(4),推断出爱丽丝并不漂亮。从而根据条件(1)和条件(2)推断出爱丽丝既聪明又富有。

再根据条件(1),推断出安和玛利亚都非常漂亮。于是根据条件(2)和条件(3),推断出安并不聪明。从而根据条件(1)推断出玛利亚很聪明。最后,根据条件(1)和条件(2)推断出安应该很富有,而玛利亚并非存款上千万。

判断金属

是铁。甲的判断全错,丙是一对一错,而乙的判断全正确。

熊的颜色

第一道题:

因为地球不是一个很规则的球体,也就是说它是一个椭圆球体。根据万有引力定律,距离地心越近,地球的引力就会越大。在地球上,赤道地区地球的引力最小,两极地区引力最大。只有在地球引力最大的两极,熊才能在2秒钟这么短的时间内下降20米,这在其他地方是绝对不可能的。因为在南极没有熊,而在北极只有一种北极熊,北极熊的颜色都是白色的。

这只熊是白色的。

第二道题:

这只熊的下降速度如此的缓慢,大多数是充气的玩具熊,而玩具熊的颜色可以是任何一种颜色。

准确时间

1.先来分析A的情况:根据已知条件得知A的手表误差不可能是3分钟,否则C的手表误差就是6分钟;同样A的手表误差也不可能是2分钟,否则C的手表误差就至少是7分钟。

排除以上两种情况后,初步判断A的手表要么误差4分钟要么误差5分钟,而且这种误差只能比标准时间慢,否则其余每个人的误差都会不少于7分钟。

2.再来排除剩下的情况,假设A的手表误差是慢4分钟,这样准确时间就是12点58分,由此可知C的手表误差是快5分钟,其余两人的手表误差分别是1分钟和4分钟,如此就没有人的误差是2分钟和3分钟了,这和题意是相矛盾的。

综上所述,当时的准确时间是12点59分,A的手表误差是5分钟;B的手表误差是2分钟;C的手表误差是4分钟;D的手表误差是3分钟。

助手的姓

由已知条件(1)和条件(6)可知,助手一定不姓莫。由条件(5)和条件(2)可知助手的邻居不是老邓,是老云。

由条件(6)和条件(3)可知老邓住北京,结合条件(6)可知助手姓邓。

是否为12点

做这类游戏题可以采用假设的方法。

1. 假设从11点的第一声响开始,听了11声响,晓琳就以为现在是11点或12点,到下个点,如果钟响一下,就停了,则说明刚刚听到的就是1点;如果听到第二声响,那现在响的就是12点。

2. 如果晓琳从11点的第二声开始听到钟声时,只听到10次,他不知道是10点、还是11点、还是12点。所以,在下个点开始响时,他不听完12次就无法确认现在是几点。

3. 如果晓琳从11点的第三声开始听到钟声时,他必须听完下个点的钟声,此时,当然比从第二声开始听用的时间少。

由上可知,从第二声开始计算,最少需1小时50秒的时间。

谁能入选

首先,我们应该知道,在这四个人当中有两人猜对、两人猜错。

然后,分析他们的对话,可以知道刘华和吴立的猜测有矛盾:刘华猜四人都不能入选,吴立猜有人入选。

也就是说刘华和吴立两人的对话矛盾,就说明他们之中必然一个猜对、一个猜错。剩余川子、晓云两人中也无疑一个猜对、一个猜错(因为有两个对、两个错)。

以上只找到一对矛盾,推理线索似乎中断了。在条件不明确的情况下,最好运用假设的方法。因为已经推出川子和晓云的对话之间一对、一错,假设晓云猜对,也就是晓云入选,这样一来,川子也猜对了,也就是吴立、晓云最少选一个,这与一对、一错的情况不符。因此,晓云猜对不成立,即:

晓云猜错了(她没入选),川子猜对了。

根据川子猜对的情况,吴立、晓云最少选一个,推出吴立入选了。

答案为C,即:川子猜对了,吴立入选。

贝尔纳的最佳答案

贝尔纳的回答是:抢离出口最近的那一幅。克服贪婪心理,才能得到最理性、最明智的答案。

谁是表妹

由给出的条件(3)、(4)可得之,程、骆一定小于35岁,郭和周有一个人小于35岁,根据条件(7)可知郑先生的表妹不会姓程、骆。

由(5)、(6)可知,滕和周的职业是会计,郭和骆有一个人是会计,根据条件(7)可知郑先生的表妹不姓滕、周。所以只有郭符合条件。

所以,郭是郑先生的表妹。

免费的10餐

1. 如果根据老板的意思,林太太一家5口人每人每次都换一下位子的要求,就会有下面的做法:

第一个人共有5种坐法,

第二个人共有4种坐法，
第三个人共有3种坐法，
第四个人共有2种坐法，
第五个人共有1种坐法。

这样算下来，要做到5个人的排列次序没有重复，需要时间为：$5 \times 4 \times 3 \times 2 \times 1 = 120$。

2. 按照林太太一家人每一周去这个饭店吃一次饭来算的话，那他们一共要去120周。

3. 每周有7天，那么120周×7＝840天。

经过计算得知，林太太一家人要到840天后才能吃到老板免费送的10餐。

被哪个大学录取

假设冬梅被天津商业大学录取正确，根据甲、乙的猜测，孙淼就不会被厦门和天津商业大学录取，那么他一定被北京大学录取；蔷薇被厦门大学录取，符合题设条件。

孙淼、蔷薇、冬梅分别被北京大学、厦门大学、天津商业大学录取。

多少参赛选手

1. 根据提示，由于每场比赛，不论胜、负，还是平局，两人的得分之和总是2分，所以选手总分应为偶数，而不是奇数。也就是1980分或1984分是正确的。

2. 由于每场比赛出现2分，所以比赛总分是比赛场数的2倍。可以很容易地推理出比赛场数是990场或992场。

3. 由于每位选手都要同其他选手比赛一次，设有 x 位选手，因此一共应比赛：

$(x-1) + (x-2) + \cdots + 3 + 2 + 1$
$= (x-1+1) \times (x-1) \div 2$

即：$x(x-1) \div 2 = 990$ 场或992场。

4. 由于$(x-1) = 1980$，因此我们可以将1980分成两个相邻自然数的乘积。因为$40 \times 40 = 1600$，$50 \times 50 = 2500$，所以这两个数应介于40和50之间，由试验可知，45×44满足条件。$45 \times 44 \div 2 = 990$，所以总分为1980是正确的。

结论就是共有45位选手参赛。

比速度

张警官到地下3楼要经过地下1楼、地下2楼，然后才能到地下3楼；而女盗到地上3楼只需经过地上2楼。张警官要比女盗多走一层，所以张警官是输定了。

张警官要比女盗多走一层。

顺利通过

这位聪明的人在怪物一闭眼睛时就开始走，当他走到一半的时候，然后转过身来，向来时的方向走回去。这时，刚刚醒过来的怪物会以为他是从那边刚过来，便把他"送回"去了。这样，他就很容易地通过这条路了。

相亲相爱的两对数字

220的全部约数分别是：1、2、4、5、10、11、20、44、55、110，它们的和恰恰是284；而284的全部约数分别是：1、2、4、71、142，它们的和又恰恰是220。由此表示"你中有我，我中有你"。

大家在做什么

根据给出的条件，很容易推出：

毛毛:写东西或者打电话;

李佳:写东西或者在读书;

朱新梅:写东西或者打电话;

张玲玲:写东西或者在剪指甲。

由此可得知张玲玲一定在剪指甲,由条件(3)可排除毛毛在写东西,她一定在给家里打电话;由以上排除朱新梅打电话,那么她一定是在写东西;李佳一定在读书。

毛毛:在给家里打电话;

李佳:在读书;

朱新梅:在写东西;

张玲玲:在剪指甲。

两对三胞胎

从已知的条件当中,可以很快推断出每对三胞胎都是由二男一女组成的,小超和小明是兄弟关系,小旦和小麻是同胞关系。明白这一点后,在推理过程中就很简单了。

答题(1)应选 E。

从题意中可以得知,小超和小明是兄弟关系,小旦和小麻是同胞关系。小林或小口,可能属于小超和小明这一对,也可能属于小旦和小麻这一对,但是小超、小明绝不可能是小旦、小麻的同胞兄弟姐妹,由此可知:小麻和小明不可能是同胞兄弟姐妹关系。而另外的几对都有可能是同胞兄弟姐妹关系。因此选小明和小麻。

答题(2)应选 E。

通过排除法就可以分析出:如果小林和小明是同胞兄弟姐妹,那么就可以假设小林是女的,小口是男的,但还是不清楚小旦还是小麻是女的,选小超也错,因为小明和小麻不可能是同胞兄弟姐妹(分析见答题1),所以,更不能说明小麻一定是女性。如果小口和小明是同胞兄弟姐妹,由此可以假设一下,小口是女的,小林是男的,但我们还是不能判断出究竟小旦还是小麻是女的,因此选 C 也错。如果小旦是小口的小姑,那推断的结果必定是小麻是男性,故选小口是女的同样错。在小旦是小口的小叔这一条件下,我们可以推断在小林、小旦、小麻这对三胞胎中小林、小旦都是男性,小麻必定是女性。因此选 E 正确。

答题(3)应选 B。

分析方法同上。

答题(4)应选 A。

由题意可知,小超和小明是男的。如果小明和小麻结为夫妇,我们可以推断出小麻是女的,小旦是男的,因此小超和小口是女的肯定有错,而 C 和 E 则不一定对,只有小林是女的肯定正确。

答题(5)应选 D。

根据题中的条件可推断出小口、小麻、小旦三人是同胞兄弟姐妹,其中小旦是女的;小超、小明、小林三人是同胞兄弟姐妹,其中小林是女的。由此不难看出,除 D 之外的其他选择都错。

(1)B;(2)E;(3)B;(4)A;(5)D。

商店打烊时

(1)?(2)?(3)F(4)?(5)?(6)T(7)?(8)?(9)F(10)T(11)?(12)?

住中间房的是谁

首先要根据已知条件判定出哪三种爱好组合可以符合这三人的情况,然后判定哪一个组合与住在中间的人相符合。

根据条件(1),可推断出每个人的三爱好组合必是下列组合之一。

A. 葡萄汁,狗,哈尔滨啤酒;

B. 葡萄汁,猫,南京啤酒;

C. 橙汁,狗,南京啤酒;

D. 橙汁,猫,哈尔滨啤酒;

E. 葡萄汁,狗,南京啤酒;

F. 葡萄汁,猫,哈尔滨啤酒;

G. 橙汁,狗,哈尔滨啤酒;

H. 橙汁,猫,南京啤酒。

根据条件(5),可以排除 C 和 H。于是,根据条件(6),可推断出是 B 某个人的三爱好组合;

根据条件(8),E 和 F 可以排除;

再根据条件(8),D 和 G 不可能分别是某两人的三爱好组合,因此 A 必定是某个人的三爱好组合;

然后根据条件(8),可以排除 G,于是余下来的 D 必定是某个人的三爱好组合;

根据(2)、(3)和(4),可推断出住房居中的人符合下列情况之一:

1. 喝南京啤酒而又爱狗;

2. 喝南京啤酒而又喝橙汁;

3. 爱狗而又喝橙汁。

既然这三人的三爱好组合分别是 A、B 和 D,那么住房居中者的三爱好组合必定是 A 或者 D,如下所示:

B A D;B D A

葡萄汁葡萄汁橙汁;

葡萄汁橙汁葡萄汁;

猫狗猫或猫猫狗;

南京啤酒哈尔滨啤酒哈尔滨啤酒;

南京啤酒哈尔滨啤酒哈尔滨啤酒;

根据条件(7),可排除 D;

因此,根据条件(4),可推断出阿利的住房居中。

增加女性人口

根据统计学的规律,妇女所生的第一胎孩子趋向于男孩女孩的概率各占半数。

根据这条法律,男孩的母亲不能再有孩子,女孩的母亲可以接着有她们的第二胎孩子,但第二胎孩子仍然可能一半是男孩一半是女孩。接着,男孩的母亲退出生育的队伍,留下其他的母亲,她们可以有第三胎孩子。

在每一轮生育中,女孩的数目总是趋向于与男孩的数目相等,因此男孩与女孩的比例是永远也不会改变的。

在这一过程进行的同时,女孩们会成长起来,并且成为新的母亲,但是上面的论证同样也适用于她们。

不管经过多长时间,这条法律也不会产生妇女人口超过男人人口的效果。

挤公交车

很多人在做这道游戏题的时候会被题目所迷惑。事实上,正确的做法是哪辆车先来就乘坐哪辆,因为汽车和电车价钱都一样,而且间隔时间也不长。

不得不录用王小姐

王小姐的即兴表演是：她打开试演房间的门，对外面的其他应征者说："大家好，这次的紧急试演会已经结束了，我们剧组已经确定了合适的人选，大家都回去吧，不好意思。"她一边说一边给大家鞠躬，表示歉意。结果外面的人听见后离开了，这样只剩下王小姐一个人，剧组因为紧急用人，所以无论她是否合适，都只能录用她了。

拔河比赛

这道游戏题其实也不是很难，请看下面的步骤：

1. 如果把游戏前两场比赛中获胜队的实力，以及战败队的实力分别合起来，就会出现这种情况：母+2男+3女—父+1男+4女，如果让双方较量的话，无疑左边一方仍将获胜。

2. 将上面队中各方同时减去1男3女，剩下来的将是：母+1男—父+1女，很明显优势仍然在左边一方。

3. 把上述分析2中双方的力量分别加到第三次比赛的两个队里去，胜方与胜方相加，负方与负方相加，将形成以下的对阵情况：父+母+2男—父+母+4女，双方比赛的结果，显然左边一方仍可以稳操胜券。如果双方同时把父、母减去，其情况就变为：2男—4女，左边一方仍居于优势，也就是1男可以战胜2女。

现在将上述三项分析的结果综合起来，就证明了母亲加两个男孩与父亲加三个女孩进行拔河比赛，母亲一方将会获胜。

睁眼与闭眼的次数

文文现在肯定是睁着眼看这道题的，如果一个人生下来的时候是闭着眼的话，那么它们一样多；如果你生下来是睁着眼的话，那么睁眼的次数就比闭眼的次数多一次。

第100个玻璃球

1. 这个游戏的方法有很多，最好先用逆向推理的方法：

如果只剩6个玻璃球，让对方先拿球，你一定能拿到第6个玻璃球。这是因为如果对方拿1个，你拿5个；如果对方拿2个，你拿4个；如果对方拿3个，你拿3个；如果对方拿4个，你拿2个；如果对方拿5个，你拿1个。

2. 现在可以利用上面的原理，把100个玻璃球从后向前按组分开，6个玻璃球一组。100不能被6整除，这样就分成17组：第1组4个，后16组每组6个。

3. 自己一定要先把第1组4个拿完，后16组每组都让对方先拿球，自己拿完剩下的。

这样就能保证你一定能拿到第100个玻璃球，也就是第16组的最后一个。

瞎子去商店买剪刀

有些人很可能受前面哑巴买钉子的影响，在想怎样用手比画出剪刀的样子呢，其实不用那样，瞎子可以张口就说："我想买一把剪刀。"

四个小女巫

根据游戏中所给的条件，列表如下：

根据条件（1）、（6）的提示，可推断出灰色眼睛的小女巫、穿黑色服装的小女巫、艾玛（褐色眼睛）3人饲养的蜘蛛数量是1只、3只、4只，但现在的顺序还不能确定；

根据条件（2），可推断出绿色眼睛的小女巫、穿红色服装的小女巫、罗拉3人饲养的蜘蛛数量分

别是2只、3只、4只,此时顺序还是无法确定;

根据条件(3)、(6),可推断出褐色眼睛的小女巫、穿银色服装的小女巫、辛迪3人饲养的蜘蛛数量分别是1只、2只、4只,此时的顺序也无法确定;

根据条件(2)、(5)和(6),可以得知罗拉的眼睛不是褐色的,也不是蓝色的,也不是绿色的,所以是灰色的;

根据条件(1)、(4)和(6),可以得知灰色眼睛的是罗拉,她穿的不是红色衣服,也不是紫色衣服,也不是黑色衣服,应该是银色衣服。

综合上述条件,灰色眼睛的少女在前三个推断里面都出现过了,所以有4只蜘蛛。在第一和第三个推理里共同出现的褐色眼睛的少女艾玛有1只蜘蛛。所以,穿黑色衣服的女巫和辛迪不是同一个人。

根据第一个推理,黑衣女巫有3只蜘蛛,在前两个推理里面都出现过的黑衣女巫和绿色眼睛的女巫是同一个人。有3只蜘蛛的绿色眼睛的黑衣女巫和辛迪不是同一个人,所以肯定是琳娜。

根据之前的推理,红色衣服的女巫一定会是辛迪。

通过列表更容易看出答案。

	眼睛的颜色	服装的颜色	蜘蛛的数量(只)
琳娜	绿色	黑色	3
艾玛	褐色	紫色	1
罗拉	灰色	银色	4
辛迪	蓝色	红色	2

轻松射击

这个游戏题只是说把帽子挂起来,并没有说挂在什么地方,聪明人都会把帽子挂在枪口上,这样就能轻松做到了。

老同学聚会

首先,根据题中多个已确定条件可直接排除掉不符合条件的选项。据条件(5)"乙向英语系毕业者请教过留学方面的问题",可以排除B项:"乙毕业于英语系。"据条件(6)"高中毕业后化学系毕业者、乙都没和丙联系过"推出:甲毕业于化学系,因此排除了C项:"甲毕业于英语系"。

据条件(2)"三个人中作家称赞中文系毕业者身体健康"排除D项:"中文系毕业者是作家"。排除B、C、D后,故答案为A。

A。

哪位是医生

为了能够准确找到答案,可以选择这样的推理方式:先分别判定出谁不可能是医生,谁不可能是病人,然后判定在某人是医生的情况下,谁不可能是病人。

根据条件(2)看出,在五人之中有医生的一个孩子,所以除了章先生的外孙,其他人都可能是医生。并且在五人之中有病人的一位父亲和母亲,所以病人要么是章先生的女儿,要么是他外孙。

根据条件(3),如果章先生或者他的太太是医生,那么他的女儿就不是病人。同时,如果章先生的女儿或者女婿是医生,他外孙就不是病人。

因此,医生与病人的配对必定是下列情况之一:

A. 章先生和他女儿的儿子；

B. 章先生的夫人和他女儿的儿子；

C. 章先生的女儿和章先生的女儿的儿子；

D. 章先生女儿的丈夫和章先生的女儿；

根据条件(1)，可排除情况 C。在情况 A 和 B 中，医生的孩子就是章先生的女儿；根据条件(2)，病人父母亲中年龄较大的那一位也是章先生的女儿。但是这种情况与条件(3)发生矛盾，因此情况 A 和 B 也可排除。D 必定是实际的情况，也就是说，医生是章先生女儿的丈夫。这也符合条件(2)和(3)的要求，也就是：医生的孩子和病人的父母亲中年龄较大的那一位都是男性，但不是同一个人。

这位医生就是章先生的女婿。

击鼓传花

乙的下一个也就是第六个，刚好与甲面对面，即两人左右间隔的人数都是五人。

所以正确答案是 12 人。

弹簧指针的变化

当你亲自做实验的时候，就会发现当把 50 千克或 100 千克的砝码挂在弹簧上时，指针仍旧指向 100 千克，这是因为挂上去的砝码所产生的力会抵消绳子上相应的拉力。当重量超过 100 千克的砝码被挂上去后，绳子就会松掉，这时指针的读数将和挂上去的砝码的实际重量相同。

当挂上 50 千克或 100 千克的砝码时，指针会指向 100 千克；当挂上一个 150 千克的砝码后，指针将指向 150 千克。

数字"W"

W = 5。

出发点是哪里

因为这名探险者的出发点是在北极。

平安电话

机智的李兴在打平安电话时做了点手脚，在通话时，他讲到无关紧要的话，就用掌心捂紧话筒，不让对方听到，而讲到关键的话时就松开手。

这样，家人就收到了这么一段"间歇式"的情报电话："我是李兴……现住在广州市梅花路 32 号的樱花大酒店……和坏人……在一起……请你……快……赶来……"

扔食物给狮子

这位管理员的标语是：凡是往狮子洞里扔食物者，必须自己捡回。

一次找出羊肉罐头

首先从第一箱里取出一个罐头来（注上箱号，以下相同），依次从第二箱里取 2 个，从第三箱里取 3 个……从第十箱里取 10 个共 55 个。然后把它们一起放在秤上称一下。

如果都是牛肉罐头，它们的重量应该是 500 克 × 55 = 27500 克。如果称出来的重量是 27420 克，那就少了 80 克。因为一盒羊肉罐头比一盒牛肉罐头少 10 克。那么 80 克 ÷ 10 克 = 8，就说明取出 8 盒罐头的那一箱里装的是羊肉罐头。以此类推，就很容易地找出那箱羊肉罐头了。

谎言

这位老太太喊司机停车,司机立刻就停了,说明司机能听见她说话。

分别做了什么

根据游戏中所给出的条件(2)、(3),20分钟学习英语,不是第三件事情,也不是第四件事情,也不是第五件事情,所以只能是第一件或者第二件事情。

现在假设学习英语是小燕子做的第二件事情,从条件(3)来看第三件事是学习地理,第四件事是学习语文,第五件事是学习数学,从条件(1)来看小燕子在学习数学时所花费的时间不可能在1小时以上,所以学习英语是第一件事情,学习地理是第二件事情。

根据上面的理由,学习数学不可能是第五件事情,所以学习语文是第三件事情,学习数学是第四件事情,剩下的学习历史是第五件事情。

假设小燕子学习地理花费了40分钟,那么10:05做的事情应该是学习语文了,这与条件(1)相矛盾,所以学习地理是30分钟。那么,学习历史就是40分钟。

9:00—9:20 小燕子在学习英语;

9:20—9:50 小燕子在学习地理;

9:50—10:00 小燕子在学习语文;

10:00—10:50 小燕子在学习数学;

10:50—11:30 小燕子在学习历史。

朱淑贞的"断肠谜"

一、二、三、四、五、六、七、八、九、十。

聪明的大明星

这位大明星只是让管理员在庄园的四周立起很多牌子,然后再在牌子的上面写着相同的一句话:"园内常有毒蛇出没,而离此最近的医院在10千米外,所以一切后果自负。"这样一来,就没有人再敢私自到庄园里去了。

不可能被处死

这个犯人的想法不可能实现,他会被处死。因为执行绞刑的日期可以放在规定日期内的任何一天。如果死囚提出:"今天不能执行绞刑,因为我已经知道了今天要被处以绞刑,按照法官的命令,今天就不能执行绞刑了。"

行刑者可以这样回答:"要是这样的话,说明你还没有想到今天要执行绞刑,按照规定,你没有想到今天被处死。所以今天能够对你执行绞刑。"

巧妙安排房间的钥匙

首先把这三个房间命名为甲、乙、丙,三个男孩子分别拿一个房间的钥匙,接下来把剩下的钥匙这样安排:甲房内挂乙房的钥匙,乙房内挂丙房的钥匙,丙房内挂甲房的钥匙。这样一来,无论谁先到家,都能凭着自己掌握的一把钥匙进入三个房间。

集体的力量怎么变小了呢

其实这个游戏的答案并不难,因为小鸟拼命向云里冲,虾则是向后拖,螃蟹直往水里拉,他们三个力量不使向一处,如何能拉动呢。

取下竹竿上的好酒

这个饭店是开在农村里,农村里都有水井,你可以把竹竿移到井口,将它放下井去,这样就可以拿到竹竿上的好酒了。

与其他人性别不同

根据条件(2)中给出的信息,可以进行如下的推理:

子怡的母亲和阿明的女儿或者是同一个人,或者不是同一个人;

小东的哥哥不是子怡就是阿明。如果小东的哥哥既不是子怡也不是阿明,那么他必定是孙立,从而推断出小东就是阿明的女儿、子怡的母亲。

根据条件(1),可推断出阿明与子怡必定同性别,但这与条件(3)矛盾。

因此,假设孙立是子怡的母亲、阿明的女儿,而孙立的父亲不是阿明就是小东。但孙立的父亲不能是小东,因为小东的哥哥不是子怡就是阿明。这样,孙立的父亲就是阿明。现在假设小东的哥哥是子怡,于是根据条件(1),可推断出小东是男性,这与条件(3)矛盾。

所以小东的哥哥是阿明。根据条件(3),可推断出小东和子怡都是女性。因此,在第一种假设下,阿明是唯一的男性。

第二种假设,根据条件(1),可推断出小东的哥哥与孙立的父亲必定是同一个人,是唯一的男性。所以,阿明必定是孙立的父亲、小东的哥哥,而这意味着阿明是第二种假设下唯一的男性。因此,无论怎么说,阿明是唯一的男性。

阿明是四人当中唯一的男性。

一个字改变命运

晶。

"零"爱意

用数学方式表达,当 $A=100B, B=1000A$ 时。最终得出的结果就是 $A=B=0$。

万能的变形木

其实,这家板材加工厂所谓的变形木不过是一些木屑,把它放在什么形状的容器里它就会形成什么形状。

"枪"探真假

这是女乘务员设下的一个假局,为的是要试探一下前来认领的小伙子的真假。

装满屋

小儿子把蜡烛拿进空房子,用烛光装满了全屋。

王刚的未婚妻

要想得出正确的答案,首先要确定哪几位女士的年龄小于25岁,哪几位女士是职员。根据条件(1)、条件(3)和条件(4)可知,在王静和李倩当中必定有一位与李娜和孙余香属于同一个年龄层次,也就是说,李娜和孙余香都小于25岁。按照条件(7),王刚先生不会与李娜和孙余香结婚。

接下来再看条件(2)、(5)和(6),孙余香和王静当中必定有一位与张珊和李倩从事同样的职业,因此,张珊和李倩同样是职员。按照条件(7),王刚先生不会与张珊或李倩结婚的。

排除以上四位,可推断出王刚先生将和王静女士结婚,而且她必定是一位年龄大于25岁的教师。从以上的推理中,我们还能够得知其他四位女士的情况:李倩必定小于25岁,张珊必定大于25岁;孙余香必定是位职员,而李娜必定是位教师。

所以,王刚先生的未婚妻是王静小姐。

救命如救火

这个值班人员采取的办法是:让消防车拉响警笛沿街奔驰。因为老太太的电话一直没有挂掉,消防车一旦经过老太太所住的街道,警笛声就会通过老太太的电话传到值班室,一旦传入,即令消防车上的队员就近查找亮着灯的人家。这样就能很快找到摔倒的老太太了。

放火自救

这是由于在火海的上空,空气因受热变轻迅速上升,而附近还没有起火处的上空的空气较冷,于是就会朝大火方向流去,以填补那里较少的空气,这就形成了一股与风向相反的气流,因此就发生了一场火战。

最多卖多少根胡萝卜

1. 当这头驴第一次走到 200 千米的地方时,就让它返回起点,这样来回 3 次,可以放下 2000 根胡萝卜。

2. 当这头驴第二次走到 533 + 1/3 千米的地方,放下 334 根,然后让它带上 333 根往回走。当这头驴回到 200 千米时,驴子吃完了这 333 根,但是它还多走了 2/3 千米,不过不到 1 千米是不需要吃胡萝卜的。

3. 再拿上剩下的 1000 根,走到 533 + 1/3 千米处时吃了 333 根,同时多走了 1/3 千米,与原来多走的 2/3 千米凑满 1 千米,吃掉 1 根。

4. 然后再拿上上次放下的 334 根,凑满 1000 根。

5. 最后带着这 1000 根从 533 + 1/3 千米往外走,剩下的路程是 466 + 2/3 千米,不过只需要吃 466 根就好了。

商人还可以卖出 1000 − 466 = 534 根胡萝卜。

币值朝上还是国徽朝上

当这个魔术师在把硬币撒到桌子上的时候,会迅速数一下硬币币值朝上的个数是奇数还是偶数以及国徽朝上的硬币个数是奇数还是偶数。例如,币值朝上的硬币有 5 个,是个奇数(奇数性局面);国徽朝上的有 6 个,是个偶数(偶数性局面)。当这些硬币被观众一个个翻转后,国徽朝上的硬币变成了 5 个(奇数性局面),币值朝上的硬币变成了 6 个(偶数性局面),跟翻转前正相反。

当观众盖住一个硬币时,魔术师转过身,只要数一下币值朝上的硬币数量是奇数还是偶数就可以了;当然,也可以数一下国徽朝上的硬币数量是奇数还是偶数,同样能判断观众手下的硬币是币值朝上,还是国徽朝上了。比方说他发现币值朝上的硬币仍然是 6 个(偶数性局面),那么观众盖住的硬币必定是国徽朝上了。

分糖

这道题有多种分法,希望你能多动脑筋想想。在这里提示一下:很明显 7 千克和 2 千克的砝码在正常使用的情况下是无法分开糖的,要抓住盘式天平能等分物品的特性,予以利用。

第一次把糖对半分开称,每盘分别为 70 千克。

第二次和第一次的分法一样,将第一次分开的两盘之中的一盘,即70千克糖,对半分开称,每盘分别为35千克。

第三次将7千克和2千克的砝码分别放到天平的两个盘上,同时把35千克的糖也分开放入盘里,使天平平衡。此时两盘里的重量(包括砝码)各是22千克。这样,去掉砝码后,一盘里的糖是20千克,另一盘里的糖是15千克。再把这15千克的糖放到第二次称出的35千克的糖中,变成了50千克,剩下的自然是90千克了。

难题不难

1. 根据题意已知这3个人都吃了等量的饼子,每份是8/3个,那么,这位伙食负责人就吃了8/3个饼子,一共是8个钱币,所以每个价格是3个钱币;

2. 陶瓷主本有5个饼子,吃了8/3个,剩下的15/3 – 8/3 = 7/3个被伙食负责人吃了,7/3×3 = 7,可得7个钱;

3. 木匠本有3个饼子,吃了8/3个,剩下的9/3 – 8/3 = 1/3个被伙食负责人吃了,1/3×3 = 1,可得1个钱。

因此,游戏中那个农夫的提法是完全正确的。

鹅卵石

通过给出的条件得知获赠的最小数目是1,赠送的最大数目是4,所以,交换后减少的数量最多是3个。因此可知,丁最初一定有5个,因为6个以上交换后不可能剩下2个。而且,丁赠送给甲4个,从别的金鱼那里得到了1个。

丙本来有6个或者7个,所以,给丁1个的如果是丙的话,丙在交换后不可能有5个,还要从别人那里得到。因此,送给丁1个的应该是乙。

进一步来推,丙本来有6个或7个,从甲那里得到2个然后赠送给乙3个(−1),或者是从甲那里得到3个后赠送给乙2个(+1),交换后剩了5个,所以本来只能有6个。因此,剩下的乙本来有7个。

甲在开始的时候有8个鹅卵石,向丙送了2个,赠送后甲一共有10个鹅卵石。
乙在开始的时候有7个鹅卵石,向丁送了1个,赠送后乙一共有9个鹅卵石。
丙在开始的时候有6个鹅卵石,向乙送了3个,赠送后丙一共有5个鹅卵石。
丁在开始的时候有5个鹅卵石,向甲送了4个,赠送后丁一共有2个鹅卵石。

有趣的男人

很多人看到这个游戏题都会有些发懵,因为很多人都不会想到这个男人够不到电梯7层以上的按钮,但是他可以叫其他人帮他按,他也可以用他的雨伞按。

所以,这个男人是个侏儒。

奇怪的两个家庭

拇指(通常代表的是爸爸)可以和其他手指面对面,而其他手指之间却很难面对面,不信,你自己试一试。

小石头说的是两只手的10根手指头。

小狗的下午茶

按照游戏题中所给出的条件,可以列出这样的表格:

	朋友的家	奶酪	茶
第一			
第二			
第三			
第四			

根据条件(1)、(2)、(3)很容易就会知道,小狗在山羊的家、荷兰干酪、伯爵红茶是属于整个拜访的前半部分,斑马的家、干羊乳酪、祁门红茶是后半部分。

根据条件(5)可以知道,小狗在小兔的家(荷兰干酪、薄荷茶)是前半部分,前半部分还剩下的就是山羊的家,品尝的伯爵红茶。

根据条件(4),小狗在小鹿的家吃的英式干酪、喝的是祁门红茶,属于后半部。剩下的斑马的家品尝的是干羊乳酪和水果茶。

所以可知在山羊的家里品尝的是意大利奶酪。

又根据(1)、(2)所给出的条件,可知小狗在拜访了山羊的家之后拜访的既不是小鹿的家,也不是斑马的家,所以,可知山羊的家是小狗第一个拜访的,小兔的家是小狗第二个拜访的。

根据条件(3)可知,斑马的家是小狗第四个拜访的,那么剩下的小鹿的家就是小狗第三个拜访的了。

通过列表得知具体答案:

	朋友的家	奶酪	茶
第一	山羊的家	意大利奶酪	伯爵红茶
第二	小兔的家	荷兰干酪	薄荷茶
第三	小鹿的家	英式干酪	祁门红茶
第四	斑马的家	干羊乳酪	水果茶

均匀调配

乐乐可以按照以下几步操作:

第一步:先将牛奶分别倒入1号小杯和2号小杯中,将可乐倒入3号小杯中,3个小杯中共有:2/3牛奶,1/3可乐;

第二步:将3号小杯里的可乐倒入牛奶瓶,牛奶瓶内的牛奶、可乐各1/3,共2/3;

第三步:将瓶中可乐倒入3号小杯中,再给可乐瓶里倒入1号小杯牛奶,可乐瓶内牛奶、可乐各1/3,共2/3;

第四步:将可乐瓶内的混合液倒入1号小杯中,可乐瓶内有混合了1/3的牛奶、可乐各两份,即:各1/6;

第五步:将可乐瓶内的混合液倒入牛奶瓶,牛奶瓶内有牛奶 1/3 + 1/6 = 1/2,有可乐 1/3 + 1/6 = 1/2。

乐乐只要按照以上几步操作就可以完成牛奶和可乐的均匀调配了。

沙漏计时

这道游戏题看着很简单,其实要想做对也不是件很容易的事情。

首先需要让两个沙漏计时器同时开始计时。

当在7分钟计时器中的沙子漏完的同时,将它翻转过来。

当在10分钟计时器中的沙子漏完的同时,也将它翻转过来。

在7分钟计时器中的沙子再次漏完的同时,不翻转7分钟计时器,而是把10分钟计时器翻转过来。

当10分钟计时器中的沙子再次漏完的时候,总共所需要的时间正好就是18分钟。

点燃时间

这道游戏题看着非常烦琐,要想准确得到答案,其实也不难。可以按照下面几步来做:

1. 首先解答这个问题,需要列一个方程式。

假设用 x 表示点燃蜡烛的小时数。每一小时烧掉粗蜡烛长度的1/5、细蜡烛长度的1/4。因此,粗蜡烛残余部分的长度应是 $1-x/5$、细蜡烛残余部分的长度应是 $1-x/4$。

2. 我们知道两烛长度相等,并知道粗蜡烛残余部分是细蜡烛残余部分的4倍,也就是 $4(1-x/4)$ 等于粗蜡烛残余长度 $(1-x/5)$ 即 $4(1-x/4)=1-x/5$。

3. 解方程式,得 $x=3.75$(小时)。

两支蜡烛各点燃了3小时45分钟,也就是说停电停了3小时45分钟。

猜年龄

要想准确做出判断,此题最好用排除法,根据条件知道只有一个人说的是正确的,如果王姐说得对,那么刘杰和宋阿姨说得也对,这样就很自然地将(1)排除了;同理刘杰说得也不对;如果丽丽说得是对的,宋阿姨说得也可能对,这样也就很自然的排除了(3)、(4),故选(2),与此对应,只有丽丽说得对。

所以,丽丽说对了明星的年龄。

找回草帽

由于河水的流动速度对划艇和草帽产生同样的影响,所以在做这个游戏题的时候可以对河水的流动速度完全不予考虑。虽然是河水在流动而河岸保持不动,但是,可以设想是河水完全静止而河岸在移动。

接下来根据游戏中所给出的提示:直到老人划行到船与草帽相距5英里的时候,他才发觉草帽掉了,此时时间距他丢失草帽是 $5/(5-3+3)=1$ 小时。这时老人开始追草帽,追草帽用的时间是 $5/(5+3-3)=1$ 小时。

如果老人是在下午2时丢失草帽的,那么他找回草帽的时间就应该是在下午2时+2小时=下午4时。

牧场主分牛

答案解析:

1. 大儿子得到了2头奶牛,他老婆得到了6头。
2. 二儿子得到了3头奶牛,他老婆得到了5头。
3. 三儿子得到了4头奶牛,他老婆也得到了4头。
4. 第四个儿子得到了5头奶牛,他老婆得到了3头。
5. 第五个儿子得到了6头奶牛,他老婆得到了2头。
6. 第六个儿子得到了7头奶牛,他老婆得到了1头。
7. 第七个儿子得到了8头奶牛,但奶牛已经全部分光,他老婆已经无牛可拿了。

现在每个家庭都分到了8头牛,所以每家可以再分到1匹马,于是他们都分到了价值相等的牲口。

这位大牧场主一共有56头奶牛,有7个儿子。

64个小方格

按照这位宰相所说的,如果一粒一粒去加,实在太麻烦。根据条件知道,第一个小方格里是1粒黄豆,第二个小方格里是2粒黄豆,第三个小方格里是$2\times 2=4$粒黄豆,第四个小方格里就是$2\times 2\times 2=8$粒黄豆…第64个小方格里就是$2\times 2\times 2\times\cdots 2=63$个2连乘:9,223,372,036,854,775,808粒黄豆。

仔细观察,就可以发现每一个小方格数字正等于它前面各个小方格数字的和再加1。那么我们就可以把某格黄豆数减1,来得出它的前面小方格黄豆数的和。触类旁通,64个小方格黄豆数的总和就应该是9,223,372,036,854,775…744,073,709,551,615粒黄豆。

这的确是一个天文数字,国王怎么会有如此多的黄豆给宰相呢。

从某地到某地

首先假设x是商人在途中问阿三第一个问题的地点,y是商人在途中问阿三第二个问题的地点。

因为从x到C的距离是甲地和C之间距离的2/3,从y到C的距离是C和乙地之间距离的2/3,所以x和y之间的距离是7英里,是总距离的2/3。

所以,很容易算出总距离是10.5英里了。

宁可挨饿也不吃极地熊

其实,极地熊是北极熊,在南极大陆上怎么会有北极熊呢?

张老板卖水

1. 张老板在15千米处剩水为120千克,他可以卖到1800元。

2. 在30千米处,剩水是60千克,可以卖到1800元,但再向前必然不会卖到更多的钱,因此最远行程在15~30千米处。

3. 在15千米处只剩水120千克(其实还有155千克,不过必须留着返回时用),因此还可以走两趟。

4. 同样的方法可知:在22.5千米处,剩水是90千克,可卖到2025元,此时如果再向前走必须带水超过45千克才可以卖到更多的钱,因此只能再走一趟,所以在22.5+3.75=26.25千米处卖钱最多,为2053.125元。

在26.25千米处卖钱最多,为2053.125元。

亲兄弟

事实上,最近结婚的正是弟弟的女儿,对哥哥来说弟弟的女儿自然是他的侄女了。

红色的钢笔

掷两个骰子,出现点数的组合有36种:

如果掷36次骰子,那么点数和是2的1次;点数和是3的2次;点数和是4的3次;点数和是5的4次;点数和是6的5次;点数和是7的6次;点数和是8的5次;点数和是9的4次;点数和是10的3次;点数和是11的2次;点数和是12的1次。

因为点数的和是2、3、4或5的次数,在36次里有10次;点数的和是6、7的次数在36次里有11次;点数的和是8、9、10、11或12的次数在36次里有15次。所以红色钢笔不应给点数的和是6或7

的人,而应该给点数的和是 2、3、4 或 5 的那个人。

所以,大哥提出的办法不合理。

小朋友打水

由于每个人打水的时间不一样,不同的打水顺序就决定了等待时间的长短,现在我们可以排列以下多种打水顺序的组合。

1. 如果先让甲打,乙接着打,丙最后打水的费时情况:3 + 5 + 6 = 14 分钟。
2. 如果先让甲打,丙接着打,乙最后打水的费时情况:3 + 4 + 6 = 13 分钟。
3. 如果先让乙打,甲接着打,丙最后打水的费时情况:2 + 5 + 6 = 13 分钟。
4. 如果先让乙打,丙接着打,甲最后打水的费时情况:2 + 3 + 6 = 11 分钟。
5. 如果先让丙打,甲接着打,乙最后打水的费时情况:1 + 4 + 6 = 11 分钟。
6. 如果先让丙打,乙接着打,甲最后打水的费时情况:1 + 3 + 6 = 10 分钟。

现在根据上面的打水顺序组合情况可以推知:如果要使等待的总时间少,就应该让打满一桶水用时间较少的人先打水。

裁缝"偷布"

原来,这个裁缝只是按 8 尺布的长度裁了一条边下来。

相同的小球

从题中所给出的已知条件得知可以从红、黄、蓝、黑四种颜色的小球中任意选择两个,总共有以下 10 种不同的选法:

1. 选择两只红球;
2. 选择两只黄球;
3. 选择两只蓝球;
4. 选择两只黑球;
5. 选择红球和黄球;
6. 选择红球和蓝球;
7. 选择红球和黑球;
8. 选择黄球和蓝球;
9. 选择黄球和黑球;
10. 选择蓝球和黑球。

通过以上 10 种不同的选法可知,每个人任意选两个球,至少需要有 10 + 1 = 11 人才能保证至少有两人选的小球颜色相同。

不合格的乒乓球

可以分多次称量。经过重复多次称量,就能够逐渐排除正常的乒乓球。经过过滤,就可以很容易地找出次品。

第 1 次称量:

天平左端放 27 个乒乓球,右端也放 27 个乒乓球。将会出现 A(　　)平衡(　　)B(　　)不平衡(　　)两种可能性。如果平衡了,那么下一次就以余留的 80 - 27 - 27 = 26 个乒乓球作为研究对象。如果不平衡,那么就可以选择轻的一端的 27 个乒乓球作为第二次称量的物品。

第 2 次称量:

天平左右两边都放 9 个乒乓球。研究对象中还有 8 ~ 9 个乒乓球没有放入天平中。有 A(　　)

平衡(　　)B(　　)不平衡(　　)两种可能性。如果平衡了,那么下一次就以余留的8~9个乒乓球作为研究对象。如果不平衡,那么就选择轻的一端的9个乒乓球作为下次称量的物品。

第3次称量:

左右两边各放3个乒乓球。研究对象中还有2~3个乒乓球没有放入天平中。有A(　　)平衡(　　)B(　　)不平衡(　　)两种可能性。如果平衡了,那么下一次就以余留的2~3个乒乓球作为研究对象。如果不平衡,那么就选择轻的一端的3个乒乓球作为下一次称量的物品。

第4次称量:

天平的左右两边各放1个乒乓球。研究对象中还有0~1个乒乓球没有放入天平中。有A(　　)平衡(　　)B(　　)不平衡(　　)两种可能性,如果平衡了,那么余留的另一个乒乓球就是要找的乒乓球。如果不平衡,那么轻的一端就是你要找的乒乓球。

巧放弹簧

要想准确算出这道游戏题的答案,首先需要从简单数字来推理,如果我们想要1个小弹簧,那保管员当然需要从一个盒子里面取出,所以,在第一个盒子里放1个。

如果我们想要2个,他就必须在第二个盒子里放2个。

如果我们想要3个,他就可以把第一和第二个盒子里的小弹簧一起取出,加起来正好是3个,同样的道理他可以得到1、2、4、8、16等顺序。

接下来再数下去就太麻烦了,但是很显然,我们根据上面的推理可以得到一个规律:第 n 个盒子应该放 $2(n-1)$ 次方个小弹簧。

到了第九个盒子放了256个小弹簧以后,剩下的所有的小弹簧都可以放在第十个盒子里。

保管员在九个盒子中分别装入了1、2、4、8、16、32、64、128、256个小弹簧共511个,剩下的489个装在第十个盒子里。

邻居分羊

1. 邻居把自己的一头羊也加在19头羊内,总数是20头羊。这样便容易分了。

(1)老大分得羊的头数是:$20 \times 1 \div 2 = 10$(头)

(2)老二分得羊的头数是:$20 \times 1 \div 4 = 5$(头)

(3)老三分得羊的头数是:$20 \times 1 \div 5 = 4$(头)

2. 邻居再把自己的一头羊牵回。

兄弟三人分得羊的总头数是:$10 + 5 + 4 = 19$(头)

坚持做运动的天数

首先从给出的条件"躲避球在骑马的前还是后"考虑,问题就会比较简单了。

如果躲避球(第四项)在骑马的后面,那么躲避球和第五项共计花费3天以内时间,这与(2)是有冲突的。所以,第四项是躲避球,第五项是骑马。根据条件(1)可知,躲避球最长就是9日、10日、11日的3天时间,

根据条件(2)、(4),既不是一天也不是3天,所以只能是2天。

根据条件(1),一天时间的第三项运动是滑雪或者游泳。如果是滑雪的话,滑雪只能在8日进行,第四项的躲避球用2天,所以第五项的骑马用了5天。

那么根据(4),剩下的高尔夫球和游泳就是3天和4天了,在1日到7日是哪一项进行的,由于4日那天打高尔夫球所以这个假设不可能成立。因此,第三项是游泳,第一项是高尔夫球,第二项是滑雪。游泳只有9日,躲避球是10日和11日。所以,骑马是从12日开始的4天,高尔夫球是5天,剩下的滑雪是3天。

冯家大少爷运动的项目和事件如下：

他运动的第一项是高尔夫球，从1日开始到5日结束。

他运动的第二项是滑雪，从6日到8日结束。

他运动的第三项是游泳，只有9日一天。

他运动的第四项是躲避球，从10日开始到11日结束。

他运动的第五项是骑马，从12日开始到15日结束。

哪个系就学

文中所列出的四个研究生对应三个系，而条件(1)中"北京籍研究生单独在国际贸易系"，是无关联的孤立条件，排除这个条件，就简化为三个人对应两个系。

也就是江苏、湖北、山西研究生对应中文和历史两个系。

根据条件(2)"山西籍研究生不在中文系"得知：山西人肯定是在历史系。

根据条件(3)和条件(4)推出江苏人和山西人在一个系，因此江苏人肯定也在历史系。

江苏籍研究生所在的系为历史系。

怀丙打捞铁牛

如果以前看过这个故事的人，就会了解怀丙打捞铁牛的全过程了。

怀丙和尚的方法是将两只木船装满泥沙，直至重量使船舷稍高出水面，并在两船之间横拴着一根粗大的木料，将船划到铁牛沉没的水上停下。再让一些水性好的人，带着绳索潜入水底，将绳的一端牢系在铁牛身上，另一端拉紧，绑在两船之间的木料上。

之后，叫人把船上的泥沙扔到河里，这样船的重量减轻了，靠水的浮力，船舷便逐渐高离水面，从而通过木料上的绳索把铁牛提起，吊在水中。这样划动船桨，铁牛便被拖到新建浮桥的地方了。

入住旅馆

根据所给出的提示和条件得知，4人的停留日数共计20天，所以，如果考虑娜美和蒙蒙的停留时间就能很简单地解开。

4人的停留时间之和是20天。

根据条件(1)，入住最长时间的是莉莉安，但停留的天数在6天以下。因为根据条件(2)、(3)，莉莉安虽然最长也不过是2日入住7日离开的。

假设娜美和蒙蒙分别停留了4天以下，因为莉莉安是6天以下，刘丽就是6天以下了，不是最短的，所以娜美和蒙蒙都是5天。

所以，莉莉安是停留了6天，2日入住7日离开的。

根据条件(3)可知，蒙蒙是从1日住到5日的。

如果娜美是从3日入住的话，7日离开，那就与莉莉安重合了，所以娜美是从4日到8日。剩下的刘丽就是从3日到6日。

刘丽3日入住，6日离开；

娜美4日入住，8日离开；

蒙蒙1日入住，5日离开；

莉莉安2日入住，7日离开。

清理盘子

这道游戏题其实不难，首先需要把这4个盘子分别编号为甲、乙、丙、丁，分别有3条、1条、0

条、0 条鱼。假设最后把鱼都集中到甲盘子里去。

接下来先取出甲、乙盘中的各 1 条鱼放在丙盘内。

再把甲、丙盘中的各 1 条鱼放到乙盘内。

再把甲、丙盘中的各 1 条鱼放到丁盘内。

把乙、丁盘中的各 1 条鱼放到甲盘内。

把乙、丁盘中各剩下的 1 条鱼都放到甲盘内。

所以,小花猫需要 5 次,才能把所有鱼都集中到甲一个盘子里去。

谁敲钟速度最快

在这个游戏中有一个迷惑人的地方,表面看 3 个和尚敲钟的速度相同,即每敲一下都是 1 秒,$10/10 = 20/20 = 5/5 = 1$。很多人都会这么粗心的计算。其实正确的计算方法应该按敲钟的时间间隔来算时间:

(1)第一个和尚用 10 秒敲了 9 个间隔:$10/9 = 1.11$ 秒;

(2)第二个和尚用 20 秒敲了 19 个间隔:$20/19 = 1.053$ 秒;

(3)第三个和尚用 5 秒敲了 4 个间隔:$5/4 = 1.25$ 秒。

通过正确的计算,现在知道这 3 个和尚的敲钟速度是不同的,第二个和尚敲钟的速度是最快的,如果敲 50 下钟的话,一定是他最先敲完。

戴手套

根据题中的提示,国王和三个医生只有两副手套,显然不够用。但是两副手套实际上有四面,只要让一个人接触一面就可以保证手术的安全进行。现在可以按照以下步骤进行。

(1)先将两副手术手套的四个面依次标记为:A1、A2、B1、B2;

(2)当第一个医生同时戴上两副手套时,那么,此时手套四个面从内向外的顺序为 A1、A2、B1、B2,其中医生接触的是手套的 A1 面,国王接触的是手套的 B2 面;

(3)第二个医生可以戴上第一个医生套在外面的那副手套,他接触的手套是 B1 面,国王接触的是手套的 B2 面;

(4)第三个医生也同时戴上两副手套,此时手套四个面从内向外的顺序为 A2、A1、B1、B2,他接触的是手套的 A2 面,国王接触的是手套的 B2 面。

只要是按照以上的顺序就可以保证手术的安全了。

昨天和今天各吃什么

现在根据已知条件知道,如果小王吃的是套餐,那么小宋吃的就是拉面,小李吃的也是拉面。这种情况与已知条件就发生了矛盾。因此,可以判断出小王吃的只能是拉面。所以,小李吃的只能是套餐。因此,只有小宋昨天吃的是套餐,今天吃的是拉面。

你是属于情绪化的人吗

得 0~9 分的人,有的时候可能会表现得傲慢冷酷和缺乏弹性,但平时富有理智,注重现实,能以客观、独立的态度处理现实问题。

得 10~13 分的人,偶尔会有冲动,感情用事,但在一般的情况下能够较为理智和客观地处理生活中的一些事务。建议你一定要学会慢慢控制自己的感情。

得 14~20 分的人,很敏感,喜欢感情用事,心也比较软,还有一点多愁善感。做事情总是缺乏恒心,爱幻想,不切合实际,不太喜欢粗鲁豪放的人。在团体中经常因为不切合实际的想法和行动影响团体的工作效率,建议最好避免做事务性的工作。

枯井中的喜鹊

鸟的飞行原理与一般的固定翼飞机相同,必须有足够长的起飞距离才可以。

所以,这只喜鹊不能自己飞出来。

第二辑　逆向推理类谜题游戏

酬金

事实上,这个女子是某医院的护士,凭借特殊的身份知道通信设备公司的经理患了心脏病,并且知道他最多能活3个月,等到通信设备公司经理一死,这位女子理所当然地得到丰厚的酬金,而这位总裁却被蒙在鼓里。

依据

洗完澡后,镜子是模糊的,根本看不清楚。

分身之术

这道游戏题,感觉有点迷糊,不知道是怎么回事。其实你可以先这样理解:如果是一天早上8点,有"两个"和尚分别从山上的庙和山脚同时出发,并且只有一条路可走,你想他们是不是一定会相遇。现在换一种说法,就是小和尚在同一钟点到达山路上的同一地点。

回到问题,星期一和星期二都是8点出发,又是相向地走同一条路,如果你能够跨越时间思维局限的话,就不难理解了。星期一和星期二都是8点出发,可看成是小和尚有分身之术,而同一天的8点分别从山上的庙和山脚出发,"今天的小和尚必然和昨天的自己"相遇就不难理解了。这样,就能证明小和尚能在同一钟点达到同一地点了。

跨越时间思维的局限,因为时间相吻合,所以小和尚在同一钟点到达山路上的同一地点并不难解释。

他明白了

通过内容的提示,就会想到在那么黑的夜晚,那个女人不可能迎着汽车前灯的灯光辨认出谁在开车,尤其是那么肯定地说一定是她的丈夫追来了。所以这显然是个有预谋的圈套。

一份保险单

游轮在海上遇到台风时,就会颠簸得很剧烈,乘客怎么会写出那样工整的字迹来呢?显然是乘务员事先就填好的。

说谎

此题可以运用假设排除法推理得出乙说的是真话,甲和丙都说了谎话。

门外的证据

这个小玻璃瓶里装的正是滕新德吐到大门外的口香糖,而上面有他的唾液及齿形。何况,那口香糖上还没落上灰尘,很清楚地表明是被人遗弃没多久的。齐齐瓦格在灭迹时怎么也没想到滕新德进门前将口香糖吐在了门外的地上。

无法模仿的动作

人紧闭两眼,猴子也紧闭两眼。可是,人什么时候睁开眼睛,猴子是不知道的。题目中所举的是一个小女孩睁开和闭上一只眼的情况,猴子只要是一只眼不闭着,就始终能够看到它眼前所有人的一举一动。

外来船的数量

这道游戏题其实不难,首先我们先想一下,从美国的某港口开往法国的某港口的海航线上总会有 7 艘轮船,只有每天中午时,只有 6 艘轮船,每两艘轮船相距一天路程。今天中午从法国的某港口开出的船每半天(12 小时)就会遇到一艘从美国的某港口驶来的船,横渡一次的时间是 7 天 7 夜,本应会遇到 14 艘,可是从法国的某港口开出的船是中午开出的。因此最后一艘是在美国的某港口遇到的,第一艘是在法国的某港口遇到的,所以要想得出正确答案,不仅要考虑到路途中遇到 13 艘从美国的某港口驶来的船,还要加上在法国某港口遇到的刚刚到达的从美国的某港口驶来的一艘船,还要加上在美国的某港口遇到的准备出发的一艘船。

所以,一共能遇到 15 艘船。

赢取宝贵的分数

教练可以让本队的队员往自己篮筐里投一个 2 分球,结果就会打成平局。根据篮球比赛规则,在规定比赛时间内,如果双方打成平局,则可以加赛 5 分钟。这样,甲队就有可能利用这 5 分钟,来赢取宝贵的分数。

自作聪明的小偷

小偷走的时候忘记了关灯。

兔子赛跑

为了看得更清楚些,可以先列个图表。

	上次的结果(名次)	这次的结果(名次)
白白		
花花		
灰灰		
闹闹		

根据已给出的条件假设灰灰说的是真实的,那么闹闹说的也是真实的了,进而,白白说的也是真实的,所以花花上次是第二名。因此,上次的第一名既不是花花也不是灰灰,所以应该是闹闹或者白白。但是,无论哪个是上次的第一名,本应该都说真话的灰灰和闹闹说的至少有一个会变成假的。所以,灰灰只能是说了假话(名次下降,而且闹闹的名次没有上升)。

由于灰灰不是上次的第一名,这次的名次下降,所以这次是在第三名以下。所以,花花说的是假的(名次下降,而且灰灰这次不是第二名)。

假设闹闹说的是假的,白白的名次没有上升,而同时白白以外的三只兔子的名次也全部下降,这是不合理的。

所以,根据以上可知闹闹的名次没有变化,根据他说的话(真实)可知,白白这次名次上升了。

从白白说的(真实)来看,花花上回是第二名。灰灰上回既不是第一名也不是第二名而是第三名,这次第四名,同样名次下降的花花这次是第三名。

白白从上次的第四名上升了,闹闹上次和这次都是第一名。所以,白白这次是第二名。

现在将前面做的图表的空白处都填上结果就可以了。

	上次的结果(名次)	这次的结果(名次)
白白	4	2
花花	2	3
灰灰	3	4
闹闹	1	1

失踪的银行行长

其实,不难判断,遗留物中并没有卧铺车票就是证据。如果失踪者是在深夜就穿着睡衣被绑架了,或者在车站被车丢下了,那么,照理车票会留在西服的口袋里。由此看来,此人一定是在车厢中准备了另一套衣服,换上后,拿着睡衣在中途站悄悄下车躲起来了。

你不是我的母亲

当时,刘阿姨跟她的丈夫刚好在同一个卧室里,而下命令的是她丈夫,也就是儿子的爸爸。

缺了一种声音

听完磁带的录音后,细心的人就会知道缺少了书房里面的钟声,如果死者真的是在书房被杀,在磁带中就应该录上两分钟后时钟的报时声,然而录音中并没有听到敲钟的声音,所以说死者其实不是在书房里面遇害的,而是在别处录音时被杀的。

加薪水

如果甲加薪了,则根据所述,乙、丙、丁都得加薪,有4人加薪;如果乙加薪了,则丙、丁都加薪,有3人加薪,这与题中只有2人加薪不符;所以是丙加薪了。

推断过程:如果丙加薪了,则丙、丁都加薪,符合要求。

所以正确答案是丙和丁加薪了。

哪一圈没有出黑桃

这道游戏题,有些烦琐,头绪比较多。可以从先手和胜方的可能序列中判定王牌的花色,然后判定在哪一圈时先手出了王牌并取胜,最后判定在哪一圈时出了黑桃。

夫妻二人总共玩了四圈牌,因此,根据条件(4)和条件(5)可知,必定在某一圈先手出的牌是王牌而且这圈是先手胜。于是,根据条件(2)和条件(3)可知,先手和胜方的顺序是以下二者之一。

通过图表更清楚一些:

①	②
X 先手,获胜	X 先手,Y 胜
X 先手,Y 获胜	Y 先手,获胜
Y 先手,获胜	X 胜 Y,先手
X 胜 Y,先手	X 先手,获胜

不是先出牌而能取胜,表明丈夫或妻子打的是一张王牌。因此,无论是①或②,都要求一方有两张王牌,而另一方有一张王牌。从而根据条件(1)得出,黑桃是王牌。

假定①是符合实际情况的顺序,则根据条件(1)和条件(5)以及第一圈时妻子手中必定有一张黑桃的事实可知,丈夫在第一圈时不是先出了王牌黑桃而取胜的。

根据条件(1)和条件(5)以及丈夫在第四圈时必定要出黑桃的事实可知,妻子在第三圈时也不是先出了黑桃而取胜的。这同开始时的推理结论矛盾。

所以②是符合实际情况的顺序。这样,根据条件(1)和条件(5)以及第二圈时丈夫手中必定有一张黑桃的事实可知,妻子在第二圈时不是先出了黑桃而取胜的。因此在第四圈时,丈夫先出了黑桃并以之取胜。根据上述推理,在第一、三、四圈都出了黑桃。因此,在第二圈中没有出黑桃。

其他的情况是:丈夫在第一圈时先出的是妻子手中所没有的花色。既然丈夫手中应该有两张黑桃,那么根据条件(1),X是丈夫,他在第一圈先出的是梅花。再根据条件(1),丈夫接着在第二圈时出了红心。

因此,根据条件(1)和条件(5),妻子在第二圈时先出了方块并以之取胜;

根据条件(4),妻子在第三圈时先出了红心;

根据条件(1),妻子在第四圈时出的是方块。

所以,在第二圈中没有出黑桃。

网络狂躁症的病因

正确答案:C。

救命的"囚"字

推理过程是这样的:

当这3个囚犯知道"3人之中至少有1个人的字是红色的"之后,3个人都在思考。

第一天:

红字甲:我所见到的1个是红字,1个是黑字。那么,无论我的字是红色还是黑色,我们3人都至少有1个是红色。所以,我还不能判断自己的字的颜色。

红字乙:同上。

黑字丙:我所见到的两个都是红字,那么,无论我是红字还是黑字,我们3个都至少有一个是红字。所以,我也不能判断自己字的颜色。

所以第一天,3个人都不能作出准确判断。

第二天:

红字甲:今天3个人都来齐了,红字乙也来了,如果我是黑字的话,那么红字乙就应该知道他是红字才对呀!如果是那样,红字乙昨晚就应该被放出去了。既然他没有走,是不是因为我不是黑字?那么说,我肯定是红字了,太好了,这下我可以出去了。

红字乙:同上。

黑字丙:我怎么还是不知道是什么颜色呢?

第三天:

黑字丙:既然他们两个都没来,一定是都被放出去了。那他们一定是都知道自己是红字了。那么,我是什么颜色呢?首先,我们3个人不可能全都是红字的,如果是那样的话,那么我们就没办法知道自己的字的颜色,那两个人也不会被放出去了。也就是说,我们3个人之中至少应该有1个人是黑字,这个人不是红字甲,也不是红字乙,那就只能是我了。天啊,我太聪明了,我终于也可以出去了。

所以,正确答案是:先走的两个人额头上的"囚"字都是红色,最后走的那个人额头上的"囚"字是黑色。

火腿肠

应该从这只狐狸后面第四个动物开始数起。先从任意一个动物开始点名,直到剩下最后一个动物,记下这个动物的位置。然后数一下最后剩下的动物与这只狐狸的距离,把第一个点名的动物向相同方向移动这个距离开始数即可。这样最后剩下的就是这只可恶的狐狸了。

把自己吊起来

酒吧主管利用梯子把绳子的一头系在顶梁上,然后把梯子移到了门外。回来时带进一块很大的冰块,这冰块是事先放在冷藏库里的。他立在冰块上,用绳子把自己系好,然后等待。第二天小孙发现时,冰块已完全融化了,主管就被吊在半空中。

预言

由于下雨等意外原因而停战。所以两位占卜师的预言都正确。

分酒

老大分2瓶未开封的酒,只剩一半威士忌的酒3瓶,空瓶2个;

老二分2瓶未开封的酒,只剩一半威士忌的酒3瓶,空瓶2个;

老三分3瓶未开封的酒,只剩一半威士忌的酒1瓶,空瓶3个。

谁是凶手

要想准确而快速地找到这个游戏题的答案并不难,是有技巧的。可以将这4个病人的供词反过来处理,就可以得到真实的情报。

杜军民的真实情报:我离开医生办公室的时候,他已经死了。

谢涛的真实情报:

①我不是第二个去医生办公室的。

②我到达他办公室的时候,他还没有死。

安生的真实情报:

①我不是第三个去医生办公室的。

②我离开他办公室的时候,他已经死了。

戴军的真实情报:

①凶手是在我之后去的医生办公室。

②我到达医生办公室的时候,他还没有死。

通过以上情报可以分析出这几个病人拜访医生的顺序。

第一个去的是谢涛,第二个去的是戴军,第三个去的是杜军民,第四个去的是安生。

还可以分析出第三个去的杜军民是凶手。

第三个去的杜军民是杀害心理医生的凶手。

机智的探险家

他说:"我将要被喂狮子。"

露了马脚的摄影师

彩虹是水汽反射太阳光形成的,所以只能出现在太阳光的相反方向。也就是说根据案发时间,早上太阳刚出来时是在东边,因此彩虹只能出现在太阳的对面西边,而凯勒却说早上看见彩虹在东边,这怎么可能呢?

"香蕉梨"的密码游戏

碰面。

分辨光头强

中间是正直的光头强;左边是邪恶的光头强;右边是脾性不定的光头强。

"以盾防矛"巧脱身

酒吧老板根据三个盗贼提出的条件,从中得到启发而说了这句话:"这个盒子还在我这里,你们当初就说要三个人同时在场时,方可交回盒子。现在就你们两个人,你们去把那第三个人找回来吧。"这时,老板就用盗贼自己编织的盾来防御他们的矛,让两个盗贼无话可说,无奈地走开了。

威廉的创新

他的鞋子是一只右脚的,一只左脚的。而在此之前,所有的鞋子都是不分左右脚的。

程序错误

张师傅应该把程序"25 米内是否有车辆"改为"25 米内是否有正在行驶的车辆"。

跳车自杀

这个年轻人患的是眼疾,长期以来一直看不见东西,因此以前也从来没有见过隧道。当他治好眼睛后,以为世界上全是明亮的东西,当火车进入隧道时,他眼前一黑,以为自己的眼疾又复发了,经受不住打击,就绝望地跳车自杀了。

雨夜血案

既然前一晚暴雨到黎明才停,那么死者头上怎么会有一条干的血迹呢?死者应该是在雨停之后或是下雨之前死的,而警察经过检查推算死者死亡时间是在午夜和凌晨 1 点之间,那就说明死者是在下雨之前死的。而死者头上有血迹,说明是雨停之后被人移尸到这里的,所以不可能是自杀。如果死者是在暴雨期间自杀,那么伤口的血迹不会在脸上形成一条血线,并且已经干硬,刮风会使其满脸都有血迹,并且溅在他的衣服上。

综上所述,就不难推断出这个年轻男子不是自杀了。

预订的房间

5 根手指 + $x(10)$ = 15 号。

不知道他是谁

当警察问麦罗思是否认识伊莱奥夫医生的时候,麦罗思说自己不认识伊莱奥夫医生,那他怎么知道伊莱奥夫是一个老头呢?罗格警长正是从这一点断定麦罗思在说谎。

侏儒比身高

另一个侏儒把瞎子侏儒家里的所有家具腿都偷偷锯短了一截。瞎子侏儒一摸家具都突然矮了许多,以为自己突然长高了,觉得失去了竞争优势,从此生计无处着落,而且从今往后,他再也不会受到万千瞩目,非常绝望,于是就选择了自杀。

拒不承认

把父女两人囚于一室,并把女儿吊起来,让人在暗中秘密监视,当女儿受不了苦刑时,必然抱怨父亲当年做的坏事。父亲也会放松警惕实话实说。这样也就很容易得到供词了。

是谁下了毒

经推断四人是甲、乙、丙、丁依次顺时针围圈而坐的,所以是丙把丁毒死了。

丙与丁有着很深的仇恨,并借此机会毒死了丁。

标价格的字母

这个商人用的字母码用的单词是:PROFITABLE,1234567890。

贪财害命

这个推理不难。因为要是乔爽当天早上没有见过孙文,他怎么知道孙文是不是在家?他喊门的时候直接说:"高晓东,高晓东,赶快开门!"显然,乔爽是见过孙文的,知道当时孙文不在家。

正确选项

这道游戏题可以用假设的方法来做。假设同学甲"第三题是A"的说法正确,那么第二题的答案就不可能是C。同时,第二题的答案也不是A,第五题的答案是C。

再根据同学丙的答案知道第一题答案是D,然后根据同学乙的答案知道第二题的答案是E,最后根据同学丁的答案知道第四题的答案是B。

所以,根据以上四个选项判断第三个选项正确。

意外身亡的神枪手

李恩斯是被雷劈死的,因为他们在较量的时候,正好赶上电闪雷鸣,大家都知道金属的真枪导电,而塑料玩具枪是不导电的。

比身体状况

由已知条件(2)、(3)和本题附加条件可知,孙敬、高小米、小菲和方景明四人中,孙敬的体重最重,其次是高小米和小菲,方景明的体重最轻,而选项C中所示体重恰恰相反,即方景明的体重重于孙敬的体重,所以错。

根据条件(4)、(5)可以得出这样的高矮顺序:小菲、大军、冬霜、高小米。由此可见,如果大军比冬霜高,那么小菲肯定比高小米高。

由条件(1)、(5)可以得出如下的从高到矮的顺序:小文、李小宁、云、冬霜、高小米,这样我们就可以很明显地看出小文高于高小米,因此C对。而A、B、D由于条件不充分,推出结果当然也是不可靠的。

(1)C;(2)B;(3)C;(4)E。

死因

根据案发现场的调查和对嫌疑人的调查,都没有确定凶手是谁。

其实,那位警察先后两次对死者进行检查时,发现死者身上有很大的变化。又突然想到多年前上的法医课的内容,这位警察就知道这个死者是被雷击所致。刚开始时看到死者皮下出血纹。雷击的电流会造成皮下血管扩张充血,在皮肤表面形成树枝状、条索状的血管纹,典型的呈燕尾状;多位于颈、胸部,或腋窝、腹股沟等处,多从上向下走向。

短期内雷击纹可在 3~5 小时内消退。如果血管发生破裂,则不会消退。额部挫裂伤是由于电击造成的机械性损伤。雷击的高压电压缩周围的空气,形成强大的冲击波,对肢体造成严重的机械性损伤,挫裂伤是最常见的,此外,还可造成骨折。挫裂伤口内的焦黄表明是烧伤。雷电的电流最高可以达到10000 万伏,100 库仑,中心温度可达 30000 摄氏度,所以可以在很小的体表面积内形成深度的电烧伤。该处也是雷击的入口,出口在别的部位,由于没有进行尸检,所以警方暂时没有发现。

后来又发现尸体体表汗毛的烧灼、卷曲现象也是电击造成的。钢笔的外壳是塑料的,而钢笔尖、笔帽(金属的部分)消失了,这是一种物理现象。30000 摄氏度的高温足以使金属升华。窗户上的空洞乍看好像是弹孔,但从弹道学的角度来看(别墅周围是一片旷野),没有可能性。况且洞的大小也不合适。因此,这也是雷击造成的(而且小孔的高度与死者额头伤口的高度刚好吻合)。

再来分析一下他杀情况:3 名嫌疑人都没有明显的杀人动机,他们也没有合适的凶器和杀人时间。

综上所述,死者是被雷击而导致死亡的。

为何没有爆炸

这是因为当时成田机场下着大雪,当飞机降落时,在雪中高速滑行,巨大的摩擦力就像锉刀一样把镶在机翼上的炸弹和导电涂料都锉光了。因此,炸弹自然不会爆炸。另外,东南亚是热带国家,间谍对日本的气候不是很熟悉,所以间谍没有预料到日本会下雪。

猜数字

数学老师经过第一轮的问话,说明任何两个数都是不同的。第二轮的问话,前两个学生没有猜出,说明任何一个数都不是其他数的两倍。

现在有了以下几个条件:

1. 每个数都大于0。
2. 这三个数字两两不等。
3. 任意一个数都不是其他数的两倍。

每个数字可能是另两个数之和或之差。

第三个学生能猜出 144,必然是因为他根据前面三个条件排除了其中的一种可能。假设:这个数字是另外两个数之差,即 $x - y = 144$。这时条件1($x,y>0$)和条件2($x \neq y$)都能满足,所以要否定 $x+y$ 必然要使条件3不满足,即 $x+y=2y$,解得 $x=y$,这就与条件矛盾了,不成立,所以不是两数之差。因此应该是两数之和,即 $x+y=144$。同理,这时条件1和条件2都满足,必然要使条件3不满足,即 $x-y=2y$。两方程联立,可得 $x=108,y=36$。

那么,来看看第三个学生是怎么做出来的:第三个学生看到的是第一个学生头上的36和第二个学生头上的108,根据条件,两个数的和是第三个,那么自己头上的数字要么是72,要么是144。

假设第三个学生是72的话,那么第二个学生在第二回合的时候就可以看出来,下面是如果第三个学生是72,第二个学生的思路:这种情况下,第二个学生看到的就是第一个学生头上的36和第三个学生头上的72,那么他就可以猜自己,是36或者是108。

如果假设第二个学生头上是36,那么,第三个学生在第一回合的时候就可以看出来,下面是如果第二个学生头上是36,第三个学生的思路:这种情况下,第三个学生看到的就是第一个学生头上的36和第二个学生头上的36,那么他就可以猜自己,是72或者是0。

如果假设第三个学生头上是0,那么,第一个学生在第一回合的时候就可以看出来,下面是如果第三个学生是0,这种情况下,第一个学生看到的就是第二个学生头上的36和第三个学生头上的0,

那么他就可以猜自己是36,那他可以一口报出自己头上的36。现在第一个学生在第一回合没报出自己的36,第三个学生就可以知道自己头上不是0,如果其他和第二个学生的想法一样,那么第三个学生在第一回合就可以报出自己的72。

现在第三个学生在第一回合没报出自己的36,第二个学生就可以知道自己头上不是36,如果其他和第三个学生的想法一样,那么第二个学生在第二回合就可以报出自己的108,现在第二个学生在第二回合没报出自己的108,第三个学生就可以知道自己头上不是72,那么第三个学生头上的唯一可能就是144了。

所以,正确答案是:第一个学生头上的数字是108;第二个学生头上的数字是36。

盲人的枪法

原因就是好友是一个盲人,他的听觉很敏锐,他往常进房早已听惯了座钟的嘀嗒声,现在突然听不到了,说明小偷恰巧挡住了座钟,所以,他向座钟方向开了枪。

自找麻烦

因为经过法医鉴定死者的死亡时间是17日,但在他的包里却找到了18日的报纸。一个死了的人怎么还能在自己的包里放死后才发行的报纸呢?显然有人做了手脚。

郁金香透漏出的秘密

郁金香在光线充足的条件下就会开放,开放后就会散发出很浓的香味。然而这位警官进来时看到郁金香都是闭着的,闻着也没有香气,难道东海一直关着灯看书不成?因此判断东海说谎了。

患病的苹果树

对于这道游戏题,可以通过假设方法来做。

(1)假如有1棵苹果树有腐烂病,那主人肯定不能查看自己家的苹果树,出去也没有发现别人家有腐烂病的苹果树,但村长却说村里有的人家的苹果树有腐烂病。他就会知道自己家的苹果树有腐烂病,那么第一天就应该有砍树的声音,但是事实上大家并没有听到砍树声音,因此推出有腐烂病的苹果树不是一棵。

(2)假如有2棵苹果树有腐烂病,设为甲家和乙家。第一天甲和乙各发现对方家的苹果树有腐烂病,但是第一天没有听到砍树声音,第二天就会意识到自己家的苹果树有腐烂病。接着第二天就应该有砍树声音,但事实上也没有,所以2棵苹果树有腐烂病也不对。

(3)假设有3棵苹果树有腐烂病,设为甲、乙、丙家。第一天甲、乙、丙各发现2棵苹果树有腐烂病,他们就会想第二天晚上就会有砍树声音。但是第二天晚上没有砍树的声音,第三天晚上他们就会意识到自己家的苹果树有腐烂病,所以开始砍树。因此通过假设,我们可以看出这个村里有3棵苹果树有腐烂病。

村长选举

因为按照乙的相反意见去办,其正确率就提高到了70%。因为乙的判断只有30%正确,自然70%就是不正确的了。在两者选一的条件下,违背他说的意见去办,就可以有70%的正确性。而甲判断只有60%是正确的,相比之下,正确率当然要小得多了。对某种事情的判断,如果从反面去推究,往往会得出意想不到的结果。

自编自导的骗局

宝钢在叙述经过的时候说有3个劫匪,都头戴黑色丝袜,那他们怎么能抽烟呢?他又说3个匪徒骑摩托车的速度极快,还在他车前来了个急刹车,但罗格警长检查了宝钢的车前,根本就没有发现车辙,所以敢肯定宝钢在说谎。

名山大川

根据题干中所给出的条件,假设甲的前半句正确,后半句错误,则 2 应该是泰山,3 不是华山。因为结果是每人都说对了半句,错了半句,因此可以推出戊说的前半句错误,后半句正确,即 2 不是华山,5 是泰山。这就与甲说的"2 是泰山"产生矛盾,所以假设不成立。

因此,我们可以知道,甲说的前半句错误,后半句是正确的,即 3 是华山;由戊说的可知,2 不是华山,5 是泰山;由丙说的可知,5 不是泰山,1 是太行山;由乙所说的可知,4 不是太行山,2 是峨眉山;由丁所说的可知,3 不是峨眉山,4 是昆仑山。

所以正确的说法是:1 是太行山,2 是峨眉山,3 是华山,4 是太行山,5 是泰山。

聪明反被聪明误的凶手

孙小东不上台阶,不去敲门,而是绕过台阶去敲玻璃,罗宏警察据此推断出孙小东刚才来过这里,因此知道台阶和门窗刚刷上油漆。要是孙小东没有来过,他是不会下意识这样做的。

一张扑克牌

从已知条件中:红桃 A、Q、4;黑桃 J、8、4、2、7、3;草花 K、Q、5、4、6;方块 A、5。李先生的回答:我不知道这张牌。首先排除了黑桃 2、7、3、8、J 和草花 K、6。

剩下的牌如下排列:

红桃 A、Q、4

黑桃 4

草花 Q、4、5

方块 A、5

根据曲先生的回答:我知道你不知道这张牌。假设曲先生的花色是黑桃或者草花,那么他也猜不出李先生到底知不知道是什么牌,所以曲先生的花色一定是红桃或者方块。

根据李先生的回答:现在我知道这张牌了。说明既然李先生推测出牌是什么,那说明他知道点数是 5。

根据曲先生的回答:我也知道了。就更确定了。

所以,这张牌应该是方块 5。

一座新坟

原来苏无名到达都城的那天,正巧碰上这伙胡人"出殡"。这些胡人看上去一点也不悲伤,有的还偷偷地笑,且送葬队伍中没有妇女儿童,苏无名便觉得这伙胡人的出殡极不合常理,总觉得有问题,便猜想他们不是什么好人,有可能是盗贼,但又不知他们埋赃物的地方。估计到寒食节扫墓的时候,他们必然还要出城。所以,只要派人跟着他们,找到坟地,就可以来个人赃俱获了。

受挫

你用什么装它。

自作聪明的妻子

根据内容提示就会发现杀手在谋杀完富翁后,犯了很多违背常理的做法。如下:

第一个失误是杀手把手枪放错了位置。杀手是用手枪朝富翁的左侧太阳穴开枪的,却将手枪放在了富翁的右手中,通常一个人怎么能用右手拿枪打自己的左侧太阳穴呢?

第二个失误是杀手在手枪上装了消音器。如果富翁真的要自杀,还有必要在手枪上装上消音器吗?

第三个失误在富翁办公室的打字机按键上。如果富翁是自杀,那么他打遗嘱时打字机按键上应该有富翁本人的指纹,可惜杀手戴着橡胶手套用打字机打遗嘱,不仅没有留下指纹,反而将以往按键上留存的指纹也擦去了,因此警方推断富翁是被他人谋杀的,不可能是自杀。

不曾看见

青年航海家说:"我的要求是,如果有谁看见我刚才做了什么,就请挖掉他及其家人的眼睛!"国王答应了他的要求,并带头起誓说自己不曾看到。

露营高手之死

这位警察的判断主要是因为帐篷的位置不对,谁都知道这个地方以龙卷风和雷雨出名,经常发生人和动物遭遇雷击事件,就是小学生也会知道在树下露营是很危险的。更何况死者是野外露营社的社长,怎么会不知道这个基本常识呢?

所以,只有一种可能,他是先被人毒死,又移尸到这里来的。

偷答案

根据(6)和(4)的提示,王智勇上了两节不是李老师讲授的课。

根据(6)和(3)的提示,李小光上了一节不是李老师讲授的课。

根据(6)和(2)的提示,张文斌只上了李老师讲授的课。

根据(6)和(7)的提示——暂时只把(7)应用于李老师讲授的课——各人所上课的情况有四种可能。

接下来,把(7)应用于全部五节课,(1)、(2)、(4)这三种可能被排除。根据(3)和(8),两名与偷答案无关的学生一定是张文斌和王智勇(李老师讲授的三节课中只有一节是这三名学生中的两名去上了)。因此,是李小光偷了测验答案。

自杀的真相

很多人都会认为服用安眠药自杀的人都是很安静地睡死在床上。其实不然,在服用了大量的安眠药后人会有十分剧烈的挣扎,因为药力发作时的疼痛感很强,没有人能受得了,会出现抽筋的情况,非常痛苦。所以死者安静地躺在床上,而且床上依然那么规整是不符合常理的,可以断定死者是在死后被放在床上的。

这个故事不完美

根据那个获救的人的叙述,如果真的是在海上漂了几天几夜,要知道在没有淡水的情况下,怎么会出那么多的汗呢,正常情况下,他因为渴得厉害,一上船就应该先喊要喝水,而不是一上来就开始吃东西,这一切都说明他在说谎。

不符合常理的坐姿

警长经过尸检后得知哈伯特太太是在疾驰的车中被射杀的。按照司机杰克所说,自己在爆胎刹车后还和太太说过话,可是那时候哈伯特太太已经死了,而且尸体在刹车之后怎么还会好端端地坐在车上呢?可见杰克有重大嫌疑。

安全着陆的飞机

这位聪明机智的机长改变了航向,在墨西哥城的机场降落。墨西哥城位于海拔2200米~2300米的高原上。

不打自招

孙怀楠在罗菲菲警官面前说自己不知道孙淑芬被杀的事情,那么他也应该不知道案发地点,但后来他却帮罗菲菲警官到案发地取回了笔,说明他是知道杀人现场的,所以说他就是凶手。

街头血案

孙兵警官要第一个人跟自己走一趟,因为从远处看,开门和锁门的动作都是一样的,如果他只看到老人倒下,那他就不该知道老人是想锁门还是想开门了,所以他的话很可疑。

真正的逃犯

通过对整个过程的思考,就不难找到答案了。其实后面进来的市民才是真正的逃犯。市民和警察一起进诊所,而这个时候陌生人已经换上了干净的衣服,并且吊着手臂,市民是不应该知道陌生人是背部中弹的,但他居然能一口咬定陌生人是背后中弹,显然是心里有鬼。

溺水而亡

因为甲在浴缸中死亡,而且临死前还做过挣扎,因此一定在挣扎的时候喝了一些肥皂水,警察在甲的胃中也发现有肥皂水成分,如果他是在游泳池溺水,胃里怎么会有肥皂水呢?警方因此判断甲不是在游泳池溺水而亡的。

自首

廉响说在自己的帐篷外朝着狼射击,不小心误杀了老朋友维斌,但是他的帐篷是搭在大树的树杈上,应该是居高临下射击。而这位警长得到的尸检报告却是子弹从腰部射入,然后击中心脏致其死亡。廉响在树上射击根本就不可能让子弹按照这样的角度射入维斌体内,他说的话明显不符合事实。

不易发现的错误

根据内容提示,既然是转动钥匙,那么一定会用大拇指和食指关节来转动钥匙,只可能留下大拇指指纹,不可能留下两个指纹。

审案技巧

①警长:"你注意了时间,却没有注意那个人的胸口上插了一把刀子?"

洛波斯特:"哦?也许当时是看到了他,但我没有正眼仔细瞧过。我的注意力当时只在自己的事情上。"这是试探性的问话,注意时间和注意别人没关系,但洛波斯特却露出了注意那个人的口风。

②警长:"你没听见他要几片面包?"

洛波斯特:"这些我都记不得了。报纸上的《周末文艺》栏目上刊登了一篇非常精彩的推理小说,等我读完的时候,发现飞机马上就要起飞了。"

即使没有相隔5米也不会注意别人要几片面包这样的小事。最关键的是,周一的报纸不会出现《周末文艺》栏目。

综上所述，就可以断定洛波斯特是杀人凶手。

不够细心的汤姆生

汤姆生交罚款的那张 100 元的钞票，是被抢劫的 37.5 万元新钞票中的一张。

设计师的姓

甲公司的设计师说完后，另一个姓孙的设计师又说，说明甲公司设计师不姓孙，很自然地就排除了 C、D 选项；

乙公司设计的是"孙悟空魔幻"系列，因此乙公司设计师不姓孙，排除了 A 选项；同样可排除 E；所以答案为 B。

字母"C"

一般情况下，人在被击中心脏后 0.5 秒左右就会死亡了，在如此短的时间内怎么可能写字呢？墙上留下的字母应该是凶手杀死死者后拿起死者的手写的，其意图就是为了转移警察的视线。

漏洞百出

如果昨晚上真有一股强劲的穿堂风扑面而来的话，那么它在把门吹开的时候，同时也会吹灭蜡烛。蜡烛熄了，屋子里应该是很黑的，小姐怎么会看清歹徒戴着墨镜？又怎么会看见歹徒将现金装进了衣袋里呢？没有烛光什么都不会看清，因此说，这位报案的小姐所说的话漏洞很多。

谁活下来的概率大

按照顺序是甲先开的第一枪，他要解决的第一个人就会是丙，这样才能保证自己的安全，因为如果乙被解决，自己理所当然地会成为丙的目标，他也必定会被打死。而乙如果第一枪不打丙而去打甲，自己肯定会死（他命中较高，会成为接下来的神枪手丙的目标）。

因此，他必定去尝试先打死丙。那么，第一回合丙的死亡率就是 30% + 50% = 80%。而第一回合乙的死亡率是 20% 多一点点（丙的命中率减去自己的死亡率）。假设丙第一回合死了，就轮到甲打乙了，那么甲的命中就变成了 50% 多一点点（自己的命中率加上乙的死亡率）。这样就变成了甲和乙对决，第二回合甲的第一枪命中是 50%，乙也是。可是如果拖下去的话占上风的自然就是乙了。

一场车祸掩饰的谋杀案

乍一看现场，就像那个警察分析的那样，是因为飙车而撞到这个水泥墩摔死的。事实上不是这样的，如果是因为骑摩托车撞上水泥墩，由于惯性身体应该往前面落去，尸体应该在摩托车的前方，而现场尸体却在摩托车的后方，这怎么符合常理呢？所以断定是一场谋杀案。

真是自投罗网

孙启立说他不知道刘晓楠的家在哪儿，可是他对刘晓楠家的布局却了如指掌，他能够知道电话在卧室里这一点可以说明他是在说谎。

不攻自破的谎言

因为所有的狗都是色盲，所以，那只普通的牧羊犬不可能知道信号旗或秋衣是红色的。

寻找重要线索

①A. 经过询问死者妻子得知死者不是左撇子，一般不会用左手割右手手腕，更加不会从里向

外割。

  B.死者的心理医生证实,死者不会为公司经营状况不佳而自杀。
  C.案发现场明显被清理过,遗书极有可能是有人伪造的。
  D.死者在死之前叫了外卖,说明他并无意自杀。
  E.床上用品凌乱说明在床上曾发生过争斗。
  通过对以上几点的分析,说明案子似乎是被人伪装成自杀的杀人案件。
  如果断定为杀人案件,还有如下几个疑点:
  A.死者在死亡之前并未服用任何镇定药物,那么他在遇到危险的时候没有道理不作任何反抗,如果反抗了,不可能在身上没有留下搏斗的淤青痕迹。
  B.房间内干净整洁,但是死者右手上有灰尘痕迹,这说明一定还有些地方被忽略了。
  ②带队的警察敲击键盘之后,屏幕上光标闪烁处并没有键入的字符。
  ③录入这封遗书并清除指纹的人,一定是伪造现场并杀害死者的凶手。
  凶手一定是先通过键盘写好遗嘱,并清除指纹。然而,清理键盘是一件比较麻烦的事,因为很容易就会碰到什么键,在屏幕上显示出来。对于凶手来说,在不到半小时的时间里,控制并杀死一个人然后清除留下来的所有痕迹会显得很匆忙。所以,凶手很可能会采取一个简单有效的解决措施——拔掉键盘的电缆线,然后再清理键盘。因此,无论警察在键盘上输入什么字符,显示器上都不能显示出来。
  ④从凶手不得不认真清理作案现场遗留下来的指纹这一点来看,足以说明凶手没有戴手套。于是凶手在拔掉电缆时,必将会在主机箱后的面板上留下指纹。而写字台、电脑桌和小型书架构成的组合柜,别的不说,单说摆满书架的几百本书,如果不事先把它们从书架上搬下来,想要移动组合柜基本不可能。如果组合柜没有被移动过,那么不拔显示器电缆是不可能把主机箱搬出来进行清理的,因为显示器电缆往往不长。而且,主机箱后的面板容易被人忽视,灰尘就有机会忠实地记录下那个拔键盘电缆的人的指纹,而这个人一定就是杀害死者的凶手。
  因此,凶手正是死者自己。

奇怪的爆炸

  这个凶手早就盯上了这个音乐家,凶手趁音乐家出门时,便偷偷潜入他家中,在火药中掺入了氨溶液和碘的混合物。氨溶液和碘混合放在火药里,在湿的状态下是安全无害的,但干燥后就很敏感,即使是高音量的震动也会引发爆炸,凶手就是希望音乐家吹奏高音曲调时引发爆炸。

想要分遗产的人

  凶手是马夫,因为琼斯先生患上半身不遂后就不能再骑马了,马夫如果丢掉了工作就得不到遗产,所以他要趁琼斯先生还没有辞退他之前就杀了他,这样就可以分得那份属于他的遗产了。

转危为安的解缙

  黄河远上,白云一片,孤城万仞山。羌笛何须怨,杨柳春风,不度玉门关。

戴眼镜的窃贼

  就在窃贼与值班保安厮打的过程中,窃贼的眼镜被打落在地上摔碎了。因为近视,他一时找不到自己的眼镜,又怕会给警方留下证据,所以就把杯架上的高脚杯打碎,让眼镜片的碎片和高脚杯的碎片混在一起,以免警方将怀疑的目光投向戴眼镜的人。

辨析对错

  在选项B中,免费定向培训生一定贫寒,一定参加勤工助学,没参加勤工助学的一定不是免费定向培训生。

在选项 C 中，有免费定向培训生入学，一定有贫寒生入学，因为免费定向培训生是贫寒的。

在选项 D 中，有些参加勤工助学的指的就是那些秋季入学的免费定向培训生。

通过排除得到选项 A 错误，原因在于那年勤工助学的可能就是那几个免费定向培训生，没其他人。

整容后的罪犯

张志祥为了保命，不得不答应通缉犯的要求，聪明的他将男子的面容整成了他刚在报纸上看到的另一个通缉犯的样子，因此男子一出门就被警方盯上了。

联赛冠军

1. 根据给出的条件（1）得知李威、刘起和赵起名各比赛了两场。

2. 从给出的条件（4）得知，他们每人在每一次联赛中至少胜了一场比赛。

3. 根据给出的条件（3）和条件（4）得知，李威在第一次联赛中胜了两场比赛；于是刘起和赵起名在第一次联赛中各胜了一场比赛。他们在一次联赛中各场比赛的胜负情况如下：李威胜王仲良；李威胜赵起名（第四场）；刘起胜孟航；刘起负赵起名（第三场）。

4. 根据给出的条件（2）以及李威在第二次联赛中至少胜一场的事实可知，李威必定又打败了赵起名或者又打败了王仲良。如果李威又打败了赵起名，则赵起名必定又打败了刘起，就与条件（2）相矛盾。所以李威不是又打败了赵起名，而是又打败了王仲良。这样，在第二次联赛中各场比赛的胜负情况如下：

李威胜王仲良（第一场）；

李威负赵起名（第二场）；

刘起负孟航（第四场）；

刘起胜赵起名（第二、三场）；

在第二次联赛中，只有孟航一场也没有输。因此，根据条件（4），孟航是另一场比赛的冠军。

孟航。

被砸晕的服务生

原因很简单，如果这个服务生一进门就被人打倒，那么那杯牛奶就不会安然无恙地放在床头桌子上了。显然是服务生将周小姐的旅行包交给同伙提走，然后打伤自己，造成旅行包被抢的假象。

电影主角

这道游戏题目应该根据陈述中的假设与结论，判定哪三个陈述组合在一起不会有矛盾。

根据陈述中的假设，条件（1）和条件（2）中只有一个能适用于实际情况。同样，条件（3）和条件（4）、条件（5）和条件（6），也是两个陈述中只有一个能适用于实际情况。

根据陈述中的结论，条件（1）和条件（5）不可能都适用于实际情况。同样，条件（2）和条件（3），条件（4）和条件（6），也是两个陈述不可能都适用于实际情况。

因此，要么条件（1）、条件（3）和条件（6）组合在一起适用于实际情况，要么条件（2）、条件（4）和条件（5）组合在一起适用于实际情况。

如果条件（1）、条件（3）和条件（6）适用于实际情况，则根据这些陈述的结论，导演是艾丽家的，一位艾丽家的女歌手。于是，根据陈述中的假设，任电影主角的是张志祥，一位艾丽家的男歌手。

如果条件（2）、条件（4）和条件（5）适用于实际情况，则根据陈述中的结论：导演是罗拉家的，一位罗拉家的男演奏家。

于是,根据陈述中的假设,任电影主角的是张志祥,一位艾丽家的男歌手。因此,无论是哪一种情况:任电影主角的都是张志祥。

脱身

萨利急忙用闪光灯向那位某国特工的眼睛闪了一下,以使对方暂时失明,趁此瞬间迅速逃离会场。

特训后的贝贝

贝贝是被送到德国特训的,是用德语训练的,它不可能听懂大明星的话。

第三辑 数字算数类谜题游戏

兑换零钱

这位孙小姐可以给老太太拿出 5 张 1 元的纸币、50 张 2 元和 19 张 5 元的纸币。

小恒的机械手表

小恒的手表不准。首先要明白手表准不准不能与闹钟比,应与标准时间相比较。

闹钟走 1 小时比标准时间慢 30 秒,也就是标准时间 1 小时,闹钟走 59 分 30 秒(3570 秒)。手表比闹钟快 30 秒,手表走 1 时 30 秒(3630 秒)闹钟走 1 小时。把手表与闹钟都与标准时间相比较。

假设手表走 x 秒相当于闹钟的 3570 秒,标准时间为 3600 秒,可以算出标准时间 1 小时手表走的秒数:

$3630:3600 = x:3570$

$x = 3630 \times 3570/3600$

$x = 3599.75$

所以,标准时间 1 小时,手表只走了 3599.75 秒,比标准时间慢了 0.25 秒。所以得出结论,手表不准。

从 8 点到 12 点共 4 个小时,手表慢了 $0.25 \times 4 = 1$(秒)。所以 12 点整的时候,手表指的时间是 11 点 59 分 59 秒。

一共赚了多少银子

可以假设商人做的是两宗不同的买卖。

这个问题可以换个形式,看看这个账该怎么算更容易理解:先用 60 两银子买进一头瘦骆驼,又用 70 两银子卖掉这头瘦骆驼,再用 80 两银子买进一头胖一点的骆驼,又用 90 两银子卖掉这头胖一点的骆驼。这样问题就清楚了,商人在这笔交易中一共赚了 20 两银子。

20 两银子。

7 只小熊一起赶集

这 7 只小熊下一次全部在集市里碰面的话,就要找到一个能被 1~7 整除的整数。求出了需要多少天,还要考虑下一年是闰年还是平年,以及月份的大小。

经过计算 1~7 的最小公倍数是 420,也就是说,它们要等 419 天后才能在一起赶集。而上一次在一起赶集的时间是 2 月 29 日,所以下一年一定是平年,平年 2 月只有 28 天,由此可以推出,他们下一次一起赶集的时间是第二年的4月24日。

炫耀的大酒店

根据题意,设一种灯为 x,另一种灯为 y,则有 $x+y=360$;$2x+4y=1200$;解得:$x=120,y=240$。所以,大灯笼有120个,小灯笼有240个。

三角债

这道游戏题看着很绕口,其实,只要让乙、丙、丁各拿出10元钱给甲就可以了,这样只动用了30元钱,否则,每个人都按照顺序还清的话还需要动用100元钱。

蚂蚁搬兵运食物

根据题意知,他们一共搬了四次兵。
第一次搬兵:$1+10=11$(只)
第二次搬兵:$11+11×10=11×11=121$(只)
第三次搬兵:$121+121×10=1331$(只)
第四次搬兵:$1331+1331×10=14641$(只)
所以,一共有14641只蚂蚁搬运食物。

买书

根据题意得知,两个人的钱凑在一起可以买1套,那证明这套书的价格是整数。有3个人的钱凑在一起可以买2套,除去这3个人,还有2个人的钱凑在一起能买1套,证明这5个人的钱一共能买3套。6个人的总钱数是132元。也就是说132减去一个人的钱数应该能被3整除。那么132只能减18或者21。$(132-18)÷3=38$,而14、17、21、25、27中的17和21组合能组成38,满足题目的要求。同理,另外一种情况不满足题意,所以这套书的价格是38元。

女友的生日

女朋友的生日是1月8日。

水果批发商老板分苹果

首先假设第一堆苹果与第二堆苹果的5/9都分给了水果零售店A,那么水果零售店A所得的苹果就是总苹果数的5/9,这样水果零售店A就分到$72×5/9=40$个苹果,但实际水果零售店A分到了$72-27=45$个苹果,由此推断分给水果零售店A的苹果中,第一堆苹果少分的是第一堆苹果的2/3-5/9,正好与$45-40=5$个相对应。因此,第一堆苹果有45个,第二堆苹果有$72-45=27$个。
所以,这两堆分别有45个苹果和27个苹果。

那1元钱哪里去了

其实3人刚开始拿出了30元,服务员还回3元,所以是拿出了27元,老板得到25元,服务员得到2元。服务员的2元包含在那27元里,不能与之相加。
那1元钱根本就不存在。

沈括算酒的故事

其实计算的方法很简单,只要计算当中$7×11=77$个即可,把这个数乘以7,再加上一个常数28就是正确答案了。

所以,正确答案是567个坛子。

莱格福德的颜色板

有两个答案:一个是41312432;另一个是23421314。

男女赛跑

由已知条件得知,男生和女生的速度之比为10:9。当男生跑110米,女生跑90米时,两人所用的时间比为(110/10):(100/9),也就是11:11.1…1。经过计算就可以看出来两个人不会同时到达终点线,男生用的时间少一些,仍旧比女生先到。

所以,不会同时到达终点线,男生先到。

不一般的电话号码

科学家的新号码是8712,正好是旧号码2178的4倍。

小乐分鸡蛋

要保证把100个鸡蛋分装在6个篮子里,不多不少,100的个位是0,所以6个数的个位不能都是6,只能有5个6,即$6 \times 5 = 30$;又因为6个数的十位上的数的和不能大于10,所以十位上最多有一个6;而个位照上面的分法已占去30个鸡蛋了,所以目前十位上的数字和不能大于7,也只能有一个6,就是有一个纸盒里装了60个鸡蛋。这样十位上还差1,把它补进去出现一个16,即:60、16、6、6、6、6。

所以,正确答案是60、16、6、6、6、6。

古刹的扶梯

楼梯的总级数是$28 \div 2 \times 8 = 112$级,每层相差2级。

玩牌赢钱

小李有260元,小张有80元,小王有140元。

三姐妹分卢布

甲264个,乙198个,丙308个。

多少员工

其实这道题看上去很简单,如果找不到规律的话,就有些难度了,首先要对题目中所给的条件进行分析,假如把全体员工的人数扩大2倍,则它除以5余1,除以7余1,除以11余1,那么,余数就相同了。

现在假设这个企业员工的人数在3400到3600之间,满足除以5余1,除以7余1,除以11余1的数是$5 \times 7 \times 11 + 1 = 386, 386 + 385 \times 8 = 3466$,符合要求,所以这个企业共有多少员工也就知道了。

所以,这个企业共有1733个员工。

黄金鸡

按照不同的理解,王教授和妻子两人说得都对。

妻子的理解是两斤鸡16万,是按照鸡的重量来算的。而王教授是按照鸡的体积来算的,鸡的比重约为2斤/立方分米,黄金的比重约为38斤/立方分米,若这鸡是黄金做的,那么它将有三十多斤,养鸡人当然可以成为百万富翁了。

配套的圣诞礼物

当围巾、手套、袜子的颜色都相同时,至少取6次才能配成一套。袜子只有取2次才能配成一双,手套因为分左、右手,需要取3次才能配成一副,围巾是独立的,所以只需取1次就可以了。

即:1+2+3=6次。

如果围巾、手套和袜子分别有红、黄、蓝、白4种颜色,每个人一套礼物的颜色是相同的,至少取17次才能配成一套。

因此,只有当围巾、袜子都取完了,然后再取5只手套才能配成一套。

平分白酒

根据已知条件,可以分以下几步来完成:

第一步,先将10斤酒倒进7斤的酒桶,再将7斤桶里的酒倒满3斤桶;

第二步,将3斤的桶里的酒全部倒入10斤桶,此时10斤桶里共有6斤酒,而7斤桶里还剩4斤;

第三步,将7斤桶里的酒倒满3斤桶,再将3斤桶里的酒全部倒入10斤桶里,此时10斤桶里有9斤酒,7斤桶里只剩1斤;

第四步,将7斤桶里剩的酒倒入3斤桶,再将10斤桶里的酒倒满7斤桶;此时3斤桶里有1斤酒,10斤桶里还剩2斤,而7斤桶是满的;

第五步,将7斤桶里的酒倒满3斤桶,即倒入2斤,此时7斤桶里就剩下了5斤,再将3斤桶里的酒全部倒入10斤桶,这样就将酒平均分开了。

所以,正确答案是能平均分成两份,方法如上。

年龄的谎言

根据题意,如果丙说的是假话,那么甲就是41岁,而甲又比丙大,这是不可能的事情。所以丙说的是真话,也就是甲比丙小。如果甲说的是真话,那么甲就是44岁。而甲又比丙小,这就又出现了矛盾,所以甲说的是假话。也就是乙大于甲,丙大于甲,而甲不是41岁,那么只有丁是41岁了,甲是42岁,乙不是43岁,那就是44岁了,剩下的43岁,肯定是丙了。

因此正确答案是甲42岁,乙44岁,丙43岁,丁41岁。

收了假钞换出真钞

我们先从头开始理顺整个过程:

首先,顾客给了孙倩50元假钞,孙倩没有零钱,从隔壁的店里换了50元零钱,此时孙倩并没有赔,当顾客买走了20元的东西时,由于收的50元是假钞,此时孙倩赔了20元,换回零钱后孙倩又给顾客30元,此时她共赔了20+30=50元,当隔壁店的收银员来索要50元时,孙倩手里还有换来的20元零钱,他再从自己的钱里拿出30元即可,此时孙倩赔的钱就是50+30=80元。

想不到的年龄

因为年号里没有称为0年的年,而且生日前一天与后一天之差,在年龄上就差一岁。

所以,这个人去世时的年龄是18岁。

有趣的蝴蝶

这只蝴蝶没有停过,一直在飞,整整飞了3个小时,所以飞了300千米。

各有多少蛋

第一个农妇带40个,第二个农妇带60个。

乘坐雪橇赶路

甲地到商人的住地有400/3千米。

沙发的价格

假设第一款沙发的价格减少400元,那么,第一款沙发就与第二款沙发的价格相同了,这时,将总价格减少400元,就变成3600元了,3600元是4个第二款沙发的总价格。3600÷4=900元,900×2=1800元,900+400=1300元。

第一款沙发的单价是1300元,第二款沙发的单价是900元,第三款沙发的单价是1800元。

被打碎的鸡蛋

根据这个妇女所说的,要想准确算出这个篮子里一共有多少个鸡蛋,其实也不难。2、3、4、5、6的最小公倍数是60,必须找到一个比60的倍数大1的7的倍数。我们看:$60n+1 = 56n+4n+1$。如果$4n+1$能被7除尽,那么$60n+1$也能被7除尽。根据分析,合适的最小n值是5,这样篮里可能有301个鸡蛋。

下一个合适的n值是12,那么应该有721个鸡蛋,但这一情况(和以后各个合适的n值)可以不考虑,因为一个妇女是拎不动这么多鸡蛋的。

所以,正确答案是有301个鸡蛋。

有一个三位数

根据题意很显然,这个数是7、8、9的倍数,也就是$7×8×9=504$。它不会再有别的因数,因为如果再有一个极小的因数,即使是2,它就会变成四位数。

灯是亮的还是灭的

这道题一点都不难,根据已知条件,小恒拉第一次灯时灯已经亮了,再拉第二下灯就灭了,如果照此逻辑拉下去,灯在奇数次时是亮的,偶数次是关的,所以7次后灯是亮的,20次是关的,25次灯是亮的。

7次后灯是亮的,20次后灯是关的,25次后灯是亮的。

多少只猴子

猴子的总数是48只。

活命

第一个人有先动优势。他有可能被后面的2、3、4、5号逼死,但可能性不是很大。

假如第一个人选择21颗绿豆,那么就会将自己暴露在一个非常不利的环境下。2、3、4号就会选择20颗绿豆,5号就会被迫选择19颗绿豆,则1、5号都会被处死。所以,第一个人只能选择一个更小的数。

第一个人选择17颗绿豆,则存活概率最大。

门牌号

小军家的门牌号码是1986。

是赔还是赚

第一步：

乐乐原来花了90元买了一件衣服，结果以120元卖出，此时她赚的钱数是：

120 - 90 = 30元。

第二步：

乐乐又花了100元买了另外的衣服，90元卖出，此时她赚的钱数是：

90 - 100 = -10元，说明这次她赔了10元，这里的150元没有什么意义，是干扰的数字。

第三步：

第一步乐乐赚了30元，但第二步她赔了10元，所以乐乐最终赚的钱数是：30 - 10 = 20元。

总的来说乐乐还是赚了，并且赚了20元。

多少只大雁在飞

假设大雁的数量一共有 x 只，后来陆续增加了 x、$5\%x$、$25\%x$ 和1只，这样总共就有了100只，$x + x + x/2 + x/4 + 1 = 100$，$x = 36$。

所以，正确答案是36只大雁。

小超市的时钟

假设那个小超市的钟不快不慢，那么小张从家里到超市的路程需要15分钟，这与后来他又去超市，花费了5分钟不相符合，而小张家里的钟是准确的，那么，小张实际上花费在路上的时间就是15 - 5 = 10分钟，由此得出，超市的钟慢了5分钟。

10岁的小高斯

因为与头尾等距离的每一对数，加起来的总和都是101，这样的数共有50对。所以可以用 101×50 来计算。

结果为5050。

大小和尚吃馒头

首先假设有大和尚 x 人，则小和尚有 $(100-x)$ 人，大和尚吃馒头 $4x$ 个，小和尚共吃 $(100-x)/4$ 个。则 $4x + (100-x)/4 = 100$。所以，很容易算出结果了。

大和尚吃80个馒头，小和尚吃20个馒头。大和尚20人，小和尚80人。

罗蒙诺索夫的一生

他生于1711年，死于1765年。

搞不定的难题

根据题意，我们先假设这个两位数是AB，三位数是CDE，则 AB×5 = CDE。

第一步：已知CDE能被5整除，可得出个位为0或5；

第二步：如果后一位数 E = 0，由于 E + C = D，所以 C = D；

第三步：又根据题意可得 CDE ÷ 5 的商为两位数，所以这个数的百位小于5；

第四步：因为上一步得出了 C = D，因此，当C为1、2、3、4时，D = 1、2、3、4，CDE = 110、220、330、440，分别除以5得到 AB = 22、44、66、88；

第五步：如果 E = 5，当C = 1、2、3、4时，D = 6、7、8、9，CDE = 165、275、385、495，分别除以5得到

AB = 33、55、77、99；

所以,这道题的答案应该有 8 个这样的数。

因此,正确答案是 22、44、66、88、33、55、77、99。

祖孙三代各多少岁

张爷爷今年 60 岁;儿子 35 岁;孙子 5 岁。

找多少零钱

很多人看到此题都会认为皮套是 10 美元,相机 400 美元,但仔细看题后会发现并非如此简单。

假设皮套 x 元,则相机应该是 400 + x 元,可得 x + 400 + x = 410,计算可得皮套为 5 美元,并不是 10 美元,如果误算的话就会多出 5 美元。

因此,找零 95 美元。

还剩几支蜡烛

当女主人关上窗子以后,就没有被风吹灭的蜡烛了,一直燃着的 7 支蜡烛,最后把自己燃尽了。

所以,在房间里最后只剩下那 3 支被风吹灭的蜡烛。

接送货物

这次汽车司机在路上的时间,比往常他从公司到火车站走个来回的时间少了 20 分钟。时间少的原因是汽车司机这次没有走到火车站,这 20 分钟,就是从他和卡车司机相遇的地方到火车站打一个来回所需的时间。那就是说,从汽车司机与卡车相遇的地方到火车站,汽车司机要花 10 分钟。但我们知道,汽车司机与卡车司机相遇时,卡车司机已经走了半小时,也就是火车已经到站半小时了。因为汽车司机是准时离开公司的,所以在 30 分钟的基础上,加上汽车司机从与卡车司机相遇的地方到火车站所需的那 10 分钟,我们就能得出火车比规定时间早到了 40 分钟。

99 和 100

9 + 8 + 7 + 65 + 4 + 3 + 2 + 1 = 99 或 9 + 8 + 7 + 6 + 5 + 43 + 21 = 99;

1 + 2 + 34 + 56 + 7 = 100 或 1 + 23 + 4 + 5 + 67 = 100。

牛吃青草

根据题意可以列式:[30 × 60 + (30 × 60 − 70 × 24)]/96 = 20。

所以,20 头牛在 96 天内正好把草吃光。

怪怪的数字

在乙的计算器上会显示"666666",其实诀窍就在于 15873 × 7 = 111111。

千叟宴对对联

乾隆皇帝的对联:花甲是 60,重逢就是两个花甲,三七岁月是 21,加在一起正好是 141;

纪晓岚的对联:古稀是 70,双庆是两个,一度春秋是 1 年,加在一起也是 141。

三叟垂钓

鱼篓里一共有 19 条鱼,姜大爷拿 6 条,吴大爷拿 4 条,周大爷拿 3 条,鱼篓里最后还剩下 6 条。

如何取胜

老三如果先射击老大"枪神",打中的话,"枪怪"老二就会在两枪之内把他打死;老三如果先射击"枪怪"老二,射中的话,"枪神"老大会一枪就要了他的命。如果先射"枪怪"老二而未中,"枪神"老大就会先射"枪怪"老二,然后对付老三。假如射中了"枪神"老大,"枪怪"老二赢老三的概率是6/7,而老三赢的概率是1/7。

假如先放空枪,老三下一步要对付的就是其中一个人了。如果"枪怪"老二活着,老三赢的概率是3/7。如果"枪怪"老二没打中"枪神"老大,"枪神"老大就会一枪打中他,此时老三的胜算是1/3。老三先放空枪,他的胜算会提高到约40%,而"枪神"老大、"枪怪"老二胜算是22%、38%。

所以,老三应该先放空枪。

李政道考神童

原来至少有3121个苹果,最后至少剩下1020个苹果。

亲兄弟

假设两兄弟所买物品的件数为 n,在 3~11 数值间,$42-n$ 范围为 31~39。

两兄弟所买单品价格为 x,因为每件艺术品的价格都以美分为最小单位,因此 $100/x$ 必须是有限小数。

列算式:

$2 \times (1+2+3+4+5+6)x - n \times x = 1000$

解得 $42 - n = 1000/x$。

只有当 n 为 10 时,$42 - n = 32$。$1000/x$ 符合条件。而能等于 10 的只有 4+6 即马格吉和法利。

因此,马格吉和法利是亲兄弟。

标准时间是多少

由题意得知哥哥甲的手表每小时比弟弟乙的手表多走 4 分钟,因现在哥哥的手表比弟弟乙的手表多走 1 小时,故每小时比标准时间多走了 15 分钟。因此,哥哥甲的手表比标准时间多走了 15 分钟。

此时的标准时间是 9:45。

打碎的花瓶知多少

首先假设这些高档釉彩花瓶在运输的过程中都没有打破,安全到达了目的地,那么,物流公司应该得到 2000 元的运费,但是物流公司实际只得了 1760 元,少得了 2000-1760=240 元,说明物流公司在运输的过程中有打碎的花瓶。由已知条件得知打碎一个花瓶会少得运费 1+5=6 元,现在总共少得运费 240 元,从中就很容易知道一共打碎了多少个花瓶了。

所以,一共打碎了 40 个花瓶。

"韩信点兵"的计算

在找这类游戏题答案时,可以按照一个条件一个条件地去寻找的顺序,也可以根据这数除以 3 和 7 都余 2 来求得。

事实上本题解法较多,下面介绍两种比较容易理解的方法:

(1)先寻找"用 3 除余 2"的自然数,有 2,5,8,11,14,17,20,23,26……128……再寻找"用 5 除余数为 3"的自然数,有 3,8,13,18,23,28……128……再寻找"用 7 除余数是 2"的自然数,有 2,9,

16,23,30,37……128……于是发现,符合题意的自然数有:23,128……其中最小的一个是23,就是本题的答案。

(2)由条件知,这个数除以3和7都余2,就有3×7+2=21+2=23。而23被5除,余数正好是3。

因此,所求的最小自然数是23,即这些物品至少有23个。

马戏团买马

根据题意得知,由第二颗钉子是第一颗钉子的2倍价钱的规律,所得的数字是成等比数列的,最终牧民所得的钱数是2+4+8+……计算得出4096,这个数字远远大于马戏团原来付的1000元,所以,马戏团上当了。

入袋的苹果

根据题意,无论果农怎么分,总是缺一个苹果。所以,如果能再多一个苹果,那么这个数目就能被10、9、8、7、6、5、4、3、2除尽了。从上题的解答中就可以知道,这个数应该是2520或是2520的倍数。

因此,苹果至少要有2519个。

过吊桥赶公交车

从题意中得知外婆走得最慢,其次是小妹,然后是钟玉娟、妈妈、爸爸。第一步,应该让走得最慢和次慢的同时过吊桥,也就是先让外婆和小妹过吊桥,所用时间以外婆为准,即23秒。

第二步:这一次同样让走路最慢和第二慢的同时过,即钟玉娟和妈妈过吊桥,所用时间以钟玉娟为准,即15秒。

第三步:这一次爸爸一个人过,所用时间是8秒。此时他们一家过吊桥一共用了46秒。

第四步:过完吊桥他们还要走2分钟的路,总共需要的时间是2分钟46秒,此时离3分钟还有14秒,所以他们赶得上公交车。

因此,过独木桥顺序是外婆和小妹,钟玉娟和妈妈,爸爸;过桥所用时间是46秒,来得及赶上公交车。

每天点头

经过分析,男员工之间点头90次,女员工之间点头90次,男员工和女员工之间点头200次,员工向领导点头20次。题目中,只说员工向领导点头致敬,并没有说领导也要点头。

所以,正确答案是共计400次。

有多少钱

通过假设的方法来确定答案。假设1元的人民币减少4张,那么这三种人民币的总和就是60-4=56张,总面值就是200-4=196元,这样1元和2元的人民币数量就相等了。

再假设56张纸币全是5元的,这时人民币的总面值就是5×56=280元,比先假设的多出来280-196=84元,原因在假设的时候,把1元和2元都当成了5元,等于是多算了5×2-(1+2)=7元,又84÷7=12,由此就可以知道是把12张1元的和12张2元的假设成了5元。

所以综合来看,2元的人民币有12张,1元的有12+4=16张,5元的有32张。

16张1元的,12张2元的,32张5元的。

油和瓶的重量

油的一半重(3.5-2)千克=1.5千克,油重(1.5×2)千克=3千克,瓶重(3.5-3)千克=0.5千克。

比赛成绩

第一步：通过王帅告诉小文的内容得知他考的分数、名次数和他年龄的乘积是1958，就说明分数、名次数和年龄是1958的质因数。

第二步：将1958因式分解，得质因数为1、2、11、89。

第三步：因为这是学生的知识竞赛，所以王帅的年龄不可能是1、2，更不可能是89，只能是11，所以王帅的年龄是11岁。

第四步：王帅的分数是89，相应的竞赛名次是2。

因此，王帅的年龄是11岁，分数是89，相应的竞赛名次是第二名。

猜时间

在4点和5点之间，时钟上的长针和短针正好走成了一条直线，这时候的时间只有4点54分。

首先，我们明确一下，当分针走了12分，时针正好走一个小格子。计算一下，也容易确定，在4点54分时，时针正好指在4和5之间的最后一个格中间，它与12点之间的角度大约是144°。而作为分针，正好走在11点前面的一个格子里，这时候，它与12点之间的角度大约是36°，144+36=180，所以，这时候的时间正好是4点54分。

当妈妈做完汤后，这时长针和短针走成了直角，大约是5点10分。爸爸回来的时候，钟的时针和分针又正好走成了直角，这时候，大约是5点42分。

其实，这道游戏题没有什么难的，你可以用一个手表调一下时间试试看，也可以根据刚才的计算方法得出结论。

鸭妈妈数宝宝

要想知道准确答案，其实不难。我们可以根据鸭妈妈数数的顺序来分析：

第一步：此时鸭妈妈数数是从后向前数，数到她自己是8，说明她是第八个，她的后面有7只小鸭。

第二步：鸭妈妈又从前往后数数，数到她自己是9，说明她前面有8只小鸭。

第三步：鸭妈妈的孩子总数应该是7+8=15，而不是17，鸭妈妈数错的原因是她数了两次都把她自己数进去了。

因此，鸭妈妈一共有15个宝宝；因为她把自己算进去了。

鸡和鸭各多少只

我们知道在镜子中照出来的物体都是左右相反的，数字中除了0外，还有1和8在镜子中照出来依旧是1和8，于是知道鸡和鸭的积一定是81，因为81在镜中照出来的是18，正好是9+9，由此可知，小明家里的鸡和鸭各是多少只了。

所以正确答案是9只。

小朋友分蛋黄派

设有n个蛋黄派，一组x个小朋友，二组y个小朋友，三组z个小朋友，则有$n/x=7$，$n/y=8$，$n/z=9$。

由上式知道蛋黄派数量是7、8、9的公倍数；然后算出最小公倍数504，分别除以7、8、9，得出小组的数量比：72:63:56；最后用504除以72、63、56的和，得出每个小朋友分到的蛋黄派是2个。

因此，每个小朋友分到的蛋黄派是2个。

四艘轮船再相聚

我们知道 4、8、12、16 的最小公倍数是 48。因此,这四艘船要经过 48 个星期才能再在港口会合。

货柜价钱

根据已知条件可知,得到货柜的 3 个人每个人拿出 1000 元,一共是 3000 元,将 3000 元给 2 个人平分,也就是每人拿到 3000÷2=1500 元,所以说,货柜的价值应该是 2500 元。

买饮料

孙鹏可以先用 40 元钱买 20 瓶饮料,得 20 个饮料瓶,4 个饮料瓶换一瓶饮料,就得 5 瓶,再得 5 个饮料瓶,再换得 1 瓶饮料。孙鹏总共买到 20+5+1=26 瓶饮料。

钟表店招聘

3 点的时候敲 3 下,中间有两个时距,两个时距共花了 3 秒,1 个时距应该是 3/2 秒。7 点时,时钟敲了 7 下,一共有 6 个时距,就是 3/2 秒乘以 6 等于 9 秒。

安排座位

由题意可知,这辆公交车从起始站到终点站一共有 10 站地。那么起始站(1 站地)应该至少上来 9 个人,才能保证以后的每一站地都有人下车;2 站地应该下 1 人,上 8 人;后面的依次类推。

1 站地:9 人

2 站地:(9-1)+8=16 人

3 站地:(9-2)+(8-1)+7=21 人

9 站地:(9-8)+(8-7)+(7-6)+(6-5)+(5-41+(4-3)十(3-2)+(2-1)+1=9

10 站地:全下了。

即:

1 站地:1×9=9 人

2 站地:2×8=16 人

3 站地:3×7=21 人

4 站地:4×6=24 人

5 站地:5×5=25 人

6 站地:6×4=24 人

7 站地:7×3=21 人

8 站地:8×2=16 人

9 站地:9×1=9 人

10 站地:0 人

那么,这辆公交车最少要有 25 个座位。

卖南瓜

如果 1 个小一点的南瓜是 10/3 元和 1 个大一点的南瓜是 10/2 元,那么放在一起后,平均 1 个南瓜就是 25/6 元,但由于是以 5 个南瓜 20 元的价格出售的,也就是说 1 个南瓜 4 元,所以,每个南瓜损失了 25/6-4=1/6 元。现在损失了 20 元,所以,一共有 20÷1/6=120 个南瓜,每个人有 60 个。

苏步青解题

因为甲每小时走 3 千米,乙走 2 千米,所以甲、乙碰头的时候,共走了 10 小时,这表明狗也跑了 10 小时,而狗每小时跑 5 千米,因此狗一共跑了 50 千米。

徒步旅行

这一组 9 个人遇到第二组人的时候已经吃掉了一天的粮食,所剩下的只够这 9 个人自己再吃 4 天,但第二组加入后只能吃 3 天,也就是说第二组在三天内吃的食物等于 9 个人一天的粮食,9÷3＝3,因此推算出,第二组有 3 个人。

笛卡儿的计算题

解决题中提出的问题,两种方案供大家参考:

第一套方案:用 5 架飞机。

5 架飞机可分别记为 A、B、C、D、E,A 为主机,驾驶飞完全程,B、C 负责送,C、D 负责接。考虑到给主机加油的飞机要安全飞回基地(无论是送还是接),而其本身消耗的油是完全浪费的,故尽量让它们飞行路程最短。因此,从基地算起,中间 1/4 到 3/4 这段距离一定要让主机 A 独自飞完(最大航程为 1/2 即半圈)。再考虑用最少的飞机去接或送。

(1)A、B、C 三架飞机同时起飞,在全程 1/8 处。其中 C 将其余两架 A、B 的油补满,自己则飞回基地;剩余的 A、B 继续飞行,至 1/4 处,B 将 A 的油补足,自己返回基地。这样,主机 A 得以飞行至 3/4 处。

(2)A 飞行至 3/4 时,油基本耗尽,恰好遇上独自从基地反方向飞来的 D,此时 D 还剩 1/4 的油,与 A 平分,A、D 均为 1/8。继续飞行至 B 处,恰好遇上独自从基地反方向飞来的 E,此时 E 还剩 3/8,A、D 油已经基本耗尽,E 将油分给 A、D 各 1/8,三架飞机恰好飞回基地。

第二套方案:只需要 4 架飞机。

4 架飞机分别为 A、B、C、D。

方法一:

(1)A、B 同时起飞,飞到地球 1/6 处,B 将自己 1/3 的油加给 A,这样 B 就可以用余下的 1/3 的油返航。

(2)A 现在是满油,可以飞行到地球的 1/6＋1/2＝2/3 处,也就是从反方向还将剩 1/3 的路程。

(3)B、C 再从反方向起飞,飞到地球反方向 1/6 处,B 将自己 1/3 的油加给 C,这样 B 仍能用余下的 1/3 的油返航。

(4)C 继续飞行,到达地球反方向 1/3 处时恰好与 A 会合。这时 C 只剩 2/3 的油,将其 1/3 加给 A 后,两机各剩 1/3 的油,还能同时飞到地球反方向的 1/6 处。

(5)B、D 最后一次起飞,飞到地球反方向 1/6 处与 A、C 会合,B、D 分别将其剩余的 2/3 油的一半即 1/3 的油加给 A、C,这样,每架飞机都有 1/3 的油,恰好完成最后 1/6 的航程。

方法二:

(1)A、B、C、D 同时起飞,飞到地球 1/6 处,B、D 分别都将自己 1/3 的油加给 A、C,这样 B、D 就可以各自用余下的 1/3 的油返航。

(2)A、C 现在都是满油,再飞行地球的 1/6 路程,到地球的 1/3 处。

(3)这时,A、C 各剩 2/3 的油,C 将自己 1/3 的油加给 A 后,C 剩 1/3 的油,A 现在又是满油。C 返航到地球的 1/6 处,A 可以飞行到地球的 1/3＋1/2＝5/6 处,也就是从反方向还将剩 1/6 的路程。

(4)D 再次起飞,在地球的 1/6 处与 C 会合,这时 D 只剩 2/3 的油,将其 1/3 加给 C 后,两机各剩 1/3 的油,能同时返航。

(5)B 最后一次起飞,飞到地球反方向 1/6 处与 A 会合,B 将其剩余的 2/3 油的一半即 1/3 的油加给 A,这样,每架飞机都有 1/3 的油,恰好完成最后 1/6 的航程。

当然,这只是理想情况下的一道题,不考虑加油时间与起飞准备时间。

天会不会黑

根据题意知 40 小时已经超过了一天一夜的时间,但没有超过 48 小时,所以用 40 去掉一天的时间 24 小时,剩余 16 小时,在下午 6 点的基础上再加上 16 个小时,6 点到夜里 12 点只需 6 个小时,所以剩余的 10 个小时是第二天的时间,即是第三天的上午 10 点,此时明显天是亮的,所以,那时天不会黑。

多少阶梯

共有 119 阶。

分开买大白菜

现在假设卖大白菜的人一共有 20 斤大白菜,包括白菜帮和白菜叶,所有的大白菜是一模一样的。再假设理想状态下,一颗大白菜重 1 斤,白菜帮 8 两,白菜叶 2 两,如果大白菜 1 元一斤的话,所有的大白菜可以卖 20 元。如果分开的话,白菜帮可以卖 $0.8 \times 0.8 = 0.64$ 元,白菜叶 $0.2 \times 0.2 = 0.04$ 元,通过计算就会知道一棵大白菜分开卖的结果。现在再来算一下这 20 斤大白菜分开卖的话所得的钱数:$0.64 \times 20 + 0.04 \times 20 = 12.8 + 0.8 = 13.6$ 元,此数小于 20,所以由此推理知道,分开卖的话卖白菜的人肯定会赔很多钱的。

加 3 减 3 乘 3 除 3

这四个数分别是 15、21、6、54。

不服输的兔子

我们根据乌龟和兔子的行驶速度可首先推断出各自所用的时间:

乌龟:$4.2 \div 3 \times 60 = 84$ 分钟

兔子:$4.2 \div 20 \times 60 = 12.6$ 分钟

尽管兔子一边跑一边玩,但是兔子跑完全程所用的时间为 $1 + 15 + 2 + 15 + 3 + 15 + 4 + 15 + 2.6 = 72.6$ 分钟。

所以兔子先到终点,并且快于乌龟 $84 - 72.6 = 11.4$ 分钟。

遗产分配

根据题意,设母亲得到 x 元,则儿子得到 2x,女儿得到 1/2x。$2x + x + 1/2x = 70000$。最后得出女儿 10000,母亲 20000,儿子 40000。

遗产分配:女儿 10000 元,母亲 20000 元,儿子 40000 元。

照猫画虎列算式

1~6 组成:$54 \times 3 = 162$

1~8 组成:$582 \times 3 = 1746$

1~9 组成:$1738 \times 4 = 6952$

0~9 组成:$9403 \times 7 = 65821$

共握手几次

根据题意要求,不和自己握手,不和自己配偶握手,两两最多握手1次,所以每个人最多握手6次。

郑钟伟问了7个人,每个数字都不一样,说明握手次数只可能是0、1、2、3、4、5、6。

现在假设握手6次的人为B,那么,他/她除了不和自己的配偶握手外,和其他所有人都握手了。因此其他人握手都不为0,因此只能是B的配偶的握手次数为0。再设握手5次的为C,则C没有和自己的配偶以及B的配偶握手外,和其他所有人握手了,因此其他所有人握手次数都大于或等于2,握手1次就只能是C的配偶了。同理推出D以及D的配偶握手次数为4和2,而郑钟伟和他的妻子握手次数均为3。也就是说所有夫妻握手次数和为6。

寒鸦诗歌

共有4只寒鸦,3根树枝。

三个儿子的年龄

根据已知条件,就可以列出三个儿子的年龄的算式:
$1+1+36=38$;$1+2+18=21$;$1+3+12=16$;$1+4+9=14$;$1+6+6=13$;$2+2+9=13$;$2+3+6=11$;$3+3+4=10$。

由于这两个老同学相遇的日期是13号,所以符合条件的有两个式子:$1+6+6=13$、$2+2+9=13$,不过,目前答案仍然未知。但由于乙后来说他的小儿子仍旧有胎毛,所以答案是$1+6+6=13$,因为很小的孩子才有胎毛。所以乙的三个儿子的年龄分别是1岁、6岁、6岁。

精打细算的主妇

张女士的这种想法能够实现。她可以在最先去的商店里分别使用50元钱买12元和21元的商品。这样找回的钱在以后的四家商店里买后四种东西时就可以完全不用找钱了。

城市的街道

要想找到正确答案,首先要列出表示一个城市沿整个边界街段数目的代数式和表示市内街段数目的代数式,然后求解。因为是实际街段的数目,所以求出使两者相等的解必须是整数。

对于条件(3)中所指的两个城市,以x代表其长方形城区一条边界上的街段数目,以y代表另一条边界上的街段数目。于是整个边界的街段数目等于$x+y+x+y$,即$2x+2y$,而市内街段的数目等于$x(y-1)+y(x-1)$,即$(xy-x)+(xy-y)$。

根据条件(3),对于两个城市而言,$2x+2y=xy-x+xy-y$,$x=3y/(2y-3)$,$y=3x/(2x-3)$。这表明x和y都得大于1。依次设y为2、3、4、5、6和7,得出下列数值。见下面的图表:

y	2	3	4	5	6	7
x	6	3	4	15/7	2	21/11

既然x必须大于1,而且根据条件(1)必须是整数,那么除了上列中的整数之外,x不可能再有别的整数值了。根据条件(1)和上列数值,这两个城市沿一侧边界的街段数目都是2、3或6。根据条件(2),沿北部边界,滨海市有3个街段,沿江市有6个街段,湖中市有9个街段。

由于沿北部边界有9个街段的城市,不可能满足表示条件(3)的方程,所以湖中市就是那个市内街段数目不等于沿边界街段数目的城市。总而言之,滨海市的沿边界街段和市内街段的数目都是12,而沿江市的这两个数目都是16。

所以,正确答案是湖中市。

第四辑　几何及图形类谜题游戏

画中的错误

在这个图中,不应有雪人和树叶,烟的运动方向不一致,猫不应该抓蝴蝶,蝙蝠白天不应该飞翔。

涂方框

先要从最中心位置的方框着手。

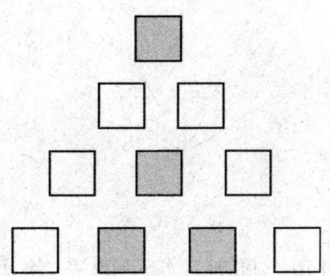

有多少个四边形

正确答案:C

红十字架

答案如图所示:

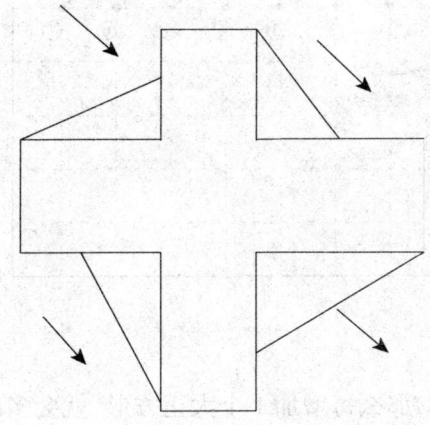

分割三角形

任意一个钝角三角形都可以分割成 7 个锐角三角形。

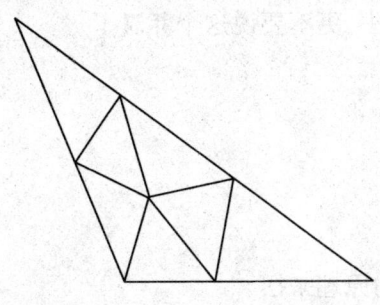

最大的三角形

不对。如图所示的这个画法，才是最大的。

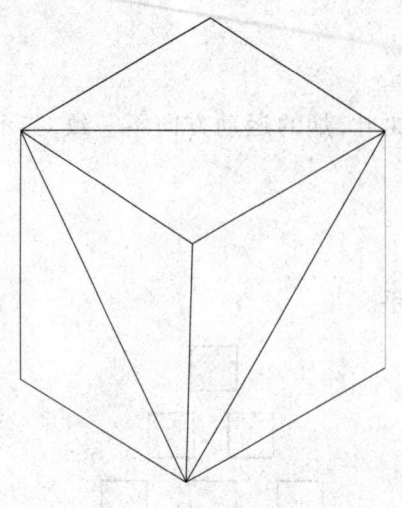

通过镜子看人

镜面反射的原理是入射角=反射角。即射入镜子的光，将以同样的角度射向相反方向，再反射进入人眼，人就能看到。

①5个人；②3个人。

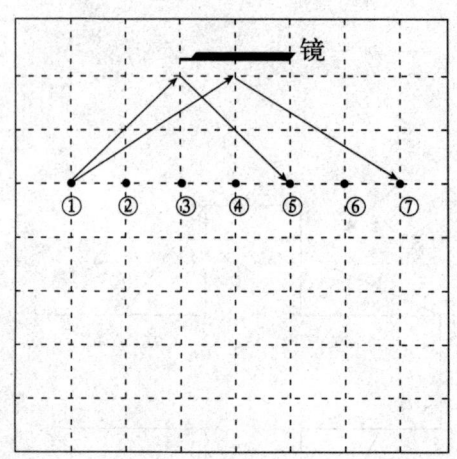

有趣的门雕

如果正方形无限地延伸下去，那么每增加1个大正方形，就会多出4个小正方形。

所以正确答案是16个。

莽汉跨书

把书放在墙角处，谁都跨不过去，更不要说这个莽汉了。

选图

正确答案：D。

用火柴棒拼图案

这个游戏的答案要利用共用的原理来摆。

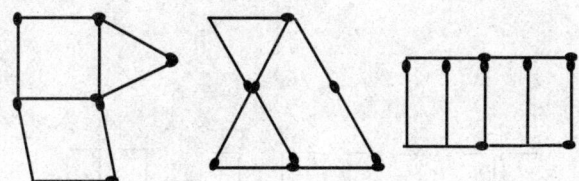

一块奇形怪状的木板

要从这块木板的两端去考虑。

没撞着穿黑衣的醉汉

因为当时是白天。

骰子构图

正确答案：A。

寻找失踪的字母

按照26个英文字母顺序，字母之间相继跳过1、2、3、4个字母。

所以，正确答案是Z。

鸭梨怎么分

原来蒙蒙是这样分鸭梨的：她先把3个鸭梨各切成两半，把这6个半块分给5个好朋友和她自己每人1块。另2个鸭梨每个切成3等块，每块都是鸭梨的1/3，一共是6等块，这样也分给每人1块。于是，每个人都得到了一个1/2块和一个1/3块，也就是说，6个人都平均吃到了鸭梨，而且每个鸭梨都没有切成多于3块。

数学王子拼图

这道游戏题有3种拼法，其中1、2、3三块要翻过来使用。

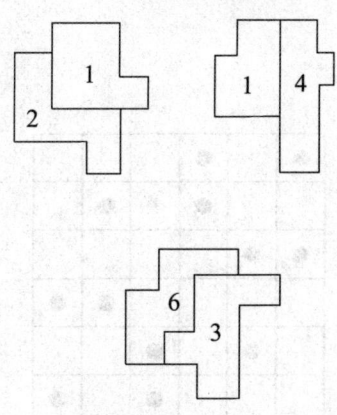

巧妙移动笔画

答案如图所示：

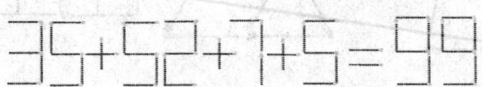

补轮子

如图所示，三个轮子相对应的一瓣中都各有一黑二白分瓣，黑分瓣位置各不相同。

填数字

用正方形的斜对角的数组合成两位数后相减，所得出的数就是正方形中间的数。
99 − 65 = 34。

重新组合的图形

从给出的图形来看，每一个格子里面的五角星与箭头、"T"字与黑色阴影都不邻面，由此可排除B、C项。"T"字面与箭头虽然相邻，但箭头的方向是向左的，由此可排除最后一项。

A。

巧变三角形

答案如图所示：

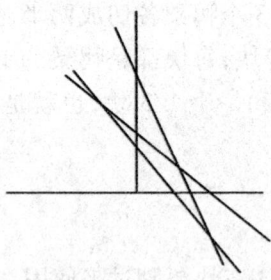

棋盘与棋子

可放入12枚棋子。

通过圆画直线

只要考虑把直线画出 9 个圆之外,就能发现只需 1 个转折角就可以一笔通过所有的圆。

如图所示:

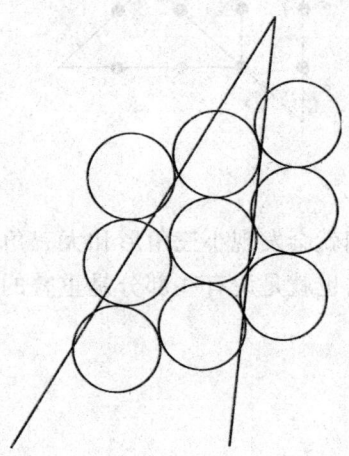

移动火柴

根据题意,将右上角那个正方形的 3 条边分别移到上中下 3 个空缺处就可以了。图中除了 7 个小正方形外,还有两个大正方形,所以一共 9 个,比原来增加了 4 个。

如下图所示:

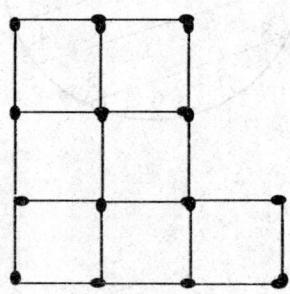

切割床板

童童的爸爸第一次切下后,发现切下的那块太小了,所以再切了一块。说太小了,指的是切下的块太小了,不是指的整个床板被切得太小了。

正确填数字

想要正确做出答案,关键是确定中间那个圆圈的数字。1 到 19 这 19 个数字的和为 190,而我们要排成 9 行和为 30 的数字,其中有一个数字被多用了 8 次,也就是说,假设这个数字为 x,那么 $190 + 8x = 30 \times 9$,所以 $x = 10$,也就是说中间的圆圈中填 10。而我们注意到 $1 + 19 = 20, 2 + 18 = 20$, $3 + 17 = 20 \cdots \cdots 9 + 11 = 20$,所以把相加为 20 的数字分别填在相对的两边就可以了。

根据提示找规律

右侧数字是字母表的序号,所以答案为 23。

16 点连线

答案如图所示:

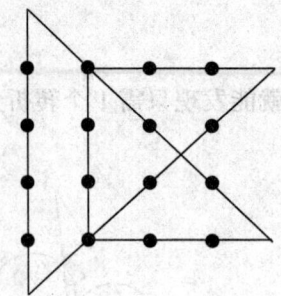

多出来的方格

用相似三角形求比的时候,我们就会发现小三角形和大三角形的斜边的斜率并不是一样的,也就是说中间的那条斜线并不是直线,也就是说有些部分是重叠的,而有些部分是空缺的。这就解释了为什么会多出一块来。

切分表盘

答案如图所示:

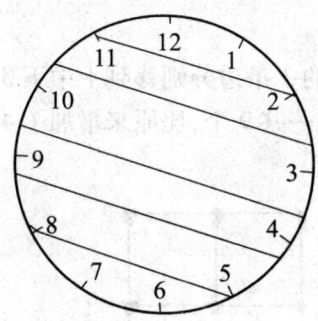

圆圈里填数

答案如图所示:

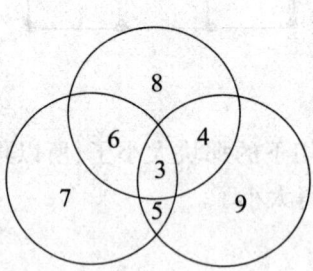

越变越多

答案如图所示:

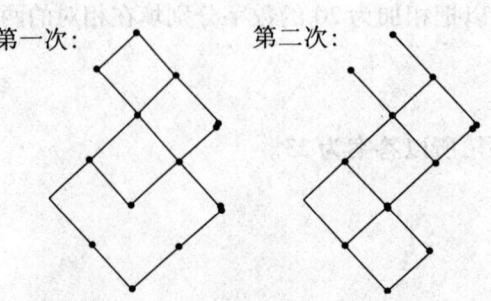

第一次:　　　第二次:

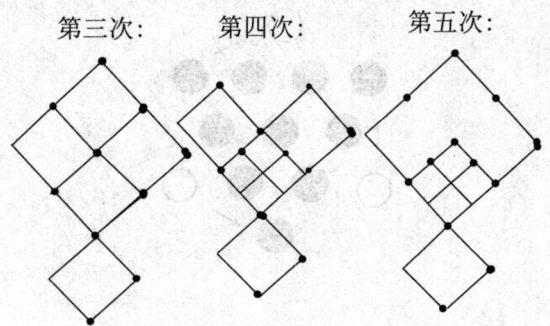

分割成 9 块

答案如图所示：

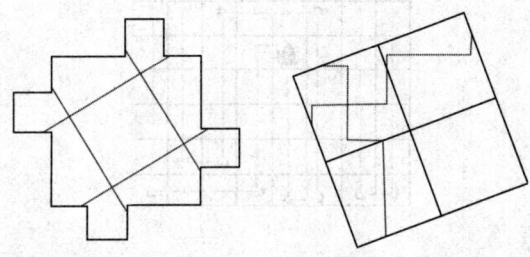

魔术师柯里的发现

5 小块图形中最大的两块对换了一下位置以后，被那条对角线切开的每个小正方形就会都变得高比宽大了一点点。这意味着这个大正方形不再是严格的正方形。它的高增加了，从而使得面积增加，所增加的面积恰好等于那个方洞的面积。

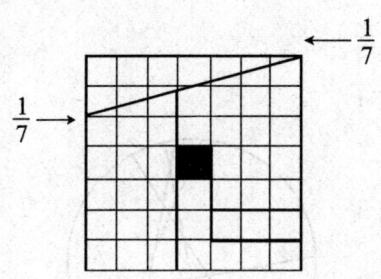

拆分盒子

根据题意知圆点和五角星在一条直线上，方块不与五角星同一直线，并且按照排列顺序，可以得知 B 是正确的。

互换位置

至少要搬动 17 次。

顺序是：

钢琴—书柜—酒柜—钢琴—办公室—床—钢琴—酒柜—书柜—办公桌—酒柜—钢琴—床—酒柜—办公桌—书柜—钢琴。

移动 3 个玻璃球

答案如图所示：

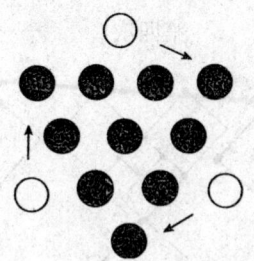

蜗牛爬格子

答案如图所示：

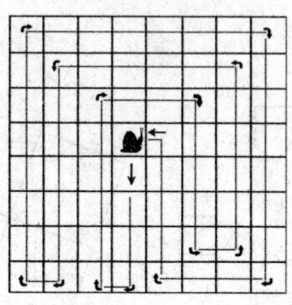

坐公交车

根据题意，知10路车过后需要等1分钟，22路车才会到达，而22路车过后要9分钟10路车才能来。如果小明的妈妈在10路车刚走的时间到达车站，那么她会坐22路车，这有1分钟的时间；而妈妈在22路车刚走的时间到达车站，那么她会坐10路车，这有9分钟的时间。所以她坐10路车和22路车的概率比为9:1，所以坐10路车要比22路车多得多。

切蛋糕

最多可以切成22块，如图所示：

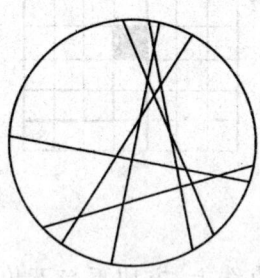

六角星里面的玄机

(1) 7个；

(2) 2个（分别由9、6、1、11、12、7和1、4、6、10、12组成）。

交通违规

这个汽车司机没有开车，他是步行闯进人群的。

填充正方形

五个符号按照顺序沿着第一行开始移动，然后沿着第二行移动，依此类推，就可以了。

所以正确答案是D。

聪明的工作人员

答案如图所示。

这道游戏题的答案并不是唯一的,发挥一下你的聪明才智,看看还有其他的移动方法吗?

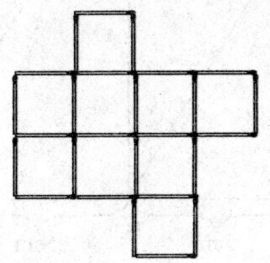

一共有多少种走法

如不往回走(从 B 到 C 后,不能再回到 B;无论何种方式到 D 后,下一步只能到 E),则 A—B—C—D 有 $1\times 3\times 3\times 1=9$,A—B—D—E 有 $1\times 2\times 1=2$,共 11 种不同走法。如果往回走,则有无数种走法(不合理)。

有 11 种不同的走法。

找图案

已知左边图的三个图内虚线分别为竖线、横线、斜线(对角线)这样的一个规律。第二套图也遵循这一规律,据此可得知答案为 D。

图形变换

正确答案:E。

找出立体图

正确答案:B。

几个正方体木块

如图所示。靠边又不占角的切块都是满足条件的。从图中仔细数一下可以知道,共有 24 个。当然,背面也不要忘记算上。

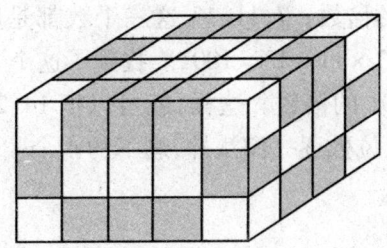

对角线的长度

如图所示,对角线 AC 和另一条对角线 BD 等长,而 BD 正好是圆的半径,所以,就很容易知道答案了。

正确答案是 10cm。

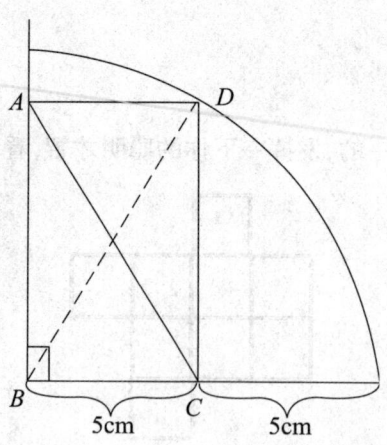

对爱因斯坦的测试

Ω、ρ、θ、δ分别代表的数字为7、8、2、3。

选出对的一个

首先假设圆点面在右侧,那么底面就是带有横杠或者竖杠的面,然后将正方体以圆点为中心逆时针旋转180°,就能得出正确答案了。

所以,A正确。

按要求切柚子

切柚子刀法可以按照下面图形的三条直线切割。

数字游戏

题目要求这个数是7、11、13的倍数。7、11、13这三个数都是质数,它们又两两互质,所以求得它们的最小公倍数是它们的乘积:$7 \times 11 \times 13 = 1001$。找到了这个1001我们就可以肯定地说这个要找出来的数一定是4位数且是1001的倍数。这样,就可以把14、22、35、55、56、65、84、88、104、132、154、156、182、286这些两位数和三位数逐一淘汰掉,剩下的4个4位数中只有2002是1001的倍数,2002便是符合题目要求的答案。

确定纸牌的位置

根据题中给出的条件"从左边数第九张和第十张牌之和为9,其中,第九张牌要小一些",可以推算出第九张牌和第十牌只能是4和5、2和7、3和6这三组中的一组。根据"4位于Q(在左边)和J之间",可知4和5不可能是第九张和第十张牌。根据"最左边的牌比最右边的牌大1",如果3和6是第九和第十张牌,那么,剩下的5和7将是最左边和最右边的牌,但它们的差为2;而如果第九张和第十张牌是 2 和 7,则剩下的 5 和 6 将是最左边和最右边的牌,它们的差刚好是 1。这样可确定 6 是第一张牌,5 是第十三张牌。

根据"2 位于 10 的左边第二张牌的位置,7 位于 3 左边第二张牌的位置",便可确定,10 是第十一张牌,3 是第十二张牌。再根据"人头牌(K、Q 和 J)不在最两头,也不相邻"、"A 位于 9(在左边)和 8 之间,4 位于 Q(在左边)和 J 之间"和"K 在 9 的左边",可确定第二至第八张牌依次是 K、9、A、8、Q、4、J。

13 张牌的顺序是:6,K,9,A,8,Q,4,J,2,7,10,3,5。

挂花灯

答案如图所示:

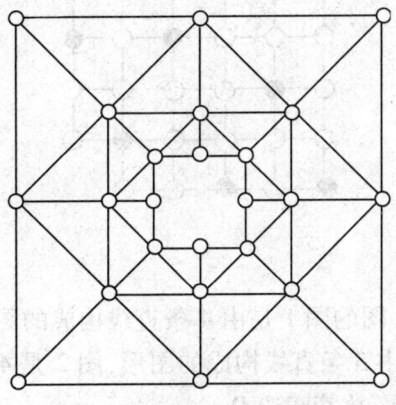

慧眼辨字

"王"与其余四个差别最大,因为其余四个都只有三画,而它有四画。

秘密三角

答案如图所示:

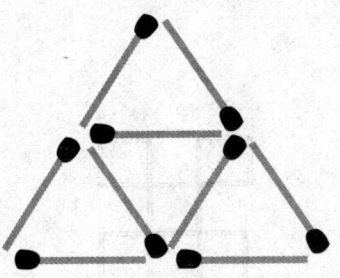

如何分巧克力

答案如图所示:

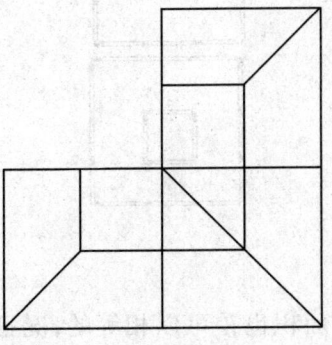

颠倒格子

通过观察左边图中的三个图形,很容易发现它们都是左右对称的,而且三个图的外形都是正方形。右边图中前两个图形也是左右对称的,且外形都是菱形。所以,根据这一规律,右边图中第三个图也应是左右对称的,而且外形应为菱形。因此答案为 B。

建防御碉堡

最少建 9 个防御碉堡,下图是其中一种方案。

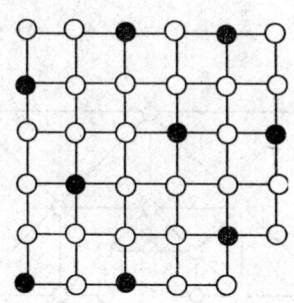

简单的道理

通过观察,很容易知道第一个图的图 1 是由 4 条直线构成的图形。同理:图 2 是 3 条直线,图 3 是 2 条直线。第二个图的图 1 是由 5 条直线构成的图形,图 2 是 4 条直线,那么答案项应该是 3 条直线,符合这一规律的只有 D 选项,故答案选 D。

视觉游戏

图 1 中有 40 个梯形。

图 2 中有 16 个正方形。

图 3 中有 6 个四边形。

火柴拼图

答案如图所示:

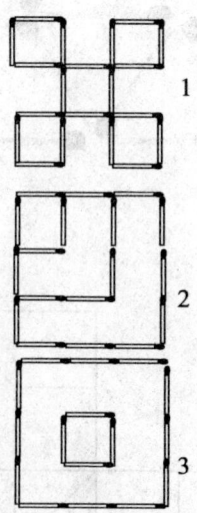

平分袜子

我们要明白,形状不同的图形,面积也是可以相等的,况且在游戏中并没有要求形状也相同。

于是,如下图所示,我们可以先把图形分成一个长方形和一个平行四边形,然后分别画出两个图形的对角线,再把两个图形的对角线的交点连接起来就可以了。

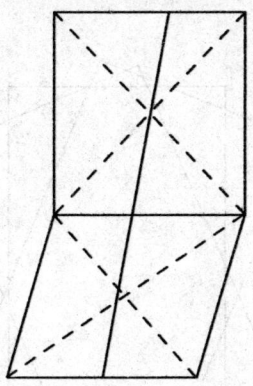

罐形变成正方形

答案如图所示:

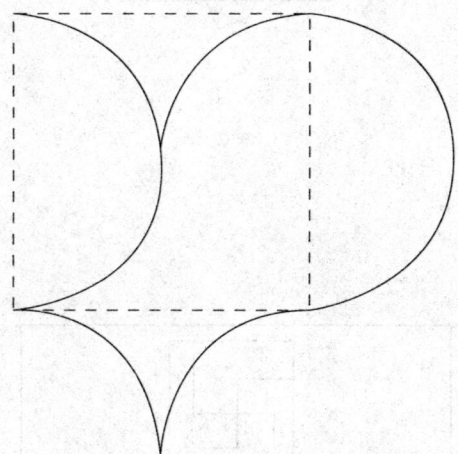

围棋游戏

设最初的空圈是 1 号圈。每一步用两个数字表示:前面的数字表示起步的圈号,后面的数字表示止步的圈号。

9—1;10—8;21—7;7—9;22—8;8—10;6—4;1—9;18—6;3—11;16—18;18—6;30—18;27—25;24—26;28—30;33—25;18—30;31—33;33—25;26—24;20—18;23—25;25—11;6—18;9—11;18—6;13—11;11—3;3—1。

巧画路线图

如图所示:

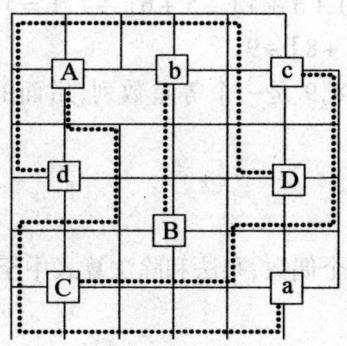

重叠的长方形

答案如图所示：

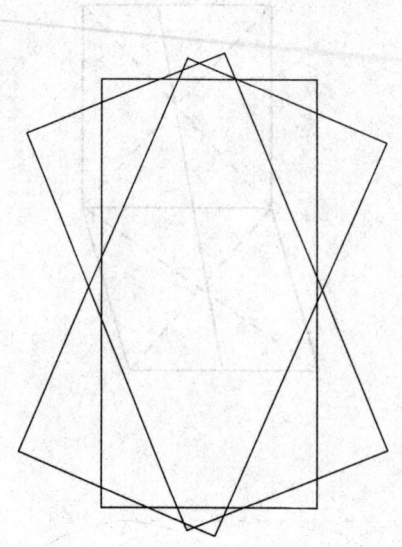

明暗相间图

B2 区

撕图片

答案如图所示：

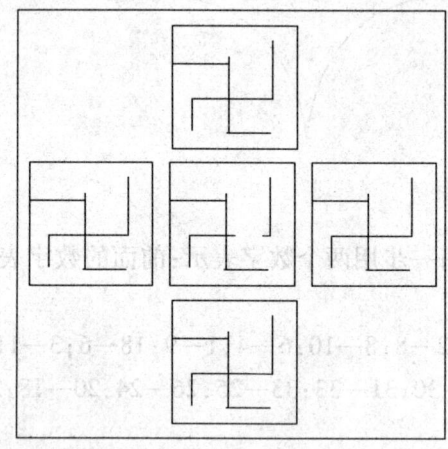

如何统一

根据题意会出现一些奇怪的算式：$1=(1+2)\div3, 1=1\times2+3-4, 1=[(1+2)\div3+4]\div5, 1=(1\times2+3-4+5)\div6, 1=\{[(1+2)\div3+4]\div5+6\}\div7, 1=\{[(1\times2+3-4+5)\div6]+7\}\div8, 1=\{\{[(1+2)\div3+4]\div5+6\}\div7+8\}\div9$。

我们可以看到 1,2,3,4,5,6,7,8,9 是一个等差数列，后面的数字与前面的数字的差总是 1，所以，这个算式可以无限延伸下去。

判断奇偶数

加法和减法算式中至少各有 1 个偶数，乘法和除法算式中至少各有 2 个偶数，故这 12 个整数中至少有 6 个偶数。

七个等边三角形

在做这道题的时候,思路不能局限在一个平面上,譬如说不能把7个三角形都放在桌面上,必须向空间发展。

答案如图所示:

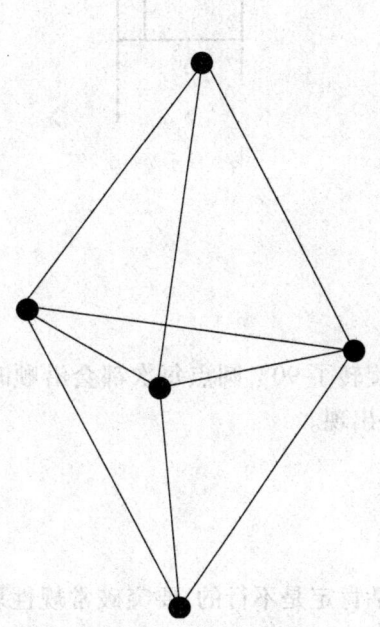

正确填图形

答案如图所示:

梦游数字城

答案如图所示:

3	6	3	5	1
2	0	4	9	2
1	1	0	3	4
3	9	5	6	7
8	3	4	1	8

任意调整的羊圈

答案如图所示:

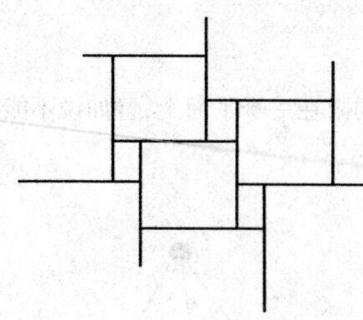

中间的圆

正确答案:D。

下个图案

每个图案都比上一个顺时针旋转了90°,圆点每次都会沿顺时针方向旋转到下一个方格里,颜色也会发生变化,白色和粉色交替出现。

正确答案:B。

相加的和最大

这道题如果按照常规思考的话肯定是不行的,要突破常规性思维,使一条直线经过4个或5个数,再看哪个所得的结果大。

画一条线经过 6+7+5+9+4=31。

停在树上的鸟

关于这道题,在思考时要把问题简单化,根据题意可知,实际上是从第一棵树上飞2只到第二棵树上,飞4只到第三棵树上,数量就相等了。

实际上,这3棵树上的鸟分别为18只、10只、8只。

让利销售

要比较哪种销售方式让利多,就应该对两种销售让利百分比的大小进行比较。

有奖销售的奖券全部资金是:$2000 \times 2 + 800 \times 10 + 200 \times 20 + 100 \times 50 + 50 \times 200 + 20 \times 1000 = 51000$(元),10万张奖券销售总金额是:$40 \times 100000 = 4000000$(元)。奖券资金总金额占销售总金额的百分比是1.275%。如果是实行九八折销售的话,让利的百分比是2%。因为1.275% < 2%,所以实行九八折销售方式比上述有奖销售让利给顾客的多。

来贺喜的人

根据题意,可以设客人的人数为x,再列出含未知数的式子,就能够很容易算出客人的人数。

可以先设客人的人数为 x,实际上需要的小碗为 $x/2$ 只,菜碗为 $x/3$ 只,汤碗为 $x/4$ 只,列出的式子为:$x/2 + x/3 + x/4 = 65$,解得 $x = 60$。所以,一共有60个人来给员外贺喜。

前方作业

有。在太空船里作业就是一例。

如图所示:

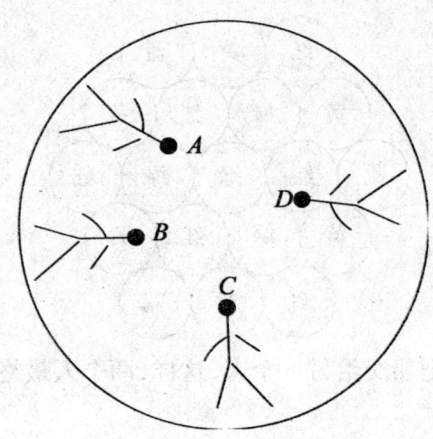

这是什么字

只需要将"只"字旋转一下,然后加一笔,就能得到答案。

所以正确答案是"冲"。

再利用的蜡烛头

因为16个蜡烛头可以做成4支蜡烛,4支蜡烛燃后的蜡烛头又可以做成1支蜡烛。

因此,可供5个停电的晚上使用。

突然长大的公主

因为医生要回到远方的老家去找药,一去就是好几年。这几年中不让国王与小公主见面,几年以后见面时,公主当然长大了。

算数

正确答案:39。

勾 =6,星 =9,叉 =3,圈 =24。

不同的回答

这个问题的答案有好多种。例如在晚上11点57分左右,第一个朋友问他:"今天足球赛的结果如何?"然后过了12点进入新的一天,另一个朋友打来电话问同样的问题。

在路上撒了什么

银元财物。清兵贪财,为了多捡银元就会加速前进。

给圆形着颜色

答案如图所示:

中奖概率有多大

两者的概率是相等的。

两人顺利过河

这有可能。题目中并没有说两人在同一岸边,也就是说,如果两人分别在河的两岸,就只需要

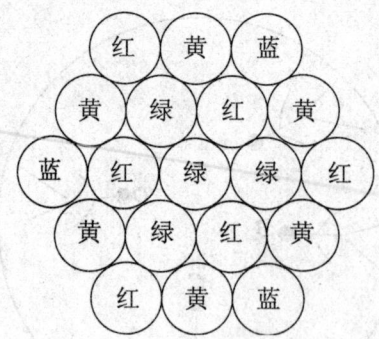

一个人先乘船过河,到对岸后再把船交给另一个人,这样,两个人最终都能过河。

规律填数

灰色正方形中,在4个数字和的基础上再加上5;而黑色正方形中,在4个数字和的基础上再减去5,便分别得到中间的数值。

所以正确答案是8。

填字母

字母按照字母表的顺序排列,但中间跳过了1个字母。顺序是从左上角方框开始往下,然后从第二列的底部往上,再从第三列的顶部往下,最后从第四列的底部往上。

所以正确答案是字母B。

是否有必要交换

先看极端情况:

如果小明和哥哥有一人拿到装有5元的信封,该人肯定愿意与对方交换;

如果小明和哥哥有一人拿到装有160元的信封,该人肯定不愿意与对方交换;

但问题是小明和哥哥两个信封是一个组合,设小明愿意换,则哥哥不一定愿意换;反之亦然。

再看中间状况:

从期望收益来看,设小明和哥哥信封组合实际为(20、40):

假设小明拿到信封,看到里面有20元,则他面对两种可能,即哥哥信封里或为10元(若此,他不愿换),或为40元(若此,他愿意换)。但这两种可能性从概率上说是均等的,各为50%。因此,他若愿意换,则其期望收益为:10×50%+40×50%=25元,这比他若不交换的所得(信封里的20元)多,因此,理性的小明应当愿意交换。

假设哥哥拿到信封,看到里面有40元,则他面对两种可能,即小明信封里或为20元(若此,他不愿换),或为80元(若此,他愿意换)。但这两种可能性从概率上说是均等的,各为50%。因此,他若愿意换,则其期望收益为:20×50%+80×50%=50元,这比他若不交换的所得(信封里的40元)多,因此,理性的哥哥也应当愿意交换。

国王选女婿

任何的容器都是有一定厚度的,因此,1升的容器的容积可以先挤出国王水箱中1升多水,再舀出1升水,倒入自己的箱子里就达到目的了。

折立方体

正确答案:A。

急中生智的老农

这个农民让两个孩子分别坐在一个竹筐里,然后把竹筐前后调一下,这样两个孩子就换过来了,谁也不用后退了。

数字游戏

答案如图所示:

$6\frac{1}{3}$	$7\frac{1}{3}$	$2\frac{1}{3}$
$1\frac{1}{3}$	$5\frac{1}{3}$	$9\frac{1}{3}$
$8\frac{1}{3}$	$3\frac{1}{3}$	$4\frac{1}{3}$

排兔子

有8条直线上有3只兔子。有28条直线上有2只兔子。6只兔子排成3排且每排3只,可以如图所示排列。

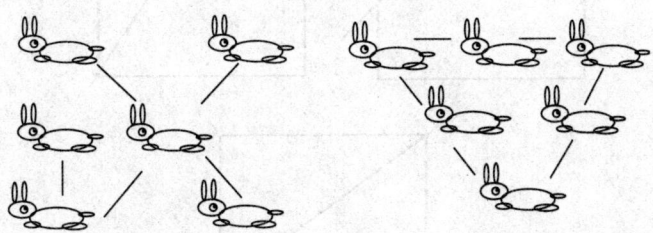

该如何过河

果农可以把这担苹果放在水中,然后只要克服水的阻力,就可以把这担苹果拉到对岸去,而桥承受的力量只是他的体重和那些阻力,所以他可以一次过河。

小画师巧对刁难

这位小画师把观音画成弯腰捡净水瓶中的柳枝的样子,这样观音直起腰则正好9尺高。

下水道盖子

这个答案不是唯一的,只要说出圆形盖子的优点就可以了。如下:
（1）下水道的井口是圆的,所以井盖也是圆的;
（2）圆形的盖子盖起来比较容易,多边形的盖子必须对准边和角;
（3）圆形的盖子在移动时可以滚动,但多边形的就不可以。

东东遮挡窗户

答案如图所示:

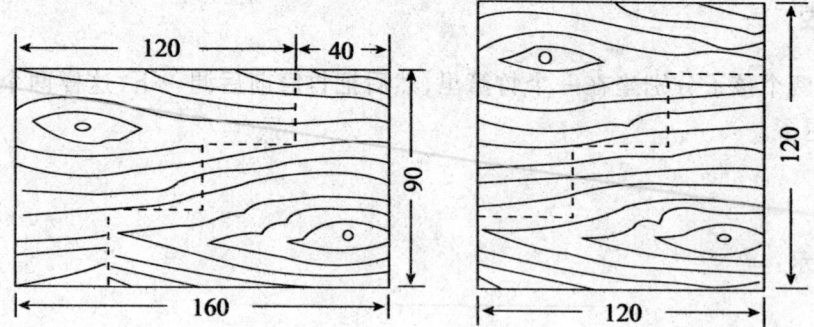

小李的旅行

根据题意就知道小李是个婴儿。

移动一枚硬币

只要把竖排的除了交叉点的那枚硬币外的任何一枚硬币拿起来,重叠放在交叉点的那枚硬币上就可以了。

剪掉一个角

有 3 种可能,分别是还剩下 5 个角、4 个角、3 个角,如图所示:

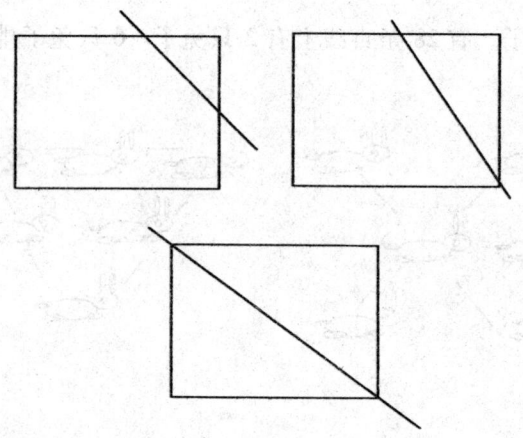

太阳看不到的东西

阳光的阴影。

围成三角形

根据题意,只是要求围出三角形,并没有要求你一定要把木棒的长度都用上,因此有很多种围法,如图所示:

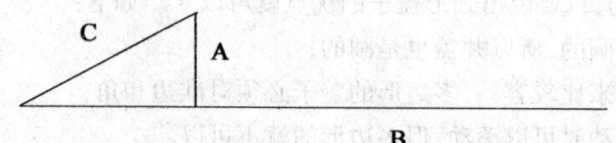

逃离险境的小刚

题中只是强调用拉门来迷惑大家,他把门推开就可以了。

妈妈取圆珠

如图所示，先把管子的两个端口对接起来，再把其中 3 颗白圆珠越过接口移到另外 3 题白圆珠的一边，这样，黑圆珠就可以从管子的一端倒出来了。

如果在操作过程中，取不出时，就应该重新考虑条件是否留下了解题的可能性。如果你发现了软管可以对接，问题就更简单了。

所以正确答案是可以取出。

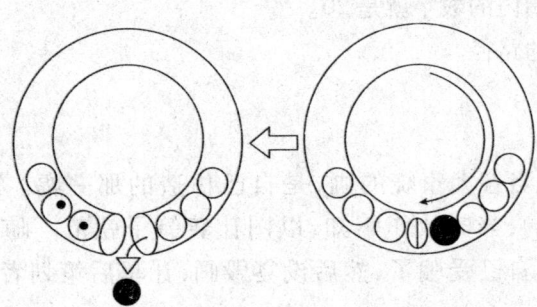

一次倒霉的抢劫

事实上，这群抢匪抵达银行前不久，刚好有另一帮抢匪洗劫完这家银行。

时间的问题

因为钟敲了三次，每次一下，分别是十二点半一次，一点一次，一点半又一次。

所以正确答案是一点半。

找规律填空

黑色六边形不代表数值，而每个白色六边形在各行中代表的数值分别为：1，2，3，4，3，2，1。图形底部的数字等于各行白色六边形的总值之和。例如第一幅图的总和计算如下：$(1×1) + (3×2) + (1×3) + (1×4) + (1×3) + (1×2) + (1×1) = 1 + 6 + 3 + 4 + 3 + 2 + 1 = 20$。

所以正确答案是 35。

给三个儿子分西瓜

将西瓜榨成汁。

自作聪明的张大爷

乙说得对。

"铁公鸡"出门

史密斯的乘船路线如下图所示，他所花的船费只需要 13 元就可以了。

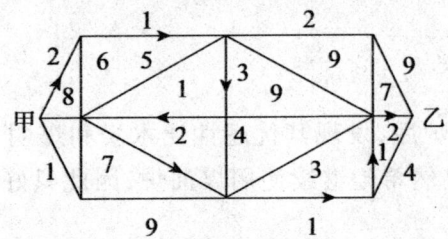

341

大脑网络的路径

这道题可以采取如下方法进行思考和分析：

设法在每个圆圈内写上一个数字，这个数字表示到这个圆圈所有可能的路径的数目。显然，左边起点的圆圈内的数字就是 1，不难理解，其他的每个圆圈内的数字，等于其左侧与它直接相连的圆圈内的数字。例如，每个填写有数字 1 的圆圈的左侧都只与唯一的 1 个圆圈直接相连，该圆圈内的数字是 1；填有数字 2 的圆圈的左侧与 2 个圆圈直接相连，这 2 个圆圈内的数字分别都是 1，等等。这样，作为终点的最右侧圆圈内的数字就是 20。

这说明共有 20 种不同的路径。

自作聪明的骗子

其实，郑一秋在宴席上当着大家烧的画，是自己仿造的那一幅。原来，曾经上当受骗的郑一秋早已察出这幅画是假的，当时故作不知，以图让龚笋子就范。随后，郑一秋照这幅画仿造了一幅，同时故意四处声张自己受骗了，然后设宴毁画，让幕后策划者知道，让他主动送来本息巨金。

分割土地

答案如图所示：

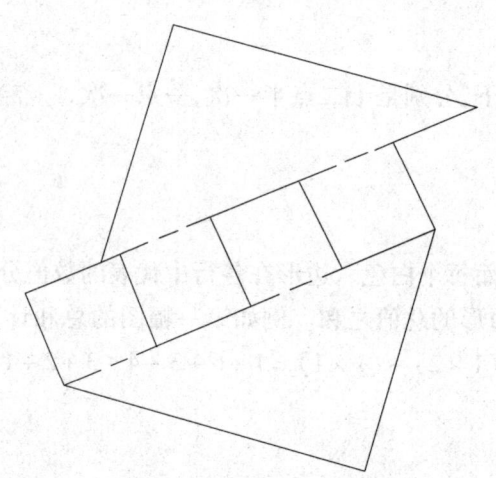

不用本金的赚钱之道

图德拉先飞到了西班牙，那里的造船厂正为没有人订货而发愁。图德拉告诉西班牙人："如果你们能够向我订购 1000 万美元的牛肉，我就可以订下你们造船厂 1000 万美元的超级油轮。"西班牙人当然很痛快地接受了他的建议。这样，他就成功地把阿根廷过剩的牛肉卖给了西班牙人，从西班牙订购了一艘超级油轮。之后，他又立即找到一家石油公司，以购买对方 1000 万美元的丁烷为交换条件，要石油公司租用他从西班牙购买的超级油轮。这样一来，他通过迂回的战术，精心设计了一个非常周密而大胆的"连环计"。

打开煤油炉的销路

这是因为大家在使用煤油炉后，发现其优越性比木炭和煤明显。在炉里原有的煤油用完后，人们已经习惯使用它了，仍然希望继续使用煤油炉，因此只好又向公司购买煤油或新的煤油炉。

和珅与纪晓岚打赌

按照常规思维,纪晓岚就是撑破肚皮,也很难在 10 天内吃掉 100 只鸭子。那么,纪晓岚是怎么吃下去的呢？第一天,纪晓岚杀了 40 只鸭子,拔毛、去骨、剁成肉丁,撒给 60 只鸭子吃；第二天,又杀了 20 只,给 40 只鸭子吃；第三天,又杀了 15 只,给 25 只吃……就这样,鸭吃鸭,到了第十天,只剩下 1 只鸭子,纪晓岚把它杀了,美美地吃上了一顿。

分场地和人

答案如图所示：

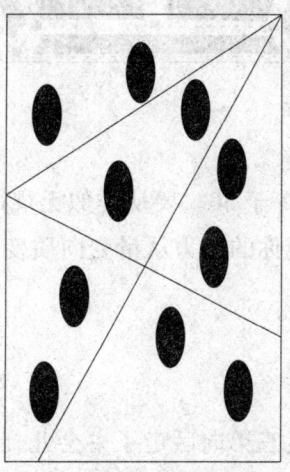

积与差相等

其实文文忽略了分数,在分数的世界里这样的一对数是有很多的,比如 $\frac{3}{8}$ 和 $\frac{3}{5}$。

寻找死亡密码

答案如图所示：

识别图形

C。其他各个图形的中心部分是逆时针方向旋转,而周围部分是顺时针方向旋转。

巧送牛奶

答案如图所示：

求值

在任何横线或竖线里的数字总和等于50。要从类似无规律的现象中,去发现出规律,这样就逐步提高了你的观察能力和分析能力,使你的智力从量变向质变飞跃。

A 是 17,B 是 18,C 是 14。

比聪明

这三兄弟按照自己的想法去做了:三弟向后走了一会儿,就看见迎面驶来的公交车,跳了上去。这辆车驶到大哥等车的车站,大哥也跳了上来。过了不久,这辆车赶上了二弟,他也上了车。兄弟三人都坐在同一辆车上,当然都是同时回到家里了。

最聪明的是大哥,他只是原地等车,比两个弟弟少走了很多路。

聪明的营业员

孙启东放的这1元钱是一张5角钱,两张2角钱,一张1角钱。如果孙启东想要的是牛奶冰棍的话,他就不会再把那1角钱放在柜台上了。

淘汰赛

根据题意,32个参赛者中,除了1个冠军外,其余31个都是失败者。这31个失败者,每人至少输了一场,也至多输了一场。因此,全部比赛共进行了31场。显然,全部进行过的比赛不可能比31场多,否则就会有一场比赛没有失败者;也不可能比31场少,否则就不会有31个失败者。

所以正确答案是31场。

动起来

如果静止地观察图形,很难看出它们之间的数量关系,同时问题中不具备套用三角形面积公式的条件。如果让图形动起来,将圆内的小三角形绕圆心旋转,得到下面的图形,不难看出,圆外的正三角正好被平均分成4个小正三角形,即圆外正三角形面积是圆内正三角形面积的4倍。这样就知道答案了。

圆外的正三角形的面积是:500 ×4 =2000(平方厘米)。

如何摆硬币

如图所示，依照原样摆，只不过是将新加的 5 枚硬币按图所示与别的硬币重叠起来（阴影的硬币）就可以了。答案有多种摆法，可以自己试着摆一摆。

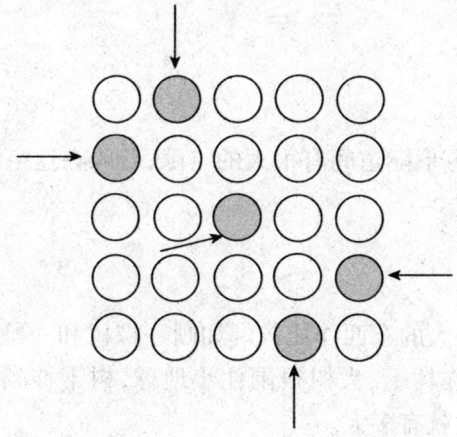

找出合理的图形

这个规律为每个图形从左到右线段数递减，且减少线的位置规律为横、横、竖。所以，第五个图应该减少一条竖线。

所以正确答案是 B。

走进布满镜子的小房间

也许你会被题中给出的条件迷惑住，认为你能看到无数个自己，其实你什么也看不见。因为没有光线能射进房间里面，一片漆黑。

重新拼图形

首先将拼图剪成三块之后再拼合起来。

将拼图按第一幅粗线所示剪成三块，再按第二幅图所示拼合起来就可以了。

修改过时的裙子

剪两刀是很容易做到的事情：分别剪去两边突出的部分。剪一刀需要先左右对折一下，再剪去突出的部分就可以了。

图形平面的组成

A 项和 D 项的半圆内或圆内均缺线条或无线条，与原图不相符，故可以排除；B 项对角的线不应穿过圆，即小圆内多了线条，也应该排除。

所以正确答案是 C。

飞机的影子

地球到太阳的距离十分遥远，因此，从太阳发射出来的光，到达地球表面时已然形成平行线。既然是平行的光线，那么无论物体位于何处，它的影子其实都是一样大的。

所以正确答案是 A。

正方形隧道

因为圆很大，所以，它和正方形隧道间有很大的空隙，若躲在这空隙里就不会被压到。

所以正确答案是能。

画树比赛

根据提议要求，把树和一些大的东西作比较。如画一棵树和一幢大楼一样高甚至比它更高；把楼房、汽车、飞机甚至城市等画在树上；大树根围住小地球，树干伸到宇宙中，等等。有了这样的方法，所画的大树岂不是想有多大就有多大。

搭桥过山涧

答案分析这个小学生可以把木板向山涧的那边伸出一小部分，并站在木板的另一端压住，然后这个大人可以把木板搭在小学生的木板上，就可以从容过去了。然后这个大人再压住木板，让小学生过到另一边去。

拼数字

所以正确答案是 8。

帮助弹力球搬家

当弹力球在空中时，它受到地球引力会下坠，要想让弹力球不从杯子里掉出来，只有给它一个横向的速度，摇动杯子，将这个弹力球弹起来，这样，弹力球就会在杯子的壁上弹来弹去，而不会落到地上。

排队找位置

根据给出的条件，"己不在队伍的最后面，在他和队伍末尾之间有两个人"，可知己排在第三位；根据"甲前面至少有四个人，但甲也不在队伍的最后面"，可知甲排在第五位，根据"丁的后面至少有两个人"、"丙也不在队伍的末尾"和"位于队伍末尾的不是戊"，可知排在第六位的是乙；因为丁和丙都没有排在最前面，所以，排在第一位的是戊；最后可确定丙排在第二位，丁排在第四位。

因此，这六个学生的顺序分别是：戊、丙、己、丁、甲、乙。

骰面

这道题需要充分发挥空间想象能力,不行的话最好动手试试。

所以正确答案是 E。

参加晚宴的夫妻

丙夫妇。

如图所示:

```
                    甲先生

        丁先生                  甲太太


        丁太太                  丙太太


             丙先生        乙太太

                    乙先生
```

长与短

大圆周长 $=2\pi D$,小圆周长和:$2\pi d1 + 2\pi d2 + 2\pi d3 + \cdots\cdots = 2\pi(d1 + d2 + d3 + \cdots\cdots)$,直径共线,那么,$D = d1 + d2 + d3 + \cdots\cdots$ 所以一样长。

所以,妹妹说得对。

一块不规则的木板

如图所示:

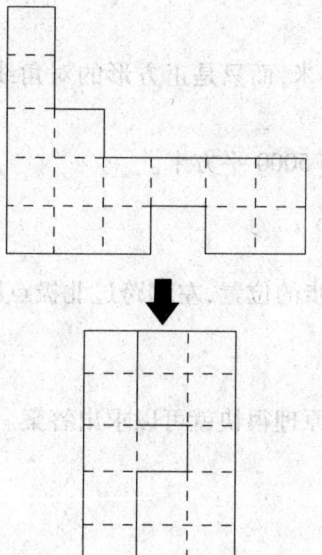

需要多少秒

第一层到第四层只走了三层楼梯,而从第四层至第八层却要走四层楼梯,则走一层用的时间是:$48 \div 3 = 16$(秒),从第四层到第八层用的时间应为:$16 \times 4 = 64$(秒)。

被骂的师傅

因为正五角形不可能将墙面完全铺满。
所以正确答案是 C 师傅。

两条平行线段

答案如图所示：

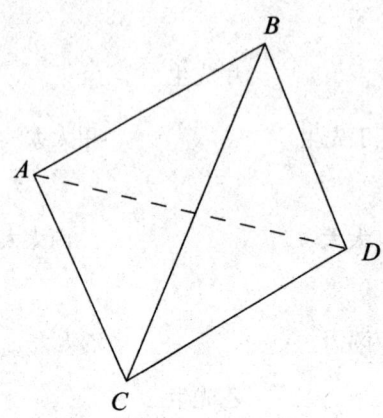

平分正方形

只要把中心定在对角线的交叉点上，然后旋转对角线，所有分成的四块都会相等。

转动齿轮

按照题中的说法，这个组合中没有一个齿轮可以转动。无论你向哪个方向转动，最后传递回来的都是相反的力量。
5 号齿轮一圈也转不了。

地皮变小

因为正方形的边长，并不是 100 米，而只是正方形的对角线东西、南北各 100 米，所以正方形的边长只有 $\sqrt{5000}$ 米。
所以，正方形的面积实际上只有 5000 平方米。

脚的方向

他的右脚站在距离北极点差一步的位置，左脚跨过北极点因而指向南方。

构成立方体

只要利用立方体长宽高相等的原理很快就可以求出答案。
$4 \times 4 \times 4 - 16 = 48$。

皮球的运行轨迹

皮球会避开小朋友而落到对方的右边。球的运动轨迹是曲线，因为两个小朋友都在运动，同时这皮球也带有投球者的速度，将向右偏移，这种偏移叫作科里奥利效应。

找图中共同点

灰色字母左右对称，黑色字母上下对称。

失误的张兵

张兵看到的只是李经理映在镜子中的影像。

找出图形

等边三角形 12 个,梯形 16 个,平行四边形 17 个,菱形 11 个。

花瓣变太阳

答案如图所示:

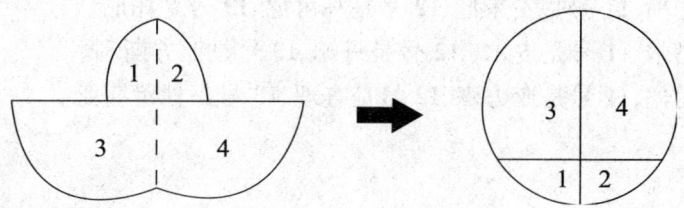

巧取硬币

这是一个后发制胜的游戏,谁先开局谁就会输。如果你的对手稍微聪明一点,或者懂得其中的秘密后,就不会在你先取 1 枚后,他取 4 枚,最后导致他输。

骰子点数之和

骰子对面两个数的和永远都是 7。由此可推断,从上到下三个骰子背面和侧面的点数依次是:4、5、5、4、2、6,所以点数之和为 26。

三角形重叠

最多可以形成 19 个区域。

如图所示:

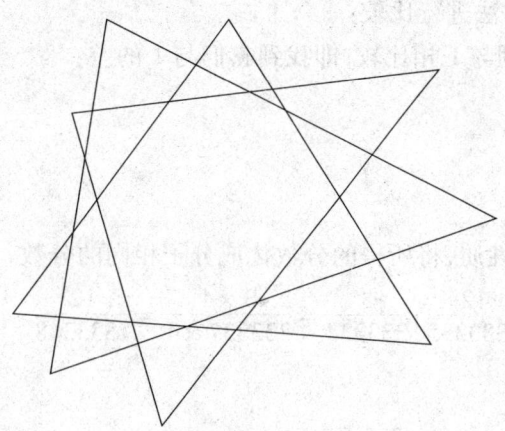

安排座位

坐在 A 排 13 座的男子[条件(6)]不可能是皮尔或查理[条件(1)],也不可能是鲁伯斯[条件(4)]。爱丽丝不会坐在 13 号座位[条件(5)],这也排除了亚塔尔和亚力森坐在 A 排 13 座。因此,根据排除法,坐在该位子上的男子一定是托尼。安东尼也坐在 A 排[条件(1)],这一排一定还坐着另一名女子[条件(3)]。她不是丹娜,因为她的座位是 B 排 12 座[条件(2)],也不可能是亚方斯利和杜蕾斯亚[条件(7)],条件(5)又排除了爱丽丝。因此根据排除法,马可尼一定坐在最前排,她的座位不可能是10号或11号[条件(4)]，并且我们知道也不会是13号。因此一定是12号。那么鲁伯斯的座位在这一排10号[条件(4)]，这样便剩下了安东尼，她应该在11号。

因此根据条件(1)，皮尔的座位是B排11座。在那一排一定还有第二个男子[条件(3)]，他不是查理，因为他肯定在C排[条件(1)]。而且，条件(5)也排除了亚力森的座位为B排10号或13号这两个未确定的座位。我们知道托尼和鲁伯斯在A排，因此根据排除法，亚塔尔一定在B排，他的座位不可能是13号[条件(5)]，所以一定是10号。那么根据条件(5)，爱丽丝一定在C排10座，亚力森在该排11座。因此根据条件(1)和条件(7)，查理一定在C排12座，杜蕾斯亚在同排13座。这样便剩下B排13座，是属于亚方斯利的。

综上所述：
A排：10号是鲁伯斯、11号是安东尼、12号是马可尼、13号是托尼。
B排：10号是亚塔尔、11号是皮尔、12号是丹娜、13号是亚方斯利。
C排：10号是爱丽丝、11号是亚力森、12号是查理、13号是杜蕾斯亚。

点餐

要想正确找出答案的关键在于"邻座的人都点了不一样的东西"，因此，只要依次排出各人所点的东西，并且填入他们的主菜，主菜栏空白者便是点了牛排的那一位。丹尼先生坐在A座，则凯文先生一定不在B、C座，那么，确定D座是凯文先生。而坐在B座的人点了一份猪排，那么，欧文先生肯定坐在C座，而且A、D两人前文交代又点了鸡排和羊排，所以，可以判定C座欧文先生点的是牛排。

坐在C座的欧文先生点了牛排。

释放女犯人

因为刑满释放的是女犯人，那个男的是她在监狱中生的孩子。

比大小

一眼就能看出，这两个分数的分子与分母都比较大，因此把它们转化成分子或分母相同的分数比较困难，可以采用下面的方法进行比较：

(1)把这两个分数先分别与1相比较，即找到它们与1的差：

$$1 - \frac{444441}{444445} = \frac{4}{444445}$$

$$1 - \frac{333331}{333337} = \frac{3}{333337}$$

(2)再根据分数的基本性质，将所得的分数化成分子相同的分数，方便进行比较。

$\frac{4}{444445} = \frac{4 \times 3}{444445 \times 3} = \frac{12}{1333335}$；$\frac{3}{333337} = \frac{3 \times 4}{333337 \times 4} = \frac{12}{1333348}$。因为：$\frac{12}{1333335} > \frac{12}{1333348}$，所以：$\frac{4}{444445} > \frac{3}{333337}$。

回到原题即 $\frac{444441}{444445} < \frac{333334}{333337}$。

下个图形是哪个

要从已知的图形中找规律，一个黑球等价于两个白球，一个空心等价于一个白球，依次递增，很容易就知道答案了。

所以选择B。

组合拼图

关于这道题的答案,最好是自己亲手做一下,把图形重新排列,后面两个三角形虽然看起来尖锐,但是并不可能成为 A 图中的样子,而且因为第二个图形所限,B、C 也不太可能。

所以选择 D。

如何拼长方形

对。如图所示:

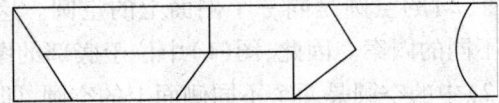

哪个是正确的

经过重新排列之后的图形实质上并没有什么变化,只是方向有所不同,所以,仔细观察箭头指向与箭头旁边圆点的对应情况,就很容易得出正确答案了。

所以选择 B。

三阶反魔方

三阶反魔方存在,而且可以有其他答案。

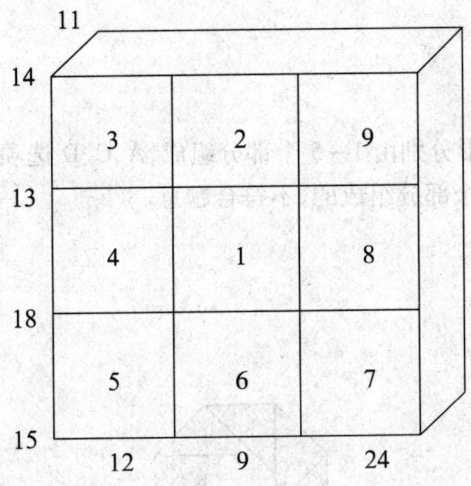

重新排列图形

原图可拆分为四个部分,再通过重新组合成为新图形,经过检查很容易得出,A、C、D 选项的拆分部分与原图不符。

所以选 B。

重新组合图形

由给出的四个图形来看,显然原图形是沿两条对角线分成四个部分,只要找出哪一个是拆分后正确组合的就可以了。

所以 A 选项正确。

判断

A、C、D 可以一笔画出来,B、E、F 不能一笔画出来。

找图形

根据左边的规律,图形的外部形状分别为三角形、四边形和圆;内部形状分别为左斜线、右斜线和点。

所以 B 正确。

出现两次的图案

出现了两次的是图 d,我们不妨把它称为空圆。一个图形或者出现 1 次,或者出现 2 次。假设空圆只出现 1 次,则图(1)和图(2)的空圆是同一个侧面上的空圆。这样,和空圆相邻的 4 个侧面上,是 4 个不同并且与空圆也不同的图案。因此,图(1)中位于底部的图案一定出现了 2 次,这和条件相矛盾。所以,图(1)和图(2)中的空圆是两个不同侧面上的空圆,即出现了 2 次。

下一个图案

上边的图案中,圆点的个数是有规律的,9÷3=3,3÷3=1,那么 3÷1=3,所以选择第四项。

所以选择 D。

变色图形

从左边的图案可以看出,第三个图是前两图作比较得来的,相比来说不一样的会涂成白色,一样的部分则变成黑色,因而得出问号处应该是第一个图。

选择 A。

找不同

根据题意知,上面五个图形分别由 1~5 个部分组成,A、C、D 选项均由六个部分组成,延续了前面的规律,而 B 选项也是由五个部分组成的,不符合题意。

所以选择 B。

拼八角星

首先如图裁减这个图形,

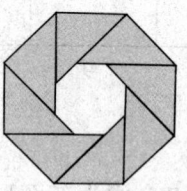

然后将每一小部分翻转,如下图拼起来,即得所需图形。

方向对吗

根据题意,第一行是\这个方向的有 3 根。第二行是\这个方向的有 2 根。第三行\方向的应该是 1 根。在八个项中,只有一个唯一答案,那就是 E。

找规律填空

根据前面图形可以看出,一个五角星等于三个圆,所以圆的个数分别为4,5,6,7,8,9。也就是最后一个图形是九个圆或者三个五角星。

所以选择C。

能围成几个正方形

20个。

如图所示:

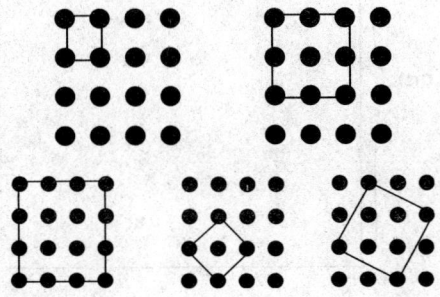

围变梯形

结果如图所示:

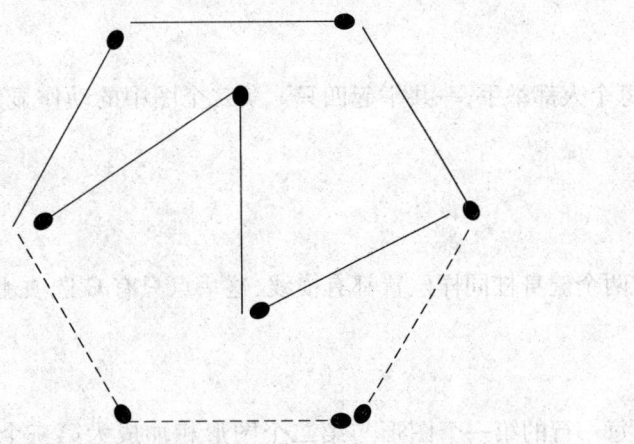

会转圈的三角

根据其他三角很容易看出,每两个相邻点的符号各不相同。所以要选择C。

图案九宫格

按照每行看是等差数列或者竖排相加为9。因此,选择C。

5	3	1
3	2	1
1	4	7

改正方形

只要用手指抹掉 10 中"0"的一部分,改成"c",面积就变成百万分之一了。

如图所示:

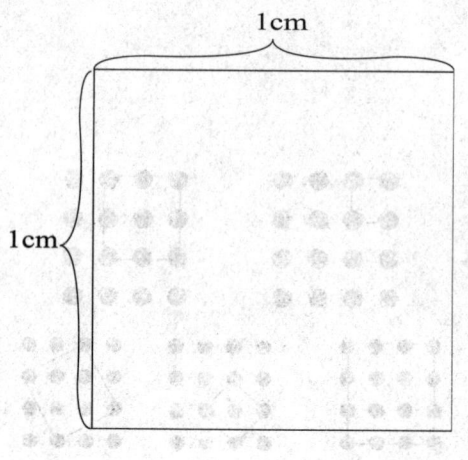

找相同

已知左边的三个图中都共有一部分(两条对角线)。同理,右边也应如此。所以选择 B。

排舞蹈

第一个图中每个人都举手,一共举起四只。第二个图中的动作显然也符合这一规律,所以可推知 D 正确。

正确的健身杠

根据提示,前两个健身杠同样位置都有横线,这一点只有 C 选项才有,且为黑色。

找头巾的规律

很容易看出,每一行的第一个图形与第二个图形相加成为第三个图形,原来相同的变成空白,不同部分的变成阴影。所以选择 C。

组合正方形

如果能像下图那样组合,就会出现 4 种正方形。

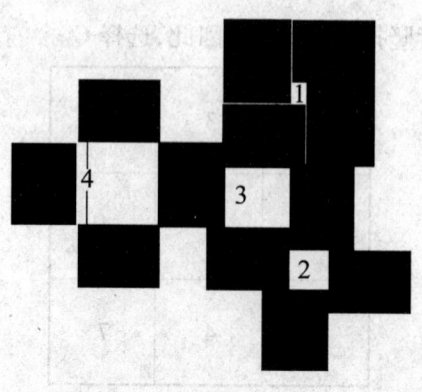

奇怪的图案

从左图中很容易看出，规律是小图形位置分别是内含、相交、在外，而且小图形要顺时针旋转90°。所以A是正确的。

小亚糊纸盒

做这类题，只要找到相邻关系，排除不可能存在的关系，就很容易得出答案。

所以选择C。

一枚徽章

通过观察，很容易知道第一组的三个徽章有这样的规律：第三个徽章是由前两个图叠加后除去相同部分而成，第二组也呈现同样的规律，故B正确。

缺失的一角

可以将三角形一起看，正方形一起看，圆一起看，三角形顺时针转，正方形顺时针转，圆逆时针转……所以应该是D项。

古老的岩画

第一个图是逆时针转，每转90°下面加一横；

第二个图是从有小圆的90°扇形开始逆时针旋转，每旋转一次，原有小圆的90°扇形加一个小圆，其他的90°扇形也加一个圆；

同理第三个图在第二个图的基础上再转90°，也是每转一次原有小圆扇形再加一个小圆，其他地方也同样加一个小圆。根据以上规律，能符合此规律的只有C项。

救火

如图所示，先找到B点相对于河边的对称点C点，然后连接AC，交河边于D点，那么ADB就是取水救火的全程的最短路线。

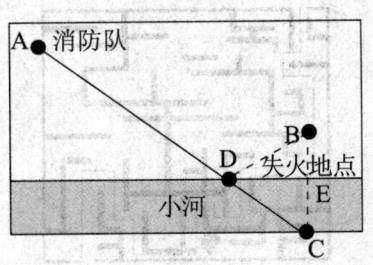

拆礼物的包装

解此类图形一定要注意相邻面的位置。注意侧面和正面的位置，由此可推断正确答案为A。

棋盘的秘密

通过观察得知第一个图，三个图形中的白色小圆依次减少一个，且绕中心顺时针旋转，而黑色小圆依次增加一个；

第二个图形中的白色小圆依次减少一个且绕中心顺时针旋转，黑色小圆依次增加一个。

所以正确答案是B。

画盒子

只要找到相邻的两个面,按照顺序一一排除就很容易得到答案了。

所以正确答案是 C。

种杨树

答案如图所示:

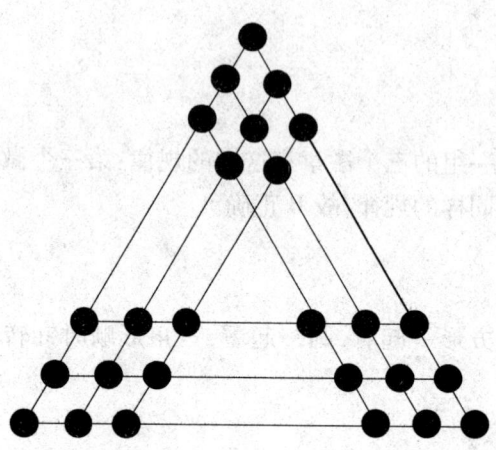

找出相同部分

依次与画面中的 3、7、4 相同。

让圆点消失

人的眼睛是存在视觉盲点的,仅用左眼盯住,改变眼睛与纸面的距离,就会突然消失。

偷宝石

用一支铅笔,从进口到出口不断地试验。

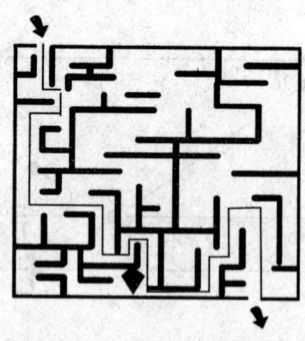

找对应

正确答案:C。

一个纸时针

有问题,长针太长,针的位置也错了,正确顺序是短针在最里面,长针在中间,秒针在最外面。

棋子的颜色

正确答案:黑色。

变换三角形

答案如图所示：

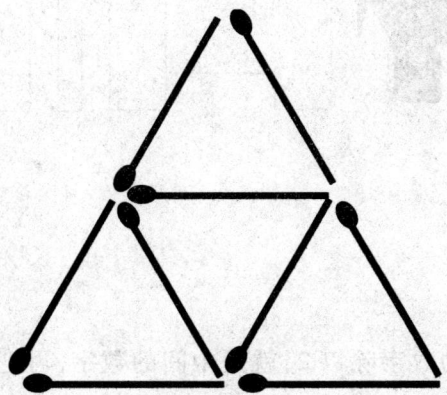

判断长短

一样长。

画一条直线

只要让中间凹进去，就可以画一条通过四边的直线。

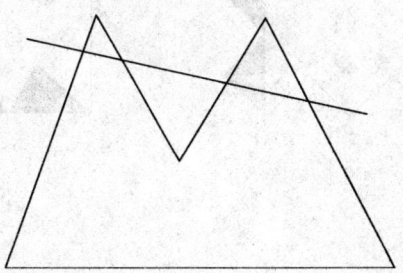

多少套环

绳子套着3个三角环、3个圆环、1个方块环。

数一数

6个。

多少只小鸟

10只。

猜数字

图中的方格被编为1至9之间的数字，从左上角开始，先从左到右，再从右到左，最后又从左到右。

正确答案：8。

变白象

答案如图所示：

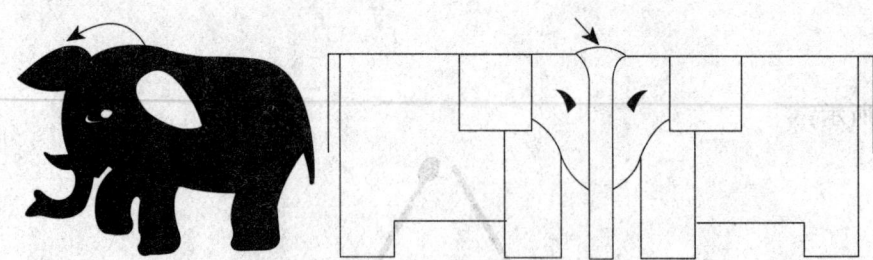

补缺口

正确答案：E。

推算

按纵列进行计算，把上面的数字除以 2，就是中间的数字，再把中间数字乘以 3，就是下面的数字。

正确答案：30。

做正方形

答案如图所示：

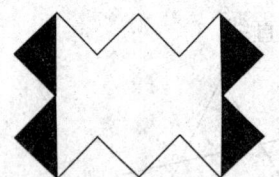 

观察图片

从白面看是两个相对的头像。

顶端数字

每个方框里的数字都是它正下方两个方框中数字的乘积。

正确答案：168。

变三角最多

答案如图所示：

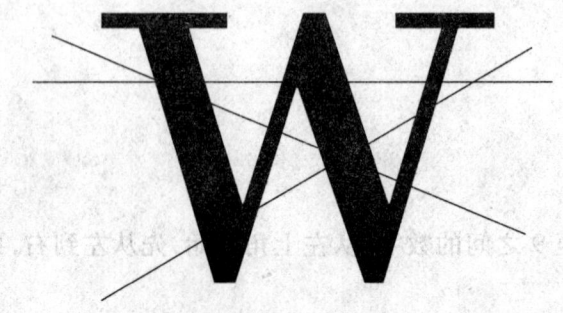

挑图形

大图形每次顺时针旋转 90°，小图形每次顺时针旋转 120°。

正确答案：A。

序列

这 6 个数字都可以用于飞镖积分。60(20 的 3 倍),57(19 的 3 倍),54(18 的 3 倍),51(17 的 3 倍),50(靶心)及 48(16 的 3 倍)。

正确答案:48。

找三角形

正确答案:74。

分解表格

答案如图所示:

宝塔上的碎片

正确答案:10 与 16 相同。

等边三角形变等边三角形

答案如图所示:

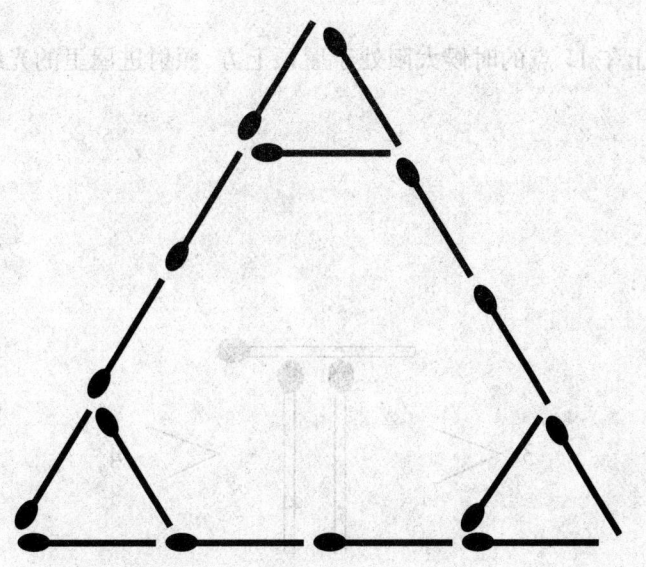

保持 3:1 不变

答案如图所示：

让三角形颠倒过来

答案如图所示：

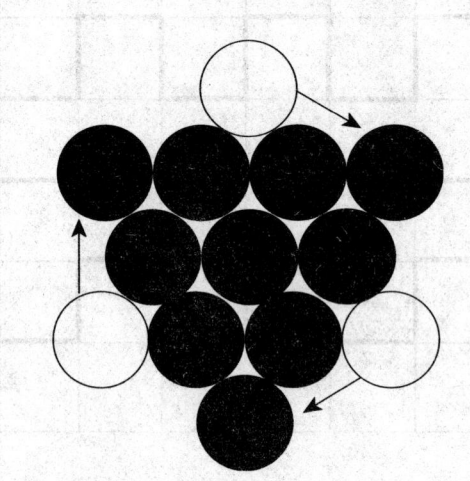

三徒弟射箭比赛

大徒弟用 3 支箭射掉了 3 个李子；二徒弟 2 支箭中有 1 支箭射穿了 3 个李子；三徒弟用 1 支箭射中了盛李子的盘子，李子都掉了出来。

夏天还是冬天

大家都知道，夏天上午 11 点的时候太阳处于屋顶上方，照射进屋里的光线面积很小。而右图是冬天。

所以，左图是夏天。

该如何摆

答案如图所示（π）：

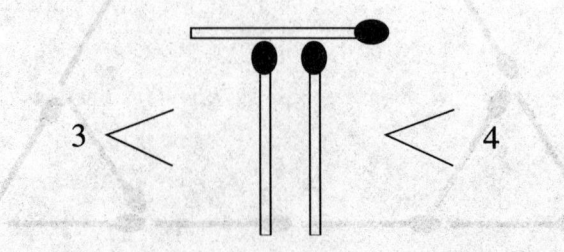

标签

从贴着混装标签的箱子里任取一个,如果是铅笔,则此箱子装的就是铅笔,因为箱子标签正好都贴错了,那么贴着橡皮标签的箱子原来是混装的,贴铅笔标签的箱子则装的是橡皮。

所以正确答案是 1 次。

补全多边形

多边形中对角的三角形图案相同。

所以正确答案是 E。

母鸡存鸡蛋

母鸡能在格子里存放 12 个蛋。

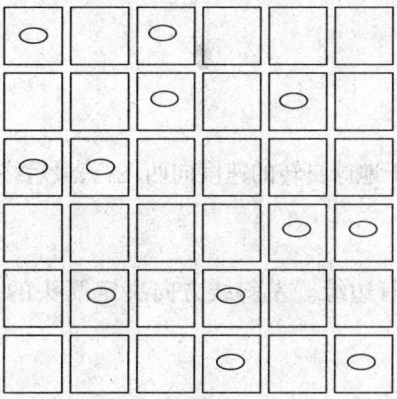

找脸谱

其他脸谱都有 3 个是一样的,只有脸谱 4、6、11 大致一样,但脸谱 4 的嘴形略有不同。

火柴棒变图形

答案如图所示:

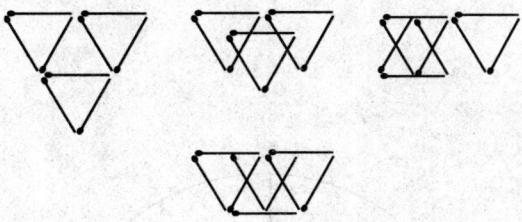

孙启明打赌

原来,和地痞打赌后,孙启明又跑到地痞的爸爸、舅舅、叔叔、姨夫面前,说地痞愿意让大家看他自己的屁股,作为地痞的家人当然不信,于是每人与他打赌 100 元。这一来,孙启明输给地痞 100 元,却赢了地痞的爸爸、舅舅、叔叔、姨夫 300 元,他既多赚了钱,又让地痞丢了丑。

灰黑相间

灰色部分的面积比黑色部分面积大 1.3 倍还多一点。有时候视力错觉会让你觉得黑色部分的面积大。

由一变二的伞

答案如图所示,按照箭头指示,可多变出一把伞来。

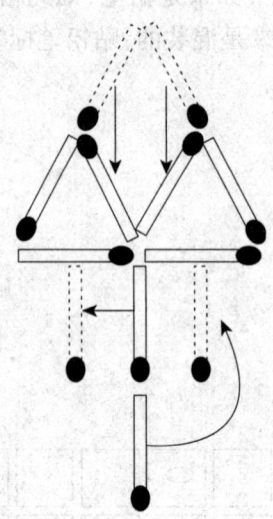

太阳真的从西边出来了

让这位老富翁乘坐飞机,以高于地球自转的速度向西飞行,最后终究能看见从西边出来的太阳。

正确选择

横行决定箭头的特征:空白,有边缘。左斜线方向决定箭头的指示方向。右斜线方向决定了箭头的颜色。

所以选 A。

选图形

此题 A、D 完全相同,F、G 完全相同,而 C、E 通过旋转都可以得到 A。

所以,B 与众不同。

哪个圆是对的

已知的原图沿三角形中的三条直径分成 6 部分图形,然后将这 6 部分图形经重新拼凑,可知选项 A 正确。

如何分大饼

答案如图所示:

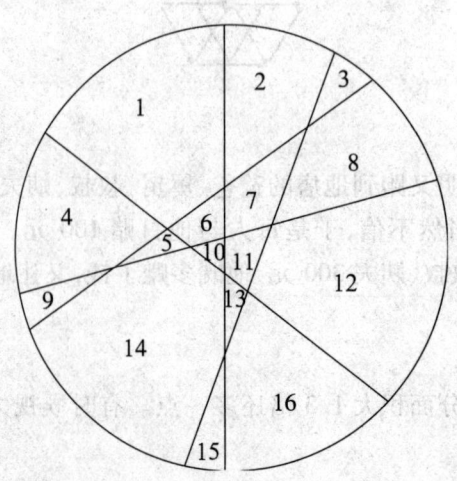

铁链条

先把一条链条上的3个环截开,然后用这3个环把其他的链条串起来。

老人待客

老人会对这些人说:"这就是那位朋友送来的兔子的汤的汤的汤。"有些朋友关系距离是不一样的,自然就会出现很多情况。比如,我和你是朋友,你和他是朋友,我和他可能是朋友,也可能不是朋友而是冤家。这位老人的机智就在于形象地把朋友之间的非传递关系揭示了出来。

旋转的象棋子

回答此题时要充分运用视觉想象力,考虑清楚再回答。由于两枚象棋的圆周是一样的,因此,你可能认为象棋车在紧贴象棋马"公转"一周的整个过程中,仅围绕自己的中心"自转"一周,即一个360°。但只需实际操作一遍,就会惊奇地发现,象棋车实际上"自转"了两周,即两个360°。

不为人知的联系方式

这两个人是通过手语传递的。

火柴幻方游戏

将数字8中间的火柴移到6的一边,使6变成8。
如图所示:

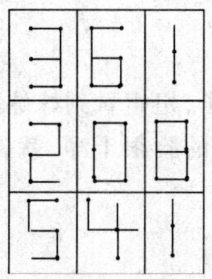

李师傅的工作

正确答案:50千米。
走法如图所示:

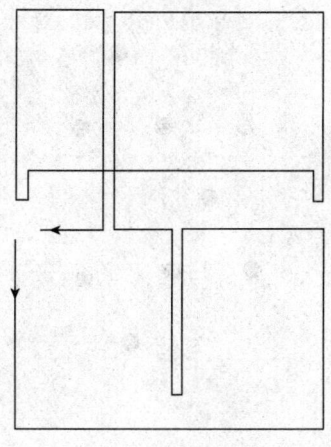

蜗牛爬了多远

已知 8 个点都是奇点，故至少要少爬 4 条棱。少爬 3 厘米的棱和 4 厘米的棱各两条是最合理的，如图所示：

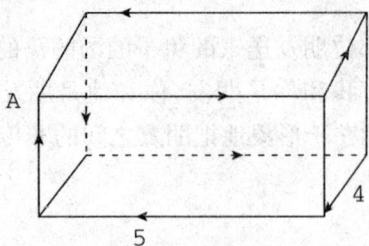

最多爬行 34 厘米。

调整天平状态

至少要移动 5 根木棒。

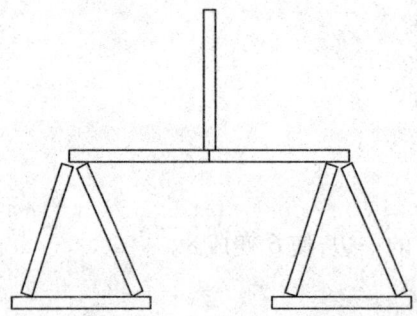

不洗脸的妹妹

干完活后，她们都没有来得及照镜子，姐姐看到妹妹脏兮兮的脸，以为自己的脸也是脏兮兮的，就急忙跑去洗脸。而妹妹看到姐姐的脸很干净，就以为自己的脸也很干净，所以没有跑去洗脸。

几个圆相切

需要 6 个圆。

如图所示：

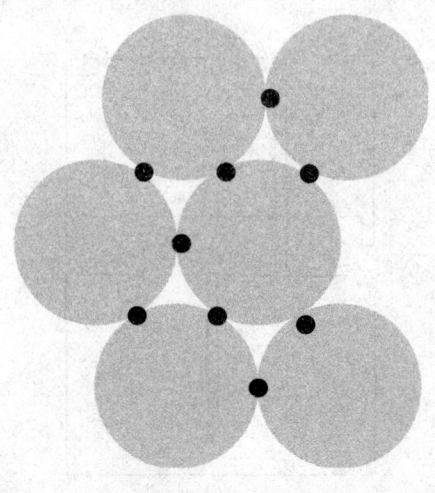

盾牌

每个图形的值通过深灰色方格来计算：

第一列代表的值是2；第二列代表的值是4；第三列代表的值是6；第四列代表的值是8；

将所有列中深灰色方格所代表的值相加就是底部的数值。

正确答案：20。

回文符路碑

张师傅看到的路碑的读数不可能大于14041，因为如果这样的话，他的时速就会超过100千米。

张师傅的时速是：（14041－13931）÷2＝55（千米）。

找缺少的方块

横排前面两个方框中的圆圈数相乘得到第三个方框中的圆圈数，竖排相除就可以了。

正确答案：B。

数字谜题

每个图形上面三个数字之和与下面两个数字之和相等。

正确答案：3。

豪华酒店套间的门

做这道题也有技巧：你要画出一幅平面图，依照平面图对题目的要求作出直观的理解，这样就很快完成这道题了。

平面图如下：

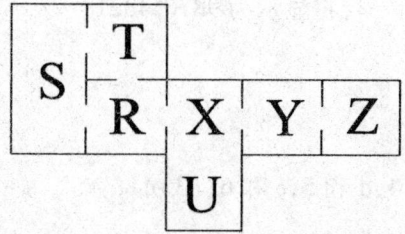

答题(1)：从平面图上可以清楚地看出，Z不可能是从R开始进入的第三个房间，要到达Z，需经过R、X、Y三个房间，也就是说，Z只能是从R直接进入的第四间房间。所以，答案应该选E。

答题(2)：选A。关掉的或是R、S之间的门，或是R、T之间的门，或是S、T之间的门。

答题(3)：选E。Z房间只有一道门与Y相通，故进出都需经过Y。根据图示，进出Z都要经过Y。

答题(4)：选C。对照平面图，你将清楚地看到只要在T、U之间开条通道，就可满足题目的要求。参观者的路线将是R—S—T—U—X—Y—Z。

黑色三角

根据图形就可以知道，白三角一次一个，黑三角除第一个外，其余是按照2的n次方的规律排下去的。第一块黑三角有1个，第二块有2个，第三块有2×2＝4个，第四块有2×2×2＝8个，第五块有2×2×2×2＝16个，第六块有2×2×2×2×2＝32个，第七块有2×2×2×2×2×2＝64个，第八块有2×2×2×2×2×2×2＝128个。可以推断出，前200个三角中有8个白的，有192个是黑的。

推数

黑色三角形代表的数值是6,灰色三角形代表的数值是3,所以$(6+3+3)\times(6+3+6+6) = 12\times21 = 252$。

问号

正确答案:5。

这个方框包括:

1个1   1(1×1)
4个2   2的平方(2×2)
9个3   3的平方(3×3)
16个4   4的平方(4×4)
25个5   5的平方(5×5)
36个6   6的平方(6×6)
49个7   7的平方(7×7)

毕再遇巧撤军

毕再遇命士兵捉来许多只羊,把羊倒悬起来,让羊的前蹄抵在鼓面上,羊被吊得难受,就会使劲挣扎,就把战鼓"敲"响了。

帮小猫找尾巴

①H,②D,③c,④G,⑤8,⑥F,⑦E,⑧A。

填数字

每列的前3个数字相加,最后一行将显示为987654321。
654。

按图索骥

(1)b;(2)a和2,b和3,c和4,d和5,e和6;(3)c。

数字填格

这道题的计算规则是:

由顶部数字颠倒排列顺序后组成的四位数减去由中间数字组成的四位数,所得结果再被由底部数字组成的四位数减去,这时所得的结果就是三个方格内的数字。

正确答案:425。

落下的球

当球摆动到最高点的刹那间,球既不向上,也不向下摆动,这时因绳断而球不再下摆,球就会垂直下落。

万字花拼图

答案如图所示:

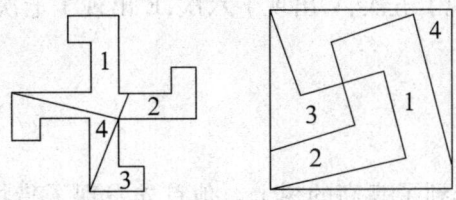

坐标图片

第一行和第二行的三个小图形中均有一条竖线和两条对应的对角线,第三行按此规律,就可先排除 C 项。第一行和第二行正方形中大圆所包含的图形均是不相同的,第三行依此规律,可排除 A 项。第一行和第二行独立的图形(没有被大圆包围的小图形)也是不相同的,这样就可以排除 B 项了。

所以选 D。

查缺补漏

每一行中的黑楔形都可以构成一个完整的正方形。

图形纸片

从每一竖列的规律来看,都为统一的图形,只是上下方向不同,而且规律是每次遇到黑点后的下一个图形与黑点处图形的方向相反。

所以选 B。

三个正方形

答案如图所示:

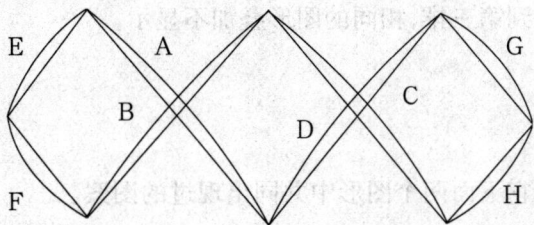

乘电梯的张先生

因为张先生住在 27 楼。电梯从 36 楼下来到 27 楼,共 9 层;或者电梯从 1 楼上来到 27 楼,共 27 层,所以电梯向上和向下的层数之比是 3:1。

藏在字母里的秘密

如果你稍加考虑,数数各个字母出现的次数就会发现,字母 D 出现了一次,I 出现了两次,S 出现了三次,C 出现了四次,O 出现了五次,V 出现了六次,E 出现了七次,R 出现了八次。按照这个顺序就能得到 discover(发现)。

猎人丧命

张子良为了视野更开阔,爬到了高高的树上。他首先发现了猎物,就开枪射击。射击时,后坐力很大,他向后一仰,就失去了平衡,没来得及抓住树枝,也没来得及调整好落地的姿势,就重重地摔到地上,活活被摔死了。

数字取代符号

先把这个图形水平、垂直分成 4 部分,就会形成 4 个 3×3 的正方形。在每个正方形中,把外面的 4 个数字相加,所得的和就是中间的数字。

正确答案:19。

拍照片

他是从西面拍的照片。

跳舞姿势

只有图中最下方中间的人与上面的人跳舞姿势相同。

图案翻身

正确答案:D。

观察图案

正确答案:C。

阮小二跟时迁吹牛

时迁的判断是有根据的,因为在横渡五次黄河之后,人应该在河的对岸,不可能立即回家。

对号入座

第一排和第二排叠加得到第三排,相同的图形叠加不显示。

正确答案:B。

谁可以取代

每一个模块包含的都是它下面两个图形中共同出现过的图案。

正确答案:F。

归位

每个多米诺骨牌数字(包括空白)在每行、每列中出现 1 次。

正确答案:D。

打结的绳子

正确答案:B。

球的位置

根据题意,第一层黑球多 3 个,第二层黑球多 5 个,第三层黑球多 7 个,依此类推,第 n 层黑球多 $2n+1$,当多 2005 个的时候,就是在第 1002 层的最后一颗。

找出变形后的盒子

根据上边的图形,折叠后成为一个正方体,四个侧面都为空白,下底面为黑色,上底面为四个两两相对的图形,一对空白,一对阴影。只要能够找到相邻关系,然后排除不可能存在的关系,得出的答案就是正确的。

所以选择 A。

数字划分

答案如图所示:

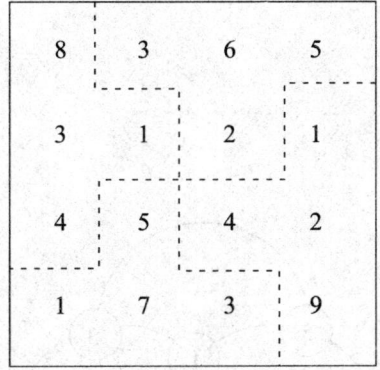

与神仙比酒量

根据一步一步推算,就可以知道一共有 6 个人喝酒。

一次走过七桥

这道游戏题看上去好像很简单,结果却证明它非常复杂。当欧拉第一次听说它时,并对它产生兴趣,他就着手证明它不可能有解。欧拉分析这问题的方法是把桥的地图变换成网络图。

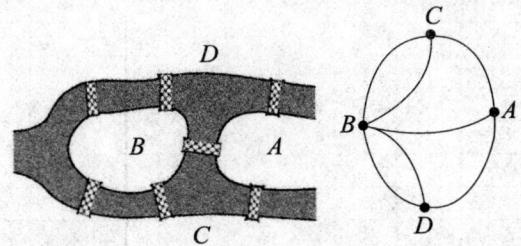

一个网络基本上可以看成是一个问题的图样。哥尼斯堡七桥问题的网络可以图解如下:标明 A、B、C、D 的点分别代表河的北南两岸(C 和 D)和两个岛(A 和 B),线代表将 A、B、C 和 D 连接起来的路或桥。两座桥连接 C 和 B,两座连接 B 和 D,一座连接 A 和 B,一座连接 A 和 C,一座连接 A 和 D。

欧拉把一个点或结点描述为"奇"的或"偶"的。如果出自一个结点的线的数目是奇数,这个结点就是奇的;如果线的数目是偶数,这个结点就是偶数的。欧拉不仅研究了哥尼斯堡桥,还研究了许多别的网络。

要走完一条路线而其中每一段行程只许经过一次,只有当奇结点数是 0 或 2 时才有可能。在其他情况下,如果不走回头路,就不可能走遍整个网络。

他还发现:如果有两个奇结点,那么经过整个路线的行程必须从一个奇结点开始,到另一个奇结点为止。

哥尼斯堡难题终于有了一个证明。A、B、C 和 D 四个结点都是奇结点,所以根据欧拉规则,没有一条路能解决这个问题。

计算三角形

共有 15 个相同的等边形。如果把重叠的部分也记作三角形,那么共有 28 个三角形。

找窗户

正确答案:B。

找相同图案

正确答案:5。

巧填数字

答案如图所示:

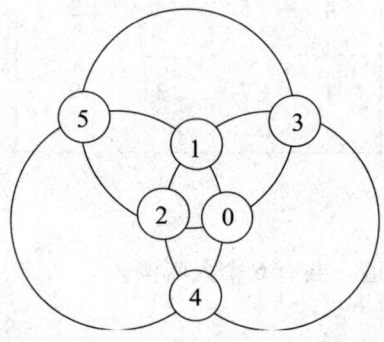

拼图

答案如图所示:

解难题

首先取 3 块正方形的中心点,分别设为 b、c、d,再取 ED 与 DC 的中心点 a、e。然后,照(图 a)线截割,将截下的部分与剩余的部分拼接在一起(图 b),这样就能得到要求的方框了。

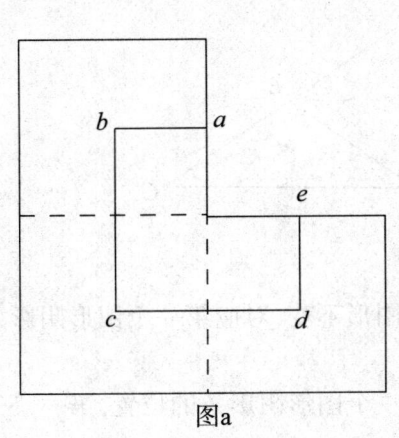

图a

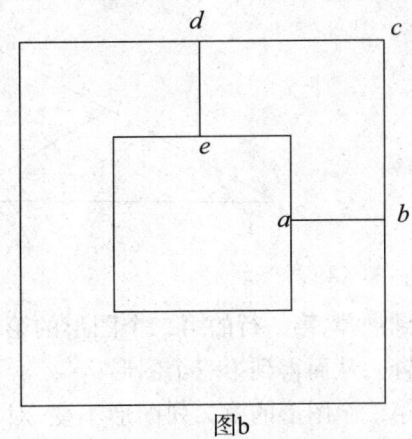

图b

截 C 形磁铁

这道题不能简单地将磁铁画成弧形就算完了(如图a)。如果磁铁的图形没有画出立体感,那么无论你想什么办法,用两条直线最多只能把磁铁截成 5 段。如图 b 中的磁铁图形是切合实际的,并已表示出可以把它截成 6 段。

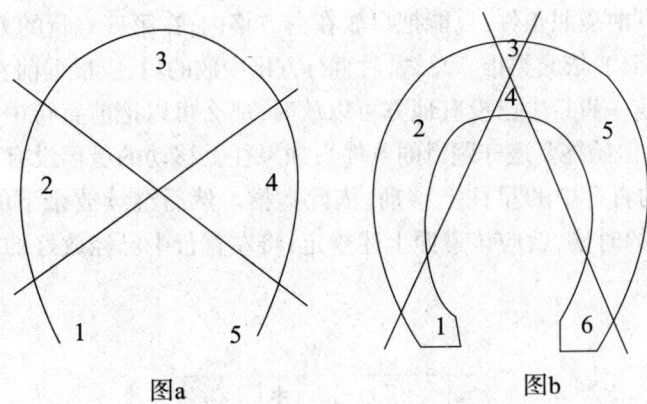

图a　　　　　图b

奇思妙想的木匠

最终被锯成的 27 个小方块,只有最中央的那个小方块有 6 个截面。由于锯一次不可能给同一个小方块留下两个或两个以上的截面,因此,中央那个小方块一定要被锯 6 次。

木匠的奇思妙想其实是不可能实现的。

天柱巧翻毛皮

根据题意,设△ABC 为需要翻面又仍要保持形状的那块毛皮图形。BD 垂直 AC。假定 E 和 F 是 BC 和 AB 边上的中点,那么毛皮匠应该按 DE 和 DF 线分割△ABC,再将割开的每块在原来位置上翻个面然后缝好。这样的话,毛皮块△ABC 就可以翻过面来了,并且仍能保持原来的形状。

另外,我们可以利用几何定理来证明这个方法。直角三角形中与斜边垂直的中线等于斜边的 1/2。DF 和 DE 正好是直角△ADB 和直角△BDC 的中线,因此 DF = AF = FB,DE = BE = CE。△FBE≌△FDE,而△AFD 和△DEC 是等腰三角形。也就是说,如果将等腰△AFD 和△DEC 以它们的高为轴心翻个面,再将四边形 FBED 以 FE 为轴心翻个面,那么几个图形仍以原来的形状处在原来的位置上。

关于这道题还可以用别的方法来解。

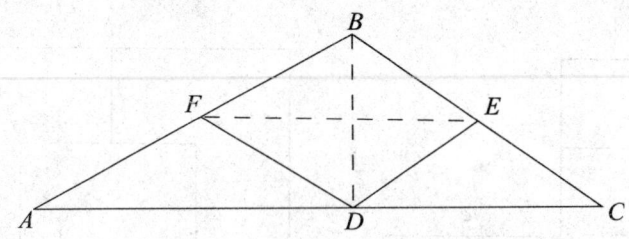

怪怪的拼图

　　首先要找到规律,第一行的第二个图形的第一列图形不变,对应第一个图形阴影条的位置,第二、三列图形转向,从而得到第三个图形;

　　第二行的第二个图形的第二列图形不变,对应第一个图形阴影条的位置,第一、三列图形转向得到第三个图形;

　　同理,第三行的第二个图形的第三列不变,对应第一个图形阴影条的位置,第一、二列图形转向得到第三个图形,也就是 A。

八颗星

　　为避免在求答案时找不到头绪,在第二直行的方格中放星时,应根据第一直行的方格中那颗星的位置,尽量把星放得低,同时遵照条件:只能把星放在白方格内;在第三直行的方格中放星时也应尽可能把星放在最低的白方格内,依此类推。总之,后直行方格中放的星,应根据前直行方格中那颗星的位置尽量放得低。如果在这一直行中已没有地方可以放时,那么可以把前直行中的星的位置往上移动。移动的格数要尽可能少(但始终要遵守题目的条件);如果往上移动的星再没有地方好移动了,索性就把它拿掉,再把它之前的直行中的星往上移动,依此类推。然后继续放余下的星,只要逢到右直行中已没有位置可以放星的时候,就应该遵照上述规定:将左直行中已经放好的星往上移动。

　　题目的答案只有一个。

　　答案如图所示:

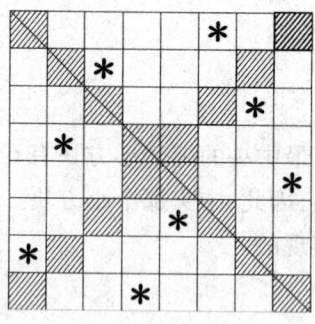

陈景润巧移火柴棒

　　答案如图所示:

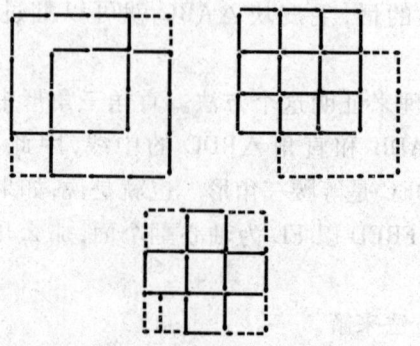

按要求分割铁片

切割线用虚线表示。

答案如图所示:

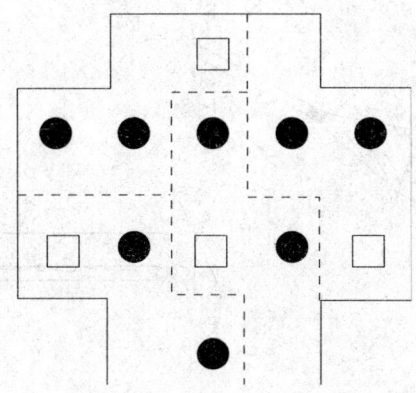

翻转杯子

前两种翻转杯子都是不能成功的。第三种最少需要四次,如果把这 8 个杯子标号为 1~8,翻转的步骤为:第一次翻转 1,2,3;第二次翻转 3,4,5;第三次翻转 5,6,7;第四次翻转 3,5,8。

踩石头过河

顺序是:2、3、8 和 10。每一排的圆圈都是沿着顺时针方向旋转的。

砖头对角线

从 B 点垂直放一根长 20cm 的木棒,再量 CD 的长度便可得知答案。

答案如图所示:

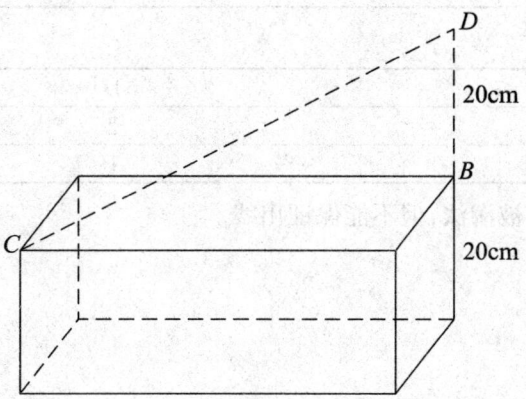

变形小船

答案如图所示:

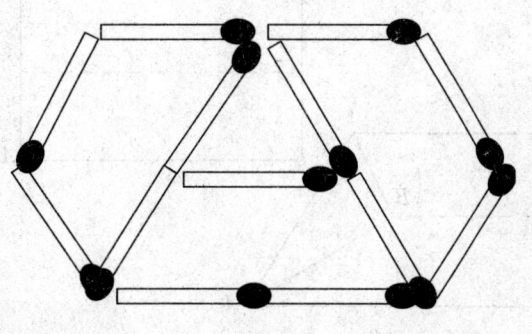

画线

有两种方法可以用一支铅笔一次画出两条线。第一种是把铅笔削成图(一)的模样,就可以画出一厘米间隔的两条线;第二种是像图(二)一样,用两端削尖的铅笔,在左右两端的纸上同时画一条线。

答案如图所示:

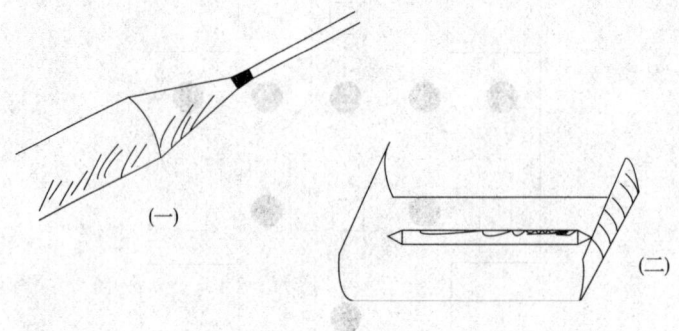

排球比赛

A、B、C、D 四个班列个表,假设 A[大一(1)班]的最差情况,

	A	B	C	D
Win	1	X	X	X
Lose	2	X	X	X

填写这些 X 位置的数字,须遵守以下规则,每横行之和为6,每竖列之和为3。

有以下两种情况:

(1)

	A	B	C	D
Win	1	3	2	0
Lose	2	0	1	3

(2)

	A	B	C	D
Win	1	2	1	2
Lose	2	1	2	1

所以能保证附加赛前不被淘汰,但不能保证出线。

图形填空

正确答案:E。

直角三等分

如图所示,将长方形对折后摊开,再将 B 折向原对折的中线折痕处。

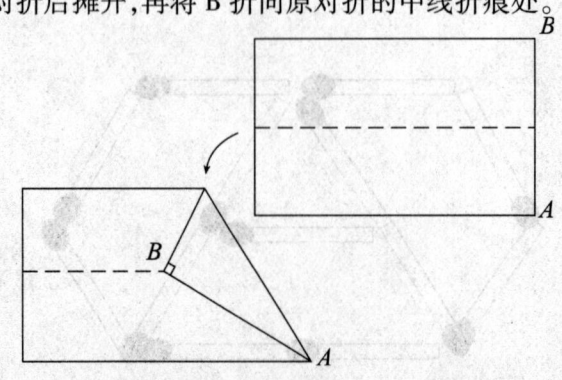

测试一下你的智商

根据题意,每一行上面的图形不同,下面的相同,且每行上面两黑一白,下面两白一黑。

故选 D。

排火柴变三角形

答案如图所示:

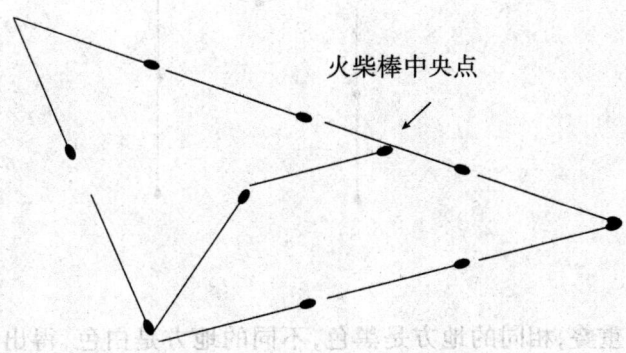

直线距离测量立方体

答案如图中所示的 C 点,PC 的距离即为 3。

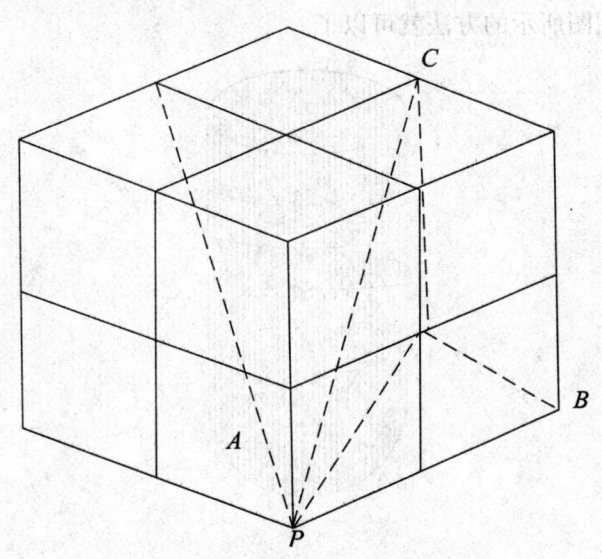

卖不出去的老头衫

答案不是唯一的。可以将积压的白汗衫,在其后背和前胸部印上一些美术字写的警句,例如"单恋一支花"、"喂,别烦我"、"退一步,海阔天空"等等。现在的年轻人有求奇求新的心态,而在衣服上印上漂亮的文字,正符合他们追求新奇的愿望,这样做,老头衫变成了时髦衫。

移动火柴变长颈鹿

可能。让大长颈鹿的腹部向外鼓出,肚子里面便又多了一头小长颈鹿宝宝。

请参照图。

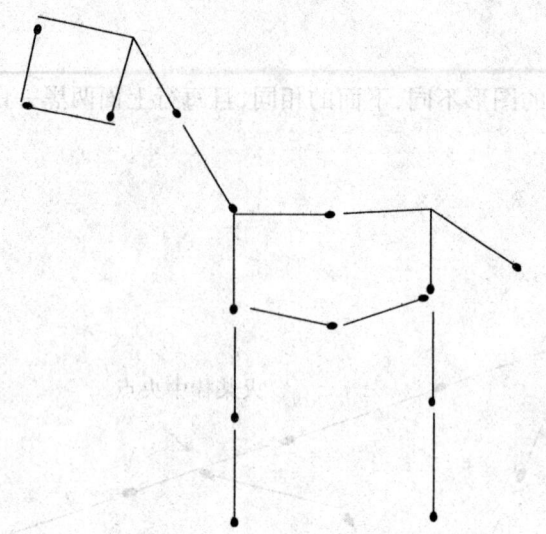

找规律

第一个图、第二个图重叠,相同的地方是黑色,不同的地方是白色,得出第三个图,所以按照这个规律,问号处应该是 B 项。

穿过六边形的直线

正确答案是 1 条。用图所示的方法就可以了。

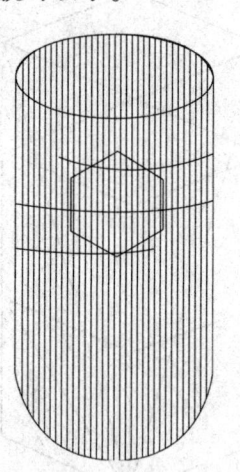

出售纽约土地

先根据 A、B、C 镇的方位确定这块三角形土地的大致形状,再根据三角形的面积公式进行推算,卓玛可以从出售土地中获得 83026.73 美元。

直角分成三等份

把外角分成三等份就可以了。

老财迷打水

关于这道题,要巧妙运用圆柱体的体积。

要使桶里的水达到半桶,只需把桶倾斜 45°,使水刚好达到桶口边缘的程度。这时,如果水不及半桶,那么,底就会露出一部分,多了的话,水就会高出底部。

制作旗帜

只要利用 A、B、C 三种色彩和旗帜素面时 D 的色彩,便能做出如图所列的 36 种旗帜。

A 色位于左端的排法:

ABA　　ACD

ABC　　ADA

ABD　　ADB

ACA　　ADC

ACE　　共9种

B、C、D 色位于左端的排法也各有9种

$9 \times 4 = 36$

钟面分割

答案如图所示:

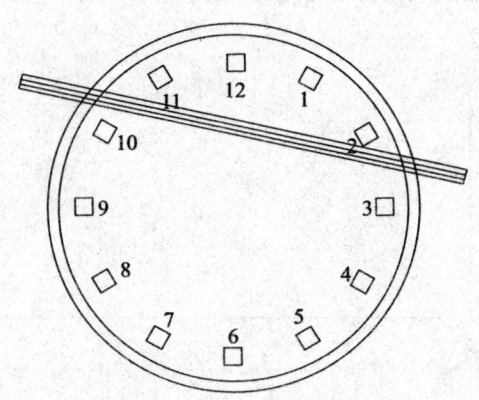

变三角形

答案如图所示:

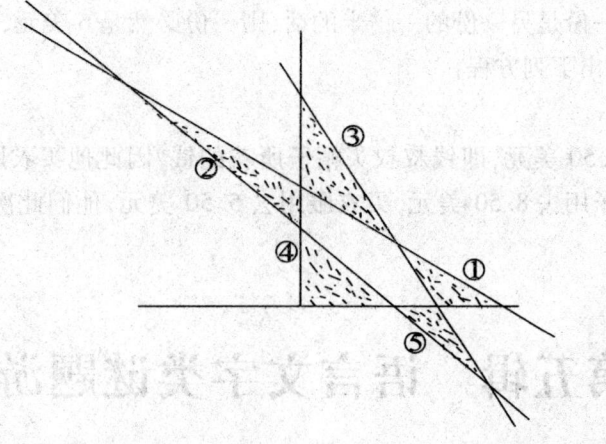

看图找答案

由示例可知每个图形都分为内外两部分,里面的三个小图都不相同。所以,可以推出空白处的图案应该是D。

爬山

当然有。这两座山的形状如图所示:

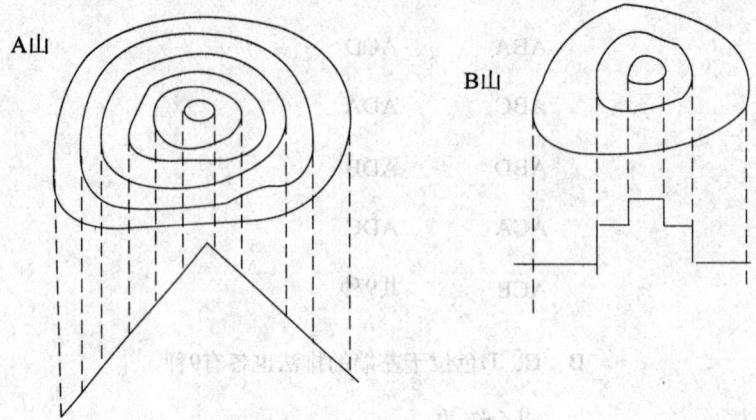

木板变桥梁

把一块木板斜放在水沟外侧的一个角上,使于水沟角外侧构成一个等边直角三角形。用另一块木板,从水沟内侧突出的角上搁到另一块板上使呈"丁"字形。

答案如图所示:

夫妻购物

根据题意,设 x 表示钱叔叔实际买帽子所用的价钱,y 表示他的衣服的价钱,则钱婶婶所买帽子的价钱也是 y,而其衣服的价钱为 $x-1$。我们知道,$x+y$ 等于15美元,所以如果将他们所花费的15美元分为两份,而其中一份是另一份的一倍半的话,则一份必然是6美元,另一份必然是9美元。利用这些数据就很容易列出下列方程:

$9 + x - 1 = 6 + 15 - x$。

由此可求出 x 为 6.50 美元,即钱叔叔买帽子所花的钱,因此他买衣服所花的钱为 8.50 美元。于是得知:钱婶婶买帽子用去 8.50 美元,买衣服用去 5.50 美元,他们此次购物全部消费金额为 29 美元。

第五辑　语言文字类谜题游戏

木炭和猴子

米店老板听了邻居的话以后,立刻回答说:"这有什么不可能的呢?在银子能够变成木炭的地方,人变成猴子又有什么好奇怪的呢?"于是,为了领回自己的儿子,邻居只好承认错误,然后又交出银子。

急中生智的农夫

农夫对检查员说:"现在我已经不用任何东西喂这些猪了,我每天都会给这些猪10块钱,它们想吃什么就自己买什么。"

机灵的狄更斯

狄更斯说:"虚构故事是我的职业。"

郑板桥题匾戏走狗

"雅闻起敬"漆完后变成了"牙门走苟",就是"衙门走狗"的谐音。

打油诗

灵机一动。

杨亿念祭文

大殿之上的杨亿,只是稍稍犹豫了一下,就镇定自若地念起了这篇无字的祭文:"郭皇后有灵,巫山一朵云,阆苑一团雪,桃源一枝花,秋山一轮月。岂期云散雪消,花残月缺。今奉祭品,皇后享用。"念到这里,杨亿便顺理成章地把那张没有字的祭文烧掉了。辽国的来使看到大宋国竟有如此才华出众的能人,自然无话可说。辽国蓄谋已久的这次侵略计划也因为没有找到任何借口而不得不暂时取消了。

总统做广告

这一次,书商打出的广告语是:这是一本连总统都无法轻易作出判断的书。

广大读者认为既然连总统都不能轻易地作出判断,说明这本书质量不一般,所以书又一次卖得很好也就不足为奇了。

同一个谜底

谜底是镜子。

父子猜谜

谜底是汗水。

最长和最短的问题

他没办法问任何问题,因为他已经问了两个问题。

一应俱全的百货公司

急中生智的经理对旁边的店员说:"你赶快做个倒立给这位客人看看!"这样一来,这位店员便成了肚脐长在脚下面的人。

同事间的关系

杰克是部门最高领导人,杰克直接给"我"和戴比安排工作,"我"直接给文莱、玛丽安排工作;戴比直接给安娜、珍妮安排工作。

举人口渴想吃杏

谜底是"米"字。

一副对联

$(2 \times 8 \times 6 + 7 - 5) \div 49 + 1 = 3$。

10两银子

商人的妻子指着画说:"你不懂这四幅画的含义。这第一幅,画了七只鸭,就是在喊'妻呀';第二幅画是头大象死了,一只鹅,意思是说'想死我啦';第三幅是一把勺子舀回十个汤圆,意思是说,他给我捎回10两银子;第四幅的意思是说他明年春天就要回来了。"捎信人听后,忙把10两银子交了出来。

聪明的列车长

这位列车长对甲、乙两位旅客说:"既然你们吵得这么厉害还没个结果,那就干脆先打开窗子,先冻死一个;然后再关上窗子,再热死另一个。这样,大家就可以安安静静地休息了。你们看好不好呢?"听列车长这么说,两个人才意识到自己的争吵妨碍了其他人的休息,所以也就不再争吵了。

一封家书

父母大人拜上:新年好,晦气全无,人丁兴旺。读书少不得,五谷丰登。

林肯的反击

林肯不愧是久经考验的总统,面对着台下所有的老师、学生和其他观众,林肯对这件事情的表现十分平静。他只是微笑着告诉大家:"我曾经收到过很多封匿名信,这对我而言已经再平常不过了。然而,我刚才收到的这张纸条还是让我感到了意外,因为写这封信的人只留下了他自己的名字,却没有写任何内容,难道这还不奇怪吗?"林肯的这句话说得很巧妙,既把"傻瓜"这个侮辱性的词语还给了那些试图攻击自己的人,同时也保持了自己的高大形象和优雅风度。

牛角梳谜题

一触即发。

寻找摇钱树的懒汉

是手。

庞振坤智惩客栈老板

庞振坤看了看客栈老板,然后不紧不慢地说:"你家店门上不是写着'明天吃饭不要钱'吗?我就要等到那一天才给你结账!"

借助彩电猜成语

有声有色、不露声色。

李光弼智收战马的故事

等到敌军再次把那些高大肥壮的战马赶到河的对岸来炫耀时,李光弼立刻指挥手下把这些母马也赶到河边。看到母马,那些战马纷纷向河这边游来。等到敌军发现情况不妙时,李光弼的士兵们已经把绝大多数战马拉回了自己的军营里。就这样,叛军的攻心计策不仅没能得逞,反而白白地丢失了近千匹良种战马,甚至连军心都动摇了。

苏小妹的叠字回环诗

苏小妹的诗的读法为:
采莲人在绿杨津,
在绿杨津一阕新。
一阕新歌声漱玉,
歌声漱玉采莲人。

列车长智取皮包

聪明的列车长立刻写了一张请求北京站帮助寻找皮包的纸条,然后在列车中途驶过一个车站的时候将这张纸条扔给了站台上的工作人员。于是,北京站就接到了这一消息,并以最快的速度赶到了那位旅客曾经住过的那家旅社,找到了那个皮包。之后,按照那位列车长的要求,再以最快的速度把皮包转交到上海站的工作人员。这样一来,当那位旅客到达上海站之后,自然也就拿回了自己遗失的皮包。

一语双关

"向里飞",实际上是指官僚们"向李妃"。

吕叔湘寄信

情急之下的吕叔湘先生把来信上的地址剪下来,然后再贴在自己要寄出的信上,这样就把辨认收信人地址的工作交给那些很擅长此事的邮局工作人员了。

稍作调整

独上江楼思悄然,风景依旧似去年。
同来玩月人何在?月光如水水如天。

包青天试儿

谜底就是算盘。

判断帽子的颜色

因为红色的帽子只有两顶,既然老板已经戴了其中的一顶,那么如果自己戴的也是红色的帽子,那么自己的竞争对手就会马上说出他所戴帽子的颜色是黑色的了。可既然他没有这样做,那就很明显地说明自己戴的是一顶黑色的帽子。

实为同一个字

谜底是"一"字。

富贵不全

画家解释说:"你说得没错,牡丹代表富贵,缺了边,意思是富贵无边啊!有这好事,还补什么边啊!"

三个儿媳妇的礼物

小男孩告诉三个儿媳妇,老人要求她们带回的这三件礼物其实都很常见,"骨头包肉"只不过是核桃;"纸包火"指的是灯笼;"河里的柳叶沤不烂"是鱼。

喜欢出难题的国王

这个小太监告诉老臣的答案很简单,只要把蜡烛放在1个人的头顶上,那么就可以做到其余的9个人都能看见,只有1个人看不见了。

奸商卖伞

倒过来看是"色褪不保"。

机智的护士

这位护士先是把熟睡中的丈夫叫醒,假装说他不关心和体贴自己,竟然先睡着了,然后又故意大吵大闹,还摔了几个玻璃器皿。因为已经夜深人静,所以她的行为很快就吵醒了周围的邻居,自然热心的邻居就会前来劝架。等屋子里的人多了以后,这位护士才说出了床下有贼的事实。于是,在大家的共同努力下,终于抓住了那两个躲在床下的窃贼。

李白喝醋

第一句的内容是"何等好醋";
第二句的内容是"我要回去"。

巧用标点符号

分别是:
下雨天,留客,天留,人不留。
下雨天,留客天,留人不留?
下雨天,留客天,留人?不留。

一副对联

上联缺"一",下联少"十",就是谐音"缺衣少食",所以郑板桥送来"及时雨"。

牧童指路

"朝"字去掉左边,就是"朝左边去",就是向西走的意思。

宋老大请客

宋老大是利用汉语的同音字来耍财主的。
蜘蛛,是家养的蛛(猪);

虫蛾,是家养的蛾(鹅);

肉片炒咯哲(搁着);

半只花牛儿是割的"牛肉";

蔓菁顶儿是蔓(馒)头;

鱼段儿、虾段儿熘着是"留着";

没有好酒(韭)菜,所以上的是烂韭菜。

高手猜谜

谜底是"鲜"字。

华佗拜师

聪明的小华佗立刻向蔡郎中要来了一根绳子,并在绳子的一端拴上一块小石头,然后用力向上一抛,把绳子抛过枝条,再把绳子的两端都抓在手里。这样一来,只要他用力向下拉动绳子,自然就会把树枝拉弯,直到人可以够得到的高度,就能把桑叶毫不费力地采到手里了。

一本预言书

这句话是:现在你正在读这本书。

劝学

谜底是水壶。

木匠建庙

师傅说的"一百一十一座庙",事实上用的是谐音,意思是"一柏、一石、一座庙"。

白居易送礼物

谜底是象棋。

偷吃土豆

我在土豆上放了很多毒药,想用它毒死屋中的老鼠。

题字喻客

为什么这几个学生第一次不敲门,第二次才敲门呢?其实,原因很简单,门上写"心"就是"闷"字,表示主人心情不好,不要去打扰;门上写"木"字,表示主人现在闲着,是可以接待来客的。

猜谜拜师

王秀才的谜底是蛙,而曹著的谜底是蛇。

师徒互猜姓

先生姓鲁,小孩姓郭。

自作聪明的秀才

谜底就是"井"字。

赵南星巧写奏本

原来,在当地北边有个"五百村",地势低洼,挨了水淹。"五百村"村头有个姓"万"的百姓,房屋被水冲走了。赵南星所奏确是事实。

偷吃红枣

这个孩子对他的老板说:"刚才在给老太太称红枣时,我看到其中的一颗红枣已经被虫蛀了。如果老太太把它买回家,就会认为我们店里的枣不好,有虫子。如果她再跟左邻右舍或者亲朋好友说起这件事的话,那么就会对我们店的生意造成不好的影响。所以,我趁着她不注意的时候,偷偷地把那颗红枣挑出来吃了,就是怕她发现啊!"

国王的三个问题

哥哥的回答是:"世上最肥的是土地,因为它能生长出万物;最快的是人的思想,因为它的变化比什么都快;最可亲的是自己的国王,因为他善待自己的子民,就像父母对待儿女一样。"

等式猜字

谜面扣"二百天"。如果按月份计时,习惯上,十天为一旬,"二百天"即二十旬。草字头可视为"二十"的象形,与旬可组成"荀"字。

孔子也猜错了

人加中,为"仲",即是孔子的字"仲尼"中的"仲"。

幽默家的匾文

"自讨苦吃"、"先苦后甜"等都可以。

吴中四子灯谜交友

谜底是灯笼。

妙计运钢管

这位工程师向乘务人员要了一个长、宽、高均为1米的货运箱子,然后再将这根钢管斜着放进去,因为1米的立方体其对角线长刚好超过1.7米,所以自然就顺利地把钢管带上了飞机。

二苏对谜

"雨"的下面"山"睡倒了,就是"雪"字。

成语之最知多少

(1)最强韧的头发(千钧一发)

(2)最不花钱的白吃(狼吞虎咽)

(3)最受关注的难产(老蚌生珠)

(4)最无用的做法(捕风捉影)

(5)最成功的地方(不败之地)

(6)最黑的时候(暗无天日)

(7)最反常的天气(晴天霹雳)

(8)最差的视力(鼠目寸光)

(9)最勇敢的行为(螳臂当车)

(10)最大的寿辰(万寿无疆)

(11)最先进的做饭(无米之炊)

(12)最成功的生意(一本万利)

(13)最长的腿,最大的跨步(一步登天)

(14)最有本事的人(一夫当关,万夫莫开)

(15)最有效率的动作(一挥而就)

(16)最珍贵的时光(一刻千金)

(17)最有效率的劳动(一劳永逸)

(18)最大的瀑布(一落千丈)

(19)最贵的承诺(一诺千金)

(20)最短的季节(一日三秋)

(21)最大的手掌(一手遮天)

(22)最大的渔网(一网打尽)

(23)最稀罕的东西(凤毛麟角)

(24)最重的话语(一言九鼎)

(25)最高的柱子(一柱擎天)

(26)最贵的稿费(一字千金)

(27)最好的副业(狗拿耗子)

(28)最成功的外科手术(狗尾续貂)

(29)最精湛的技术(鬼斧神工)

(30)最神奇的魔术(海市蜃楼)

(31)最徒劳的工程(精卫填海)

(32)最大的磨难(九死一生)

文武双全的伍子胥

谜底就是"相"字。

死里逃生的农夫

当那个狱卒把两个签送到农夫眼前的时候,他很随便地抽出了其中的一个签,然后立刻就把它吞进了肚子里。这样,负责监督执行的法官手里就只剩下了一个写有"死"字的签,自然就会判定农夫抽到了那个写有"生"字的签,所以农夫反而得到了赦免,奇迹般地活了下来。

传话

B 可以用中国话传达。

解谜助人

女子的婆婆要的是灯笼。

我的谜专门捉你的谜

他们的谜底分别是蚊子和蜘蛛。

玉麒麟被逼上梁山

吴用在这四句卦歌里,巧妙地把"卢俊义反"四个字暗藏于四句之首,官府看了,肯定要抓他兴师问罪了。

顽童难倒铁拐李

这个孩童姓王,一十一岁。

让人无语的广告

这位售货员看着有些气急败坏的志森,镇静地说:"如果按照你的说法,那么广告里的那辆自行车上还坐着一个小孩儿呢,难道你希望我们再给你找个孩子来带回家去吗?"

鲁迅对"独角兽"

鲁迅对的是比目鱼。

穷亲戚的回帖

回帖上写道:如果收下,就是贪财;如果不收,就是看不起。

聪慧的老伴儿

张大爷的老伴儿解释画说:八只八哥,八八六十四。四只斑鸠,四九三十六,合起来正好是100元。

疑心的丈夫

请木匠做门。

请皇帝猜凶手

谜底是"菊妃杀女"。

放牛娃考秀才

这个聪明的放牛娃并没有在这张小纸上写下一万个字,他只是写了这样的一句话:一而十,十而百,百而千,千而万。而在这短短的十几个字里,正好包含了从一到万的各种数字。

三块不同的招牌

中间的店主灵机一动,在门上写了"主要入口处"五个醒目的字,顾客以为从这里进去才能买东西,所以都从这个门进来了。

巧妙脱身

在船上,孙膑一直在看报纸,没有对任何人说过话,包括这个女诈骗犯。所以,此时的他就装出一副又聋又哑的样子,并将一张纸递给了那个女诈骗犯。那个女人还以为他真的是个残疾人,就把自己刚才威胁孙膑的话写在了纸上。可这样一来孙膑就等于有了证明自己清白的证据,所以他拿到了那张纸,就理直气壮地转身而去了。

一张字条

孙凯越写的是:"先生,我排在队伍的第21位,在你看到我之前,请千万别忙着作出决定。"

萧伯纳的一封回信

萧伯纳回信说:"如果我们俩结婚了,生下的孩子有你的头脑,有我的外表,那将有多么糟糕啊!"

无名指最长

因为无名指的中文字数最多(3个字)。小指是2个字;中指是2个字;食指是2个字。

接风洗尘的菜肴

妻子评价丈夫做的菜是:无盐(援)、少蒜(算)、缺姜(缰)、差酱(将)。

三菜一汤

这四道菜应了杜甫《绝句》:"两个黄鹂鸣翠柳,一行白鹭上青天。窗含西岭千秋雪,门泊东吴万里船。"

猜字请客

不要想得太远,太复杂了,从字面来思考就行了。是"口"字。

反应灵敏的演员

他对着第一个人说:"这里的光线实在太暗了,我的视力又不好,还是请你代替我来读吧。"说完这句话,就又把那张空白的纸塞回了第一个人的手里。

爷爷出字谜

章。

王安石招书童

王安石的谜底就是"用"字。

李时珍巧骂贪官

只要把药方中每味药的第一个字连起来读,就能明白李时珍的意思,内容如下:
柏木官(棺)柴(材)益(一)附(副),八人台(抬)上山。

"一把战刀"训师长

如果你坚持保持这种姿势的话,我将砍下你的头以示我们两个的平等。

司马光考黄庭坚

关羽、项羽,都是"羽",在户下边,就是"扇"。

杨修分酥糖

"一合酥"的"合"拆开,就是"一人一口酥"。

踏花归来马蹄香

在一片春意盎然的郊野里,有一匹骏马徐行,彩蝶追逐于马蹄四周,翩翩起舞。

儿子的反驳

儿子说:"如果我正直的话,就不会被神遗弃;如果我不正直,就不会被众人所背叛。所以不论如何,我都不会被背叛的。"

浪子回头金不换

早行节俭事,免过淡泊年。

县太爷测试师爷

县老爷要的是蒸馒头。

刻薄的财主

镰刀、石头、磨、花椒。

缺少标点符号的谜语

原谜语应该是这样的:"一'不'出头,二'不'出头,三'不'出头。不是不出头,是'不'出头。"
谜底是:森。

作画报平安

这四幅画的意思是:妻(七)呀(鸭),好久(酒)不见了,想(象)死了,马上回家。

语意深长

可那时候我没有问过谁交响乐该怎样写。

出奇制胜

秦始皇灭六国。

借鱼破谜

"田",鱼字去掉头和尾,就是田字。

5岁的小甘罗

其实小甘罗的办法很简单,他命令所有的士兵必须每个人都在击掌三次的时间里拿起一件武器,这样等到三次击掌过后,一眼就可以看出到底是士兵多还是兵器多了。

猜字谜

谜底分别是:哭、甲、曲、郭。

韩信求兵

韩信并没有在那个小布帛上画出多少士兵,只是画了一座城楼,然后又在城楼上画了一面"帅"字大旗而已。虽然画面上并没有千军万马,可有"帅"字在此,不就是证明有千军万马吗?

奖励说谎话的人

能说会道的人说:"哎呀,我记起来了。在清理先父遗物中,我见过一张借据,是你父亲亲手写的,说是借了我父亲1万银币,要你来还给我。"

裁缝店比招牌

店牌上写着:本街最佳缝纫店。

冯梦龙请客

冯梦龙让书童拿的是酒桌。

哑谜救亲家

这六个字是"盐案亏空查办"。

黑暗中分袜子

这个人的方法很简单:先把每双袜子都拆开后分成两份,然后再把袜子上的商标也撕下来分成两份。因为新袜子都是不分左右脚的,所以这样分的结果自然就不会有错了。

数词入信

把"一、二、三、四、五、六、七、八、九、十、百、千、万"依次填入括号中。

叶公好龙

恐龙。

根据符号猜字

"十"、"一"的组合象形为土字旁,另外两个符号的组合象形为"文"字,合起来为"坟"字。

百步吹烛

小王转身向前走五十步,又掉头走五十步,虽说共走一百步,其实等于没走。

无法准时送到的货物

问题出在日期的书写方式不同。美国公司用的日期格式是月,日,年,而欧洲供应商则是日,月,年。

贵族与矿工

我们两个都当了叛徒啦。

猜职业

从"詹姆比医生高些,丽达比医生矮一些"可推出强尼是医生,从"强尼比教师矮一些"可推出詹姆是教师。强尼是医生,詹姆是教师,丽达是律师。

张老板割肉

分别是:猪尾巴、猪耳、猪腰子、猪板油、猪肚子。

回击吝啬的姑父

你要是早来三个月,这盘竹片就是一碗鲜美的竹笋了。

老臣卖羊

老臣的这个小女儿给父亲出的办法并不复杂,她让父亲把1000只羊赶到市场上去。但只是将剪下的羊毛全部卖掉,这样就既得到了卖羊毛的钱,又可以把羊一只不少地带回来。

铁桶江山的故事

刘统勋在禀告乾隆的时候,说自己的这份寿礼有着很深的含义,他会尽自己的忠心送给皇帝一个如"铁桶一样牢固的江(姜)山"。乾隆听了这番解释后,立刻就理解了刘统勋的意思,同时也为他的足智多谋与忠心耿耿所感动,自然很高兴。

"亚"字的奥妙

哑,有口难言;恶,存心不良……

谜破谜

谜底就是"日"字。

爱因斯坦的回答

爱因斯坦还是笑着对这个人说:"是呀,反正现在这里的人都认识我了,穿什么也就真的无所谓了。"

三娃巧计抓强盗

聪明的三娃特意选在更夫走到屋子门外的时候点亮了灯盏,这样一来强盗拿着刀的影子就很清楚地映在了窗户上,这就给更夫提供了一个最好的暗示,所以更夫就会知道屋子里有强盗。

孙子机智救祖父

孙元觉对他的父亲说:"我要把父亲用来把祖父推下悬崖的大筐拾回来,留着将来用它把你也推下悬崖去。"他的父亲听他这样说,突然为自己的不孝行为感到恐惧,所以自然就不敢再对老人不孝了。

妙改电文救百人

在万分紧急的情况下李根源先生只是把蒋介石回的两句电文的顺序颠倒了一下,这样就使电文变成了"罪无可恕,情有可原"八个字。这样一来,大特务沈醉和他的手下还以为这是蒋介石的命令,自然也就不会再迫害那些爱国民主人士了。

神童妙对知府大人

父亲是挑水的;母亲是磨豆腐的。

让员外昏死的对联

父进土,子进土,父子同进土;妻失夫,媳失夫,妻媳同失夫。

拆字法对对联

蚕为天下虫。

唐伯虎白送画

画里的谜底是"伏"字,就是年轻人的动作。

想不到的"天下第一味"

"天下"为"大","第一"者为头,"味"也可当菜讲。

"天下第一味"是指大头菜。

巧戏西太后

李奎元的这幅画的寓意是:各国军队列"阵","托桃"喻"脱逃",合起来就是讽刺西太后当年为了逃命,不顾黎民百姓的安危,"临阵脱逃"跑到西安。

竹苞堂

"竹苞"拆开,就是"个个草包"。

哭泣的少女

出水芙蓉。

妙计

那个姓陈的穷人自称"陈旧",县官在审讯的时候也喊"陈旧",财主听了却认为是"臣舅",以为他们是亲戚,所以吓跑了。

难以迈进的门

长老让孩子的父亲回家后把所有的门都做得比原来高出一丈有余,这样不管这个孩子今后再长多少,永远都不会达到门的高度了。这样一来,算命先生的预言自然无法实现。

聪明的杏云姑娘

谜底是"杜牧"。

大白菜的谜语

刘邦("留帮"的谐音)。

第六辑 侦破类谜题游戏

目击者

因为目击者很肯定就是这个小伙子,但是经过审讯和比对指纹都不是这个小伙子,警察想,这个小伙子可能有一个孪生兄弟,找户口册一看,果然如此。因此,他们很快就抓获了凶手。

没良心的养子

弗纳尔说当他到场时捷克正从钥匙孔向里看,但是,捷克的供词是"我提议从钥匙孔往里看,但曼尼和莫尔决定撞门",事实上捷克根本没从钥匙孔往里看。

弗纳尔只是听到了这句话,而不是看到的。他那时候其实正在三楼的房内,等别人都冲进去的时候,弗纳尔再从后门出来站在门边。

凶手是弗纳尔。

积雪上留下的脚印

通过查看脚印就知道了,因为扛着尸体时的脚印会很深,独自回来的脚印会很浅。根据他来回深浅不一致的脚印就知道他在说谎话。

一份身体检查报告

因为南非当时正在发生霍乱,法医的鉴定证实,孙海先生的尸体已经携带有霍乱病毒,警察从宋小姐的身体检查报告得知宋小姐已经携带了霍乱病菌。如果宋小姐没有见过孙海先生的话,她就没有去南非,是不会感染霍乱病菌的,所以她一定见过孙海先生。后来也证实了,宋小姐在孙海先生回来的第二天晚上就见到了他,并且见到了给家人买的那五颗钻石,贪财的宋小姐于是下手毒死了孙海先生。

离奇死亡的小女孩

这个继母是诈死,三天以后是复活节,复活节是传说中耶稣复活的日子。继母死后的第三天,正赶上电闪雷鸣,风雨交加,窗户被照得发亮,小女孩通过镜子,看到被诅咒的洋娃娃,继母也在这时出现,小女孩在极度惊恐中被活活吓死了。

是谁刺杀了会计师

约翰肯定不是凶手,他是被人陷害的。因为警察按下小录音机播放按钮,这卷带子就从头开始播放,而如果确实是记录本杰明被杀害现场的录音,会在本杰明被害后继续往后走,直到磁带到头为止。从头开始的录音说明是事后才录制的,如果凶手真的是约翰,要知道作为会计,都是比较心细的,那么他一定不会留下这份对自己非常不利的证据。

主犯是谁

从已知条件中"提到的名字都非说话者本人"这句话,我们可以知道:这三条证词出自三个人的口中。"但至少有一名与案件无关的人说了真话",我们可以知道:这三条证词中至少有一条是与案件无关的人讲的真话。这两个信息是非常关键的。

首先假设三条证词中只有一条是与案件无关的人讲的真话。

假设1:我们先假设"管家不是主犯"是真话,那么"佣人不是从犯"和"马夫不是与案件无关的人"就是假话。可这样的话,就变成了"佣人是从犯"和"马夫是与案件无关的人"了,这样一来管家与马夫则都是"与案件无关的人"了(或者是管家与佣人都是从犯),与题意相矛盾。

假设2:假设"佣人不是从犯"是真话,跟刚才一样推理,结果也与题意相矛盾。

假设3:推理第三句是真话的结果,则三人全是罪犯,很明显错了。根据上述分析,三条证词中应有两条是与案件无关的人讲的实话。

假设4：假设第一句是假话，那么"佣人不是从犯"和"马夫不是与案件无关的人"这两句话是真话，这应出自管家之口，但第一句话是假话，就又推出管家是主犯，矛盾。

假设5：假设第二句话是假话，结果与前一段假设类似，仍然矛盾。

所以，只有第三句是假话，我们现在可以推理知道：管家是从犯、佣人是主犯、马夫是与案件无关的人。

证据

海螺是在大海中生存的一种贝类足节动物，淡水湖里是绝对不会有这种海螺的。所以，警察知道装尸体的小舟原来肯定是在海里，后来被运到湖里的。

将计就计的"英雄"

劫匪明明使用的是六发弹手枪。贡井说劫匪向他连开两枪，他夺过枪后又打死了五个劫匪，这样就从手枪中先后打出了七发子弹，这就是破绽所在。

是自杀还是谋杀

通过对死者所住的屋内情况可以判断出来，首先是狭窄的窗台上的那瓶凋谢的花，花瓣应该掉到窗台旁边的地上，地上不可能只有灰尘，其他什么都没有，所以花瓣应该是被凶手收拾掉了。地毯一直铺到了离墙脚一英寸的地方，这点也不符合常理，说明死者是在窗口边被杀的，血流到墙边的地毯上了，因此墙边的那块地毯被凶手收拾走了。还有一个重要的原因，门是从里面锁上的，要有钥匙才能锁上。

一桩鸵鸟血案

由于鸵鸟没有牙齿，所以拥有不同寻常的胃。它需要大量吞食小石子，用胃里的小石子来磨碎食物帮助消化，这种小石子不会被排泄，会留在胃里。因此，犯罪分子觉得这是个很好的办法，可以借助这些鸵鸟走私钻石，他们让鸵鸟吞食了大量钻石，等回到国内，再想办法杀死鸵鸟，取走钻石。

奇怪的车痕

窃贼把托比教授停在马甲公寓停车场上的吉普车的轮胎卸了下来，换到自己的吉普车上。作案后再把轮胎装回去。这样一来，窃贼即使驾驶了自己的车去作案，现场留下的痕迹也会指向托比教授的车，所以窃贼无须担心自己的车会露出破绽。

目击者的谎言

当警方到达现场时发现，屋里炉子上的水壶还在冒气，炉内还有火，室内的温度还很高，说明案发当晚死者在烧水，也说明这壶水昨晚还是开的。而炉子上放着开水时屋内玻璃上一定有很多小水珠，就会有一层雾气蒙在上面，这时候即使将窗帘全打开，如果从外面也不可能看见屋内人的面容，更别说在五六十米外的地方了。目击者说看见屋内人的头发蓬乱、面目清瘦，简直就是在胡说，因此目击者在说谎。

停电时的命案

原来，这块玉佩是张先生从盗墓者手中非法收购的。他担心警察很快会找上门来，所以事先策划了这个迷局。

首先，张先生和儿子小张还有好友老徐串通好，在那天晚上大家鉴赏玉佩，当玉佩传到老徐手中时,由小张在外面故意弄断保险丝。此时老徐趁着黑暗,迅速地把玉佩交给张先生,然后悄悄地回到自己的座位上,整个过程慢则七八秒,快则只要四五秒。

张先生在拿回玉佩后,才吩咐大家不要动,他出去看看。这时他打开门呼唤儿子,目的是为了把玉佩交给儿子。小张拿到玉佩后迅速地把玉佩藏到马路对面的垃圾桶中,然后回来把保险丝修好。

张先生把玉佩交给儿子,回到收藏室里故意询问玉佩的下落。这时老徐出面说玉佩在他的手中,这是很关键的一点!目的是为了让众人有个错觉,以为玉佩还在收藏室中。另一步毒棋,则是在老徐配合着演了这出戏后,张先生悄悄地溜到老徐背后,用手术刀朝他的脖子上用力扎了一下,将原本是同谋的老徐杀人灭口。

在警方调查时,其他人一定都会向警察传达这样一个信息:老徐遇害之前还拿着那块玉佩,而凶手是为了抢夺玉佩才杀害他的。众人一定都认为玉佩还在收藏室里,找不到是因为警方的无能,而根本想不到玉佩已经被张先生转移到了屋外。

嗜酒的小偷

对外宣称,化学家研制出一种味道类似于酒类的化学试剂。昨晚将这种试剂放置在一个酒瓶子里,如果有人喝了它毒性会慢慢发作,当全身腐烂的时候就会无药可治,如果有人误喝了这种试剂,速来化学家家中领取解药。

谁都惜命,相信小偷肯定会为了保命送上门来的。

画室里留下的鞋印

凶手是那个女助手。她见男助手每天都穿新买的鞋,于是就偷偷地去买了一双和男助手一模一样的鞋,然后在男助手每天工作时,将两双相同的鞋子轮流摆在门口让他穿。

精明的张利

树叶藏在一堆树叶里,人藏在人群中最不容易被发现。贩毒的头目之所以久抓不获,就是熟知这一道理——藏身在警察的身边,而张利正是识破了对方的心理,才能够将之一网擒获。

惨死的黑帮老大

这个黑帮老大不是被人害死的。凶手是风,当死者正在享受日光浴的时候突然刮起了一阵大风,把太阳伞吹起来了。当太阳伞落下来的时候,伞尖正好扎入死者腹部。

如此诡异的枪声

人死之后尸体会慢慢僵硬,这名女子在六小时前自杀,尸体会慢慢变僵硬,女子的手一直握着手枪,当身体变僵硬的时候,她的手指收缩,于是便第二次扣动了扳机。

畏罪自杀的会计师

安东列是非分泌型体质,也就是说从他的唾液是无法判断其血型的。说白了,邮票上验出的A型血唾液不是安东列的,那么只有可能是佐斯尔本的。他虽然知道安东列和他一样都是A型血,却不知其中有异,于是他搞到安东列碰过的邮票,再由自己舔后贴到恐吓信上。从富商那里得到钱后,他将其放在事务所里假装是别人遗失的,让安东列捡到。安东列的会计事务所的经营状况一旦好转,作为合伙人的佐斯尔本也是受益者。事后他又将绑架罪的罪名转嫁给安东列并伪装其自杀,事务所也就会悄然落到佐斯尔本一个人的手里。由于安东列有用舌头舔印花的习惯,佐斯尔本事先在印花上抹了毒药,这样安东列就会在不知不觉中中毒,使人看起来安东列就是畏罪自杀的。

情侣被杀案

"凶手"是汽车发动机产生的一氧化碳。当汽车停驶时,若仍开放空调,发动机则处于运转状态,排出的大量一氧化碳便会在车内逐渐积聚。时间一长,车内的一氧化碳越聚越多,车内人员吸入这种无色无味的剧毒气体时会在不知不觉中中毒身亡。有车一族不可能不知道这一点,所以,他们是意外死亡。

半截火柴

有几个人坐着热气球去飞跃大沙漠,谁知热气球还没有飞跃沙漠,燃料就不够用了。必须把气球上的重量减轻,起初人人都往下面扔行李和箱子,后来扔衣服,发现还是不行,必须得跳下去一个人,可是大家都不愿意跳下去。于是大家只能抽签,采取在热气球上抽火柴的方法,把火柴盒里的其中一根火柴折断,其余的不动,半打开火柴盒,大家都看不到半截的火柴,然后每个人抽一根,这个女子不幸抽到了那半截火柴。

找不到的杀人凶器

凶手就是死者的朋友,她是用自己的长头发将死者勒死的。

不懂常识的手下

这两个手下对钻石的属性不是很了解,钻石是碳元素的纯结晶体,当温度超过8500℃就会燃烧。一般的氧气切割机火焰温度高达20000℃,用如此高温的切割机切割小小保险柜的门,致使保险柜中的钻石燃烧,生成了二氧化碳。这两个手下尽管花了那么大力气,最终却是拿不到钻石的。

粗心大意的赌徒

李祥虽然撕走了写有字的那一页纸,但由于他叔叔下笔较重,所以在第二页纸上也留有印痕,警察正是根据这个线索发现他是凶手的。

反常的厨师

一艘船上仅有7个人,无论他们的饭量多大,也用不着天天采购调味品,即使每天采购调味品,也不用到调味品批发商店,这严重违反了正常的生活习惯,所以史密斯警长认为调味品批发商店就是毒贩的接头地点。

煤气中毒案

这个案子可以用倒推的方法,猫尾巴上的棉花团可塞住煤气管的缺口,凶手想要达到的目的是在自己走后让煤气泄漏出来。所以,他先给猫注射麻醉剂,用猫尾巴上的棉花团塞住管子,等到深夜麻醉效力消失的时候,猫爬起来走开,煤气就开始泄漏。因为只有劳伦斯一个人来过,所以说琼斯就是被劳伦斯杀死的!

小提琴手的阴谋

通过埃利事先已经作好了演出准备的事实,说明他对巴蒂的死和自己将提前上场演出有准备,这就证明他涉嫌谋杀。

喜欢喝雪碧的教授

凶手在林丹教授进入实验室前就将足量的干冰放置于雪碧瓶中,并拧紧瓶盖,将雪碧瓶放置于大号的烧杯中,同时在该烧杯中预先放置了许多碎玻璃片。林丹教授进入实验室后,干冰升华造成膨胀,将雪碧瓶炸破,击飞碎玻璃及烧杯,正在雪碧瓶前的林丹教授顿时受伤倒地。由此可见,凶手是对林丹教授的时间安排、生活习惯了如指掌的人。

"聪明"的作案手段

凶手来到死者家里,将毒涂在电暖气上,死者回来练功时,打开电暖气,于是毒开始蒸发,死者吸入体内而毒发身亡。

一串数字的背后

7月的英语单同是July,8月的英语单词是August,9月的英语单词是September,10月的英语单词是October,11月的英语单词是November,把每个单词的第一字母抽出来就是J—A—S—O—N,说明凶手就是加森(Jason)。

马棚里的谋杀案

罪犯是那个金发女郎。她自称血迹是"刚才在他身上蹭到的",实际上那时洛波斯特已经死了八个小时。他的血已经干掉了,不可能会蹭到她的袖子上去。

杯口上的酒沫

很少会有人在喝完酒后还去舔沾在杯口的酒沫,老板是死者的朋友,很了解他的习惯,事先在杯口处涂了毒,就等着他去舔。

偷画贼

墙上的那幅画确实是假的,但真画就藏在那幅假画的下面。那个保安就是窃贼,他将真画上面蒙上假画,骗了佐罗,就这样名正言顺地趁主人发怒将画"捡"走了。

前夫杀人案

死者的前夫事先安排他的现任妻子在他大概到死者家中时打电话,他到了前妻的住处就把她杀害了。死者家中的电话一直处于通话状态其实是他的现任妻子打的电话。

豪华游轮上的窃案

很显然这个电力工程师在说谎。日本国旗是白底加太阳的图案,无所谓正反的区别,更别说出现挂倒这种事情了。所以,电力工程师根本没有重新挂国旗,他有足够的时间作案。

一群黑蚂蚁

扔在尸体旁的空瓶贴的是人造糖精的商标,蚂蚁是不吃人造糖精的。因为罪犯作案用的汽水瓶装的是用白糖或果糖一类天然糖料做的汽水,所以死者外套上洒有含有糖分的汽水处才会聚集很多蚂蚁。

越狱

这个战士用那几件衣服和伞制作了一个降落伞:他将毛衣拆散,编成绳子做伞绳;将那几件羽绒服补在伞的四面做伞布,然后从高处跳下去,成功实施了越狱计划。

纵火者的谎言

有点常识的人都知道水比油重,因此如果是油着火的时候,用水去浇反而达不到灭火的效果,如果在着火的油锅里迅速倒上一桶油,正在着火的油会因为缺氧而停止燃烧。肖春丽说倒上油导致整个厨房都着火,显然是在说谎,不符合事实。

狡猾的凶手

疑点一:

妻子周女士与丈夫早上吵架,但是到了下午3点,周女士就去报案说自己的丈夫失踪了。算起来,时间上别说是48小时,甚至连24小时都不到,是不是太快了?而且死者是有外遇的人,有外遇的人晚归或者彻夜不归都是正常的事,照常理来说,妻子不应该这么快就断定丈夫失踪了,而且她与丈夫关系不太好,有杀人动机。

疑点二:

"在尸体的背部可见到明显的拖痕",这就说明凶手并不强壮,不能把死者扛在肩上,只能在地上拖着移动尸体。光从这一点上就可以把身体强壮的汤姆排除了。

疑点三:

警察认定,市中心的喷水池不是案发的第一现场,如果要移动尸体的话,交通工具是必需的,这就证明凶手有车。在案子里能接触到汽车的就两个人,一个是运输司机汤姆,但他已经被排除了,另一个就是死者的好友哈里了。哈里有过前科,是公司的司机,会开车,案发时有点儿感冒,身体状态不好,这一点正好符合疑点二里对凶手身体素质的推测。

疑点四:

晚上12点的时候几乎惊动了楼里所有的人,但却没有抓到小偷,证明小偷躲藏起来了,但是如果人们发现有小偷潜入的话,会提高警惕并会搜索楼里每一个角落,小偷想藏身也不是那么容易的。然而终究还是没有抓住小偷,就证明小偷在这楼里有熟人,是藏在熟人家里了。而这个时候正是案发前一小时,是偶然事件吗?巧合的概率不到1%,那么这个小偷很可能就是杀手。如果这个推理正确的话,案发的第一现场就基本上可以确定是这幢楼里面的某间房了。

综合上述分析大致可以推断出:死者的妻子周女士与死者的好友哈里合谋,杀死了他。案件发生地点就是在他自己的家里,而那个小偷就是哈里。

精明的女间谍

哈默太太为她的同伙配了一把钥匙,当她外出时,同伙进入她的屋内。当她再度出门时,同伙便趁机离开。因此,尾随哈默太太的警察自然不会发现哈默太太同伙的行踪。

典当行里的谋杀案

李文不会是凶手,首先他有机票,只要查查他的登机记录就可以证明了。机场到典当行那么远的路程,他无法赶到,而且他母亲已经病好了,他完全没必要杀了秦先生。

凶手是老板娘,分析如下:

①为什么只在金库内层安装警钟而不在外层也装一个?虽然说金库在盘点的时候是两扇门都打开的,可是其他情况下,就没有可能只打开一扇门吗?

②小曹下班离开之前,内层的门是打开的,而发现尸体时也是打开的,内层有东西丢失。老板娘在聚会之后马上回到典当行,随便用一个理由就能关上金库内层,之后她再把外层的门也关上。

外层空间狭窄,用不了一个钟头,里面的人就会窒息而死,之后有钥匙的老板娘再开门进去,打开内层的门。

正常人在那种情况下一定有时间留下遗言,指认凶手。假如是外人做的,秦先生临死前大可以留下遗言告诉警方谁是凶手,除非凶手有机会把遗言擦去。可见,为了保险起见,秦先生死后凶手一定又回去了一次,消除了遗言。

④老板娘知道小曹善忘,需要用白板记事,于是就把上面的信息修改了,让他去错了约会的餐厅,让李文无法为小曹做不在场的证明。

所以说,老板娘因某种原因杀了秦先生,却又怕警方查到自己头上,于是处心积虑地谋划嫁祸到小曹身上。

是谁盗走了花瓶

嫌疑人是朱丽叶。朱丽叶走到大厅入口处,从挂满衣物的衣架的最上面取下了自己的大衣,这里就是破绽,因为她跟菲特勒一样是最早到的,如果她一直都没有出去过,那么她的衣服不可能挂在最上面。

池塘边的女尸

大家考虑一下,一般采春天的山野菜是旧历的正月,此时还是冬季,在日本这个时候,蛇类还在靠冬眠度过漫长而寒冷的冬天,所以冬季里的蛇是不会袭击人的。通过这一点就可以判断是一场有预谋的杀人案。

老板被杀案

凶手是打字员,老板手套上的火药也是他涂上去的。凶手把打印机连到电脑上,接上电源,用一根线一头系在打印机的墨盒上,另一头用透明胶粘在手枪的扳机上,把枪卡在左桌沿上,使线处于紧绷状态。在电脑里设定自动开机和关机时间,电脑启动时,打印机就会工作,墨盒会把线拉动,从而扣动扳机,之后透明胶就被拉掉了,胶带和线被墨盒一同拉进了打印机中。

查理博士被杀案

查理是玛丽娜杀的,具体事实如下:

玛丽娜和查理交往多年,又是事业上的搭档,本来十分美满。但查理为人自私狭隘,为了名声竟然剽窃导师的成果。玛丽娜对他十分失望,有了分手的想法。这个时候,她偶然发现查理居然和身份可疑的琼斯野夫频繁接触。原来,查理想把模块卖给琼斯野夫,作为回报,琼斯野夫付给他一大笔钱并安排他潜逃出国!

玛丽娜是查理最亲密的人,因此她很容易就发现了这个秘密。出于对查理的感情,她约查理出来见面,挑明真相。而查理坚决否认,两人大吵一架。但玛丽娜并不放心,她尾随查理来到实验室,看到他正在复制程序。被发现后,查理居然想扼死她以灭口!在挣扎中,她无意中抓起水果刀刺死了查理。

冷静下来以后,玛丽娜破坏了现场。她取出查理复制的磁盘,把它和其他一些不重要的磁盘一起砸碎了(虽然为了自卫,她杀了查理。但从感情上来说,她还是不愿意被别人称作卖国贼)。最后,她用围巾擦掉水果刀上的指纹,关好电脑,离开了现场。

因为身上沾了血迹,她一直游荡到熄灯才敢回宿舍。之后迅速处理了衣物。

至于那位员工看到的开灯和灭灯,可以这样解释:琼斯野夫那天和查理约好22点在实验室附近的花园见面交易，但时间过了查理还没出现，琼斯野夫就偷偷上楼去查看，一开灯就发现了尸体。琼斯野夫以为是同行所为，又怕自己身份被揭穿，于是匆匆关灯离开了，决定马上回国。至此，一切都清楚了。

一串关于命案的数字

博朗先生所留数字 7362 3362 928131 是表明在手机上输入信息时所选按键及其按键次数。即 73 是指按 7 键 3 次，62 即按 6 键 2 次，余下类推。这样 7362 3362 928131 对应的英语字母为 SN FN XTD。这组字母无汉语拼音和英语意义，考虑为五笔字型外码，用五笔字型输入法验证，得出结论为：杨志颖。

所以博朗先生留下的数字表示：杨志颖为凶手。

害人不成反害己

副教授在酒中下了毒，意图把教授毒死，没想到女主人是色盲，拿错了酒杯。

狡诈的厂商代表

狡猾的厂商代表利用了热胀冷缩的原理，使沙漏里的细沙落得更快。沙漏被放到壁炉旁边以后，受热膨胀，虽然只是微小的变化，但足以让通过小孔的沙子数量增加，从而加快了计时的时间。因此，詹姆森实际所用的时间小于 8 分钟，酬金还是他的。

幽灵大盗的信件

这是一道密码题，信的每一句解析出来就是：盗贼将在圣诞节那天晚间 6 点盗走文艺复兴时期的名画《蒙娜丽莎》。

王二蛋的谎言

王二蛋说他今天开了这辆黄色的轿车跑了 12 个小时，如果真是这样，那么汽车引擎罩就应是非常烫的。而刚才那个小男孩光着脚丫在上面爬来爬去，说明车的引擎罩是冷的。通过这点就可以肯定王二蛋在说谎。

黄金大盗董二黑

其实董二黑汽车的车身就是用黄金做的！因为涂上了涂料，所以孙警官开始只顾在车上找，而忽略了车本身。纯黄金很软，也具有黏性，因此可以很容易做成各种形状的东西，董二黑就是利用黄金的这一特性加工了盗取来的黄金，将自己的汽车改装成了"金车"。

作家留下的那份遗书

赖斯警官从出版商的证词中，知道那所谓的遗书，正是作家先生新作的最后一页草稿。作家早就把结论告诉过出版商，那一页上肯定会有签名和时间，而且和许多作家一样，他从不给最后一页编上页码，这就给了凶手可乘之机。

当然，对警方指控的犯罪，管家供认不讳。管家想把书稿占为己有，于是设计杀害自己的主人，伪造了自杀现场。警方也在管家的屋子里找到完整的新作书稿。

谁是真正的凶手

凶手就是矮个子的邮递员，因为只有他的身高和吉普车的高度相近，吉普车正好挡住了他，所以目击证人只看到有人在抽烟,却看不见他的脸。若是篮球运动员,那么屋外的人一定会看见他的脸,因为车挡不住他。

查找钢笔的主人

在笔管上横刻着一个"8"字,如果横着是"8",那竖着用的时候就是"∞"了,这是"无穷"的意思,无穷含有无限之意。而文章中有一段已经说明了:"开车的司机名叫汤姆,30岁,是一位诗人,笔名叫'天地无限'。"

不圆满的谎言

据李小姐所说,当时屋里只有办公桌右角的台灯亮着,而窗外漆黑一片,没有月光。坐在办公桌前不可能先看到右边地上有个人影,然后才发现有个人跳出了窗外,这不符合事实。以此推断李小姐在说谎。

蹊跷死亡的总裁

线索一:无论如何,这样的房门结构如果不使用钥匙是无法形成密室的。

线索二:图形有几个角就代表数字几,因此,△=3,◇=4,☆=5。因此,这些图形的意义是:13+15+15+185+8+2014+95+1318+15+620+9+1+23。

由数字对应英文字母,得出 M+O+O+RE+H+TN+IE+MR+O+T+I+A+W,将字母倒过来得到:WAIT FOR ME IN THE ROOM,意为:在房间里等我。

线索三:这些都是凶手为了嫁祸调酒师及死者的秘书而制造出的假象。

线索四:这说明凶手只能是饭店经理,除他外没有人能进入房间。

线索五:毫无任何意义的现象,死者只是为了拿住纸条而已。

事件真相:饭店经理与总裁原是旧识,最近由于经济问题而请求总裁资助,可是遭到拒绝,于是经理决定报复总裁。案发当晚,经理用只有他和总裁才知道的密码进行联系,当经理见到总裁一个人在屋里时,便下手杀死了对方,然后用对方的磁卡钥匙锁上了门。到第二日凌晨3点左右,经理见该楼层恰巧无人,于是便以客房里有异味为由,在饭店登记后取出了备用钥匙,打开房门,将客房钥匙悄悄放回死者的衣兜里。然后又以发现死者为名报了警。由于他身为案发现场的第一发现者并且是当时唯一的证人,所以他有接触尸体的可能。而其他嫌疑人在事后无法接触死者,所以成为摆脱嫌疑的证据。

电话凶杀案

死者的外甥先在死者的电话机上安放一个能使电话线短路的装置。当他估计老人房间里已充满煤气时,就在饭店里打电话到老人家中。这时电话机中有电流通过,却遇到电话线短路,就溅出火花,引起煤气爆炸。

不留痕迹的死因

清洁剂的成分中含有无色无味的四氯化碳。罗先生用清洁剂擦拭领带上的污迹时,吸入了足量的四氯化碳有毒气体,尤其是饮酒过度时,一旦吸入,就会导致死亡,其死因不留明显的证据,往往被误当作酒精中毒死亡。

妻子的作案手段

死者是被毒死的,所以人们都只是怀疑凶手可能从饭菜或者酒里下毒,很难脱离旧经验的束缚。警察发现死者衣服的汗液味道很特别,经过化验发现衣服上有剧毒氰化钾。原来凯莉将氰化钾涂在给死者带的衣服上,天热出汗时毛孔张开,毒物从毛孔进入体内,最后将人杀死。

触电身亡的昆虫学家

并没有人特意想害死这位昆虫学家,实际上这位昆虫学家是触到带电的鳝鱼死亡的。带电的鳝鱼属于一种硬骨类科的淡水鱼,产于南美的亚马逊河和奥里诺科河。鳝鱼身长达 2 米,尾部两侧生有两个发电器官,可产生 680~850 伏电压。这种鳝鱼在觅食或防御对手进攻时,会放出强大的电流。所以,如果触到其发电器官,就会遭受到猛烈的电击。

改装过的望远镜

警官认为那个望远镜是被改装过的,凶手把毒针装在望远镜里,卜马诺看星星时转动调焦螺丝,望远镜就会发射毒针杀死卜马诺。

无知的骗子

这个骗子并不了解刑警并非警察的正式警衔,而是对从事刑事案件调查的警察的通称,所以名片上是不会印有这个职衔的。

溺水案

如果是被水溺死的话,身上不太可能有那么多横七竖八的刀痕。而且,即使是螺旋桨搅伤的,也只能是有规律的三道一组的伤痕。

福尔摩斯断案

这个男人出现的时候浑身只是湿漉漉的,而事发地点距离他出现的地方有 30 分钟路程。如果他真是跑出来求救的,应该全身都冻得结冰才对。通过这点,可以判断出朋友是他推下去的,或者在别处杀害以后再推下去的,而他自己则在旅馆里弄湿衣服,出来呼救,以此来迷惑人。

急中生智的王玲

通过对话就知道张警官与王玲关系很好,都很了解彼此家庭成员及一些亲戚关系。所以,他清楚地知道王玲并没有哥哥。

当王玲得知门外是张警官时,便故意说她哥哥也向张警官问好,他就明白是怎么回事了。

地产商被杀案

一把没有弧度的日本武士刀去掉了护手就可以变成一把锋利的长箭。凶手成功地利用湿润的泥土转移了人们的视线,给警察造成了案发现场没有人的假象,然后运用弓箭原理,把长刀当作长箭来使用,射杀了亨利。这也是为什么刀柄底处有一道小小凹槽的原因,这是弓弦的固定槽。管家在附近,有作案嫌疑,况且在发现亨利被杀后,管家有意"保护现场"就是为了制造亨利自杀的假象。

4 只钻戒

店员听到丈夫说夫人患病,需要每隔 30 分钟就吃一次药。可是,两人在店里待了一下午,如果半小时需要吃药一次的话,至少也吃了五六次,可保温杯还是满满的,因此保温杯里肯定有东西。

鱼缸的证言

刑警发现玻璃鱼缸里面养的是热带鱼,而且这些热带鱼正欢快地游动。如果真如这个嫌疑犯所说的那样,在大雪的夜里,停了一夜的电,那么鱼缸里的温度正调节器就会停止,鱼缸里的水就会变凉,热带鱼也就会被冻死了。

谁是红绿色盲

甲是凶手,因为鞋子摆放得很整齐,如果乙是色盲,他不会把鞋子摆放得那么整齐。

不知去向的孩子

其实凶手就是孩子的母亲,她想跟另一个男人结婚,觉得孩子是个累赘,只好杀了孩子,并嫁祸给前夫。故事中已给出了一些线索:一般来说,孩子刚失踪不久母亲是不会说孩子被人绑架的,母亲也最忌讳这种说法,一般会说孩子不见了或说不知道去哪儿了。

一杯毒茶

根据秘书所说,这茶已经沏过两三个小时了,壶中是不可能有漂浮在水面上的茶叶。由此可以推断一定是有人将有毒的茶叶倒掉,再撒上一些茶叶冒充未喝完的茶,而能够做这番手脚的,就只有秘书了,当她做完一切后才报警。

奇怪的自杀案

现在是初春,而死者死于两个月前,也就是说死者死的时候还是冬季,在冬天的时候深山里面积雪很厚,死者其实就是站在厚厚的积雪上上吊自杀的。因为天气冷,所以死者的尸体并没有腐烂。而随着春天的到来,积雪消融了,就会造成后来发现的情况。

不翼而飞的赎金

其实,赎金没有被绑匪取走,还在那个坑里。司机与绑匪是串通好的,是同伙,他晚上12点挖坑时,借着天黑,故意把坑挖得很深,然后他先将旅行袋内的现金埋起来,再在上面放上空旅行袋埋好,想等放回富翁的儿子后,事情平静下来再取回现金。他们布置的假象容易让人们想不到钱还在坑里。

那艘有点异样的船只

那几只卸完货的船在大风浪的海里随风摇摆,可是藏着武器弹药的那只船因为本身重,虽然这只船已经和其他的那几只船一样卸完货了,但相对于其他船只来说摇晃的程度明显要小很多。细心的两位警官观察到了这一点,感觉那只船的表现不符合常理,于是大胆猜测那只船里肯定藏有重物。

会说话的"苹果"

两个人之前在哥哥家里吃的是熟透了的苹果,而弟弟家果盘里装的是半生的未熟透的苹果。

罕见的抢劫案

事实上,凶手与死者并无深仇大恨,只是想抢钱而已。凶手在开枪之前,这个爱财如命的张某一心想的是他的保险箱,于是便一口吞下了手里的钥匙。凶手出于无奈,打死他后,只好剖开他的胃,取出钥匙,然后打开保险箱,掠走财产。

偷项链的窃贼

窃贼是拥有遥控直升机模型的乔伊。因为如果是直升机,垂直、水平都能飞,而且在空中能静止，所以罪犯一边用望远镜观察女明星的房间，一边用无线电遥控指挥直升机模型从窗户进去，用直升机模型的腿将钻石项链钩起盗走了。小提包太重，直升机模型会坠落，钻石戒指太小，不容易盗，所以他只盗了项链。

留在手心里的线索

键盘上与137三个键平行的是Z、C、M三键，ZCM=周翠敏。

杀人蜂

原来这部微型录音机的磁带开头录着轻松柔和的华尔兹乐曲，可就在这部乐曲中间突然插了一段节奏紧张、刺激性强的现代音乐。

毒蜂在听轻松柔和的乐曲时表现得温顺老实，而当突然听到这种强刺激的现代音乐时，就会马上兴奋起来，野性大发。罪犯就是趁被害人睡午觉的时候，利用毒蜂的这种习性，用录音机里装的这盘磁带，让毒蜂袭击了他。

袭击人的硬物

凶器就是那个女人正在吃的玉米，那根玉米曾淋了水并长时间被放在冰箱里冷冻，变得又硬又结实。打伤人以后，它被女人煮熟了，所以不太容易被人发觉。

脱离现场的凶手

头发也有热胀冷缩的特性，尤其是金发，遇热时每米能伸长25厘米。凶犯就是利用金发的这种特性脱身的。杀了模特后，将模特的几根金发连在一起，一头系在门闩的尖端，使门闩向上斜吊起来；另一端挂在门上面的图钉上，再结住门下面的图钉，然后关上门就逃走了。在热蒸汽的作用下，浴室内的温度不断上升，头发遇热伸长，门闩就会顺势落入门钩，将门反锁上。

蓄谋已久的谋杀案

杀害女明星的凶手就是她的丈夫，杀人的动机就是为了钱，为了死者的高额保险金。这是一个有计划的杀人案，而且是杀人不见血的谋杀案。在女明星死前一两个月，她的丈夫就已经想好了整个谋杀计划，他先叫自己的朋友在家里装好新的音响设备，而自己约妻子出去。装好后，他每天都在妻子的饮用水和咖啡中加入软性毒品。当然，开始只是加入少量的，第一天加一点儿，第二天增加一点儿，随后越加越多。女明星吃了软性毒品后，整天都有幻觉，而她的丈夫装作没事发生。凶狠的丈夫一有机会就放点恐怖的声音给妻子听，而他自己则装作没有听见，女明星因此经常失眠，不得不借助安眠药才能入睡。后来随着软性毒品造成的幻觉跟恐怖的声响越来越多，女明星越来越抑郁，有时还三更半夜惊醒。丈夫觉得机会到了，便离开家，外出谈生意去了。他用手机连接上网，控制家里所有音响设备，女明星死的那晚，他不停地播放恐怖声音。女明星一个人在家里，觉得很恐怖，没过多久便被吓死了。

谁杀了教师

从案发现场看，死者死亡时上身是赤裸的。通过这点看，在炎热的夏天即使天气再热，梅杰夫也不会赤裸着上身接见学生的家长，倒是因为梅杰夫见来找他的是弟弟瓦里，所以就没有那么多顾忌，赤裸着上身给弟弟开了门。瓦里又来向哥哥要钱，梅杰夫不肯，所以他一气之下就将哥哥勒死了。

由此可判断出凶手应该是死者的弟弟。

被转移的珍品

当警长发现拉蒂已经转移了赃物时,立即想起他当初曾朝晒谷场方向看了一眼,那里肯定是他转移铁箱的地方。可是晒谷场这么大,要全部挖个遍实在太难了。干的泥土地,渗水一定很快。但是,如果下面有只大铁箱子,渗水的速度就会比其他地方慢很多,它上边的泥土就会积了很多水,颜色肯定与其他地方不同,这就是警长很快找到赃物正确地点的方法。

女间谍迪丽雅

时钟显示的时间是 8 点 7 分 21 秒,即 20 点 07 分 21 秒,正好是六位数:200721,这就是密码。

搞恶作剧的人

这个人是亨利。根据有两条:

①亨利是药店老板,竟然不知道款冬这种常用的药草具有的功效。这说明亨利并不是真正的药店老板。

②在 5 点 02 分时,吉力尔船长见屋外有人影闪过,这肯定是一名游客,因为除了游客以外,4 位工作人员都在屋内。待吉力尔等人回到古堡时,9 名游客全在。在短短的 8 分钟内,这位游客要跑过杂草丛生的小路到船上去把发动机的进油管割断,然后再回到古堡,一来一回奔跑约 1400 米,这只有 26 岁的亨利这种身强力壮的年轻人能做到。

子弹哪去了

探长认为射入死者体内的子弹是用坚硬的岩盐做成的子弹头。岩盐能溶解于水,产于炎热干燥地区的盐湖和海滨浅水盐湖中。它的特点是像石头般坚硬,用它制成子弹,即使穿着衣服也足够射入人体内。而人体内的温度和水分能很快地将这颗子弹头融化掉。

村长断案

凡是偷东西的人都会紧张,总希望快点偷,到手后好赶紧溜走。偷茄子的这个妇女,她也总是害怕被别人发现。因此,就会慌慌张张地不管大小摘下就走。摘自己种的茄子时,就从从容容,只摘长大的成熟的茄子,而将小而未熟的留下,待长大后再摘。因此,从是否把小而未成熟的茄子留下,就可以判定是否是偷来的。

即兴的心理测验

陪审团作出以上裁决的原因是坐在被告席对面的主审法官提醒了陪审团:刚才,在律师进行那场"即兴的心理测验"的时候,全厅人的目光确实都转向那扇侧门,但唯独被告多普拉例外,他依然端坐着木讷不动。因此,可以得出推论,在全厅的人中他最明白:死者不会复活,被害者是不可能在法庭上出现的。

仓促的谋杀案

在这个案子中,凶于李克在慌乱中前后两次留下物件放在现场,第一次是杀人的丝袜,第二次是贴身的墨水笔。

警方主要是从内德的最后两张作品观察出来的,第一张是未完成的丽娜画像,没有画完,她去哪里了呢?她是否杀完内德后就逃跑了呢?她是不是凶手是问题的关键;第二张是内德费了几个小时绘成的现场凌乱不堪的写真,显眼的丝袜被绘在其中,可是事后警方却找不到丝袜,但找到了墨水笔。此笔却在画中不曾出现过,由此一来一回,一有一无,警方便推敲出整个经过来,丽娜的男友李克,即墨水笔的主人就成了破案的焦点。

风扇杀人案

其实,凶器就是那两台电风扇。凶手在上午 11 点左右离开现场时,把吃了安眠药的被害者的衣服扒光,让他睡到吊床上,然后将两台电风扇同时打开并定了时间,强风使入睡者的全身汗毛堵塞,造成窒息死亡。要知道人不仅仅是用鼻子呼吸,还用全身皮肤上的汗毛孔呼吸。如果长时间造成皮肤呼吸困难,一样可以导致死亡。

狼犬杀人案

马沙尔特很聪明,他利用的是动物的条件反射原理。比如平时给狗喂食的时候总是放摇滚音乐,时间一长,只要一听到摇滚音乐狗就以为要喂食了,因而显得异常兴奋。在这个案子里,马沙尔特给狗提供的指示是电话铃,只要听到电话铃响,狗就会按照训练的方法攻击人。因此,马沙尔特身在何处并不重要,他只要打个电话,就能让一只温顺的狼犬变成杀人的工具。

人头马谋杀案

原来,陈副局长和小刘牟利所得的钱没有分给张局长。有点胆小的陈副局长既怕此事败露,又觊觎正局长的宝座,因此想伺机杀掉张局长。这时,正巧小李送了他一瓶人头马,而小宋也来找他办事,他便让小宋也买一瓶人头马送给张局长。陈副局长自己则在小李送来的人头马中下了毒,换好瓶盖,趁着小宋去阳台拿西服的那一会儿,把下了毒的酒与小宋买来的酒调了包,陈副局长就是想要借刀杀人,谁知最后却害了自己。

美食作家之死

凶手是克罗。他说 11 日的早上去奥莱斯先生家时,听到奥莱斯先生打呼噜的声音,那是在撒谎,其实那个时候奥莱斯先生已经死了。

克罗在 10 日下午就去过奥莱斯先生家了,两个人发生争执,他失手杀死了奥莱斯先生,之后就匆匆离去了。11 日早上他特意去奥莱斯先生家附近走了一趟,回来后对其他两人说听见奥莱斯先生打呼噜的声音。凶手本来以为这样就万无一失了,可是他却突然想起来一个很严重的疏漏:10 日晚上电闸跳闸了!因为停电,所以冰箱的电源也就断了。在炎热的夏日,经过这几天的时间,冰箱里的食物,已经全部腐烂了!如果不把腐烂的食物处理掉,这些食物就会证明奥莱斯先生是在停电前被杀害的。因为如果当时奥莱斯先生还活着,那么一定会把电闸重新接好。这样一来,克罗是凶手这个事实就很明显了。

但是把冰箱里的食物全部扔掉,警察一定会怀疑,从外面买来新的食物放进去也同样会引人怀疑,因为别墅里的食物是有专人负责的。所以解决掉腐烂食物的方法只有一个:把它们全都做成菜。而这也是为什么会没有沙拉的原因。因为煮过的食物很难看出来它是腐烂的,但是沙拉就不行了。

嫌疑人的鞋印

因为尸体是在第二天被发现的。而第二天恰恰是天晴的时候,阳光直接照射到土壤,在让泥土变干的同时,也会让留在泥土上的鞋印收缩,大约会收缩半码。因此,如果鞋印模型和嫌疑人的鞋子完全吻合的话,只能说明这个嫌疑人是清白的,凶手应该穿比嫌疑人大半码的鞋子。

不怕暗杀的华蒙托夫

大家已经知道华蒙托夫平时身体健壮,心脏健康,他的猝死显然是不正常的,而且身体没有任何伤痕,所以不能排除他杀的可能。考虑到他死在观察同盟国军队的时候,因此死前接触到的最后一件东西就是望远镜,很多人并不知道其实望远镜同样可以成为杀人利器!

被买通的警卫只要把一根毒针和调节焦距的旋钮连在一起,就能让华蒙托夫自己杀死自己!当他扭动旋钮的时候,毒针就会刺中眼球,导致心脏猝停。而华蒙托夫在被刺中的刹那,自然本能地将望远镜扔掉。当时他正趴在一个悬崖边上,这一无心的举动毁灭了最后的罪证,如果不是这位探案专家神奇的推理能力,这个案件恐怕要成为永久的悬案了。

最有可能的凶手

根据案发现场的一些重要线索:死者办公室的门曾经被撞击过,所以可以断定:凶手一定是一个陌生人。李清办公室的保险柜曾经被打开过,但奇怪的是大量现金却没有被带走,带走的只有一个文件袋,所以可以断定凶手不是为财而来。而在以上几个被怀疑对象中,前3个都是因为钱才与李清闹僵的,只有马文强是因为竞争才具备作案动机的。最近他们两个人正在为竞标的事情而对立,彼此都恐吓过对方,而李清公司的文件袋又被偷了,所有的线索都指向了马文强。所以,凶手最有可能是马文强。

说谎话的管家

如果管家说的是真话,他被迫吃了安眠药,然后就被关进酒窖里了。由于酒窖四周无窗,如果阿莱真的失去知觉,醒来后就无法知道外面是黑夜还是白天。就是有老式手表,他也无法知道当时是中午12点还是午夜12点。通过这一点,就知道管家说了谎话。

嚼口香糖的顾客

藏在水杯子里了。

损失惨重的惯偷

偷走小偷钱包的是那个肩挎皮包的年轻小姐,因为如果是后两个,他们不会只偷走惯偷的钱包。

盲人小孩被关的小屋

因为海洋和陆地的气压是不同的,自然会形成不同的气压场,从而导致海陆风的形成。通常是白天风从陆地吹向海洋,晚上风从海洋吹向陆地。晚上相对白天温度会下降,海面气压会高于陆地气压。而盲人小孩关押之地附近的海洋是在房子的南面,从而产生向北吹的风,如果能这样分析的话,就很容易找到答案了。

因此,这个盲人小孩子被关押的地方应该是窗户开向南面的那间房子。

第七辑　综合类谜题游戏

如何理解

这是一道有关"否定"的基本问题。否定的时候:"有"跟"没有"互换,同时"且"跟"或""全部"跟"有的"也互换。"全部的人都有逻辑"这句话,它的否定就是:"有的人没有逻辑"。因此,正确答案是B。

涨潮

小星忘了水涨船高的道理。因为潮水上涨了,船也随之升起,船与绳子连在了一起,绳子当然也随着上浮。水涨多少,它们就会上浮多少,依然是最下面的一个手帕接触到水面,所以他测不出来。

谁的供词正确

在供词(2)和(4)之中至少有一条是实话。如果(2)和(4)都是实话,那就是关洋杀了孙海东;这样:

根据A,(5)和(6)都是假话。但如果是关洋杀了孙海东,(5)和(6)就不可能都是假话。因此,关洋并没有杀害孙海东。于是,(2)和(4)中只有一条是实话。

根据B,(1)(3)和(5)中不可能只有一条是实话。

而根据A,现在(1)(3)和(5)中至多只能有一条是实话。因此,(1)(3)和(5)都是假话。只有(6)是另外的一条真实供词了。由于(6)是实话,所以确实有一个律师杀了孙海东。根据前面的推理,关洋没有杀害孙海东;(3)是假话,即孙立不是律师;(1)是假话,即赵满是律师。从而,(4)是实话,(2)是假话。

结论:是赵满杀了孙海东。

体育竞赛项目

根据题意得知甲、乙、丙三人共得分为 $22+9+9=40$ 分。又因为三名得分均为正整数且不等,所以前三名得分最少为6分。$40=5×8=4×10=2×20$。不难得出项目数只能是5。

所以,一共有5个项目,即 $N=5$。

农民赶马

这个农民采用的顺序如下:

(1)赶A马和B马到马市需要2小时;
(2)骑B马返回家中需要2小时;
(3)运送C马和D马到马市需要5小时;
(4)骑A马返回家中需要1小时;
(5)赶A马和B马到一起到马市需要2小时;

此外,还可以将(2)和(4)对调。

中西方国家传统的区别

正确答案:C。

忽略的问题

这个凶手把富翁所有财物都装在自己的包里了。他销毁作案工具属于多此一举。

变瘪的塑料瓶

这是因为瓶子加热后,里面的空气大约会膨胀三分之一,所以有一部分空气会外溢出来。当空气冷却以后就会重新恢复原来的样子。由于瓶子里面出现低压,外面的大气压就会把它压缩到内外气压平衡的状态。地球表面大气的重量是很巨大的,它以每平方厘米1000克的重量向塑料表面压去。一只容量为1升的瓶子,将承受的重量大约达到600千克之多。所以就出现了塑料瓶变瘪的情况。

防止灯泡被盗

要想解决这个问题,就应该在灯座构造上去动脑筋,要突破常规思维模式。

可以改造灯座。让灯泡必须向左旋入,不像其他大部分灯泡是以顺时针方向旋进去的。当小偷想偷灯泡时可以,不知不觉中将灯泡拧得更紧了。

下周活动安排

正确答案:星期五。

谁是第五圈

已知甲、乙、丁玩第一圈和乙、丁、戊玩第三圈,根据游戏规则,第二圈是甲、丙、戊三人玩,戊玩了第二圈和第三圈,根据规则戊不能玩第四圈,而只能玩第五圈。所以,正确答案是D。

一条棉花船

张师傅可以把前面的也点着,他可以待在烧过的地方,这样就烧不到自己了。

判断真假画

中古时期的绘画都是基于现实的,这幅画中第三个武士的剑是波浪形的,根本拔不出来,所以是伪造的。

排队练节目

24个人是肯定不够的。所以排列时必须要考虑有的人要兼任两个队列的成员,因此可以排成六角形。

学校的衣着规定

将给出的条件都加上"如果……那么",问题就可以解决了。所以,星期六下午看球赛的男生穿戴情况为:

根据(1),不穿燕尾服;

根据(2),超过15岁;

根据(3),戴大礼帽;

根据(4),不带伴,不超过16岁;

根据(5),穿毛衣。

抓小偷

C肯定是小偷,把他抓起来审讯,看有无同案犯。

决定生死的美酒和毒酒

数学家问他们中任意一个:"请告诉我,另一个士兵将如何回答他手里拿的是美酒还是毒酒这个问题?"

预测比赛结果

先从第二个人预测的结果入手,他猜中了两对相邻的名次,不是3个相连字母的位置被猜对,就是两对字母名次的位置正确。

如果是3个相连字母相对位置正确，就与DAECB中只有两个字母位置正确相矛盾，所以只能是3个字母之外的两个字母位置正确，并且由于这3个字母相连，则位置正确的字母只能为D、A或D、B，但无论哪一种情况，剩下三个字母相连的位置确定不变，得到的结果均仍为DAECB，所以直接把这一情况排除在外。

根据以上的结论，只能是两对字母相邻位置正确，因为一共有5个字母，那么只能是2个字母的位置正确，所以在这4个字母中肯定有一个字母位置正确，并且和它相邻位置正确的字母本身位置也不会有问题，按条件与实际位置相比较，就可以推出以下几种可能：

DABEC,DACBE,DAEBC,ADECB,AEDCB,EDACB。

如果DACBE正确，则C为第3个，不符合ABCDE所满足的条件；

如果DABEC为正确答案，则AB相邻，也不符合ABCDE所满足的条件。

同样根据题目所述的要求，ADECB,DAEBC也不符合题目条件，被排除。

最后，只剩下AEDCB、EDACB。

如果AEDCB为正确答案，ABCDF中A的位置正确，不符合条件，最后验证题中"ABCDE,结果没有猜对任何一个名次，也没有猜中任何一对相邻的名次"和"DAECB,结果猜对了两个名次，同时还猜中了两对相邻的名次。"故得知EDACB为正确顺序。

猜选手

先按姓名给出这四人的各种可能的坐法。然后尝试假设可以把哪些运动项目分配给哪些人而不会与任何陈述发生矛盾。

根据条件(3)，知道这四个人的坐法有4种可能。再根据条件(1)和条件(2)，逐一排除不可能的情况得出足球选手必定是老黄，从而得知小丽是网球选手。

移动水杯

先把第二个盛满水的杯子拿起来，把水倒入第五个杯子中（中间那个空的杯子，然后再把手里的杯子放回原处）。

弟弟的建议

弟弟提出的建议是两个人交换马骑。因为父亲说晚到的马赢，所以二人互换爱马后，都会骑着对方的马快跑。

熊妈妈分苹果

熊妈妈先给四个孩子每人各一个，留下来一个连篮子一起给第五个孩子就可以了。

两个学生做取纸游戏

乙一定要捏紧白纸然后迅速地一抽，杯子只抖动一下，很快就不动了，而纸已经从杯子底下抽出来了。这个游戏成功的关键就是"迅速"，此外，还一定要把杯子外面的水擦干净。杯子外面一点也不能湿，否则这个游戏做起来就不会成功。

猎人过河

首先，猎人应该先把羊带过河去，因为狼不会吃青草，狼和青草在一起可以不用人看。猎人把羊带到对岸后，自己回来，再把青草放在船里带到对岸去，之后再把羊放在船里带回来。现在他把羊留在原先的岸上。再把狼带过河去。他把狼和青草留在对岸,自己再回来带羊。这样就安全过河了。

该牺牲哪一个人

三个人都很重要,但为了确保剩下两个人能够逃生,必须将三个人中体重最重的那个推下去。

医生的测试

医生先在那个人两边的耳朵旁同时说同样长度,但意思不同的话,如果这个人真的有一只耳朵听不见,他会说出正常耳朵所听到的话。如果两边的耳朵都正常,因为同时听到了不同的内容,所以他会说不出听到的内容是什么。

父亲在想什么

儿子的答案是:"爸爸,你不想给我这100块钱,对不对?"

为什么这个答案妙呢?因为如果这个答案猜对了,原本说好"猜对了就给100块钱",所以父亲理所当然的给儿子100块钱;万一这句话没有猜对,就表示"爸爸想给我100块钱",所以父亲还是要给儿子100块钱。

古怪的老头儿

因为镇上只有两位理发师,他们之间也必然要互相理发。老头儿想挑选的是给对方理出最好发式的那位理发师。

赏花

管家将红、蓝两色的花朵混合在同一花圃里,如果从远处的窗口眺望,便会看成是紫色的花朵。

猜数字

读音"三十五",去掉"三"为"十五",去掉"五"为"三十"。

因此,正确答案是35。

为了活命的老渔翁

老渔翁是这样说的:"一年有四个季节,而在这四个季节里,对于黄鱼的吃法也不尽相同。春天的时候应吃鱼头,因为春天为一年之首,人得鱼首之力,身体才能更加强壮;而夏天就应该多吃鱼身,因为夏天炎热,人出汗多,全身容易发软乏力,吃鱼身刚好可以补身;至于鱼鳔嘛,应以秋天食用为最佳,因为此时的鱼鳔最为成熟,它吸取了鱼全身的精华,所以这个时候吃最好;到了冬天,就应该多吃鱼尾,因为冬季是一年之末,多吃鱼尾恰好对驱散全身的寒气最有帮助。"

旅游团一共有多少人

已知戴红帽子的人看来,戴红帽子和白帽子的人一样多,就是说戴红帽子的人数要比戴白帽子的人多一个。而在戴白帽子的人看来,戴红帽子的人是戴白帽子的人的2倍,就是说当戴红帽子的人比戴白帽子的人多2个人时,戴红帽子的人是戴白帽子的人的2倍。所以可以知道这时的一倍就是2人,所以可以知道戴红帽子的人数是4人,戴白帽子的人数是3人。很容易知道一共有多少人了。

因此,正确答案是7人。

一根管子

用一根环形缠绕固定成长筒状,想要多粗都可以。

物理老师出的一道习题

无论猴子怎样爬,猴子和砝码总是保持着面对面的位置。猴子不可能高于砝码也不可能低于砝码。

不让苹果掉下来

如果一根线中间有阻挡的东西,苹果就不会掉下来。先在线的中间打一个活结,使结旁多出一股线来,然后从线套中间剪断,苹果就不会落下来了。

幽默风趣的自然课老师

做这道题时思路要打开,不要局限于一种情况,可以从计算时间方面的单位着手,比如分秒之间的联系,年月之间的联系等。

24(秒) + 36(秒) = 1(分);

11(小时) + 13(小时) = 1(天);

158(天) + 207(天) = 1(年);

46(年) + 54(年) = 1(世纪)。

收入多少

假设一个人每小时的工资是1磅,即每星期是44磅。如按工资每磅提高5便士则是44小时,每小时1.05磅即46.20磅;

如果拿加班工资,则按1小时1磅收入40小时的工资即40磅,外加4个小时,每小时1.5磅即6磅,总计46磅。

所以,正确答案是第二个方案。

晒凉水

湿毛巾的水分在阳光下会蒸发,蒸发的过程中需要吸收周围的热量,这样就把泥罐中水的温度降低了。

突然坠毁的钢桥

之所以会出现这种情况,是因为固体的弹性限度在零下十几度时就会大大降低。当外力超过它的最大承受能力时,就会在薄弱的地方产生裂缝。当裂缝不断扩大时,就会支撑不住外力而坠毁。

旅行团渡河

先让两个孩子过河。其中一个留在对岸;一个把船划回到旅行团这边来,自己上岸,然后一个大人乘船到对岸。现在留在对岸的孩子把船划回到旅行团这边来接另一个孩子,把他送到对岸,接着再把船划回来,自己上岸,然后第二个大人再乘船渡过去……也就是说这条小船需要往返两次,才能渡过一个大人。这个旅行团一共有多少人,就需要这样重复多少次。

比速度

原来孙东东并没有注意到他犯了一个大错误。所谓"无风",只是相对于静止的物体而言的。既然游艇被潮水推动,当然就会产生风;而且这种风还是顶风。既然游艇顶着风也能前进,如果能利用这种风,游艇就有可能比潮水的速度更快地前进。

所以,能比潮水还快。

超车之谜

这是因为小汽车已经沿湖跑了一圈,又快追上慢腾腾的小货车了。所以会在小货车的后面。这个小孩子没有想到这一点。

围桌而坐的人

由 A 得知,工程师是小白;

由 D 得知,小孙不是工程师,还有一妹妹;设计师是独生子,得知小孙是医生;

由 C 得知,小孙对面的就是他的妻子;剩下的小陆便是设计师,并且坐在小白夫人的左边,小红便是小白夫人。

由 C 得知,医生的右方是心怡。心怡是小陆夫人,小丽则是小孙夫人。因此小红是工程师小白的妻子丽是医生小孙的妻子;心怡是设计师小陆的妻子。

小白是工程师;小陆是设计师;小孙是医生。

小陆和心怡是一对夫妇;小孙和小丽是一对夫妇;小白和小红是一对夫妇。

为什么蜡烛不灭

蜡烛火苗倒向漏斗,是因为运动着的气流会在与气流接触的物体表面形成压力,气流速度越大,压力越小;气流速度越小,压力越大。当你往漏斗中吹气时,空气沿着内壁往外涌,使漏斗中心的压力低,火苗就被别处涌来的空气推向漏斗了。

按劳取酬

其实,此题中所给的所有数字都是没用的,是用来扰乱大家思路的。因为农场主决定要种 150 亩公顷小麦,让他们各自包一半,也就是每人 75 亩,而且是各自干各自的,只是完成时间不同罢了,按照工作量取得报酬,两个人应该是一样的,也就是每人各得 500 元。

老板称米

第一次称的时候,先把米分成两份称,每份 4.5 千克(可以不用砝码)。

第二次称的时候,先把称好的两份中的 1 份再对分称,每份 2.25 千克(可以不用砝码)。

第三次称的时候,从 2.25 千克中称出 250 克(用砝码),就是 2 千克了。然后把剩下的所有大米放入一个袋子中,就是 7 千克了。

巧称重球

称两次。首先把 8 个球分成 3、3、2 三组,把 3 个球和 3 个球分别放在天平的两端。如果天平平衡,那么把剩下的两个球放在天平上,天平向哪边倾斜,那个球就是略重的;如果天平偏向一方,就把重的那一方的 3 个球中的 2 个放在天平上,这时如果天平倾斜,重的就是倾斜下来的球;不倾斜,剩下的那个球就是要找的。

英雄雕像底下的绳子

可以先将数块冰放在台座上,用绳索把雕像放在冰上以后,将绳索放置于各块冰之间的空隙中,就可以将绳索抽走。等冰块融化后,雕像也会稳固地落在台座上。

擦地板

这是因为乙用的抹布宽度是甲的两倍。

炸煎饺

妈妈先把两个水饺放在锅里,把它们的一面炸30秒钟。然后将其中的一个水饺翻个面,将另一个水饺取出来,再把剩下的那个水饺放进锅里。在第二个30秒钟内,第一个水饺已经完全炸好了,而最后放进去的那个水饺也已经炸好了一面。现在只剩下两个炸好一面的水饺了。这两个水饺在第三个30秒钟内可以完全炸好。这样一来,可以不必花2分钟而只要1分半钟,就能把3个水饺的两面都炸好了。

可怜的假钞制造者

因为韩二保是一个红绿色盲的人。

一条短信

秘密就在这两个手机号内:139…×5780 − 136×××3560 = 003×××2220

时间日期:今天22:20

地点:天朋北招城专场(砖厂)

家离超市有多远

根据已知,很容易算出来,整个距离是3000步。

可以改造的客观规律

正确答案:C。

癌细胞的存活

根据已知,可以判断出"pim—2对癌细胞的存活起着关键的作用"正确。

所以选D项。

烟囱为何不出烟

烟囱的作用是把热的烟气抽出房外,主要原因是热的气体密度比其周围的空气小,所以烟囱中的热烟气柱的重量就比同样高度的空气柱轻,这样就产生了气压差,驱使烟囱中的烟气上升,从烟囱口冒出。

烟囱高,压差大,抽力才能强。母亲把烟的出口安置在灶台旁,压差很小,当然烟就不能抽出去了。

灯泡比亮度

正确答案:B。

无重力地带

爸爸告诉小曼,无重力地带是有的!地球的中心应当就是无重力地带。

让自来水变弯的实验

乙会失败。因为甲在实验中只让塑料板靠近水流,并没有碰到水流。带电的塑料板靠近水流后,对不带电的水流产生了吸引力,水流就会弯向带电的塑料板,因此会成功。水是导体,碰到带电的塑料板后,就会把电子从塑料板上导走,从而实验不能成功。

看西瓜的狗

小海围着瓜地转圈,狗也围着木桩转圈,转的圈数越多,拴狗的绳子就会越来越短。小海就可以轻松摘到西瓜了。

一封未来的信

乍一看,觉得很奇怪,其实认真想一想就知道寄信人是怎么做的了。邮寄这封信的人是在收信人地址的地方,先用铅笔轻轻地写上自己家的地址,然后随便在里面装一张纸把信寄出去,等第二天邮寄到自己的家后,用橡皮擦把自己家的地址擦掉,用墨水写上阿里的地址,第二天再把当天的早报装进信封里,严密地封好后丢到阿里家的信箱就可以了。

先做什么

很多人会被题中给出的拖把、毛巾、水桶、扫帚等工具所迷惑。其实,最应该先做的事情就是要关上水龙头。

机智的小伙子

这个小伙子跪倒以后问国王:"那你认识我吗?"国王的回答肯定是"不认识"。于是,小伙子就会接着说:"我就是这个村庄的巫师。村子里有个不成文的规定,要求我每个月说29天的真话和1天的假话,而今天刚好是我必须说假话的日子,所以你千万别信我刚才说的话啊!"

找啤酒

第一家餐馆买的是:$30+36=66$ 升,第二家餐馆买的是:$32+38+62=132$ 升,是第一家餐馆的两倍。剩下的就是啤酒。

所以,正确答案就是40升的是啤酒。

找最小的数

由题意可得:

(1) $A+B>C+D$;

(2) $A+D>B+C$;

(3) $B+D>A+C$。

由(1)+(2)得知 $A>C$,

由(1)+(3)可得知 $B>C$,

由(2)+(3)得知 $D>C$,所以 C 最小。

所以,正确答案是 C 最小。

一组密码

汉语拼音的26个字母可以用从1到26的阿拉伯数字来代替,再换成三进位制:

盼归 = pangui = 16、11、14、7、21、9 = 121、001、112、021、210、100；

买书 = maishu = 13、1、9、19、8、21 = 111、001、100、201、022、21；

寄款 = jikuan = 10、9、11、21、1、14 = 101、100、102、210、001、112。

最后一组数字与题目所给的一组密码相同,从而得知,这组密码的意思是"寄款"。

所以,正确答案是寄款。

小公主巧取宝石

这位小公主很聪明,她把地毯的一端卷起来,逐渐接近宝石,最后她一伸手就拿到了宝石。

去南极考察的科学家

这两位科学家可以在某一个地方相会。

甲可以买一张经由南极到 B 市的机票,乙可以买一张经由南极到 A 市的机票,当他们两人在南极某一个地方相会的时候,把机票互换一下,这样他们只花了 1600 美元就到了自己的城市。

挡路的巨石

首先,思路要清楚,要知道让做什么,要解决什么问题,在这里强调一下,题目中并没有要求要搬到别的不挡道的地方,所以不要将思维仅仅局限在如何搬动巨石上。

这个小男孩出的办法是在石头前挖个大坑,把石头埋起来就可以了。

四面朝北的窗户

这个年轻人说,可以把房子建在南极点上,这样每个窗户都是朝北的。

神枪手也有失手的时候

很多人可能都知道其中的原因。当光线通过空气进入水中时,在水面会发生折射,使物体偏离原来的方向,所以射不中。

洞中取球

做法很简单,直接把水灌到洞里就可以拿到了。因为是硬土,灌入的水不会渗透到土里,所以球很快就会浮上来了。

连句成诗

选 ABC 的人：

你不得不承认自己是个非常消极的人。对任何事物,你都会采取被动的方式来接受。要知道,幸运通常只会降临给有准备的人。你如果不能主动积极,就永远无法抓住好的机会。多积极主动一点,从生活中的点滴小事做起,你会因此受益的。

选 ACB 的人：

你是个比较消极的人。如果有一天,你突然能面带微笑热情地对待周围的人,或主动去接近自己喜欢的事物,大家会感到非常吃惊。因为,这些行为对你而言是非常困难的。从现在起要学着多和别人接触,多了解一些新鲜事物,多扩展你的世界,这样才能尽快地发展自己。

选 BAC 的人：

你不是一个消极的人。你能积极地去面对各种事情,一旦开始行动,你就会坚持到底直到有所成就。但由于你遇到麻烦时总会显得笨手笨脚,把大部分时间通常都花在了筹划上,所以迟迟不敢有所行动。要想克服这样的毛病就要给自己规定完成期限或找到比你更优秀的人和你合作。

选 BCA 的人：

你是个积极的人。你很愿意付出，也很懂得去享受生活。尽管你干劲十足，可一旦遇到困难时你通常会出现裹足不前，甚至逃避的情况。多灾多难，百炼成钢。一个人要想得到自己想要的某些东西，与不屈不挠勇往直前是分不开的。

选 CAB 的人：

你是一个非常积极主动的人，但你太意气用事。只要是自己想做的事情，你通常不会考虑别人的一些想法或感受，而一味地勇往直前。因为是一时冲动，所以你遭受失败时所受到的打击往往也会比别人多。你现在最需要做的是冷静思考，而不是固执己见。

选 CBA 的人：

你对任何事物都很积极，是个天生的挑战者。一旦下定了决心而不立刻行动，你就会感觉心里不安，过意不去。你不害怕困难和失败，因为你把它们当成是下次挑战的反省资料，坚持这种果敢的挑战性格吧，想要一个完美的人生就该如此。

你喜欢哪种颜色组合

选 A 的人：

你的个性比较活泼外向，缺少责任感，在工作上玩忽职守的可能性比较大。因此，日常生活中需留意细节，以免粗心犯错。你喜欢跟很多人交朋友，将时间都分给众人，反而无法充分发挥与运用自己的潜能。一定要记住每天留些时间给自己。

选 B 的人：

你是一个很容易纵容自己的人，常常任性，很草率地为自己决定了前途。而你也不容易接受别人的意见，同时又容易半途而废。在色彩中选这组颜色的人，非常不容易更正自己的缺点，因而丧失了很多让自己成长的机会。

选 C 的人：

你有很多机会造就自己，因为性情和善淳朴，容易接受教导，因此你需要的是好的书本及老师。只要努力不懈地开发自己的潜能，你会成为学有专长的人，你有成为专家及学者的潜质。

选 D 的人：

你有太多理想及完美崇高的道德标准，由于对事对人要求太高，常常得罪人，让人反感。有时学会处世待人中庸一点，反而有助自己潜能的开发，同时也利于自己的人际关系。

测一下你的嫉妒感

选 A 的人：

你基本上没有什么心机，充其量只会"羡慕"而不会"嫉妒"他人，会真心为别人的成就喝彩。

选 B 的人：

你是属于较一般的类型，对自己有一定的自信，当看到比自己优秀的人时也会不知不觉地去嫉妒。

选 C 的人：

你是一个非常嫉妒别人的人，一旦有人冒犯到你的头上，那他可就倒霉了。

选 D 的人：

你是一个自我意识很强的人，凡事顾好自己就好了，不太会去嫉妒别人。

你会写出哪个字

选 A 的人：

你最讨厌朋友向你借人情、创意等等无形的东西。你认为这些无形的东西,很难用价值计算,不能有借有还。有时候想要拒绝,又觉得难以启齿,常常会发生误会,到最后连朋友都做不成。

选 B 的人：

你最讨厌朋友向你借钱。虽然你不是一个小气鬼,但是你觉得不管和什么人在一起,只要谈到钱就会伤感情。所以,不借钱给对方,不等于不喜欢这个朋友。只是你的金钱观比别人严谨许多。

选 C 的人：

你最讨厌朋友向你借便宜的小东西。你认为连这个都要借,表示这个人喜欢贪小便宜,而且没有什么生活能力,无法做好自我管理。和这样的朋友在一起会让你觉得很累、很乏味,不能互相学习进步。

选 D 的人：

你最讨厌朋友向你借你从别人那里借来的东西。因为你觉得无形中多了一层责任,万一要是损坏或遗失,责任的归属很麻烦。为了避免不必要的问题产生,有朋友向你借时,你会断然拒绝。

硫酸的溶解度

在操作的过程中,只要不是把一个容器中的液体全部倒到另一个中去,就不可能使得两个容器中硫酸的浓度一样高。原盛硫酸的烧杯里硫酸的浓度一定高于原盛水的烧杯中硫酸的浓度。

你的习惯是什么

选 A 的人：

你并不太喜欢都市的喧嚣,如果要约会的话你会想到乡下去走走。虽然是一种不错的选择,不过也别太自得其乐,要多注意另一半的反应。

选 B 的人：

你很聪明也很好奇。你是一个一心多用的人。即使是约会,你也会选择商场或书店等可以增长见识的地方。

选 C 的人：

情人是怎样的人对于你来讲无所谓。你喜欢音乐厅或是美术馆等有高度艺术气息的约会地点。

选 D 的人：

你是一个很踏实且懂浪漫的人。所以,适合你的约会地点是海边、咖啡厅或是文化气息浓厚的地方。你也适合平稳长久的爱情。

选 E 的人：

你是一个很有主见、想法的人。你会喜欢在山上约会、度假。博物馆等附庸风雅、人多的场合也是你的最爱。想当你的情人并不难,只要能够做到"服从"就好。

令你一见倾情的人

选 A 的人：

你的一见钟情总是流于表面化,对那些打扮出众的人,总是无法抗拒,即使大家相处后你觉得双方个性不合,但只要对方衣着迷人,你都依然守候在其身边。说句实在话,你有种求美的虚荣心。

选 B 的人：

你会被那些头脑灵活，做起事来总是比别人优秀的人所吸引。如果你是女性，那他便会是社会精英或专业人士，但你记住要懂得分辨他们说的话，哪些是真心，哪些是谎言；如果你是男性，你的倾心对象会是那些年纪比你大的事业型女性。

选 C 的人：

令你一见倾情的是一个对将来充满憧憬的人。当你们谈及对将来的理想及愿望时，你总被对方的梦所吸引，但你要小心，在这个现实的社会，光靠梦想而不肯努力是没有用的，令你着迷的那个人未必能够带给你带来幸福。

选 D 的人：

你从不相信一见钟情，即使遇见有缘的人，你都会持观望态度，待双方了解清楚之后，才做决定。虽然这会减少很多浪漫奇缘，但往往能得到持久的爱情。

你最常选用的伞面花色

选 A 的人：

事实上，你并不是一个很有创意的人。不过在工作上或是在生活中，如果遇到和你气味相投，并且能够了解你的人，就会激发你的潜能。你的创造力逐渐被打开，超乎想象的创意也会被挖掘出来。

选 B 的人：

基本上你的创造力很少用在工作上，你觉得把创造力用在生活上或娱乐上，是一件更有趣的事情，至于工作，只要能好好完成就可以了，所以在朋友眼中你是十足懂得享受的生活玩家，而且玩得跟别人不同。

选 C 的人：

与其说你有创造力，不如说你很有想象力。因为你的创造力有时候令人难以理解，朋友或同事们都摸不着头脑，觉得想法怪怪的、有点不着边际。所以希望你的创造力也要考虑现实，否则容易沦为空中楼阁，被搁置一边。

选 D 的人：

你是个相当有创造力的人，新点子总是不断地从你脑袋里蹦出来。在工作上或生活上，你时常会有新的想法提出并付诸行动，朋友们也时常对你的新鲜想法大感佩服。

猜出哪一杯先冷

很多人都会认为是温度低的那杯先冷。其实错了，应该是温度高的一杯冷得快，这就是"姆潘巴"现象。热牛奶急剧冷却时，这种温度差较大，而且在整个冻结前的降温过程中，热牛奶的温度差一直大于冷牛奶的温度差。上表面的温度愈高，从表面散发的热量就愈多，因而降温就愈快。

选择什么来消除暑气

选 A 的人：

对于感情，你一直不了解自己真正想要的是什么。尽管你对每一次的恋爱都审慎考虑，每一次都是极其认真的。每次你都会投注全部的感情，每次又总是伤痕累累。旧的伤痛还未痊愈，新的伤痛又将开始。

选 B 的人：

你是一个典型的情场老手。对于恋爱沙场，你恐怕出入已不下数十次了。每次恋爱你总能来去自如，分手也干脆利落。虽然对方在分手后仍对你念念不忘，但你像风一样让人捉摸不定。情场上你是个地地道道危险的恋人。

选C的人：

你很容易对别人动心。当遇到不错的对象时，你的心马上就会撞出火花来。不过，你只是心里想想罢了，至于行动却是迟迟不敢。你心里尽管折磨得要命，但脸上还会表现出满不在乎的样子。如果对方没察觉，你就会一直死撑着等待对方先开口表白。

选D的人：

你是个感情急性子的人。一旦遇到让自己中意的人，你的世界就会充满他的影子。你无法再去考虑别的，心甘情愿落进对方的情网。也许你们的交往不过几天，但你已经开始构筑两个人的未来生活。你的动作快得让对方难以接受。

选择鞋子的颜色

选A的人：

你并不太富有行动力，尤其是不擅长自发性的行动。你属于典型的等待行动派。如果别人不为你创造机会，你通常就会一直等待下去。但是，当了解到某些事是必须自己来做的，你也会默默地开始行动。因为你具有强烈的责任感，所以半途而废的情况不是很多。对你来说，主动寻找适合自己的职业和伴侣就显得非常重要。

选B的人：

你好像与行动力这三个字根本无缘。无论做任何事。你都是被动的。你属于典型的完全被动派。你是很怕麻烦的人，如果有人能够代替自己。你就尽可能让别人去做。在恋爱方面，你会一味等待对方的追求。在工作上．你只会为了应付上司而做一些别人交代的事。你的这种个性会让成功与你擦肩而过。希望你能够立刻行动起来，要知道机会只降临在那些积极主动的人身上。

选C的人：

你对自己喜欢的和认为愉快的事很富有行动力。在从事个人爱好的活动和联谊会等私人时间内显得精力旺盛。但一旦面对工作时却又拖拖拉拉。你属于典型的选择性行动派。你当然可以对提不起兴趣的事情不去理会。但一定要分清主次，比如工作上、家庭中一些不喜欢的事你也要主动去做，毕竟我们要面对生活。

选D的人：

你能够充分地预知未来，通常不会有盲目的行动。你具有很强的洞察力，不会因为漫无目的的行动而导致失败。同时，你能够掌握恰当的时机采取行动，所以你会无往不胜。你属于典型的高效率派。但是，如果你把这种富有先见之明的能力用在平庸的琐事上，就会让人觉得你工于心计。所以，在小事上，完全没有必要算计得那么严谨。

选E的人：

无论做任何事情，你都会不顾一切地执着追求。在没有充分地思考之前，你就已经付诸行动。同时，在任何行动中你都喜欢大张旗鼓。你属于典型的积极行动派。值得注意的是，你有时候过于性急，这反而会导致你的失败。希望你在做事情前应该学会冷静思考。

你经常做什么梦

选A的人：

飞能够把人从下面带到高处去，留给人一种轻快和充满勇气的心境。潜意识里，你把克服困难及对有优越感的目标的追求视为轻而易举的事情。你是一个很勇敢的人，你高瞻远瞩，雄心勃勃，即使在睡眠中，也不愿放下自己的野心。你梦境的情形包含了一个问题："我是否应该勇往直前？"

和一个明确的答案:"我的前途毕竟是一往无前的"。

选 B 的人:

每当遇到事情时,你的潜意识总会告诉自己:"我以前曾经遇到过这种情况,现在我还要处理这种即将到来的同样问题;尽管我还没有准备好,但我还是要积极面对的。"这是一种健康的积极心态,对于目标的达成大有裨益。

选 C 的人:

当遇到事情时,你的潜意识会告诉自己:"如果不费吹灰之力这个问题便能解决,那我一定会很高兴。如果是难以对付的事情,我必须绕道而行,免得再遇到这个问题。"你是一个典型的逃避主义,对于目标的达成是没有任何好处的。

选 D 的人:

你是一个比较保守的人,时常会担心自己遭受失败,而不是全力以赴地去克服困难。你在成长中或生活中曾遭遇过虚构的危险。记住,现实中有些危险当然是真实的,但如果把自己弄得胆小如鼠,畏首畏尾,是不能帮助自己摆脱困境的。

讨论天气预报的话题

只有 A 正确。

转鸡蛋

这是因为熟鸡蛋的蛋白和蛋清形成了一个整体,旋转的时候很容易就转了起来。而生鸡蛋的蛋黄和蛋清都是液体状态,旋转的时候不容易转起来,并且转动的速度也比较慢。

重复分类

根据已知得出,这是一个错误的结论,错误的根源在于"重复分类"。因为可能该地区中 30% 的人同时患有这三种维生素缺乏症,而其余 70% 的人根本没有患任何维生素缺乏症。根据已知根本就无法准确判断出具体情况。

你的心理空间有多大

选 A 的人:

在一个封闭的空间内,也会和对方搭讪的人,在个人的心理空间上要比一般人来得大,对人的恐惧度也比较小。所谓心理空间就是一个人觉得自己身体周围的空间,有一定的范围是属于你的个人领域,说直白一点就是自己觉得舒服的空间。因为你的私人心理空间要比一般人大,或许整个电梯都是你的个人领域,所以你会觉得很舒坦、很有安全感,像是在自己的家里一样。因此,你会把对方当作是客人一样地招待。像你这种人对人的信心总是比较多一点,你的性格很适合做公关人员。不过,一旦遇到一个闷不吭声的人就难看了,搞不好对方会以为你是个神经病患者。

选 B 的人:

你的私人心理空间不是很大。这里的心理空间和另一派心理学家所主张的心理距离不一样。所谓的心理距离是每个人都有自己的防卫距离,这个距离也是有大有小,因人而异。如果一个陌生人太接近你超过了你的安全距离,你就会感到不舒服。而这里的个人领域,是指个人的自信心所拓展出来的范围,是代表自己可以掌握的领域。而你之所以会选这个答案,很有可能是防卫距离比一般人大,而个人领域却比一般人来得小的缘故。总之,你是一个自我安全领域很窄、自我防卫系统比较强烈和敏感的人。即使这个人躲在一个角落里面,你也会觉得很不安,自己的安全受到威胁,所以你会摆出一副很严肃的姿态,警告对方不要乱来。

选 C 的人:

你的私人心理空间是属于比较正常的范围,大概是自己身体周围 50 厘米左右。你不会扩展自己的心理空间,因此对方如果是在你的熟悉领域外,你就会觉得不太敢去招惹对方。因为,在你的个人领域内的空间,你会觉得很有信心,一旦超出了这个范围,你就会觉得力不从心,自信心也相对减低。不过,这是很正常的现象,因为你觉得个人领域之外的空间,是属于他人的空间或是公共空间,所以,不会主动去侵入别人的领域,主动地去和别人搭讪。但是,你也不排除和别人对话的可能,只要有人主动和你说话,你也会回应对方的。

选 D 的人:

你是一个私人心理空间极其狭小的人,也就是说在公众场所,你是个对自己极端没有信心的人,而且是有很大的不安和恐惧,甚至有点自我封闭的倾向。所以你才会选择双手抱胸,流露出一副急于保护自己的下意识动作。而你的低头动作,更是暗示了你不想和外界沟通,也不想和任何人面对面,是一种封闭在自己个人世界的自闭心态。这些心态和心理对你来讲,是非常不利的,因为你越是退缩、封闭自己,就会招来更多的危机,一有危机,你就会更加封闭,谁也不相信。

你选择的架桥方案

选 A 的人:

如果说人分为"都市派"和"田园派",那你就是属于回归田园的人,你无法适应都市的嘈杂生活。你对现状的不满度相当高。桥的另一端是学校、图书馆、游乐场、博物馆等,可以满足文化层面的愿望。选择这座桥的人和选择第三方案的人恰恰相反,是属于"逃避现实型"。也就是你希望从内在改变自己,寻找另一个崭新的自己,也可以说是从"心"出发的类型。

选 B 的人:

你对目前的生活有相当的满意度,也就是属于满足现状型的人。这座桥的另一端与商业街、活动中心、邮局、银行等这些与日常生活有相当密切关系的地方相连。选这座桥的你会停在原地,静静地等待幸运之神的降临。

选 C 的人:

你是一个非常有追求的人。你不想一步一步慢慢地改变目前所处的环境、职业、住所等现状,而是希望最好能够一口气飞到另一个世界去。这座桥的另一端和铁路、高速公路相连接。这其中暗示着与外界其他大都市的连接度,远较与相邻都市的适接度来得强。选这座桥的你内心相当不满,有相当强的"脱离愿望"。

正确安排座位

根据已知条件:

甲会说——英语、汉语。

乙会说——法语、意大利语。

丙会说——英语、法语。

丁会说——意大利语、汉语。

戊会说——法语、俄语。

所以应该这样安排座位:丁—甲—丙—戊—乙

丁—甲—丙—戊—乙

传递情报

根据题意得知,最少需要3个人才能完成此次任务。

谁打碎了花瓶

根据题意,首先就可以判断乙说的是真话,如果甲说假话,那么丙说的就是真话;如果甲说的是真话,那么丙说的就是假话。所以他们中有两个人说真话,一个人说假话。

李晨购物

根据题意,就会知道这件物品肯定是要拿掉眼镜才能购买的。因为李明是高度近视,一拿掉眼镜几乎看不见东西,如果不戴隐形眼镜,就不能确定购买的镜框是否美观、合适。

所以,正确答案是眼镜框。

请客也这么难

他的第一个问题:

今晚,你愿意同我一起用餐吗?

第二个问题:

对这个问题的回答,与对第一个问题的回答是一样的吗?

燕子对第一个问题的回答不能说"不",因为她如果说"不",那么对第二个问题来说,无论回答"是"或"不",在逻辑上都是错误的。

所以,只能对两个问题都回答"是"。